Die imperiale Republik

Raymond Aron

DIE IMPERIALE REPUBLIK

Die Vereinigten Staaten von Amerika und die übrige Welt seit 1945

Aus dem Französischen übersetzt von
Friedrich Griese

Belser Verlag Stuttgart · *Zürich*

Satz und Druck: Franz W. Wesel, Baden-Baden
Buchbinderei: Franz Spiegel, Ulm
Printed in Germany
ISBN 3-7630-1166-8

INHALT

VORBEMERKUNG

Vor einigen Jahren — ich weiß nicht mehr genau, waren es sechs oder sieben — bat mich ein amerikanischer Kollege, der eine Sammlung von Texten für Studenten herausgibt, einen kleinen Band über die Außenpolitik der Vereinigten Staaten zu schreiben. Ich ging, wie es oft geschieht, auf die Bitte um so bereitwilliger ein, als die Ablieferungsfrist für das Manuskript, der 1. Januar 1973, noch fern zu sein schien. Die Zeit verstrich, und ich hatte den Vertrag zu erfüllen. Mein Wort zurückzunehmen, wagte ich nicht. Eine Vorlesung am Collège de France im Jahre 1970—1971 gab mir Gelegenheit, meine mangelnden Kenntnisse zu entdecken und einige Deutungen zu entwerfen. Zwei meiner Mitarbeiter am *Centre européen de sociologie historique,* Françoise Dubost und Bernard Bonilauri, halfen mir, die Dokumentationslücken zu schließen. Ihnen sei an dieser Stelle gedankt.

Das Werk, das ich der französischen Öffentlichkeit vorlege, bevor es in den Vereinigten Staaten bei dem amerikanischen Verlag Prentice Hall erscheint, hat mit dem, was der Herausgeber der Textsammlung sich vorstellte, wahrscheinlich, und mit dem, woran ich zunächst gedacht hatte, mit Sicherkeit keine Ähnlichkeit mehr. Der Vietnamkrieg, die Infragestellung der amerikanischen Außenpolitik des Kalten Krieges und die Dollarkrise ließen es mir notwendig erscheinen, den Untersuchungsbereich zu erweitern und die Darstellung der Ereignisse mit einer ökonomischen Analyse zu verknüpfen.

Vielleicht kann diese Verknüpfung den vorliegenden zeitgeschichtlichen Versuch rechtfertigen, über dessen vermutlich überspitzten Anspruch und dessen Grenzen ich mir klar bin.

Paris, 2. Januar 1973

VORWORT ZUR DEUTSCHEN AUSGABE

Seit einigen Jahren dachte ich daran, einen kritischen Essay über die Außenpolitik der Vereinigten Staaten zu schreiben, dessen Ablieferung in einem vor Jahren mit einem amerikanischen Verleger geschlossenen Vertrag für den 1. Januar 1973 vorgesehen war. Zwischen verschiedenen Entwürfen schwankend, konnte ich mich nicht auf eine bestimmte Konzeption festlegen. Sollte ich die Unterschiede zwischen den einzelnen Perioden der amerikanischen Außenpolitik hervorheben, oder sollte ich im Gegenteil deren Beständigkeit betonen und das Vierteljahrhundert der amerikanischen Vorherrschaft und der weltweiten Rivalität mit der Sowjetunion als eine Einheit darstellen? Unklar war auch, welche Bedeutung der Auseinandersetzung beizumessen war, die in den Vereinigten Staaten durch die sogenannten ›Revisionisten‹ ausgelöst wurde, die oft nicht zu wissen scheinen, daß sie historische Vorläufer haben, denn noch nach jedem auswärtigen Krieg, den die Amerikanische Republik — gegen Mexiko, Spanien und das wilhelminische Deutschland — führte, wurde die offizielle Version der aktuellen Geschichte, wie sie die Regierenden und die Presse lieferten, einige Jahre später angefochten.

Zwei Ereignisse des Jahres 1971 bestimmten schließlich meine Entscheidung: die Ankündigung der Reise Präsident Nixons nach Rotchina und — im August — die Aufhebung der Goldbindung des Dollar. Durch beide Ereignisse wurde deutlich, welchem Dualismus das Handeln einer Großmacht unterliegt: nicht, wie es Carl Schmitt in seiner berühmten These behauptet, dem Freund-Feind-Verhältnis, sondern dem Dualismus von Politik und Wirtschaft. Die Amerikanische Republik, für die Sicherheit der westlichen Welt verantwortlich, gab zugleich mit dem Dollar dem Wirtschafts- und Handelssystem seine Währungsgrundlage. Während sich in der Wiederaufnahme der Beziehungen zu Rotchina und in den Verhandlungen mit Hanoi das Ende einer Epoche im zwischenstaatlichen System abzeichnete, verkörperte die Aufhebung der festen Wechselkurse den Zusammenbruch des Währungssystems, das man in Bretton Woods auf dem Dollar aufgebaut hatte. Im Schlußwort des Buches habe ich das Vierteljahrhundert, das seit der Truman-Doktrin verflossen ist, als das Vierteljahrhundert der Vorherrschaft der Amerikanischen Republik bezeichnet. Ich war dort der Ansicht, daß diese Vorherrschaft zu Ende geht.

Das soll nicht heißen, daß die Vereinigten Staaten — im Jahre 1975 wie im Jahre 1973 — nicht immer noch die erste Macht der Welt wären. Dank ihres Anteils am wissenschaftlichen Fortschritt und an den technischen Neuerungen und dank ihres militärischen Apparates nehmen sie den ersten Platz ein. Wenn der Spielraum ihrer Überlegenheit gegenüber der Sowjetunion geringer geworden ist, so deshalb, weil der Teil des Sozialprodukts, den diese in ihre atomare Bewaffnung, ihre Flotte und ihre Landstreitkräfte steckt, den Anteil des Verteidigungsbudgets am Sozialprodukt der Vereinigten Staaten bei weitem übersteigt. Die Verschiebung des Kräfteverhältnisses zwischen den Supermächten ist nicht ein Symptom des amerikanischen Niedergangs, sondern ein unvermeidlicher Prozeß. Auch die Sowjets haben, ein halbes Dutzend Jahre später, die Technik des MIRV (der von einer ballistischen Rakete beförderten, einzeln lenkbaren atomaren Mehrfachsprengköpfe) in den Griff bekommen. Die SALT-Abkommen bestätigen eine Ebenbürtigkeit, welche die Sowjetunion erreichen wollte und unausweichlich erreichen mußte.

Auch die (am Bruttosozialprodukt je Einwohner oder an der durchschnittlichen Produktivität des Arbeiters gemessene) wirtschaftliche Überlegenheit der Vereinigten Staaten gegenüber den wichtigsten Ländern Westeuropas konnte im Laufe der Zeit nur zurückgehen. Das Übergewicht, das die Amerikaner im Jahre 1945 in dieser Hinsicht besaßen, beruhte auf einer Reihe von außerwirtschaftlichen Faktoren, insbesondere auf den beiden Weltkriegen, und war insofern etwas Anomales. Die japanische Wirtschaft hatte seit den Anfängen der Meiji-Ära langfristig stets eine höhere jährliche Zuwachsrate verzeichnet als die amerikanische Wirtschaft. Es war nur zu verständlich, wenn Deutsche und Franzosen, durch das Beispiel der Amerikaner geschult und ermuntert, ihren Rückstand wenigstens teilweise aufholten. Die Europäische Gemeinschaft bot zumindest einige der Vorteile eines großen Marktes; Deutschland besitzt als Ausfuhrland eine einmalige Tradition; Frankreich ist erneuert und verjüngt aus den Katastrophen des letzten Krieges hervorgegangen. Der winzige Landvorsprung Asiens — mit diesem Ausdruck hat Paul Valéry Europa bezeichnet — hat nach seinen mörderischen Torheiten erneut einen Wiederaufstieg vollbracht, der die Propheten des Untergangs verblüffte. Trotzdem rechnet es, unmittelbarer Nachbar des sowjetischen Imperiums, weiterhin damit, daß die Republik auf der anderen Seite des Atlantik das Gleichgewicht aufrechterhält und seine Sicherheit garantiert.

Jedes Kapitel des Buches warf Fragen auf: Werden die Vereinigten Staaten zwischen ›Globalismus‹ und ›Isolationismus‹ einen Mittelweg finden? Welches Währungssystem wird das von Bretton Woods ablösen? Werden sich weiterhin alle Währungen an einem Dollar orientieren, der von nun an nicht mehr in Gold umgetauscht werden kann? Wird es der Gemeinschaft der Staaten gelingen, ein Zahlungs- und Verrechnungsmittel zu schaffen, das die amerikanische Währung in den von ihr erfüllten transnationalen Aufgaben zu ersetzen vermag?

Die zweieinhalb Jahre, die seit der Beendigung dieses Buches vergangen sind, konnten keine definitive Antwort auf diese Fragen bringen. Dagegen haben Entwicklungen, die 1972 nicht abzusehen waren, dem relativen Niedergang der Amerikanischen Republik und den Anfängen der neuen geschichtlichen Phase etwas Dramatisches, ja nahezu Katastrophales verliehen. Das Gespann Nixon-Kissinger, das den amerikanischen Rückzug aus Vietnam auf vier Jahre berechnet hatte, überließ — vom Watergate-Skandal tödlich getroffen — Gerald Ford die undankbare Aufgabe, als Präsident der militärischen Eroberung Südvietnams durch die Streitkräfte Hanois tatenlos zuzusehen. Das südvietnamesische Regime konnte sich nach der Unterzeichnung der Pariser Abkommen nur noch zwei Jahre lang halten. Nicht, daß die Bevölkerung des Südens sich gegen die Herrschenden in Saigon erhoben hätte oder daß sie ihren ›Befreiern‹ zu Hilfe gekommen wäre und sie jubelnd begrüßt hätte. Die nordvietnamesische Armee, trotz der Entspannung großzügig von der Sowjetunion mit leichten und schweren Waffen jeder Art ausgerüstet, schlug die südvietnamesische Armee derart zusammen, daß diese sich auflöste — eine Armee, welche die Vereinigten Staaten nach ihrem Bilde geformt hatten und die sich als unfähig erwies, dem Ansturm allein standzuhalten.

Zum ersten Male also wurde ein Präsident der Vereinigten Staaten gezwungen, von seinem Amt zurückzutreten, weil er die Gesetze, welche anzuwenden seine Pflicht und Aufgabe gewesen wäre, übertreten, weil er gesetzwidrige Handlungen gedeckt und in vielen Fällen gelogen hatte. Zum ersten Male verlor die Amerikanische Republik einen Krieg, auch wenn ihre Soldaten nicht auf dem Schlachtfeld geschlagen wurden. So fand der Vietnamkrieg eine doppelte und doppelt tragische Auflösung — in einer politischen Niederlage und einer Verfassungskrise. Was vor einem Jahr die Zeitungsspalten füllte und von allen Seiten kommentiert wurde, war der erzwungene Rücktritt Richard Nixons; was vor wenigen Wochen die Aufmerksamkeit aller fesselte, war die Reaktion oder vielmehr die ausbleibende Reaktion des amerikanischen Volkes und der amerikanischen Führung auf den Zusammenbruch der Republik Südvietnam. Wenn dieses Buch erscheint, werden jene Entwicklungen Teil einer bereits abgeschlossenen und vergessenen Vergangenheit sein.

Um zu einer ›ehrenhaften‹ Beendigung des Vietnamkriegs zu kommen, haben Nixon und Kissinger den Schwerpunkt auf die Entspannung mit der Sowjetunion gelegt und den Zusammenhalt der westlichen Welt vernachlässigt oder in den Hintergrund gedrängt. Nun kam es aber im Herbst 1973 während des Jom-Kippur-Krieges anstelle des von manchen Europäern und vor allem von Franzosen beklagten angeblichen russisch-amerikanischen Zusammenspiels zu einem Zusammenstoß. Genauer gesagt: die Krise nahm — inmitten einer Periode der Entspannung — einen Verlauf, der sich nicht von den Zeiten des Kalten Krieges unterschied: nach einer kurzen, von Waffengerassel begleiteten Konfrontation zwangen der Erste Sekretär der Kommunistischen Partei der UdSSR und der Präsident der Vereinigten Staaten den kriegführenden Parteien einen Waffenstillstand auf, der zwar die Kampfhandlungen beendete, ohne jedoch den Konflikt zu lösen.

Die Konfrontation reichte nicht aus, um die Verbündeten auf beiden Seiten des Atlantik zu gemeinsamem Handeln zurückzuführen. Die Europäer, von den Nahost-Verhandlungen ausgeschlossen, lehnten es ab, sich mit den Vereinigten Staaten zu solidarisieren, und gaben sich Mühe, sich nicht die Feindschaft der Araber zuzuziehen. Kissingers Versuch, auf die Pariser Abkommen und die strategischen Vereinbarungen zwischen Russen und Amerikanern ein ›Jahr Europas‹ folgen zu lassen, scheiterte kläglich. Der Nordatlantik-Pakt überlebte zwar, war aber zur schwunglosen Routine ohne gemeinsame Zielsetzung geworden; während sich die amerikanische Öffentlichkeit mit ihren eigenen Problemen beschäftigte, waren die Europäer, untereinander uneins und sich ihrer Verwundbarkeit bewußt, den Pressionen der erdölproduzierenden Länder ausgesetzt und dazu verurteilt, sich in Entscheidungen zu fügen, die in Washington getroffen wurden.

Die Gefahr eines Isolationismus besteht, sofern damit eine Absage an Bündnisse oder ein Desinteresse an der Außenwelt gemeint ist, nicht: die Vereinigten Staaten bleiben Gefangene der Verpflichtungen, die sie während des letzten Vierteljahrhunderts eingegangen sind, und die amerikanische Wirtschaft hat ihre Investitionen über die ganze Welt verstreut. Was der Mann auf der Straße bei Umfragen äußert, sind Stimmungen, aus denen sich nicht entnehmen läßt, was morgen geschehen oder nicht geschehen wird.

Allerdings beginnen die Vereinigten Staaten die nächste Phase ihrer Geschichte mit einem geschwächten Präsidentenamt, mit einem Kongreß, der es nicht erwarten kann, seine alten Prärogativen erneut wahrzunehmen, mit einer Presse, die auf Skandale lauert, und mit einer öffentlichen Meinung, die vollkommen desorientiert ist. Der Geist des Kreuzzuges gegen den Kommunismus ist auf den Reisfeldern Vietnams endgültig verlorengegangen. Mit der Zeit und mit den Spannungen, die zwischen Ländern, die in politischer Hinsicht Verbündete und zugleich in wirtschaftlicher Hinsicht Konkurrenten sind, unausweichlich auftreten, schwindet das Gefühl einer Schicksalsgemeinschaft mit Europa.

Was Westeuropa betrifft, so scheint es, nachdem es sich von den Zerstörungen erholt hat und wieder zu Wohlstand gelangt ist, erneut von Zweifeln und Zukunftsangst befallen zu sein. In Portugal führte der unerwartete Sturz des von Salazar errichteten Regimes sowohl zur Entkolonialisierung als auch zur Widerlegung des lusitanischen Mythos und zur Machtergreifung linker oder linksextremer Offiziere. Die Wahlen zur verfassunggebenden Versammlung haben zwar gezeigt, daß die Kommunistische Partei über ein geringes Wählerpotential verfügt, doch beweisen die Ereignisse zugleich, daß eine hohe Stimmenzahl noch nicht den Besitz der Schlüsselpositionen garantiert. Kommt es zu einer Herrschaft populistischer oder fortschrittlicher Offiziere, oder wird die Kommunistische Partei den Staat erobern? Der Ausgang bleibt ungewiß.

Auch das Abtreten General Francos wird eine Periode der Ungewißheit einleiten, und es besteht die Gefahr des Abgleitens in einen neuen Despotismus, wie sie stets mit der Öffnung eines geschlossenen Regimes, mit der Liberalisierung eines autoritären Staates verbunden ist. Zwar hängen die beiden Länder der iberischen Halbinsel in sehr viel geringerem Maße voneinander ab, als die Beobachter es darstellen, und doch steht fest, daß beide fast zur gleichen Zeit eine Krise durchmachen werden, die bei günstigem Ausgang den Bereich des freiheitlichen Europa erweitern und bei ungünstigem Ausgang in einen Despotismus unter anderer Fahne münden wird.

In Italien gewinnt die Kommunistische Partei von Wahl zu Wahl immer mehr Stimmen, während die seit Kriegsende ununterbrochen regierende Christlich-demokratische Partei sich weiterhin ihren Vergnügungen und Spielen überläßt und durch wachsende Uneinigkeit immer mehr geschwächt wird. Dabei ist offen, ob der ›historische Kompromiß‹, die Regierungsbeteiligung der Kommunistischen Partei Italiens, die sich vom stalinistischen Dogmatismus anscheinend freigemacht hat, das Ende oder die Wiederauferstehung der Demokratie bedeutet.

Sogar Großbritannien, die Wiege der parlamentarischen Ordnung, scheint von jener Erschlaffung betroffen zu sein, die repräsentative Regierungssysteme von Zeit zu Zeit zu lähmen pflegt. Keine Partei kann sich auf eine echte Mehrheit stützen, keine besitzt hinreichende Autorität, um Maßnahmen zu ergreifen, die bei bestimmten ›pressure groups‹ Anstoß erregen, keine vermag den Gewerkschaften die Stirn zu bieten — so als besäßen diese eine größere Legitimität als das Parlament und das Kabinett.

Auch die Rezession, die in den Jahren 1974/75 die große Inflation des Jahres 1973 abgelöst hat, wird bei Erscheinen dieses Buches der Vergangenheit angehören. Der Leser soll durch diese Bemerkungen lediglich darauf hingewiesen werden, daß das Vierteljahrhundert der amerikanischen Vorherrschaft zusammenfiel mit dem Vierteljahrhundert einer wirtschaftlichen Entwicklung, die in der Geschichte ohne Beispiel ist. In den nächsten Jahren wird das Entwicklungstempo ebenso nachlassen wie die amerikanische Vorherrschaft.

Die Wiederherstellung einer Weltwirtschaft ohne die verheerenden Auswirkungen einer zweistelligen Inflation verlangt von Europäern und Amerikanern eine gemeinsame Anstrengung. Nun sind sich die Fachleute zwar über das Ende (oder zumindest die Krise) des keynesianischen Wirtschaftssystems und des Wachstums um jeden Preis, nicht aber über die Ursachen (oder das relative Gewicht der verschiedenen Ursachen) und die Heilmittel einig. Während einige meinen, den schwankenden Wechselkursen gehöre die Zukunft, wollen andere darin lediglich einen unvermeidlichen Notbehelf sehen, der der Bequemlichkeit entgegenkommt und jeden Anreiz zu einer ernsten, disziplinierten Auseinandersetzung mit der wirtschaftlichen Lage vermissen läßt.

Die Europäische Gemeinschaft — die Initiative der fünfziger und das große Werk der sechziger Jahre — wird sich, auch nach ihrer Erweiterung durch Großbritannien, Dänemark und Irland bewähren müssen. Die führenden amerikanischen Politiker, die aus politischen Motiven das europäische Einigungsbemühen unterstützten, sind von der Szene abgetreten. Ihre Nachfolger achten stärker auf die ökonomischen Auswirkungen und auf die Nachteile, die (nach ihrer Ansicht) den amerikanischen Handelsinteressen durch die Gemeinschaft entstehen. Selbst mit der Hilfe ihres atlantischen Verbündeten haben die Westeuropäer auf dem Weg zur Währungseinheit und zur politischen Einheit nur ein kurzes Stück zurückgelegt. Was wird daraus morgen, wenn diese Unterstützung ausbleiben sollte?

Dieses Buch macht, da es ein historisches und nicht ein politisches Buch sein will, an der Schwelle zur Gegenwart halt. Auf diesen Seiten, die sich an den deutschen Leser wenden, sollte nicht so sehr an das Geschehen der beiden letzten Jahre erinnert als vielmehr ein mögliches Mißverständnis zerstreut werden. Der Historiker beobachtet, erzählt und analysiert, ohne sich deshalb zu engagieren. Der Bürger Europas sollte sich jedoch nicht, wozu er allzu häufig neigt, im Parkett niederlassen und dem Ablauf des Stückes zuschauen, als ob es ihn nichts anginge und er auf seinen Ablauf keinen Einfluß hätte. Wir Europäer spielen in dem Stück, das auf dem Welttheater gespielt wird, unsere Rolle, ob wir nun tätig oder untätig dabei sind. Wenn wir an die Amerikaner die Frage richten: ›Welchen Platz werdet ihr in der Welt einnehmen, nachdem ihr die Grenzen eurer Vorherrschaft erkannt habt?‹, so wären sie berechtigt, uns zu fragen: ›Seid ihr es nicht leid, die Gründe eurer Ohnmacht aufzuzählen,‹

Die Italiener und die Briten werden sich entweder selbst helfen oder noch tiefer abgleiten. Die Bundesrepublik Deutschland und Frankreich, die einstweilig weniger betroffen sind und den festen Kern der Gemeinschaft bilden, müssen ungeachtet aller gegenteiligen Behauptungen nicht zwischen dem Schicksal eines Satelliten und einem ohnehin nutzlosen systematischen Aufbegehren gegen die Vereinigten Staaten wählen. Schon vor anderthalb Jahrhunderten haben sich die Philosophen gefragt: Werden die freiheitlichen Demokratien in den Ländern Europas genügend Lebenskraft besitzen, um der Herausforderung künftiger Wirren zu trotzen und weder der Faszination der Despotie noch den Verlockungen des Aufgebens zu erliegen? Ob es nun um die Rezession oder um den Erdölpreis, um Portugal oder Spanien geht — die Zukunft hängt nicht allein von der imperialen Republik ab.

Der Schluß dieses Buches scheint eine Aufforderung an Amerika zu enthalten, Stellung zu beziehen. Im Grunde aber bewegt den Verfasser die Frage, welche Stellung Europa bezieht.

Paris, im Juli 1975

Raymond Aron

EINLEITUNG

Die Zeitgeschichte hat als ein Fach, das mittlerweile in die Universitäten Einzug gehalten hat, nicht die Widersprüche gelöst, die es in den Augen der Gebildeten in die Nähe des Journalismus rücken. Wie kann man ein Buch, sei es eine Analyse oder eine Darstellung, über das außenpolitische Wirken (1) der Vereinigten Staaten seit 1945 schreiben, wenn man nicht über einen Schwarm von Assistenten verfügt, welche die enorme Literatur — Presseberichte, Memoiren, Bücher, Interviews — sichten könnten, die im Zusammenhang mit jedem einzelnen Vorfall der letzten 25 Jahre entstanden ist? Mit welchem Recht dürfen wir die Beweggründe der Handelnden deuten, da uns doch zahlreiche wesentliche Texte unzugänglich sind und die Archive der meisten Länder verschlossen bleiben und uns zugleich die Masse der zweifelhaften Informationen noch mehr in Verlegenheit bringt als die Lücken unserer Dokumentation.

Für diese Widersprüche liefert das außenpolitische Wirken der Vereinigten Staaten ein hervorragendes Beispiel, weil es zugleich besser und weniger gut bekannt ist als das jeden anderen Staates. Niemand wird bestreiten, daß die internationale Szene seit 1945 von zwei Akteuren beherrscht wurde — den Giganten, den Großmächten, den Supergroßmächten, den Staaten von kontinentalem Ausmaß (die Bezeichnungen sind beliebig). Dabei sind die feindlichen Brüder einander in nichts gleich: einerseits eine offene, andererseits eine geschlossene Gesellschaft; einerseits eine Oligarchie, die der Öffentlichkeit zugänglich ist, andererseits eine, die sich in den Tiefen des Kreml verbirgt; einerseits Washington, das alles andere, nur nicht schweigen kann, andererseits Moskau, wo die Zeitungslektüre für die auswärtigen Botschafter die beste Informationsquelle bleibt.

Mit einer Neigung zur paradoxen Formulierung könnte man einwenden, daß die amerikanischen Diplomaten (2), gerade weil sie so offen sind und sich daher oft rechtfertigen, unfaßbar werden, während die anderen Gefahr laufen, sich gerade durch ihr Schweigen zu verraten. Läßt man die Paradoxie beiseite, so ist das Verhalten der amerikanischen Diplomaten nur durch das der sowjetischen Diplomaten zu erklären, doch besitzen wir über die Akteure, was ihre Taten, und mehr noch, was ihre Absichten oder Projekte betrifft, sehr ungleiche Kenntnisse. Eine gerechte Beurteilung der Diplomatie der Abschreckung, wie die Vereinigten Staaten sie betrieben haben, würde voraussetzen, daß man die sowjetischen Pläne kennt; wie aber läßt sich, wenn man die Abschreckung als gelungen betrachtet, zeigen, daß der Gegner vorhatte, was er nicht getan hat? Es besteht kaum eine Ähnlichkeit zwischen den Memoiren von Herrn C. und andererseits den Büchern von Schlesinger, Sorensen und anderen Vertrauten des Präsidenten Kennedy, die alle entschlossen waren, unmittelbar nach Verlassen des Weißen Hauses von ihren Erfahrungen zu berichten, die als Berater und zugleich Memoirenschreiber gegenüber den akademischen Historikern einen unvergleichlichen Vorteil genießen (dessen Wert allein künftige Historiker werden ermessen können): als Zeugen und Interpreten stellen sie den Vollzug der Geschichte als vollzogene Geschichte dar.

Das beredsame und von sich reden machende Handeln Amerikas löst in allen Winkeln der Welt Widerhall aus, entfesselt Leidenschaften, die häufiger feindselig als wohlgesonnen sind; allerdings weckt es auch mehr Interesse als das des Gegners. Zu Stalins Zeiten wirkte die Sowjetunion faszinierend, unter Chruschtschow behielt sie — als eine Mischung aus Marx und Muschik — etwas Pittoreskes, das sie vor der Gleichgültigkeit bewahrte; die Sowjetunion Breschnews erzeugt Langeweile, vielleicht zu Unrecht. Die Gleichschaltung der Tschechoslowakei, die 1968—69 mit einem Minimum an Toten erfolgte, ist schließlich auf ihre Art so etwas wie ein Meisterwerk. Stalin gab mit seinen Gewaltmethoden, seinen Grenzzwischenfällen und seinen Hexenprozessen letzten Endes den Anstoß dazu, daß Marschall Tito den Marxismus-Leninismus mit der Nation aussöhnte. In der Tschechoslowakei findet kein Hexenprozeß statt (nur im ›humanistischen‹ Kuba entdeckt der Poet im Gefängnis, daß seine Richter im Besitz der Wahrheit sind, und entschließt sich zur Selbstkritik), doch je mehr das

Abschwören der Reformer den Anschein der Freiwilligkeit erwecken soll, um so erniedrigender wirkt es. Nach einem Vierteljahrhundert beherrschen die Männer im Kreml die imperiale Technik mit einer solchen Meisterschaft, daß ihnen der Skandal erspart bleibt. Das kann man von der imperialen Technik der Männer in Washington nicht sagen.

Eine übermäßige und zugleich lückenhafte Dokumentation, die Verschiedenheit der beiden Großen, deren Rivalität die zwischenstaatlichen Beziehungen der Nachkriegszeit beherrscht, die Heftigkeit der Leidenschaften, die durch Männer und Ereignisse hervorgerufen wurden, die noch zu unserer Gegenwart gehören oder doch zu einer Vergangenheit, die wir als Handelnde und nicht nur als Beobachter erlebt haben — von all dem unbehelligt ein wissenschaftliches Buch zu verfassen, wird kaum jemand für sich in Anspruch nehmen können. Darüber hinaus besitze ich weder die fachliche Bildung eines Historikers noch die nötigen zeitlichen und finanziellen Mittel, um mich erschöpfend zu informieren. Was ich vorlege, ist deshalb ein *Versuch* beziehungsweise eine *Skizze* — ein Versuch, der sich als *Kritik* und nicht als *Darstellung* des außenpolitischen Wirkens der Vereinigten Staaten versteht.

Nun fehlt es nicht an kritischen Büchern zur amerikanischen Diplomatie, unter denen die besten von amerikanischen Autoren stammen. Im großen und ganzen erkenne ich zwei Haupttendenzen, von denen die eine, die realistische Richtung, sich beinahe ausschließlich mit dem diplomatisch-strategischen Verhalten befaßt und das System in Frage stellt, nach dem die USA die Staatenwelt aufgefaßt haben — es geht dabei weniger um die Deutung der Sowjetunion und ihrer jeweiligen Pläne als vielmehr um die Philosophie, mit der die amerikanischen Präsidenten von Wilson bis Truman, von 1917 bis 1947 ihre Aufgabe interpretiert haben. Die Mischung von Rechtgläubigkeit und Moralismus in ihren Worten und von Impulsivität oder Brutalität in ihren Taten, welche die amerikanische Diplomatie zur Jahrhundertwende, zur Zeit des Kriegs gegen Spanien und während der dem Zweiten Weltkrieg voraufgehenden Jahre kennzeichnet, hat G. F. Kennan kritisiert. Kein geringerer als H. J. Morgenthau hat zur Verbreitung der traditionellen europäischen Kabinettsphilosophie, des aufgeklärten

Machiavellismus, der gleichzeitigen Absage an Kreuzzugsgeist und Isolationismus beigetragen. Die Lehre, die einer seiner Schüler daraus gezogen hat — daß nämlich die Anwendung von Gewalt nur im Dienste des nationalen Interesses gerechtfertigt sei —, ist gleichbedeutend mit der moralischen Verurteilung des Moralismus und der moralischen Ehrenrettung des Realismus.

Auch das letzte Buch von Stanley Hoffmann (3) trägt mit unermüdlicher Geduld und Subtilität die Argumente der realistischen Schule vor. Das ›Wilson-Syndrom‹, das Schwanken zwischen Kreuzzug und Rückzug auf sich selbst, gehört zum festen Themenbestand der politischen Wissenschaft. Ganz allgemein bemüht sich Stanley Hoffmann, das außenpolitische Wirken der Vereinigten Staaten sowohl mit der bürokratischen Organisation des Bundesstaates als auch mit dem nationalen Stil zu erklären, der seinerseits ein Ergebnis des Systems der Wahrnehmung bzw. der Philosophie der zwischenstaatlichen Beziehungen ist.

Die zweite Tendenz, die ich als die des *imperialen Amerika* bezeichne, teilt sich in eine Rechte und eine Linke: die nicht sehr zahlreiche Rechte erkennt die imperiale — nicht imperialistische — Rolle der Vereinigten Staaten an und billigt sie (eine der eindringlichsten Darstellungen dieser Konzeption ist das kleine Buch von George Liska (4)); nach Ansicht der paramarxistischen Linken (5) liegen dem Expansionsdrang Amerikas die Erfordernisse des Monopolkapitalismus zugrunde; die Tatsachen und Argumente, auf welche diese Interpretation der amerikanischen Außenpolitik sich stützt, werden in dem Buch *The Age of Imperialism* (6) von Harry Magdoff dargelegt.

Was nun die ›Revisionisten‹ betrifft, nämlich jene Historiker, welche die Beziehungen zwischen der Sowjetunion und den Vereinigten Staaten ganz anders schildern, als sie von den Kommentatoren seinerzeit gedeutet und vom Establishment dem amerikanischen Volk dargestellt wurden, so bilden sie nicht wie die Realisten oder die Paramarxisten eine Schule. Einige (Williams) (7) bedienen sich der Argumente der paramarxistischen Richtung, um den Expansionsdrang Amerikas als unausweichliche Ursache des Kalten Krieges darzustellen; andere bemühen sich um eine gründliche Untersuchung und wollen die

Absichten der amerikanischen Diplomatie aus dem Atombombeneinsatz in Hiroshima und Nagasaki ableiten (Gar Alperovitz) (8). Manche landen schließlich wieder — mit umgekehrten Rollen — bei dem Sendungsbewußtsein des Kalten Krieges.

Das vorliegende Buch geht von einer realistischen Philosophie aus und ist deshalb unmittelbar oder implizit in die Streitigkeiten des Moralismus, des Revisionismus und selbst des Imperialismus verwickelt. Es möchte vor allem die *wirkliche* Außenpolitik der Vereinigten Staaten begreifen. Wie jede Außenpolitik findet auch diese ihre Erklärung nur im Rahmen des zwischenstaatlichen Systems, in dem der Handelnde wirksam wird. Da ich dieses System in seinen Hauptzügen in *Paix et guerre entre les nations* (9) beschrieben habe, beschränke ich mich hier auf eine kurze Analyse des Rahmens, in dem sich ja das außenpolitische Wirken der Vereinigten Staaten abspielt. Darüber hinaus zeichne ich im ›Prolog‹ in großen Linien die von den Europäern allzu häufig vergessene Diplomatie der Vereinigten Staaten nach, die von den ursprünglichen dreizehn Kolonien zur kontinentalen Einheit führte.

Nachdem ich so an die Vergangenheit erinnert und den Ausgangspunkt dargestellt habe, bemühe ich mich, die Diplomatie der Vereinigten Staaten während der siebenundzwanzig Jahre von 1945 bis 1972 sowohl in strategischer als auch in politischer und moralischer Hinsicht zu kritisieren. Haben die Diplomaten ihr Ziel in den Fällen, wo sie es unzweifelhaft erkennen ließen, erreicht? Rechtfertigt das erzielte Ergebnis den Vorwurf des Versagens oder des Imperialismus? Müssen wir Stanley Hoffmann folgen, der uns die ziemlich klägliche Vorstellung von einem hilflosen Riesen, einem *gefesselten Gulliver* offeriert, oder müssen wir Robert E. Osgood recht geben, der im Vorwort zu dem Buch von Liska geschrieben hat: ›American foreign policy in the first two decades of the cold war has been a striking success, judged by the normal standard of national security and power.‹ (›Die amerikanische Außenpolitik während der ersten beiden Jahrzehnte des Kalten Krieges war ein schlagender Erfolg, wenn man vom üblichen Maßstab der nationalen Sicherheit und Macht ausgeht.‹)

Stellt nicht die innerhalb der Vereinigten Staaten erwachte Reaktion gegen die Politik, die vor nunmehr vier Jahren

›ein schlagender Erfolg‹ war, diese Politik und ihre Ergebnisse in Frage? Die imperiale Republik möchte ihre Bürde loswerden; sie, die einst missionarisch auftrat, kennt ihre Mission nicht mehr; sie ist noch immer kapitalistisch, und ihre verwöhnten Kinder glauben nicht mehr an das Geld; sie war einst puritanisch, und heute breiten sich in ihren Städten unzählige sex-shops aus; trotz ihres wissenschaftlichen Selbstverständnisses treten immer mehr Sekten auf, die einen mystischen Glauben oder ein ›Zurück zur Natur‹ predigen, während die noch vor zwanzig Jahren von Senator McCarthy verfolgten antiamerikanischen Umtriebe gewissermaßen Bürgerrecht erlangen, denn ohne Gewissensbisse und in der Sicherheit, straflos auszugehen, veröffentlicht die *New York Times* offizielle Dokumente.

Es ist nicht meine Absicht, die Vereinigten Staaten zu entschuldigen oder zu verurteilen. Gelegentlich weise ich natürlich darauf hin, daß eine Diskrepanz besteht zwischen dem, was getan wurde, und dem, was hätte getan werden müssen (bzw. können), um die angestrebten Ziele zu erreichen bzw. um unmittelbare Ziele festzulegen, die dem umfassenden Bestreben besser entsprochen hätten, doch möchte ich mich nicht als Sprachrohr des Weltgewissens aufspielen. Ich verabscheue die stalinistische Tyrannei, die hundert Millionen Europäern aufgezwungen wurde im Gefolge eines Krieges, der um der Freiheit der Völker willen geführt wurde, doch wie die zwischenstaatlichen Beziehungen nun einmal sind, fügt sich im Rahmen eines heterogenen Systems Stalins Wunsch, seine Herrschaft so weit auszudehnen, wie seine Armeen vorstießen, in die herkömmliche Praxis ein. Es ist durchaus nicht nötig, die Schuld daran den Vereinigten Staaten aufzubürden und dadurch Stalin reinzuwaschen, denn Stalin hat sich nie bemüht, ein Engel zu sein, und sich über derartige Unschuld nur lustig gemacht.

Im gleichen Sinne fügt sich, auch wenn praktisch niemand mehr daran zweifelt, daß die amerikanischen Diplomaten mit der Intervention in Vietnam einen Fehler begangen haben, das Bemühen, ein nichtkommunistisches Regime in Saigon zu retten, in die Logik der Nachkriegszeit ein. Hätte eines der beiden Deutschlands im anderen einen Aufstand angezettelt oder unterstützt, dann hätte die Weltmeinung es beschuldigt, die Spielregeln zu verletzen. Daß die Völker diese Regeln nicht mehr anerkennen, ist durchaus möglich: das moralisch Empörende liegt vor allem in der Unverhältnismäßigkeit der angewandten Mittel und den Verlusten, die einem Volk zugefügt werden, das von den amerikanischen Waffen eigentlich geschützt werden sollte.

Diese Zurückhaltung bedeutet nicht, daß ich bezüglich der zwischenstaatlichen Beziehungen einen zynischen Standpunkt vertrete und nur Opportunitäts- und Effizienzgesichtspunkte gelten lasse. Allerdings sind Urteile über den moralischen Charakter oder die politische Legitimität des Handelns eines Staates eine komplizierte und kaum geklärte Sache, zu deren Erhellung, so hoffe ich, die Untersuchungen dieses Buches beitragen werden. Letztlich ist das Urteil über das äußere Wirken eines Staates von dem Urteil über sein inneres System, also über die Institutionen dieses Staates, nicht zu trennen. Seine imperiale Rolle erscheint positiv bzw. verabscheuungswürdig je nachdem, ob seine Armeen die Freiheit oder die Tyrannei, die wirtschaftliche Entwicklung oder den Stillstand, eine modernisierungsfähige oder eine reaktionäre Elite fördern; letzten Endes erscheint sie in einer Hinsicht positiv, in einer anderen verabscheuungswürdig. Im nachträglichen Urteil der Historiker über die Diplomatie der Großmächte ist dieser Aspekt jedenfalls bedeutsamer als etwa die Tatsache, daß eine bestimmte Entscheidung mit dem Völkerrecht im Einklang steht.

Um jede Voreingenommenheit soweit wie möglich auszuschließen, werde ich mich bemühen, das außenpolitische Wirken der Vereinigten Staaten so zu erfassen, wie es tatsächlich gewesen ist, und nicht, wie die Beteiligten es verstanden wissen wollten bzw. verstanden haben. Welche Absicht verfolgten Präsident Eisenhower und John Foster Dulles, als sie der britisch-französischen Suez-Expedition entgegentraten: Wollten sie dem Völkerrecht Respekt verschaffen, wollten sie ihre Autorität gegenüber ihren Verbündeten durchsetzen oder wollten sie sich gute Beziehungen zur Dritten Welt erhalten? Niemand, nicht einmal die Beteiligten selbst, vermag den Anteil der verschiedenen Intentionen auseinanderzuhalten. Praktisch haben jedoch alle erkannt, daß durch das Zusammenfallen der beiden Ereignisse — der Niederschlagung der Ungarischen

Revolution durch die Sowjets und der Verurteilung des britisch-französischen Unternehmens durch die Amerikaner — im Rahmen der zwischenstaatlichen Beziehungen die Hegemonie der beiden Supermächte im jeweiligen Machtbereich bekräftigt wurde. Das ist die ›Realität‹, die der Historiker sieht; der Leser kann natürlich durch die Wahl eines anderen Interpretationsschemas eine andere Realität an ihre Stelle setzen.

Dieses Buch erhebt nicht den Anspruch, neue Tatsachen darzustellen; es erhält seine Berechtigung nicht durch eine vollkommene Objektivität (die vermutlich sinnlos ist), sondern allein durch eine gewisse Redlichkeit. Der Leser braucht meine Interpretation nicht zu teilen, doch sollte er sich die Gründe klarmachen, wenn er im Hinblick auf das Begriffssystem oder auf die politische Einschätzung zu einem anderen Urteil kommt. Wer allerdings gewohnt ist, die heutige Welt manichäisch zu deuten, und die Völker durch die Ungeheuer des Kapitalismus, des Imperialismus oder des Revisionismus versklavt sieht, wird natürlich über ein Buch empört sein, das keinen Anlaß zur Empörung sieht, weil es nicht zwischen Bösewichtern und Helden unterscheidet.

Anlässe, sich zu empören, bietet unsere Zeit genug: möge mir der Leser deshalb verzeihen, wenn ich mit einer Ware, deren Nachfrage das Angebot übersteigt, sparsam umgehe.

Anmerkungen

1 Unter dem ›außenpolitischen Wirken‹ verstehe ich nicht nur die ›Diplomatie‹ im engeren Sinne, also die Entscheidungen des State Departments, des Pentagon und CIA — das habe ich an anderer Stelle als ›diplomatisch-strategisches Verhalten‹ bezeichnet —, sondern auch den Einfluß und den — gewollten oder ungewollten — Druck, den das Land ebensosehr durch das, was es *ist* wie durch das, was es *tut*, ebensosehr durch seine multinationalen Konzerne wie durch seine Diplomaten auf andere Länder ausübt.

2 Mit dem Ausdruck ›Diplomaten‹ bezeichne ich alle, die für die Außenpolitik der Vereinigten Staaten verantwortlich sind, und nicht nur die Berufsdiplomaten, die Botschafter und die Beamten des State Departments. ›Diplomatie‹ bezeichnet in diesem umfassenden Sinne das Handeln der ›Diplomaten‹.

3 *Gullivers Troubles, or the Setting of American Foreign Policy*, New York 1968.

4 George Liska, *Imperial America: the International Politics of Primacy*, Baltimore 1967.

5 Als ›paramarxistisch‹ bezeichne ich jene Historiker, die dazu neigen, die Diplomatie der Vereinigten Staaten ökonomisch bzw. durch Hinweis auf die Erfordernisse des kapitalistischen Systems zu erklären. Sie sind keine Marxisten im strengen Sinne, aber das war Marx auch nicht, als er sich mit der Außenpolitik des zaristischen Rußlands oder des kapitalistischen Englands befaßte. Kolko und Magdoff scheinen sich tatsächlich eher auf Lenin als auf Marx zu stützen, während Williams eher ein Populist als ein Marxist ist. Von anderen Kritikern werden sie der ›Neuen Linken‹ zugerechnet. — Anmerkung zur amerikanischen Ausgabe.

6 *The Age of Imperialism. The Economics of US Foreign Policy*, New York 1969; deutsch: *Das Zeitalter des Imperialismus. Die ökonomischen Hintergründe der US Außenpolitik*, Frankfurt 1970.

7 William Appleman Williams, *The Tragedy of American Diplomacy*, New York 1962; deutsch: *Die Tragödie der amerikanischen Diplomatie*, Frankfurt 1973.

8 Gâr Alperovitz, *Atomic Diplomacy, Hiroshima and Potsdam*, New York 1950.

9 Raymond Aron, *Paix et guerre entre les nations*, Paris 1962; deutsch: *Frieden und Krieg. Eine Theorie der Staatenwelt*, Frankfurt 1963.

PROLOG

DER INSULARE KONTINENT

Zum ersten Mal in der Geschichte, so äußerten sich vor 25 Jahren die Kommentatoren, ist eine Republik, ohne daß sie sich nach dem Ruhm der Herrschaft gedrängt hätte, zu höchstem Rang aufgestiegen. Ihren Sieg bezahlt sie damit, daß sie sich der halben Welt annehmen, die Sicherheit der Europäer, die allzu geschwächt sind, sich allein zu verteidigen, garantieren und sich um ganze Regionen der Erde kümmern muß, die im Chaos zu versinken drohen.

Mittlerweile ist diese Erkenntnis bzw. Deutung zweifelhaft geworden. Wann sind die Römer sich ihrer Aufgabe — *regere populos* — bewußt geworden? Führen die Historiker die Entstehung des britischen Empire nicht gern auf einen Anfall von Zerstreutheit zurück? Es ist richtig, daß Roosevelt gegenüber Stalin (mit einer auch in anderen Fällen gezeigten Leichtfertigkeit) erklärt hat, die G.I.s würden nach dem Ende der Feindseligkeiten nicht länger als zwei Jahre in Europa bleiben. Aber schließlich hatten auch die römischen Legionen Griechenland zweimal verlassen, bevor sie sich dort endgültig einrichteten.

Amerikanische Truppen ziehen auch 1972 noch immer an der Demarkationslinie, die mitten durch den Alten Kontinent verläuft, auf Wache; wie groß ist die Zahl der Westeuropäer — einschließlich jener, die den Vietnamkrieg brandmarken —, die wirklich ihren Abzug wünschen?

General de Gaulle erkannte aufgrund seiner Philosophie hinter den idealistischen Worten des Präsidenten Roosevelt einen Machtwillen, der sich um so leichter äußerte, als er vollkommen unbewußt war. Die Europäer — und zwar der Mann auf der Straße genauso wie der Staatsmann — mußten an ihre Erfahrungen während der Jahre nach dem Ersten Weltkrieg denken und fürchteten den amerikanischen Isolationismus mehr als den amerikanischen Imperialismus. Sie hatten nicht vergessen, daß die USA — von Europa aus gesehen — *mit Verspätung* in den Krieg eingetreten waren (1917 und nicht schon 1914, 1941 und nicht schon 1939), daß sie es abgelehnt hatten, den Versailler Vertrag zu ratifizieren, daß der Kongreß in den dreißiger Jahren Neutralitätsgesetze verabschiedet hatte, um das zu verhindern, von dem wahrscheinlich die Mehrheit der Gesetzgeber insgeheim wußte, daß es unausweichlich war, und sie hatten nicht vergessen, daß Amerika immer wieder zwischen einem Kreuzzugsgeist (a world safe for democracy) und dem Rückzug von einer verderbten Welt, die von der amerikanischen Heilsbotschaft nichts wissen wollte, hin- und herschwankte.

Wir wollen uns jetzt noch nicht auf eine dieser beiden Interpretationen festlegen, die einander wahrscheinlich eher ergänzen als widersprechen, sondern zunächst an die banale, aber doch verkannte Tatsache erinnern, daß die diplomatische Geschichte der Vereinigten Staaten nicht erst 1917 beginnt; vielleicht beginnt sie schon vor 1776 und der Unabhängigkeitserklärung. Es wäre durchaus der Untersuchung wert, welche Rolle die amerikanischen Siedler im 18. Jahrhundert in den Kriegen zwischen Frankreich und England gespielt haben, die zur Vernichtung Neufrankreichs führten — und 20 Jahre später zum Pariser Vertrag, zum Bruch zwischen den dreizehn Kolonien und England.

Das außenpolitische Wirken der Vereinigten Staaten seit 1783 ist durch die Jahre 1917—1939 oder sogar 1898—1939 in ein falsches Licht geraten. Die Jahre 1941—1968 geben möglicherweise auch ein falsches Bild, und vielleicht kündigt sich in der gegenwärtigen Krise, die durch den Vietnamkrieg und durch die Auflehnung gegen die ›Last des Imperiums‹ ausgelöst wurde, eine erneute Kurskorrektur an. Der Historiker läuft jedenfalls Gefahr, die Dinge falsch zu interpretieren, wenn er sich ausschließlich auf die Periode von 1914—1939 oder ausschließlich auf das 20. Jahrhundert fixiert. Nichts ist ›traditionsgeladener‹, nichts stärker durch das Erbe der Vergangenheit geprägt als die Diplomatie eines Staates und die Art, in der er die Welt der internationalen Beziehungen und seine Rolle in dieser Welt auffaßt. Ich werde also, auf die Gefahr hin, bei Fachhistorikern durch eine grob vereinfachende Einteilung Anstoß zu erregen, die diplomatische Geschichte der Vereinigten Staaten in drei Hauptabschnitte einteilen: der erste reicht von 1783 bis 1898, vom Pariser Vertrag bis zum Krieg gegen Spanien; der zweite von 1899 bis 1941 (oder 1947); der letzte beginnt mit Pearl Harbor bzw. der Truman-Doktrin (März 1947) und ist möglicherweise in den letzten Jahren zu Ende gegangen.

Warum unterscheide ich zwischen den beiden ersten Abschnitten? Sie sind, als Ganzes genommen, *wesentlich* voneinander verschieden. Während die Ideen und die Ereignisse vom Ende des 18. Jahrhunderts bis zum Ende des 19. Jahrhunderts schlüssig auf eine Ordnung hinauslaufen, die von den *Founding Fathers* erdacht und gewollt worden war — eine souveräne Republik, die den größten Teil Nordamerikas umfaßt und folglich in geopolitischer Hinsicht eine insulare Stellung einnimmt —, vermag der Beobachter seit dem Ende des 19. Jahrhunderts weder die Logik der Handlung noch die Ziele der Handelnden zu erkennen. Das nationale Ziel der Begründer der amerikanischen Republik war am Ende des letzten Jahrhunderts erreicht. Während des anschließenden halben Jahrhunderts hat die Republik nach einem neuen Ziel gesucht und, ihren Launen folgend, ihre Ziele immer wieder geändert. Die amerikanische Diplomatie von heute hat gewisse Gewohnheiten, die sie während der ersten und der zweiten Periode angenommen hat, beibehalten.

Mit dem Pariser Vertrag von 1783 erlangen die dreizehn Kolonien die internationale Anerkennung ihrer Unabhängigkeit; weder Vergennes noch die englischen Unterhändler sind bereit, den Kolonien die gegenwärtige oder künftige Souveränität über den gesamten nordamerikanischen Kontinent einzuräumen. Im Norden und im Süden bestehen weiterhin europäische Imperien — das Spaniens und das Englands. Das Territorium der entstehenden Republik ist von allen Seiten eingegrenzt; die Schiffahrt in der Mississippi-Mündung bringt sie in Konflikt mit Spanien; die nicht genau festgelegte nördliche Grenze führt zu Streitigkeiten mit England und wird definitiv erst gegen Mitte des folgenden Jahrhunderts festgesetzt.

Die Kolonisten haben trotz dieser anfänglichen Schwächen ihr Ziel erreicht: den nordamerikanischen Raum in Besitz zu nehmen, zu besiedeln und nutzbar zu machen und die ungeteilte Souveränität über ihn zu verteidigen, um den ständigen, für die Machtpolitik kennzeichnenden Rivalitäten zu entgehen, die der Fluch des Alten Europa waren. Während des Jahrhunderts der Expansion hat die Diplomatie der dreizehn Kolonien keinen ernsthaften Rückschlag erlitten. Sie hat ihre Ziele ohne einen größeren Krieg erreicht.

Um ihre Ambitionen zu verwirklichen, hatte sie es nicht nötig, Nachbarstaaten zu annektieren; es genügte, daß diese nicht imstande waren, als Rivalen aufzutreten. Schon gegen Ende des ersten Drittels des 19. Jahrhunderts war die Situation klar, und Hegel erkannte das:

›Die nordamerikanischen Freistaaten haben keinen Nachbarstaat, gegen den sie in einem Verhältnis wären, wie es die europäischen Staaten unter sich sind, den sie mit Mißtrauen zu beobachten und gegen welchen sie ein stehendes Heer zu halten hätten. Kanada und Mexiko sind für das selbige nicht furchtbar, und England hat seit fünfzig Jahren in Erfahrung gebracht, daß das freie Amerika ihm nützlicher ist als das abhängige.‹ (1)

Das Mißverhältnis der Kräfte ist von diesem Augenblick an (1832) nicht mehr zu ändern; eine Machtpolitik mit gezücktem Schwert ist selbst in der zivilisierten Form der europäischen Tradition ausgeschlossen. Ein Bündnis zwischen dem spanischen und dem englischen Imperium oder, später, zwischen Mexiko und Kanada, das die Expansion der amerikanischen Republik hätte ›eindämmen‹ wollen, ist niemals vorstellbar gewesen — weder zwischen 1783 und der Unabhängigkeit Mexikos noch zwischen der mexikanischen Unabhängigkeit und dem Krieg von 1846.

Der Erfolg der amerikanischen Diplomatie gegenüber den nordamerikanischen Nachbarn — Spanien (später Mexiko), Frankreich und England — ist weniger auf außergewöhnliche Geschicklichkeit als vielmehr auf die Umstände zurückzuführen. Während der ersten Phase der Republik ließ der Sturm der Französischen Revolution die europäischen Staaten aufeinanderstoßen. George Washington war klug und energisch genug, die Begeisterung jener Kolonisten zu dämpfen, die aus Sympathie an der Seite Frankreichs kämpfen wollten. In dem kurzen Krieg von 1812 konnten die Amerikaner ihr höchstes Ziel, die Eroberung Kanadas, nicht erreichen. Ihre Hauptstadt wurde sogar besetzt, und das Capitol und das Weiße Haus in Brand gesteckt. Erfolge auf See und der Sieg Jacksons in New Orleans machten die Niederlagen an Land jedoch wieder wett.

Mittlerweile hatte Napoleon den Vereinigten Staaten im Jahre 1803 das wieder französisch gewordene Louisiana für 15 Millionen Dollar verkauft, und die Expansion der dreizehn Staaten war stetig weitergegangen (Kentucky 1792, Tennessee 1796, Ohio 1803, Louisiana 1812, Mississippi und Alabama 1818 und 1819, Indiana und Illinois 1816 und 1818, Missouri und Arkansas 1819). Soll man hier von Imperialismus sprechen? Dieses Wort hat heute derart viele Bedeutungen angenommen und einen solchen ideologischen Unterton, daß man besser den neutralen Ausdruck ›Expansionismus‹ verwendet. Schon vor der Unabhängigkeitserklärung waren viele Amerikaner fest davon überzeugt, daß der ganze Kontinent kraft ihrer Landnahme ihnen gehöre (nach ihrer Ansicht hatten die Indianer den Boden nicht in Besitz genommen) und daß sie dort ein Empire oder ein Commonwealth errichten würden, wie es die Welt noch nicht gesehen hatte. Dazu heißt es in einem Text aus dem Jahre 1776:

›Imperien haben ihren Höhepunkt und ihren Abstieg bis zur Auflösung... Die Zeit Großbritanniens beginnt mit dem Jahr 1758, als die Engländer in allen Winkeln der Erde ihre Feinde besiegten... Der Allmächtige hat die gegenwärtige Generation auserwählt, das amerikanische Imperium zu errichten... Somit ist plötzlich ein neues Imperium in der Welt erstanden, die Vereinigten Staaten von Amerika. Ein Imperium, das vom ersten Augenblick seines Daseins an die Aufmerksamkeit der übrigen Welt auf sich gezogen hat und mit Gottes Segen das strahlendste Imperium zu werden verspricht, von dem man je gehört hat.‹ (2) Mit seinem gewohnten Scharfblick erkannte Alexis de Tocqueville im Jahre 1830 die Ursachen und die Eigentümlichkeit dieser unwiderstehlichen Bewegung:

›Dank ihrer Mittel und ihrer Bildung eigneten sich die Europäer rasch die meisten Vorteile an, die der Landbesitz den

Eingeborenen bieten konnte; sie ließen sich mitten unter ihnen nieder, bemächtigten sich des Bodens oder kauften ihn spottbillig und richteten sie durch einen wirtschaftlichen Wettkampf zugrunde, gegen den diese in keiner Weise aufkommen konnten. In ihrem eigenen Lande abgesondert, bildeten die Indianer nurmehr eine kleine Kolonie von unbequemen Fremden inmitten eines großen und herrschsüchtigen Volkes.‹ (3)

Gelegentlich gibt Tocqueville seiner Empörung Ausdruck, doch die Erklärung bleibt er nie schuldig. Er zitiert Washington:

›Wir sind gebildeter und mächtiger als die Indianervölker; es ist für uns eine Ehrensache, sie mit Güte und sogar mit Großmut zu behandeln.‹

Allerdings fährt er fort: ›Diese edle und tugendhafte Politik ist nicht befolgt worden.‹ (4) Er führt die Vorherrschaft der Angloamerikaner darauf zurück, daß sie nicht nur den Indianern, sondern auch den Franzosen überlegen sind. Er stellt fest, daß in der kleinen, von Franzosen gegründeten Stadt Vincennes die Franzosen, ›ehrliche Leute, aber ungebildet und ohne Industrie‹, beinahe völlig verschwunden sind, und er zieht daraus den Schluß:

›Die Amerikaner, ihnen in sittlicher Hinsicht vielleicht unterlegen, standen geistig weit über ihnen; sie waren fleißig, geschult, reich und gewöhnt, sich selbst zu regieren. In Kanada, wo der geistige Unterschied zwischen den beiden Rassen weit weniger ausgesprochen ist, sah ich selbst, wie der Engländer sich als der Herr des Handels und der Industrie im Lande des Kanadiers überallhin ausbreitete und den Franzosen in allzu enge Grenzen einzwängte. Ebenso ist fast die ganze Handels- und Industrietätigkeit in Louisiana in den Händen der Angloamerikaner vereinigt.‹ (5)

Tocqueville hat ebenfalls erkannt, in welcher Weise und warum die Ansiedlung einzelner der Expansion der Republik den Weg gebahnt hat.

›Noch Auffallenderes geschieht in der Provinz Texas; der Staat Texas gehört, wie man weiß, zu Mexiko und bildet dessen Grenze nach den Vereinigten Staaten hin. Seit einigen Jahren dringen die Angloamerikaner vereinzelt in dieses noch wenig bevölkerte Gebiet ein, kaufen das Land, bemächtigen sich der Industrie und verdrängen rasch die ursprüngliche Bevölkerung. Beeilt sich Mexiko nicht, diese Bewegung aufzuhalten, so ist leicht vorauszusehen, daß es Texas bald verlieren wird.‹ (6)

Noch im selben Jahr, als das Werk *Über die Demokratie in Amerika* erschien, erklärten die Amerikaner von Texas — so wie es 1810 die Amerikaner von Florida getan hatten — ihre Unabhängigkeit, besiegten sie die Mexikaner und beantragten sie die Aufnahme in die Union (die ihnen erst 1844 gewährt wurde; der Senat gab erst nach langwierigen Erörterungen seine Zustimmung).

Im Falle Kaliforniens vollzog sich die Expansion in etwas anderer Form. Dort waren die Kolonisten nicht so zahlreich, als daß sie sich erheben und ihren Besitzanspruch hätten geltend machen können. Die Bundesregierung bemühte sich zunächst, durch Verhandlungen die Abtretung der Provinz gegen eine Entschädigung zu erreichen. Das lehnte die mexikanische Regierung, welche die vollzogenen Tatsachen in Texas nicht anerkannte, entschieden ab. Mit der Zusammenziehung von Truppen an der Grenze schuf sie für die Vereinigten Staaten den Vorwand, um die Entscheidung in einem Krieg herbeizuführen. Geschlagen und besetzt, gab Mexiko alle Gebiete nördlich des Rio Grande an die Vereinigten Staaten ab: Neumexiko, Kalifornien und das südliche Gebiet der Rocky Mountains (Utah, Nevada und Arizona). Nach eingeführtem Brauch bezahlte die Regierung in Washington für ihre territorialen Erwerbungen, um die militärische Eroberung zu legitimieren. So hatte Präsident Monroe im Jahre 1818 den von General Jackson eroberten Teil Floridas an die Spanier zurückgegeben; im folgenden Jahr erwarb er beide Floridas für ganze fünf Millionen Dollar: ›Never did a state buy so much for so little.‹

Entsprach diese kontinentale Expansion auch zweifellos der Grundanschauung der Begründer der Republik und dem spontanen Handeln ihrer Bürger, so war doch die Öffentlichkeit bei weitem nicht einhelliger Meinung anläßlich der diplomatischen Krisen, die durch Entwicklungen in Europa und durch die Erweiterung der Union ausgelöst wurden. Nur mit Mühe gelang es Washington, beim Ausbruch des Krieges zwischen dem revolutionären Frankreich und England seine Neutralität zu wahren. Anlaß des Krieges von 1812 war die Blockade und die Verletzung der Neutralitätsrechte durch die britische Marine; zur ›Kriegspartei‹ zählten vornehmlich die Bewohner des Westens, denen es um eine Korrektur der Grenze zu den britischen Besitzungen ging, die Bewohner des Südens, die ihren Blick auf Florida richteten, das dem damals mit England verbündeten Spanien gehörte, und die ›Falken‹ von damals, die ihre Hoffnung, Kanada zu erwerben, nicht aufgegeben hatten. Die Kaufleute von Neuengland waren zwar von der Blockade direkt betroffen, zählten aber eher zu den ›Tauben‹.

Auch der Krieg gegen Mexiko fand keine einhellige Zustimmung und löste anschließend heftige Auseinandersetzungen aus. War es nicht ein Eroberungskrieg, ebenso unentschuldbar wie die Praktiken, die man den räuberischen Staaten des alten Europa vorwarf? Anders gesagt, kann der Historiker schon in der ersten Hälfte der Periode der kontinentalen Expansion gewisse Züge erkennen, die das außenpolitische Wirken der Vereinigten Staaten auch heute noch kennzeichnen: eine plötzliche Erregung, die sich (1792 und 1812) der öffentlichen Meinung bemächtigt, Zweifel an der eigenen Rechtmäßigkeit, ein Schwanken zwischen dem Willen zur Macht (bzw. zur Expansion) und Gewissensbissen sowie eine merkwürdige Mischung von pragmatischem und moralisierendem Urteil.

Das berühmte politische Testament Washingtons, das gemeinhin als eine Weigerung gedeutet wird, sich in europäische Querelen verwickeln zu lassen und dauerhafte Bündnisse einzugehen, belegt ebenfalls eine spezifische Auffassung von den internationalen Beziehungen.

›Unsere gesonderte und abgetrennte Lage fordert von uns und macht uns auch fähig, einen eigenen Weg zu gehen. Wenn wir *ein* Volk bleiben, unter einer tatkräftigen Regierung, ist die Zeit nicht fern, da wir ernsthafte Kränkungen durch Belästigungen von außen abweisen können; da wir in der Lage sind, eine Haltung einzunehmen, durch die dafür Sorge getragen wird, daß die Neutralität, zu der wir uns jeder Zeit entschließen können, peinlich genau beachtet wird; eine Zeit, da kriegführende Staaten, in der Erkenntnis der Unmöglichkeit, bei uns Eroberungen zu machen, uns nicht leichtherzig herausfordern werden; da wir zwischen Frieden und Krieg wählen können, wie unsere Interessen, von unserem Gerechtigkeitssinn geleitet, es uns gebieten... Die richtige Politik für uns ist, an dauernden Bündnissen mit irgendeinem Teil der übrigen Welt glücklich vorbeizukommen, insoweit natürlich nur, als wir gegenwärtig frei sind, es zu tun; denn versteht mich nicht dahin, als ob ich fähig wäre, Untreue gegen bestehende Bündnisse zu fordern. Es ist mein Grundsatz, daß Ehrenhaftigkeit immer die beste Politik ist, und zwar ebenso bei öffentlichen als bei privaten Angelegenheiten. Darum wiederhole ich: haltet solche Verpflichtungen in ihrem genauen Sinne ein. Meiner Überzeugung nach ist es aber unnötig und unklug, sie zu erweitern. Wir müssen immer darauf achten, uns durch entsprechende Einrichtungen in einer Achtung gebietenden Verteidigungsstellung zu halten; dann dürfen wir auch in außergewöhnlichen schwierigen Lagen auf vorübergehende Bündnisse mit Sicherheit vertrauen.‹ (7)

Und an anderer Stelle heißt es: ›Die Nation, die sich gegen eine andere einen gewohnheitsmäßigen Haß oder eine gewohnheitsmäßige Vorliebe erlaubt, ist in gewissem Sinne ein Sklave; sie ist ein Sklave ihrer Abneigung oder ihrer Vorliebe.‹ (8)

Sich in die europäischen Konflikte nicht verwickeln zu lassen, war ein vernünftiger Ratschlag für die junge Republik, die ja durch ihre Entfernung und durch die Kriege zwischen den europäischen Staaten geschützt war. Die unterstellte Übereinstimmung von Interesse und Gerechtigkeit, von Ehrlichkeit und Einhaltung bestehender Verpflichtungen entsprach einer optimistischen Ideologie, die es erlaubte, an das zu glauben, was die Menschen des 18. Jahrhunderts mit dem Ausdruck ›American Empire‹, die des 19. Jahrhunderts mit dem Ausdruck ›Manifest Destiny‹ belegten.

Die berühmte Erklärung Monroes (in seiner Botschaft an den Kongreß vom 2. Dezember 1823) läßt einerseits eine antiimperialistische Haltung erkennen, wie sie dem Selbstverständnis der Amerikaner entspricht, und andererseits den Glauben an eine (wie es Nichtamerikaner sehen) imperiale Berufung in der westlichen Hemisphäre (ein von den Amerikanern selbst geschaffener geographischer Begriff, der ihnen einen Verantwortungs- bzw. Einflußbereich zuwies). Das britische Kabinett hatte dem Präsidenten Monroe eine gemeinsame Aktion vorgeschlagen, doch er zog den Alleingang vor. Er verkündete ein Verbot der Kolonisation auf dem amerikanischen Kontinent:

›... ist die Gelegenheit für angebracht gehalten worden, es als einen Grundsatz aufzustellen, der die Rechte und Interessen der Vereinigten Staaten berührt, daß die amerikanischen Kontinente zufolge der freien und unabhängigen Stellung, die sie sich errungen haben und behaupten, fürderhin nicht mehr als Gegenstände für zukünftige Kolonisation durch irgendwelche europäischen Mächte anzusehen sind.‹ (9)

Diese Warnung richtete sich an die Mächte der Heiligen Allianz — darunter besonders an Frankreich — , die versucht gewesen sein mochten, gegen die lateinamerikanischen Republiken vorzugehen, deren Unabhängigkeit anzuerkennen die Regierung der Vereinigten Staaten sich beeilt hatte.

›Aber wir könnten einen Eingriff seitens einer europäischen Macht in die Regierungen, die ihre Selbständigkeit erklärt und sie aufrechterhalten haben, und deren Unabhängigkeit wir nach großer Überlegung und auf Grund gerechter Prinzipien anerkannt haben, zu dem Zwecke, sie zu unterdrücken oder in irgendeiner Weise ihr Schicksal zu bestimmen, in keinem anderen Lichte denn als Kundgebung eines unfreundlichen Verhaltens gegenüber den Vereinigten Staaten ansehen.‹ (10)

Die amerikanische Republik verfügte damals nicht über die militärischen Mittel, um die Entscheidungen, welche sie feierlich vor der Welt verkündete, durchzusetzen. Es war die britische Marine, die jeglichen Anwandlungen, seitens der europäischen Staaten die Prinzipien der Heiligen Allianz auf dem amerikanischen Kontinent anzuwenden, vorbeugte. Gleichwohl behält die Erklärung Monroes die Bedeutung, die ihr gemeinhin zugeschrieben wird, nämlich Ausdruck des politischen Selbstbewußtseins der Vereinigten Staaten zu sein. Amerikanische Staatsmänner haben zwischen der Ablehnung des europäischen Imperialismus (bzw. Kolonialismus) und der besonderen Rolle oder Sendung, die sie ihrer Republik zudachten, nie einen Widerspruch gesehen. Die Republik warf sich zur Schutzmacht der Staaten beider amerikanischer Kontinente auf und erklärte diese zu ihrem Revier, zu einem Bereich, der einer Freiheit vorbehalten bleiben sollte, wie diese Republik sie verstand.

Der Antiimperialismus, der die Erklärung Monroes beseelte und den Führern der Republik ein gutes Gewissen gab, diente nicht nur der Rechtfertigung oder der Verschleierung des Expansionismus oder des Willens zur Vorherrschaft, sondern er bremste auch Versuchungen oder Versuche, Gebiete zu annektieren, die nicht unmittelbar an die Union angrenzten und von Indianern bevölkert waren.

Natürlich machte der Drang nach Westen an den Küsten des Pazifik nicht halt. Es war ein amerikanischer Marineoffizier, der Commodore Perry, der von Japan die ersten Konzessionen erlangte, die dann dazu führten, daß das Reich der aufgehenden Sonne eine außergewöhnliche Wandlung durchmachte, in deren Verlauf es — unterbrochen durch ein verheerendes Zwischenspiel — Leistungen vollbrachte, die ans Wunderbare grenzen. Als die Europäer über China herfielen, blieben die Vereinigten Staaten nicht abseits, und sie schufen sich ebenfalls Positionen auf den Inseln des Pazifik. Der Antiimperialismus trat jedoch immer dann hervor, wenn es den Anschein hatte, als sei die Bevölkerung eines Gebietes für die Aufnahme in die Union nicht zu gewinnen oder das Gebiet zu weit von den Vereinigten Staaten entfernt, um zu deren integrierendem Bestandteil zu werden.

Nach dem (von Rußland selbst vorgeschlagenen) Erwerb Alaskas (11) stieß der Erwerb der damals dänischen Antillen-Inseln im Senat auf Widerstand. Der Senat verdächtigte Präsident Grant, durch die Gewährung von Darlehen die Annexion der Dominikanischen Republik vorzubereiten, und verweigerte dem Präsidenten die Zustimmung. Er lehnte gleichfalls das Protektorat über die Samoa-Inseln ab, das Grant ebenfalls anstrebte. Auch versagte er einem Handelsvertrag, den Seward mit Hawaii vorbereitet hatte, die Zustimmung, weil dieser Vertrag ebenfalls auf die Annexion hinauszulaufen schien. Das hinderte die Amerikaner indessen nicht, sich dort niederzulassen: 1875 wurde ein Handelsvertrag geschlossen; 1884 wurde den Amerikanern der Stützpunkt Pearl Harbor abgetreten; 1893 erhoben sich die Amerikaner in Hawaii und zwangen die eingeborene Königin zur Abdankung. Die unabhängige

Republik von Hawaii forderte den Anschluß an die Vereinigten Staaten. Jetzt war es der Präsident Cleveland, der ablehnte. Zur Eingliederung der Insel in die Union kam es erst in der Mitte des 20. Jahrhunderts.

Der Gegensatz zwischen dem Präsidenten und dem Kongreß in außenpolitischen Fragen reicht also — genauso wie die bewegten öffentlichen Auseinandersetzungen in diesen Fragen — weit hinter die Zeit Wilsons, des Versailler Vertrages und des Völkerbundes zurück. Nach der Verfassung für die Führung der auswärtigen Angelegenheiten verantwortlich, zögerte der Präsident nicht, die Initiative zu ergreifen und eine Geheimdiplomatie zu betreiben. Auch die beiden Einstellungen des Expansionismus und des Antiimperialismus, des Machtwillens und des Moralismus lassen sich seit den Anfängen der Republik beobachten. Wenn wir zwischen dem ersten und dem zweiten Jahrhundert der Geschichte der Vereinigten Staaten einen Bruch erkennen, dann nur, weil die Umstände, die einer Versöhnung der auseinanderweichenden Tendenzen förderlich waren, seit 1898 nicht mehr gegeben waren. Die Republik hatte mehr als nur die Auffassungen ihrer Bürger und Staatsmänner verändert.

Am Ende des letzten Jahrhunderts lautete die Frage: Werden die Amerikaner sich mit ihrer Insel begnügen, mit deren Nutzung sie noch kaum begonnen haben? Sie entschieden sich anders, bzw. statt ihrer sorgten die Umstände für eine andere Entscheidung. Das unzusammenhängende Bild, welches das außenpolitische Wirken der Vereinigten Staaten in der Periode von 1898 bis 1939 (oder 1941) abgibt, ist vielleicht nur eine Folge der Unentschiedenheit des Historikers, der sich nicht auf eine der beiden Formeln festlegen mag — daß einerseits die Vereinigten Staaten sich nicht aus der Weltgeschichte heraushalten *konnten*, und daß sie andererseits nicht *wußten*, welche Rolle ihnen zufiel, wenn sie sich ganz und gar darauf einließen.

Bedeutet der Krieg gegen Spanien — ausgelöst durch einen ungeklärten Zwischenfall (die Explosion des Panzerkreuzers *Maine* im Hafen von Havanna) im Anschluß an eine Revolte der Kubaner gegen die spanische Herrschaft und eine Pressekampagne in den Vereinigten Staaten — einen Bruch mit der antiimperialistischen Tradition? Bezeichnet er vielleicht eine weitere Etappe des Expansionismus der Yankees auf Kosten des spanischen Imperiums bzw. der spanischsprechenden Völker? Beide Thesen sind vertreten worden, und mir scheint, daß beide eine Teilwahrheit enthalten. Ein Überlegenheitsgefühl der Angloamerikaner gegenüber den Spaniern bzw. den spanischsprechenden Völkern ist nicht erst seit 1898 festzustellen. Ohne den Tatsachen Gewalt anzutun, läßt sich vom Krieg gegen Mexiko in der Mitte des Jahrhunderts bis zum Krieg gegen Spanien am Ende des Jahrhunderts eine Kontinuität entdecken. Da ist zunächst ein friedlich gesonnener Präsident — McKinley —, eine Neutralitätserklärung, aber auch eine Kriegspartei, die eng mit ökonomischen Interessen (der kubanischen Pflanzer), stärker jedoch noch mit ideologisch bestimmten Gruppen verbunden ist; dann kommt es zu einer Mobilisierung der öffentlichen Meinung durch eine Presse, welche laut die Greuel der spanischen Unterdrückungsmaßnahmen beklagt, und schließlich zu einem Zwischenfall, der dem Präsidenten die Entscheidung abnimmt.

Nachdem der Krieg da war, setzten die imperiale Partei, Theodore Roosevelt und Admiral Dewey auf einen totalen Sieg: sie bezogen die spanischen Besitzungen im Pazifik in den Operationsbereich ein. Der Friedensvertrag, der Spanien der letzten Überreste seines Imperiums beraubte und der amerikanischen Republik die Souveränität über die Philippinen, Puerto Rico und die Insel Guam übertrug, stieß denn auch bei einem Teil des Senats auf Widerstand und wurde nur mit knapper Mehrheit ratifiziert.

Die Annexion der Philippinen, eines fernen Inselreiches, dessen Bewohner schwerlich einen amerikanischen Bundesstaat bilden konnten, ließ sich in die bisherige Entwicklung der amerikanischen Expansion nicht mehr einordnen. Von der spanischen Besetzung befreit, proklamierten die Philippinen ihre Unabhängigkeit, und um ihre ›Unbotmäßigkeit‹ zu unterdrücken, mußten amerikanische Truppen zehn Jahre lang zu ihrer Befriedung eingesetzt werden, bei der es zu zahllosen Grausamkeiten kam. Theodore Roosevelt gab der herrschenden Meinung Ausdruck, als er die Annexion bedauerte und — trotz des Anteils, den er selbst daran gehabt hatte — als einen Irrtum eingestand.

Das Auftreten der Vereinigten Staaten in der Karibik und in Mittelamerika bedeutet dagegen so etwas wie einen Kompromiß zwischen der Ablehnung des europäischen Imperialismus und einem Bewußtsein besonderer Eigenrecht- oder, wenn man so will, eine weitgehende Auslegung der Monroe-Doktrin. Theodore Roosevelt beispielsweise hat die These von der besonderen Verantwortung der Vereinigten Staaten ausdrücklich formuliert:

›Ständige Verfehlungen können es in Amerika wie auch anderswo letzten Endes notwendig machen, daß eine zivilisierte Nation eingreift, und in der westlichen Hemisphäre kann das Festhalten der Vereinigten Staaten an der Monroe-Doktrin die Vereinigten Staaten, so sehr es ihnen auch widerstreben mag, in flagranten Fällen von Verfehlungen oder Unfähigkeit zwingen, Vollmachten einer internationalen Polizei auszuüben.‹ (12)

Kuba, das Anlaß zum Krieg gegen Spanien gewesen war, wurde zu einer unabhängigen Republik, doch erhielten die Vereinigten Staaten einen Marinestützpunkt in Guantanamo und — mit dem *Platt Amendment* — ein ständiges Interventionsrecht, um die Ordnung wiederherzustellen bzw. ihre Interessen zu wahren. Zu Beginn des Jahrhunderts betrieben die Vereinigten Staaten — genau wie es die Europäer damals taten — eine Kanonenboot-Diplomatie — sei es, um die Rückzahlung von Schulden zu sichern, sei es, um die Ordnung wiederherzustellen, sei es, um eine Partei oder einen Präsidenten, der ihren Interessen genehm war, an die Macht zu bringen. In Kolumbien unterstützten sie die Sezessionsbewegung, die schließlich zur Schaffung des Staates Panama führte, mit dem sie rasch einen Vertrag abschlossen, der ihnen gegen eine finanzielle Entschädigung die volle Souveränität über einen 16 km breiten Streifen quer über die Landenge von Panama einräumte. Obwohl der Nachfolger Theodore Roosevelts mehr an den Dollar — als Mittel und als Zweck — als an den ›Big Stick‹ glaubte, ließ auch er zweitausend Marine-Infanteristen in Nicaragua landen, um dort einen wohlgesonnenen Präsidenten zu stützen.

Sieht man von der Annexion der Philippinen ab, dann läßt sich noch bis 1914 das außenpolitische Wirken der Vereinigten Staaten zwanglos in den alten Rahmen, in die Logik des ursprünglichen nationalen Entwurfs einordnen. Das Recht, die karibischen Inseln zu beaufsichtigen, ist lediglich eine Verlängerung der alten Praktiken der territorialen Expansion. Angrenzende Gebiete wurden von den Vereinigten Staaten als Teil ihres Einflußbereichs angesehen, in dem sie — ohne allzu große Skrupel oder Widerwillen — es zu ihrer Übung machten, Mitläufer zu gewinnen, gegen unfreundliche Regierungen Aufstände anzuzetteln und, wenn es nötig war, auch Gewalt anzuwenden. Im übrigen hatten die Vereinigten Staaten sich noch nicht entschieden, ob sie sich einer weltweiten Aufgabe oder vorwiegend dem Handel und den Investitionen, der Idee Roosevelts von der Größe Amerikas oder Tafts ökonomischen Zielvorstellungen verschreiben sollten. Nach dem Krieg gegen Spanien auch zur asiatischen Macht geworden, kehrten sie Europa weiterhin den Rücken, und erst der Weltkrieg veranlaßte die Neue Welt, zur Wiederherstellung des Gleichgewichts in der Alten Welt zu intervenieren.

Die Frage nach den *Ursachen* des amerikanischen Kriegseintritts im Jahre 1917 gehört zu den Fragen, deren definitive Beantwortung nicht nötig und wahrscheinlich auch nicht möglich ist. Getreu der Tradition hatte der Präsident zunächst die Neutralität der Vereinigten Staaten verkündet, und genau wie in den Jahren 1792—1812 hatten die kriegführenden Parteien — sei es nacheinander, sei es gleichzeitig — die Interessen der Neutralen mißachtet und den Seeverkehr unterbrochen. (13) Großbritannien, das eine Fernblockade betrieb und die Frachtschiffe neutraler Staaten aufbrachte, wurde ebenso mit Protestnoten eingedeckt wie das Wilhelminische Deutschland, das mit dem Torpedieren von Schiffen für den Verlust amerikanischer Menschenleben verantwortlich war. Schließlich richtete sich die allgemeine Empörung gegen die Mittelmächte — vielleicht wegen der Erklärung des unbegrenzten U-Boot-Krieges, vielleicht wegen der Enthüllungen über die Aktivität des deutschen Botschafters, vielleicht wegen der von amerikanischen Banken an Großbritannien und Frankreich gewährten Kredite, vielleicht wegen einer trotz allem fortbestehenden Solidarität zwischen den Völkern englischer Zunge, vielleicht aus Furcht vor einer deutschen Hegemonie auf dem europäischen

Kontinent oder wegen der entschiedenen Schwächung Großbritanniens, dessen Marine die Sicherheit der amerikanischen Republik garantiert hatte. Ich glaube, daß niemand genau ermessen kann, welchen Anteil diese verschiedenen Ursachen hatten. (14) Für das Verständnis des folgenden scheint mir wichtig zu sein, daß wieder einmal die öffentliche Meinung durch eine grandiose und unbestimmte Ideologie mobilisiert worden war und daß der Präsident selbst das Vorgehen der Vereinigten Staaten als eine Rettungsaktion *darstellte* und weitgehend auch *auffaßte*, die sich von dem Handeln der Alliierten und assoziierten Mächte wesentlich unterschied.

In gewisser Hinsicht ging es tatsächlich um Unterschiedliches. Die Vereinigten Staaten hatten in Europa keine territorialen Ambitionen, und konnten sie nicht haben (genausowenig wie Großbritannien seit dem Ende des Hundertjährigen Krieges). Die Ablehnung des Imperialismus europäischer Prägung hielt die Vereinigten Staaten von kolonialen Eroberungen ab. Die Völker des Alten Kontinents hatten also nicht Unrecht, wenn sie an die ›Selbstlosigkeit‹ der Amerikaner und den ›Idealismus‹ des Präsidenten glaubten, soweit bei den Dingen, um die es in den Verhandlungen ging, Selbstlosigkeit und Idealismus überhaupt eine Rolle spielten. Die europäischen Staatsmänner gingen in ihrer Beurteilung der internationalen Beziehungen von den realistischen (oder zynischen) Voraussetzungen der Machtpolitik und von den Erfordernissen des Kräftegleichgewichts aus. Clemenceau fürchtete den Vergeltungsdrang eines nur vorübergehend geschwächten Deutschlands, das mit seinem menschlichen und wirtschaftlichen Potential Frankreich weit überlegen war und gegen das die wohlmeinenden Absichten des amerikanischen Präsidenten keine dauerhafte Garantie boten.

Die Ablehnung des Versailler Vertrages durch den Senat, die Weigerung, sich am Völkerbund zu beteiligen, und der Rückzug in den Isolationismus — diese ganze, altbekannte Geschichte ist jedoch nur ein Zwischenspiel im Schicksal der amerikanischen Republik. Es ist unwichtig und wahrscheinlich vollkommen beliebig, ob man dieses Zwischenspiel mit dem Krieg gegen Spanien, der Annexion der Philippinen oder dem Kriegseintritt von 1917 beginnen läßt. Wesentlich erscheint mir, daß man begreift, worin das Neue besteht. Ich möchte es auf zweierlei, einander im übrigen ergänzende Weise definieren: Nachdem sie in der westlichen Hemisphäre zur führenden und im Weltmaßstab zur ersten Macht geworden sind, treten die Vereinigten Staaten wider ihren Willen in die Weltpolitik ein; von nun an haben sie es nicht mehr mit Indianerstämmen, mit einem verfallenden spanischen Imperium, einem willfährigen oder resignierten britischen Empire zu tun, sondern mit Staaten, die ihrerseits entschlossen sind, ihre Rechte und Interessen zu verteidigen. Sie treten nicht in das europäische Staatensystem ein, dessen Korruption sie aufgedeckt haben; allerdings weist das Weltsystem, dessen Vollmitglied sie werden, die gleichen oder gar noch schlimmere Fehler auf.

Die Einheit des außenpolitischen Wirkens der Vereinigten Staaten während der Periode von 1898 bis 1940 besteht, insgesamt gesehen, nur in ihren Widersprüchen, ihren Kehrtwendungen, ihrer Unfähigkeit, sich für einen Kurs zu entscheiden und ihm treu zu bleiben — kurz, in der Ablehnung der zwischenstaatlichen Welt, wie sie sich in Jahrhunderten entwickelt hatte und deren Regeln auch die Vereinigten Staaten zum eigenen Vorteil und zum Nachteil erst der Franzosen, dann der Engländer, der Italiener und der Spanier befolgt hatten, ohne sich davon allerdings Rechenschaft zu geben. Eine Ähnlichkeit zwischen ihrer kontinentalen Expansion und dem Imperialismus anderer Staaten hatten die Amerikaner nie gesehen; ohne bedrohliche Nachbarn und stets reich mit Land ausgestattet, erreichten sie am Ende des Jahrhunderts jene Reife, die Hegel ihnen vorausgesagt hatte:

›Nordamerika ist noch auf dem Standpunkt, das Land anzubauen. Erst wenn wie in Europa die bloße Vermehrung der Ackerbauer gehemmt ist, werden sich die Bewohner, statt hinaus nach Äckern zu drängen, zu städtischen Gewerben und Verkehr in sich hineindrängen, ein kompaktes System bürgerlicher Gesellschaft bilden und zu dem Bedürfnis eines organischen Staates kommen ... Amerika ist somit das Land der Zukunft, in welchem sich in vor uns liegenden Zeiten, etwa im Streite von Nord- und Südamerika, die weltgeschichtliche Wichtigkeit offenbaren soll; es ist ein Land der Sehnsucht für alle die, welche die historische Rüstkammer des alten Europa langweilt. Napoleon soll gesagt haben: *Cette vieille Europe m' ennuie*. Amerika hat von dem Boden auszuscheiden, auf welchem sich bis heute die Weltgeschichte begab.‹ (15)

Während des halben Jahrhunderts, das zwischen dem Krieg gegen Spanien — dem Ende eines Imperiums, dessen Überreste die Vereinigten Staaten auflasen — bzw. der Annexion der Philippinen — die den europäischen Imperialismus imitierte und als Fehler empfunden wurde — und dem Eintritt in den Krieg gegen Japan und Deutschland im Dezember 1941 verfloß, bestand die Verfehlung des außenpolitischen Wirkens der USA weniger in ihrer Machtgier als vielmehr in ihrer mangelnden Fähigkeit oder Bereitschaft, die ihnen vom Schicksal auferlegte Rolle wahrzunehmen. Die Ächtung des Krieges durch den Briand-Kellogg-Pakt ist vom gleichen Schlage wie Wilsons Moralismus und Legalismus, gegen die Kennan und Morgenthau nach 1945 einen leidenschaftlichen Feldzug führten. Die Weigerung, den Realitäten der zwischenstaatlichen Welt gerecht zu werden, wird auch durch andere Entscheidungen belegt. Gewissermaßen auf einer Insel von kontinentalen Ausmaßen gelegen, bedurften die Vereinigten Staaten in Friedenszeiten keines großen Heeres. Als sie jedoch in Asien auf die Ambitionen Japans stießen und ein japanischer Angriff auf die Philippinen drohte, wurde ihre bisherige Praxis, den ersten Schuß abzuwarten, bevor sie ein ihren Möglichkeiten entsprechendes Heer aufstellten, zum Anachronismus.

Im Hinblick auf Handel und Finanzen war das außenpolitische Wirken der Vereinigten Staaten nicht minder kurzsichtig. Der im Jahre 1913 von Wilson eingeführte niedrige Underwood-Zolltarif war 1922 durch den Fordney-McCumber-Tarif abgelöst worden, der höhere Abgaben vorsah. 1930, als die Krise bereits eingesetzt hatte, beschloß der Kongreß den Hawley-Smoot-Tarif, der noch stärker schutzzöllnerisch orientiert war; trotz unzähliger Warnungen der Wirtschaftswissenschaftler begriffen die Abgeordneten nicht oder wollten nicht begreifen, daß die Vereinigten Staaten, die lange ein Kapitaleinfuhrland gewesen waren, dank des Ersten Weltkrieges zu Gläubigern der Außenwelt geworden waren. Man kann die Forderung nach Rückzahlung der Kriegsschulden, die als vollkommen getrennt von der Frage der Reparationen betrachtet wurde, bei gleichzeitiger Einschränkung der Importe durch erhöhte

Zollsätze — zwei Beschlüsse, die in ihrer Unvereinbarkeit eine echte Fehlleistung darstellen — kaum anders denn als eine bewußte Verleugnung der Tatsachen interpretieren. Auch fällt es schwer, eine rationale Erklärung für die während der dreißiger Jahre vom Kongreß beschlossenen Neutralitätsgesetze zu finden, die eine Wiederholung jenes Entwicklungsprozesses verhindern sollten, der zum Kriegseintritt im Jahre 1917 geführt hatte. Das Gesetz vom Mai 1939 verbot jeglichen Verkauf von Kriegsmaterial und jegliche Kredite an kriegführende Parteien und untersagte amerikanischen Bürgern die Benutzung von Schiffen eines kriegführenden Staates. Ein kriegführendes Land, das nicht-verbotene Waren zu kaufen wünschte, hatte sie bar zu bezahlen und auf eigenen Schiffen zu transportieren. Dieses Gesetz, ein Jahr nach dem Anschluß Österreichs erlassen, ermutigte die ›Aggressoren‹ — vor allem Hitlerdeutschland — , denen die öffentliche Meinung entgegenschlug. Die gleiche Wirkung hatten die Bemühungen Roosevelts und der amerikanischen Diplomatie, in China das überholte und ausgehöhlte Prinzip der ›Offenen Tür‹ aufrechtzuerhalten, um dem japanischen Expansions- und Eroberungsdrang zu widerstehen: Widerstand mit allen Mitteln außer jenen des Krieges (short of war) — das scheint die Devise der Amerikaner gewesen zu sein, die jeder Vernunft, zumindest aber jedem gesunden Menschenverstand widersprach. Nur durch ein Wunder hätte angesichts eines Staates wie Japan die Ächtung der Aggressoren oder die Vergabe von Darlehen an Staaten, die Opfer der Aggression geworden waren, die Gewalt wirksam ersetzen können. Als hätten die Vereinigten Staaten selbst während ihrer kurzen Geschichte die Anwendung von Gewalt vermeiden können!

Mit der Bewilligung von zusätzlichen Mitteln für die Marine gab der Kongreß gewissermaßen dem Zweifel an seinen eigenen Beschlüssen Ausdruck. Er versuchte, das Unvermeidliche zu verhindern. Die Mitglieder des Kongresses haben vielleicht gehofft, es werde Frankreich und Großbritannien gelingen, ohne Hilfe der Vereinigten Staaten das Dritte Reich zu besiegen, das sich später mit dem faschistischen Italien und Japan verbünden sollte. Sie hätten wahrscheinlich zugegeben, daß die Vereinigten Staaten notfalls auch ein zweites Mal bereit sein würden, das Gleichgewicht der Alten Welt wiederherzustellen. Die Verbindung von Neutralitätsgesetzen einerseits und moralischer Unterstützung für die Demokratien andererseits mußte, wenn sie überhaupt einen Einfluß auf den Gang der Ereignisse hatte, Hitler veranlassen, seine Vorhaben zu beschleunigen und den Krieg zu beginnen, bevor noch die feindselige Haltung gegen die totalitären Regime in Taten umgesetzt wurde. Könnte der Historiker mit einer gewissen Glaubwürdigkeit den Mitgliedern des Kongresses einen Super-Machiavellismus unterstellen, dann würde er wahrscheinlich jene Erklärung übernehmen, zu welcher die Interpreten der britischen Diplomatie so häufig gegriffen haben, derzufolge die Inselmacht sich in dem Maße erhebt, wie die kontinentalen Mächte sich in ›totalen‹ Konflikten erschöpfen. Ein zweiter europäischer Krieg ließ die potentielle Hegemonie der Vereinigten Staaten zur Wirklichkeit werden. Europa erreichte das Ziel, auf das es in seiner Zwietracht blindlings zusteuerte: sich — um mit Valéry zu sprechen — von einer amerikanischen Kommission regieren zu lassen. Hätten die Führer der amerikanischen Republik die Hegemonie, die sie in der westlichen Hemisphäre ausübten, auf den Alten Kontinent ausdehnen *wollen*, so hätten sie kaum anders handeln können, als sie es wirklich taten.

Gewiß wird man den Senatoren aus Arizona oder Wisconsin so viel Verschlagenheit oder Weitsicht nicht unterstellen. Die Inselmacht, deren Territorium gegen Angriffe geschützt bleibt und die ihre Expeditionsheere in ferne Länder schickt, hat sich — bis 1945 — das merkwürdige Privileg bewahrt, politisch von ihren Irrtümern zu profitieren. Weil sie durch ihre mangelnde Parteinahme die Illusion verbreiteten, sie würden sich weiterhin aus den Kampfhandlungen in Europa heraushalten, und weil sie nicht fähig waren, sich zwischen einem Kompromiß mit Japan und einer Entschlossenheit zu entscheiden, für die nur eine massive Wiederaufrüstung einen überzeugenden Beweis geliefert hätte, tragen die Vereinigten Staaten *historisch* einen Teil der Verantwortung für den Ausbruch des doppelten Krieges im Atlantik und im Pazifik. Das Vierteljahrhundert der Vorherrschaft war die Sanktion — sei es als Lohn, sei es als Strafe — für die — wie heute jeder weiß — Verirrung: durch die Weigerung, den ihr gebührenden Rang einzunehmen, erschüttert eine Großmacht das System genauso, wie wenn sie einen maßlosen Herrschaftsanspruch erhebt.

Nachdem sie diese Maßlosigkeit beklagt haben, beginnen die Europäer 25 Jahre später erneut, jene Weigerung zu fürchten.

Anmerkungen

1 G. W. F. Hegel, *Werke*, Frankfurt 1970, Band 12, S. 114.
2 R. W. Van Alstyne, *The Rising American Empire*, Oxford 1960, S. 1. Der Text stammt von William Henry Drayton, dem höchsten Richter des Staates Südkarolina.
3 Alexis de Tocqueville, *Über die Demokratie in Amerika*, Stuttgart 1959—62, Band 1, S. 387.
4 ibidem, S. 388.
5 ibidem, S. 386.
6 ibidem.
7 Adolf Rein, (Hrsg.), *Die drei großen Amerikaner Hamilton Jefferson Washington*, Berlin 1923, S. 181.
8 ibidem, S. 178 ff.
9 Herbert Kraus, *Die Monroe-Doktrin, in ihren Beziehungen zur amerikanischen Diplomatie und zum Völkerrecht*, Berlin 1913, S. 37 f.
10 ibidem, S. 38. - Die Warnung richtete sich zugleich an das zaristische Rußland, das im Begriff war, seine Herrschaft von Alaska aus, das es seit dem 18. Jahrhundert besaß, in Richtung Oregon auszudehnen. Vgl. Franck L. Schoell, *Histoire des Etats-Unis*, Paris 1965, S. 150.
11 Einige führende Politiker sahen darin eine neue Gelegenheit, Kanada der Union einzuverleiben.
12 Zitiert nach H. C. Allen, *The United States of America*, London 1964, S. 114.
13 Von 1796 bis 1798 hatte zwischen Frankreich und den Vereinigten Staaten ein unerklärter Kaperkrieg, und im Jahre 1812 ein erklärter Krieg mit Großbritannien stattgefunden.
14 Die sogenannte realistische Interpretation, derzufolge die Sicherheit der Vereinigten Staaten durch einen Sieg der Mittelmächte bedroht gewesen wäre, hat mich nie völlig überzeugt. Die herrschende Auffassung, in der dieser Punkt sich nicht durchgesetzt hat und die Intervention als eine bewußt getroffene Entscheidung dargestellt wird, scheint mir der Wahrheit näher zu kommen.
15 Hegel, op. cit., S. 114.

ERSTER TEIL

Die Vereinigten Staaten im zwischenstaatlichen System Erfolg und Scheitern der Hegemonialmacht

EINLEITUNG

Die beiden Kriege des 20. Jahrhunderts — zusammen stellen sie von Anfang bis Ende einen weiteren Dreißigjährigen Krieg dar — bilden den tragischen Epilog auf das europäische Zeitalter und das diplomatische System, das für Europa seit dem Ende der Religionskriege kennzeichnend gewesen war.

›Schon seit langem durfte man das christliche Europa — Rußland ausgenommen — für eine Art großer Republik ansehen, die in mehrere teils rein monarchische, teils konstitutionelle, teils aristokratische, teils demokratische Staaten zerfiel, welche jedoch sämtlich miteinander harmonierten, sämtlich, wenn auch in verschiedene Sekten zersplittert, dieselbe religiöse Grundlage hatten und sich sämtlich zu denselben völkerrechtlichen und politischen Grundsätzen bekannten, die den übrigen Erdteilen noch fremd waren. Diesen Grundsätzen nach machen die europäischen Völker ihre Kriegsgefangenen nicht zu Sklaven, achten sie die Gesandten ihrer Feinde, gestehen sie einmütig gewissen Fürsten, wie dem Kaiser, den Königen und andern geringeren Potentaten, den Vorrang und gewisse Vorrechte zu, namentlich aber stimmen sie in der klugen Politik überein, daß sie soviel als möglich ein Gleichgewicht an Macht unter sich erhalten, indem sie beständig, sogar mitten im Kriege, das Mittel der Unterhandlung anwenden und eines beim andern Gesandte oder minder ehrenwerte Spione unterhalten, die alle Höfe von den Plänen eines einzigen in Kenntnis zu setzen, ganz Europa mit einem Schlage in Aufregung zu bringen und die Schwächern vor den Einfällen zu bewahren vermögen, zu denen der Stärkere stets bereit zu sein pflegt.‹ (1)

Diese auf Voltaire zurückgehende Darstellung schildert in neutralem Stil mit nur leichtem ironischem Unterton die spezifischen Eigentümlichkeiten des zwischenstaatlichen Systems in Europa: *Vorkehrungen gegen die Hegemonie eines Einzelnen* (bei Montesquieu äußert sich dieselbe Idee als ›Widerstand gegen die Universalmonarchie‹), ein — trotz der Verschiedenheit der Institutionen — *gemeinsamer Grundbestand an Glaubensvorstellungen und Gebräuchen* und ein maßvoller *Machiavellismus* der Staatsmänner, die zwar die Prinzipien des öffentlichen Rechts respektieren, aber einander finsterer Absichten verdächtigen.

Die europäischen Staaten billigten den Völkern bzw. den bestehenden Staaten Asiens und Afrikas nicht die gleichen Privilegien zu, die sie sich gegenseitig einräumten. Als gleichberechtigt behandelte das eurozentrische System nur jene außereuropäischen Staaten, welche die Respektierung ihrer Existenz und ihrer Rechte gewaltsam durchzusetzen vermochten. So wurde Japan möglicherweise nach seinem Sieg über China (1895), auf jeden Fall aber durch seinen Sieg über das zaristische Rußland zum Vollmitglied des zwischenstaatlichen Systems. Die beiden Amerika lagen am Rande dieses Systems; die Vereinigten Staaten gehörten ihm nur von Zeit zu Zeit an.

Der Erste Weltkrieg hatte die von Voltaire beschriebene ›Große Republik‹ tödlich getroffen. Durch seine Maßlosigkeit waren derart heftige Leidenschaften geweckt worden, daß die Wiederherstellung der traditionellen Praxis ständiger Verhandlungen nicht mehr möglich war. Rußland, das als letztes Land in den königlichen Almanach aufgenommen wurde, schied im Jahre 1917, Hitlerdeutschland im Jahre 1933 aus der Republik aus. Von einer gemeinsamen Glaubensgrundlage, von einem regelmäßigen Austausch oder von einer Achtung der gleichen Prinzipien kann seither zwischen den Hauptakteuren des diplomatischen Spiels nicht mehr gesprochen werden. In den Jahren 1814 und 1815 hatten die Alliierten Frankreich einen Regimewechsel aufgezwungen, doch den sie verjagten, war ein ›Usurpator‹, die Verkörperung einer revolutionären Idee, ein emporgekommener, zunächst siegreicher und dann geschlagener Soldat. 1918 war es dagegen der legitime Erbe einer königlichen und kaiserlichen Familie, mit dem zu verhandeln die Alliierten und assoziierten Mächte ablehnten, weil sie ihn für die Katastrophe verantwortlich machten.

Das Europa der dreißiger Jahre unseres Jahrhunderts hat keine Ähnlichkeit mehr mit dem der letzten Jahrhunderte

— nicht einmal mehr mit dem der 25 Jahre von der Erstürmung der Bastille bis zum Sturz Napoleons. Jetzt gab es nicht mehr nur einen ›Störenfried‹, sondern zwei; unmittelbar schien das Dritte Reich die größere Gefahr zu sein, und sie war es tatsächlich. Die Union der Sozialistischen Sowjetrepubliken blieb etwas Feindseliges, Geheimnisvolles, jedenfalls etwas Fremdartiges für die westlichen Demokratien, die, ob sie wollten oder nicht, um des Überlebens willen gezwungen waren, sich mit einem ihrer Feinde gegen den anderen zu verbünden. Durch widersprüchliche Bündnisverpflichtungen und Skrupel gelähmt, ergaben sich denn auch Großbritannien und Frankreich in ihr Schicksal, das sie niemals zu meistern vermochten.

Hitler und Stalin führten den Totentanz an. 1939 taten sie sich zusammen, um die polnische Armee zu zerschlagen und Polen wieder einmal unter sich aufzuteilen. Hitler selbst hat den Pakt mit Stalin gebrochen und diesen so zu einem Verbündeten Großbritanniens gemacht. Hitler war es auch, der, durch den japanischen Angriff im Pazifik gezwungen, den Vereinigten Staaten den Krieg erklärte. Als er sich in seinem Berliner Bunker das Leben nahm und das Dritte Reich in apokalyptischer Weise zusammenbrach, gab es Europa nicht mehr. Es war zu einem Trümmerfeld geworden, in dem Millionen von Deportierten auf dem Weg in ihre Heimat herumirrten. Die Begegnung zwischen John und Iwan, dem amerikanischen und dem russischen Soldaten, an der Elbe erscheint in den Geschichtsbüchern unserer Kinder als ein historisches Ereignis, das den Aufstieg der von Toynbee als peripher bezeichneten Staaten und zugleich den unaufhaltsamen Niedergang jener Nationen symbolisiert, von denen eine Zivilisation ausging, die heute im Begriff ist, sich über die ganze Welt auszubreiten.

Wie hätte sich nun, da Deutschland zerschlagen war, und Frankreich sowie Großbritannien zwar zu den Siegern gehörten, aber erschöpft waren — jenes durch die Niederlage und die Besetzung, dieses durch eine maßlose Anstrengung und die Bürde des Sieges —, wie hätte sich da ein innereuropäisches Gleichgewicht entwickeln können? Im Mittelpunkt des zwischenstaatlichen Systems stand nicht mehr das Gleichgewicht zwischen den Nationen des Alten Kontinents, und die Vereinigten Staaten wurden zu einem ständigen Mitglied dieses Systems, dazu verurteilt, die Hauptrolle zu spielen.

Gleichzeitig ging die alte Ordnung in Asien und Afrika ihrem unausweichlichen Zerfall entgegen. Großbritannien hatte sich feierlich verpflichtet, Indien die Unabhängigkeit zu gewähren. Dem Schicksal des britischen Empire sollte auf die Dauer kein europäisches Imperium in Asien entgehen. Ohne die indische Armee konnte Großbritannien seine Positionen im Nahen Osten unmöglich halten. Nach und nach griff die Erschütterung unaufhaltsam auf alle kolonialen und halbkolonialen Besitzungen der europäischen Nationen über — ein Prozeß, der durch den offiziellen, gemeinsam von der Sowjetunion und den Vereinigten Staaten vertretenen Antikolonialismus noch beschleunigt wurde.

Danach stellen sich die Hauptzüge des zwischenstaatlichen Systems, in dem die Vereinigten Staaten die erste Rolle gespielt haben, folgendermaßen dar:

Das System ist weltumspannend; die Vereinigten Staaten waren nicht fähig oder nicht willens, ihre Interventionen auf einen bestimmten geographischen Bereich zu beschränken; sie haben Organisationen, ja sogar Bündnisse aufgebaut und mit Dutzenden von Staaten Pakte abgeschlossen; nichts, was im innersten Afrikas oder im Herzen Sibiriens geschehen wäre, war ihnen fremd.

Das System ist heterogen; an die Stelle des *antikommunistischen Kreuzzuges* ist nach und nach die *friedliche Koexistenz* getreten, doch während ich dies schreibe (November 1972), sterben noch immer amerikanische Soldaten, um zu verhindern, daß in Saigon eine kommunistische Partei an die Macht kommt.

Das System ist revolutionär; der Rückzug der Europäer hat nicht dazu geführt, daß die Unruhe der Völker sich gelegt hätte; der Neokolonialismus — ein unbestimmter Ausdruck, mit dem der wirtschaftliche Einfluß oder die wirtschaftliche Präsenz der westlichen Länder bezeichnet wird — ist den gleichen Angriffen wie der Kolonialismus ausgesetzt. Die großen amerikanischen Gesellschaften werden genauso der ›Herrschaft‹ und der ›Ausbeutung‹ bezichtigt wie einst die Kolonialbeamten; je eindringlicher der Westen die Kluft zwischen dem

Reichtum der einen und der Armut der anderen beklagt, desto stärker schürt er den Groll, desto mehr rechtfertigt er die Revolte der Massen.

Schließlich ist das System bipolar; 1946 fürchteten sich die Europäer davor, daß sowjetische Horden bis zum Atlantik vorstoßen würden; 1972 besitzt nur die Sowjetunion einen Abschreckungsapparat — ballistische Raketen, die in unterirdischen Silos versteckt oder auf atomgetriebenen Unterseebooten angebracht sind —, der dem entsprechenden Apparat der Vereinigten Staaten die Waage zu halten vermag.

Die Geschichte der zwischenstaatlichen Beziehungen seit 1945 umfaßt nicht nur den russisch-amerikanischen Gegensatz. Es ist vorstellbar, daß sich in dem Maße, wie sich in absehbarer Zukunft die stillschweigende Übereinstimmung zwischen Moskau und Washington verstärkt und erweitert, der Kalte Krieg als eine Episode darstellt, deren Bedeutung hinter ihrer spektakulären Erscheinung zurückbleibt. Im Jahre 1972 vermag der Beobachter die Phasen der amerikanischen Diplomatie allein nach dem Stand der Beziehungen zwischen den beiden Supermächten zu unterscheiden, und zwar ganz einfach deshalb, weil die Verantwortlichen — zumindest soweit es ihnen bewußt war — ihr Handeln und darüber hinaus die ganze Welt im Lichte der kommunistischen Gefahr bzw. der kommunistischen Bedrohung aufgefaßt haben. Von diesem Prinzip ausgehend, ergeben sich die verschiedenen Perioden ganz von selbst.

1. *1941—1945*. Diese erste Periode gehört streng genommen nicht zu unserem Thema. Die Vereinigten Staaten treten in den Krieg gegen Japan und das Dritte Reich ein und schließen mit der Sowjetunion jene — nach dem Ausdruck des damals in Moskau stationierten amerikanischen Generals — ›seltsame Allianz‹. Roosevelt bestimmt als Nahziel nach der Vernichtung der Streitkräfte der Feindstaaten deren bedingungslose Kapitulation; angesichts quälender Erinnerungen an die Zeit nach dem Ersten Weltkrieg möchte er für die Nachkriegszeit eine internationale Organisation schaffen, der sowohl die Sowjetunion als auch die Vereinigten Staaten angehören sollen (eine Wiederbelebung von Wilsons Völkerbund), um dadurch soweit wie möglich die Gefahr einer Rückkehr zum Isolationismus zu verhindern. Er träumt von einem

Triumvirat (Vereinigte Staaten, Sowjetunion und Großbritannien) oder von einem russisch-amerikanischen Kondominium, während seine Berater zum größten Teil — und auch er selbst während des größten Teils der Zeit — dem Legalismus und dem Universalismus Wilsons treu bleiben wollen. Diese Träume hindern ihn nicht, in zynischer oder resignierter Haltung Absprachen über die künftigen Grenzen Polens bzw. über den Preis zu treffen, der für den Eintritt der Sowjetunion in den Krieg gegen Japan zu entrichten ist.

2. *1945—1947.* Diese zweite Phase, die von der Potsdamer Konferenz bis zu Trumans Erklärung vom März 1947 und zu Molotows Rückzug von der Vorbereitungskonferenz für den Marshall-Plan im Juli 1947 reicht, ist dadurch gekennzeichnet, daß das Bündnis allmählich auf den Bruch zusteuert, daß die Vereinigten Staaten — und wohl auch die Sowjetunion — zwischen Zusammenarbeit und feindseliger Haltung hin- und herschwanken. Die Staatschefs kommen nicht mehr zusammen; die Sowjetisierung Polens, Rumäniens und Bulgariens und die Art, in der diese sich vollzieht, rufen teils Unbehagen, teils Empörung hervor; schließlich — und das ist ein besonders wichtiger Punkt — zeichnet sich allmählich die Teilung Deutschlands ab.

Diese beiden ersten Phasen werfen eine einzige Frage auf, mit der sich das erste Kapitel befassen wird: *War der Bruch unvermeidlich?* Die Kritik wird sich vor allem auf den strategischen Aspekt der militärischen und diplomatischen Entscheidungen richten und sich an der von Clausewitz wie von Max Weber als legitim und unausweichlich betrachteten nachträglichen Überlegung orientieren: was wäre geschehen, wenn ...? Daß eine sichere Antwort darauf nicht möglich ist, schließt nicht aus, daß man diese Frage stellt. Die Kritik wird außerdem eine moralische Dimension enthalten. Wer von den beiden — die Vereinigten Staaten oder die Sowjetunion — trägt die Verantwortung für den Bruch? Wessen Verhalten entsprach den bisherigen Gepflogenheiten bzw. den Grundsätzen der Billigkeit? Wer von ihnen verfolgte Ziele, die der Historiker gutheißen muß?

3. *März (oder Juli) 1947—März 1953.* Diese sechs Jahre umfassen den Kalten Krieg im engeren Sinne des Wortes;

die Heftigkeit der feindseligen Propaganda erreicht auf beiden Seiten einen Höhepunkt. In Osteuropa beschleunigt sich die Gleichschaltung der von der Roten Armee befreiten bzw. besetzten Staaten; nichtkommunistische Demokraten werden rücksichtslos ausgeschaltet. In Prag liquidiert die Kommunistische Partei, die schon im Besitz der Schlüsselstellungen ist, die Überreste der pluralistischen Demokratie. Nach dem Abfall Jugoslawiens kommt es in allen Satellitenländern zu Prozessen nach Moskauer Vorbild. Slansky, Rajk und Kostoff werden hingerichtet, Gomulka und Kadar ins Gefängnis geworfen und gefoltert. 1949 lassen sich die chinesischen Kommunisten in Pekings Verbotener Stadt nieder. Durch den Zusammenschluß der amerikanischen, französischen und britischen Besatzungszone entsteht in Westdeutschland die Bonner Republik. Das 1949 förmlich geschaffene atlantische Bündnis umfaßt die Vereinigten Staaten und den noch freien Teil des Alten Kontinents. Der Korea-Feldzug führt 1950 zur amerikanischen Wiederaufrüstung, zur Schaffung der NATO, zu der Aufforderung an Westdeutschland, sich an der gemeinsamen Verteidigung zu beteiligen, und zu einem chinesisch-amerikanischen Konflikt in Asien. Die Vereinigten Staaten beschließen, Tschiang Kai-schek auf Taiwan sowie die französischen Operationen in Indochina zu unterstützen.

4. *März 1953 — November 1958.* Stalins Tod führt zum Tauwetter und zu einer veränderten Haltung der Männer im Kreml gegenüber der Außenwelt. Die Organisierung Europas in zwei militärische Blöcke geht jedoch weiter. Im Jahre 1955, dem gleichen Jahr, da sich die Vier Mächte in Genf treffen, tritt die Bundesrepublik offiziell der NATO bei. Der Kalte Krieg hat nachgelassen (1953 erfolgt der Waffenstillstand in Korea, 1954 in Indochina). Stalins Erben richten ihren Blick über Europa hinaus. Der Schauplatz der Konfrontation erweitert sich. Die Krise von 1956 — Ungarischer Aufstand und britisch-französische Suez-Expedition — erschüttert gleichzeitig die beiden Bündnissysteme, läßt aber auch eine gewisse Solidarität zwischen den beiden Supermächten erkennen.

Diese beiden Phasen, Gegenstand des zweiten Kapitels, fordern eine komplexe Kritik heraus, deren Inhalt durch den Titel dieses Kapitels angedeutet wird: *Zwischen zwei Kreuz-*

zügen. Der Historiker kann sich im Hinblick auf sie zwei Fragen stellen, die einander scheinbar widersprechen, gleichwohl aber beide wohlbegründet sind: Hätten die Vereinigten Staaten nicht eine äußerst maßvolle Verteidigungs- und Eindämmungsstrategie ohne moralische Mobilisierung betreiben können? Sollte diese Mobilisierung nicht letzten Endes verschleiern, daß sie die von Stalin gewünschte und von Truman abgelehnte Teilung der Welt akzeptierten?

5. *November 1958 — Juli 1963 (oder November 1962).* Zwischen der von Chruschtschow erhobenen Forderung nach einer Umwandlung Berlins in eine freie Stadt und der kubanischen Raketenkrise vom Oktober—November 1962 (bzw. der Unterzeichnung des partiellen Teststopabkommens im Juli 1963) liegt eine merkwürdige, vieldeutige Phase, die sich nur schwer von der vorhergehenden Phase unterscheiden läßt. Es scheint, als spiele die sowjetische Diplomatie gleichzeitig zwei Spiele: das der Entspannung und das der Offensive. Chruschtschow strebt gleichzeitig eine vorteilhafte Regelung in Berlin und möglicherweise einen *modus vivendi* im Weltmaßstab an. Die Beziehungen zwischen der Sowjetunion und der Volksrepublik China verschlechtern sich weiter (1959 kündigt Moskau das Abkommen über Zusammenarbeit im Kernenergiebereich; 1960 zieht es die sowjetischen Techniker zurück; 1963 tritt, im selben Augenblick, da die Westmächte in Moskau den Vertrag über die teilweise Einstellung von Atomversuchen unterzeichnen, der chinesisch-sowjetische Konflikt offen zutage). Die kubanische Raketenkrise im Oktober — November 1962 bedeutet das Ende von Chruschtschows Diplomatie. Zum Zeitpunkt von Kennedys Tod im Jahre 1963 scheinen die Vereinigten Staaten den Höhepunkt ihrer Macht erreicht zu haben. Jetzt gibt es nicht mehr zwei Supermächte, sondern nur noch eine. Innerhalb von zehn Jahren hat die Entspannung zur amerikanischen Vorherrschaft geführt.

6. *1962 (oder Juli 1963) — 1969.* Die Sowjetunion nimmt die direkte Konfrontation mit den Vereinigten Staaten nicht wieder auf, holt aber nach und nach im Bereich der ballistischen Waffen und der Seestreitkräfte ihren Rückstand auf. Auch sie wird zu einer Weltmacht. Auf dem Höhepunkt ihrer Vorherrschaft verstricken sich die Vereinigten Staaten 1965

Schritt für Schritt — seit 1963 vielleicht unwiderruflich — in den Vietnamkrieg. Zum ersten Mal tritt die amerikanische Armee gegen Partisanen an, die von außen Nachschub erhalten, sowie gegen nordvietnamesische reguläre Verbände, die häufig zur Partisanentaktik greifen. Sie gewinnt zwar die meisten Schlachten im militärischen Sinne — den Krieg gewinnt sie nicht. In den Vereinigten Staaten und in der übrigen Welt empört sich die öffentliche Meinung über Goliath, der David nicht zu besiegen vermag, über den enormen Militärapparat, der das Land verwüstet, das er schützen soll, und über die Bombardierung Nordvietnams. Lyndon B. Johnson verzichtet darauf, sich ein zweites Mal um das Präsidentenamt zu bewerben, und Richard Nixon wird mit knapper Mehrheit gewählt, um jenen Krieg zu liquidieren, der, sofern er sie nicht erst erzeugt hat, die moralische Krise noch verschärft (die Franzosen ziehen es vor, von einer ›Zivilisationskrise‹ zu sprechen).

Mit der soeben skizzierten Periodeneinteilung stimmen die Phasen der amerikanischen Diplomatie nur grob überein. Die Diplomatie von John Foster Dulles fällt zwar in die Zeit der Entspannung, hält aber an den Grundzügen des Kreuzzugsgeistes fest. Im übrigen wird immer wieder eine Kluft zwischen den Projekten der Hauptbeteiligten und den erzielten Resultaten, zwischen Bewußtsein und Realität (beispielsweise im Hinblick auf die Kräfteverhältnisse) sichtbar. Aus der Sicht der Verantwortlichen ergeben sich drei Phasen der amerikanischen Diplomatie: die Entspannung, begleitet von einer ungerechtfertigten Furcht vor möglicher sowjetischer Überlegenheit (diese Furcht herrscht weniger bei den informierten Männern als vielmehr bei der öffentlichen Meinung); die durch ihre Aktionsbereitschaft gekennzeichnete Präsidentschaft Kennedys, die nach der anfänglichen Niederlage in der Schweinebucht und der kubanischen Raketenkrise zum Bewußtsein einer weltweiten Überlegenheit führt; schließlich die Verstrickung in Vietnam und die Auflehnung gegen die imperiale Bürde. In den zehn Jahren von 1953 bis 1963 gelangen die amerikanischen Führer angesichts von eher spektakulären als dauerhaften Erfolgen allmählich zu der Überzeugung, eine Vorherrschaft zu besitzen, die jedoch in Wirklichkeit unaufhaltsam ausgezehrt wurde. Die Kosten, das Scheitern und die Greuel des Vietnam-

Unternehmens führen in den wenigen Jahren von 1965 bis 1969 zu einer Gewissenserforschung. Der Weg von der Entspannung über die Vorherrschaft bis zur Revolte ist Inhalt des dritten Kapitels, das deshalb den Titel erhalten soll: *Der Tarpejische Fels* (der Leser, dem die römische Geschichte entfallen ist, sei daran erinnert, daß dies das Symbol für Aufstieg und Niedergang war).

Gewählt, um den Vietnamkrieg zu beenden, leitet Richard Nixon, einst führend im Kalten Krieg, eine ganz neuartige Politik ein; er knüpft mit Peking Beziehungen an und schließt mit Moskau Verträge. Nie hat die amerikanische Öffentlichkeit sich so nach moralischer Reinheit gesehnt, und nie haben die amerikanischen Führer — nun das Tandem Nixon-Kissinger — so entschlossen eine machiavellistische und maßvolle Diplomatie europäischen Stils betrieben — sieht man einmal von der Bombardierung Nordvietnams ab, die jede Mäßigung vermissen läßt. Heißt das, daß *Nixon ein Schüler Metternichs* wurde?

Anmerkungen

1 Jean Laloy, *Entre guerres et paix,* Plon, Paris.

I. KAPITEL

AUF DER SUCHE NACH DEM SCHULDIGEN ODER DIE URSPRÜNGE DES KALTEN KRIEGES

Die Bedeutung des Ausdruckes ›Kalter Krieg‹, der Sprache der Journalisten und Politiker entlehnt, ist nicht eindeutig bestimmt. Ich möchte zwischen drei verschiedenen Bedeutungen unterscheiden.

1. — André Fontaine geht in seinem Buch *Histoire de la guerre froide* bis zum Revolutionsjahr 1917 und zur militärischen Intervention des westlichen Staaten zurück. Er scheint also den Kalten Krieg zu definieren als die grundlegende und permanente Feindseligkeit zwischen der Sowjetunion und dem Westen, die aus der Natur des sowjetischen Regimes und aus der Furcht erwächst, welche die kapitalistischen oder liberalen Staaten vor ihm empfinden, ja vielleicht sogar aus der universellen Sendung, welche sowohl der Marxismus-Leninismus als auch die amerikanische Demokratie sich selbst zuschreiben.

Fontaine selbst legt jedoch den Akzent auf die Bipolarität, denn er schreibt:

›Es wäre nicht zu einem Kalten Krieg gekommen, wenn es nicht in der Mitte dieses Jahrhunderts zwei und nur zwei Mächte gegeben hätte, die über genügend Raum und genügend Menschen verfügten und hinreichend auf den Wert ihrer Glaubensüberzeugungen und ihrer verschiedenartigsten Waffen vertrauten, um sich die Vorherrschaft in der Welt streitig zu machen, ohne daß jedoch die eine oder die andere imstande gewesen wäre, sich entscheidende Überlegenheit zu verschaffen.‹ (1) Wenn der Kalte Krieg definiert wird als Rivalität um die weltweite Vorherrschaft, dann hat er, jedenfalls zwischen den Vereinigten Staaten und der Sowjetunion, nicht 1917, sondern zwischen 1941 und 1945 eingesetzt.

Folglich hebt Fontaine, je nachdem, welches Datum er ansetzt, entweder die Bipolarität — die Rivalität zwischen zwei Staaten, die sich gegenüber allen anderen Staaten dank ihrer Hilfsmittel und ihres Machtwillens durchsetzen — oder die Heterogenität des Systems hervor — also die Unvereinbarkeit zwischen der marxistisch-leninistischen und der kapitalistisch-liberalen Ideologie. Im einen Falle beginnt der Kalte Krieg mit der Revolution von 1917, im anderen mit dem Ende des Zweiten Weltkrieges und dem Zusammenbruch der Mittelmächte.

2. — Die geläufige Bedeutung des Kalten Krieges (bzw. des streitbaren Friedens) läßt sich, wie mir scheint, in dem Gedanken fassen, daß die Konflikte während des Friedens derart virulent werden, daß die Staaten gegeneinander Mittel benützen, die normalerweise bzw. traditionellerweise dem Krieg vorbehalten sind. Der Kalte Krieg, so schrieb Professor Hans Morgenthau, unterscheide sich durch zwei Merkmale von zahlreichen Konfrontationen, wie sie in der Vergangenheit zwischen den Staaten stattgefunden hätten: eine angesichts der auf dem Spiele stehenden Interessen und der eingenommenen Positionen für alle Beteiligten bestehende Unmöglichkeit, eine Politik des Ausgleichs und des Kompromisses einzuschlagen, die vielleicht zu einer Beilegung der Konflikte geführt hätte; und die sich daraus für die Beteiligten ergebende *Notwendigkeit,* ihre Interessen dadurch zu schützen und zu fördern, daß sie mit allen verfügbaren Mitteln — diplomatischen, militärischen, wirtschaftlichen und subversiven —, außer der tatsächlichen Anwendung von Gewalt, einseitig und unmittelbar Druck auf den Willen ihres Gegners ausüben. (2) Diese Definition entspricht der am weitesten verbreiteten Auffassung des Kalten Krieges — ›Krieg‹, weil die Diplomaten weder fähig noch willens waren, ihre Meinungsverschiedenheiten auf dem Verhandlungswege zu regeln, ›kalt‹, weil sie weder fähig noch willens waren, sie mit Gewalt zu regeln. Das für den Beobachter Erstaunliche war die Heftigkeit der Propaganda, der Abbruch oder die einem Abbruch gleich kommende Einschränkung der Beziehungen zwischen den entgegengesetzten Lagern und die anscheinend unversöhnliche Feindseligkeit, die, da es einen erklärten Krieg nicht gab, zum Stil des zwischenstaatlichen Verkehrs geworden war.

3. — Keine dieser Definitionen — Kampf um die weltweite Vorherrschaft, Bipolarität eines heterogenen Systems,

Unmöglichkeit oder Ablehnung sowohl einer versöhnlichen als auch einer gewaltsamen Regelung — gestattet uns eine strenge Unterscheidung zwischen sogenannten Perioden des Kalten Krieges und Perioden der friedlichen Koexistenz, oder anders gesagt, zwischen Spannung und Entspannung. Verhandlungen im Sinne des Gebens und Nehmens haben die direkte Einwirkung, den Druck auf den Willen des Gegners niemals ausgeschlossen. Hobbes und Rousseau vertraten die Auffassung, daß die Staaten ständig im Kriegszustand leben. Was sich zwischen den verschiedenen Perioden ändert, ist das relative Gewicht von Verhandlungspolitik und Druckausübung. In dieser Betrachtungsweise, die ich mir zu eigen mache, besteht — insbesondere in einem bipolaren und heterogenen System — nur ein gradueller Unterschied zwischen sogenannten ›normalen‹ zwischenstaatlichen Beziehungen und der sogenannten Phase des Kalten Krieges. Zwischen 1947 und 1953 erreichte dieser graduelle Unterschied allerdings infolge des Zusammentreffens von Propaganda, Berliner Blockade, Korea-Feldzug und beiderseitiger Aufrüstung ein Ausmaß, daß es mir gerechtfertigt erscheint, diese Phase mit einem besonderen Begriff zu bezeichnen — als Kalten Krieg bzw. streitbaren Frieden.

In diesem Kapitel werde ich mich an die dritte Definition halten und unter Kaltem Krieg jene Phase höchster Spannung verstehen, deren Anfänge in die Zeit des eher gleichzeitig als gemeinsam gegen das Dritte Reich geführten Krieges zurückreichen und die offen erkennbar mit der Erklärung der Truman-Doktrin im März 1947 oder einige Monate später auf der Pariser Konferenz zur Erörterung der amerikanischen Hilfsmaßnahmen beginnt.

Die Zahl der Analysen und Darstellungen der Beziehungen zwischen den Großen Drei — Stalin, Churchill und Roosevelt — während des Krieges wächst unaufhörlich. Ich habe deshalb gar keine Chance und auch nicht die Absicht, irgendeinen neuen Tatbestand oder eine neue Interpretation beizusteuern. Im übrigen vermag ich nicht die Leidenschaft zu begreifen, mit der einige amerikanische Historiker der sogenannten revisionistischen Richtung die sogenannte klassische Interpretation zurückweisen und sich zu zeigen bemühen, daß der Kalte Krieg hätte vermieden werden können bzw. daß die Vereinigten Staaten dafür die Verantwortung tragen.

Was bedeutet das: ›den Kalten Krieg vermeiden‹? Die Formulierung will offenbar zu verstehen geben, daß nach dem Sieg über das Dritte Reich die Ereignisse einen anderen Verlauf hätten nehmen können. Welchen anderen Verlauf? Hätten die Großen Drei ihr Bündnis aufrechterhalten oder sich auf eine europäische Regelung einigen können, ohne homerische Beleidigungen auszutauschen? Auch der Ausdruck ›Verantwortung‹ enthält zwei Bedeutungen: entweder handelt es sich um eine kausale Verantwortung, das heißt, daß eine bestimmte Handlung oder eine bestimmte Entscheidung bei der Gegenseite mit Notwendigkeit und in absehbarer Weise eine bestimmte Konsequenz oder Reaktion auslösen mußte, oder es handelt sich um eine politische oder moralische Verantwortung, d. h. daß der Historiker eine bestimmte Entscheidung, die zu Konsequenzen geführt hat, welche als mißlich beurteilt werden, nicht als einen Irrtum, sondern als einen (moralischen) Fehlgriff interpretiert. Ich werde mich bemühen festzustellen, um welche Bedeutung des Begriffes ›Verantwortung‹ es im jeweiligen Falle geht.

Aus dem zeitlichen Abstand von heute scheint sich der Zerfall der großen Allianz zwanglos in die normale Entwicklung der zwischenstaatlichen Beziehungen einzuordnen. Wir brauchen nur an die Bemerkung zu erinnern, die Stalin gegenüber Tito äußerte:

›Dieser Krieg hat mit früheren Kriegen nichts gemein; wer ein Gebiet besetzt, errichtet dort sein eigenes soziales System. Jeder errichtet sein System, soweit wie seine Armee vorstoßen kann. Anders kann es gar nicht sein.‹ Wenn das Stalins Auffassung war — und wir haben keinen Anlaß, daran zu zweifeln — , so macht sie zwar die Frage nach den Ursprüngen (wer hat mit den üblen Praktiken begonnen? (3)) nicht ganz überflüssig, schränkt aber deren Tragweite insofern ein, als sie eine voreilige Antwort auf die beiden Fragen nach der Verantwortung nahelegt: Wahrscheinlich war die Teilung Europas *unvermeidlich*, und niemanden trifft daran eine *Schuld*. Alle haben sich so verhalten, wie es ihrer historischen Sicht, ihren Ambitionen und ihren Wertvorstellungen entsprach — was natürlich nicht heißt, daß der nichtengagierte Beobachter sich jeder moralischen Beurteilung enthalten muß.

I

Kein anderes Problem hat in den Verhandlungen zwischen den Großen Drei während der Kriegszeit soviel Platz eingenommen, kein anderes wurde so ausführlich diskutiert wie das Problem Polen. Während der Jahre 1946 bis 1947 standen die Probleme Griechenlands und der Türkei im Vordergrund, und dann — schließlich und vor allem — die Zukunft Deutschlands. Vereinfachend kann man sagen, daß der moralische Bruch wegen Polen und der endgültige Bruch wegen Deutschland vollzogen wurde, während die griechische Krise und die sowjetischen Forderungen im Hinblick auf die Türkei zur Proklamation der Truman-Doktrin und zur Ausweitung der Rivalität zwischen den Siegern über den europäischen Bereich hinaus führten.

Am 12. April 1943 hatten die Deutschen das Massengrab von Katyn entdeckt (mit Zehntausenden von polnischen Offizieren, die als Gefangene 1941 während des Rückzugs von den Sowjets umgebracht worden waren). Die polnische Regierung — im Londoner Exil — forderte am 16. April eine Untersuchung des Internationalen Roten Kreuzes. In seiner Antwort vom 25. April machte der Kreml die Deutschen für das Massaker verantwortlich und nahm das Vorgehen der polnischen Regierung zum Vorwand, um die Beziehungen zu ihr abzubrechen. Auf der Konferenz von Teheran im November 1943 zeigte Roosevelt wenig Interesse an der Zukunft und an den Grenzen Polens; während Churchill und Stalin heftig darüber diskutierten, blieb der amerikanische Präsident still. Schon bei seinem ersten Treffen mit Anthony Eden nach dem Angriff Hitlers hatte Stalin keinen Hehl aus seiner Absicht gemacht, die durch das Abkommen mit dem Dritten Reich im Jahre 1939 gewonnenen Gebiete zu behalten. Im russisch-britischen Bündnisvertrag war dieser Anspruch zwar nicht protokolliert worden, doch kannte Churchill die Forderungen Stalins und hielt es für nutzlos, sich ihnen zu widersetzen. Er willigte in die Forderung ein, die Curzon-Linie zur Ostgrenze Polens zu machen und das Land im Westen mit deutschen Provinzen zu entschädigen, die einmal polnisch gewesen, dann aber germanisiert worden waren.

Als die Großen Drei sich im Februar 1945 wieder in Jalta trafen, hatte Stalin schon das Lubliner Komitee (am 23. Juli 1944) gebildet, und sowjetische Truppen standen auf polnischem Boden. Der heldenhafte Warschauer Aufstand der polnischen Untergrundarmee hatte die totale Zerstörung der Stadt nach sich gezogen. Die Russen sahen sich nicht zum Eingreifen veranlaßt, und die Westmächte besaßen keine wirksamen Interventionsmöglichkeiten. Wieder einmal stritt Churchill allein für Polen; es ging jetzt nicht mehr um die Ostgrenze, die schon in Teheran festgelegt worden war, sondern um die Westgrenze und darüber hinaus um die Zusammensetzung der Regierung, die das Land nach der Befreiung übernehmen sollte. Großbritannien und Frankreich waren in den Krieg eingetreten, um ihre gegenüber Polen eingegangene Verpflichtung zu erfüllen; aus diesem Krieg sollte Polen hervorgehen — im Osten beschnitten um die Gebiete, welche 1939 von der Roten Armee besetzt worden waren, im Westen erweitert bis zur Oder-Neiße-Linie. Im übrigen bestand die Gefahr, daß es seine innere Selbständigkeit einbüßen und unter ein Regime sowjetischen Typs geraten würde, denn die Mitglieder der Regierung hatte Stalin unter den Überlebenden der während der großen Säuberung dezimierten kommunistischen Partei und unter den Sozialisten ausgewählt. Nach langen Diskussionen einigten sich die Großen Drei in Jalta auf eine mehrdeutige Formel, nämlich die Lubliner Regierung ›auf einer breiteren demokratischen Grundlage zu reorganisieren und mit demokratischen Führern aus dem In- und Ausland zu ergänzen‹. (4) Roosevelt scheint an das Versprechen freier Wahlen geglaubt zu haben — ›innerhalb eines Monats‹, hatte ihm Molotow gesagt. Darauf hatte Roosevelt erwidert: ›Die Wahlen müssen wie Caesars Gemahlin über alle Kritik erhaben sein.‹ (5) Einer Legende zufolge, die heute durch keine Richtigstellung mehr zu erschüttern ist, sollen die Großen Drei in Jalta die Aufteilung der Welt beschlossen haben. Nach allen vorliegenden Zeugnissen und Urteilen war Jalta der Höhepunkt weniger der großen Allianz als vielmehr der großen Illusion. Allerdings hatten Roosevelt und Stalin ein Geheimabkommen geschlossen, demzufolge die Sowjetunion spätestens drei Monate nach dem Ende der Feindseligkeiten in Europa in den Krieg gegen Japan eintreten sollte. Der amerikanische Präsident hatte den territorialen Eroberungen zugestimmt, die Stalin auf Kosten Finnlands (die 1939 annektierte Provinz), Rumäniens (Bessarabien) und Deutschlands (Ostpreußen) wünschte. Er setzte seine Hoffnungen auf die Zusammenarbeit der Großen Drei und besonders der großen Zwei in der Nachkriegszeit.

Vielleicht hat er sogar geglaubt, daß das auslegbare Abkommen über Polen im Sinne der westlichen Interpretation mit wirklich freien Wahlen angewandt werden würde. Eher Politiker von seiner Entwicklung her als Staatsmann, nicht ohne Größe, aber auch nicht ohne kleinliche Züge, stolz und wiederum menschlich, entzieht sich die komplexe Persönlichkeit Roosevelts einem bündigen Urteil. Trotz aller Vorbehalte kann man auch heute noch davon ausgehen, daß er tatsächlich an die Einhaltung des Abkommens glaubte. Harry Hopkins, einer der engsten Berater des Präsidenten, hat später erklärt: ›Wir waren vollkommen sicher, den ersten Sieg im Frieden errungen zu haben — und mit ›wir‹ meine ich uns alle, die gesamte zivilisierte Menschheit.‹ (6) Winston Churchill hat dagegen vor dem Unterhaus ein Vertrauen bekundet, das er möglicherweise gar nicht empfand:

›Ich habe auf der Krim und ebensosehr aufgrund all meiner anderen Erfahrungen den Eindruck mit nach Hause gebracht, daß Marschall Stalin und die sowjetischen Führer mit den Demokratien des Westens auf dem Fuß der Gleichheit und ehrenhafter Freundschaft zu leben wünschen. Ich glaube auch, daß ihnen ihr Wort Ehrensache ist. Ich kenne keine Regierung, die eingegangene Verpflichtungen selbst zu ihrem eigenen Nachteil strenger einhielte, als die Sowjetregierung Rußlands.‹ (7)

Gegenüber General de Gaulle äußerte er sich — einige Monate später — ganz anders:

›... Nach der Mahlzeit wird die Verdauung einsetzen. Wenn diese Stunde kommt, werden sich die Schwierigkeiten für die vom Fressen schläfrigen Russen einstellen. Vielleicht kann dann St. Nikolaus die armen Kleinen wieder lebendig machen, die das Untier eingepökelt hat.‹ (8)

Tatsächlich mußte es so scheinen, als nähme Stalin weiterhin die im Oktober 1944 mit Churchill getroffene Absprache über die ›Einflußprozente‹ in den verschiedenen Ländern ernster als die Floskeln der abschließenden Erklärungen von Jalta. Roosevelt hatte den russisch-britischen Gesprächen in Moskau nicht zugestimmt (9), ja, er hatte sogar von vornherein erklärt, daß der britische Premier nicht in seinem Namen spreche, doch sah er davon ab, sich unverblümt gegen den Tauschhandel auszusprechen, auf den Marschall Stalin und Winston Churchill sich geeinigt hatten und dessen Einzelheiten er vermutlich nicht kannte. Die grundsätzlich nur für die Besatzungszeit gedachten, von Eden und Molotow abschließend festgelegten Anteile des Einflusses der Sowjetunion und Großbritanniens in einzelnen Ländern sahen folgendermaßen aus: Ungarn 80 : 20, Rumänien 90 : 10, Bulgarien 80 : 20, Jugoslawien 60 : 40, Griechenland 10 : 90. Theoretisch lief die Gültigkeit dieses zynischen Abkommens, das von dem amerikanischen Außenminister Cordell Hull mit Empörung zurückgewiesen wurde und das Franklin D. Roosevelt niemals billigte, in dem Augenblick aus, als die Großen Drei in Jalta feierlich erklärten, sie würden ›den Völkern der befreiten europäischen Staaten bzw. der ehemaligen Satelliten der Achse, wo es die Situation nach ihrem Urteil erfordert, gemeinsam helfen ... Regierungen zu bilden, die sich verpflichten, sobald wie möglich durch freie Wahlen Regierungen zu errichten, die dem Volkswillen entsprechen; dort, wo es nötig ist, die Abhaltung freier Wahlen zu unterstützen‹. Leider wurde in dieser Erklärung nicht präzisiert, was geschehen sollte, falls die Drei sich uneinig würden. Auch im Hinblick auf die ›Reorganisierung‹ des Lubliner Komitees war die Formulierung nicht ganz eindeutig; Stalin legte sie so aus, daß die Männer des Lubliner Komitees die Mehrheit und das Übergewicht behalten sollten.

Zwischen der Konferenz von Jalta und dem Tode Roosevelts überstürzten sich die Ereignisse in Rumänien und Polen, doch die mit großem Pomp verkündete Verständigung zwischen den Großen Drei hatte auf das Vorgehen der sowjetischen Führung nicht den geringsten Einfluß. Unmittelbar nach Jalta begab sich Wyschinski nach Bukarest und zwang König Michael unter der Drohung sowjetischer Kampfpanzer, den Premierminister Radescu zu entlassen und an seiner Stelle den ›fellow traveller‹ Petru Grozea zu ernennen. Der gemeinsame Beschluß, das Lubliner Komitee zu reorganisieren bzw. zu erweitern, wurde zunächst nicht in die Tat umgesetzt. Die wichtigsten Führer der Untergrundarmee und der nichtkommunistischen polnischen Parteien, die nach Moskau eingeladen worden waren, wurden dort verhaftet und gefangengesetzt. Der Aufstand der Untergrundarmee in Warschau, von der Londoner Exilregierung befohlen, um der Machtergreifung der auf Moskau hörenden Polen zuvorzukommen, hatte nach einem heldenhaften Kampf (10) zur vollständigen Ausschaltung der nichtkommunistischen organisierten Kampfverbände geführt. Die in Katyn ermordeten Offiziere, die aufgrund eines unbesonnenen Befehls aus London von den Deutschen vernichtete Untergrundarmee in Warschau, die verhafteten nichtkommunistischen Führer der Widerstandsbewegung — sie alle gehörten zum alten Polen, und sie alle mußten verschwinden, um einem anderen Polen zu weichen, das aus den Leiden und den Trümmern erstehen sollte.

Seit einem Vierteljahrhundert sind die Historiker dabei, aufgrund dieser Tatsachen, von denen wir nur die hervorstechendsten erwähnt haben, einen Prozeß gegen die Beteiligten vorzubereiten; einige richten sich gegen Churchill (Moskauer Abkommen), einige gegen Roosevelt, einige gegen Truman. Bis vor kurzem haben die meisten Historiker Stalin für das Zerbrechen der Großen Allianz verantwortlich gemacht. Seit etwa zehn Jahren hat die revisionistische Schule neue Anhänger gewonnen. Nach jedem Krieg, den die Vereinigten Staaten geführt haben — dem mexikanischen Krieg, dem Bürgerkrieg und der Intervention von 1917 — , hat sich eine revisionistische Schule gebildet, welche die orthodoxe Darstellung der Ereignisse in Zweifel zog, nämlich die der Beteiligten und darüber hinaus die der öffentlichen Meinung während des Geschehens. Der gegenwärtige Revisionismus entstand aus der politischen und moralischen Revolte gegen jene Diplomatie, die zum Vietnamkrieg führte.

Wir können nicht alle Probleme, die der Revisionismus aufgeworfen hat, im einzelnen diskutieren, denn wir wollen ja auch nur verstehen, wie Roosevelt und Truman sich in den entscheidenden Jahren zwischen Februar 1945 (Konferenz von

Jalta) und Frühjahr 1947 (Truman-Doktrin und später der Marshall-Plan) tatsächlich verhalten haben. Unseres Erachtens gibt es zwei entscheidende Probleme: Hat sich nach dem Tode Roosevelts unter dem Einfluß des neuen Präsidenten die amerikanische Politik geändert, und sind solche Veränderungen — im moralisch neutralen Sinne einer bestimmenden Ursache — für die immer mehr anwachsenden Spannungen zwischen Ost und West verantwortlich gewesen? Und: Bestand der Irrtum oder der Fehler darin, daß die Briten und die Amerikaner sich weigerten, der Errichtung eines sowjetischen Sicherheitsglacis in Osteuropa zuzustimmen? Von einem ›Irrtum‹ sprechen die einen, und wollen damit andeuten, daß allein der Verzicht auf die Fiktion des Universalismus eine Chance, und dazu eine reale Chance bot, die Zusammenarbeit zwischen Briten und Amerikanern einerseits und Sowjets andererseits fortzusetzen; die anderen sprechen von einem ›Fehler‹, und meinen damit, daß die Sowjets nichts forderten, wozu sie nicht berechtigt gewesen wären, und daß die Briten und Amerikaner ihnen — sei es aus Kurzsichtigkeit, sei es im Hinblick auf die Erfordernisse der kapitalistischen Wirtschaft — die legitime Ausweitung des Bereichs der sozialistischen Staaten verweigerten.

2

Roosevelt hatte in Teheran, wie in Jalta, Churchill die undankbare Aufgabe überlassen, die Interessen Polens zu verteidigen. In Teheran wollte er sich wegen der Wahlen von 1944 und wegen der Stimmen der amerikanischen Bürger polnischer Herkunft nicht festlegen. In Jalta trat er für den Universalismus ein, beschränkte sich aber auf die Rolle eines Schiedsrichters oder Vermittlers. Sein Sohn — ein Zeuge von zweifelhaftem Wert — hat von Äußerungen berichtet, in denen seine Haltung deutlich wird:

›England ist im Niedergang begriffen. China befindet sich noch im 18. Jahrhundert, Rußland mißtraut uns und macht uns seinerseits mißtrauisch. Amerika ist die einzige Großmacht, die den Frieden in der Welt aufrechterhalten kann. In der künftigen Organisation der Vereinten Nationen wird es unsere Aufgabe sein, die divergierenden Ansichten der Engländer, die an ihr Empire denken, und der Russen, die an den Kommunismus denken, auf einen Nenner zu bringen.‹ (11)

Einige der hellsichtigsten Kommentatoren der Vereinigten Staaten, darunter selbst Walter Lippmann, glaubten noch 1946 einen Machtkonflikt zwischen der Sowjetunion und Großbritannien zu erkennen, in dem die Vereinigten Staaten nicht Partei ergreifen sollten.

Waren die Vereinigten Staaten tatsächlich als einzige Großmacht imstande, den Frieden zu erhalten? Darin täuschte Roosevelt sich nicht. Allerdings: zwischen einem *Empire*, das die Briten, durch ihren Sieg geschlagen oder durch ihre Versprechungen und ihre eigenen Überzeugungen gedrängt, auflösen wollten, und dem *stalinistischen Kommunismus*, der im Begriff war, halb Europa zu verschlingen, die Balance halten zu wollen oder doch annähernd halten zu wollen — das war die Verirrung eines hervorragenden Politikers, dem es leider an historischer Bildung fehlte und der im übrigen schlecht informiert wurde. Churchill verteidigte in Europa nicht so sehr ein Imperium als vielmehr die Erfordernisse eines Gleichgewichts der Kräfte und zugleich diejenigen Werte, auf die auch die Amerikaner sich beriefen.

Zwischen 1941 und 1945 scheint Roosevelt zwei Überlegungen gefolgt zu sein, die einerseits dem Krieg, andererseits der Nachkriegszeit galten, nämlich: die bedingungslose Kapitulation Japans und des Dritten Reiches zu erreichen und Stalins Mißtrauen zu zerstreuen und gute Beziehungen mit ihm herzustellen, um durch die Schaffung der UNO einen Rückfall der Vereinigten Staaten in den Isolationismus und den Rückzug der Sowjetunion auf ihre eigenen Angelegenheiten zu verhindern. Zunächst also ein militärischer Pragmatismus und dann eine utopische Vision. Die Utopie schloß ein neues ›Manifest Destiny‹ der amerikanischen Republik nicht aus.

In den letzten Wochen seines Lebens ist Roosevelt, wie die Dokumente beweisen, sich der Gefahr bewußt geworden: sein Vertrauen wurde durch die Vorgänge in Rumänien und Polen und durch Churchills eindringlich warnende Briefe erschüttert. Er sah ein, daß die ›seltsame Allianz‹ (12) sich angesichts einer brutalen Sowjetisierung der von der Roten Armee befreiten Länder nicht würde halten lassen. Am 1. April schickte er Stalin ein Telegramm, in dem es hieß: ›Eine Lösung, die nur darauf hinausläuft, daß das gegenwärtige Regime in Warschau in kaum verhüllter Weise weitergeführt wird, ist unannehmbar und wird das Volk der Vereinigten Staaten veranlassen, das Abkommen von Jalta als gescheitert anzusehen.‹ Für Roosevelt blieb Jalta das Symbol der universalistischen Konzeption, und nicht das der Teilung Europas in Einflußsphären. Wenige Tage später starb er.

Hätte Roosevelt die Politik der Zusammenarbeit mit Stalin gegen alle Widerstände durchhalten können? Diese Frage kann niemand mit völliger Sicherheit beantworten. Aus den Dokumenten geht hervor, daß der nahende Sieg und das Verhalten der Sowjets in Osteuropa ihn in der Zeit zwischen der Konferenz von Jalta und seinem Tode zu einer veränderten Haltung bewogen. Nach meiner persönlichen Auffassung hätte er schneller, und nicht weniger schnell als Truman, das Steuer der amerikanischen Diplomatie herumgeworfen. Allerdings ist das nur eine unbeweisbare Hypothese. Beweisbar dagegen ist, daß in dem außenpolitischen Wirken der Vereinigten Staaten durch Trumans Einzug in das Weiße Haus weder ein Bruch noch eine Umkehr eintrat.

Was wirft man Truman vor? Daß er Molotow, der sich zur UN-Konferenz nach San Francisco begab, unsanft angesprochen hat? Zweifellos hat Truman mit dem sowjetischen Außenminister in einer Tonart geredet, die Roosevelt niemals benützt hatte; aber auch Stalin hat sich in seinen Briefen an Churchill und Roosevelt nicht mit diplomatischen Umschreibungen aufgehalten. Im übrigen blieb diese stürmische Begegnung folgenlos. Ende Mai schickte Truman, um die Kontinuität der amerikanischen Diplomatie deutlich zu machen, Harry Hopkins (die graue Eminenz seines Vorgängers) nach Moskau, mit dem Ziel, die russisch-amerikanische Zusammenarbeit fortzusetzen bzw. wiederherzustellen. Wie üblich, erreichte der amerikanische Gesandte bei Stalin ohne allzu große Mühe eine ›Konzession‹ bezüglich der Abstimmungsmodalitäten bei den Vereinten Nationen (das Veto sollte sich nicht auf Verfahrensfragen erstrecken; das Recht des Sicherheitsrats, sich mit einem bestimmten Problem zu befassen, sollte als Verfahrens- und nicht als inhaltliche Angelegenheit gelten und damit dem Veto der fünf ständigen Mitglieder entzogen sein). Erneut nahm die polnische Frage den größten Teil der Zeit in Anspruch. Erneut schwor Stalin, er habe nicht die geringste Absicht, Polen, das eine parlamentarische Ordnung erhalten sollte, zu sowjetisieren. Er weigerte sich jedoch kategorisch, die in Moskau in einen Hinterhalt gelockten Führer des polnischen Widerstandes freizulassen, und versprach lediglich — was er bereits in Jalta versprochen hatte —, das Lubliner Komitee zu erweitern. Er erklärte sich bereit, Mikolajczyk zu empfangen, der stellvertretender Ministerpräsident wurde. Die Amerikaner erreichten nicht einmal — und verlangten auch nicht mehr — die in Jalta vorgesehenen Wahlen *vor* der Anerkennung der polnischen Regierung, also praktisch des Lubliner Komitees, und ihrem Beitritt zur UNO. Achtzehn Monate nachdem er in sein Heimatland zurückgekehrt war, mußte Mikolajczyk es verlassen, um sein Leben zu retten. Truman handelte also nicht anders als Roosevelt, und er kam zu den gleichen Resultaten. Er nahm weiterhin die Charta der Vereinten Nationen ernst, während Stalin rechtliche Einwände erhob und sie anschließend zurückzog, um seinen Verhandlungspartnern das Gefühl zu geben, sie hätten ihm Zugeständnisse abgerungen. Er erlangte im Austausch dafür die Anerkennung von vollendeten Tatsachen in Polen und im übrigen Osteuropa, von Tatsachen, die im Widerspruch zu den feierlichen Versprechungen und Verpflichtungen standen, welche die Angloamerikaner gegenüber ihren Alliierten eingegangen waren.

Die plötzliche Einstellung der Leih- und Pachtlieferungen am 8. Mai, wenige Stunden nach der Kapitulation des Dritten Reiches, rief in den Vereinigten Staaten selbst einen Sturm der Entrüstung hervor, weil bereits ausgefahrene Schiffe den (später zurückgenommenen) Befehl erhielten, in den Hafen zurückzukehren. Allem Anschein nach hat es sich wohl um eine automatische Maßnahme des bürokratischen Apparats gehandelt, die durch eine kleinliche Auslegung des Leih- und Pachtgesetzes ausgelöst wurde. Hopkins versicherte Stalin, die Vereinigten Staaten dächten nicht daran, derartige Druckmittel zu benützen.

Ein Neuling in der Weltpolitik, folgte Truman im Frühjahr 1945 dem von Roosevelt vorgezeichneten Kurs mit dem gleichen wachsenden Unbehagen, das sein Vorgänger kurz vor seinem Tode empfunden hatte. Gleichwohl ließ er sich aber von Churchill nicht überzeugen. Dieser ersuchte den amerikanischen Präsidenten inständig, nicht sofort den von amerikanischen Truppen besetzten Teil Deutschlands zu räumen, der nach der Festlegung der Besatzungszonen den sowjetischen Truppen zukam. Truman ließ sich nicht erweichen, und so räumten, im Austausch gegen die westlichen Sektoren von Berlin und Wien und die Errichtung einer interalliierten Kommission für Österreich, die amerikanischen Soldaten, gefolgt von Hunderttausenden von Flüchtlingen, Thüringen, Sachsen und Mecklenburg, wodurch Leipzig, Erfurt und Weimar in jenes Gebiet fielen, das später zur DDR werden sollte. Truman hielt also bis zur Potsdamer Konferenz und noch darüber hinaus an den Abkommen fest, die sein Vorgänger geschlossen hatte, warf aber den Sowjets gleichzeitig vor, sie zu verletzen. (13) Man fragt sich, wer — außer amerikanischen Professoren — sich nur vorstellen kann, daß verbale Proteste, hinter denen sich eine faktische Kapitulation verbarg, einen Stalin hätten rühren oder gar aufbringen können.

Schließlich kommt es zu der historischen Entscheidung, die ein Historiker zum Gegenstand eines diplomatischen Romans gemacht hat — der Entscheidung vom August 1945, über Hiroshima und Nagasaki zwei Atombomben abzuwerfen. (14) War dies das Ende des Weltkrieges oder der Anfang des Kalten Krieges? Eine Greueltat, unausweichlich, wollte man die Kosten des Sieges vermindern, oder ein Versuch, die Sowjetunion einzuschüchtern? Diese Fragen, die seinerzeit niemand stellte (*L'Humanité* hat die Aktion begrüßt), haben im Laufe der Zeit sowohl eine moralische als auch eine politische Bedeutung angenommen. War es unvermeidlich oder war es unnötig? Richtete es sich gegen Japan oder gegen die Sowjetunion?

Die Antwort ergibt sich meines Erachtens ohne weiteres aus den vorliegenden Dokumenten. Betrachten wir zunächst die unbestreitbaren Tatsachen. Der amerikanische Nachrichtendienst hatte die japanischen Geheimcodes entziffert. Den Führern der Vereinigten Staaten war die tatsächliche Lage durchaus bekannt: die japanische Kriegsflotte war vernichtet, die Handelsflotte zum größten Teil versenkt; die vom Kaiser ernannte

Regierung unter Leitung von Suzoki wollte einen verlorenen Krieg beenden und hatte dementsprechend den japanischen Botschafter in Moskau, Sato, beauftragt, sich um sowjetische Vermittlung zu bemühen. Weder Außenminister Togo noch der Moskauer Botschafter Sato wußten, daß ihre Mitteilungen am 13. Juli, vier Tage vor der Eröffnung der Potsdamer Konferenz, in Washington entschlüsselt worden waren und daß Truman und seine Berater eindeutig darüber unterrichtet waren, wie sehr der Kaiser eine rasche Beendigung des Krieges wünschte. (15)

Warum haben angesichts dieser Tatsachen die Vereinigten Staaten nicht verhandelt, statt zur Atombombe zu greifen? Die allzusehr vereinfachende Antwort, daß Japan bereits besiegt gewesen sei (was richtig ist) und die Bomben daher auf die Sowjetunion gezielt gewesen seien, krankt an einem offenkundigen Widerspruch. Wenn das stimmt — warum hat Präsident Roosevelt dann im Februar 1945, als die Lage Japans bereits aussichtslos war, in Jalta den Beistand der Sowjetunion erbeten und erhalten? (16) Die Undurchsichtigkeit der Situation lag daran, daß zahlreiche Faktoren zusammentrafen.

1. In Japan, das unzweifelhaft geschlagen war, mußte die Friedenspartei ihre Absichten verheimlichen, weil die zum Widerstand entschlossene Militärpartei sich weiterhin der bedingungslosen Kapitulation, ja sogar einem Frieden widersetzte, dem das Eingeständnis einer militärischen Niederlage vorausging.

2. In den Vereinigten Staaten wagten die Befürworter eines Verhandlungsfriedens weder, die Formel von der bedingungslosen Kapitulation ausdrücklich zu verurteilen, noch wagten sie, vor den Senatsausschüssen laut auszusprechen, daß die Aufrechterhaltung des japanischen Kaisertums ein Chaos verhindern und dem wohlverstandenen Interesse der Vereinigten Staaten entsprechen würde.

3. Innerhalb der Administration wurde darüber diskutiert, wie schwer die Niederlage sein sollte, die man Japan beizubringen gedachte, und wie die künftigen Beziehungen zur Sowjetunion in Europa und im Fernen Osten aussehen sollten.

4. Die Atomwaffe, von der Truman auf der Potsdamer Konferenz Stalin kurz unterrichtet hatte, war am 15. Juli erfolgreich erprobt worden. Sie wurde zum besten, vielleicht zum

einzigen Mittel, mit dem man die Kapitulation Japans erreichen konnte, ohne 1) eine Invasion der Inseln (die nach Ansicht der Generäle sehr viele Menschenleben gekostet hätte) und 2) eine sowjetische Beteiligung, welche die Vereinigten Staaten um einen Teil der Früchte ihres Sieges gebracht hätte, den sie tatsächlich allein errungen hatten.

Berücksichtigt man alle Faktoren, dann ist es zumindest wahrscheinlich, wenn nicht gar sicher, daß die Entscheidung, die beiden Atombomben einzusetzen, sich nahezu zwangsläufig aus den Umständen ergab. *Trotz der Bomben* stieß der Kaiser bis zuletzt auf die sinnlose und heroische Kampfentschlossenheit eines Teils der Militärpartei. Die japanischen Städte wurden von Brandbomben verheert; der große Luftangriff auf Tokio blieb, was die furchtbaren Folgen und die Zahl der Opfer betrifft, hinter den Atombombenangriffen nicht zurück. *Wenn* die Friedenspartei in Japan, um sich gegenüber den Militärs durchsetzen zu können, ein beispielloses Ereignis benötigte, das der Armee half, ihr Gesicht zu wahren; *wenn* der Präsident der Vereinigten Staaten, an das Prinzip der bedingungslosen Kapitulation gebunden, über die Friedensbedingungen nicht verhandeln konnte; *wenn* die Entscheidung schließlich auf die Alternative hinauslief: Atombomben oder Invasion und zugleich Kriegseintritt der Sowjetunion — ist dann noch Anlaß zu Verwunderung oder Empörung? Truman und seine Berater nahmen die drei Sätze, die wir als bedingte Aussagen formuliert haben, einfach als Gegebenheiten an.

Trotz allem kann nicht die Rede davon sein, daß die Diplomatie der Vereinigten Staaten beispielhaft oder rational gewesen wäre. Fünf Jahre später forderten die Vereinigten Staaten von eben dem Japan, das der Sieger verpflichtet hatte, auf immer von den Waffen Abschied zu nehmen, wieder zu den Waffen zu greifen. Jene Situation, die den Griff zur Atombombe beinahe unausweichlich machte, hatte die amerikanische Diplomatie selbst herbeigeführt mit ihrer Forderung nach bedingungsloser Kapitulation, mit ihrer Entscheidung, Japan zu ›reformieren‹, zu ›bessern‹ und zu demokratisieren, mit der Zurückhaltung gewisser Führer, denen es an Einsicht nicht mangelte, und mit Kreuzzugsparolen, die Verhandlungen, selbst Geheimverhandlungen unmöglich machten. Außerdem hatten die militärischen Berater der Regierung, in der Vorstellung, nur durch die Invasion ließe sich die politische Zielsetzung erreichen, Roosevelt bewogen, den sowjetischen Beistand zu erbitten und mit Zugeständnissen auf Kosten Chinas zu bezahlen.

Hat Truman im Sommer 1945, nach der erfolgreichen Erprobung der Bombe in Los Alamos, angesichts der sich verschlechternden sowjetisch-europäischen Beziehungen das von seinem Vorgänger eingehandelte Eingreifen der Sowjets befürchtet? Es ging ihm jedenfalls darum, die Kampfhandlungen so rasch wie möglich zu beenden. Die Entscheidung zum Einsatz der Atombomben, *die der Präsident der Vereinigten Staaten wahrscheinlich allein in der Absicht getroffen hat, den Entschluß des Kaisers zur Kapitulation zu erleichtern oder zu erzwingen,* bedeutete zugleich den Anfang der Konfrontation mit der Sowjetunion. Nicht, daß Präsident Truman eine ›atomare Diplomatie‹ eingeleitet hätte, weil er die Männer im Kreml einzuschüchtern wünschte oder hoffte — er wollte so schnell wie möglich und so billig wie möglich mit Japan fertig werden, um den Anteil der Sowjetunion an den Operationen gering zu halten und Reibungen zwischen den Siegern, wie sie in Europa bereits sichtbar wurden, zu vermeiden.

Lassen sich mit Sicherheit die Absichten der Beteiligten feststellen? Welchen der zahllosen Texte und Äußerungen soll man Glauben schenken? Was soll man vorziehen: die nachträglich verfaßten Memoiren oder die Dokumente vom Zeitpunkt der Entscheidung? Wahrscheinlichkeit ist jedenfalls der Hypothese nicht abzusprechen, daß einige Verantwortliche irgendwann mit dem Gedanken gespielt haben, die schreckliche Waffe gebe der amerikanischen Diplomatie gegenüber der Sowjetunion zusätzliche Macht. Objektiv läßt sich dagegen zeigen, daß unabhängig von einer tatsächlichen oder angenommenen Absicht, mit der Sowjetunion aus einer Position der Stärke heraus zu verhandeln, das Zusammentreffen verschiedener Umstände — auf der einen Seite eine Friedenspartei mit dem Kaiser an der Spitze, die sich noch nicht durchgesetzt hatte, und in Washington eine Regierungsmannschaft, die sich in ihre eigene Formel von der bedingungslosen Kapitulation verstrickt hatte und im Hinblick auf das entscheidende Problem, den Kaiser, geteilter Meinung war — die doppelte Tragödie von Hiroshima (17) und Nagasaki einsichtig und logisch werden läßt.

Man kann gleichfalls zeigen, daß es unberechtigt ist, Präsident Truman während der folgenden Jahre eine Diplomatie zu unterstellen, die sich auf die atomare Drohung stützt. Die amerikanischen Führer haben nicht Befehl gegeben, so rasch wie möglich einen Bombenvorrat zu schaffen. Weder in Europa noch in Asien läßt sich zwischen *vorher* und *nachher* ein plötzlicher Wandel im Ton oder im Stil feststellen. Wie zuvor in Deutschland akzeptierten die Amerikaner die Aufteilung Koreas in Besatzungszonen. Allein übernahmen sie die Verantwortung für die Besetzung der japanischen Inseln (18), deren Zugang unter ihrer Kontrolle stand, nachdem sie zwischen 1941 und 1945 die feindliche Flotte vernichtet und die gemeinsamer Nutzung unterliegenden Gebiete zurückerobert hatten. Auf dem Alten Kontinent vergingen zwei Jahre, bis die Briten und Amerikaner bemerkten, daß eine gemeinsame Verwaltung Deutschlands durch die Verbündeten des Antihitler-Kreuzzuges unmöglich war. Außerdem mußte Großbritannien, durch seinen Sieg erschöpft, erst auf die Bürde seines Imperiums verzichten, bevor Truman im März 1947 in einer feierlichen Erklärung den von kommunistischer Subversion oder Aggression bedrohten Völkern Hilfe und Beistand versprach. Eine wohltuende Entscheidung, da sie endlich die Illusion zerstreute, die Vereinigten Staaten könnten bei einem Machtkampf zwischen Rußland und Großbritannien als Schiedsrichter auftreten. Allerdings wurde in der Botschaft des Präsidenten eine notwendige Aktion — die Unterstützung Griechenlands und der Türkei — durch übertriebene und damit täuschende Parolen hochstilisiert: der Kreuzzug gegen den Kommunismus wurde *allein in Worten* geführt. In Europa und in der ganzen übrigen Welt blieben die Vereinigten Staaten bei einer defensiven Strategie.

3

Interessanter als die Vorwürfe gegen Truman scheint mir die Anklage zu sein, die einige Autoren gegen die sogenannte universalistische Konzeption der amerikanischen Präsidenten erheben: daß sie nicht — wozu Churchill im Oktober 1944 bereit zu sein schien — die Aufteilung Europas in Einflußbereiche umstandslos akzeptiert haben. Wo sie hinkam, brachte die Rote Armee das sowjetische Regime mit; wenn Stalin die gleichen Worte benützte wie die westlichen Mächte, so verstand er sie nicht im gleichen Sinne. Engländer und Amerikaner protestierten gegen Stalins Praktiken, doch schufen sie nur ein feindseliges Klima und reizten die Sowjetunion; am Los der Völker, denen gegenüber sie Verpflichtungen übernommen hatten, ohne über Mittel zu verfügen, sie auch einzuhalten, änderten sie nichts. Diese Überlegung wirft drei Fragen auf: Handelt es sich um einen *Irrtum*, in dem Sinne, daß diese Diplomatie für einige oder für alle mißliche Konsequenzen hatte? Handelt es sich um einen moralischen oder politischen *Fehlgriff*, in dem Sinne, daß die Westmächte den Sowjets etwas verweigerten, worauf diese ein Anrecht hatten? Angenommen, es handelte sich um einen Irrtum oder einen Fehlgriff — konnten die britischen und amerikanischen Führer angesichts ihrer eigenen Vorstellungen und der auf sie einwirkenden Kräfte vermeiden, ihn zu begehen?

Betrachten wir die Dinge zunächst aus der Sicht der Realisten, die sich mit Einflußbereichen abfanden: Kriegsminister Stimson in Washington und — zumindest zeitweise — Winston Churchill in London. Über die Kapitulation Italiens verhandelten Briten und Amerikaner allein; dem sowjetischen Repräsentanten wiesen sie einen Platz nicht in der Waffenstillstands-Kontrollkommission, sondern lediglich im interalliierten Konsultativausschuß zu, der keine wirksame Rolle spielte; die Sowjets intervenierten nicht zugunsten der griechischen Kommunisten, als die britische Armee gegen diese vorging, ja sie protestierten nicht einmal. Sollte man dann nicht die Sowjets in den Ländern, die zu ihrem Sicherheits-, Verantwortungs- oder Einflußbereich gehörten, unbehelligt schalten und walten lassen? Ob die Briten und Amerikaner das Vorgehen der Kommunisten verurteilten? Allerdings — aber auch die Sowjets verurteilten gemäß ihrer Geschichtsphilosophie die Restauration bzw. die Aufrechterhaltung des kapitalistischen Systems. In ihrem jeweiligen Bereich handelten die Sowjets und die Briten und Amerikaner in der gleichen Weise: die einen wie die anderen errichteten ein Regime, das dem eigenen ähnlich war, und bedienten sich daher verschiedener Menschen und verschiedener Methoden. Die *Symmetrie* im Sinne der realistischen Diplomatie bedeutete *Heterogenität* des politischen Vorgehens. Das Unglück bestand nach dieser Auffassung darin, daß Roosevelt — ein Universalist zumindest für die anderen, besonders in Europa — die Illusion hegte, er habe die Aufteilung des Alten Kontinents vermieden. Hätte man sich von vornherein auf die Teilung gefaßt gemacht und sich mit ihr abgefunden, dann hätte sie keinen neuen Kreuzzugsgeist und wohl auch nicht jenen Irrtum und nicht eine Fehlentscheidung begangen haben. Täuschung empfand.

Diese Kritik unterstellt, daß Briten und Amerikaner einen Irrtum und nicht eine Fehlentscheidung begangen haben. Sie geht von einer Philosophie aus, die vom Realismus in den Zynismus abgleitet. Aus der Sicht dieser Kritik wäre es besser gewesen, wenn die Westmächte die politische Heterogenität vollständig außer acht gelassen und sich statt dessen ausschließlich um die geographische und diplomatische Symmetrie gekümmert hätten. Briten und Amerikaner haben in Frankreich und Italien die kommunistischen Parteien nicht verboten; sie organisierten dort bzw. ließen sie dort wirklich freie Wahlen organisieren. Im Osten ergaben die in der Tschechoslowakei und in Ungarn durchgeführten freien Wahlen keine Mehrheit für die Kommunistische Partei, die mit der sogenannten Salamitaktik Männer und Parteien, die sie verdächtigte, der neuen Ordnung feindselig oder mit Vorbehalten gegenüber zu stehen, nach und nach ausschaltete. Selbst wenn man unterstellt, daß die ohnmächtigen Proteste ein Irrtum waren — konnten die westlichen Führer anders handeln? Konnten sie, anders gesagt, ihre Augen verschließen und dadurch ihre Freunde verraten? Seit 1946 haben die Amerikaner die Rolle der britischen Diplomatie übernommen; wenn diese keine Heuchelei darin sah, gleichzeitig die Freiheit der europäischen Völker und das Gleichgewicht auf dem Alten Kontinent zu verteidigen und in Asien ein Imperium zu erobern, so waren die amerikanischen Diplomaten sich ebensowenig eines Widerspruchs bewußt, wenn sie gegen die Sowjetisierung Osteuropas protestierten und zugleich an der Monroe-Doktrin festhielten. Wenn darin eine Heuchelei besteht, so ist sie kennzeichnend für das Handeln der insularen Macht, welche die Völker Europas vor der ›Universalmonarchie‹ bewahrt und in ihren repräsentativen Institutionen den Liberalismus verkörpert. Mit den sowjetischen Armeen und den zumeist in ihrem Troß aus dem Ausland zurückkehrenden Regierungen zogen Armut und Despotismus ein. Wenn die Revisionisten des Jahres 1970 Osteuropa mit der Karibik (oder gar mit ganz Lateinamerika) vergleichen, zeigen sie, daß es ihnen an dem Realismus fehlt, auf den sie sich berufen: in den Augen der Europäer hatte die Sowjetisierung nichts gemein mit der Yankeeherrschaft in einem Bereich, von dem sie ohnehin nichts wußten.

Der Gipfel an Absurdität wird erreicht, wenn der *Irrtum* der amerikanischen Proteste als ein schuldhafter *Fehler* dargestellt wird: danach sollen die Vereinigten Staaten der Sowjetunion die legitimen Früchte eines Sieges versagt haben, für den das russische Volk so teuer bezahlt hatte, und diese Versagung sei eine Folge des unwiderstehlichen Expansionsdranges des Kapitalismus. Auf die Gesamtproblematik der wirtschaftlichen und politischen Zielsetzung von Washingtons Diplomatie werden wir noch zurückkommen. Soviel steht jedoch fest: Als Truman 1945 und 1946 in der Frage der polnischen Regierung die Anwendung des Abkommens von Jalta forderte und gegen die fortschreitende Sowjetisierung der osteuropäischen Länder protestierte, stimmte er mit den herrschenden Vorstellungen der Amerikaner und Europäer als auch mit den traditionellen Geboten der Gleichgewichtspolitik überein.

Eine Auflösung des Widerspruchs zwischen der realistischen Hinnahme der europäischen Teilung und der Heterogenität der politischen Ordnungen und ihrer Einflußbereiche wäre allein möglich gewesen bei einer Umkehrung sowohl der geopolitischen Perspektive als auch des moralischen Urteils. Die Unmöglichkeit eines Gleichgewichts auf dem Kontinent nahm in dem Maße, wie an die Stelle des europäischen Systems ein weltweites System trat, eine andere Bedeutung als in der Vergangenheit an. Seit die westliche Hemisphäre neben dem Alten Kontinent gleichberechtigt in das zwischenstaatliche System eingetreten war, mußte das Fehlen eines innereuropäischen Gleichgewichts — so beklagenswert es auch im Hinblick auf die Autonomie Europas sein mochte — die Existenz eines andersartigen Gleichgewichts nicht ausschließen: der Konfrontation und Koexistenz zwischen der Sowjetunion, verstärkt durch die zu ihrer Version des Sozialismus bekehrten Nachbarstaaten, auf der einen und Westeuropa zusammen mit den Vereinigten Staaten auf der anderen Seite. Mit dem bis Mitteleuropa reichenden Einflußbereich, den die Sowjetunion sich infolge des Krieges sichern konnte, wurde das Auftreten eines bipolaren Systems, das sowohl die eurasische Landmasse als auch Europa selbst umfaßte, unvermeidlich. Jedenfalls trat dieses System in dem Augenblick zutage, als die Vereinigten Staaten die Fiktion einer Schiedsrichterrolle zwischen Moskau und London aufgaben, sich der Schwäche Großbritanniens bewußt wurden und sich bereit fanden, jene Rolle zu übernehmen, die Großbritannien zu spielen nicht mehr in der Lage war.

Was die rücksichtslosen Methoden der Sowjetisierung betrifft, so waren sie teilweise im Wesen des Sowjetregimes begründet. Im Falle Polens, des Hauptzankapfels zwischen Briten und Sowjets, weigerte sich die Londoner Exilregierung hartnäckig, die Curzon-Linie anzuerkennen. Das machte Stalin die Sache leichter: so hatte er einen scheinbaren Grund, das Lubliner Komitee zu schaffen, so konnte er die Ausschaltung der früheren Führungsschicht Polens, mit der das Dritte Reich begonnen hatte, zu Ende führen. Stalin wußte, daß die Führungsschicht und das Volk sowohl gegenüber Rußland wie gegenüber dem Kommunismus seit jeher Abneigung empfanden. Wenn die Westmächte dem Kreml das Recht zugestanden, in den Nachbarländern befreundete Regierungen einzusetzen, und gleichzeitig den Wunsch nach freien Wahlen äußerten, so machten sie sich nicht klar, daß zwischen diesem Recht und diesen Wünschen ein Widerspruch bestand. Aus freien Wahlen wären keine moskaufreundlichen Regierungen hervorgegangen (zumindest nicht in dem Sinne, wie Moskau die Freundschaft verstand).

Selbst wenn man also einräumt, daß die Westmächte einen *Irrtum* (den sie wahrscheinlich nicht vermeiden konnten) begingen, als sie gegen das Vorgehen der Sowjets in den befreiten Ländern protestierten, so ist damit die Sache noch nicht im Sinne der Realisten entschieden. Die Truman-Doktrin wurde im Zusammenhang mit Griechenland und der Türkei verkündet, während es zum endgültigen Bruch zwischen den Sowjets und den Briten und Amerikanern erst im Juni 1947 kam, als Molotow die Pariser Konferenz verließ, die über den Marshall-Plan beraten sollte. Anders gesagt: die polnische Frage hat zwar die Beziehungen zwischen den Großen Drei vergiftet, doch erst die deutsche Frage hat zum endgültigen Bruch geführt.

Mit der Zukunft Deutschlands hatten sich die Großen Drei auf den Konferenzen von 1943 und 1945 eigentlich wenig befaßt. In Teheran hatten Churchill und Roosevelt von einer möglichen Zerstückelung des Reiches gesprochen: Churchill von einer Abtrennung Preußens, das besonders bestraft werden sollte, Roosevelt von selbständigen Regionen. In Jalta ratifizierten die Drei diskussionslos den Vorschlag der in London tagenden europäischen Kommission über die Abgrenzung der Besatzungszonen. Die französische Zone wurde dann aus Teilen der beiden westlichen Zonen zusammengesetzt. Bezüglich der Zerstückelung des Reiches erinnerte Stalin seine beiden Gesprächspartner an die in Teheran gefallenen Äußerungen, und Roosevelt schlug vor, daß sich ein Ausschuß mit dem Problem befassen sollte, dem unter dem Vorsitz Edens die Botschafter der Vereinigten Staaten und der UdSSR in London angehören sollten. Als Stalin dann unmittelbar nach dem Sieg, ohne jemanden konsultiert zu haben, verkündete, die Sowjetunion habe nicht die Absicht, Deutschland zu zerschlagen, war von der Zerstückelung keine Rede mehr. (19)

Anders als die polnische Frage, wurde die deutsche Frage erst nach der Beendigung des Krieges zu einem Anlaß der Uneinigkeit zwischen den Alliierten. Letzten Endes fanden sich Engländer und Amerikaner mit den neuen Grenzen und dem kommunistischen Regime Polens ab. In Deutschland dagegen wurde trotz der diplomatischen Symmetrie die Heterogenität der beiden Zonen zum Gegenstand dauernder Streitigkeiten, da die oberste Befehlsgewalt nach dem Potsdamer Abkommen einem Kontrollrat übertragen worden war, der aus den vier Oberkommandierenden bestand, und die für die politische und wirtschaftliche Verwaltung Deutschlands aufgestellten allgemeinen Grundsätze unterschiedlich interpretiert werden konnten.

Nachdem die Viererkonferenz von Moskau Anfang 1947 gescheitert war, erkannten die Westmächte endlich, daß eine gemeinsame Verwaltung ganz Deutschlands unmöglich war, und daraus folgte unvermeidlich, daß es auf unbestimmte Zeit zwei Einheiten geben würde, eine aus der sowjetischen Besatzungszone, die andere aus den drei westlichen Zonen bestehend. Wenn man die Ereignisse chronologisch verfolgt, so ist das Überraschende eigentlich weniger, daß sie schließlich in eine Sackgasse führten, als vielmehr das zwei Jahre währende Zurückscheuen vor dem Unausweichlichen. Schon im September 1945 hatten die sowjetischen Besatzungsbehörden die als Errungenschaften des Sozialismus hingestellten Reformen — Bodenreform und Verstaatlichung von Wirtschaftsunternehmen — in die Wege geleitet; im Herbst dieses Jahres forderten sie die deutschen Sozialisten und Kommunisten auf, sich zu einer Einheitspartei zusammenzuschließen — ein Zusammenschluß, wie er für die Sowjetisierungsmethoden in den osteuropäischen Ländern typisch war. In Österreich scheiterte, sofern er überhaupt unternommen wurde, der Versuch eines Zusammenschlusses (was mich damals zu der Überzeugung brachte, daß die Sowjets dieses Land schließlich verlassen würden). Kurt Schumacher, körperlich erschöpft, aber mit ungebrochener moralischer Kraft und ungebrochenem Willen aus dem Konzentrationslager zurückgekehrt, übernahm die Führung derjenigen Sozialisten, die sich der Verschmelzung widersetzten. Mehr als irgend ein anderer, mehr als die Amerikaner, die 1945 mit einer ›Sozialistischen Einheitspartei‹ kaum etwas anfangen konnten, war er es, der in Berlin und Westdeutschland den kommunistischen Versuch der Machtergreifung in den Arbeiterparteien zum Scheitern brachte und für den Bereich der Bundesrepublik die Sozialdemokratie rettete.

Gleichzeitig begannen die Russen mit der Demontage und dem Abtransport von Material. Trotz der Einwände von Churchill hatte Roosevelt in Jalta Reparationsleistungen in Höhe von 20 Milliarden Dollar (davon 10 Milliarden für die Sowjets) in Erwägung gezogen (aber nicht definitiv gebilligt). In Potsdam einigte man sich auf die folgende Formel: Jede der alliierten Mächte sollte ihre Reparationsforderungen durch die Demontage von Industrieanlagen in der eigenen Zone befriedigen, soweit diese Anlagen nicht benötigt würden, um eine zulässige Höchstgrenze der Produktion zu erreichen. Die Westmächte sollten den Russen als Ergänzung von deren Anteil 25

Prozent der im Westen demontierten Anlagen liefern, davon 15 Prozent im Austausch gegen Nahrungsmittel aus der sowjetischen Zone. Im folgenden Frühjahr einigte sich der Kontrollrat auf das Produktionsniveau, das Deutschland nicht überschreiten sollte (z. B.: 11,4 Prozent der Produktion des Jahres 1938 an Werkzeugmaschinen, 40 oder 50 Prozent des Maschinenbaus, 7,5 Millionen Tonnen Stahl). Wenn Briten und Amerikaner auch den Morgenthau-Plan, der Deutschland in ein Weideland verwandeln wollte, begraben hatten (Roosevelt hatte ihn zunächst ernst genommen, dann aber, nach den Einwänden aller seiner Berater, fallengelassen), so waren sie doch immer noch vom Siegestaumel befangen (und natürlich die Franzosen ebenfalls). Die Sowjets lehnten es ab, Angaben über die Entnahmen aus ihrer Zone zu machen, und schickten nicht die versprochenen Nahrungsmittel. Im Mai 1946 stellte General Clay die Materiallieferungen an Rußland bis zur Aufstellung eines gemeinsamen Ein- und Ausfuhrprogramms für Gesamtdeutschland ein. Zu einem solchen Programm ist es nie gekommen. Der Vertreter Frankreichs im Kontrollrat legte gegen jeden Versuch, eine zentrale Verwaltung für ganz Deutschland zu schaffen, sein Veto ein. General de Gaulle hielt an seiner Formel fest: *pas de Reich, retour aux Allemagnes* (Kein Reich, zurück zu den Deutschländern). Was er damit förderte, war nicht die Restauration einer *Vielzahl* von Deutschländern, sondern die Entstehung *zweier* deutscher Staaten.

Im Frühjahr 1947 gab es also bereits zwei getrennte Entitäten auf deutschem Boden, und der Wettbewerb zwischen Sowjets und Amerikanern um die Gunst der deutschen Öffentlichkeit hatte Molotow und Byrnes veranlaßt, am 10. Juli bzw. am 5. September 1946 ihre berühmten Reden zu halten. Nachdem die Sowjets sich auf der Moskauer Konferenz von 1947 geweigert hatten, die französischen Forderungen bezüglich des Saargebiets zu unterstützen, stimmte Georges Bidault dem Anschluß der französischen Zone an die Bizone zu, deren Bildung Briten und Amerikaner bereits beschlossen hatten. Nach den Erfahrungen mit der Sowjetisierung Osteuropas war gar nichts anderes denkbar, als daß die Westmächte beschlossen, die drei westlichen Zonen auf jeden Fall zu retten und dieses Restdeutschland in den Wiederaufbau einzubeziehen, der durch die amerikanische Hilfe beschleunigt werden sollte.

Als es dann — Anfang Juli 1947, wenige Wochen nach der Bildung des Kominform — zum Bruch kam, hatten die Westmächte die Friedensverträge mit den Satellitenstaaten unterzeichnet und damit *de facto* die bereits vollzogene Sowjetisierung Polens, Rumäniens und Jugoslawiens und die im Werden begriffene Sowjetisierung Bulgariens und Ungarns akzeptiert. In ganz Westeuropa verschlechterte sich die wirtschaftliche Lage. Für einen Friedensvertrag über Deutschland bestanden keine Aussichten — so sehr hatten sich die beiden Teile des Reiches bereits auseinanderentwickelt, so sehr fürchteten die Briten und Amerikaner die Infiltrations- und Subversionsmethoden, mit denen die Kommunisten sich nach und nach der totalen Herrschaft bemächtigten. Noch heute sehe ich wie vor 25 Jahren im Marshall-Plan ein großzügiges, einsichtiges und wirksames Angebot. Die Schaffung der Bundesrepublik im Jahre 1948 halte ich rückblickend trotz oder wegen der seither veröffentlichten Dokumente für gerechtfertigt: es war nicht an sich, aber den Umständen entsprechend die beste Entscheidung. Genauer gesagt: nach der Weigerung der Sowjets, über die Modalitäten der amerikanischen Hilfe zu verhandeln, hatten die Westmächte (von nun an konnte man zu Recht von den Westmächten sprechen, da die Franzosen es aufgaben, auf eigene Faust zu handeln, und sich in die gemeinsame Front einreihten) keine Wahl mehr: das offenkundige und notwendige Nahziel war jetzt der wirtschaftliche Wiederaufbau des nichtkommunistischen Europa einschließlich Deutschlands.

Führte der Marshall-Plan, wie es einige Revisionisten paramarxistischer und populistischer Tendenz behaupten, zur Erklärung des Kalten Krieges? Das Angebot richtete sich auch an die Sowjetunion und die übrigen osteuropäischen Länder. Noch heute fragen sich die Historiker, warum Stalin nach einem Zögern von 48 Stunden beschloß, es in einem aggressiven Ton abzulehnen, obwohl er zuvor seinen Außenminister in Begleitung einer wichtigen Delegation nach Paris geschickt hatte. Die Presse der osteuropäischen Länder zeigte einige Tage lang eine unklare Haltung, als habe sie nicht gewußt, was der Herr im Kreml beschlossen hatte, als habe dieser zwischen zwei

Möglichkeiten geschwankt. Schließlich verwarf er die letzte Chance einer Zusammenarbeit mit den Westmächten. Die tschechischen Minister, die sich — mit den Kommunisten an der Spitze — einmütig für den Vorschlag des amerikanischen Außenministers ausgesprochen hatten, wurden sich ihrer tatsächlichen Lage und der Grenzen ihrer Unabhängigkeit bewußt.

Warum hat Stalin nicht einmal versucht, sich in die Sache einzuschalten, und sei es auch nur, um ihr zu schaden, wie es die Experten des State Departments in der Mehrheit vorausgesagt hatten? Ich neige auch heute noch zu der üblichen Deutung, daß die Machtstellung der Sowjets in Osteuropa noch zu jungen Datums, noch zu ungefestigt war, als daß Stalin hätte wagen können, offene Verbindungen zwischen dem Westen und jenen Ländern bestehen zu lassen, die er gewaltsam in ein anderes System integrieren wollte.

Nach marxistisch-leninistischer Auffassung, die auch Stalins Denken bestimmte, suchten die Vereinigten Staaten — aus Furcht vor der Überproduktion und der Krise — in Europa vor allem Absatzmöglichkeiten. (20) In dem offiziellen Gesuch um einen Kredit von sechs Milliarden Dollar erwähnte das sowjetische *aide-mémoire* Erklärungen amerikanischer Politiker ›concerning the desirability of receiving extensive large Soviet orders for postwar und transition period‹ (darüber, daß es wünschenswert sei, daß für die Übergangs- und Nachkriegszeit umfangreiche sowjetische Bestellungen eingehen). (21) Vorsätzlich zum Gefangenen seiner eigenen Propaganda und seiner eigenen Ideologie geworden, mußte Stalin den Marshall-Plan als Tarnung des ökonomischen Imperialismus brandmarken. Überdies schien sich durch Marshalls Angebot zu bestätigen, daß die Amerikaner in Europa präsent sein wollten — eine Präsenz, die in den Augen Moskaus die Ausbreitung des stalinistischen ›Sozialismus‹ behinderte und, indem sie als Anziehungspunkt wirkte, den Kreml möglicherweise zu einer verhärteten Haltung nötigte. Ob Stalin hinter dem Marshall-Plan tatsächlich aggressive Absichten gewittert hat oder ob der Wiederaufbau Westeuropas *objektiv* eine Gefährdung des sowjetischen Machtbereichs war, ist unwichtig. Für einen Marxisten-Leninisten ist eine solche Unterscheidung wahrscheinlich sinnlos, da er seinen

Feinden immer unterstellt, sie hätten die Konsequenzen ihres Handelns gewollt.

Es ist möglich, daß der Präsident und sein Außenminister ein Ja der Sowjets eher gefürchtet als gewünscht haben. Sie glaubten zu dieser Zeit nicht mehr an die Möglichkeit einer Verständigung mit Moskau über eine gemeinsame Verwaltung Deutschlands. Sie wollten einen Damm gegen den Kommunismus errichten und die Völker, einschließlich des deutschen Volkes, vor den Versuchungen bewahren, die aus der Hoffnungslosigkeit entstehen. Es ist unbestreitbar, daß die Dollars als Waffe im Kampf gegen den Kommunismus gedient haben, als ein Instrument der sogenannten Eindämmungspolitik. Da das Instrument sich als wirkungsvoll erwies, dürfte es dem Kritiker kaum möglich sein, von einem *Irrtum* zu reden. Welche gedankliche Verirrung kann ihn aber dazu bringen, von einem *Fehler* zu sprechen?

Um zu einer derart verzerrten Interpretation zu gelangen, braucht er nur an die Stelle der menschlichen Freiheit die Freiheit des Handelns zu setzen und diese mit dem Kapitalismus oder dem Imperialismus zu identifizieren. In den Augen eines W. A. Williams beispielsweise wird die Hilfe für den wirtschaftlichen Wiederaufbau Europas unversehens zum integralen Bestandteil der Dollardiplomatie, der Politik der ›Offenen Tür‹, also zum Zeichen der Verruchtheit eines außenpolitischen Handelns, dem es um die wirtschaftliche Expansion geht. Aber selbst im Rahmen einer solchen Interpretation der Geschichte halte ich es für töricht, den einseitigen Strom von Milliarden von Dollar aus den Vereinigten Staaten in die Länder Europas *moralisch* oder *politisch* zu verurteilen. Auch wenn man unterstellt, daß die Sowjetunion im Jahre 1947 wegen ihrer Armut oder wegen der aggressiven Absichten, die sie den Führern der kapitalistischen Staaten zuschrieb, gezwungen war, mit Selbstisolierung zu reagieren, so bedeutet das nicht, daß Truman und Marshall einen Irrtum oder einen Fehler begingen, als sie den Kreml zu seiner heftigen Reaktion veranlaßten; diese Reaktion war eben der Preis, den sie zu bezahlen hatten. Da sie wohl kaum bedauern, daß der Stalinismus sich nicht bis zum Atlantik ausgebreitet hat, weigern sich die Europäer in ihrer überwältigenden Mehrheit hartnäckig, diesen Preis als zu hoch anzusehen.

Es bleibt ein letztes Argument: Die Amerikaner unterbreiteten ihr Angebot in der Form, die für die Sowjets am allerwenigsten annehmbar war; sie schlugen vor, den Bedarf gemeinsam festzustellen, und sie wünschten multilaterale Beziehungen zwischen den Vereinigten Staaten und ganz Europa statt bilateraler Beziehungen zwischen den Vereinigten Staaten und jedem einzelnen Land, denen der Kreml den Vorzug gab. Mußte er nicht schließlich bei den Amerikanern Hintergedanken argwöhnen, da seine früheren Kreditgesuche nur zurückhaltend aufgenommen worden waren?

Die Verhandlungen zwischen den Vereinigten Staaten und der Sowjetunion über einen Wiederaufbaukredit, die allzu verwickelt sind, als daß ich sie hier im einzelnen darstellen könnte, begannen während des Krieges. Eugene V. Rostow, der von 1942 bis 1944 als Mitarbeiter Dean Achesons (und zwar als stellvertretender Staatssekretär für wirtschaftliche Angelegenheiten) im State Department für die Abwicklung des Leih- und Pachtgesetzes (Lend-Lease Act) verantwortlich war, hat vor einiger Zeit präzise Informationen (22) über die erste Phase dieser Verhandlungen geliefert. Gegen Ende 1943 schnitt Mikojan die Frage eines amerikanischen Nachkriegskredits gegenüber Averell Harriman, dem amerikanischen Botschafter in Moskau, an. *Damals* befürwortete Harriman das sowjetische Ersuchen und leitete es nach Washington weiter. Rostow gedachte den Abschnitt 3 (c) des *Lend-Lease Act* als rechtliche Grundlage für einen Wiederaufbaukredit nach dem Kriege zu nutzen. Die für den Wiederaufbau benötigten Anlagen sollten nach dem *Lend-Lease* während des Krieges bestellt und nach dem Kriege ausgeliefert werden. Rostows Plan fand bei den verschiedenen Dienststellen und beim Präsidenten Zustimmung, und es schlossen sich langwierige Verhandlungen über den Text des vorgesehenen Abkommens mit der Sowjetunion an, bis gegen Ende 1944 ein sowjetischer Vertreter Acheson im State Department aufsuchte und diesem ersten Versuch einer russisch-amerikanischen Zusammenarbeit nach dem Kriege ein Ende machte. Rostow schließt daraus, daß sich die Haltung des Kreml während des Jahres 1944 änderte; er fügt hinzu, daß der Marshall-Plan den gleichen Wunsch nach Zusammenarbeit bewies und eine erneute Gelegenheit dazu bot. Dazu müssen wir allerdings feststellen, daß mittlerweile sehr viel Wasser die Weichsel und die Spree hinuntergeflossen war und daß sowohl die sowjetischen Kreditwünsche als auch die Probleme des Lend-Lease Anlaß zu Mißverständnissen und Reibungen gegeben hatten. Die Lieferungen an die Sowjetunion im Sinne des Pacht- und Leihgesetzes hatten 9,5 Milliarden Dollar erreicht (29 Prozent der Gesamtsumme). (23) Die russische Armee trug die Hauptlast des Krieges, und der Kongreß billigte die Lieferung von Ausrüstungsmaterial für die Freiheitskämpfer rückhaltlos. Nachdem die ersten Gespräche über eine Anwendung des Lend-Lease aufgegeben worden waren, kam es zu einem förmlichen Ersuchen um einen Wiederaufbaukredit von sechs Milliarden Dollar zu $2^1/_4$ Prozent Zinsen. Die Antwort der Amerikaner ließ auf sich warten. Andererseits mußte ein neues Protokoll nach Abschnitt 3 (c) des Lend-Lease Act ausgehandelt werden; die Verhandlungen liefen sich an der scheinbar sinnlosen Frage des Zinssatzes fest: die Amerikaner wollten nicht unter $2^3/_8$ Prozent hinuntergehen, und die Sowjets forderten zwei Prozent und schlugen für den vorgesehenen Kredit von sechs Milliarden Dollar $2^1/_4$ Prozent vor. Schließlich wurde im April 1945 das vierte Protokoll unterzeichnet, doch bezog es sich nur auf Kriegsmaterial; bezüglich der Industrieausrüstungen wurde der Zinssatz erst am 15. Oktober 1945 mit $2^3/_8$ Prozent festgesetzt. Drei Viertel des von den Sowjets gewünschten Materials (etwa eine Milliarde Dollar) wurde niemals produziert. Über den Kredit von sechs Milliarden Dollar wurde niemals ernsthaft verhandelt.

Die in den Monaten nach der Konferenz von Jalta zwischen Russen und Amerikanern aufgekommene Spannung wegen der polnischen Regierung war genausowenig wie die anschließend aufgetretene Uneinigkeit über die deutschen Reparationsleistungen geeignet, Entgegenkommen bei den Amerikanern und Ausdauer bei den Sowjets zu fördern. Ist der Marshall-Plan zu spät gekommen? Eugene V. Rostow glaubt das nicht; ich persönlich neige zu der Auffassung, daß Stalin sich zu diesem Zeitpunkt bereits für eine Diplomatie entschieden hatte, die eine auch nur begrenzte Zusammenarbeit mit dem Westen ausschloß. In einem allerdings wesentlichen Punkt behält Rostow das letzte Wort. Wenn die Annahme eines amerikanischen Kredits zur wirtschaftlichen Beherrschung der Sowjetunion durch die Vereinigten Staaten geführt hätte, wie einige Revisionisten meinen — warum machen sie dann den Vereinigten Staaten einen Vorwurf daraus, daß sie jenem Land, das für den gemeinsamen Sieg so sehr gelitten hatte, keinen Kredit gewährt haben?

4

Schon zu Beginn dieses Kapitels habe ich gesagt, daß ich die Vorwürfe des Revisionismus nicht ernst nehmen kann. Unterstellen wir — was innerhalb eines bestimmten Interpretationssystems kein Problem ist — , daß zwischen der Sowjetisierung Osteuropas und der Demokratisierung Westeuropas Symmetrie bestanden habe (wir brauchen dazu nur die Gefühle der Völker und die Methoden der Herrschaftsausübung außer acht zu lassen). Hätten die Westmächte in ihren ohnmächtigen Protesten überhaupt noch zurückhaltender sein *können*? Tatsächlich haben sie sich ja ziemlich rasch mit allem abgefunden; die Vorstellung, daß die Äußerungen Trumans oder Churchills Stalin gekränkt haben könnten, erscheint mir lächerlich. Wahrscheinlich schon in Potsdam, auf jeden Fall aber nach der Unterzeichnung der Verträge mit den Satellitenstaaten hatte Stalin sein Minimalziel erreicht: die Anerkennung der von ihm in Osteuropa eingesetzten Regierungen.

Hat der Kalte Krieg in der Zeit zwischen Jalta und Potsdam oder in der Zeit zwischen Potsdam und der Verkündung der Truman-Doktrin im März 1947 bzw. der Pariser Konferenz im Juni 1947 begonnen? Exakt läßt sich diese Frage nicht beantworten. Sofort nach Jalta gingen die sowjetischen Behörden in dem von der Roten Armee besetzten Teil Europas in einer Weise vor, die sich über eventuelle Reaktionen der Briten und Amerikaner hinwegsetzte. Insbesondere ergriffen sie die ersten Maßnahmen zur Sowjetisierung Ostdeutschlands, wodurch die Teilung des ehemaligen Reiches und damit zugleich ganz Europas unvermeidlich wurde. Hätten die Westmächte durch eine andere Diplomatie Stalin in der Weise beeinflussen können, daß er Konzessionen gemacht hätte, um eine gewisse

Zusammenarbeit zwischen den ehemaligen Alliierten aufrechtzuerhalten? Mit Bestimmtheit kann diese Frage niemand beantworten. Niemand kann behaupten, Stalin sei von Anfang an von einem detaillierten Plan ausgegangen, in dem die Grenzen des Bereichs festgelegt waren, den er seiner Herrschaft unterwerfen wollte. Wahrscheinlich haben einige Männer im Kreml, darunter auch Stalin selbst, eine Einigung über Deutschland in Erwägung gezogen, unter der Bedingung, daß sie dadurch eine partielle Kontrolle über die gesamte deutsche Wirtschaft erlangen könnten — in der Hoffnung, schließlich die totale Kontrolle zu erreichen. Von der großen Illusion im Februar 1945 bis zu dem Bruch im Juli 1947 haben sich die Ereignisse in einer Weise abgespielt, wie sie seit jeher dem Muster der Rivalität zwischen Mächten entspricht, in Aktion und Reaktion, Herausforderung und Antwort.

Ich halte es noch heute für wahrscheinlich, daß Stalin, um sich — wie manche sagen — ein Sicherheitsglacis oder — nach der Ansicht anderer — ein *Imperium* zu schaffen, in den Jahren 1944—1945 beschloß, in allen Ländern Osteuropas Regime, die dem eigenen nachgebildet waren, und Männer, die von ihm abhängig waren, einzusetzen. Hätte er sich, ohne bis zur totalen Gleichschaltung zu gehen, mit ›befreundeten Regierungen‹, in denen Kommunisten das Übergewicht gehabt hätten, begnügen können? Was bedeutet es, daß eine andere Politik *möglich* gewesen wäre? Natürlich war Stalin nicht durch höhere Gewalt *gezwungen*, sich der rücksichtslosen Methoden zu bedienen, die bei den Westeuropäern Schrecken und Empörung hervorriefen. Die ersten neugebildeten Regierungen der Tschechoslowakei und Ungarns — die eine unter einem kommunistischen Ministerpräsidenten, die andere aus Wahlen hervorgegangen, in denen die Partei der kleinen Landwirte die absolute Mehrheiten erhalten hatte — hätten gewiß die Verpflichtungen einer freundschaftlichen Haltung gegenüber Moskau erfüllt — wenn nicht mit ganzem Herzen, so doch in ihren Taten. Ich kann mir noch immer nicht vorstellen, daß Stalin sich mit einer solchen halben Maßnahme zufrieden gegeben hätte.

Warum hätte er den Nachbarvölkern ein besseres Los zudenken sollen, als er es dem großrussischen Volk auferlegte, das siegreich aus dem vaterländischen Krieg hervorgegangen war? Dieser Sieg war teuer erkauft worden: eine geschwächte Wirtschaft, Massenelend und eine unerbittliche Despotie — das war die Realität der Sowjetunion in den Jahren 1945 bis 1946. Konnte der Kreml, wenn er seine Herrschaft erhalten wollte, auf etwas anderes setzen als auf Gewalt? Mußte Stalin nicht das bis zum Wahnwitz gesteigerte oberste Prinzip der sowjetischen Praxis — das Machtmonopol — auf den gesamten Bereich übertragen, den er für seinen Herrschaftsbereich hielt? Aus dem Machtmonopol folgte die Ausschaltung der Männer und Parteien, die westlichen Werten und Regimen ergeben waren. Im Jahre 1948 zeigte sich, daß eine halbe Maßnahme — die tschechische Regierung von 1945 bis 1948 — vollkommen unsicher war, denn jetzt hätten freie Wahlen die Kommunistische Partei geschwächt. Konnte Moskau eine solche Demütigung hinnehmen, ohne sein Gesicht zu verlieren und sich selbst untreu zu werden? Mit anderen Worten: Der Stalinismus hat selbst dort antirussische Gefühle erzeugt, wo diese in der Vergangenheit keine Grundlage gehabt hatten. Wenn man davon ausgeht, daß ein englischer Historiker (24) zu Recht unterstellt, daß Stalin anfangs sowohl ein Sicherheitsglacis als auch gute Beziehungen mit dem Westen anstrebte, so waren es die Völker, die dafür sorgten, daß diese beiden Ziele sich kaum miteinander vereinbaren ließen; daß Stalin der Zusammenarbeit mit dem Westen das Sicherheitsglacis vorgezogen hat, wird niemanden überraschen.

Es ist nicht einmal erwiesen, daß Stalin geschwankt hat. Schon 1945 gab es Anzeichen für eine Rückkehr zum harten Kurs, zur unverhüllten Feindschaft gegen den Kapitalismus als solchen, als ein Ungeheuer, das im Faschismus und in der liberalen Demokratie nur verschiedene Erscheinungsformen zeigt. Jacques Duclos veröffentlichte einen von dieser Ideologie erfüllten Artikel in den *Cahiers du communisme*, und Molotow beschuldigte in seiner Rede bei der Eröffnungsversammlung der Vereinten Nationen die Westmächte der Komplizenschaft mit Hitler. Das unmittelbar nach dem Kriege von Stalin festgelegte und verkündete Programm des wirtschaftlichen Wachstums und besonders des Ausbaus der Schwerindustrie war gleichfalls durch die Vorstellung zu erklären, daß nach dem Zwischenspiel der kriegsbedingten Zusammenarbeit der Kampf gegen die kapitalistische Gesellschaft weitergehen würde.

Mehr als einmal verfallen die Revisionisten in den nationalen Fehler der Amerikaner — den Mythos von der Allmacht Amerikas — , wenn sie den Vereinigten Staaten die *ursächliche* Verantwortung für den Kalten Krieg aufbürden, oder anders gesagt, wenn sie ihnen vorwerfen, allein oder als erste jene Entscheidungen getroffen zu haben, die den Kalten Krieg wahrscheinlich oder unausweichlich machten. Wenn sie postulieren, daß es Roosevelt oder Truman durch eine andere Diplomatie gelungen wäre, Stalin dazu zu bewegen, eine andere Haltung einzunehmen, und wenn sie diese Haltung auf die Worte oder die Taten amerikanischer Präsidenten statt auf die Interessen der UdSSR und die Denkweise der Kommunisten zurückführen, dann überschätzen sie einigermaßen die Macht der Vereinigten Staaten. Bei dem Versuch, der amerikanischen Politik nicht einen Irrtum, sondern einen Fehler nachzuweisen, vertauschen die Revisionisten schließlich sogar die Rollen, die den beiden Protagonisten in der gängigen Version des Kalten Krieges zugeschrieben wurden.

Ihren Sinn bekommt diese Rollenvertauschung nur durch die Ideologie. Wenn ein Marxist-Leninist die Herrschaft der Kommunistischen Partei mit der ›Freiheit‹, das kapitalistische System mit dem Bösen gleichsetzt, dann ist das Handeln Amerikas schuld daran, daß die Ausbreitung der ›Freiheit‹ gestoppt oder eingeschränkt und das Überleben des Kapitalismus, also des Bösen, in einem Teil des Alten Kontinents gesichert wurde. Derartige Wortspiele interessieren niemanden, am wenigsten die echten Marxisten-Leninisten, die damals zugegeben hätten, auf jeden Fall aber heute zugeben, daß sie Osteuropa ihr Regime ohne Rücksicht auf den Willen der betroffenen Völker aufgezwungen haben und ihr Handeln unter Berufung auf eine geschichtsphilosophische Doktrin rechtfertigten.

Die amerikanischen Diplomaten begründeten ihr Handeln zwischen 1945 und 1947 mit zwei Legitimitätsgrundsätzen: zum einen mit freien Wahlen als dem Symbol und Ausdruck des Willens der Völker, zum anderen mit der Wiederaufnahme der traditionellen Aufgabe der insularen Macht, die sich spontan der Universalmonarchie (in der Sprache Montesquieus) bzw. der uneingeschränkten Herrschaft eines *einzigen* Staates auf dem europäischen Kontinent entgegenstellt. Für den, der die zwischenstaatlichen Beziehungen in den traditionellen, wenn nicht gar zeitlosen Kategorien sah, mußte es in den Jahren 1946 und 1947 ein selbstverständliches Ziel sein, die Sowjetunion daran zu hindern, die Lücke auszufüllen, die durch den Untergang des Reiches und durch die Erschöpfung der theoretisch siegreichen alten Nationen entstanden war. Unter diesen Umständen erscheint es lächerlich, ja nahezu absurd, das Vorgehen der Amerikaner in Europa mit der Begründung zu kritisieren, es sei eine Folge der Ideologie der ›Offenen Tür‹ gewesen. Selbstverständlich bleibt das nicht-sowjetische Europa offen für den Kapital- und Handelsverkehr, und selbst jene Europäer, die heute das auf die Vereinigten Staaten ausgerichtete Währungs- und Handelssystem in Frage stellen, haben — sofern sie keine Marxisten-Leninisten sind — nichts dagegen, daß Europa ›offen‹ geblieben ist. In der Vertauschung der Rollen, bei der die Vereinigten Staaten wegen ihres Gesellschaftssystems zum Aggressor gestempelt werden, äußert sich die gleiche Einseitigkeit und die gleiche Überheblichkeit wie in den Auffassungen der amerikanischen Extremisten des Kalten Krieges und der Stalinisten: man macht sich zum höchsten Richter über das Gute und das Böse in der Geschichte. Gewisse Übertreibungen der damaligen westlichen Propaganda sind durch die unübersehbaren monströsen Züge des Stalinismus hinreichend entschuldigt. So schrecklich der Vietnamkrieg auch sein mag — er entschuldigt nicht den Rückfall in eine manichäische Betrachtungsweise, die lediglich einen Teufel durch einen anderen ersetzt.

Ob die Revisionisten nun die Vereinigten Staaten als solche anklagen oder ihnen Handlungen und Unterlassungen vorwerfen, die — so die Revisionisten — Stalin zu Recht in Harnisch brachten und die Zusammenarbeit zwischen Ost und West beendeten — in beiden Fällen lassen sie außer acht, welche Rolle die Europäer selbst gespielt haben. Zunächst Churchill, dann Bevin und die Vertreter der übrigen Staaten haben die amerikanischen Diplomaten flehentlich gebeten, einzugreifen, bevor es zu spät sei. Die Amerikaner haben ihre Versuche, mit den Sowjets zur Einigung zu kommen, länger fortgesetzt, als es den Briten recht war. Erst das Vorgehen der Sowjets in den von ihnen besetzten Gebieten und besonders in Deutschland hat die Verantwortlichen in Washington nach und nach veranlaßt, sich an der Seite der Briten zu engagieren und die Fiktion aufzugeben, sie seien Schiedsrichter in einer politischen Rivalität zwischen dem Kommunismus und dem britischen Empire, Schiedsrichter zwischen den beiden Machtwillen. So geschah es auch auf das Verlangen der Europäer hin, daß der Nordatlantikpakt unterzeichnet wurde, und auf das Verlangen der Europäer ebensosehr wie auf die Anregung der Amerikaner hin, daß der Mann, der den Kreuzzug gegen das Dritte Reich befehligt hatte, als Kommandant der Streitkräfte der Organisation des Nordatlantik-Vertrages nach Europa zurückkehrte. Wenn noch 20 Jahre später ein militärisches ›Protektorat‹ der Vereinigten Staaten in Europa fortbesteht, dann haben es die Europäer selbst gewünscht.

Der Kalte Krieg — sofern wir darunter verstehen wollen: den Bruch der Allianz zwischen den Alliierten, die Entfesselung der kommunistischen und antikommunistischen Propaganda, die zahlreichen Zusammenstöße wie etwa die Berliner Blockade und die Aufteilung Europas in zwei Zonen mit radikal entgegengesetzten Regimen, die nicht so sehr einen Krieg auf Leben und Tod als vielmehr ein mit homerischen Schmähungen geführtes Duell gegeneinander austrugen — der so verstandene Kalte Krieg ist meines Erachtens einer historischen Dialektik zuzuschreiben, die wohl stärker war als das, was die Diplomaten gewollt haben.

Unterstellen wir, daß Stalin nicht schon sehr früh, nicht schon 1944 beschlossen hat, zur Ideologie von den zwei Lagern, dem Lager des Friedens und des Sozialismus und dem Lager des Imperialismus und des Krieges, und zum ›harten Kurs‹ nach innen und nach außen zurückzukehren; nehmen wir an, daß er mit amerikanischer Hilfe für den Wiederaufbau gerechnet oder daß er bis Ende 1946 bzw. bis zum Marshall-Plan die Aufrechterhaltung einer Zusammenarbeit mit den Westmächten erhofft hat. Tatsache ist, daß er innerhalb des von ihm okkupierten Bereichs nicht die geringste Rücksicht darauf genommen hat, daß die Westmächte auf die Liquidation ihrer Freunde unvermeidlich und zu Recht reagieren mußten. Freilich kann der Historiker dem entgegenhalten, daß er auch nicht gegen das Vorgehen der Briten in Griechenland protestiert hat und daß die kommunistischen Parteien in Frankreich und Italien jene Mäßigung gezeigt haben, die von der Doktrin der Einflußbereiche gefordert war, einer Doktrin, die von den Parteien übrigens, lange hinter dem rhetorischen Säbelrasseln des Kalten Krieges verborgen, doch stillschweigend als verbindlich anerkannt wurde.

Selbst wenn sie es gewollt hätten, hinderten drei Gründe die westlichen Führer daran, sich gleichgültig mit der Teilung abzufinden: das Verhalten der Sowjets jenseits der Demarkationslinie, Deutschland und die Ungewißheit über die sowjetische Bereitschaft zur Selbstbeschränkung. Nachdem sie einen Krieg für die Befreiung der Völker geführt hatten, konnten Briten und Amerikaner die Sowjetisierung Osteuropas und vor allem die Art ihrer Durchführung nicht einfach hinnehmen. Sie konnten sie zwar nicht verhindern, doch zumindest ihr Protest war in der Ideen- und Propagandaschlacht geboten. Ohnehin fiel die sowjetische Propaganda über den Marshall-Plan und den wirtschaftlichen Wiederaufbau Westeuropas in einer Weise her, als habe Stalin sich nicht mehr an das Geheimabkommen vom Oktober 1944 gebunden gefühlt.

Zwei abschließende Bemerkungen: Muß man letzten Endes sagen, daß die Ereignisse sich gar nicht anders hätten abspielen können, als es tatsächlich der Fall war? Soweit es um den Bruch der Allianz und um die Teilung Europas geht, glaube ich, daß man diese Frage im Grunde bejahen muß (obwohl man eine solche Auffassung natürlich nie streng beweisen kann). Daraus folgt nicht, daß das Schicksal aller osteuropäischen Staaten von vornherein festgestanden hätte. Hätte Finnland der Mutlosigkeit oder der Panik nachgegeben — wieviele Historiker hätten das dann für unausweichlich erklärt! Auch Tito hat den Beweis geliefert, daß Stalin zögerte, seine Armeen einzusetzen, und daß er sich nicht umstandslos gegenüber jenen durchsetzen konnte, die vor ihm keine Angst hatten. Noch heute ist es für mich nicht sicher, daß das Schicksal der Tschechoslowakei von vornherein besiegelt war, weder 1948 noch 1938 oder 1968.

Die letzte Bemerkung bezieht sich auf den Begriff des Kalten Krieges. Beide Lager haben in Europa unwillkürlich Vorsicht gewahrt. Truman zog es vor, zwei Millionen Berliner in einer technischen Meisterleistung aus der Luft zu versorgen, statt eine niemals offiziell verhängte und von den Russen mit notwendigen Reparaturen gerechtfertigte Blockade durch einen militärischen Konvoi durchbrechen zu lassen. Ungeachtet der homerischen Beleidigungen und der Aktionen kommunistischer Parteien zur Lähmung des westeuropäischen Wirtschaftslebens, ungeachtet der Stockholmer Kampagne gegen die Atombombe und der Frage, ob Stalin eine amerikanische ›Aggression‹ gefürchtet hat (was ich nicht glaube) oder ob er seine tatsächliche Schwäche hinter Aggressivität verstecken wollte — es bleibt eine Tatsache, daß der Höhepunkt des Kalten Krieges, der im Frühling 1947 begann, mit der Teilung Europas zusammenfällt, und nicht damit, daß diese Teilung in Frage gestellt wurde. Erst der koreanische Zwischenfall verlieh dem Kalten Krieg eine militärische Dimension und einen weltweiten Umfang. Vereinfachend könnte man sagen: Der Kalte Krieg half zu verschleiern, daß die Vereinigten Staaten sich vom universalistischen Traum zur Realität der Einflußbereiche bekehrten.

Selbst wenn man die verbreitete Kritik an Roosevelts Strategie nicht teilt und die Grundthese seiner Verteidiger bejaht, daß der Widerstand gegen den Kommunismus nicht möglich gewesen wäre, wenn die amerikanischen Führer nicht zunächst mit allen Mitteln versucht hätten, die Sowjetunion in die Gemeinschaft der Nationen zurückzuführen, so ist Roosevelts Diplomatie gegenüber Stalin während der Kriegsjahre doch leichter zu verstehen als zu bewundern. Nichts zwang den Präsidenten, die bedingungslose Kapitulation zu fordern. Darin drückte sich eine für die amerikanische Tradition typische Denkweise aus: erst die feindlichen Streitkräfte besiegen, anschließend die politischen Probleme regeln — als müßten diese Probleme sich nicht je nachdem, wie der Feind besiegt worden ist, anders darstellen.

Was sich während des Krieges zwischen den Großen Drei abspielte, ließ nur den Schluß zu, als habe Stalin die besten Karten in der Hand. Tatsache war jedoch, daß die Vereinigten Staaten, fern vom Schlachtfeld und mit einer Industrie, die zum ersten Mal seit der Weltwirtschaftskrise auf vollen Touren lief, mit wachsender Dauer des Krieges eine erdrückende Überlegenheit gegenüber Großbritannien erlangten, das vollkommen von der amerikanischen Hilfe abhängig war, und auch gegenüber der Sowjetunion, die der angeblich gemeinsamen Sache die schwersten Opfer brachte. Roosevelt und Churchill mögen freilich einen deutsch-russischen Separatfrieden gefürchtet haben, und sicher empfanden sie Minderwertigkeitsgefühle wegen des entscheidenden Anteils, den die Sowjetunion an den Kämpfen hatte. Stalin hatte mit dem Pakt von 1939 Hitlers Aggression nach Westen dirigieren wollen, doch hatte Frankreichs rasche Niederlage die Situation vollständig umgekehrt. Sollten Briten und Amerikaner sich vorwerfen, was eine Folge des falschen Kalküls war, dem Stalin erlag, als er 1939 den Pakt mit Hitler schloß?

Stalin war es, der sich unter den Großen Drei regelmäßig durchsetzte, weil er wußte, was er wollte und wie er es bekam. Zugeständnisse bei der Charta der Vereinten Nationen ließ er sich in klingender Münze bezahlen, mit Territorien und Satellitenstaaten. Roosevelt, gelähmt und dem Tode nahe, zwang sich die weite Reise bis zur Krim auf und schien, mit beinahe unbegrenzten Ressourcen hinter sich, mehr besorgt, den Despoten zu besänftigen, als Churchill zu unterstützen.

Muß man hinter der Mischung aus Pragmatismus und Idealismus einen Machtwillen vermuten? Durchaus; doch auch die Überzeugung, daß es Sache der Vereinigten Staaten sei, den Frieden zu sichern, rechtfertigt noch nicht das diplomatisch-strategische Verhalten der Jahre 1943—1945, es sei denn, man unterstellt dem amerikanischen Präsidenten, er habe von vornherein ein auf der Abgrenzung von Einflußbereichen beruhendes russisch-amerikanisches Kondominium akzeptiert. Es ist möglich, daß Roosevelt mit dem Gedanken an ein solches Kondominium gespielt hat, in dem die Vereinigten Staaten den ersten Platz eingenommen hätten. Daß er die Art und Weise, in der Stalin Osteuropa in seinen Machtbereich einbezog, geduldet hätte, vermag ich nicht zu glauben. In der Folgezeit hat sich die amerikanische Diplomatie immer stärker damit abgefunden — oder immer stärker dazu entschlossen —, der Sowjetunion Widerstand zu leisten, ja sogar, ihr feindselig zu begegnen. Allerdings ist es ihr mit einer einzigen Ausnahme nie gelungen, Stalin von seinen Vorhaben abzubringen; sie hat lediglich Dämme errichtet. Ulam (25) führt den sowjetischen Rückzug aus dem Iran und die Liquidation der Sowjetrepublik von Aserbeidschan auf Churchills Rede in Fulton zurück: Die eindeutig bekräftigte anglo-amerikanische Solidarität soll Stalin beeindruckt haben. Möglich ist es, auch wenn es aus den Daten nicht schlüssig hervorgeht. Vor Hitler hat Stalin sich gefürchtet, und seine Furcht hat sich in seinem Verhalten verraten. Vor Roosevelt oder Truman hat er sich nie gefürchtet, nicht, weil er die Stärke Amerikas verkannt hätte, sondern weil er verachtete, was ihm als eine Mischung aus Heuchelei, Schwäche und Blindheit erschien. Gewiß hatte die Sowjetunion stärker demobilisiert, als die Kommentatoren damals mitgeteilt haben, doch bleibt es eine Tatsache, daß die Vereinigten Staaten ihre boys über den Atlantik zurückgeholt hatten und daß es dem mächtigsten Staat der Welt nur mit Mühe gelang, im Jahre 1950 einen Satelliten der Sowjetunion zu schlagen. Wäre diplomatischer Druck ohne sofort verfügbare militärische Mittel wirksam gewesen? Ich kann es kaum glauben.

Nach 1947 setzte sich die amerikanische Diplomatie ein genau umschriebenes defensives Ziel. Jetzt wußten die Verantwortlichen, was sie wollten, und sie erreichten ihre Ziele. Roosevelt hatte einen anderen Begriff von der Welt der zwischenstaatlichen Beziehungen als Stalin, der jedoch die Welt nach seinem eigenen Denksystem formte. Truman akzeptierte, daß die Welt so war, wie Stalin sie sah oder wollte. Diese Umkehr bedeutete ›the finest hour‹ der amerikanischen Diplomatie in Europa. Allerdings ging diese Umkehr zu weit, denn sie bewirkte, daß dieselbe Diplomatie einige Jahre später die Welt der zwischenstaatlichen Beziehungen nicht so sehr in ihrer Komplexität als vielmehr nach dem Schema der stalinistischen Propaganda erfaßte. Vor 20 Jahren warf die Kritik Roosevelt vor, er verkenne das Wesen des Sowjetregimes; heute wirft die Kritik seinem Nachfolger vor, er habe die Eindämmung, die in Europa notwendig war, auf den gesamten Planeten ausgeweitet.

Anmerkungen

1 André Fontaine, *Histoire de la guerre froide*, Paris 1965—1967, Bd. 1, S. 15
2 ›Arguing about the Cold War‹, *Encounter*, Mai 1967.
3 Mit der Frage: Wer hat angefangen? ist natürlich weder die Frage nach der kausalen Verantwortung noch die nach der Schuld erschöpft.
4 Winston S. Churchill, Der zweite Weltkrieg, Bern 1954, Bd. 6, 2, S. 48.
5 ibidem, S. 51.
6 Zitiert nach André Fontaine, op. cit., Bd. 1, S. 273
7 Churchill, op. cit., S. 70.
8 Charles de Gaulle, *Memoiren*, Düsseldorf 1961, Bd. 2, S. 348.
9 Auf einen Brief vom Oktober 1944, in dem der polnische Ministerpräsident Mikolajczyk ihn um seine Unterstützung bat und die Behauptung Molotows anführte, der amerikanische Präsident habe in Teheran die Curzon-Linie als Ostgrenze Polens akzeptiert, erwiderte Roosevelt, er sei vorbehaltlos für einen einigen und unabhängigen polnischen Staat mit dem uneingeschränkten Recht des Volkes, sein inneres Leben nach eigenem Ermessen zu gestalten; in der Grenzfrage wich er jedoch aus und erklärte, er werde einem Abkommen zwischen Polen, Russen und Briten nichts entgegensetzen. — M. S. Herz, *The Beginnings of the Cold War*, Bloomington und London 1966, S. 61.
10 Hätte die sowjetische Armee die Weichsel überqueren und den Aufständischen zu Hilfe kommen können? Die Historiker sind sich nicht schlüssig. Jedenfalls steht fest, daß Stalin mehrere Wochen lang der britischen und amerikanischen Luftwaffe seine Unterstützung verweigerte, die den Aufständischen mit dem Fallschirm Waffen zukommen lassen wollten.
11 Zitiert nach André Fontaine, op. cit., Bd. 1, S. 261 .
12 So der Titel des Buches, das der während des Krieges in Moskau stationierte amerikanische General verfaßte: John R. Dean, *The Strange Alliance*, New York 1947.
13 Vielleicht war Stalin der Ansicht, daß er sie nicht verletzte, sondern das Abkommen von Jalta über Polen anders interpretierte. Vielleicht bezog er sich auf das Abkommen mit Churchill vom Oktober 1944.
14 Aus der Fülle der durch das Ereignis hervorgerufenen Literatur erscheint uns das Buch von L. Giovannitti und Fred Freed, *Histoire secrète d'Hiroshima*, Paris 1965 (Originaltitel: *The Decision to Drop the Bomb*, New York 1965) glaubwürdig, gewissenhaft, wohlinformiert und unparteiisch.
15 Giovannitti und Freed, op. cit., S. 148.
16 Bekanntlich räumte Roosevelt dafür Stalin die von diesem verlangten *Vorteile* ein: den Süden von Sachalin, die Kurilen-Inseln, gemeinsam mit China die Nutzung der mandschurischen und ostchinesischen Eisenbahn, Wiederherstellung des Pachtvertrages über Port Arthur und Internationalisierung des benachbarten Hafens von Dairen unter Wahrung

der vorrangigen Interessen der UdSSR. Der Preis für die sowjetische Intervention wurde schamhaft als ›Wiederherstellung der Rechte Rußlands, die durch den verräterischen Angriff Japans verletzt wurden‹ umschrieben. Tatsächlich war die russische Flotte in Port Arthur 1905 durch einen Überraschungsangriff vernichtet worden.

17 Giovannitti und Freed weisen darauf hin, daß der Plan einiger Wissenschaftler, die Wirkung der Bombe in einem Wüstengebiet Neu-Mexikos zu demonstrieren, in den Ausschüssen abgelehnt worden ist, noch bevor er den Präsidenten erreichte. Eine weitere Entscheidung, die Bombe auf Nagasaki zu werfen, hat es nicht gegeben; es war nur noch eine Frage der bürokratischen Routine.

18 So wie sie allein mit den Engländern die Verantwortung für die Besetzung Italiens übernommen hatten.

19 Djilas zufolge hat Stalin diese Entscheidung getroffen, weil er hoffte, ganz Deutschland in seine Zone einbeziehen zu können.

20 In Jalta erklärte Molotow gegenüber Harriman, die Sowjetunion sei glücklich, den Vereinigten Staaten mit der Annahme von Krediten bei der Vermeidung einer Krise helfen zu können.

21 Herz, op. cit., S. 169.

22 In einem Artikel mit dem Titel ›The Revisionists‹, der zum Kapitel IV des Buches *Peace in the Balance, The Future of United States Foreign Policy*, New York 1972, geworden ist, hebt Rostow jene Bestimmungen des Gesetzes über das Lend-Lease hervor, dank derer sich die Frage der Kriegsschulden umgehen ließ und die der künftigen Liberalisierung des Handels, den Vereinbarungen von Bretton Woods, dem GATT, der Kennedy-Runde usw. den Weg bahnten.

23 14.700 Flugzeuge, 7.000 Panzer, 52.000 Jeeps, 376.000 Lastwagen, 11.000 Eisenbahnwaggons, 3.800.000 Autoreifen, 15 Millionen Paar Stiefel usw.

24 William Hardy McNeill, *Amerika, Britain and Russia. Their Cooperation and Conflict*, 1941—1946, London 1953, S. 406—408; zitiert von M. F. Herz, op. cit., S. 198—199.

25 Vgl. A. B. Ulam, *The Rivals*, New York 1971.

II. KAPITEL

ZWISCHEN DEN KREUZZÜGEN

Am 11. März 1947 verkündete Truman in einer Rede an den Kongreß der Welt jene Doktrin, die seither seinen Namen trägt:

›Ich glaube, daß die Politik der Vereinigten Staaten sein muß, die freien Völker, die sich den Versuchen der Unterjochung durch bewaffnete Minderheiten oder durch Druck von außen widersetzen, zu unterstützen. Ich glaube, daß wir den freien Völkern helfen müssen, ihr Schicksal selbst zu gestalten. Ich glaube, daß unsere Hilfe im wesentlichen in wirtschaftlicher und finanzieller Unterstützung bestehen muß, die für die wirtschaftliche Stabilität und ein geordnetes politisches Leben unerläßlich ist.‹ (1)

Mit der Botschaft an den Kongreß sollte die Forderung eines Kredits von 250 Millionen Dollar für Griechenland und von 150 Millionen für die Türkei begründet werden.

Stalin hatte in den Jahren 1944—1945 gegen die Intervention der britischen Armee in Griechenland keinen Protest erhoben, doch unterstützten und versorgten im Jahre 1947 die sozialistisch gewordenen und mit der Sowjetunion verbundenen Länder Bulgarien, Jugoslawien und Albanien die griechischen Partisanen, die unter kommunistischer Führung einen bewaffneten Kampf gegen die königliche Regierung führten. Jetzt fühlte Stalin sich also nicht mehr an das Abkommen vom Oktober 1944 gebunden, oder er war der Ansicht, daß das Abkommen keineswegs die kommunistischen Parteien zur Untätigkeit oder zu einer reformistischen Politik verpflichtete. Das Abkommen untersagte ihm lediglich, in den Ländern, deren Regierungen mit den Kommunisten genauso verfuhren wie er mit den Liberalen, militärisch zu intervenieren. Wahrscheinlich hat er über die griechischen und besonders die jugoslawischen Kommunisten (den Beweis lieferte 1948 Titos Abfall) nicht jene uneingeschränkte Befehlsgewalt gehabt, welche ihm im Westen von Staatsmännern und Kommentatoren damals unterstellt wurde.

George F. Kennan, der als Urheber der *containment*-Strategie gilt, bedauerte zwar nicht die vernünftige Entscheidung, die Rolle Großbritanniens zu übernehmen und Griechenland und der Türkei zu helfen, wohl aber die Tonart und den Wortlaut der Erklärung. Die Liquidation der Sozialistischen Republik von Aserbeidschan war ohne größeres Aufheben durchgeführt worden. Es erscheint mir allerdings anfechtbar, wenn man der Erklärung vom März 1947 weiterreichende Bedeutung zuschreibt. Griechenland und die Türkei gehörten zu Europa, und die Vereinigten Staaten spielten für Großbritannien, das durch seinen Sieg erschöpft war, die Rolle der Inselmacht. Die Amerikaner reagierten auf den Ruf der Europäer und nahmen die Stelle des Vereinigten Königreiches auf dessen eigenes Verlangen hin ein.

Worin bestand der große Wendepunkt? In Europa wohl im Marshall-Plan, in der übrigen Welt sicher im Koreafeldzug, der von den Historikern der jungen Generation häufig in seinen Konsequenzen unterschätzt wird. Vor dem Koreafeldzug betrug das Verteidigungsbudget der Vereinigten Staaten etwa 15 Milliarden Dollar. Die amerikanischen Divisionen in Japan und Deutschland nahmen sich eher wie Besatzungstruppen und weniger wie Kampfeinheiten aus. Die Überschreitung des 38. Breitengrades durch die nordkoreanische Armee löste in Asien und Europa eine Reihe von Ereignissen aus, die bis heute fortwirken und der Zeit von 1950 bis 1972 bestimmende Merkmale aufgeprägt haben. Seit 1950 hat der Kalte Krieg eine militärische Dimension und ein weltweites Ausmaß angenommen, seit 1950 haben sich die Vereinigten Staaten — zum ersten Mal in ihrer Geschichte — daran gewöhnt, auch in Friedenszeiten einen ungeheuren Militärapparat zu unterhalten; und es war Nordkorea, das mit der Unterstützung der beiden kommunistischen Großmächte den Vereinigten Staaten einen begrenzten Krieg und einen Frieden ohne Sieg aufzwang. Weniger in Europa als vielmehr in Asien hat die amerikanische Republik jene imperiale Bürde übernommen, die sie heute verringern muß, gezwungen durch den Vietnamkrieg und den Aufstand der Öffentlichen Meinung.

I

Obwohl die Ereignisse des Juni 1950 im wesentlichen bekannt sind, bleiben einige Punkte im dunkeln (und nur die Archive des Kreml könnten sie erhellen). (2) Für den nordkoreanischen Angriff ist die amerikanische Diplomatie mitverantwortlich (3), denn Dean Acheson hatte in einer Rede Südkorea aus der amerikanischen Verteidigungslinie ausgenommen und war damit das Risiko eingegangen, dem Kreml eine falsche Botschaft zu übermitteln, oder zumindest eine Botschaft, die falsch interpretiert werden konnte. Der Rückzug der amerikanischen Truppen ohne die Gewähr eines Gleichgewichts zwischen den Streitkräften Nord- und Südkoreas ließ ein Vakuum entstehen, und die nordkoreanische Armee konnte der Versuchung, in dieses Vakuum vorzustoßen, nicht widerstehen. Räumt man zunächst diese *politische* Verantwortlichkeit ein, dann läßt sich die Entscheidung des Präsidenten gegen die Angriffe des Revisionismus verteidigen, denn ohne die amerikanische Intervention wäre Korea unter kommunistischer Herrschaft vereinigt worden, und die von den Vereinten Nationen anerkannte Republik, deren Wahlen von der UNO kontrolliert wurden (Nordkorea ließ keine UNO-Vertreter zu), wäre als Opfer einer Aggression im brutalsten Sinne des Wortes untergegangen. Die spektakuläre Niederlage hätte amerikanische Sicherheitsgarantien wertlos gemacht und das Klima der Furcht verstärkt. Wägt man die Vor- und Nachteile der Intervention bzw. des Interventionsverzichts ab, so spricht noch immer mehr für die Intervention.

Allerdings haben die amerikanischen Verantwortlichen in der Führung des Feldzuges und wohl auch in der Interpretation der Ereignisse wie der Absichten ihres Rivalen Fehler begangen. Anfang Januar 1950 hatten sie die Anerkennung der rotchinesischen Regierung erwogen. Das State Department hatte ein Weißbuch veröffentlicht, in dem die Schwächen der Regierung Tschiang Kai-schek unnachsichtig aufgedeckt wurden und in dem angedeutet wurde, daß man die im Brügerkrieg unterlegene Partei fallenlassen würde. Nachdem die Vereinigten Staaten es abgelehnt hatten, um China zu kämpfen, hat ihre Entscheidung, um Korea zu kämpfen, den Kreml mit Sicherheit überrascht. Wahrscheinlich haben sie auch Mao Tse-tung überrascht, als sie den Vorstoß der nordkoreanischen Armee damit beantworteten, daß sie die Siebente Flotte zwischen das Festland und Formosa verlegten. Gleichzeitig beschlossen Truman und seine Berater, eine Mission nach Indochina zu entsenden, die die Bedürfnisse des französischen Expeditionscorps feststellen und die bereits gewährte Hilfe aufstocken sollte. Die zwischen dem 25. und 27. Juni 1950 innerhalb von 48 Stunden ausgearbeitete Diplomatie beruhte anscheinend auf der Hypothese eines geschlossenen, von Moskau aus gesteuerten Unternehmens, an dem das Pekinger Regime sich beteiligte. Daß die einzelnen kommunistischen Parteien damals einheitliche Weisungen aus Moskau erhielten und befolgten, ist die Wahrheit oder kommt doch der Wahrheit nahe. Niemals ist die Vorstellung einer weltweiten Verschwörung, deren Fäden in Moskau zusammenliefen und sich von dortaus über die ganze Welt erstreckten, der Realität so nahe gekommen wie während der letzten Jahre des Stalinismus. Doch selbst im Jahre 1950 entsprach sie nicht völlig den Tatsachen. Mao Tse-tungs Verhandlungen in Moskau zogen sich über mehrere Wochen hin. Ho Tschi Minh, ein treuer Anhänger Moskaus, handelte zugleich und vielleicht in erster Linie als vietnamesischer Patriot; 1946 hätte er wohl eine befristete Einigung mit Frankreich nicht ausgeschlagen.

Die Verantwortlichen in Washington haben — gleichgültig ob sie nun geglaubt haben, daß der nordkoreanischen Aggression eine allgemeine Offensive des Kommunismus in Asien folgen würde — gehandelt, als ob sie daran geglaubt hätten, und eine Politik eingeleitet, die zur Isolierung Rotchinas und zur Verlängerung des ersten wie zum Beginn des zweiten Vietnamkrieges führte. Nach den Entscheidungen vom Juni 1950 sind die wechselvollen Operationen des Herbstes 1950 ein unerläßliches Element für das Verständnis der amerikanischen Diplomatie in den folgenden 20 Jahren.

Heute gilt es als unwahrscheinlich, daß Mao Tse-tung den Koreakrieg angezettelt hat. Das Gros der chinesischen Streitkräfte war gegenüber Taiwan konzentriert, während die koreanische Armee von sowjetischen Beratern reorganisiert worden war und Verbände und Offiziere umfaßte, die unter Hammer und Sichel gekämpft hatten. Wahrscheinlich hatten

Stalin und Mao in Moskau das Vorgehen Pjongjangs erörtert, doch nahm China, bevor amerikanische Truppen bis zum Jalu vorstießen, eine äußerst vorsichtige Haltung ein. Stalin hatte das Vorhaben Nordkoreas befohlen, vielleicht auch nur genehmigt (Einigungsbestrebungen gab es beiderseits der Demarkationslinie). Im übrigen schien das Unternehmen kaum Risiken zu enthalten und im Erfolgsfall einen erheblichen Gewinn zu versprechen, denn dem Prestige Amerikas wäre ein schwerer Schlag versetzt worden.

Noch immer diskutieren die Historiker über das Kalkül Stalins und über die Beweggründe, aus denen der sowjetische Vertreter bei den Vereinten Nationen sich zurückzog; offiziell hieß es, er protestiere damit gegen das Verbleiben des Vertreters Tschiang Kai-scheks. Wollten die Sowjets bereits verhindern, was sie angeblich wünschten? Hofften sie nach dem Sieg Nordkoreas zurückzukehren, um das Gesicht der Vereinigten Staaten und der internationalen Organisation zu wahren? Selbst heute können sich die Kritiker nur auf Hypothesen stützen. Wie dem auch sei — die Amerikaner verlangten von Moskau, es solle in Pjongjang intervenieren, ein Schritt, durch den der Kreml sich anscheinend bestätigt sah und der ihn nicht daran hinderte, den Feldzug ungestört weitergehen zu lassen. Nach der Landung bei Inchon und der Vernichtung der nordkoreanischen Armee beschlossen — wenn auch zögernd — die amerikanischen Führer, den 38. Breitengrad zu überschreiten und ihrerseits die gewaltsame Einigung Koreas zu versuchen. Die Warnung, die Mao Tse-tung ihnen durch den indischen Botschafter Pannikar zukommen ließ, nahmen sie nicht ernst, und auch General MacArthur weigerte sich, die Warnung zur Kenntnis zu nehmen, die ein erster begrenzter Einsatz chinesischer ›Freiwilliger‹ Anfang Oktober enthielt. Als er Ende November die Großoffensive zur Beendigung des Krieges — die ›end the war offensive‹ — startete, griffen, nunmehr massenhaft, die ›Freiwilligen‹ an, zerschlugen die südkoreanischen Divisionen, die die Mittelfront hielten, und zwangen die Siebente Armee zu einem überstürzten Rückzug.

Die Verantwortlichen in Washington haben also mehrere Gelegenheiten, bei denen sie einen Erfolg hätten erzielen können, verpaßt. Vielleicht hätten sie Stalin dazu bewegen können, den Nordkoreanern den Rückzugsbefehl zu geben. Dadurch, daß sie sich auf dem schmalen Stück der koreanischen Halbinsel nördlich Pjongjang festsetzten, verhinderten die Amerikaner ein Eingreifen Chinas, verschafften sie Südkorea einen entscheidenden Kampfvorteil und brachten gleichzeitig dem kommunistischen Lager eine schmetternde Niederlage bei. Eine weitere Erfolgschance bot sich im Frühjahr 1951, als die Sowjets Waffenstillstandsverhandlungen vorschlugen und die Amerikaner ihre Offensive einstellten.

Diese Fehler in der Kriegführung (Fehler macht schließlich jeder) interessieren uns insofern, als sie gewisse Eigentümlichkeiten weniger der amerikanischen Diplomatie als vielmehr des politischen Systems erkennen lassen, aus dem diese sich ableitet. Ohne ausdrücklich den Befehlen des Präsidenten und seiner zivilen und militärischen Berater zuwider zu handeln, verfolgte General MacArthur seine eigene Politik; mit Erklärungen an die Presse und an Mitglieder des Kongresses setzte er seinen Chef, den Präsidenten, unter Druck. Er versicherte Präsident Truman, Rotchina werde nicht eingreifen. Mit maßlosen Worten reagierte er auf die Intervention chinesischer ›Freiwilliger‹. Der Außenminister und das Komitee der Staatschefs wagten weder, die letzte Offensive kategorisch zu verbieten, noch kategorisch alle von ihnen für geboten erachteten Vorsichtsmaßregeln zu fordern (die amerikanischen Truppen nicht bis zum Jalu vorstoßen zu lassen).

Trotzdem ist es eine Tatsache, daß Präsident Truman und seine Berater nicht einen Augenblick an den Einsatz der Atomwaffen gedacht haben (obwohl die Legende wissen will, daß Clement Attlee es ihnen ausgeredet hat), und daß sie den Frieden ohne Sieg im Rahmen eines begrenzten Krieges hingenommen haben. Ohne die Beurteilungsfehler General MacArthurs hätten sie aller Wahrscheinlichkeit nach schon Ende 1950 einen begrenzten Sieg errungen. Der Koreakrieg bedeutet in dieser Hinsicht einen Bruch mit der amerikanischen Tradition des totalen Sieges, der radikalen Unterscheidung zwischen Krieg und Frieden. Im Jahre 1950 haben sich die Vereinigten Staaten mit der europäischen Praxis abgefunden, ein großes stehendes Heer, und nicht nur eine Marine und eine Luftwaffe zu unterhalten. Tatsächlich entdeckten sie — widerstrebend und nicht ohne Proteste — während des Koreafeldzuges, daß die Formel, zunächst die feindlichen Streitkräfte zu vernichten, also den militärischen Sieg zu erringen, und sich dann um die politische Regelung zu kümmern, weder der Logik der Beziehungen zwischen der politischen Führung und dem militärischen Instrument noch den Erfordernissen einer Diplomatie mit weltweiten Verantwortlichkeiten entsprach. Der ›koreanische Zwischenfall‹ erweiterte aber auch den Schauplatz der Rivalität zwischen den zwei Supermächten und beschleunigte die Entstehung zweier Militärblöcke in Europa sowie die Isolierung Rotchinas in Asien.

2

Der koreanische Zwischenfall — wir benutzen diesen Ausdruck, weil die in Moskau getroffene oder geduldete Entscheidung, die Demarkationslinie durch die nordkoreanischen Armeen überschreiten zu lassen, anscheinend nicht Teil eines umfassenden Plans war — hat das Zeichen zur Wiederaufrüstung in den Vereinigten Staaten und in Europa gegeben.

Damals herrschte eine erbitterte Auseinandersetzung zwischen Anhängern und Gegnern der europäischen und insbesondere der deutschen Wiederaufrüstung, wobei allerdings die Notwendigkeit einer amerikanischen Wiederaufrüstung in gewissen Grenzen von allen Seiten anstandslos anerkannt wurde. Rückblickend würden wohl alle Parteien zugeben, daß die Wiederaufrüstung weder zu den tragischen Konsequenzen, die von ihren Gegnern befürchtet wurden, noch zu den segensreichen Wirkungen geführt hat, die ein Teil ihrer Befürworter erwartete.

Die Vereinigten Staaten hatten zwischen 1945 und 1947 ihre Armee genauso schnell demobilisiert, wie sie sie zuvor mobilisiert hatten. Wie die koreanische ›Aggression‹ auch immer gedeutet worden sein mag — die Vereinigten Staaten zogen daraus die ersten, für ihre neue Funktion unerläßlichen Lehren: die Diplomatie bedarf in Friedenszeiten nicht nur potentieller Hilfsmittel, sondern unmittelbar verfügbarer Truppen. Der Druck und die unausgesprochene Drohung, die Elemente des Verkehrs zwischen rivalisierenden Staaten sind, bleiben unwirksam und werden sinnlos, wenn ihre Umsetzung in die Tat eine Mobilisierung, also eine förmliche Kriegserklärung voraussetzt.

Haben die ›Kreml-Experten‹ den koreanischen Zwischenfall als ein einschneidendes Ereignis interpretiert? Haben sie erkannt, daß damit eine Phase des Kalten Krieges — die Phase *short of war* (mit allen Mitteln *außer dem Krieg*) — in eine andere Phase — die Phase *war not excluded* (Krieg nicht ausgeschlossen) — überging? Soviel ich weiß, nicht. Die Berater des Präsidenten, jedenfalls die Sowjetexperten darunter, glaubten weiterhin, Stalin fürchte den Krieg genauso wie die Vereinigten Staaten. Trotzdem empfahlen sie die Wiederaufrüstung aus zwei Gründen: über die Ereignisse, wenn nicht über die dahinter liegenden Absichten, bestand weiterhin Ungewißheit, und ohnehin hatten die Vereinigten Staaten sich an ihre Großmachtrolle zu gewöhnen. Weder die Atombomben, die man in einem Konflikt von untergeordneter Bedeutung nicht einsetzen konnte, noch die hundert Millionen Tonnen Stahl, aus denen man Granaten und Panzer machen konnte, gaben der amerikanischen Diplomatie die zugleich traditionellen und modernen Mittel, die ein Staat von überragender Bedeutung brauchte.

Was ist heute von den seinerzeit erhobenen Einwänden übriggeblieben? Stalin, so sagten manche, wird mit dem Losschlagen nicht warten, bis die Vereinigten Staaten ihre Kräfte gesammelt haben. Dieses Argument ist nicht nur durch den Gang der Ereignisse widerlegt worden, sondern es war auch schlecht begründet. Gleich nach dem 25. Juni wandten sich die amerikanischen Führer an den Kreml, und zwar nicht mit dem Vorwurf, er habe die ›Aggression‹ angezettelt, sondern mit der Bitte um seine guten Dienste. Sie gingen also von Anfang an von der Fiktion einer neutralen, vermittelnden Position der Sowjetunion aus. Wiederum gibt es kein Anzeichen dafür, daß Stalin in diesen Jahren Angst gehabt hätte, so wie er vor Hitler Angst gehabt hatte. Er verbarg die Armut seines Landes vor fremden Einblicken, er trieb den wirtschaftlichen Aufbau rücksichtslos voran, er nutzte in Europa und Asien günstige Gelegenheiten und drang überall dort vor, wo er nicht auf Widerstand stieß. Wie mir scheint, ist es — von wenigen Ausnahmen abgesehen — der amerikanischen Diplomatie nicht gelungen, Stalin Furcht oder auch nur schlichten Respekt einzuflößen.

Die gefährlichen Implikationen, die mit der Wiederaufrüstung möglicherweise verbunden waren, liegen eher im innen- als im außenpolitischen Bereich. Die klassischen Bemerkungen Tocquevilles (4) über die Demokratien, die abwechselnd gleichgültig gegenüber militärischen Dingen und dann wieder kriegsbegeistert sind, haben ihre Gültigkeit verloren:

›Ich zeigte auch, wie in Friedenszeiten in den demokratischen Völkern die militärische Laufbahn wenig geehrt und beachtet wird. Diese Ungnade der Öffentlichkeit lastet sehr schwer auf dem Geiste der Armee... Hat der Krieg, indem er sich lange hinzieht, schließlich alle Bürger aus ihrer friedlichen Arbeit herausgerissen und ihre kleinen Pläne zum Scheitern gebracht, so kommt es vor, daß dieselben Leidenschaften, die ihnen den Frieden so kostbar machten, sich den Waffen zuwenden. Nachdem der Krieg jedes Gewerbe zerstört hat, wird er selbst zum großen und einzigen Gewerbe, und auf ihn allein richten sich nunmehr von allen Seiten die brennenden und ehrgeizigen Begierden, die die Gleichheit hervorgerufen hat.‹

Das moderne Gegenstück dessen, was Tocqueville in Kriegszeiten für unvermeidlich hielt, daß nämlich die allgemeinen Leidenschaften sich den militärischen Dingen zuwenden, ist in den Vereinigten Staaten in einem gewissen Umfang durch den Kalten Krieg entstanden. Der wichtige Unterschied liegt jedoch darin, daß anstelle des Krieges selbst die Kriegsproduktion zu dem ›großen Gewerbe‹ wird. So wie die Vereinigten Staaten beschaffen sind, mußte die Aufrechterhaltung eines riesigen, ständig verfügbaren Kampfapparates das hervorbringen, was Präsident Eisenhower als ›militärisch-industriellen Komplex‹ bezeichnet hat.

War die Wiederaufrüstung der europäischen Staaten, insbesondere die der Bundesrepublik Deutschland, eine Notwendigkeit? Wenn die Wiederaufrüstung mit der Unterstellung eines sowjetischen Dranges zum Atlantik begründet oder gerechtfertigt wurde, so wird man rückblickend wiederum urteilen müssen, daß die Verantwortlichen sich über die sowjetischen Pläne getäuscht haben und daß die Vorkehrungen sich als überflüssig erwiesen haben. Nun wird mancher erwidern, daß die Vorkehrungen sich schließlich als überflüssig erwiesen haben, *weil* sie ergriffen wurden. Zwar ist diese Antwort nicht völlig von der Hand zu weisen (was wäre passiert, wenn Stalin einige Jahre länger gelebt hätte?), doch vertrete ich diese Auffassung nicht. Ich möchte behaupten, daß der wirtschaftliche und moralische Wiederaufbau Europas sich nur in einem Klima der Sicherheit und des Vertrauens vollziehen konnte und daß dafür eine Garantie der Vereinigten Staaten, die physische Präsenz der amerikanischen Macht, notwendig war. Konnte man diese Präsenz anders sicherstellen als durch eine Organisation wie die NATO? Konnte man darauf verzichten, den europäischen Staaten einen Beitrag zur gemeinsamen Verteidigung abzuverlangen? Konnte man der Bundesrepublik Deutschland den wirtschaftlichen Vorteil einräumen, keine Verteidigungslasten zu tragen?

Die sich damals dieser Diplomatie entgegenstellten, werden heute zugeben, daß sie in keinem Falle zu den befürchteten Katastrophen geführt hat. Ich habe nicht den Eindruck, daß die beiden diplomatischen Strategien, die außerdem möglich gewesen wären, mit der Zeit an Glaubwürdigkeit gewonnen haben. Westeuropa hätte sich nur dann für neutral oder ungebunden erklären können, wenn es einen Zusammenhalt und eine Entschlossenheit bewiesen hätte, die ihm 1950 fehlten und die es noch zwanzig Jahre später nicht entwickelt hat. Ein Westeuropa, wie es sich George F. Kennan vorstellte, das ohne nukleare und konventionelle Verteidigungsmittel im Falle einer Invasion sich auf den Widerstand der Völker verlassen hätte, gab es 1950 nicht. Noch heute, nachdem über zwanzig Jahre vergangen sind, seit General Eisenhower der erste Oberbefehlshaber der NATO wurde, scheint es mir, daß die *europäische* Diplomatie der Truman-Administration zwischen 1947 und 1952 richtig war, also das beste Mittel, um die folgenden Ziele zu erreichen: die Kriegsgefahren soweit wie möglich zu verringern, den Wiederaufbau Westeuropas in einem Klima der Sicherheit zu fördern und die Versöhnung, die Zusammenarbeit, ja sogar die Einigung der Feinde von gestern einzuleiten.

Hier ist noch eine weitere, ganz und gar unpolemische Bemerkung am Platze. Wer die Nachkriegszeit miterlebt hat, kann gewisse Dinge nicht vergessen, die auch die Historiker der gegenwärtigen Generation beachten sollten. Während der letzten Lebensjahre des Despoten nahm Stalins Herrschaft geradezu monströse Züge an. Die Antistalinisten wurden — zumindest in Frankreich — um so mehr erbittert, als sie sowohl bei Freunden wie bei Gegnern eine außerordentliche Verblendung feststellen mußten. Philosophen der Freiheit machten sich zu Mitläufern eines Regimes, das nur noch die Freiheit der bedingungslosen Zustimmung ließ; Philanthropen besangen die Güte des Vaters der Völker, ungeachtet der großen Säuberung, ungeachtet der Greuel, deren Beweise jeden, der noch bei Verstand war, hätten überzeugen müssen. Freilich bestand zwischen den wechselnden Phasen innenpolitischer Spannung und Entspannung und den Formen des außenpolitischen Handelns kein notwendiger Zusammenhang. Die Experten wußten das und sagten das, und auch die Nichtexperten nahmen es gelegentlich zur Kenntnis. Den Eindruck der Gefährlichkeit und Unberechenbarkeit, der von Stalins Grausamkeit ausging, konnten die Analysen indessen nicht völlig zerstreuen. (5) Bei vernünftiger Betrachtung war es natürlich falsch, daß der Westen im allgemeinen und die Amerikaner im besonderen die maßlose Propaganda Moskaus mit Kreuzzugsparolen beantworteten. Allerdings wurden — sieht man einmal davon ab, daß das amerikanische Volk zu derartigen Äußerungen neigt — die Exzesse der einen Seite durch die Exzesse der anderen Seite nahezu unvermeidlich provoziert. Daß man den kommunistischen Schmähungen und Anschuldigungen von bakteriologischer Kriegsführung mit abgewogenen Worten über einen notwendigen Ausgleich zwischen den Großmächten entgegengetreten wäre, ist kaum vorstellbar.

Mehr Gewicht hat ein anderer kritischer Einwand. Der Marshall-Plan, das atlantische Bündnis und die NATO waren bis 1953 gewiß zu bejahen. Doch nach Stalins Tod hatten sowohl die Politiker als auch der Mann auf der Straße — und ich glaube, zu Recht — das Gefühl eines abrupten Wandels. Innerhalb weniger Wochen häuften sich die Zeichen guten Willens seitens der Nachfolger Stalins: Sie stellten die Propaganda gegen den Einsatz bakteriologischer Waffen durch die USA ein; sie gaben den Anspruch auf die türkischen Vilajets Kars und Ardahan auf, den Stalin persönlich schon im Oktober 1944 während der Gespräche mit Churchill erhoben hatte, bei denen er auch eine Revision des Dardanellen-Abkommens von Montreux gefordert hatte; schließlich stimmten sie der Ernennung eines neuen UN-Generalsekretärs zu, dessen Posten seit der Beendigung der Amtszeit des Norwegers Trygve Lie — ihm machten die Sowjets die Beteiligung der UNO am Koreafeldzug zum Vorwurf — unbesetzt geblieben war. Die unglaubliche Disziplin, die den politischen Aktivisten und Intellektuellen Osteuropas in ihren Äußerungen auferlegt wurde und welche die zum neuen Glauben Bekehrten im Westen sich selbst auferlegten, brach mit einem Schlage zusammen. ›Un seul être nous manque et tout est dépeuplé‹. (›Nur ein Mann geht von uns, und alles ist menschenleer.‹) Der Tyrann stirbt, und das Eis schmilzt. Das Wort ›Tauwetter‹ — Titel eines Buches von Ehrenburg — drückt zum Teil aus, was tatsächlich geschah, mehr aber noch, wie es sich im Bewußtsein der Zeitgenossen widerspiegelte. Vom Tauwetter blieb die amerikanische Diplomatie in Europa unbeeindruckt; sie zeigte nicht die geringste Bereitschaft, mit Moskau zu verhandeln, das die Wiederbewaffnung der Bundesrepublik verhindern wollte; sie ließ die unwiderrufliche Entstehung zweier militärischer Blöcke zu; Dulles drohte mit einer ›schmerzhaften Überprüfung‹, falls die französische Nationalversammlung die geplante europäische Verteidigungsgemeinschaft ablehnen sollte; schließlich kam es zur Aufnahme der Bundesrepublik in die NATO und zum Aufbau der Bundeswehr.

Wiederum traten die verheerenden Folgen, die von den Gegnern dieser Politik befürchtet und vorhergesagt worden waren, nicht ein: Die Sowjetunion antwortete darauf mit der Kündigung der französisch-sowjetischen und der britisch-sowjetischen Abkommen und der Bildung einer der NATO formal ähnlichen Organisation unter einem gemeinsamen Generalstab, des Warschauer Paktes. Weder die Kündigung der praktisch ohnehin sinnleer gewordenen Abkommen, noch die offizielle Unterstellung der Streitkräfte Osteuropas unter sowjetisches Kommando änderte die bestehende Lage in nennenswertem Maße.

Zu kritisieren bleibt dagegen die Unbeweglichkeit der Dulles'schen Diplomatie, die es praktisch ablehnte, über die Einheit Deutschlands oder irgendein anderes Thema zu verhandeln. Gewiß waren die Vier Mächte 1955 in Genf zusammengekommen, und das Wort von dem ›Geist von Genf‹ hatte in der ganzen Welt Widerhall gefunden. Trotz des Tauwetters und trotz der Entspannung scheint mir aber, daß die Zeit von 1953 bis 1958 in Europa durch die Herausbildung zweier Blöcke und in Asien durch die Konfrontation zwischen China und Amerika gekennzeichnet ist. Die beiden symbolträchtigen Krisen – 1956 in Europa und im Nahen Osten, 1958 in Asien um die Inseln Quemoy und Matsu — machten allerdings deutlich, daß sich hinter den gegenseitigen Beschimpfungen der beiden Supermächte eine partielle Verständigung verbarg und daß gleichzeitig innerhalb der beiden Lager Spannungen bestanden.

3

Da ihnen die Geheimnisse des Kreml verschlossen sind, fragen sich die Historiker noch immer, welche Chancen im Jahre 1953 für eine Einigung zwischen Ost und West über ein vereinigtes und neutralisiertes Deutschland bestanden haben. Hat Berija – in der Hoffnung auf eine Verständigung mit den Westmächten oder aus Furcht vor den Unruhen, die der Tod Stalins auslösen konnte – erwogen, die Deutsche Demokratische Republik (DDR) fallen zu lassen, wie es ihm seine Feinde später vorgeworfen haben? Es fehlt zwar nicht an Anzeichen dafür, daß 1953—1954 der Wunsch bestand, über Deutschland zu verhandeln, doch sucht man vergeblich nach Beweisen für eine sowjetische Bereitschaft zu solchen Zugeständnissen, die die Voraussetzung von Verhandlungserfolgen gewesen wären. Hätten die Nachfolger Stalins wirklich freie Wahlen in einer ›Demokratischen Republik‹ akzeptiert — auch wenn das bedeutete, daß sie ihr Gesicht verloren und ihr gesamtes Imperium erschüttert wurde? Wären die Westmächte auf das Risiko einer Konföderation eingegangen, in der das System der DDR und die Allmacht der Kommunistischen Partei beibehalten worden wären? Das kann ich wiederum, selbst nach so langer Zeit, nicht glauben.

Gleichwohl ist der Vorwurf der Kritiker berechtigt, daß die amerikanische Diplomatie seit 1948 die Teilung Deutschlands und Europas als feststehende Tatsache betrachtet hat. Vielleicht hatte Dean Acheson gehofft, eine Position der Stärke zu erreichen, um günstige Verhandlungsbedingungen zu haben. Als die Aufrüstung der Bundesrepublik 1955 Wirklichkeit wurde, besaß die Sowjetunion bereits eine atomare Bewaffnung, hatte sie schon eine Wasserstoffbombe gezündet und näherte sich den Produktionszielen für Kohle, Stahl und Elektrizität, die bei Kriegsende von Stalin festgelegt worden waren und die er als Schwellenwerte für die Sicherheit betrachtete.(6) Über Parteiprogramme und Reden kam der ›Befreiungsfeldzug‹ nie hinaus. Zur Besänftigung der Republikaner, die mit Trumans Kriegführung nicht einverstanden waren, erteilte Eisenhower gleich nach seiner Wahl zum Präsidenten Tschiang Kaischek die Ermächtigung, das chinesische Festland ›zurückzuerobern‹. Daß eine solche Offensive den Weltuntergang heraufbeschwören würde, war kaum zu erwarten.

In Europa bestand seit 1955 kaum ein Zweifel an der defensiven Zielsetzung der amerikanischen Diplomatie. Die verbale Ablehnung der deutschen Teilung, die Nichtanerkennung der DDR und die Garantie der Westsektoren Berlins vermochten kaum die Hinnahme des Status quo zu verschleiern. Ließ dieser sich nicht am besten aufrechterhalten, indem man ihn in Worten ablehnte? Was den Europäern damals Furcht einflößte, war jedenfalls nicht der defensive Charakter und die Zurückhaltung der amerikanischen Diplomatie in Europa, sondern es waren im Gegenteil unbedachte Entscheidungen und abenteuerliche Schritte. Gegen das Doppelspiel der Amerikaner, gegen das stillschweigende Einverständnis über die Teilung, das nur durch die Propagandaschlacht verdeckt wurde, haben weder die Franzosen und Engländer noch die Deutschen protestiert. Nur Churchill hatte, bevor ihn ein Schlaganfall ereilte, 1953 die Eingebung gehabt, daß eine Möglichkeit zu Verhandlungen mit Moskau bestand.

Erst mit dem Jahre 1956 und den beiden gleichzeitigen Krisen in Mitteleuropa und im Nahen Osten wurde den Europäern bewußt, daß sie vom Big Brother abhängig waren und für die Sicherheit, die ihnen jemand bot, der mächtiger war als sie, einen Preis zu zahlen hatten. Zusammengenommen und nicht reduziert auf das wesentliche, aber auf das, was die Europäer daran erkannten, hatten die Ereignisse von Ungarn und Suez zwei unausweichliche und miteinander unvereinbare Gruppierungen offenbart: Einerseits brandmarkten sämtliche Mitglieder des Atlantischen Bündnisses die Unterdrückung der ungarischen Revolution durch die Rote Armee; andererseits mobilisierten die Vereinigten Staaten zusammen mit der Sowjetunion die Vereinten Nationen und das Weltgewissen, um Frankreich und Großbritannien zu verurteilen. Das gemeinsame Vorgehen der westlichen Mächte ging über Worte nicht hinaus, während das sowjetisch-amerikanische Vorgehen gegen Briten und Franzosen sein Ziel erreichte.

Die Beziehungen zwischen Dulles einerseits und Eden und den französischen Ministern (Guy Mollet und Christian Pineau) andererseits brauchen hier nicht im einzelnen erörtert zu werden. Es erscheint mir unglaubhaft, daß der amerikanische Außenminister ein Szenario vorhergesehen und gebilligt hat, in dem die Franzosen und Briten sich engagieren und er sie zur Ordnung ruft und ihnen eine Lektion erteilt. Ich war damals und bin noch heute der Ansicht, daß das britisch-französische Unternehmen nicht die geringste Erfolgschance hatte und weder eine nachgiebigere Haltung Ägyptens noch das Ende des Aufstandes in Algerien herbeiführen konnte. Man muß sich jedenfalls fragen, was der anachronistische Rückgriff auf die Kanonenboot-Diplomatie ohne die Zustimmung der Amerikaner zu erreichen vermochte. Allerdings verhielt sich Dulles recht ungeschickt, ja mehr noch, empörend. Er versuchte vom ersten Tage an, die Bombe zu entschärfen, und trug umständliche Vorschläge vor, die nicht ganz ernst gemeint waren, in der Hoffnung, die Empörung in London und Paris würde allmählich nachlassen und es würde schließlich zu einem Kompromiß kommen. Warum hat er aber — in Kenntnis der militärischen Vorbereitungen der Briten und Franzosen — seine Gesprächspartner in dem Glauben gelassen, daß er die Anwendung militärischer Gewalt gegen Ägypten tolerieren würde?

Die amerikanische Führung heizte mit ihren Äußerungen die Krise noch mehr an und setzte sich dem Vorwurf der Doppelzüngigkeit aus. ›Es darf nicht zweierlei Gesetz geben, eines für die Freunde, das andere für die Feinde‹, verkündete Präsident Eisenhower, ohne den darin enthaltenen schwarzen Humor zu bemerken. Das Gesetz, wenn man so sagen darf, galt nämlich nur für den Freund, nicht aber für den Feind, da die Vereinten Nationen sich darauf beschränkten, es zu verkünden. Die berühmt gewordene Äußerung Präsident Eisenhowers drückte vollkommen die öffentliche Meinung der Vereinigten Staaten aus. Ich erinnere mich eines Gesprächs, bei dem mir, einige Jahre später, ein angesehener Richter erzählte, er habe an dem Tage, da der Präsident gegen die Briten und Franzosen Stellung bezog, großen Stolz empfunden, und es sei ein großer Tag in der amerikanischen Geschichte gewesen, da der Präsident die Achtung vor dem Völkerrecht über die Freundschaft und über das Interesse gestellt habe. Das Interesse, das 1956 dem Recht geopfert wurde, war kein amerikanisches. Die Europäer, durch jahrhundertelange geschichtliche Erfahrung skeptisch geworden, erinnerten sich, daß auf Kosten Kolumbiens der Staat Panama geschaffen worden war, der den Vereinigten Staaten die für den Bau und die Sicherung des Panama-Kanals notwendigen Vorrechte und Garantien einräumte. Die Franzosen deuteten die ›Doppelkrise‹ im Lichte der ›Doppelhegemonie‹. Durch eine Ironie der Geschichte stellten beide Großmächte im gleichen Augenblick die ›Ordnung‹ im eigenen Lager wieder her — weniger mit der Duldung als vielmehr mit der Zustimmung der anderen Seite. Die osteuropäischen Länder entdeckten, wie weit die Entstalinisierung gehen durfte; Briten und Franzosen entdeckten die Grenzen ihrer Unabhängigkeit außerhalb des Bereichs des Atlantischen Bündnisses. Es ist gleichgültig, ob und in welchem Maße die Führer im Kreml und im Weißen Haus sich bewußt machten, welche Bedeutung der sowjetische ›Sieg‹ in Ungarn und der ›gemeinsame Sieg‹ von Russen und Amerikanern im Nahen Osten für die anderen hatten. Die doppelte Krise hat das Bewußtsein der Europäer, möglicherweise besonders das der Franzosen, verändert. In Großbritannien hat sie weder die Konservativen noch die Labour Party von dem engen Bündnis mit den Vereinigten Staaten abgebracht; gleichwohl stellt sie ein bedeutendes Datum dar, das man als *Ende der Illusionen* oder als *Bewußtwerden des hegemonialen Schutzes* bezeichnen könnte.

Ein so beschützter Staat kann auf äußere militärische Handlungsfreiheit keinen Anspruch erheben. Das nukleare *Duopol* hat den mittleren, ehemals großen Mächten diese Freiheit nicht gewährt.

Was im Oktober und November 1956 geschah, war spektakulär: in einer Mischung aus Ungeschicklichkeit und Moralismus demütigte die amerikanische Diplomatie verbündete und befreundete Nationen. Allerdings hatten die Regierungen in Paris und London im Grunde Unrecht, denn die Ägypter sorgten dafür, daß der Suez-Kanal funktionierte. Die Durchfahrt wurde erst durch die Aktion der Briten und Franzosen im Jahre 1956 und durch den Angriff der Israelis im Jahre 1967 gesperrt. Zu diesem Zeitpunkt benützten die inzwischen in Dienst gestellten Riesentanker die Kap-Route; das technische Meisterwerk des verflossenen Jahrhunderts hörte auf, für die hohe Politik von vitalem Interesse zu sein. Allerdings hatten die Briten die Kanalzone erst auf Drängen der Amerikaner geräumt, doch gehorchte diese Räumung gleichwohl der Logik ihrer eigenen Politik. Mit der Herrschaft über Indien hatten sie ihre Armee verloren, und schon seit Ende des Weltkrieges hatten sie die Notwendigkeit (und das Bedürfnis nach) der Entkolonialisierung akzeptiert.

Das ungeschickte oder heuchlerische Verhalten von John Foster Dulles ist keine Entschuldigung für die falsche Beurteilung der Lage durch Paris und London. Eigentlich verfolgten die französischen und britischen Führer unterschiedliche Ziele; den einen ging es um Algerien, den anderen um den Suezkanal; sie waren sich nicht einmal darüber klar, ob sie die Kanalzone auf unbegrenzte Zeit besetzen oder sich nach Einsetzung einer anderen Regierung in Kairo zurückziehen wollten; sie hatten, abgesehen von der Möglichkeit, daß Nasser plötzlich stürzte (und was wäre dann geschehen?), keinen Grund, von seiten der USA mit Unterstützung oder auch nur mit Duldung zu rechnen. Im übrigen mußte die Wahl des Zeitpunktes Präsident Eisenhower empören, konnte er doch nur argwöhnen, daß Briten und Franzosen darauf setzten, daß die bevorstehenden Präsidentschaftswahlen die Vereinigten Staaten zur Neutralität bzw. zum Nichteinschreiten zwingen würden.

Sowohl die Tatsache, daß sie den Briten und Franzosen entgegentraten, wie auch die Zurückhaltung der USA in Europa erscheinen rückblickend nicht ganz ungerechtfertigt. Präsident Truman hatte während der Berliner Blockade auf einen bewaffneten Durchbruch verzichtet (den u. a. der linke Labour-Minister Aneurin Bevan vorgeschlagen hatte). Für die Historiker besteht heute kaum ein Zweifel, daß die Sowjets einen bewaffneten Konvoi durchgelassen hätten und die Blockade in wenigen Stunden beseitigt gewesen wäre.

Anders gesagt: der amerikanische Präsident ergriff — und zwar *mit Zustimmung der europäischen Regierungen* — auf dem Höhepunkt des Kalten Krieges (1948) keine Maßnahme, die auch nur das geringste Risiko einer bewaffneten Konfrontation mit der Sowjetunion enthalten hätte. Stalin hatte, um seine Schwäche zu verbergen, eine solche Fassade von Aggressivität aufgebaut, daß in den Jahren 1950–1951 viele Europäer, darunter auch General de Gaulle, an einen bevorstehenden Krieg glaubten und daß der amerikanische Präsident es trotz der wirtschaftlichen und militärischen Überlegenheit der USA in keinem Augenblick — weder 1948 noch 1956 — für möglich hielt, den Kreml zum Nachgeben zu zwingen. Die Vereinigten Staaten besaßen 1956 die Mittel, die gegnerischen Städte zu zerstören, während ihr eigenes Gebiet praktisch noch unverwundbar war. Hätte Präsident Eisenhower auch nur eine symbolische Kompanie über die Demarkationslinie geschickt — die europäischen Regierungen hätten zwar gezittert und protestiert, doch weil sie sich gegen die Rote Armee nicht verteidigen konnten, bzw. glaubten, sich nicht verteidigen zu können, fungierten sie gewissermaßen als Geiseln; indem sie eine defensive Strategie annahm, bestätigte die Regierung in Washington praktisch die ›doppelte Hegemonie‹, doch hinterging sie damit nicht ihre Verbündeten. Als Antwort auf eine *militärische* Verletzung der Demarkationslinie hatte sie in Korea militärische Gewalt eingesetzt. Wäre diese Linie in Europa verletzt worden, hätte sie genauso gehandelt.

Wenn die Teilung also akzeptiert wurde — kann und muß die Kritik das verurteilen? Rückblickend ist festzustellen, daß die amerikanische Diplomatie seit 1947 tatsächlich der Doktrin von den Einflußbereichen gefolgt ist, das aber gleichzeitig mit universalistischen Phrasen bemäntelte. Die Anklagen der Kritiker richten sich deshalb teilweise gegen das tatsächliche Handeln, teilweise gegen die Phraseologie. Mußte die amerikanische Diplomatie sich seit 1946 mit der Sowjetisierung Osteuropas und eines Drittels von Deutschland abfinden, oder hätte sie im Wahljahr Eisenhowers, 1952, als die Sowjetunion in ihrem gesamten Einflußbereich Regime nach eigenem Vorbild errichtet hatte und eine ›Entsowjetisierung‹ für sie einen Gesichtsverlust bedeutet hätte, die Sprache des ›rollback‹ benützen sollen?

Ohne diese beiden Fragen definitiv zu beantworten, sei daran erinnert, daß die Europäer zwar insofern unter der Teilung litten, als sie die ›doppelte Hegemonie‹ abzuschütteln trachteten, daß sie aber die defensive Diplomatie und die Beachtung der Demarkationslinie billigten; sie haben niemals gewünscht, daß die Amerikaner irgendein Risiko eingingen, um die einem sowjetischen System und der Oberhoheit des Kremls unterworfenen Europäer zu ›befreien‹. Was die ›Befreiungspropaganda‹ betrifft, die insofern beklagenswert ist, als sie im anderen Teil Europas unbegründete Hoffnungen weckte: Mußte gegenüber dem Anspruch der Marxisten-Leninisten, sie repräsentierten die Zukunft, der Westen nicht den Anspruch aufrechterhalten, er vertrete die Hoffnungen der Völker?

Wenn wir die übertriebene Ausdrucksweise, zu der Politiker und Kongreß in Amerika neigen, außer acht lassen, so bestand das Ziel der amerikanischen Diplomatie seit Ende 1947 oder Frühjahr 1948 im Wiederaufbau Westeuropas, dem militärischen Nichteingreifen jenseits des Eisernen Vorhangs und der Weigerung, die Sowjetisierung Osteuropas und besonders Ostdeutschlands moralisch oder politisch anzuerkennen. Die westeuropäischen Regierungen haben nie gewünscht, daß die amerikanische Diplomatie für die ›Befreiung‹ Osteuropas Risiken eingehen möge; 1949—1950 waren sie, einschließlich General de Gaulle (7) mit dieser Diplomatie im wesentlichen einverstanden, auch wenn der General für Frankreich eine größere und selbständigere Rolle in der eigenen Verteidigung wünschte. *Tatsächlich* enthielt diese Diplomatie ein Element des ›Einverständnisses‹ mit der Sowjetunion (die militärische Beachtung der Demarkationslinie). *Tatsächlich* zog sie nach sich, was bei den Amerikanern ›leadership‹ heißt und bei General de Gaulle ›Hegemonie‹ (die ursprünglich nichts anderes als ›leadership‹ bedeutet). Die Führer der Vereinigten Staaten haben in Europa ihr Ziel erreicht, denn ich glaube nicht, daß sie jemals erwartet haben, die Posaunen der ›Stimme Amerikas‹ würden irgendwelche Mauern zum Einsturz bringen.

Der Erfolg bringt natürlich ebenso wie das Scheitern Probleme mit sich. Die zwischenstaatlichen Beziehungen sind nicht stillzustellen. Als die Furcht vor einer sowjetischen Aggression nachließ, waren die Europäer nicht mehr ohne weiteres bereit, die amerikanische Hegemonie und die sie unausweichlich bedingende Teilung Europas zu akzeptieren. In dem Maße, wie das atomare Potential der Sowjetunion wuchs, suchten die Vereinigten Staaten den direkten Dialog mit Moskau und beunruhigten dadurch ihre europäischen Partner, die sich einerseits der Wirksamkeit der amerikanischen Abschreckung nicht mehr so sicher, und andererseits weniger bereit waren, sich mit einer Verständigung über ihre Köpfe hinweg abzufinden. Bevor wir uns der amerikanischen Diplomatie nach dem Erfolg der Eindämmungspolitik zuwenden, wollen wir uns noch einmal mit der anderen Ereignisfolge befassen, die durch den koreanischen Zwischenfall ausgelöst wurde: dem amerikanischen Vorgehen in Asien.

4

Präsident Truman und seine Berater hatten, wie wir schon sagten, das Eingreifen Chinas befürchtet, nachdem die angeblichen Streitkräfte der Vereinten Nationen den 38. Breitengrad überquert hatten. Bekanntlich haben sowohl die Vereinigten Stabschefs (8) als auch Dean Acheson die ›end-the-war‹-Offensive zum Jalu mißbilligt und mit großer Besorgnis verfolgt. Der überstürzte Rückzug der Siebten Armee, die Verurteilung Rotchinas wegen Aggression durch die Vollversammlung der Vereinten Nationen, die sich von 1951 bis 1953 hinziehenden Verhandlungen in Panmunjon, gefolgt von dem Waffenstillstand an einer Linie in der Nähe des 38. Breitengrades; die fortgesetzte Unterstützung Frankreichs in Indochina, die Niederlage von Dien Bien Phu und die Genfer Konferenz — das alles sind Etappen jener Krise, die mit einer von Moskau getroffenen bzw. geduldeten Entscheidung ausbrach und in einen unerklärten Krieg zwischen den Vereinigten Staaten und dem kommunistischen China mündete. Die nationalistische Regierung, die sich nach Taiwan geflüchtet hatte, vertrat China bei den Vereinten Nationen. Gleich nach Ausbruch der Feindseligkeiten in Korea forderten die Vereinigten Staaten Japan auf, wieder zu den Waffen zu greifen, die ihm erst wenige Jahre zuvor für immer untersagt worden waren. Sie schlossen gegenseitige Beistandsverträge mit den Philippinen, mit Japan, Südkorea, Nationalchina, Australien und Neuseeland. Nach Dien Bien Phu schufen sie den südostasiatischen kollektiven Verteidigungspakt. (9)

Trotz des Abbruchs der diplomatischen Beziehungen haben natürlich gewisse Verbindungen weiterbestanden: In Warschau trafen sich von Zeit zu Zeit ein amerikanischer Abgesandter und ein Vertreter Chinas. In Genf trafen sich Amerikaner und Rotchinesen 1954 (10) und erneut 1962 im Zusammenhang mit Laos. Zweimal jedoch — 1954 und 1958 — wurde, als chinesische Truppen Quemoy und Matsu bombardierten und einen Angriff auf die Vorposten Nationalchinas vorbereiteten, die Siebte Flotte in Alarmzustand versetzt und schützte Taiwan. Die zwei kleinen Inseln, nur wenige Kilometer vor der Küste gelegen, nahmen im Wahlkampfjahr 1960 in der ersten Fernsehdebatte zwischen den Kandidaten Nixon und Kennedy einen hervorragenden Platz ein.

Die Logik dieser Diplomatie ist nur schwer zu erkennen. Mit der Unterstützung der auf dem Festland besiegten nationalistischen Regierung griffen die Vereinigten Staaten in die Schlußphase eines Bürgerkrieges ein, nachdem sie einige Jahre zuvor darauf verzichtet hatten (und zwar zu Recht, denn es fehlten ihnen die Mittel dazu), dessen Ausgang zu beeinflussen. Das läßt sich zum Teil sicher geopolitisch erklären: Taiwan gehört zu jenem Gürtel von Inseln, auf denen die Seemacht ihre Basen errichtet. Aber dieses militärische Argument war eher eine Rechtfertigung als ein Motiv des Verhaltens. Warum überhaupt wurde Rotchina, wenn es 1950 als Satellit oder als Verbündeter der Sowjetunion gehandelt hatte, mit dem ganzen Zorn des amerikanischen Volkes überschüttet? Warum konnte man — selbst wenn es darum ging, die

Expansion des kommunistischen Chinas bzw. des chinesischen Kommunismus einzudämmen – mit dem Feind in Asien nicht die gleiche Art von Beziehungen herstellen wie mit dem Feind in Europa? Tatsächlich wurden den für die amerikanische Strategie Verantwortlichen, die möglicherweise durch ihre früheren Entscheidungen gebunden waren, vom McCarthyismus und der China-Lobby Fesseln angelegt; keines der beiden China war bereit, die Existenz eines anderen China anzuerkennen. Nachdem sie sich 1950 für Nationalchina entschieden hatte, fand die amerikanische Diplomatie den Weg nach Peking erst wieder nach 20 Jahren.

War es zwischen 1950 und 1953 der Wunsch des Kreml, daß die Feindseligkeiten sich in die Länge zogen und dadurch ein Kontakt zwischen Rotchina und den Vereinigten Staaten verhindert wurde? Hielt man es für vorteilhaft, hinsichtlich der Beziehungen zur Führungsmacht des ›Imperialismus‹ ein Monopol aufrechtzuerhalten? Hier stehen wir erneut vor einem Boxkampf, bei dem wir die Taktik des einen der beiden Kämpfer nicht kennen. Mögen sich die sowjetischen Führer auch über die Kurzsichtigkeit der amerikanischen Politik gefreut haben — heute müssen auch sie überprüfen, was von den angestrebten Zielen erreicht wurde. Das nächstliegende Ziel der Vereinigten Staaten hätte es sein müssen, den kommunistischen Block zu zersetzen, nicht um einen Konflikt zwischen der Sowjetunion und Rotchina zu provozieren, sondern um den gegen ihren Willen sowjetisierten Staaten durch eine Auflockerung der zwischenstaatlichen Beziehungen wieder eine gewisse Handlungsfreiheit zu verschaffen. Das Ziel, das Washington erreichte, hatte es nicht angestrebt. Die Diplomatie kann stärkere ›Reibungen‹ erzeugen als militärische Operationen. Durch ihre feste Haltung in den Krisenmomenten der Jahre 1954 und 1958 trugen die Vereinigten Staaten dazu bei, daß die Einheit des marxistisch-leninistischen Lagers zerbrach.

Wir brauchen hier nicht die einzelnen Etappen des chinesisch-sowjetischen Konflikts nachzuzeichnen (es ist versucht worden, sie aufgrund von Presseberichten aus beiden Ländern zu rekonstruieren, doch zu mehr als Hypothesen kann das nicht führen). Beschränken wir uns also auf die feststehenden Tatsachen. Es scheint, daß Stalin seine wirkliche Meinung geäußert hat, als er Roosevelt anvertraute, Tschiang Kai-schek werde China noch lange Jahre regieren und für den Kommunismus sei die Zeit noch nicht gekommen. Nachdem Roosevelt für den sowjetischen Kriegseintritt gegen Japan Gegenleistungen in Aussicht gestellt hatte, hat Stalin jedenfalls bereitwillig mit T. V. Soong verhandelt, dem Abgesandten des nationalchinesischen Regierungschefs Tschiang Kai-schek. Zwar haben die in die Mandschurei eingedrungenen sowjetischen Divisionen die von den Japanern erbeuteten Waffen den Streitkräften Mao Tse-tungs übergeben, doch hat Djilas zufolge Stalin den Kommunisten tatsächlich zu einem Kompromiß mit den Nationalisten geraten. Ihren Sieg hat die Partei im wesentlichen ihren eigenen Bemühungen und nicht einer Hilfe von außen, nicht der Unterstützung durch den Großen Bruder zu verdanken.

Mao Tse-tung, der Ende 1949/Anfang 1950 in Moskau weilte, mußte mit Stalin darüber verhandeln, daß dieser herausgab, was er von Roosevelt und Tschiang Kai-schek entgegengenommen hatte. Einer Zeit der Wirren entronnen, meldete Maos China unverzüglich seinen nationalen Willen an. Diejenigen, die im himmlischen Auftrag dem Land seine Einheit und der Zentralregierung ihre Stärke zurückgegeben hatten, bemühten sich nach uraltem Brauch, das zurückzugewinnen, was eine schwache Regierung hatte aufgeben müssen. Stalin, so scheint es, hat sich lange bitten lassen, bevor er auf die Forderungen des Führers der Schwesterpartei einging.

Eine weitere Gelegenheit für Spannungen entstand mit dem Korea-Feldzug. Zu dem Zeitpunkt, da die nordkoreanischen Truppen den 38. Breitengrad überschritten, war das Gros der Streitkräfte Rotchinas gegenüber Formosa zusammengezogen, wo Tschiang Kai-schek nach dem Vorbild der Ming-Dynastie letzte Zuflucht gefunden hatte. Das Ziel Rotchinas war offensichtlich nicht Seoul, sondern Taiwan. Welchen Anteil auch immer Peking an der ›Aggression‹ vom 25. Juni gehabt haben mag — die amerikanischen Führer scheuten nicht davor zurück, Moskau und Peking in einen Topf zu werfen und Peking zumindest einen Teil der Verantwortung anzulasten. Nur ein Schritt weiter — der manchen Kommentatoren nicht schwerfiel — und man landet bei der Hypothese, daß das, was tatsächlich erreicht wurde, von Stalin beabsichtigt gewesen sei: zwischen Rotchina und den Vereinigten Staaten eine unüberwindliche Mauer aus Mißverständnissen und Haß aufzurichten.

Die chinesischen ›Freiwilligen‹ kämpften in Korea seit Ende 1950 und wurden erst im Frühling 1953, wenige Wochen nach Stalins Tod, abgezogen. Auch hier wieder wissen wir nicht, ob es Stalin oder Mao war, der mit der Forderung, sämtliche chinesischen Gefangenen gewaltsam in die Volksrepublik zurückzuführen, den Waffenstillstand hinauszögerte. Die rotchinesischen Delegierten machten kurz nach Stalins Tod das entscheidende Zugeständnis — und danach ist es zumindest wahrscheinlich, daß Stalin selbst die Führer der Schwesterpartei überzeugt haben könnte. Wenn das seinen Nachfolgern gelungen ist, dann hätte es um so eher ihm, dem Führer des Weltkommunismus, gelingen können. Er hatte wahrscheinlich nichts dagegen, wenn eine amerikanische Armee sich in einen nicht endenwollenden Krieg verstrickte und wenn Rotchina und die Vereinigten Staaten aneinandergerieten – mit der Sowjetunion als dem lachenden Dritten, in der Rolle des Zuschauers, der (den Chinesen) die Waffen verkauft und die Punkte zählt.

Kein Zweifel: Das rotchinesische Regime ging gefestigt, endgültig etabliert, ja sogar ruhmreich aus diesen drei Kriegsjahren hervor, hatte es doch der größten Wirtschafts- und Militärmacht der Welt getrotzt und sie schließlich gezwungen, sich mit einem Unentschieden zu begnügen. Allerdings hatte China die Kosten dieses im gemeinsamen Interesse geführten Kampfes getragen: Tschiang Kai-schek saß noch in Taiwan, die Siebte Flotte machte den Zufluchtsort der nationalistischen Regierung uneinnehmbar, und die öffentliche Meinung Amerikas richtete ihren Zorn noch stärker gegen China als gegen die Sowjetunion; die Chinesen, nicht die Russen, hatten ihr Blut vergossen. In Nordkorea hatten die Chinesen ihren Einfluß auf Kosten der Russen verstärkt; der Zuwachs an Prestige im Ausland und an Autorität im Inneren glich die materiellen Kosten aus. Soviel steht fest: Rotchina hatte sich, um die drohende Gefahr eines direkten Zusammenstoßes zwischen der Sowjetunion und den Vereinigten Staaten und eines Zusammenbruchs Nordkoreas abzuwenden, Ende 1950 — kaum ein Jahr nach dem Ende des Bürgerkrieges — in ein Abenteuer stürzen müssen, dessen Risiken es voll und ganz auf sich nahm, von dessen Gewinnen ihm aber nur Bruchteile zufielen. Seit 1953 empfanden Mao Tse-tung und seine Genossen — unbeschadet ihrer marxistisch-leninistischen Überzeugungen — schon nicht mehr ganz ungetrübte Gefühle der Freundschaft gegenüber dem Großen Bruder.

Die Chinesen wiederum versuchten 1954 und vor allem 1958, ein Ziel von nationalem Interesse zu erreichen, nämlich die nationalchinesischen Truppen von den wenige Kilometer vor der Küste gelegenen Inseln Quemoy und Matsu zu vertreiben. Beistand fanden sie nicht. 1954 räumten die Vereinigten Staaten die Tachen-Inseln; dafür versprach Eisenhower Tschiang Kai-schek, ihm bei der Verteidigung von Quemoy und Matsu zu helfen, und er erhielt vom amerikanischen Senat die Ermächtigung, zu diesem Zweck Militär einzusetzen. Nach einigen unruhigen Wochen mit alarmierenden Berichten in der amerikanischen Presse und Vorbereitungen zu militärischen Operationen in der Formosa-Straße kehrte wieder Ruhe ein: Vielleicht hatten — und dafür spricht die Vermutung – die chinesischen Führer niemals die Absicht gehabt, die militärische Eroberung der Inseln zu wagen, vielleicht waren sie auch den Mahnungen des Kreml zur Vorsicht gefolgt.

In der Nacht vom 22. auf den 23. August 1958 begann die chinesische Artillerie die Inseln Quemoy und Matsu zu bombardieren. Die militärische Krise zog sich über mehrere Wochen hin. Eisenhower und Dulles hatten niemals ausdrücklich versprochen, zur Verteidigung von Quemoy und Matsu militärisch einzuschreiten (der gegenseitige Beistandspakt bezog sich nur auf Formosa und die Pescadores-Inseln), sie hatten sich aber auch nicht verpflichtet, die militärische Eroberung dieser zwei kleinen Inseln widerspruchslos zu dulden. Chrustschow, der damals wegen der Nahostkrise (11) mit den Vereinigten Staaten in Verhandlungen stand, reiste am 31. Juli nach Peking — vielleicht um zu erläutern, warum er eine Konferenz der Großmächte über eine friedliche Regelung akzeptierte, vielleicht weil die Chinesen nach einer Militärkonferenz, die vom 26. Mai bis zum 27. Juli dauerte, ihre Entschlossenheit verkündet hatten, Taiwan zu befreien. Ohne auf die Einzelheiten einzugehen, kann man aufgrund der späteren, öffentlich geführten Auseinandersetzung annehmen, daß Chinesen und Russen einander ihre jeweilige Haltung zum Vorwurf machten, wobei die Chinesen überzeugt waren, die Russen hätten ihnen die Unterstützung verweigert, während die Russen glaubten, die Chinesen hätten versucht, sie in ein Abenteuer hineinzuziehen — unter dem Vorwand, die Vereinigten Staaten seien nur ›ein Papiertiger‹ (worauf die Russen erwiderten: ›aber mit atomaren Zähnen‹). Statt das chinesisch-sowjetische Bündnis zusammenzuschweißen, hatten die amerikanischen Führer durch ihre feste Haltung erneut dessen Divergenzen oder — mit dem marxistisch-leninistischen Ausdruck — dessen ›Widersprüche‹ zutage gebracht: die Gleichgültigkeit Moskaus gegenüber den nationalen Interessen Pekings und eine unterschiedliche Auffassung über die beste Strategie gegenüber den Vereinigten Staaten. Indem sie gegenüber den beiden Großmächten des Kommunismus unterschiedlich verfuhr, hatte die Diplomatie der Vereinigten Staaten — weniger mit Absicht als vielmehr aufgrund einer damals unerkannt gebliebenen Dialektik — in Moskau und Peking gegensätzliche und miteinander unvereinbare Reaktionen ausgelöst.

Für den Bruch zwischen den beiden Hauptstädten gab es eine ganze Reihe von Gründen, zu denen sicher auch die Atomwaffe zählt. 1957 hatte die Sowjetunion mit Rotchina ein Abkommen getroffen, in dem sie ihrem Verbündeten Unterstützung bei seinem atomaren Programm versprach. 1959 widerrief sie ihre Unterschrift, nachdem sie im Jahre 1958 offenbar eine Art von gemeinsamem Kommando gefordert hatte, wie es in vergleichbarer Form die Sowjetunion und die Vereinigten Staaten innerhalb ihres jeweiligen Bereichs in Europa ausüben. 1960 rief Moskau seine Techniker zurück und ließ 183 begonnene Industrieprojekte im Stich.

Wie ist die amerikanische Diplomatie in Asien zu interpretieren? In territorialer Hinsicht läßt sie sich mit der Diplomatie der Eindämmung vergleichen. Die Vereinigten Staaten schlossen Bündnisse mit allen Inselstaaten, Taiwan eingeschlossen, und mit den kleinen Kontinentalstaaten, Fragmenten von Ländern, die zwischen einem kommunistischen und einem nichtkommunistischen Regime aufgeteilt waren (Korea). Hinter dieser Ähnlichkeit verbarg sich aber eine tiefgehende Heterogenität. In Europa hatten die westlichen Staaten nach zwei bis drei Jahren amerikanischer Hilfe eine relative Prosperität und stabile Regierungen wiedererlangt. Von einer Invasion durch die Rote Armee abgesehen, hatten sie äußere Hilfe nicht nötig, um dem kommunistischen Vordringen zu widerstehen. Die politische und militärische Rolle der Vereinigten Staaten beschränkte sich darauf, die Bedingungen zu schaffen, unter denen die Europäer in Frieden lebten und ein System der Zusammenarbeit bzw. Einheit aufbauten. Anders verhielt es sich im asiatischen Operationsbereich.

Indem sie dem China Mao Tse-tungs die Stellung versagten, die Roosevelt dem China Tschiang Kai-scheks versprochen hatte, verwehrten die Vereinigten Staaten von Truman über Eisenhower und Kennedy bis zu Johnson den Vereinten Nationen jene Universalität, die sie ihnen ihrer eigenen Doktrin zufolge sichern wollten. Sie stützten auf Taiwan das auf dem Kontinent geschlagene Regime; sie versagten sich und verbaten dem Westen normale Beziehungen zu ›einem Viertel der Menschheit‹, wie es in der Presse hieß.

Schlimmer noch: sie verkannten und schienen zu verkennen, daß die Diplomatie, die scheinbar der Diplomatie der Eindämmung in Europa glich, ganz andere Mittel erfordern mußte. Seit 1947 hatten die nichtkommunistischen Regime Westeuropas es selbst in die Hand genommen, die Kommunisten im eigenen Land zurückzudrängen. Die Vereinigten Staaten hatten mit dem Marshall-Plan den Wiederaufbau beschleunigt und einen Rahmen militärischer Sicherheit geschaffen: das übrige haben Franzosen und Italiener selbst besorgt. Auf den Philippinen und in Malaya mußten die Behörden in den ersten Jahren des Kalten Krieges mit einer Partisanenbewegung fertig werden. In Malaya hatten die Briten Erfolg, weil sie die chinesischen Partisanen isolierten und den gemäßigten Nationalisten die Unabhängigkeit gewährten. Auch auf den Philippinen wurden die Partisanen besiegt. Nur in Indochina ließ eine gleichsam mechanische Anwendung der Eindämmungsdoktrin die amerikanische Diplomatie Fehler über Fehler machen. Als Eisenhower und Dulles nach Stalins Tod den Waffenstillstand in Korea erreichten (12), fiel es ihnen nicht ein, für die beiden Kriege eine zusammenhängende Lösung zu suchen. Nach dem Ablauf der Genfer Konferenz von 1954 zu urteilen, ist zumindest nicht auszuschließen, daß die Erben Stalins, die sich im Kampf um seine Nachfolge befanden, aber noch imstande waren, den kommunistischen Block zusammenzuhalten, einen Kompromiß, wie er nach der französischen Niederlage in Dien Bien Phu zustandekam, nicht abgelehnt hätten. Warum also wurde den Franzosen geraten, den Kampf in Indochina fortzusetzen, wo doch die Amerikaner selbst sich in Korea mit einem Unentschieden zufrieden gegeben hatten?

Nachdem sie ein militärisches Einschreiten zur Rettung der in Dien Bien Phu eingeschlossenen französischen Truppen verweigert hatte, weigerte sich die amerikanische Diplomatie ebenfalls, die Genfer Vereinbarungen zu unterzeichnen, versprach aber, sich deren Durchführung nicht in den Weg zu stellen. Sie weigerte sich nicht nur, Rotchina, das die Vereinten Nationen der Aggression für schuldig befunden hatten, anzuerkennen, sondern lehnte auch normale Beziehungen zu der neuen Verkörperung des Übels ab. (13) Nachdem sie lange gezweifelt hatte, ob denn die chinesischen Kommunisten echte Kommunisten seien, und nachdem sie sich zwischen 1946 und 1949 mit dem absehbaren Sieg Mao Tse-tungs abgefunden hatte, handelte die amerikanische Diplomatie nunmehr so, als sei das kommunistische China der Weltfeind Nr. 1. Die China-Experten haben offenbar weder diese Interpretation noch diese Haltung jemals gutgeheißen; doch schufen die China-Lobby und die von nun an auf Peking fixierte antikommunistische Besessenheit ein solches Klima, daß selbst noch Ende der sechziger Jahre ein Bewerber um die Präsidentschaft der Vereinigten Staaten erklären mußte, was er im Hinblick auf Quemoy und Matsu zu tun gedenke.

In dieser Diplomatie äußerten sich die Emotionen des amerikanischen Volkes oder vielmehr die von aktiven Minderheiten, die vorgaben, im Namen des ganzen Volkes zu sprechen.

Diese Emotionen waren übrigens bis zu einem gewissen Grade verständlich. Die Vereinigten Staaten hatten gegen Japan gekämpft, um China zu verteidigen, um die Integrität des Reiches der Mitte zu wahren. Fünf Jahre nach ihrem Sieg gab General MacArthur in seiner Rede vor dem Kongreß zu verstehen, China und Japan hätten die Rolle gewechselt, und China stehe jetzt auf der falschen, Japan auf der richtigen Seite der Barrikade. Daß Staaten niemals gänzlich auf der Seite des Guten oder auf der Seite des Bösen stehen und daß ein Regimewechsel zu einer Umkehrung der Bündnisverhältnisse führen kann — diese für den europäischen Machiavellismus selbstverständlichen Erkenntnisse erschienen, im Unterschied zu jenen, die für die amerikanische Diplomatie verantwortlich waren, den selbsternannten Wortführern der öffentlichen Meinung damals nicht akzeptabel.

In dem Zeitabschnitt, dessen wichtigste Ereignisse wir oben angeführt haben, kann man sowohl das Ende als auch eine Fortsetzung des Kalten Krieges sehen. Die Stalinsche Diplomatie, so gewalttätig sie auch in ihren Verhaltensweisen und in ihren Worten war, ging kaum über den europäischen Rahmen hinaus. Auch wenn sie für die Aggression in Korea verantwortlich war, übertrug sie doch den Chinesen die undankbare Aufgabe, den amerikanischen Divisionen auf dem Schlachtfeld gegenüberzutreten. An Ägypten wurden erst seit 1955 Waffen geliefert; Bulganin und Chruschtschow bewiesen mit ihren Reisen einen neuen Stil, aber auch Absichten, die sich nunmehr auf den gesamten Erdball erstreckten.

Die gemäßigte Kritik an der amerikanischen Diplomatie, wie sie gemeinhin von den Liberalen der Ostküste vorgetragen wird, stützt sich auf Argumente, die mittlerweile Allgemeingut geworden sind. Danach hat die amerikanische Diplomatie im Vertrauen auf ihre in Europa erzielten Erfolge die auf dem Alten Kontinent angewandten Methoden — d. h. Wirtschaftshilfe und Verteidigung von Demarkationslinien, die wie auch immer willkürlich gezogen sein mochten — auf Asien übertragen. Leider versagte die Wirtschaftshilfe, die beim Wiederaufbau der Wirtschaft von entwickelten Ländern so wirksam gewesen war, bei der Modernisierung von Entwicklungsländern. Die Intervention, die in Korea notwendig gewesen war, weil reguläre Streitkräfte die Demarkationslinie überschritten hatten, erschien gegenüber dem Einsickern von Partisanen und mehr noch gegenüber einem Aufstand, selbst wenn er von außen geschürt wurde, ungerechtfertigt.

Bevor ich diesem kritischen Urteil, in dem die Europäer und die amerikanischen Liberalen mit ihrer selbstverständlichen Europa-Orientierung übereinstimmen, unbesehen Recht gebe, möchte ich an einige Tatsachen und an den Gang der Ereignisse erinnern. Die Vereinigten Staaten blicken aufgrund ihrer geographischen Lage genauso nach Osten wie nach Westen; sie sind ebenso sehr eine pazifische wie eine atlantische Macht. Stärker noch als gegen das Dritte Reich richtete sich *ihr* Krieg gegen Japan. Hatten sie im März 1947 die Stellung Großbritanniens in Griechenland und der Türkei übernommen, so hatten sie im Juni 1950 die Stellung Japans übernommen, indem sie die Einigung Koreas unter einer feindlichen Regierung verhinderten.

Dean Acheson in Washington war sich über die Absichten der Herren des Kreml und der Herren der Verbotenen Stadt im unklaren. Er schloß die Möglichkeit einer weiteren sowjetischen Aggression nicht aus. Er hielt es — wie ich glaube, zu Recht — für unerläßlich, den Wert der amerikanischen Garantie durch Handeln unter Beweis zu stellen.

Die strategischen Irrtümer, die eher MacArthur als den Verantwortlichen in Washington unterliefen, verhinderten den Teilsieg, den die Vereinigten Staaten hätten erringen können, und zwangen sie, sich mit einem Unentschieden zu begnügen. Die wichtigste Konsequenz dieser Irrtümer — der Bruch mit China — erwies sich jedoch letzten Endes als vorteilhaft (im Sinne der realistischen Diplomatie). Nahezu sämtliche Kommentatoren haben während der fünfziger Jahre gegen das amerikanische Auftreten den Vorwurf erhoben, es habe das chinesisch-sowjetische Bündnis zusammengeschweißt. Die Verantwortlichen hielten dem gewöhnlich entgegen, die Vereinigten Staaten könnten auf die Beziehungen zwischen Moskau und Peking in keiner Weise Einfluß nehmen. Es ist eine Ironie der Geschichte, daß das Handeln Amerikas tatsächlich zum Bruch der Allianz beitrug. Erst Präsident Nixon war 1971 endlich so klug, sich diesen Bruch zunutze zu machen.

In einem gewissen Sinne haben die Vereinigten Staaten im Jahre 1958, als es um Quemoy und Matsu ging, China gegenüber die gleiche Haltung eingenommen, wie sie die Sowjetunion 1956 gegenüber Briten und Franzosen zeigte. Sie traten einer untergeordneten Macht des gegnerischen Lagers entgegen und lösten dadurch eine Spaltung innerhalb dieses Lagers aus; die Sowjetunion wollte weder für die Sonderinteressen ihres Verbündeten kämpfen, noch das Risiko eines Zusammenstoßes mit den Vereinigten Staaten eingehen. So erklärten denn auch die Verantwortlichen in Washington, wenn sie sich nicht in Moralisieren ergingen, ihren britischen und französischen Freunden, sie seien nicht bereit, sich die Sympathien der Dritten Welt zu verscherzen, um nationale Interessen zu verteidigen, die mit den eigenen nicht identisch seien. In dem Maße, wie die Großmächte alle sonstigen Erwägungen der Besorgnis unterordneten, einen Zusammenstoß zu vermeiden, wuchs die Verstimmung bei ihren Verbündeten. Das atlantische Bündnis hat die Zerreißprobe bestanden, das chinesisch-sowjetische Bündnis nicht.

Versetzen wir uns zurück in das Jahr 1960, als die Ära Eisenhower-Dulles zu Ende ging. In Vietnam standen weniger als 1 000 amerikanische Berater. Kommentatoren beklagten die ›Bündnisversessenheit‹ und Unbeweglichkeit von Dulles, und vor allem den mangelnden Schwung der Eisenhower-Mannschaft. Der erste Sputnik hatte Amerika schockiert. Regierung, Administration und Universitäten stürzten sich daraufhin in enorme Projekte, um den Vereinigten Staaten wieder jene Überlegenheit zu verschaffen, die sie, wollte man der demokratischen Opposition glauben, eingebüßt hatten. Im November 1958 hatte Chruschtschow eine Art Ultimatum gestellt: Käme es innerhalb von sechs Monaten zu keiner Einigung über Berlin, so würde er einen Friedensvertrag mit der DDR schließen, die dann die Verantwortung für die Verbindungen zwischen Westberlin und der Bundesrepublik übernehmen würde. Der Termin war bereits verlängert oder gar vergessen worden, als John F. Kennedy zum Präsidenten gewählt wurde. In der Zwischenzeit war die Pariser Gipfelkonferenz wegen des U-2-Zwischenfalls nicht zustande gekommen. (14) Sorgen bereitete den Europäern, der öffentlichen Meinung Amerikas und den Verantwortlichen in Washington nicht Vietnam, sondern Berlin, Quemoy und Matsu oder die angebliche Raketenlücke. Rückblickend darf man sagen, daß die Zeitbombe, die in den sechziger Jahren explodierte, bereits gelegt war. Als es um Dien Bien Phu ging, hatten sich gegenüber den Verfechtern der Intervention, Admiral Radford und Vizepräsident Nixon, schließlich doch die Vorsicht des Präsidenten und die Einwände General Ridgways und der führenden Senatoren durchgesetzt. Die Überlebenden des Kennedy-Clans gehörten — weniger aus Sorge um Beständigkeit als vielmehr mit Rücksicht auf die Stimmung des Volkes — 1972 zum Lager MacGoverns. Zwölf Jahre zuvor hatten sie den schlafenden Riesen wecken wollen; sie haben ihn zur Eroberung des Mondes ausgeschickt, und sie tragen Mitverantwortung für die Mißgeschicke Gullivers, der in den Reisfeldern Vietnams versank.

Anmerkungen

1 *Public Papers of the Presidents of the United States: Harry S. Truman, 1947*, Washington 1963, S. 178—79.

2 Da dieses Buch der amerikanischen Diplomatie gewidmet ist, sollen die Analysen der sowjetischen Diplomatie auf ein Mindestmaß beschränkt bleiben. Was den Koreakrieg betrifft, hat Madame Hélène Carrère d'Encausse die wichtigsten Interpretationen des Geschehens in dem Artikel ›Aux origines du conflit‹ (*Revue française de Science Politique*, Dezember 1970, S. 1182—1199) untersucht. Unbedingt sollte man lesen: Allen S. Whiting, *China Crosses the Yalu: The Decision to enter the Korean War*, Stanford 1968.

Mao Tse-tung, von der beabsichtigten militärischen Operation durch die Russen und Nordkoreaner in Kenntnis gesetzt, trägt wahrscheinlich keine große Verantwortung für den Beginn des Feldzuges. Mao weilte vom 16. Dezember 1949 bis zum 4. März 1950 in Moskau. Er unterzeichnete dort einen gegenseitigen Beistandspakt mit der Sowjetunion im Falle eines Angriffs durch Japan oder ein mit Japan verbündetes Land. Er erreichte bei Stalin Zugeständnisse (Port Arthur, Dairen, vollständige Unterstellung der mandschurischen Eisenbahnen unter chinesische Verwaltung bis spätestens 1952). Von den Verträgen, die Moskau mit den übrigen sozialistischen Staaten abschloß, unterscheidet sich der Vertrag insofern, als er sich auf die Prinzipien ›der Gleichheit, des gegenseitigen Interesses, der Beachtung der nationalen Souveränität und der Nichteinmischung in die inneren Angelegenheiten‹ beruft.

Die Beziehungen zwischen China und Nordkorea — zwischen den Parteien wie zwischen den Staaten — waren nicht eng, aber gelegentlich schwierig. Eine wegen eines Staudamms am Jalu entstandene Meinungsverschiedenheit war durch Vermittlung der UdSSR beigelegt worden. Zur Zusammenarbeit beider Regierungen kam es anläßlich der Rückführung koreanischer Truppen, die in der chinesischen Befreiungsarmee gedient hatten, nach Nordkorea. Mao Tse-tung war also nicht in der Lage, die nordkoreanische Operation allein zu beschließen oder sie Kim Il-Song aufzuzwingen.

Im übrigen gab es damals keine amerikanischen Militäraktivitäten auf Taiwan. Am 5. Januar 1950 hatte Truman erklärt, er werde in den Bürgerkrieg nicht eingreifen und Taiwan keine Militärhilfe leisten. Mao Tse-tung konnte also eine Invasion der Insel vorbereiten, ohne eine amerikanische Vergeltung befürchten zu müssen. Das Gros der chinesischen Armee lag gegenüber Taiwan. Allerdings war eine chinesische Armee 1950, vor Beginn des Koreafeldzuges, in den Nordosten verlegt worden. Den wesentlichen Punkt bilden daher die Beziehungen zwischen Moskau und Pjongjang. Folgt man einem Artikel von Jungwon Alexander Kim (›Soviet Policy in North Korea‹, in: *World Politics*, Januar 1970), so war die nordkoreanische kommunistische Partei 1950 noch von sowjetischen Koreanern beherrscht, Koreanern, die sich während der japanischen Herrschaft in die Sowjetunion geflüchtet hatten und von denen viele die sowjetische Staatsbürgerschaft angenommen und Schlüsselstellungen in der Partei erlangt hatten. Kim Il-Song selbst gehörte zu einer Gruppe mandschurischer Koreaner, die in den dreißiger Jahren an der Seite der chinesischen Kommunisten gekämpft hatten und um 1940 in die UdSSR gegangen waren. Als Offiziere der russischen Fernostarmee waren sie nicht so sehr von Moskau abhängig wie die erstere Gruppe. Die einheimischen Kommunisten, auch Yenan-Koreaner genannt, bildeten zunächst eine eigene Partei. Sie hatten an der Seite der Chinesen gekämpft und waren populärer als die sowjetischen Emigranten. Bei der Verschmelzung der Parteien trat zunächst einer der ihren (Kim Tu-Bong) an die Spitze der Partei, doch 1949 wurde Kim Il-Song Generalsekretär der Einheitspartei, und die sowjetischen Koreaner behielten bis zum Ausbruch des Krieges die Oberhand in der Führung. Nimmt man hinzu, daß die Armee durch sowjetische Berater reorganisiert worden war, so wird die Schlußfolgerung unausweichlich, daß die Entscheidung zur Überschreitung des 38. Breitengrades nur mit Zustimmung, wenn nicht auf Drängen Moskaus gefaßt werden konnte.

Das chinesische Eingreifen entsprang nicht dem Wunsch Mao Tse-tungs, hat er doch mehrfach gewarnt, bevor er sich dazu entschloß. Wenn er militärische Operationen in Erwägung zog, dann galten sie Taiwan, Tibet oder der endgültigen Befriedigung Südchinas. Während der ersten Phase des Konflikts ging die chinesische Politik über eine moralische Unterstützung nicht hinaus. Als der sowjetische Vertreter Malik am ersten August zu den Vereinten Nationen zurückkehrte, erwähnte er die zwei Regierungen Koreas, sprach er von einem Bürgerkrieg und schlug vor, China zum Eintritt in die UNO aufzufordern.

Die Vereinigten Staaten lehnten die von Indien und Großbritannien angeregte Rückkehr zum *Status quo ante bellum* ab. Am 20. Mai unterstützte Tschu En-lai in einem Telegramm an die UNO den Vorschlag Maliks, der am 6. September endgültig verworfen wurde. Am 1. Oktober überschritten die südkoreanischen Truppen den 38. Breitengrad, und am 2. Oktober erklärte Tschu gegenüber Pannikar, im Falle einer Invasion des Nordens durch amerikanische Truppen werde China in den Krieg eintreten. In der Vergangenheit hatten die Chinesen über Taiwan und die Befreiung der Insel derart heftige Äußerungen gemacht, daß Washington sich jetzt nicht überzeugen oder abschrecken ließ, obwohl die Chinesen nach dieser Warnung ihre an der koreanischen Grenze stehende Armee mobilisiert hatten.

Warum ist Mao das Risiko der Intervention eingegangen, obwohl sein Regime noch nicht gefestigt war und er der möglichen Bombardierung durch die amerikanische Luftwaffe nichts entgegenzusetzen hatte? Gründe ideologischer Natur und Gründe nationalen Interesses hinderten Rotchina, einen totalen Sieg der Vereinten Nationen, d. h. der Amerikaner, tatenlos hinzunehmen. So wie ein unter kommunistischer Herrschaft vereintes Korea eine Bedrohung für die amerikanischen Stellungen in Japan gewesen wäre (die Vereinigten Staaten handelten so, wie Japan es getan hätte), so hätte China, das die Führung der unter dem Kapitalismus leidenden Völker übernahm, eine schwere Niederlage erlitten, wenn das Regime von Pjongjang zusammengebrochen wäre und Seoul die Herrschaft über ganz Korea überlassen hätte. Nichts steht der Annahme entgegen, daß Mao Tse-tung selbst die Entscheidung zur Intervention traf.

Er konnte diese Entscheidung jedoch nur mit der Zustimmung und Unterstützung Moskaus treffen. Stalin behielt sich die beste Rolle vor. So erklären sich die chinesischen Vorwürfe gegen die Sowjetunion, nachdem der Bruch zwischen den beiden Großmächten des Kommunismus vollzogen war. Die Chinesen kämpften für sich, aber auch für die gemeinsame Sache. Sicher entschuldigten die Sowjets ihre Zurückhaltung mit der Notwendigkeit, einen allgemeinen Konflikt zu vermeiden, den der Zusammenstoß zwischen Russen und Amerikanern hätte auslösen können. Was die Sowjets wirklich motivierte, den ersten Schritt auszulösen oder zu gestatten — darüber läßt sich endlos diskutieren.

Für unwahrscheinlich halte ich die Hypothesen, daß Moskau die Aggression nicht *zumindest* gut geheißen habe oder daß Stalin für sein Scheitern in Berlin (ein ohnehin nur relatives Scheitern) eine Entlastung oder eine Kompensation gesucht habe, denn die Sowjets fuhren mit der Sowjetisierung der Satellitenländer (ihrem wesentlichen Ziel in Europa) fort. Damals neigten die Kommentatoren zu der Auffassung, die chinesisch-sowjetischen Beziehungen seien eng und vertrauensvoll; sie unterstellten deshalb, daß Stalin und Mao während dessen Aufenthalt in Moskau gemeinsam einen Plan ausgeheckt hätten. Heute neigen sie dazu, die chinesisch-sowjetischen Beziehungen des Jahres 1950 im Lichte des gegenwärtigen Konflikts zu deuten. Daß die Beziehungen gespannt waren, als Chinesen und Russen das Scheitern des koreanischen Unternehmens feststellen mußten, ist sicher. Hatten vor der nordkoreanischen Niederlage Chinesen und Russen zusammen die Situation günstig eingeschätzt? Haben die Chinesen, von Hybris ergriffen, Stalin in ein Abenteuer hineingezogen? Oder wurden sie im Gegenteil von den Russen hineingezogen? Am plausibelsten erscheint mir heute die dritte Hypothese, die nur für diejenigen Schwierigkeiten enthält, die nicht zugeben mögen, daß Stalin sich verrechnet haben könnte. Die Sache stand gut und versprach großen Erfolg bei geringem Einsatz. Tatsächlich verlief es dann für alle anders als erwartet.

3 Verantwortlich im ursächlichen Sinne: Indem man sich so verhielt, daß ein Ereignis, das man nicht wünschte und das nicht unvermeidlich war, eine gewisse Wahrscheinlichkeit bekam. Es handelt sich also um einen Irrtum.

4 Alexis de Tocqueville, *Über die Demokratie in Amerika*, Stuttgart 1962, Band 2, S. 297.

5 Einigen westlichen Experten zufolge schickte sich Stalin vor seinem Tode an, sein Vorgehen im Sinne der Entspannung zu mildern. (Siehe Marshall D. Schulmann, *Stalin's Foreign Policy Reappraised*, Cambridge 1963). Folgt man anderen Zeugnissen und Stalins Äußerungen gegenüber Djilas, dann glaubte Stalin im Gegenteil an einen Dritten Weltkrieg, den letzten Krieg zwischen den beiden Lagern.

6 Gußeisen: 50 Millionen Tonnen; Stahl: 60 ; Kohle: 500; Erdöl: 60; diese Zahlen waren in einer Wahlrede im Februar 1946 genannt worden. Die Zahlen des Jahres 1961 für diese vier Produkte lauten: 50,9; 70,7; 510; 166.

7 General de Gaulle versuchte später, diese Abhängigkeit durch bessere Beziehungen zur Sowjetunion und zu den osteuropäischen Ländern zu mildern.

8 Das Komitee hatte aber gleichfalls vor der Landung bei Intschon gewarnt, die zu einem vollen Erfolg wurde.

9 SEATO: Vereinigte Staaten, Frankreich, Großbritannien, Australien, Neuseeland, Philippinen, Thailand und Pakistan.

10 Tschu En-lai berichtete, Dulles habe sich damals geweigert, ihm die Hand zu geben.

11 Staatsstreich General Kassems, der die prowestliche Herrschaft der Haschemiten-Monarchie im Irak beendete.

12 Einen gewissen Einfluß hatte vielleicht auch die Drohung mit dem Einsatz der Atombombe, eine Drohung, die, wie es heißt, auf diplomatischem Wege übermittelt wurde.

13 Rotchina hätte 1955 normale Beziehungen nicht abgelehnt. Tschu En-lai machte damals Annäherungsversuche.

14 Es handelt sich um das über der Sowjetunion abgeschossene amerikanische Spionageflugzeug U-2.

III. KAPITEL

DER TARPEJISCHE FELS

Mit dem Einzug John F. Kennedys in das Weiße Haus begann der bewegteste Abschnitt der amerikanischen Nachkriegsdiplomatie mit seinen zahllosen Fehlschlägen, unter denen die gescheiterte Landung in der Schweinebucht offenbar der demütigendste war, und seinen Erfolgen, deren glänzendster Höhepunkt wohl die zweite Kubakrise war. Im ganzen genommen mündet dieser Abschnitt in die *scheinbare* weltweite Vormachtstellung von 1963, an die sich aber sogleich der *spektakuläre* Absturz anschließt, da die amerikanische Gesellschaft durch den Vietnamkrieg zerrissen wird. Mit der Hervorhebung der Wörter ›scheinbar‹ und ›spektakulär‹ deute ich an, daß eine definitive Beurteilung schwierig ist. Schließlich haben sich die objektiven Gegebenheiten zwischen 1963 und 1972 nicht sonderlich geändert. Uns fehlt der nötige Abstand, um die wahre Bedeutung dieses Aufstiegs und dieses Niedergangs zu erfassen; denn so dramatisch uns diese schicksalshaften Wendepunkte erscheinen mögen, werden ihnen künftige Historiker vielleicht doch nur ein paar kurze Zeilen einräumen — es sei denn, daß an ihnen das Schicksal der amerikanischen Republik sichtbar würde, ihre Unfähigkeit, sich dem Schwanken zwischen Kreuzzug und Rückzug zu entziehen und sich in aller Klarheit den Verpflichtungen einer weltweiten Überlegenheit zu stellen.

I

Als im Jahre 1968 Richard Nixon zum Präsidenten gewählt wurde, gehörten die Überlebenden der Kennedy-Mannschaft zum Lager der ›Tauben‹. 1960 hatte John F. Kennedy die Parole von den ›New Frontiers‹ ausgegeben; unter Eisenhower hatten die Vereinigten Staaten ein Bild bürgerlicher Selbstzufriedenheit abgegeben — mit einer geringen Wachstumsrate, einem relativen hohen Arbeitslosenstand und einer gemäßigten Diplomatie. John Foster Dulles war gestorben; der amerikanische Präsident hatte Chruschtschow in den Vereinigten Staaten empfangen. 1960 hatten die Vereinigten Staaten durch die Vereinten Nationen im ehemals belgischen Kongo interveniert, um die Einheit dieses riesigen Landes zu erhalten (sie machten deutlich, daß sie gegen die Lostrennung Katangas waren), und sie hatten sich der Forderung nach einer Umwandlung Berlins in eine freie Stadt widersetzt, ohne deshalb Verhandlungen auszuschließen.

Kennedy stellte sich als ein ›Macher‹ dar: Er wollte der Welt ein anderes Bild der Vereinigten Staaten vermitteln. Er benützte die Sprache des Kalten Krieges oder zumindest der Konfrontation im gleichen Maße wie die Sprache der Entspannung. Er umgab sich mit Intellektuellen aus der Rand Corporation und aus Harvard; sie nahmen die Stelle der Geschäftsleute und Juristen ein, die unter Eisenhower und selbst unter Truman das Gros der Präsidentenberater gestellt hatten. Das Denksystem, das diese Professoren und Forscher ausgearbeitet hatten, war raffinierter als das der Generäle und Admiräle. An der umfassenden Zielsetzung der amerikanischen Strategie änderte sich nichts, aber die Verantwortlichen bekamen eine deutlichere Vorstellung von den verschiedenen Ebenen, auf denen die sowjetisch-amerikanische Rivalität sich abspielte: als eine sowohl atomare wie konventionelle militärische Rivalität, und als politisch-ideologische Rivalität, deren Ergebnisse von dem Parteienkampf innerhalb der Staaten abhingen. Umsturzversuche und Umsturzbekämpfung stellten gewissermaßen eine Vermittlungsebene zwischen dem militärischen und dem politischen Bereich dar, denn in ihnen waren beide Elemente miteinander verknüpft.

Die Präsidentenberater fürchteten ihrer eigenen Aussage zufolge die Geringschätzung, welche die Chefs der Streitkräfte und die CIA-Experten unverblümt den ›Eggheads‹, den Intellektuellen, entgegenbrachten, die von den rauhen Notwendigkeiten des Existenzkampfes zwischen den Staaten nichts verstanden. Deshalb wollten sie ›tough‹ sein; deshalb wohl auch hat Kennedy der Expedition der kubanischen Flüchtlinge zugestimmt. Als es dann im letzten Augenblick zwischen einem Fehlschlag und dem Eingreifen der amerikanischen Flotte oder Luftwaffe zu wählen galt, entschied sich der Präsident für das erstere und lud damit die doppelte Schmach einer ungerechtfertigten Aggression und einer unentschuldbaren Schwäche auf sich. Hätte Eisenhower, der die Expeditionsvorbereitungen genehmigt hatte, grünes Licht gegeben? Das kann niemand mit Sicherheit sagen. Die Errichtung eines sich auf den Marxismus-Leninismus berufenden Regimes in der Karibischen See war gleichbedeutend mit dem Eindringen des Gegners in einen Bereich, den die Verantwortlichen der Vereinigten Staaten seit jeher als ihr Revier betrachtet hatten; der von der CIA organisierte Versuch, ein revolutionäres Regime mit Hilfe von dessen politischen Gegnern zu stürzen, erinnerte sowohl an frühere Praktiken der USA in Nicaragua und Panama als auch an die Benützung von Methoden der Subversion (bzw. der Subversionsbekämpfung), die einige Jahre zuvor im Iran und in Guatemala Erfolg gezeitigt hatten. Wie intelligente Männer geglaubt haben können, ein solcher Versuch werde in Kuba gegen Fidel Castro erfolgreich sein, ist mir heute noch ein Rätsel. (1)

Die Berater des Präsidenten Kennedy schreckten also vor den schäbigen und rechtswidrigen Aspekten der Machtpolitik nicht zurück. (2) Merkwürdigerweise lag ihr spezifischer Beitrag auf militärischem Gebiet. Sie führten unter der Bezeichnung ›Nuklearstrategie‹ Denkweisen im Pentagon ein, die in Instituten und Universitäten ausgearbeitet worden waren, nämlich die Konzeption einer russisch-amerikanischen Verständigung, die dem gemeinsamen Interesse der beiden Supermächte entsprach, die Risiken eines atomaren Krieges, den bei gesundem Verstand niemand wollen konnte, auf ein Minimum herabzusetzen. (3)

Die sogenannte McNamara-Doktrin, an die McNamara selbst vielleicht gar nicht glaubte, beruhte auf ein paar einfachen Ideen, die wir an anderer Stelle (4) eingehend dargestellt haben und hier nur grob skizzieren wollen. Eine Wasserstoffbombe von wenigen Megatonnen genügt, um eine Stadt zu zerstören. Daraus folgt unausweichlich: Es besteht ein Mißverhältnis zwischen dem, worum es in einem beliebigen zwischenstaatlichen Konflikt (insbesondere zwischen der Sowjetunion und den Vereinigten Staaten) gehen könnte, und den Kosten des Atomkrieges. (5) Vorrangiges Ziel der Großmächte ist daher bzw. sollte der Nicht-Atomkrieg sein. Die Überzeugung, daß dieses gemeinsame Interesse sie stärker eint als sie irgendein lokaler Interessengegensatz trennt, ließ die Kennedy-Mannschaft nicht in ihrem Bestreben erlahmen, mit dem Kreml zu einer Einigung über die Einstellung der Atomversuche als einem ersten Schritt zur Rüstungsbegrenzung zu kommen. Das Abkommen wurde erst im Sommer 1963, nach der kubanischen Raketenkrise vom Herbst 1962, unterzeichnet.

Haben die sowjetischen Führer und besonders Chruschtschow diese Überzeugung geteilt? Während der ersten Nachkriegsphase, als allein die Vereinigten Staaten Atomwaffen besaßen, schlug die sowjetische Propaganda zwei Richtungen ein: Einerseits wollte sie die Atomwaffe entwerten, die — nach Stalins Worten — nur Menschen mit schwachen Nerven beeindrucken könne; andererseits wollte sie durch den Aufruf von Stockholm und Massenaktionen die moralische Empörung der Völker mobilisieren und so den Feind am Einsatz der Atomwaffe hindern.

Nachdem die Sowjetunion eine Wasserstoffbombe gezündet hatte, schlug die offizielle Sprache in einer zweiten Phase eine mittlere Linie zwischen Entwertung und Drohung ein. Jeden Angreifer würde die Sowjetunion erbarmungslos bestrafen. Ihr Atomwaffenarsenal brauchte sich hinter keinem anderen zu verstecken. Mit dem Start des ersten Sputnik begann eine weitere Phase. 1957 verkündete Mao Tse-tung die Parole: ›Der Ostwind besiegt den Westwind‹. 1960 drohte anläßlich der U-2-Affäre Chruschtschow mit seinen Atomwaffen und versuchte anscheinend mit dem Hinweis auf einen möglichen Einsatz dieser furchtbaren Waffen, wenn nicht die Vereinigten Staaten, so doch ihre Verbündeten einzuschüchtern. Um zu einer Vereinbarung zu gelangen, die als ein ›Bündnis gegen den Krieg‹ gelten kann, mußten beide Großmächte die Hoffnung aufgeben, aus der über der ganzen Menschheit schwebenden Drohung einen Vorteil ziehen zu können.

In der Sowjetunion war der Atomkrieg ein hervorstechendes Thema in den Auseinandersetzungen zwischen den

Nachfolgern Stalins. Malenkow hatte bereits angedeutet, die Atomwaffe habe die Perspektiven des Endkampfes zwischen dem ›imperialistischen Lager‹ und dem ›Friedenslager‹ verändert. Würde ein Atomkrieg nur den Kapitalismus oder die ganze Zivilisation vernichten? Malenkow neigte zu der letzteren Ansicht — desgleichen Chruschtschow einige Jahre später in seinen Auseinandersetzungen mit den Chinesen. Er schuf eine ausgezeichnete Formel: ›Die Atombombe macht keine Klassenunterschiede‹. Die Verantwortlichen in den Vereinigten Staaten haben ihre Partner und Gegner im Kreml wohl kaum von der Notwendigkeit einer russisch-amerikanischen Solidarität gegenüber der Gefahr eines Atomkrieges überzeugen müssen: sie ist weder von den einen noch von den anderen jemals in Zweifel gezogen worden. Ungeklärt war hingegen, ob alle gleichermaßen daran interessiert waren, das öffentlich zuzugeben. Zumindest bis zum Jahre 1962 konnte Chruschtschow darauf rechnen, daß bei einer Konfrontation zwischen Ländern, in denen die öffentliche Meinung einen ständigen und direkten Einfluß auf die Regierenden ausübt, und solchen Ländern, in denen wenige im Verborgenen über das Schicksal aller entscheiden, ein Ungleichgewicht der Angst bzw. der Angstempfindlichkeit bestehen würde. Oder um es anders zu sagen: Atomwaffen können stets auch diplomatisch eingesetzt werden. Hoffte Chruschtschow nicht stärker davon zu profitieren als sein Gegner? Wem würde die atomare Furcht zugute kommen? Die amerikanischen Diplomaten müssen anscheinend Anfang der 60er Jahre alle Illusionen über die Wirksamkeit der ›atomaren Diplomatie‹ verloren haben. Nun fürchteten sie, daß die Sowjets sich ihrerseits Illusionen machen und die ganze Welt gefährden könnten.

Chruschtschows Illusionen lassen sich mit dem Verhalten und den Äußerungen der amerikanischen Politiker, Journalisten und Militärs erklären. Der Sputnik und die Bereitstellung sowjetischer Langstreckenraketen während der Jahre 1958—1960 lösten endlose Spekulationen über das Kräfteverhältnis bezüglich des Wasserstoffbombenpotentials aus. Die Vereinigten Staaten baten ihre Verbündeten um die Erlaubnis, in Europa Mittelstreckenraketen zu installieren, da sie noch nicht über Interkontinentalraketen verfügten. Die Türkei, Italien und

Großbritannien gaben diesem Gesuch statt, während die letzte Regierung der Vierten Republik (Frankreichs) es ablehnte. John F. Kennedy machte ein Wahlkampfthema aus der ›Raketenlücke‹, deren Existenz von Pentagon-Experten in Privatgesprächen bestritten wurde und die Eisenhower nicht ernst nahm; merkwürdigerweise gelang es den Verantwortlichen nicht, dieses Schreckgespenst ein für alle Mal zu verbannen, vielleicht wollten sie es auch gar nicht. Möglicherweise unterstellten sie der Sowjetunion eine Produktionskapazität, die diese nicht besaß oder jedenfalls damals nicht nutzte.

Ins Weiße Haus eingezogen, strich die Kennedy-Mannschaft die ›Raketenlücke‹ aus ihrem Wortschatz, setzte dafür aber ein umfangreiches Programm für die beschleunigte Produktion von Interkontinentalraketen (das Minuteman-Programm) (6) in Gang und führte das Programm für den Bau von 41 atomgetriebenen Unterseebooten, die jeweils mit 16 Polaris-Raketen bestückt waren, zu Ende. Wenn Kennedys Diplomatie gegenüber der Sowjetunion einerseits den Dialog anstrebte, so erstrebte sie andererseits eine ›Position der Stärke‹, die Bewahrung einer Überlegenheit, welche ihr — alles in allem — nicht verlorengegangen war.

Es bestand ein Zusammenhang zwischen dem Rüstungsprogramm und einer Konzeption des zwischenstaatlichen Systems im Atomzeitalter. Die ursprüngliche Doktrin des amerikanischen Generalstabs und sogar des Präsidenten selbst hätte durchaus verdient, auch offiziell als Doktrin der ›massiven Vergeltung‹ bezeichnet zu werden. Das *Strategic Air Command*, das Strategische Luftwaffenkommando, das damals aus B-36-Langstreckenbombern bestand, machte durch seine Selbständigkeit den Unterschied zwischen der alleräußersten Waffe und allen übrigen Waffen deutlich, und es verkörperte zudem die einfache Doktrin für den Einsatz der Atomwaffe — Alles oder Nichts, Entfesselung der Apokalypse oder Nichteinsatz.

Während der fünfziger Jahre hatten Akademiker und Forscher in speziellen Instituten über die Lehren des Korea-Feldzuges (die atomare Drohung hatte weder die Nordkoreaner von der Aggression abgeschreckt noch die Chinesen zu Verhandlungen bewogen) und über die Konsequenzen der gegenseitigen Abschreckung (die es lange gibt, bevor die Rivalen

Gleichheit erreichen) (7) nachgedacht. Ihre Überlegungen führten zu technischen Resultaten und zu einer revidierten Doktrin.

Lange Zeit waren die B-36-Bomber auf wenigen Flughäfen konzentriert gewesen. Eine beträchtliche Zahl war durch einen Sturm beschädigt worden. Von dem Augenblick an, da auch der Gegner eine strategische Streitmacht besitzt, wird es zu einer offenkundigen Notwendigkeit, die eigene Streitmacht zu schützen. Die Doktrin für ihren Einsatz und die Wahl des Angriffsziels beruhen, wenn man hypothetisch ein atomares Duell unterstellt, auf der Unterscheidung zwischen dem, der den ersten, und dem, der den zweiten Schlag führt. Im Falle des ersten Schlages ist die gegnerische Streitmacht das logische Angriffsziel, vorausgesetzt, sie ist verwundbar. Ist die feindliche Streitmacht unverwundbar, dann kann die Atomwaffe nur noch gegen die Anlagen, die Ressourcen oder die Städte des Feindes eingesetzt werden. Anders gesagt: Sie bedeutet die Drohung mit der Vernichtung der Städte für den Fall, daß der Feind eine Angriffshandlung begeht, von der die Atomwaffe ihn abschrecken sollte. Sobald die Fiktion von der massiven Vergeltung ausgeräumt ist, wird eine Auswahl nicht nur der Angriffsziele (Waffen oder Städte), sondern auch zwischen Reaktionen unterschiedlicher Intensität möglich. Nun war es den Technikern mit der Zeit gelungen, die Atomwaffen soweit zu miniaturisieren, daß die schwächsten von ihnen in der Sprengkraft den stärksten konventionellen Waffen vergleichbar waren. Jetzt konnten die Analytiker unschwer eine Vielzahl schematischer oder typischer Duellsituationen entwickeln: Fähigkeit zum ersten Schlag (partielle oder totale Ausschaltung des Atomwaffenpotentials des Gegners), Fähigkeit zum zweiten Schlag (bei relativer Unverwundbarkeit der Atomwaffen, also die Fähigkeit, den Gegner, der den ersten Schlag geführt hat, mit mehr oder weniger unannehmbaren Vernichtungsschlägen zu überziehen, usw.), Vielfalt möglicher Antworten (konventionell, taktisch-atomar, strategisch-atomar usw.), Risiko der Eskalation eines begrenzten Konflikts usw.

Aus all diesen Analysen hatten die Berater des Präsidenten Schlußfolgerungen gezogen, die bei ihrer Denkweise naheliegend, aber nicht zwingend waren: 1. Bei einem Duell, in dem beide Seiten die Fähigkeit zum zweiten Schlag besitzen, schreckt die Drohung mit massiver Vergeltung den Gegner nicht von einer kleineren Aggression ab; niemand wird glauben, daß die Vereinigten Staaten das Eindringen von DDR-Truppen in Westberlin mit dem Abschuß ballistischer Raketen auf Städte in der Sowjetunion oder auch nur in Ostdeutschland beantworten. Folglich muß, so überlegten die Analytiker um Kennedy, in Europa die konventionelle Rüstung verstärkt werden, wenn man sich nicht vor die Alternative Alles oder Nichts stellen lassen will. 2. Die Unplausibilität eines totalen Atomkrieges erhöht die Wahrscheinlichkeit von begrenzten Feindseligkeiten oder läßt sie zumindest weniger unwahrscheinlich werden. Um eine Eskalation zu vermeiden, muß das ›Krisenmanagement‹ in der Hand *eines* Staates sein, also einer Mannschaft unter einem verantwortlichen Führer, d. h. praktisch dem Präsidenten der Vereinigten Staaten. 3. Ein solches Krisenmanagement wird wiederum unmöglich, wenn in einem Bündnis mehrere Staaten über Atomwaffen verfügen, insbesondere dann, wenn kleine und relativ verwundbare atomare Streitkräfte, die nur einmal und nur gegen Städte eingesetzt werden können, einem gesonderten Kommando unterstehen, das der Befehlsgewalt des höchsten Verantwortlichen im Bündnis entzogen ist.

Es war eine logische Folgerung aus dieser Doktrin, drei militärische Instrumente zu schaffen, die jeweils so wirksam waren, daß der Übergang zur nächsthöheren Stufe vermieden werden konnte: Eines gegen die Subversion, eines gegen eine begrenzte konventionelle Aggression und eines gegen atomare Erpressung oder atomaren Überfall. Tatsächlich hatte die Kennedy-Mannschaft in der ersten Phase diese dreifache Verteidigungskapazität beträchtlich erhöht. Rückblickend kann man feststellen, daß der Kult um den ermordeten Präsidenten den wenn nicht militaristischen, so doch aktivistischen Zug seiner Militärdoktrin vergessen machte: Die Parole ›Keep America moving again‹ — Amerika muß wieder voranmarschieren — galt zweifellos dem Militärprogramm.

So entschieden diese Denkweise auch anmutet, hatte sie doch merkwürdige Konsequenzen. Sie war daran schuld, daß die Kennedy-Mannschaft sich wegen der Berlin-Krise Sorgen machte, die rückblickend übertrieben erscheinen. Westberlin war das klassische Beispiel einer örtlich nicht zu verteidigenden Stellung, und folglich solange in Sicherheit, wie nur eine der Supermächte einseitig die atomare Bedrohung über die andere verhängen konnte, aber es war gefährdet, sobald die in der Verteidigung befindliche Seite die Fähigkeit zum ersten Schlag eingebüßt hatte. Unschwer vermochte ein Sandkastenstratege in einer landläufigen Analyse nachzuweisen, daß die Sowjetunion immer überlegene konventionelle Streitkräfte in Berlin zusammenziehen konnte und daß die Westmächte, da eine Eskalation bis hin zu Atomwaffen ausgeschlossen wurde, in diesem Operationsbereich von vornherein verloren hatten. Eine entsprechende These verfocht der berühmte britische Militärautor Sir Basil Liddell Hart. Aufgrund dieser Überlegungen befürchtete man in der Umgebung Kennedys während der Kubakrise einen sowjetischen Gegenschlag im Herzen Europas, wo die Sowjets die konventionelle Überlegenheit besaßen.

Bis um die Jahreswende 1962—1963 hatten sich die Vereinigten Staaten eine beträchtliche Überlegenheit gegenüber der Sowjetunion verschafft, was der Kennedy-Mannschaft auch durchaus bewußt war; sie glaubte, über die Mittel zu verfügen, um gleichzeitig begrenzte konventionelle Auseinandersetzungen (zwei Kriege) und einen wirksamen Schlag gegen die Subversion führen zu können. (8) Die erklärte atomare Doktrin schuf zwar Spannungen zu den europäischen Verbündeten, leistete der Kennedy-Mannschaft aber gute Dienste bei der Kuba-Krise; Chruschtschow verhalf ihr zu einer Gelegenheit, einen Erfolg zu verzeichnen und auch den anderen Teil der Doktrin anzuwenden (die ausdrückliche Übereinstimmung der Großmächte angesichts des durch einen Zwischenfall oder durch Eskalation heraufbeschworenen Risikos eines Atomkrieges). Ihr Drang zur Aktion brachte sie ebenfalls dazu, erst in Laos und dann in Vietnam die Technik der Umsturzbekämpfung auszuprobieren. Damit machten die Vereinigten Staaten einen weiteren Schritt auf dem Wege, der zur Vietnam-Tragödie führte.

Gegenüber Chruschtschow war die McNamara-Doktrin in Verbindung mit dem amerikanischen Waffenarsenal erfolgreich. Gegenüber den kleinen Soldaten Giaps, den Partisanen, die ihren Reisvorrat und ihre Waffen selber trugen, versagte sie. Auch im Atomzeitalter ist der Mensch gelegentlich noch der für den Sieg entscheidende Faktor.

2

Die McNamara-Kennedy-Doktrin bot — weniger in bewußter Absicht als vielmehr aufgrund ihrer logischen Implikationen — der Sowjetunion den Dialog an und verlangte von den Verbündeten zumindest im Hinblick auf die atomare Rüstung Disziplin.

Tatsächlich waren die Deutschen über die konventionelle Rüstungsverstärkung beunruhigt, und die Kritik an den ›kostspieligen, wirkungslosen und gefährlichen‹ kleinen Atomrüstungen empörte und verbitterte die Franzosen. Wer hatte in dem Streit über die wahrscheinlichen Auswirkungen der Verstärkung der konventionellen Streitkräfte unrecht? Alle und keiner. Ich hielt damals und halte heute noch die These der Amerikaner für logisch überzeugender; unterstellt man, daß der Gegner eine begrenzte Aggression beabsichtigt, so wird die Drohung mit atomarer Vergeltung ihn nicht davon abschrecken. Abstrakt wird jeder dieser Überlegung recht geben. Es ist töricht, sich allzu sehr auf die sogenannte ›Rationalität der irrationalen Haltung‹ zu verlassen. Es kann oft erfolgreich sein, wenn man vorgibt, bei der geringsten feindseligen Geste zum ›Äußersten‹ entschlossen zu sein; es braucht aber nur *einmal* zu mißlingen, und die Katastrophe ist da oder der Bluff ist aufgedeckt. Die Abschreckung durch die atomare Drohung arbeitet immer auch mit dem Bluff; gleichwohl hatten die Analytiker recht mit ihrem Hinweis, daß man auch wissen muß, was man tut, wenn der andere sich nicht abschrecken läßt.

Es war allerdings nicht so klar, wie die Analytiker und Berater des amerikanischen Präsidenten glaubten, was diese Überlegung konkret für Europa bedeutete. Welche Botschaft entnahmen die Männer im Kreml der Verstärkung der NATO-Truppen? Kamen sie zu der Auffassung, daß die Westmächte sich nicht zu der Alternative Alles oder Nichts zwingen lassen wollten, daß sie sich dafür rüsteten, mit jeglicher Bedrohung auf allen Ebenen fertig zu werden? Oder sahen die Sowjets darin den Beweis, daß die Vereinigten Staaten, deren Territorium diesmal nicht von den Verwüstungen des Krieges verschont bleiben würde, Westeuropa nicht mehr den gleichen Schutz gewährten wie in der Vergangenheit? Wurde mit der Vorbereitung auf begrenzte Kriege in Europa deren Wahrscheinlichkeit erhöht, da das Eskalationsrisiko zurückging? Oder wurde ihre Wahrscheinlichkeit dadurch reduziert, daß man sie ohne Eskalation führen konnte?

Auch heute noch lehne ich es ab, eine definitive Wahl zwischen den vorliegenden Thesen zu treffen, die nur anhand der Erfahrung entschieden werden könnten — und glücklicherweise sind diese Streitfragen nie auf die einzig entscheidende Probe durch den Verlauf der Ereignisse gestellt worden. Die Europäer mußten zu der einen, die Amerikaner zu der anderen These neigen. Die Folgen eines sogenannten begrenzten Krieges in Europa wären für Westdeutschland nicht begrenzt gewesen, denn kein Teil der Bundesrepublik wäre von den Verwüstungen des Krieges verschont geblieben. Den Interessen der Vereinigten Staaten und nicht denen Europas entsprach eine Doktrin, die *scheinbar* die Gefahr von örtlichen Feindseligkeiten erhöhte, um das Risiko von Zusammenstößen, in welche die beiden Supermächte verwickelt gewesen wären, zu vermindern. Sie bestätigte gewissermaßen die Hypothese de Gaulles, Europa werde als Schlachtfeld benützt, während die Gebiete der Sowjetunion und der Vereinigten Staaten praktisch zu unantastbaren Zufluchtsorten würden.

Kernpunkt der Kontroverse war möglicherweise die Doktrin für den Einsatz der taktischen Atomwaffen. Die Verfechter der beiden entgegengesetzten Thesen waren sich einig in der Erkenntnis, daß die Abgrenzung zwischen klassischen Waffen und Atomwaffen am leichtesten sei und eine stillschweigende Verständigung zwischen den Feinden am stärksten erleichtere. Solange Atomwaffen, auch von kleinem Kaliber, nicht eingesetzt sind, ist die Absicht, nicht über die Grenzen hinauszugehen und nicht die Schwelle zum Unwiderruflichen zu überschreiten, für jedermann offenkundig. Wird aber nicht mit der Erkennbarkeit dieser Absicht die Abschreckung durch atomare Drohung in ihrer Wirkung beeinträchtigt, wenn man voraussetzt, daß sie zugleich die Gefahr einer Eskalation vermindert? Mit einem Mal wurden die unterschiedlichen Prioritätenordnungen deutlich: Sollte durch die Abschreckung jede Form von Feindseligkeiten in Europa verhindert oder sollte die Wahrscheinlichkeit einer Eskalation bis zum äußersten auf ein Minimum reduziert werden?

Schließlich einigten sich alle auf die allgemeinen Formeln: Die Alternative von Kapitulation oder Apokalypse ist zu vermeiden; auf Drohungen, die nicht einleuchtend sind, darf man sich nicht verlassen; und man muß die Mittel für eine flexible Reaktion haben. Wann sollte die aus dem Einsatz taktischer Atomwaffen automatisch resultierende Gefahr der Eskalation für gegeben erklärt werden — oder noch genauer gesagt — an welchem Punkt sollte man erklären, daß man sie für gegeben halte? Die Antwort hängt davon ab, ob man der Wirksamkeit der Abschreckung oder den Vorkehrungen gegen die Eskalation Priorität einräumt.

Die Polemik McNamaras und seiner Berater gegen die französische Atomrüstung hatte zwei Nachteile: Erstens richtete sie nichts aus, und zweitens trug sie nur zu den gegenseitigen Beschuldigungen und zu der allgemeinen Verstimmung bei. Nach den Vorwürfen zu urteilen, die in den späteren Auseinandersetzungen von den Chinesen erhoben wurden, haben die Männer im Kreml sehr wahrscheinlich ihren chinesischen Verbündeten ähnliche Forderungen gestellt, wie sie von den Verantwortlichen in Washington den Europäern gestellt wurden; sie hatten den Chinesen zunächst Hilfe bei ihrem atomaren Programm versprochen, scheinen dann aber eine einheitliche Kommandostruktur zur Bedingung gemacht zu haben, vergleichbar dem zentralisierten Atomwaffen-Management, das McNamara allein für vertretbar hielt und das Walter Lippmann einmal mit einem anschaulichen Bild so umschrieb: Da die westlichen Bündnispartner zusammen in einem Auto eine gefährliche Straße befahren, müssen sie dem Fahrer (dem Präsidenten der Vereinigten Staaten) soviel Vertrauen entgegenbringen, daß er im Augenblick der Gefahr die nötigen Entscheidungen trifft.

Wir wollen hier nicht darüber befinden, ob es richtig oder falsch war, wenn General de Gaulle und die französische Regierung einen beträchtlichen Teil des Militärhaushalts für die Herstellung von Atomwaffen und Trägersystemen (zuerst Mirage IV, später landgebundene bzw. auf atomgetriebenen Unterseebooten montierte ballistische Raketen) zu verwenden. Man kann argumentieren, daß eine verstärkte konventionelle Rüstung *im gegebenen Rahmen des Atlantischen Bündnisses* mehr zur gemeinsamen Sicherheit beigetragen hätte als die geringfügig erhöhte Abschreckung durch eine nicht integrierte Atomstreitmacht, deren Einsatz für den Gegner unberechenbar blieb. Die französische Regierung ging von ihrem nationalen Interesse aus, und die amerikanische Argumentation war nicht so zwingend, daß die offiziellen Vertreter der Vereinigten Staaten berechtigt gewesen wären, der französischen Regierung Vorhaltungen zu machen und sie offen einer irrationalen oder unverantwortlichen Haltung zu beschuldigen. Hatte die französische Regierung nicht das Recht, über die 1945 oder 1949 entstandene Lage hinauszublicken und an die Sicherheitsverhältnisse nach einem eventuellen Rückzug der amerikanischen Streitkräfte aus Europa zu denken? Konnte jemand mit Gewißheit sagen, daß eine relativ verwundbare und zweifellos schwache ›kleine Streitmacht‹ keine Abschreckungswirkung besaß? Wie konnte man im übrigen — da doch die Abschreckung durch die atomare Drohung auf der Furcht beruht — dieser Streitmacht jede Wirkung absprechen und sie zugleich als gefährlich bezeichnen?

Präsident Kennedy bewunderte General de Gaulle. Er hoffte, nach seinem Besuch in Paris und seiner Unterredung mit dem französischen Präsidenten werde es zu Gesprächen über Formen einer Zusammenarbeit kommen, wie sie zwischen Washington und London noch immer bestand. Bei reiflicher Überlegung hätte Präsident Kennedy erkannt, daß eine Beendigung des ›besonderen Verhältnisses‹ zur britischen Regierung oder gar eine möglichst weitgehende Angleichung der Beziehungen zu Paris an die Beziehungen, die er mit London pflegte, nur Vorteile geboten hätte. Das gelang ihm nicht und konnte ihm nicht gelingen, weil General de Gaulle, im Begriff, den Algerienkrieg zu liquidieren, das atlantische Bündnis im Jahre 1961 allein deshalb kritisierte, um eine Politik zu rechtfertigen, die einer völlig anderen, für Kennedy unannehmbaren Konzeption folgte und von einem Bestreben getragen war, das schon die Männer der IV. Republik geteilt, aber unter den Zwängen des Kalten Krieges aufgegeben hatten.

Was General de Gaulle wollte, war eine Diplomatie der Unabhängigkeit; oder mit anderen Worten, er wollte Frankreich nicht als eines unter mehreren Mitgliedern einer atlantischen Koalition erscheinen lassen, die für die Handlungsweise der Amerikaner mitverantwortlich gemacht würde. Die Kontroversen über die atomare Strategie und die Organisation des Bündnisses sollten lediglich dieses Ziel verschleiern. Immer wieder tauchte das Wort ›Unabhängigkeit‹ in den schriftlichen und mündlichen Äußerungen des französischen Präsidenten auf. In der Verwaltung seiner inneren Angelegenheiten unterschied sich das Frankreich der Fünften Republik von dem der Vierten insofern, als seine Regierung, mit Selbstsicherheit, Zukunftsgewißheit und einer positiven Zahlungsbilanz ausgestattet, fremde Einmischungsversuche leichter zurückweisen konnte. Im großen und ganzen aber haben die Franzosen sich von 1946 bis 1958 nach eigenem Ermessen regiert; am Ende dieser Zeit hielten es die Amerikaner kaum noch für nötig, die antikommunistischen Parteien und Gewerkschaften moralisch und finanziell zu unterstützen (was sie Ende der vierziger Jahre getan hatten). Gegenüber dem von General de Gaulle begründeten ›Rassemblement du peuple français‹ (R. P. F.) hatten sie sich zwischen 1947 und 1952 eher ablehnend verhalten; am Scheitern der gaullistischen Partei bei den Wahlen von 1951 hatten sie jedoch nur geringen Anteil.

In ihrem außenpolitischen Handeln schien die Vierte Republik von den Vereinigten Staaten abhängig zu sein, da sie Kolonialkriege führte und unter einem Zahlungsbilanzdefizit litt. Allerdings waren die Bemühungen der französischen Minister um amerikanische Hilfe in Indochina bis 1950 dringlicher als die Aufforderung der Verantwortlichen in Washington zur Weiterführung des Kampfes. Erst mit dem Jahre 1950 und dem Koreafeldzug wurde der französische Krieg in Indochina uneingeschränkt dem weltweiten Kampf gegen die Expansion des Kommunismus zugerechnet. Von 1950 bis 1954 waren die französischen Minister auf den guten Willen der Vereinigten Staaten ›angewiesen‹; gleichwohl führten sie sich weder in Indochina noch gar in Nordafrika als Knechte oder Satelliten auf. Mehr als einmal hat George Bidault die Vereinigten Staaten zu Dingen gebracht, die sie eigentlich nicht wollten, oder er hat sich doch darum bemüht (seine Forderung nach Intervention zur Rettung Dien Bien Phus); in keinem der drei nordafrikanischen Länder haben die Regierungen der Vierten Republik entsprechend den Wünschen Washingtons gehandelt, abgesehen von Mendès-France, der aber ebenfalls eifersüchtig über die nationale Souveränität wachte.

Indem er Algerien die Unabhängigkeit gewährte, entsprach General de Gaulle den Wünschen Washingtons, und er erkannte damit die Legitimität der Befreiungsbewegung der asiatischen und afrikanischen Völker an. Mehr noch als die antikolonialistische Ideologie der Sowjets und der Amerikaner hatten die Ereignisse des Zweiten Weltkrieges dieser Bewegung eine Stärke verliehen, die um so unwiderstehlicher war, als die ehemaligen Kolonialmächte nicht mehr an ihre Mission, ihre Herrschaftsberechtigung und an den Nutzen ihrer Herrschaft glaubten. Durch seinen Stil, seine Sprache und sein Auftreten vermittelte General de Gaulle den Franzosen und der Welt den Eindruck, er entscheide allein, während die Regierungen der Vierten Republik selbst dann, als sie die Wiederbewaffnung der Bundesrepublik und die Ratifikation der Europäischen Verteidigungsgemeinschaft ablehnten, geknechtet erschienen waren.

Letzten Endes — und darin lag für General de Gaulle das wesentliche — konnte die französische Diplomatie nur dann ihre Unabhängigkeit erlangen, wenn sie sich von der amerikanischen Diplomatie und folglich vom Atlantischen Bündnis löste. Dieses Bündnis erstreckte sich nur auf einen begrenzten Bereich. Auf diesen paradoxen Sachverhalt machten die Gaullisten immer wieder nachdrücklich aufmerksam und befürworteten ein regionales Bündnis, das sich über die gesamte Erde erstrecken sollte. In seinem Brief vom September 1958 an General Eisenhower gab General de Gaulle vor, eine Doktrin zu unterstützen, die er in Wirklichkeit ablehnte, und forderte ein sogenanntes ›Triumvirat‹, an dessen Verwirklichung ihm freilich nichts lag. Die NATO war 1950 auf Verlangen der Europäer gegründet worden, und die Existenz eines gemeinsamen Oberkommandos bedeutete nicht, daß französische Truppen in Friedenszeiten unter fremdem Kommando standen. Effektive Befehlsgewalt übte der atlantische Generalstab nur im Kriegsfalle aus. Ungeachtet dessen maß General de Gaulle den einzelnen Entscheidungen, mit denen er nach und nach Frankreichs militärische Beteiligung an der NATO einschränkte, historische Bedeutung bei und verwarf schließlich sogar das Prinzip des integrierten Kommandos, ohne allerdings aus dem Bündnis auszuscheiden. In spektakulärer Weise forderte er die Vereinigten Staaten auf, innerhalb einer festgelegten Frist ihre Truppenstützpunkte in Frankreich zu räumen.

Dabei hätte die NATO-Beteiligung General de Gaulle keinen seiner diplomatischen Schritte, keine seiner Reisen, keine seiner Stellungnahmen verwehrt und ihn nicht gehindert, die Militärausgaben nach seinem Gutdünken zu verwenden und eine strategische Abschreckungsstreitmacht aufzustellen. Für ihn aber war die Unabhängigkeit ein Gut an sich und schloß eine Organisation aus, welche die Führungsrolle eines Verbündeten verkörperte und die traditionelle Souveränitätsvorstellung (durch die Anwesenheit fremder Truppen auf nationalem Boden in Friedenszeiten) verletzte, auch wenn dem ein frei ausgehandelter Vertrag zugrunde lag.

Wenn diese Darstellung richtig ist — und ich glaube nicht, daß ein ehrlicher Gaullist ihr ernstlich widersprechen wird —, dann bestand für Präsident Kennedy nicht die geringste Aussicht, jenen Mann zu bekehren, der für ihn eine historische Gestalt war und den in den Schoß der atlantischen Gemeinschaft zurückzuführen ihn glücklich und stolz gemacht hätte. Die Entschlossenheit der Kennedy-Mannschaft zum Handeln, ihr Beharren auf einer Konfrontationshaltung gegenüber der Sowjetunion und ihre nuklearstrategischen Doktrinen mußten den Zusammenstoß mit General de Gaulle unausweichlich herbeiführen. Der ›Große Entwurf‹ der Männer der ›New Frontiers‹ war unvereinbar mit dem Großen Entwurf des Führers des Freien Frankreichs. Das Ziel der Männer in Washington — eine atlantische Gemeinschaft zwischen einem durch den Beitritt Großbritanniens erweiterten Europa und den Vereinigten Staaten — kam für General de Gaulle einer noch stärkeren Unterordnung Europas unter die Vereinigten Staaten und aller Europäer unter die Angelsachsen gleich. Kennedys

Diplomatie, die im wesentlichen den großen atlantischen Entwurf mit dem Dialog (vor allem dem atomaren Dialog) mit der Sowjetunion verknüpfte, lief der gaullistischen Diplomatie in zweierlei Hinsicht entschieden zuwider: Sie schränkte Frankreichs Handlungsfreiheit — Kern der Unabhängigkeit — ein, und sie ließ die Gefahr dessen, was man symbolisch mit Jalta bezeichnet, in einer neuen Version wiederaufstehen.

Über die Diplomatie Kennedys oder de Gaulles den Stab zu brechen, besteht kein Anlaß; die amerikanischen Doktrinen fanden bei manchen Franzosen mehr oder weniger Zustimmung, und in den Vereinigten Staaten gab es eine Reihe von Gaullisten. Uns geht es darum, wie der mächtigste Bündnispartner sich unausweichlich zum ›leader‹ — um den englischen Ausdruck zu verwenden — wandelt und wie der beschützte Staat auf diese hegemoniale Rolle (im ursprünglichen Wortsinne reagiert.

Die meisten amerikanischen Politiker verstanden die gaullistische Konzeption der Diplomatie kaum, obwohl sie traditionellen Gepflogenheiten durchaus entsprach, denn das Bestreben eines Staates, freie Hand zu haben und sich nicht zum Protektorat machen zu lassen, gilt ja seit jeher als Triebfeder einer unabhängigen Diplomatie. Nun erneuerte aber Präsident Kennedy Ende 1962 das auf Atomfragen bezogene besondere Verhältnis zu Macmillan, das Präsident Eisenhower diesem zu seinem nachträglichen tiefen Bedauern eingeräumt hatte, und er war erstaunt, ja empört, als er von der berühmten Pressekonferenz de Gaulles im Januar 1963 erfuhr. Er begriff nicht, daß das Bemühen, Frankreich vom Atomklub fernzuhalten oder es nur unter Bedingungen (Integration der französischen Streitmacht in das atlantische System) zuzulassen, den französischen Präsidenten veranlassen mußte, das britische Beitrittsgesuch zum Gemeinsamen Markt abzulehnen. Nachdem die Vereinigten Staaten die Skybolt-Rakete aufgegeben hatten, suchte Harold Macmillan im Einvernehmen mit dem amerikanischen Präsidenten nach einer Ersatzlösung, um für einige Jahre die Realität (oder die Fiktion) einer halbautonomen Atomstreitmacht aufrechterhalten zu können.

Der bei eingehender Untersuchung sichtbar werdende Anteil bürokratischer Unordnung und Improvisation an diesem diplomatischen Hin und Her darf freilich nicht übersehen werden. Der Verteidigungsminister verzichtete auf die Skybolt-Rakete nach Kosten-Nutzen-Berechnungen aufgrund von Haushaltsrücksichten, nicht aber, weil er Großbritannien demütigen oder die anglo-amerikanische atomare Zusammenarbeit einstellen wollte. Seinen eigenen Doktrinen zufolge hätte Präsident Kennedy standhaft bleiben müssen, und nicht das Abkommen über die Polaris-Raketen treffen dürfen; noch viel weniger hätte er aber daran ein Angebot knüpfen dürfen, das scheinbar Gleichheit zwischen Frankreich und Großbritannien schuf, das jedoch für General de Gaulle technisch und politisch unannehmbar war (technisch, weil Frankreich gezwungen gewesen wäre, plötzlich sein nukleares Programm zu ändern; politisch, weil die angloamerikanische Formel die Integration in das amerikanische Abschreckungssystem zu implizieren schien). In Nassau willigte Kennedy in eine Entscheidung ein, die weniger von seiner politischen Gesamtkonzeption diktiert war als vielmehr von dem beim tête-à-tête mit Macmillan entstandenen Wunsch, ein freundschaftliches Klima mit Großbritannien zu erhalten.

General de Gaulle unterstützte uneingeschränkt Kennedys Vorgehen während der Berlin- und der kubanischen Raketenkrise. (9) Die Notwendigkeit der amerikanischen Abschreckung und der Eindämmung des Kommunismus durch die Macht der Vereinigten Staaten sah der französische Präsident vollkommen ein. Allein dank dieses Gleichgewichts konnte Frankreich sein eigenes Spiel spielen. Da die Vereinigten Staaten im eigenen Interesse dieses Gleichgewicht aufrechterhalten mußten, brauchte Frankreich für die gratis erlangte Sicherheit nicht zu bezahlen. Sich unter die ›guten Atlantiker‹ einzureihen hätte bedeutet, daß man die politischen und moralischen Vorteile aufgab, die daraus erwuchsen, daß man auf eigene Faust handelte und sich gegenüber allen Staaten der Dritten Welt als blockfreies Land darstellte.

3

Im Sommer 1963 — im Juli — hat die Kennedy-Mannschaft sicher ein Siegesgefühl empfunden. Ihre beiden ersten Jahre waren von Fehlschlägen und Enttäuschungen gezeichnet gewesen. Bei dem Fiasko in der Schweinebucht hatte sie nicht nur das Gesicht, sondern auch und vor allem ihr Selbstvertrauen verloren. Nach dem Wiener Treffen, bei dem Chruschtschow nicht ohne Erfolg versucht hatte, den jungen Präsidenten einzuschüchtern, hatte dieser jede Gelegenheit — in Laos und in Vietnam — gesucht, weniger um sich zu revanchieren als vielmehr um seinem Rivalen einen überzeugenden Beweis seiner Festigkeit zu liefern. Er durfte nicht den Eindruck erwecken, als sei er schwach, seiner selbst nicht sicher und sich seiner Macht nicht bewußt. Die seit dem 31. Oktober 1958 laufenden Verhandlungen über die Einstellung der Atomversuche waren noch zu keinem Abschluß gekommen. Am 29. August 1961 nahmen die Sowjets ohne Vorankündigung ihre Versuche wieder auf. Einige Monate später begannen auch die Amerikaner mit einer neuen Versuchsserie. Erst im Oktober-November 1962 erhielt Kennedy mit der Installation sowjetischer Raketen auf Kuba die Gelegenheit zu einem spektakulären, wenn nicht bedeutenden Erfolg; dadurch konnte er endlich eines seiner beiden Ziele erreichen, und zwar dasjenige, an dem ihm vermutlich am meisten lag. Letzten Endes war der Dialog mit der Sowjetunion für ihn wichtiger als die atlantische Gemeinschaft mit ihren zwei Pfeilern.

Mit der kubanischen Raketenkrise haben sich soviele Autoren befaßt, daß es mir überflüssig erscheint, sie hier noch einmal darzustellen. (10) Ich werde mich auf einige Bemerkungen beschränken, die gewisse Aspekte der amerikanischen Diplomatie erhellen. Bei dem 1962 herrschenden Klima hätte kein Präsident der Vereinigten Staaten die Umwandlung Kubas in einen sowjetischen Atomwaffenstützpunkt dulden können. Das Argument, eine sowjetische Basis auf Kuba entspreche den amerikanischen Basen in der Türkei, hätte man empört zurückgewiesen — was nicht in völkerrechtlicher, wohl aber in machtpolitischer Hinsicht — warum nicht Kuba mit Finnland vergleichen — legitim war. In dem Ausschuß, der speziell berufen wurde, um die verschiedenen Optionen zu prüfen und dem Präsidenten Vorschläge zu machen, fanden sich wie gewöhnlich Berater (im vorliegenden Falle Militärs), die eine unverzügliche Bombardierung der sowjetischen Basen empfahlen.

Dieses Mal entschied sich der Präsident noch für die gemäßigte Lösung. Während der Verhandlungen versprach er insgeheim (11), die Raketen aus der Türkei abzuziehen, und er verpflichtete sich, Kuba nicht anzugreifen (eine Verpflichtung, aus der allerdings nichts wurde, weil sie von einer Überwachung der Insel abhängig gemacht worden war, die Fidel Castro ablehnte). Die Kennedy-Mannschaft glaubte, sie habe die von den Analytikern entwickelte Doktrin angewandt, nämlich den eigenen Willen durchzusetzen, indem man dem Gegner Botschaften zukommen läßt, deren Ernsthaftigkeit durch Taten (Blockade und militärische Vorbereitungen auf dem Kontinent) unterstrichen wurde. An die Stelle tatsächlicher Gewaltanwendung zwischen atomaren Mächten trat die Gewaltandrohung. Clausewitz hatte geschrieben, der Krieg unterbreche nicht den diplomatischen Verkehr. Hier schien es, als habe dieser jenen ersetzt und bilde gleichsam dessen Äquivalent, vorausgesetzt, daß dem Gegner die physische und moralische Bereitschaft zur Gewaltanwendung deutlich wurde.

Die Doktrin von der abgestuften Reaktion und der Eskalation war nicht im Hinblick auf eine Situation entwickelt worden, wie sie in Kuba vorlag. Nach der Hypothese oder den Denkgewohnheiten der amerikanischen Analytiker ging nämlich die Aggression von der Gegenseite aus; sie unterstellten, daß die Vereinigten Staaten sich in der Defensive befinden würden, und bemühten sich, theoretisch ein Maximum an Handlungsmöglichkeiten zwischen der Apokalypse und der Untätigkeit offenzuhalten. Die vage und ansonsten banale Idee der abgestuften oder angemessenen Gewaltanwendung war für die Vereinigten Staaten allerdings etwas Neues, denn sie lief dem nationalen Temperament zuwider, wie es sich im vorigen Jahrhundert gegenüber den Indianern und Spaniern und in diesem Jahrhundert während des Ersten und Zweiten Weltkrieges geäußert hatte. Zumindest dem Anschein nach ging auch die Strategie, die zur friedlichen und glücklichen Beilegung der Kubakrise führte, von dieser Idee aus. Diese Krise war es vermutlich, was Thomas Schelling parallel zum Begriff der ›deterrence‹ den Begriff der ›compellence‹ entwickeln ließ. Es geht darum, dem anderen seinen Willen aufzuzwingen — im einen Falle, *ihn abzuschrecken, etwas zu tun*, im anderen, *ihn zu zwingen, etwas zu tun* (oder zu unterlassen). Es handelt sich um den Gegensatz zwischen *Defensive* und *Offensive*, zu dem, was die zwischenstaatlichen Beziehungen betrifft, ein relativ unklarer Grenzbereich hinzukommt. Ging es in Kuba um ›compellence‹ oder um ›deterrence‹? Wären die Raketen bereits einsatzfähig gewesen, dann wäre die amerikanische Strategie einer Gegenoffensive gleichgekommen, mit dem Ziel, den status quo ante wieder herzustellen. Wenn die Installation der Raketen noch nicht beendet war — was die offiziellen Berichte bestätigen —, dann kam die amerikanische Strategie in die Nähe der Abschreckung, obwohl das Vorhaben, das man verhindern wollte, bereits begonnen worden war. Wie dem auch sei — in diesem Messen der Willenskräfte verfügten die Vereinigten Staaten über so große Vorteile, daß ihr Erfolg keiner Erklärung bedarf; die einzige Schwierigkeit ist, festzustellen, in welchem Maße die verschiedenen Faktoren beteiligt waren. Hat Chruschtschow nachgegeben wegen der konventionellen Überlegenheit der Vereinigten Staaten im karibischen Raum oder wegen ihrer allgemeinen atomaren Überlegenheit? Was wollte Chruschtschow? Wollte er die Vereinigten Staaten von einem Angriff auf die Insel abschrecken, wollte er das durch die amerikanische Überlegenheit bei den Interkontinentalraketen gestörte atomare Gleichgewicht wiederherstellen, oder wollte er für sich günstige Bedingungen schaffen und Kennedy zwingen, umfassende Verhandlungen über einen modus vivendi zu akzeptieren?

Eine ganze Reihe von Punkten ist noch ungeklärt. Niemand weiß, ob die Atomsprengköpfe jemals auf der Insel angekommen sind. Im Westteil der Insel, wo die Raketen installiert wurden, hat es während eines entscheidenden Zeitraumes im Oktober keine Luftüberwachung gegeben. Ein Konflikt über die Aufgabenverteilung zwischen CIA und Luftwaffe soll den Befehl um mehrere Tage verzögert haben. Wenn die amerikanischen Führer Informationen des später erschossenen Obersten Penkowskij erhalten haben, müssen sie gewußt haben, daß der Kreml seine strategischen und sonstigen Streitkräfte nicht in Alarmbereitschaft versetzt hatte. War ein bewaffneter Konflikt zwischen der Sowjetunion und den Vereinigten Staaten wegen Kuba überhaupt denkbar? Für das amerikanische Volk bedeutete Kuba etwas, für die Völker der Sowjetunion dagegen nichts. Natürlich ist dem Beobachter, der den Ausgang der Sache kennt, eine Gelassenheit möglich, die dem Beteiligten, von dessen Entscheidung u. U. das Schicksal von Abermillionen Menschen abhängt, versagt ist. Tatsache ist jedoch, daß die Franzosen(12) und ganz allgemein die Europäer mit wenigen Ausnahmen die Angst der Kennedy-Mannschaft und weiter Teile der amerikanischen Bevölkerung offenbar nicht geteilt haben.

Kennedy hatte die Partie gewonnen. Im *materiellen* Sinne hatte Chruschtschow nichts verloren. Hatte er das Gesicht verloren? Ungeachtet seiner Rechtfertigung — er hatte erreicht, was er wollte: das Versprechen der Amerikaner, jegliche Aggression gegen das kommunistische Regime Fidel Castros zu unterlassen — behaupteten das die Chinesen und warfen ihm sowohl ›strategisches Kapitulantentum‹ als auch ›taktisches Abenteurertum‹ vor. Die Weltmeinung war insgesamt der Ansicht, die Vereinigten Staaten hätten einen Erfolg errungen. Die Diskussion darüber ist auch heute noch nicht abgeschlossen. War die Kuba-Krise eine folgenlose Episode oder ein Wendepunkt der Nachkriegszeit?

Im Unterschied zu Stalin betrieb Chruschtschow eine weltweite Diplomatie. Auf ihn ging Fidel Castro zufolge der Vorschlag zurück, ballistische Raketen auf der Insel, in unmittelbarer Nähe der Küste Floridas, zu installieren. Nun hatten einige Militärchefs dem Präsidenten einen unverzüglichen Luftangriff auf die Basen empfohlen; in diesem Falle hätten die Männer im Kreml die Wahl gehabt zwischen dem Atomkrieg (die unwahrscheinlichste Hypothese), einer militärischen Reaktion in Mitteleuropa (eine gefährliche und daher unwahrscheinliche Möglichkeit) und dem ohnmächtigen Protest. Sie waren also ein ungeheures Risiko eingegangen, das auch heute noch kaum verständlich ist. Die Arbeiten konnten nicht unbemerkt bleiben (die Insel wurde durch U-2-Flüge überwacht), und selbst wenn Gromyko leugnete, was Kennedy bereits wußte, konnte Chruschtschow sich doch kaum Illusionen machen. Hat er geglaubt, Kennedy würde die Basen tolerieren? Ich halte diese Möglichkeit nicht für ausgeschlossen, da Chruschtschow nach dem Fiasko in der Schweinebucht und dem Wiener

Treffen vor dem amerikanischen Präsidenten wenig Respekt hatte. Vielleicht hat er geglaubt, die Raketenbasen würden Kennedy zwingen, auf jeden Fall über Berlin und möglicherweise noch über andere Probleme zu verhandeln.

Zu den Nachwirkungen der Kuba-Krise vom Oktober/November 1962 gehören, abgesehen vom Sturz Chruschtschows (niemand kann genau sagen, welchen Anteil sein Scheitern in Kuba daran hatte), zunächst — wenn wir uns an den Gang der Ereignisse halten — die endgültige Aufhebung des im November 1958 über West-Berlin verhängten Ultimatums, sodann, kaum ein Jahr später, die Unterzeichnung des Moskauer Abkommens über die teilweise Einstellung der Atomversuche und, vier Jahre später, das Abkommen über die Nichtweiterverbreitung von Atomwaffen. Man kann nach alledem vermuten, daß es die direkte Konfrontation zwischen den zwei Supermächten war, was die Verantwortlichen auf beiden Seiten veranlaßte, Maßnahmen zu ergreifen (Einrichtung des ›heißen Drahts‹) und Vereinbarungen zu treffen (Verlangsamung des Rüstungswettlaufs, Abkommen über die Nichtweiterverbreitung von Atomwaffen), in denen die beiderseitige Entschlossenheit zum Ausdruck kam, alles zu tun, um die Gefahr des unvorstellbaren Krieges auszuschalten — des ersten Krieges in der Geschichte der Menschheit, auf den man sich vorbereitete in der festen Absicht, ihn nicht zu führen.

Noch während der kubanischen Raketen-Krise wurde durch ein Ereignis am anderen Ende der Welt eine Neuverteilung der Kräfte deutlich: Chinesische Truppen brachten im Himalaja den indischen Truppen eine schwere Niederlage bei, beendeten ihren Vormarsch aus eigenem Entschluß und ließen ihre Gefangenen einige Wochen später wieder frei, nachdem sie sie einer Indoktrination unterzogen hatten. Die sowjetische Presse hütete sich, das Verhalten der Chinesen offen zu unterstützen. Die sowjetische und die amerikanische Diplomatie in Asien nahmen gegenüber China tendenziell die gleiche Haltung ein. (13) Jedenfalls war die Fiktion eines geschlossenen kommunistischen oder marxistisch-leninistischen Lagers nicht mehr zu vereinbaren mit dem tatsächlichen Verhalten der beiden großen Staaten, der beiden sich auf den Sozialismus berufenden Großreiche im traditionellen Wortsinne.

Die Bedeutsamkeit eines weiteren zeitlichen Zusammentreffens konnte dem Beobachter kaum entgehen: Während im Juli 1963 Briten und Amerikaner zur Unterzeichnung des Teststopp-Abkommens in Moskau weilten, veröffentlichten die Zentralkomitees der kommunistischen Parteien der Sowjetunion und Rotchinas ihren Briefwechsel über ideologische Streitfragen und trugen damit ihre bisher interne Auseinandersetzung an die Öffentlichkeit. Die Isolierung von Maos China durch die Westmächte hatte also die Spaltung des sozialistischen Lagers nicht verhindert. Westliche Beobachter fragten sich, ob die wahren Ursachen des Streits durch seine ideologische Verkleidung enthüllt oder verschleiert wurden. Machten die Chinesen den Sowjets ihr Einverständnis mit den Vereinigten Staaten, die ›kapitalistischen‹ Züge ihres Regimes, ihre Ablehnung revolutionärer Umtriebe, ihre ›Verbürgerlichung‹ zum Vorwurf? Galt der sowjetische Vorwurf gegen die Chinesen ihrem Abenteurertum, ihrem Anspruch, die verschiedenen Phasen des sozialistischen Aufbaus zu überspringen und durch die Kommunen mit einem Schlage eine höhere Stufe als den Sozialismus zu erreichen, ihrer Weigerung, die ungleichen Verträge, in denen die Grenzen zwischen Rußland und China festgelegt worden waren, anzuerkennen? Verdächtigten die Sowjets die Chinesen der Absicht, sie in eine bewaffnete Konfrontation mit den Vereinigten Staaten hineinzuziehen? Nach Nixons Besuch in Peking im Jahre 1972 ist der Kommentator geneigt, die Anklagen beider Seiten abzuweisen: jede wirft der anderen ein ›abgekartetes Spiel‹ mit dem Imperialismus vor, das der Realismus beiden in gewissem Umfang und unter bestimmten Umständen gebietet.

Daraus folgt nicht, daß die Meinungsverschiedenheiten über die Strategie gegenüber den Vereinigten Staaten nicht dazu beigetragen hätten, die russischen und chinesischen Führer einander immer mehr zu entfremden. Die Chinesen haben sich der Bevormundung durch den Kreml niemals unterworfen und niemals das sowjetische Modell sklavisch nachgeahmt. Durch die Krise von 1958 (wegen Quemoy und Matsu), die Abberufung der Techniker und die Einstellung der sowjetischen Hilfe im Jahre 1960 und das 1963 mit dem Feind gegen den Verbündeten geschlossene Abkommen (es richtete sich gegen die

Chinesen und die Franzosen) wurde nach und nach der Haß gegen Chruschtschow und die Nachfolger Stalins bei demjenigen genährt, der noch 1957 verkündet hatte: ›Der Ostwind besiegt den Westwind‹ und der sogar die Führungsrolle Moskaus anerkennen wollte. Tatsächlich besitzen die beiden Großmächte, die sich auf ein und dieselbe Ideologie berufen, außer der Schwierigkeit, sich auf eine Strategie zu einen, in ihren wiedersprüchlichen Auslegungen des Dogmas ein weiteres Motiv der Zwietracht. Sobald dieses Dogma sie nicht mehr uneingeschränkt zusammenhält, verschärft es nur die Divergenzen zwischen ihren Interessen. Die Bolschewisten hatten seit 1917 das Monopol des revolutionären Messianismus und zugleich im Inneren eine bedingungslose Herrschaft aufrechterhalten. In der Zeit des Stalinismus hatten sie den osteuropäischen Staaten eine ähnliche Herrschaft aufzwingen wollen. Die Kunst des Kompromisses innerhalb ihrer Partei, ihres Imperiums, ihres Lagers war ihnen unbekannt, und da ein Kompromiß ausgeschlossen war, wurde eine Lösung des Konflikts undenkbar. Russen und Chinesen entdeckten, daß sie voneinander mehr zu fürchten hatten als von der fernen Inselmacht; die beiden Kontinentalreiche hatten eine gemeinsame Grenze von Tausenden von Kilometern, und die Grenzbevölkerung auf beiden Seiten, die weder russisch noch chinesisch war, bot sich für Subversionsversuche geradezu an.

Der Feind meines Feindes ist nicht immer mein Freund. Die amerikanische Diplomatie brauchte sich nicht zu entscheiden zwischen den zwei marxistisch-leninistischen Mächten, die beide den ›Imperialismus‹, die westliche Ordnung und die westlichen Werte bekämpften. Trotzdem ist es auch heute [1973] noch verwunderlich, daß die Verantwortlichen in Washington ihre Haltung gegenüber China und ihre Strategie in Vietnam nicht im geringsten geändert haben. Die Entwicklung, die sich in dem zeitlichen Zusammentreffen eines sowjetisch-amerikanischen Abkommens mit dem öffentlichen Abtausch von Schmähungen zwischen Chinesen und Sowjets im Juli 1963 abzeichnete, wurde durch den Vietnamkrieg und die Kulturrevolution um rund 10 Jahre hinausgezögert.

Als Lyndon B. Johnson nach der Ermordung John F. Kennedys dessen Platz im Weißen Haus einnahm, erreichten

Macht und Ansehen der Vereinigten Staaten einen Höhepunkt. Selbst bei ernsthaften Kommentatoren tauchte immer wieder die Formel auf: ›Es gibt nur noch eine Großmacht‹. Die Überlegenheit der amerikanischen Republik zeigte sich unbestreitbar auf allen Gebieten. Die militärische Überlegenheit war eindeutig: Die Vereinigten Staaten hatten 1963 in ihren Silos fünf Mal so viele Interkontinentalraketen wie die Sowjets; die Siebte Flotte im Pazifik und die Sechste Flotte im Mittelmeer sorgten für die Pax Americana auf den Meeren. Das wirtschaftliche Wachstum Amerikas hatte sich zwischen 1961 und 1965 beschleunigt, und der Rückstand im Wettlauf um die Eroberung des Alls war aufgeholt. Nach dem Warnsignal des Sputnik hatten sich Wissenschaft und Technik außerordentlich entfaltet. Es hatte sich gezeigt, daß die autoritäre Planung sowjetischen Typs den Anforderungen einer komplexen Industrie immer weniger gewachsen war. Vergessen waren die Vorhersagen eines sowjetischen Sieges, die sich auf einen Vergleich der Wachstumsraten stützten. Es war von symbolischer Bedeutung, wenn die landwirtschaftlichen Überschüsse Amerikas dem Einfuhrbedarf entsprachen, der bei den Sowjets durch die geringen Erträge ihrer Landwirtschaft entstanden war. Der Sozialismus — das waren die Sowjets plus der amerikanischen Middle West.

4

Auch im 20. Jahrhundert ist der Tarpejische Fels nicht weit vom Kapitol entfernt; Präsident Nixon empfiehlt im Jahre 1972 Bescheidenheit, ein ›low profile‹. Zwischen Aufstieg und Niedergang, zwischen weltweiter Vorherrschaft und Demütigung tritt ein überragendes Ereignis ein: Der Vietnam-Krieg, den die französische Armee im Dezember 1946 begann und den die Amerikaner 1954 nach den Genfer Vereinbarungen übernahmen.

›Ihren größten Ruhmestitel, nämlich den, das Recht der Völker und der Einzelnen auf Selbstbestimmung zu verteidigen, haben die Vereinigten Staaten in Vietnam verloren. Doch nicht nur im Ausland ist ihr Image beeinträchtigt worden. Hunderttausende von wohlgenährten und überausgerüsteten jungen Männern haben ein Jahr lang in den Reisfeldern gegen Männer,

Frauen und manchmal auch Kinder gekämpft, die ihnen mit ihrer Magerkeit und ihren vorwurfsvollen Blicken ständig die Frage vorhielten, was sie dort zu suchen hatten; wieviele dieser jungen Männer waren bei ihrer Rückkehr von Zynismus und Abscheu erfüllt, wieviel waren zu Drogenabhängigen geworden, wieviele waren zumindest von dem Amerikanischen Traum geheilt, mit dem sie groß geworden waren? Nichts hat zu der tiefen Krise, welche die Vereinigten Staaten seit einigen Jahren erleben, mehr beigetragen als Vietnam.‹ (14)

Selbst wenn die Historiker dieses Urteil für zu weitgehend halten sollten, wird niemand in Zweifel ziehen, daß das amerikanische Volk vom Vietnamkrieg stark betroffen wurde, und alle, darunter auch die Mehrheit der entschiedensten ›Falken‹, werden zugeben, daß das Engagement ein strategischer und politischer *Irrtum* war: Die Ausbreitung der kommunistischen Herrschaft auf die gesamte Region Vietnam-Laos-Kambodscha-Thailand hätte im materiellen wie im immateriellen Sinne des Wortes nicht soviel gekostet (15) wie die Eindämmung Nordvietnams um den Preis, daß zwischen 1965 und 1968 ein Expeditionskorps von einer halben Million Mann entsandt und dann wieder zurückgezogen wurde, während die Heftigkeit der Luftangriffe sich steigerte. Auf Deutschland waren während des Zweiten Weltkrieges zwei Millionen Tonnen Bomben abgeworfen worden, eine Million Tonnen auf Korea, und auf Indochina bis zum Jahresende 1971 rund sechs Millionen Tonnen. Nach einer im November 1971 veröffentlichten Untersuchung von Professoren der Cornell-Universität ist etwa die Hälfte der jährlichen Bombenlast auf Laos entfallen (den Ho-Tschi-Minh-Pfad). Nach den offiziellen Zahlen des Pentagon (16) belief sich die Bombenlast von 1966 bis 1968 auf 2 865 806 Tonnen und von 1969 bis August 1971 auf 2 916 997 Tonnen. 1972 ging die Bombenlast über die Zahl von 6 000 000 Tonnen hinaus, und über die Hälfte davon entfiel auf die Zeit nach Nixons Einzug ins Weiße Haus und nach der Entscheidung zum ›Rückzug‹. Es sei noch einmal betont, daß wir, um die Diplomatie der Vereinigten Staaten zu verstehen und zu kritisieren, nicht den ›Irrtum‹ bloßlegen wollen, sondern daß wir uns fragen wollen, wie das Unvorstellbare geschehen konnte. (17)

Die erste Phase des amerikanischen Engagements weist auf die bereits bekannte Wandlung vom Antikolonialismus zum Antikommunismus zurück. Roosevelt forderte in seiner Ablehnung des französischen Kolonialismus (der ihm zufolge Indochina wie eine Milchkuh behandelte) die Besetzung des Südens durch die Briten und des Nordens durch die Chinesen. Nach einigen Kämpfen, aber ohne daß die Zustimmung der Nationalisten eingeholt worden wäre, gelang es dem Expeditionskorps, das für die Schlußoffensive gegen Japan gerüstet war, die französische Oberhoheit im Süden wiederherzustellen. Im Norden kam es zu einer Einigung zwischen Nationalisten und Franzosen, denn beide Seiten wünschten gleichermaßen den Abzug der chinesischen Besatzungstruppen. Ho Tschi Minh lehnte eine Mitgliedschaft in der Französischen Union nicht ab (18), und General Leclerc de Hautecloque war gegen jeden Versuch einer gewaltsamen Rückeroberung. Der Vietminh unterstand zwar kommunistischem Oberkommando, blieb aber gleichwohl Verhandlungspartner.

Der Krieg begann am 19. Dezember 1946 auf Initiative Giaps, aber erst, nachdem es zu Zwischenfällen gekommen war, für welche die Franzosen weitgehend verantwortlich waren (Bombardierung von Haiphong). Es ging damals nicht um die Eindämmung der kommunistischen Expansion, sondern — jedenfalls nach Auffassung der Verantwortlichen in Paris — um die Aufrechterhaltung der uneingeschränkten Souveränität Frankreichs, oder doch zumindest darum, Verhandlungspartner zu finden, die nachgiebiger waren als Ho Tschi Minh und der Vietminh. Nach fruchtlosen Gesprächen zwischen den Abgesandten der französischen Regierung und dem Führer des vietnamesischen Widerstandes trafen die Verantwortlichen in Paris die verhängnisvolle Entscheidung, die Assoziierten Staaten zu schaffen und bezüglich Vietnams einen Vertrag mit dem Kaiser von Annam, Bao Dai, zu schließen. Zu jener Zeit, im Juni 1949, hatten Truman und Acheson bereits beschlossen, die französische ›Präsenz‹ in dieser Region zu unterstützen, ›um den drei Staaten auf ihrem Wege zu echter Unabhängigkeit im Rahmen (zumindest vorläufig) der Französischen Gemeinschaft Anleitung und Hilfe zu geben‹. (19) Seit jener Zeit haben sich zunächst die von den Vereinigten Staaten unterstützten

Franzosen und anschließend die Vereinigten Staaten selbst bemüht, für die Regierung Vietnams Nichtkommunisten zu finden, denen man die ›echte Unabhängigkeit‹ gewähren konnte.

Die Weigerung Frankreichs, mit dem Vietminh zu verhandeln, ursprünglich von dem Wunsch diktiert, etwas von dem Kolonialreich zu bewahren, bekam einen anderen Sinn, als die vom Kalten Krieg in Europa und im nördlichen Asien bestimmte Weltanschauung auf Südostasien übertragen wurde. Acheson und Bevin hätten es gern gesehen, wenn asiatische Staaten Bao Dai anerkannt hätten, bevor sie selbst sich zu diesem Schritt entschlossen. Sie trafen diese Entscheidung jedoch erst am 7. Februar 1950, als Antwort auf die Anerkennung des Vietminh durch die Sowjetunion (Mao Tse-tung nahm ebenfalls die Anerkennung vor, als er sich in Moskau aufhielt). Der Koreakrieg war nicht die Ursache des amerikanischen Engagements, trug aber zur Festigung der amerikanischen Entschlossenheit bei; die Entsendung einer Militärmission wurde in einem Zuge mit dem Entschluß zur Intervention in Korea und zur Verteidigung Taiwans bekanntgegeben. Zwischen 1950 und 1954 (Genfer Konferenz) übernahm die amerikanische Diplomatie einen wachsenden Anteil (bis zu 80 %) der Kriegskosten. Das Geld kam von den Vereinigten Staaten, die Truppen von der Französischen Gemeinschaft. Die Verantwortlichen in Paris und Washington führten nicht denselben Krieg: die ersteren dachten vor allem an die Erhaltung des französischen Kolonialreiches, und sei es auch in der modifizierten Form der Französischen Gemeinschaft, während die letzteren nur an die Eindämmung dachten und ständig darauf drängten, daß den Assoziierten Staaten endlich die volle und uneingeschränkte Unabhängigkeit gewährt werde.

Georges Bidault meinte, das ›Aufgeben‹ in Asien würde das Aufgeben in Afrika beschleunigen. Das neue imperiale Gebilde, die Französische Gemeinschaft, würde, so glaubte er, nicht standhalten, wenn auch nur ein einziger Pfeiler zusammenbrach — eine Vorhersage, die tendenziell selbst die Bedingungen schuf, unter denen sie sich erfüllen würde. Die Nordafrikaner im französischen Expeditionskorps machten in Indochina die Erfahrung sowohl der Schwäche Frankreichs als auch der Macht der Guerilla. Was die Amerikaner betraf, so wandten sie die Doktrin der Eindämmung an, die Verhandlungen mit Ho Tschi Minh ausschloß, Verhandlungen, die auch General de Gaulle schon im März 1949, noch vor dem Koreafeldzug, voller Entrüstung und Verachtung abgelehnt hatte:

›Man hat es zugelassen, daß die militärische Lage in Indochina sich nach und nach verschlechterte. Von dieser Lage hängt jedoch alles andere ab. Mir ist sehr wohl bekannt, daß einige bemitleidenswerte Leute sich, wie sie sagen, bemühen, die Stärke durch Politik zu ersetzen. Nun hat aber noch nie jemand Politik und vor allem nicht eine von großer Gesinnung getragene Politik gemacht, indem er darauf verzichtete, stark zu sein. Gewisse Leute befürworten in Indochina, was sie als die Ho-Tschi-Minh-Lösung bezeichnen; das bedeutet in Wirklichkeit die Kapitulation und nach einigen mehr oder weniger langwierigen Formalitäten die Zerstörung der Errungenschaften Frankreichs in Indochina und der Errungenschaften, die Indochina selbst gemacht hat, mit seinen Freiheiten, seiner Kultur und seinen Traditionen.‹(20)

Es stimmt also nicht, daß die amerikanische Diplomatie sich *aus Unachtsamkeit* in Indochina engagiert und immer stärker verstrickt hat, es sei denn, man unterstellt, daß Truman und Acheson, hätten sie die langfristigen Konsequenzen vorhergesehen, eine andere Entscheidung getroffen hätten — aber das ist selbstverständlich und besagt nichts. Anfangs, um 1948 bis 1949, zunächst zögernd, um Frankreich, den unverzichtbaren Bündnispartner in Europa, nicht zu verletzen, später dann mit Entschiedenheit, um die Machtergreifung einer nationalistischen Partei unter kommunistischer Führung zu verhindern, hat die amerikanische Diplomatie ein unabhängiges, nichtkommunistisches Vietnam angestrebt, für das Bao Dai die erste Lösungsmöglichkeit bot. Tatsächlich gibt es einen roten Faden, der sich von dem Zurückgreifen auf den einstigen Kaiser von Annam bis zur Vietnamisierung im Jahre 1969 verfolgen läßt. Haben die Vereinigten Staaten, wie André Fontaine schrieb, in Vietnam ihren schönsten Ruhmestitel, das Recht der Völker und der Einzelnen auf Selbstbestimmung zu verteidigen, verloren? Wenn ja, dann hat Frankreich ihnen das Vorbild geliefert: Auch General de Gaulle und General de Lattre de Tassigny rechtfertigten das Ausharren in Vietnam mit der ›Dominotheorie‹, die auf Erwägungen des Gleichgewichts der Kräfte (wo wird der Kommunismus nach der Eroberung Indochinas haltmachen?) und letztlich sogar auf das Wesen des kommunistischen Regimes Bezug nahm.

Von 1950 bis 1954 behielt die amerikanische Diplomatie unter Eisenhower und Dulles die gleiche Linie wie zuvor unter Truman und Acheson bei; sie befürchtete, die Franzosen könnten das Handtuch werfen, und ermunterte sie deshalb nicht, Verhandlungen aufzunehmen. John Foster Dulles (21) sah keinen Widerspruch zwischen dem Waffenstillstand in Korea und der Fortsetzung des Krieges in Vietnam. Er unterstützte und finanzierte den Navarre-Plan. Die Franzosen, nach Dien Bien Phu vor die Wahl gestellt, entweder Wehrpflichtige zu entsenden oder sich zurückzuziehen, entschieden sich für das letztere. Die amerikanischen Diplomaten widersetzten sich nicht den Verhandlungen und dem Abkommen von Genf (22), nahmen daran aber nicht teil. Am 21. Juli 1954 nahmen sie förmlich von dem Waffenstillstand Kenntnis und verpflichteten sich, dessen Klauseln zu respektieren, erklärten jedoch, die Vereinigten Staaten würden jedes Wiederaufleben der Aggression als eine Verletzung der erwähnten Abmachungen mit größter Sorge und als ernste Bedrohung des Friedens und der internationalen Sicherheit betrachten. Im Jahre 1954, zur Zeit von Dien Bien Phu, hatten die amerikanischen Politiker sich zwischen zwei Verboten entscheiden müssen: kein Sieg der Kommunisten, kein neuer Landkrieg in Asien. Sie hatten das letztere befolgt und dafür das erste übertreten, eine Übertretung, die insofern erträglich war, als der Vietminh (23) nur die Hälfte des Landes erhielt und die amerikanische Diplomatie einmal mehr ihre Unwandelbarkeit beweisen konnte, indem sie die finanzielle Unterstützung und die militärische Hilfe, welche zuvor über die Franzosen den Assoziierten Staaten gewährt worden waren, nun auf die Republik Südvietnams übertrug. Nach Ansicht der Amerikaner kompromittierten die Franzosen dadurch, daß sie sich bis zum Jahre 1954 an die letzten Insignien einer imperialen Macht klammerten, das Anliegen, das die NATO-Regierungen zur gemeinsamen Sache aller Staaten der freien Welt erklärt hatten. Haben nun die Amerikaner damit, daß sie nach 1954 zunächst Diem, sodann die

Generäle, die nacheinander die Macht in Saigon ergriffen, und schließlich den Präsidenten Thieu unterstützten, ihrerseits das Ideal verraten, auf das sie sich beriefen? In rechtlicher Hinsicht konnten sie sich auf den Südostasien-Pakt von 1954 berufen.

Die Südvietnamesen wie die Amerikaner haben die Genfer Vereinbarungen gebrochen — die Saigoner Regierung unter der Präsidentschaft Diems, indem sie die Kommunisten verfolgte, obwohl ihr nach den Vereinbarungen Repressalien untersagt waren, und die Amerikaner durch Sabotageakte, die sie noch vor dem Einzug des Vietminh in Hanoi verübten, sowie durch Stoßtrupp-Unternehmungen, die vom Süden aus organisiert wurden. Die *Pentagon Papers* beweisen, daß die CIA ihre geheimen Aktivitäten gegen die Volksrepublik Nordvietnam niemals eingestellt hat. (24) Das Regime im Norden wiederum entsprach den damaligen kommunistischen Modellvorstellungen, die mit den freiheitlichen Grundsätzen, wie sie in der Genfer Schlußerklärung niedergelegt waren, nicht sehr viel gemein hatten.

Wer hat den Krieg wieder angefangen? Nach den *Pentagon Papers* hatte der Vietminh seine Truppen und Kader zum größten Teil mit nach Norden genommen, aber im Süden den Kern einer Organisation zurückgelassen, die zwar nicht sehr zahlreich, jedoch imstande war, Ausgangspunkt einer subversiven Bewegung zu werden. In den Jahren 1954 bis 1958 erhielten die Aktivisten im Süden den Befehl, sich auf politische Auseinandersetzungen zu beschränken. Es war nicht so sehr der Norden als vielmehr die Unterdrückungspolitik der Diem-Regierung, was die kommunistischen Kader und Anhänger bewog, angesichts der drohenden Vernichtung den bewaffneten Kampf um 1956—57 herum wieder aufzunehmen. Andererseits wurde beim fünfzehnten Plenum des Zentralkomitees des Lao Dong (Kommunistische Partei) im Mai 1959 (25) beschlossen, die Aufstandsbewegung im Süden bis zur Vereinigung beider Vietnam zu versorgen und zu lenken. Die Infiltration in den Süden, die nie ganz aufgehört hatte, wurde nun verstärkt. Eine Entschließung des IV. Parteitages des Lao Dong im Jahre 1960 erklärte unverhüllt: ›Die unmittelbare Aufgabe der Revolution im Süden ist der Sturz der in Südvietnam herrschenden Diktatorenclique und die Bildung einer demokratischen und nationalen Koalitionsregierung in Südvietnam.‹ An die Parteikader wurde die Entschließung in der Instruktion vom 26. Januar 1961 weitergegeben:

›In Ausführung des Beschlusses des IV. Parteitages des Lao Dong ist die Nationale Befreiungsfront geschaffen worden, um den revolutionären Kampf zu vereinheitlichen, das amerikanisch-diemistische Regime zu stürzen und eine Regierung der demokratischen Einheit des Volkes zu bilden, die eine friedliche Vereinigung des Landes anstrebt. Ohne die Führung der Lao-Dong-Partei kann die Revolution für die Befreiung des Südens niemals siegen.‹

Es besteht kein Zweifel, daß die Führer des Nordens seit 1958/1959 an der Organisation und Leitung des Aufstands im Süden entscheidenden Anteil hatten. Der indische und der kanadische Vertreter in der internationalen Kontrollkommission haben in einem Bericht vom 2. Juni 1962 die Verletzung der Genfer Vereinbarungen aufgedeckt: ›Es ist erwiesen, daß bewaffnetes und unbewaffnetes Personal, Munition und Ausrüstungsmaterial aus der nördlichen in die südliche Zone geschickt worden ist.‹ Allerdings hätte das Einschleusen von militanten Kämpfern (die ursprünglich aus dem Süden stammten) nicht ausgereicht, um so rasch eine so machtvolle Rebellion auszulösen, wenn sich die Saigoner Regierung durch ihr eigenes Vorgehen nicht einen Teil der Bevölkerung des Südens zum Feind gemacht hätte. (26) Die Zahl der eingeschleusten Kader, Kämpfer und Soldaten stieg von einigen Hundert im Jahre 1959 auf 2700 im Jahre 1960 und auf über 6000 im Jahre 1961 und erhöhte sich massiv von 1965 an als Reaktion auf das Einrücken des amerikanischen Expeditionskorps. Kurz, weder die Weigerung, 1956 Wahlen abhalten zu lassen, noch die Verfolgung der Kommunisten im Süden (27) (wie wurden denn die Dissidenten und die von der Bodenreform betroffenen Bauern von der Regierung in Hanoi behandelt?) reichen für eine politisch-moralische Verurteilung der amerikanischen Diplomatie aus. Dafür, daß diese sich immer mehr Haß zuzog, ist vor allem verantwortlich: 1. die Art der Kriegsführung, die mit ihrem maßlosen Waffeneinsatz gerade jene zum Opfer der Kampfhandlungen werden ließ, die zu schützen offizielles Ziel der amerikanischen Intervention war; 2. das Eingreifen der Amerikaner in die Politik jenes Staates, dessen Schutz sie sich zur Aufgabe gemacht hatten; und schließlich 3. der Unterschied zwischen dem, was die Amerikaner taten, und dem, was ihre Führer sagten, zwischen einem nicht endenwollenden Krieg und dem neuen Klima der zwischenstaatlichen Beziehungen.

Eine Armee ähnelt stets dem Land, dem sie entstammt und dessen Ausdruck sie ist. Die Militärmaschine der Vereinigten Staaten besitzt die Potenz der Industrie, von der sie hervorgebracht wird. Nirgendwo sonst wäre es möglich gewesen, daß Soldaten als Symbol ihrer Solidarität mit der Antikriegsbewegung ein Armband trugen und sich doch nicht weigerten, in den Kampf zu ziehen. Von diesen beiden Äußerungen der amerikanischen Gesellschaft — der Technik und dem Recht des einzelnen auf Widerspruch — trat die erstere in Vietnam deutlicher hervor als die letztere. Die Militärmaschine mit ihren B-52, ihren Hunderten von Hubschraubern, ihrem Artilleriesperrfeuer, ihren Bombenangriffen und Entlaubungsaktionen zerrieb eine Bevölkerung und entstellte ein Land. Nach offiziellen Angaben sollen bis Ende 1970 rund 23 360 qkm mit Entlaubungsmitteln behandelt worden sein; an Sprengstoff — Bomben und Granaten — sollen bis Ende 1971 13 Millionen Tonnen verbraucht worden sein. Und all diese tödlichen Waffen richteten sich gegen eine Nation von nur 17 Millionen Menschen, die überwiegend Bauern waren! Die Unverhältnismäßigkeit der Mittel (28) disqualifizierte ein Ziel, das strategisch maßvoll war und nicht außerhalb des Üblichen lag: in Saigon eine nichtkommunistische Regierung zu erhalten.

Selten hat das Bild von David und Goliath soviel Symbolkraft besessen wie während dieser langwierigen Kraftprobe zwischen riesigen Maschinen und kleinen Menschen. Zu Greueltaten kam es auf beiden Seiten. Während der ersten Aufstandsphase führte der Vietcong eine systematische Attentatskampagne gegen Repräsentanten der Saigoner Regierung. Bei der Einnahme Hués im Laufe der Tet-Offensive des Jahres 1968 scheute er vor einem Blutbad unter Honoratioren und Beamten nicht zurück, von denen man später Hunderte fand, die bei lebendigem Leibe in Massengräbern begraben worden waren. Auch die amerikanischen Truppen begingen Greueltaten (darunter der weithin bekanntgewordene Fall von My Lai). Zu Beginn des Jahrhunderts hatte es bei der zehnjährigen Pazifizierung der Philippinen ebenfalls zahlreiche Greueltaten gegeben, doch gab es den Rundfunk und das Fernsehen noch nicht, und in den Augen derer, die die Bürde des weißen Mannes auf sich nahmen, waren die ›Eingeborenen‹ noch keine vollwertigen Menschen.

Die eingeschlagene Strategie verschärfte noch die unvermeidlichen Auswirkungen der amerikanischen Kriegsmaschine. General Westmoreland, der zwischen 1965 und 1968 das Expeditionskorps befehligte, benützte vor allem zwei Methoden, die von den Vietnamesen nur ein Minimum an Mitarbeit forderten (29), nämlich einmal Nordvietnam zu ›bestrafen‹, um die Führer in Hanoi zur Aufgabe des Kampfes zu zwingen, und zum anderen die militärischen Anstrengungen auf die schwach bevölkerten Gebiete unmittelbar südlich des 18. Breitengrades zu konzentrieren, um soviele nordvietnamesische Einheiten wie möglich zu vernichten. Lange bevor Präsident Johnson dazu seine Zustimmung gab, hatten zivile und militärische Berater erwogen, Nordvietnam zu bombardieren, um es für seine Unterstützung des Aufstands im Süden zu ›bestrafen‹. Etwas vollkommen Neues bedeutete dieses Verfahren nicht, denn die Briten waren im Nahen Osten häufig mit Luftangriffen gegen aufständische Stämme vorgegangen. Im Rahmen des Kalten Krieges bzw. der revolutionären Kriege stellte es jedoch gegenüber den voraufgegangenen 20 Jahren etwas Neues dar, weil es die Spielregeln verletzte, welche die Franzosen sich in Indochina und Algerien hatten aufzwingen lassen und welche die Amerikaner in Korea gewissermaßen aufgestellt hatten; Tunesien und Marokko hatten den algerischen Partisanen Versorgungsbasen zur Verfügung gestellt, die aber weder von den Bodentruppen noch von der Luftwaffe Frankreichs angegriffen wurden. Präsident Truman hatte die Bombardierung der mandschurischen Basen nicht gestattet, und die Chinesen wiederum hatten den Seeverkehr zwischen Korea und Japan nicht behindert und auch die Luftstützpunkte auf den japanischen Inseln nicht bombardiert. Die amerikanischen Strategen griffen also wieder auf die alte Methode der ›Bestrafung‹ (30) zurück — Angriff auf das Gebiet des Gegners, um mindestens so sehr dessen Moral zu schwächen wie seine Ressourcen zu vernichten —, eine Methode, für welche die Geschichte zahllose Beispiele liefert (bei Thukydides kann man nachlesen, daß Athener und Spartaner, die einen Herren zur See, die anderen zu Lande, alljährlich auszogen, um die Felder des Feindes zu verwüsten).

So wenig die Flächenbombardements in den Jahren 1942 bis 1945 das deutsche Volk entmutigt hatten, so wenig vermochten die amerikanischen Bombenangriffe die Moral der Führer und des Volkes von Nordvietnam zu erschüttern. Mut und Einfallsreichtum der Nordvietnamesen erregten überall Bewunderung, auch bei den Amerikanern. Das Leben ging weiter; Fabriken, Betriebe und Institutionen wurden aufs Land verlegt und setzten ihre Tätigkeit fort. Ungeachtet ihrer Rivalität erhöhten sowohl die Sowjetunion als auch Rotchina ihre Hilfslieferungen. Wenn mit den Bombenangriffen bezweckt wurde, die Infiltration in den Süden zu verhindern, dann erreichten sie bestenfalls begrenzte Resultate; sie konnten jedenfalls den Verlauf der Kampfhandlungen im Süden nicht entscheidend beeinflussen.

Hatte sich in der Kubakrise die Formel von der allmählichen Steigerung des militärischen Drucks als ein Geheimtip erwiesen, wie man mit den geringsten Opfern an Menschenleben einen politischen Sieg erreicht, so ließ sie nun Präsident Johnson und seine Berater Entscheidungen treffen, die Haß hervorriefen und sich doch als nutzlos erwiesen. In Kuba hatte die Drohung genügt, um den Gegner zum Rückzug zu bewegen; in Vietnam trugen Millionen Tonnen von Bomben nur dazu bei, die Entschlossenheit der Nordvietnamesen zu stärken — so, als sollten die Schreibtisch-Analytiker gewarnt werden, sich vor einer schematischen Analyse zu hüten. Das Schema des Duells zwischen zwei Atommächten traf in etwa für die kubanische Krise zu, nicht aber für das Duell zwischen den Vereinigten Staaten und Nordvietnam. Zwischen den Riesen ist eine Eskalation denkbar, aber zwischen einem Riesen und einem Zwerg nicht. Ein Mensch oder ein Volk kann jedenfalls der Kapitulation den Tod vorziehen. Mit Erstaunen und Bewunderung vermerkte die öffentliche Meinung Amerikas, die so sehr zu technischen Überlegungen neigt, die geheimnisvolle Größe der menschlichen Natur. (31)

Während die Bomber Nordvietnam ›straften‹ und Panzerdivisionen den vom Norden eingesickerten Truppen nachjagten, kamen weder die Regierung noch die Armee Südvietnams dem Ziel näher, irgendwann fähig zu sein, allein mit der Subversion fertigzuwerden. Gegenüber der Welt und dem eigenen Volk erklärten die Amerikaner, sie kämpften, um für Südvietnam das Recht auf freie Entscheidung über sein Schicksal zu gewährleisten. Aber gab es überhaupt einen souveränen Staat Südvietnam? Wer repräsentierte ihn? Wer war zur Herrschaft legitimiert? Leser, die sich mit Staatsaffären und mit der Ausdrucksweise der Politiker nicht auskannten, waren bei der Lektüre der *Pentagon Papers* am stärksten von jenen Dokumenten beeindruckt, in denen deutlich wurde, welche Rolle Botschafter Lodge und die Agenten der CIA beim Sturz Diems gespielt hatten. Die Vereinigten Staaten suchten also nach regierungsfähigen Männern und hatten ihre Hand bei Verschwörungen im Spiel; freilich wollten sie nicht wie die Franzosen die Reste einer imperialen Herrschaft retten, sondern übten sie ganz einfach aus. Je mehr der Zusammenhalt und die Popularität des Regimes in Südvietnam dahinschwanden, um so mehr schwand auch die Aussicht, den Krieg zu gewinnen, und die Möglichkeit, ihn zu rechtfertigen. Die Franzosen hatten noch vor der Genfer Konferenz Bao Dai fallengelassen und Diem eine Chance gegeben, der anfangs auch erfolgreicher war, als selbst die größten Optimisten gehofft hatten. 1963 gaben die Amerikaner grünes Licht für eine Generalsverschwörung. Mehrere Jahre lang lösten Generäle und Staatsstreiche einander ab. Das politische Vakuum in Saigon bewies nicht, daß die Mehrheit der Südvietnamesen sich das Regime des Nordens gewünscht hätte, untergrub aber doch die Aussichten eines Sieges und die politischen und moralischen Grundlagen der amerikanischen Intervention.

Die Verteidigung des Südens, die man in den vierziger Jahren in Reaktion auf den Kalten Krieg aufgenommen hatte, bekam, als im Laufe der Jahre die Schrecken des Krieges sich häuften, etwas Anachronistisches und Monströses. Niemand sprach mehr von einem unter der Fuchtel des Kreml geeinten kommunistischen Lager, dem eine freie Welt gegenüberstand, die sich zur Wahrung der abendländischen Werte zusammengeschlossen hätte. Unterhalb der Ebene der Konfrontation zwischen den zwei Supermächten und des Gleichgewichts der atomaren Kräfte nahmen Staaten mit unterschiedlichen gesellschaftlichen Systemen wieder Verbindung zueinander auf und tauschten Waren und Höflichkeiten miteinander aus. Während sich von 1963 bis 1968 die Kampftätigkeit in Vietnam verstärkte, herrschte in Europa eine versöhnliche Atmosphäre, die die Zusammenarbeit förderte. Chruschtschows Abenteurertum hatte durch die kubanische Raketenkrise Ende 1962 einen tödlichen Schlag bekommen. Mit dem Moskauer Abkommen von 1963 und den chinesisch-sowjetischen Streitigkeiten hatten Moskau und Washington einen Dialog neuen Stils aufgenommen. Gegen wen richtete sich die Eindämmung? Gegen den Kommunismus als das Übel schlechthin? Gegen den Imperialismus Nordvietnams? Gegen den chinesischen Expansionsdrang, für den Nordvietnam lediglich ein Werkzeug war?

Von 1948 bis 1968 hat die amerikanische Diplomatie, um es noch einmal zu sagen, eine außerordentliche Beständigkeit bewiesen: Sie beschränkte sich darauf, aber sie beharrte auch darauf, dem Kommunismus die Ausbreitung auf weitere Länder zu verwehren. Da der Norden Vietnams nun einmal ›verloren‹ war, ging es darum, den Süden zu retten. Aber mit welcher Begründung? Ein erstes Argument, das von den Franzosen erfunden und von Marschall de Lattre de Tassigny verwendet wurde, hat etwa fünfzehn Jahre lang seine Dienste geleistet: die Domino-Theorie (32). Wo würde die Flut zum Stillstand kommen, wenn der erste Damm brach? Am Suezkanal? In San Franzisko? Noch im Jahre 1961 erklärte Lyndon B. Johnson, damals Vizepräsident der Vereinigten Staaten, bei der Rückkehr von einer Reise nach Saigon: ›Wir müssen uns entscheiden, ob wir diesen Ländern nach besten Kräften helfen oder ob wir das Handtuch werfen und unsere Verteidigungsstellung bis nach San Franzisko zurücknehmen wollen.‹ Eine in dieser extremen Formulierung absurde Theorie, die indessen, heute in höherem Maße als 1954, ein Stück Wahrheit enthält. Der Rückzug der Amerikaner und der Zusammenbruch des Regimes in Südvietnam würden wahrscheinlich den Sieg der Kommunisten in Laos, Kambodscha und vielleicht in Thailand nach sich ziehen. Der Premierminister von Singapur wünschte es zwar nicht, sagte aber 1972 ein Vordringen der Kommunisten in Malaysia und in seiner Stadt voraus, falls die Amerikaner abziehen sollten.

Ein zweites Argument ergab sich aus der amerikanischen Ethik oder doch zumindest Philosophie der internationalen Beziehungen im Hinblick auf die Überschreitung der Demarkationslinie und die gewaltsame Änderung des territorialen status quo. Handelte es sich um einen Bürgerkrieg, und nicht um einen auswärtigen Krieg? Nordkoreaner, Sowjets und Chinesen hatten 1950 ebenfalls von einem Bürgerkrieg gesprochen, als Malik wieder auf seinen Platz bei den Vereinten Nationen zurückkehrte. Warum sollte man in Vietnam dulden, was man in Korea nicht geduldet hatte?

Um dem Einwand zu begegnen, daß die Eindämmungspolitik angesichts des chinesisch-sowjetischen Konflikts vollkommen sinnlos werde, entwickelten einige Berater Kennedys und Johnsons, unter ihnen besonders Walt W. Rostow, eine Interpretation der Zeitgeschichte, an die sie selbst glaubten. Sie behaupteten, der Chinese Lin Piao und der Nordvietnamese Ho Tschi Minh seien die letzten Propheten der Revolutionsromantik, und Vietnam sei die entscheidende Bewährungsprobe der *Counterinsurgency*, denn wenn sie in Südvietnam siegreich blieben, hätten die Vereinigten Staaten die Doktrinäre des Aufstands der Dörfer gegen die Städte, die letzten Verfechter der gewaltsamen Ausbreitung des Kommunismus ein für alle Mal abgeschreckt.

Ob nun die Präsidenten und ihre Berater an diese Begründungen und Rechtfertigungen ernsthaft geglaubt haben oder nicht — der Krieg schuf seine eigene Logik. Mit zunehmendem Engagement wuchs die Bedeutung Vietnams, weil die Glaubwürdigkeit der amerikanischen Garantie auf dem Spiel stand. Truman und Eisenhower haben die Eindämmung gewollt, und der letztere lehnte es ab, GIs zum Kampf nach Asien zu entsenden. Kennedy wollte den Krieg nicht verlieren, aber auch er wollte keine GIs entsenden. Vor der Alternative, den Krieg zu verlieren oder GIs zu schicken, entschied sich Johnson für das letztere. Wie seine Vorgänger, wurde auch er von seinen

Untergebenen getäuscht, wenn auch nicht in dem Maße, wie es behauptet worden ist. Daniel Ellsberg, derjenige, der die Unterlagen des Pentagons der *Now York Times* überließ, hat anhand der Dokumente festgestellt, daß die Präsidenten es stets abgelehnt haben, Vietnam zu ›verlieren‹, daß sie aber nie bereit waren, die Forderungen ihrer Untergebenen restlos zu erfüllen. Als die Vereinigten Stabschefs 1968 weitere 200 000 Mann forderten, schloß sich Johnson der ablehnenden Haltung Clark M. Cliffords, des Nachfolgers McNamaras, an, weil er sonst die Reservisten hätte einberufen müssen, und das hatte er stets abgelehnt. Nach bangen Überlegungen entschied er sich stattdessen für die Truppenreduktion bzw. die Einstellung der Bombenangriffe und für Verhandlungen.

Die Begründung — Verteidigung der Südvietnamesen und Beachtung des Völkerrechts — klang unglaubwürdig, auch wenn es einigen Verantwortlichen gelang, sie sich einzureden. Es ist offenkundig, daß die Amerikaner nicht der Südvietnamesen wegen so viele Tausende von GIs, soviele Milliarden Dollars geopfert haben; in Wirklichkeit wollten sie keine Niederlage hinnehmen, ihre Garantie glaubwürdig erhalten, ihr Prestige als Großmacht wahren und die Ausbreitung des Kommunismus auf ganz Indochina oder ganz Südostasien verhindern; die Generäle konnten sich nicht damit abfinden, daß ihnen von diesen kleinen, gelbhäutigen Männern, die zu den Ärmsten der Welt gehörten, aber anscheinend unbesiegbar waren, die Demütigung einer Niederlage oder eines verhinderten Sieges beigebracht wurde. Wer hatte zuerst die Demarkationslinie verletzt? Wer hatte zuerst die Genfer Vereinbarungen gebrochen? 1968 war an solchen Fragen niemand mehr interessiert. Gegenüber einem Expeditionskorps von einer halben Million Mann verkörperten die Nordvietnamesen und der Vietcong den Nationalismus, so wie Ho Tschi Minh ihn gegenüber Bao Dai verkörpert hatte. Ob sie wollten oder nicht, die Vereinigten Staaten spielten die Rolle, die 14 Jahre zuvor die Franzosen gespielt hatten.

Dem Franzosen fällt bei der Lektüre der *Pentagon Papers* immer wieder auf, daß die amerikanischen Führer zu halben Maßnahmen neigten: Im Mai 1961 war Kennedy bereit, die verdeckten Operationen gegen den Norden zu verstärken, lehnte aber die Entsendung von Bodentruppen ab und verstärkte gleichzeitig die Zahl der amerikanischen Berater auf über 15 000 Mann. (33) Der Historiker vermag den Sinn und die Wirksamkeit dieses verstärkten Engagements nicht zu erkennen. Trotz aller sonstigen Unterschiede ähnelt das Verhalten der Amerikaner in dieser Hinsicht dem der Regierungen der Vierten Französischen Republik. Möglicherweise entspricht es dem Wesen des demokratischen Staates, wennn es an überragenden Persönlichkeiten fehlt.

Nicht minder frappierend ist der Gegensatz zwischen der Treffsicherheit der von den Nachrichtendiensten, insbesondere von der CIA gelieferten Analysen und den häufigen Irrtümern der zivilen und insbesondere der akademischen Berater. Die CIA hatte vorausgesagt, daß die Bombenangriffe die nordvietnamesischen Führer nur in ihrer Entschlossenheit bestärken würden, daß sie die Infiltration nicht verhindern würden und daß jede Verstärkung der amerikanischen Truppen mit einer gesteigerten Hilfe des Nordens beantwortet werden würde. Vor dem Beginn der Luftangriffe hatte Präsident Johnson durch das kanadische Mitglied der Internationalen Kontrollkommission eine Drohung übermitteln lassen, die einem Ultimatum gleichkam. Dieser Versuch der ›compellence‹ war auf eine unbeugsame Entschlossenheit gestoßen, welche die Geheimdienstexperten im Unterschied zu den Schreibtisch-Theoretikern richtig eingeschätzt und deren Implikationen sie zutreffend vorausgesagt hatten. Diese Spezialisten haben gegenüber den Präsidenten und ihren Beratern, die das nicht hören wollten, ebenfalls immer wieder betont, daß die eigentliche Ursache des Krieges und der Schlüssel zum Erfolg — sofern es einen solchen Schlüssel gab — im Süden und nicht im Norden liege, oder mit anderen Worten, daß es für die Vereinigten Staaten darauf ankomme, in Saigon für eine Regierung zu sorgen, die imstande wäre, sich der Unterstützung des Volkes zu versichern und den Südvietnamesen den Willen zur Unabhängigkeit gegenüber dem kommunistischen Norden einzuflößen.

Unter den wichtigsten Beratern Kennedys und Johnsons riet allein George Ball zum Disengagement und zur Aufnahme von Verhandlungen über eine Koalitionsregierung, um auf diese Weise die Verluste gering zu halten und die Niederlage soweit wie möglich zu verschleiern. Was die Vereinigten Stabschefs betraf, die 1954 gezögert hatten, weil ihnen klar war, daß eine südvietnamesische Armee zunächst eine nationale Regierung voraussetzte, so waren sie 1968 ins Lager der ›Falken‹ übergewechselt. Während McNamara nach und nach die begangenen Fehler und die militärische Unwirksamkeit der Bombenangriffe einsah, strebten die Stabschefs und General Westmoreland weiterhin einen ›militärischen Sieg‹ im Sinne der Vernichtung der Vietcong-Streitkräfte im Süden an. Im Frühling 1968 wechselte L. B. Johnson die Strategie und gab den militärischen Sieg auf — ein Ziel, das von Anfang an sinnlos war. Selbst wenn es erreichbar gewesen wäre, hätte es doch für die politische Zielsetzung, nämlich das Überleben einer nichtkommunistischen Regierung in Saigon, keine Garantie geliefert.

Ist es überhaupt möglich, das Unbegreifliche zu begreifen, das Desaster — eine Art Sizilien-Expedition im Maßstab des 20. Jahrhunderts — zu verstehen? Da war zunächst die *Hybris*: Die Verantwortlichen in Washington wollten nicht die Wahrheit in den Berichten der Geheimdienste sehen, die schon 1949 und dann wieder 1954 betonten, daß der Nationalismus und der Kommunismus in Vietnam eine Einheit bildeten und daß es äußerst schwierig, wenn nicht sogar unmöglich war, einen andersartigen Nationalismus zu wecken. Da gab es weiterhin ein naives Vertrauen in die Möglichkeit, die Techniken der Subversion gegen den kommunistischen Feind zu wenden. Wie die französischen Obristen in Algerien, glaubte eine Reihe von Präsidentenberatern, die Subversions- und Propaganda-Technik ließe sich unter beliebigen Umständen anwenden. Die Kommandounternehmungen, die im Mai 1961 von Kennedy als Antwort auf die Infiltration angeordnet und später von Johnson in größerem Maßstab wiederaufgenommen wurden (34), hatten mit der Organisation von parallelen Befehlssträngen nichts gemein. Da war außerdem die — in vielen Fällen aufrichtige — Überzeugung, die Vereinigten Staaten würden ihre Rolle in der ganzen Welt aufs Spiel setzen, wenn sie irgendwo eine Niederlage hinnahmen, eine Überzeugung, die durch den Gang der Ereignisse bestärkt wurde — gewissermaßen eine *self-fulfilling prophecy*. Da gab es schließlich eine vielleicht unvermeidliche Korruption der Männer, welche die große Politik machen; im Privatleben gute Väter, gute Ehemänner und gute Bürger, kommen sie schließlich soweit, daß sie Situationen ›objektivieren‹ und ›Optionen‹ formulieren, als handele es sich um Bauern auf dem Schachbrett oder um Material in einer Fabrik. Derartige Bombenangriffe anzuordnen und anschließend ruhig zu schlafen, setzt eine Wandlungsfähigkeit voraus, deren Notwendigkeit ich nicht bestreite, allerdings wundere ich mich immer, wie leicht sie manchen Männern fällt, die ich kannte, bevor sie zum Zuge kamen.

Versetzen wir uns ins Frühjahr 1968 zurück: Lyndon B. Johnson gibt bekannt, daß er sich nicht zur Wiederwahl stellen wird, und leitet die De-Eskalation ein. Am Ende des Jahres wird Richard Nixon, ehemaliger Rivale Kennedys, gewählt. Vier Jahre später schreibt André Fontaine:

›Um einen Staat zu erhalten, der nur durch sie existierte, haben sie (die Vereinigten Staaten) ihre Europapolitik geändert, ihre Finanzen zerrüttet, den Dollar abgewertet, 1967 trotz eindeutiger Versprechungen der ägyptischen Herausforderung an Israel tatenlos zugesehen und 1971 trotz des Bündnisses Pakistan zerbrechen lassen, ohne einen Finger zu rühren.‹

Grundlegend haben die Vereinigten Staaten ihre Europapolitik nicht geändert — wenn es eine Änderung gab, dann im guten Sinne. Zum Teil war der Vietnamkrieg zwar für die Inflation verantwortlich, aber die Abwertung des Dollars war seit langem überfällig. Die Israelis haben die ägyptische Herausforderung angenommen, und die Vereinigten Staaten haben im besten Sinne reagiert, indem sie die Sowjetunion von einer Intervention abschreckten. Das Bündnis, das zwischen den Vereinigten Staaten und Pakistan bestand, richtete sich nicht gegen Indien, und nach der von Marshall Yohia Khan betriebenen Unterdrückungspolitik entsprach die Unabhängigkeit von Bangladesh der Gerechtigkeit, den Umständen und — dessen bin ich sicher — dem Wunsch des von mir zitierten Kommentators.

Trotzdem bleibt es dabei, daß der Vietnamkrieg die amerikanische Nation mit sich entzweit und verändert hat. Auch 1972 kann noch niemand die langfristigen Folgen dieser

Tragödie mit Sicherheit vorhersagen. Der Schlußfolgerung von André Fontaine, daß ›es sehr wohl sein kann, daß die Vietnam-Affäre für die Geschichte der Vereinigten Staaten von ähnlicher Bedeutung war wie die Suez-Expedition für den Niedergang Frankreichs und Großbritanniens‹, muß man freilich nicht zustimmen.

Anmerkungen

1 Im Februar 1961 habe ich Kuba besucht.

2 Den Beweis liefern die *Pentagon Papers*, New York 1971; deutsch: *Pentagon-Papiere*, Frankfurt 1971.

3 Außerdem führten sie eine Rationalisierung im Beschaffungswesen ein, die sogenannte Kosten-Nutzen-Rechnung.

4 Vgl. Aron, *Le Grand Debat. Introduction à la stratégie nucléaire*, Paris 1963; deutsch: *Einführung in die Atomstrategie. Die Atlantische Kontroverse*, Köln, Berlin 1964.

5 Bezogen auf den totalen Atomkrieg wird die Bemerkung von Alain: ›Keines der Übel, die man mit Hilfe des Krieges vermeiden will, ist ein so großes Übel wie der Krieg selbst‹ zur Wahrheit.

6 Mit über tausend Raketen.

7 Selbst zur Zeit der einseitigen Abschreckung der Sowjetunion durch die Vereinigten Staaten diente Westeuropa als Geisel und machte so eine Gegenabschreckung möglich.

8 Offiziell sprach man von ›zweieinhalb Kriegen‹, d. h. von zwei gleichzeitig geführten, örtlich begrenzten, aber nicht unbedeutenden Kriegen in Asien und Europa, und zusätzlich einem Krieg gegen eine aufständische Bewegung. Diese Konzeption leitete sich aus der Doktrin von der ›flexiblen Reaktion‹ ab.

9 In der Öffentlichkeit lehnte er sogar die Verhandlungen ab, die Kennedy mit den Russen aufnahm. Welche Maßnahmen Frankreich im Falle einer militärischen Krise in Berlin zu ergreifen gedachte, ist nie offiziell bekanntgeworden.

10 Das vor kurzem erschienene Buch über die Kuba-Krise von Graham T. Allison, *Essence of Decision: Explaining the Cuban Missile Crisis*, Boston 1971, sollte jeder, der sich für die internationalen Beziehungen interessiert, aufmerksam lesen. Allison zieht die gesamte einschlägige Literatur heran und ordnet die verfügbaren Informationen in einen Zusammenhang ein, gibt aber auch zu, daß die Dokumentation lückenhaft ist und daß wir Chruschtschows wahre Absichten nicht kennen können. Er verwendet drei verschiedene Erklärungsmodelle, zunächst das eines Akteurs, der die Mittel zu einem bestimmten Zweck kombiniert und das Verhältnis von Kosten und Nutzen kalkuliert; diese allzu starke Vereinfachung korrigiert er sodann durch Einbeziehung der Organisations-

theorie und der Theorie des politischen Prozesses. Was geschehen ist, läßt sich nicht allein mit den Überlegungen und Entscheidungen eines individuellen Akteurs erklären, der ja per definitionem mit dem Staat gleichgesetzt wird; es sind also die Wahrnehmungs- und Reaktionsweisen großer Organisationen und die Kontroversen zwischen den verschiedenen Gruppen zu berücksichtigen, die den Auftrag hatten, dem Präsidenten verschiedene Maßnahmen vorzuschlagen.

Einige der frappierendsten Informationen und Schlußfolgerungen des Buches möchte ich anführen: 1. Die Installation von 48 MRBMs und 24 IRBMs auf Kuba verdoppelte die Fähigkeit der Sowjetunion, einen ersten Schlag zu führen; sie war also — entgegen der in Europa und besonders in Frankreich verbreiteten Auffassung — von militärischer Bedeutung. 2. Man kann zwar nicht mit Sicherheit sagen, wie es in Moskau zu einer derart abenteuerlichen Entscheidung gekommen ist, doch einen Anhaltspunkt bietet die Tatsache, daß die ballistischen Raketen von einer Spezialeinheit der Armee kontrolliert wurden. Diejenigen die damals für das sowjetische Raketenprogramm verantwortlich waren, hatten 750 Mittelstreckenraketen installiert, die auf Ziele in Europa gerichtet waren, aber die Produktion von Interkontinentalraketen vernachlässig; es ist also ganz natürlich, wenn sie auf die Idee kamen, die amerikanische Überlegenheit bei den Interkontinentalraketen durch ihre MRBMs und IRBMs auszugleichen. 3. Die Verzögerung, mit der Präsident Kennedy vom Vorhandensein von Offensivwaffen in Kenntnis gesetzt wurde, liegt zum Teil auch an bürokratischen Reibereien, vor allem an dem Beschluß, zwischen dem 19. September und dem 4. Oktober keine U-2-Flüge über dem Westteil der Insel anzuordnen, da es aufgrund der bereits festgestellten Basen für Boden-Luft-Raketen zu einem militärischen Zwischenfall, zum Abschuß des Aufklärungsflugzeuges, kommen konnte; die U-2-Flüge wurden durch Kontroversen zwischen CIA und Luftwaffe weiter verzögert, so daß die entscheidenden Fotos erst am 14. aufgenommen wurden und erst am 16. auf Kennedys Schreibtisch landeten. 4. Einer der Gründe, die den Präsidenten von einem überraschenden Luftangriff auf die Basen absehen ließen, war die Weigerung der Luftwaffe, eine Garantie für die Zerstörung *sämtlicher* Raketen zu geben; sie garantierten nur eine Zerstörung zu 80 %. 5. Die Sowjets trafen die Entscheidung, die Raketen zurückzuziehen, unter der eindeutigen Androhung einer bevorstehenden militärischen Aktion, genau genommen unter dem Zwang eines geheimen, aber unanzweifelbaren Ultimatums.

Wie mir scheint, bestehen über drei Punkte weiterhin Zweifel: 1. Inwieweit waren sich die Verantwortlichen in Moskau der von ihnen eingegangenen Risiken bewußt? Inwieweit war ein wenig schmeichelhaftes Urteil über Präsident Kennedy eines der Motive dieses Abenteuers? 2. Solange wir nicht über weitere Dokumente verfügen, müssen wir uns bezüglich der Intentionen und Motive Chruschtschows und der an diesen Entscheidungen beteiligten Stellen auf Hypothesen beschränken. Handelte es sich um eine Reaktion auf das amerikanische Interkontinentalraketen-Programm, oder sollte die Kennedy-Mannschaft auf die Probe gestellt werden? Ging es um den Schutz Kubas, das im Falle eines amerikanischen Angriffs zu verteidigen die Sowjets niemals ausdrücklich versprochen hatten, oder um eine offenkundige Provokation, die auf mögliche Verhandlungen abzielte? 3. Stand die Welt am Abgrund, wie es der Präsident und seine Berater geglaubt haben? Es hat wenig gefehlt, und Kennedy hätte einen Luftangriff gegen die Raketenbasen angeordnet; wie hätten die Männer im Kreml in diesem Falle reagiert? Ich halte es noch heute für wahrscheinlich, daß eine Bombardierung der Basen keineswegs den Atomkrieg ausgelöst hätte, denn die Umstände, unter denen die Krise sich abspielte, waren für die Sowjets denkbar ungünstig. Natürlich läßt sich diese Behauptung nicht beweisen. Am besten hält man sich an die von Allison ausgesprochene Lektion, daß wir sicherer sein könnten, daß es nicht zum Atomkrieg kommt, wenn die Staaten stärker dem Modell eines rational Handelnden entsprächen. Präsident Kennedy hatte einige Monate zuvor angeordnet, die in der Türkei stationierten Raketen zurückzuziehen; sie befanden sich dort noch immer, als die Krise eintrat.

11 Durch seinen Bruder Robert.

12 Im Vergleich zur britischen nahm die gesamte französische Presse zur amerikanischen Strategie eine wohlwollendere und nicht so ängstliche Haltung ein.

13 Im Krieg um Bangladesch standen die Vereinigten Staaten 1972 an der Seite Chinas gegen Indien, das von der Sowjetunion unterstützt wurde.

14 André Fontaine, ›Fin d'un grand rêve‹, *Le Monde*, 13. Mai 1972.

15 Zumindest für die Vereinigten Staaten; manche Vietnamesen denken darüber anders.

16 *New York Herald Tribune*, 10. November 1971, dem gleichen Bericht zufolge.

17 Die 1971 von der *New York Times* veröffentlichten Dokumente des Pentagons, die *Pentagon Papers*, sind eine unvergleichliche Quelle.

18 Durch die *Pentagon Papers* weiß man, daß er mehrfach an Präsident Truman schrieb und ihn um Hilfe zur Erlangung der Unabhängigkeit bat. Truman scheint nicht geantwortet zu haben.

19 Dean Acheson, *Present at the Creation: My Years in the State Department*, New York 1960, S. 671—672.

20 Pressekonferenz im März 1949.

21 Aus den *Pentagon Papers* geht hervor, mit welchen Pressionen die französische Regierung von einer Aufgabe des Kampfes abgehalten werden sollte.

22 Wurden — wie man gewöhnlich glaubt — die Führer des Vietminh um den greifbaren totalen Sieg gebracht, oder wurden sie — wie Chruschtschow in seinen Memoiren behauptet — angenehm überrascht, soviel zu erhalten eingedenk dessen, wie erschöpft sie waren? Chruschtschows Version überzeugt mich nicht.

23 Nachdem Dien Bien Phu schon längst gefallen war, wurde innerhalb der Administration noch weiter über eine Intervention diskutiert; *Pentagon Papers*, S. 10—12.

24 *Pentagon Papers*, S. 54—99. Oberst Edward G. Lansdale (S. 19—20) leitete die ersten Operationen in Hanoi: Versuchte Zerstörung einer großen Druckerei; Verteilung von Propagandaflugblättern, die fälschlich dem Vietminh zugeschrieben wurden und eine Panik auslösen sollten; Verunreinigung von Benzin, um Lastwagenmotoren unbrauchbar zu machen.

25 Wahrscheinlich, nachdem Le Duan, von 1951 bis 1952 Politkommissar der Vietminh-Streitkräfte im Süden, von einer Geheimmission in den Süden zurückgekehrt war.

26 1955 waren während der Kampagne gegen die Kommunisten zwischen 50 000 und 100 000 Menschen in Lager gesteckt worden.

27 Natürlich war diese Verfolgung sinnlos und erreichte genau das Gegenteil dessen, was sie beabsichtigte.

28 Die *Pentagon Papers* (S. 536) sprechen von ›begrenzten Mitteln‹ zur Erreichung ›übertriebener Ziele‹. Die amerikanischen Präsidenten haben niemals sämtliche Mittel eingesetzt, die von ihren Beratern verlangt wurden. Jedenfalls erwies sich das Ziel — ein stabiles nichtkommunistisches Regime in Saigon — als unerreichbar. Es als ›maßlos‹ zu bezeichnen, erscheint mir nicht sinnvoll: An sich war es nicht unerreichbar, lediglich im Hinblick auf die Situation.

29 Und die amerikanischen Truppen von den am dichtesten bevölkerten Gebieten fernhielten.

30 Deren Theorie liefert T. Schelling in seinem Buch *Arms and Influence*, Boston 1966.

31 *Sämtliche* Geheimdienstberichte hatten vorher gesagt, daß Bombardierungen nutzlos seien, wenn man die Vietnamesen dadurch zur Kapitulation zwingen wollte. Nur wenige Berater haben das ernst genommen. Im übrigen hätte den Geheimdiensten zufolge nur eine massive, konzentrierte Bombardierung durchschlagende Wirkung gehabt. Auf die allmähliche Steigerung der Angriffe konnte Nordvietnam sich einstellen.

32 Von den Verantwortlichen wird sie immer wieder in den geheimen Dokumenten verwendet, die in den *Pentagon Papers* enthalten sind.

33 *Pentagon Papers*, S. 116.

34 Johnson hatte den Senatoren nicht erzählt, daß zu dem Zeitpunkt, als die amerikanischen Zerstörer von nordvietnamesischen Schnellbooten angegriffen wurden, im gleichen Gebiet südvietnamesische Kommandooperationen stattfanden.

IV. KAPITEL

DIE LEHREN METTERNICHS ODER: ZURÜCK ZU WASHINGTON?

Mit Präsident Nixons Reisen nach Peking und Moskau im Jahre 1971 und mit dem Einzug der Volksrepublik China in die Vereinten Nationen ging ein Abschnitt der diplomatischen Geschichte — eher die Nachkriegszeit als die Zeit des Kalten Krieges — zu Ende. In dieser Diagnose sind sich die Kommentatoren einig. Jenseits dieses offenkundigen Tatbestands hört die Einigkeit auf.

Welchen Anteil an dieser Entwicklung hatte nun die Politik des Duos Nixon-Kissinger? Hat Nixon mit der Politik seiner vier Vorgänger Truman, Eisenhower, Kennedy und Johnson gebrochen, oder hat er lediglich die Richtung gewechselt? Hatte Stalin die Welt dem Bild angepaßt, das seine Ideologie ihm von ihr vermittelte, so ist die Frage, ob Nixons ›Realismus‹, der sich in der Schule des Alten Europa formte, die Welt von morgen gestalten wird.

Zum ersten Mal seit 25 Jahren sprechen Amerikaner und Europäer wieder von *Isolationismus* — zu Unrecht wohl, wenn damit das außenpolitische Verhalten der Vereinigten Staaten zwischen 1921 und 1939 gemeint ist. Die Geschichte wiederholt sich nicht, und die Amerikanische Republik kann sich nicht mehr auf sich selbst zurückziehen. Sie ist gleichwohl nicht gezwungen, die imperiale Rolle weiterzuspielen, die sie seit einem Vierteljahrhundert spielt. In einer Zeit, da Nordvietnam und Israel durch ihr Handeln die Autonomie der kleinen Mächte unter Beweis stellen, kann man einer Weltmacht ein gewisses Maß an Autonomie kaum versagen.

Als ehemaliger Vorreiter des Kalten Krieges im Jahre 1960 nach achtjähriger Vizepräsidentschaft nur knapp von John F. Kennedy geschlagen, trat Richard Nixon mit dem Segen von Tschu En-lai, Breschnew, Frau Golda Meir und Georges Pompidou seine zweite Amtszeit an. In welche Zukunft wird er das außenpolitische Wirken eines Staates lenken, dessen Schicksal nicht mehr identisch ist mit dem des gesamten Westens, der jedoch weiterhin über die ungewisse Bestimmung der Menschheit mitentscheidet und in Europa wie in Asien Garant eines prekären Gleichgewichts ist?

I

Als Richard Nixon Anfang 1969 in das Weiße Haus einzog, übernahm er ein sehr viel schwereres Erbe, als Truman es Eisenhower hinterlassen hatte. Das in beiden Fällen gemeinsame Element war ein unpopulärer Krieg, der sich in die Länge zog, ohne daß ein militärischer Sieg abzusehen gewesen wäre. Im übrigen aber bestanden sowohl örtlich als auch im weltweiten System gewaltige Unterschiede.

In Korea hatten reguläre Armeen einander an einer überschaubaren Front gegenübergestanden. Die Gespräche von Panmunjon hatten sich in die Länge gezogen, weil die Unterhändler Mao Tse-tungs den chinesischen Kriegsgefangenen das Recht absprachen, sich für die Rückführung nach Taiwan oder auf das Festland zu entscheiden. Die amerikanische Öffentlichkeit nahm es nicht mehr länger hin, daß amerikanische Rekruten auf einem fernen Kriegsschauplatz in immer wieder erneut aufflammenden Kämpfen eingesetzt waren, die eine durchgreifende Entscheidung unmöglich machten. Die alte Tradition — sich des Kriegsjobs so schnell wie möglich zu entledigen, um wieder zum Normaldasein zurückzukehren — schrieb dem Helden des ›Kreuzzugs in Europa‹ vor, was er um jeden Preis erreichen mußte: eine Feuereinstellung auch ohne Frieden, ein Ende der Kampfhandlungen auch ohne Sieg.

Präsident Eisenhower mangelte es gewiß nicht an den Mitteln, das Ziel, das die inneren und äußeren Umstände ihm diktierten, zu erreichen. Die Vereinigten Staaten besaßen sowohl in der industriellen Kapazität als auch in der atomaren Rüstung eine erdrückende Überlegenheit gegenüber der Sowjetunion. War es Stalin oder war es Mao Tse-tung, der hartnäckig das geringfügige Zugeständnis verweigerte, das für eine Einstellung der Kämpfe notwendig und ausreichend war? Wir wissen es nicht mit Sicherheit. Stalin hatte ein größeres Interesse als Mao, einen Konflikt zu verlängern, der die Kluft zwischen

Washington und Peking vertiefte. Aber hätte Mao nicht verhandeln können, wenn er wirklich entschlossen gewesen wäre? Wie dem auch sei — zwei Monate nach dem Einzug Eisenhowers ins Weiße Haus trat Stalin von der Szene ab. Einige Wochen darauf wurde in Panmunjon das Waffenstillstandsabkommen geschlossen, und Stalins Nachfolger bewiesen durch immer neue symbolische Gesten, daß sich der Stil, wenn nicht sogar die Haltung in Moskau geändert hatte.

Es gab zwei wesentliche Unterschiede zwischen dem Vietnamkrieg und dem Koreakrieg, auch wenn beide mit dem Hinweis auf die Respektierung der Demarkationslinie gerechtfertigt wurden. Im Sommer 1950 hatten die sowjetischen Vertreter bei den Vereinten Nationen behauptet, es handele sich in Korea um einen Bürgerkrieg, und tatsächlich erfolgte die Invasion nach fruchtlosen Versuchen des Nordens, im Süden einen Partisanenkrieg zu entfachen. Der Regierung von Seoul und der sie verteidigenden Armee konnte niemand ehrlich Existenz und Legitimität absprechen. Es waren fast die gleichen Worte — Syngman Rhees Clique, Marionetten und Komplizen des Imperialismus —, mit denen Nordkoreaner und Sowjets das Regime von Seoul angegriffen hatten und mit denen die Nordvietnamesen das Saigoner Regime angriffen. 1950 hatten sie damit nur ihre — auch im Westen recht zahlreichen — Freunde überzeugt, während nun der unvoreingenommene Beobachter seine Zweifel hatte. Präsident Thieu war weder für die Vietnamesen noch für das Ausland die Verkörperung des Patriotismus oder des Nationalismus, wie es Syngman Rhee gewesen war. Der Vietcong war Nachfolger des Vietminh, der um die Unabhängigkeit gegen die Franzosen gekämpft hatte. Syngman Rhee hatte ein ganzes Leben lang gegen die Japaner gekämpft. Dagegen hatten viele südvietnamesische Generäle der französischen Armee angehört. Gewiß konnte sich das Saigoner Regime auf den Antikommunismus und die Furcht vor dem unerbittlichen Regime des Nordens bei einem Teil der Bevölkerung des Südens stützen und sich dadurch teilweise legitimieren, doch war es allein nicht stark genug, um dem geschlossenen Angriff der Partisanen, der nordvietnamesischen Divisionen und der ›fortschrittlichen‹ Propaganda in der ganzen Welt zu widerstehen.

Auch in militärischer Hinsicht sind die Unterschiede größer als die Übereinstimmungen. Die an Ort und Stelle rekrutierten Kräfte des Vietcong hatten während der ersten Phase das Saigoner Regime erschüttert und hätten es vermutlich auch gestürzt, wenn die Vereinigten Staaten nicht im Jahre 1965 ein Expeditionskorps entsandt hätten. Daraufhin hatte Nordvietnam die Unterstützung für die Aufständischen verstärkt und einige reguläre Armee-Einheiten in den Süden geschickt. Das amerikanische Expeditionskorps hatte zwar nicht eine Schlacht verloren, aber auch den Krieg nicht gewonnen.

War er zu gewinnen? Wenn wir uns der Ausdrucksweise von Clausewitz bedienen, so bestand der politische Zweck des von den Vereinigten Staaten geführten Krieges in der Erhaltung eines nichtkommunistischen Regimes in Saigon. Welches militärische Ziel brachte sie diesem Zweck näher oder entsprach ihm? Die Strategen hatten, wie wir schon sagten (1), auf diese Frage mehrere Antworten bereit: Erstens konnte man die Nordvietnamesen durch Zerstörung und Leiden derart ›bestrafen‹, daß die Führer in Hanoi die Unterstützung der Aufständischen im Süden aufgaben oder dazu nicht mehr in der Lage waren. Mit den Bombenangriffen sollten beide Ziele — das eine materieller, das andere psychologischer Natur — erreicht werden; erreicht wurde keines. Auch die zweite Antwort der Strategen — die regulären Einheiten des Nordens und die Partisanen-Verbände ›aufzuspüren und zu vernichten‹ (search and destroy) — war insofern falsch, als das Expeditionskorps überhaupt keine Chance hatte, *sämtliche* Einheiten und Verbände auszuschalten. Mit Teilerfolgen kam man dem Ziel nicht näher. In einem revolutionären Krieg genügt es manchmal, daß die Partisanen gegen die bestehende Regierung nicht verlieren, um zu gewinnen. Dieser Satz gilt dann, wenn die bestehende Regierung eine Kolonialmacht bzw. ein Regime vertritt, das zu schwach ist, um den Kampf allein auszufechten. Im ersteren Falle wird die Öffentlichkeit im Mutterland der Sache überdrüssig und gibt schließlich den Aufständischen nach. Wie die französische Öffentlichkeit während des Algerienkrieges, wurde die amerikanische Öffentlichkeit der Sache überdrüssig und zweifelte an der Legitimität, ja sogar an der pragmatischen Rechtfertigung des Kampfes.

Damit komme ich zu der dritten Antwort und zu der einzig rationalen Strategie, deren militärisches Ziel in der Stärkung der Saigoner Regierung und Armee bestand oder hätte bestehen müssen. Da aus Washingtoner Sicht der politische Zweck des Krieges das Überleben eines nichtkommunistischen Südvietnam war und das Expeditionskorps nicht auf unbegrenzte Zeit dort bleiben konnte, hätte es das Hauptziel der Intervention sein müssen, soviel Zeit zu gewinnen, daß in Südvietnam eine Ordnung entstehen konnte, die sich sowohl gegen die Subversion als auch gegen einen eventuellen Angriff der Nordvietnamesen behauptet hätte. Es gibt keinen Anhaltspunkt dafür, daß die Vereinigten Staaten dieses Ziel hätten erreichen können; sie haben es jedenfalls bis Anfang 1969 nicht verfolgt oder doch nur nebenbei verfolgt.

Mit der Einstellung der Bombenangriffe und der Bereitschaft zu Verhandlungen hatte Präsident Johnson eine unwiderrufliche Entscheidung getroffen. Sein Nachfolger mußte einen Ausweg finden, wenn er eine zerrissene Nation wieder mit sich versöhnen und eine Handlungsfreiheit zurückgewinnen wollte, die durch die Verstrickung in Vietnam eingeschränkt war. Wie konnte er den Krieg *ehrenhaft* beenden? Was bedeutete ›ehrenhaft‹? Nach amerikanischer Auffassung kämpften die Nordvietnamesen außerhalb ihrer Staatsgrenzen, und wenn die amerikanischen Truppen das Feld räumen sollten, mußte auch Hanoi seine Truppen zurückziehen. Dieser Auffassung stimmten weder Ho Tschi Minh noch seine Genossen zu, die in den Jahren 1945—1946 von den Franzosen vergeblich die Einheit von Annam, Tonkin und Kotschinchina, der drei Teile Vietnams, verlangt hatten. Im übrigen waren die ›Rebellen‹ gegen das Saigoner Regime zu Verhandlungen mit diesem nur unter solchen Bedingungen bereit, die ihnen die Überlegenheit — damit letztlich den Untergang ihrer Feinde — sicherten. (2) In Korea hatte das Waffenstillstandsabkommen den Amerikanern wenigstens ihr Minimalziel garantiert; wie sollten sie sich aus Vietnam zurückziehen, ohne damit die totale Niederlage einzugestehen, auch wenn es sich dabei um eine politische und nicht um eine militärische Niederlage handelte?

Präsident Nixon hätte mit Hanoi über den Rückzug der amerikanischen Truppen verhandeln können, wenn ihm die Zukunft des Saigoner Regimes gleichgültig gewesen wäre. (3) Er hätte Hanois Konzept einer ›Koalitionsregierung‹ akzeptieren können. Doch diese ›schändliche‹ Lösung lehnte er ab. Er wollte den Krieg gewinnen (bzw. nicht verlieren) und zugleich das amerikanische Volk beruhigen.

Nixon trat das vietnamesische Erbe an, als — ganz im Gegensatz zur Lage in Korea — das militärische Kräfteverhältnis sich zugunsten der Sowjetunion verschob und die Inflation im eigenen Lande, die weitgehend auf den Vietnamkrieg zurückzuführen war, den Dollar schwächte und von Jahr zu Jahr den scheinbaren (4) Überschuß der Handelsbilanz (offiziell wurde sie erstmalig im Jahre 1971 defizitär) verringerte. Mit Nixons Einzug ins Weiße Haus schlug sowohl innerhalb der westlichen Welt als auch gegenüber der Sowjetunion die Stunde der Wahrheit: Die Europäer (besonders die Deutschen) und die Japaner hatten raschere Fortschritte gemacht, ihren Rückstand teilweise aufgeholt und traten auf allen Märkten, auch auf dem amerikanischen, als Konkurrenten auf. Zu der vordringlichen Aufgabe, mit Vietnam Schluß zu machen, trat als nicht genau definierte, längerfristige Aufgabe die Wiederherstellung eines internationalen Systems, in dem die Vereinigten Staaten nicht mehr allein den ersten Platz einnehmen würden, eines Systems, das zwar Interessengegensätze, ja sogar Konflikte nicht ausschließen würde, das aber, wenn es schon kein Gleichgewicht von der Art des europäischen Konzerts war, so doch aus Beziehungen traditioneller Art zwischen allen Mächten, einschließlich der revolutionären Mächte, entstehen sollte.

Nixons Politik läßt unterschiedliche Deutungen zu, weil zwischen den beiden Zielen — der Weigerung, den Vietnamkrieg zu verlieren, und dem Bestreben, mit *allen*, auch den kommunistischen Staaten normale Beziehungen zu pflegen — ein scheinbarer Widerspruch bestand. Ein grundlegender Widerspruch bestand zwischen ihnen nicht; Henry Kissinger würde sicher behaupten, die Hinnahme einer ›demütigenden‹ Niederlage hätte die Vereinigten Staaten jener Autorität beraubt, ohne die der Rückzug zu einer Flucht geworden wäre. Rückzugsmanöver verlangen sowohl Flexibilität als auch moralische Stärke. Zu einem solchen Manöver war Richard Nixon verurteilt. Gleichwohl trat zur Bestürzung der Kommentatoren und des Mannes auf der Straße der Widerspruch zutage, weil die Sprecher des Präsidenten (im April 1972) Fortschritte bei den Verhandlungen über die Beschränkung der strategischen Waffen gerade in dem Augenblick ankündigten, als das Fernsehen endlose Züge vietnamesischer Flüchtlinge und die furchterregende Armada zeigte, die im Golf von Tonkin konzentriert war.

Die Politik Nixons bedeutet insofern einen *historischen* Bruch mit der seiner Vorgänger, als in ihr zum ersten Mal seit 1947 ein Bemühen um eine Lockerung des Engagements und sogar eine gewisse Bescheidenheit sichtbar wird; weder Eisenhower noch Kennedy oder Johnson hätten den Ausdruck ›low profile‹ benützt. Das bedeutete nicht, in der Wachsamkeit nachzulassen, sondern sich vor der Hybris in acht zu nehmen. Bevor wir uns der zeitgebundenen Bedeutung und der langfristigen Wirkung des amerikanischen Disengagements zuwenden, wollen wir einen Blick auf die Höhepunkte, die spektakulären Maßnahmen und den allgemeinen Stil von Nixons Diplomatie in den letzten vier Jahren (1969—1972) werfen.

Nixon hat, wie mir scheint, die Praxis seiner Vorgänger insofern fortgesetzt, als er sein Interesse und sein Handeln auf einige Brennpunkte — vor allem Vietnam — und auf die Gipfelbeziehungen mit Moskau konzentrierte; das Neue äußert sich in erster Linie in der Methode und der Organisation.

Das für die Beobachter innerhalb und außerhalb der Vereinigten Staaten überraschende war die Rolle, die Henry Kissinger mit seinem ›brain trust‹ spielte, oder, mit anderen Worten, die Ersetzung der üblichen, von der Verfassung vorgesehenen und der Kontrolle durch den Kongreß unterworfenen Institutionen durch eine ad hoc vom Präsidenten geschaffene Organisation, deren Männer von ihm und seinem Berater ausgewählt wurden, kurz, eine Art von königlichem Kabinett, das über das Ministerium und den Minister gestellt wurde, denen offiziell die Führung der diplomatischen Geschäfte oblag.

Das Neue besteht, wie mir scheint, letzten Endes nur darin, daß sich eine Tendenz verstärkte, die besonders seit dem

Einzug Kennedys ins Weiße Haus deutlich geworden war. Dem Präsidenten stand es als einem gewählten Souverän immer frei, sich einen eigenen Generalstab zu schaffen. Franklin D. Roosevelt hatte sich während der großen Wirtschaftskrise eine Mannschaft von reformwilligen Intellektuellen zusammengestellt. Während des Krieges hatte Harry Hopkins in den bedeutenden Angelegenheiten eine sehr viel wichtigere Rolle gespielt als Cordell Hull. Ähnlich der Vertrauensstellung beim König gibt es eine Tradition der Vertrauensstellung beim Präsidenten. Das Entstehen von ›parallelen Bürokratien‹ wird erleichtert durch das geringe Prestige der Beamten in einem Lande, wo noch immer das ›spoils-system‹ besteht und der Präsident noch am Tage seiner Inthronisation Hunderte von Amtsträgern auf ihre Posten beruft. Es gibt keinen Anhaltspunkt dafür, daß es sich hier um eine unwiderrufliche Tendenz handelt. Wenn Dulles für Eisenhower Außenminister und ›persönlicher Berater‹ in einer Person war, kann sich etwas ähnliches morgen wiederholen.

Henry Kissinger erfüllt ganz sicher eine Vielzahl von Aufgaben, die nicht das Monopol seiner Vorgänger McGeorge Bundy und Walt W. Rostow waren und die diese wahrscheinlich nicht alle zu gleicher Zeit wahrnahmen. Kissinger trägt dem Präsidenten täglich die Meldungen über die Weltlage vor; er setzt dem Präsidenten die verschiedenen Entscheidungsmöglichkeiten auseinander, zwischen denen dieser zu wählen hat; so wie er normalerweise den Vorsitz im Nationalen Sicherheitsrat führt, leitet er im Krisenfalle den Sonderstab. Er analysiert, was tatsächlich gegeben und was wünschenswert ist, und hat darüber hinaus — zumindest in ernsten Situationen — die Weisungen des Präsidenten in Direktiven oder Anleitungen für die verschiedenen Dienststellen umzusetzen; schließlich reist er für Vorverhandlungen mit Tschu En-lai oder Breschnew in geheimer Mission nach Peking und Moskau oder zu Verhandlungen mit den Nordvietnamesen nach Paris. Wie lange wird er allein all diese Aufgaben wahrnehmen können? Der Apparat, dem die Führung der außenpolitischen Angelegenheiten der Vereinigten Staaten obliegt, ändert sich je nach dem, wer im Weißen Haus sitzt; so kann es den Posten, den Kissinger einnimmt, nur unter einem Nixon geben: ein solcher Berater setzt einen solchen Präsidenten voraus. Kissinger trat in den Vordergrund, weil er zu dem mißtrauischen und einsamen Nixon eine eigentümliche Beziehung herstellen konnte und weil beide ein möglicherweise unlösbares Problem zu lösen hatten, nämlich gleichzeitig einen ›ehrenhaften‹ Rückzug aus Vietnam zu erreichen und eine weltweite Diplomatie zu betreiben, die auf einen Kreuzzugsgeist, auf verabscheuungswürdige Feinde und mustergültige Verbündete verzichten wollte.

Der Vietnamkrieg bereitete den Amerikanern Gewissensqualen und brachte die Realisten zur Verzweiflung. Gehörte das Saigoner Regime tatsächlich zur ›freien Welt‹? Verteidigte man die freie Welt, indem man Nordvietnam mit Millionen Tonnen von Bomben überschüttete? Warum wollte man den Kommunismus eindämmen, da doch die beiden marxistisch-leninistischen Staaten im jeweils anderen den Hauptfeind sahen und ihr diplomatischer Kurs nicht mehr von ideologischer Gefolgschaft bestimmt? Im übrigen hatte, als Nixon ins Weiße Haus einzog, der Antikommunismus, statt eine politische oder ethische Begründung des Krieges zu liefern, gerade durch den Krieg seine Glaubwürdigkeit eingebüßt. Eine Art von Bewußtseinstrübung oder Verquickung hatte den Antikommunismus zum Übel schlechthin werden lassen, denn er hatte zum Übel, zu den Schrecken von Vietnam, geführt. Es blieb deshalb nur noch ein Argument: Die Vereinigten Staaten, verantwortlich für das weltweite Gleichgewicht, konnten nicht eine Demütigung hinnehmen, die das Vertrauen ihrer Verbündeten untergraben und ihren Versprechungen und ihrem gegebenen Wort jegliche Glaubwürdigkeit nehmen würde.

Nixon und Kissinger scheinen sehr rasch zu dem Schluß gekommen zu sein, daß die Nordvietnamesen und der Vietcong als Vorbedingung für Verhandlungen die Ausschaltung der Mannschaft von General Thieu forderten, weil die allein imstande war, der Machtübernahme der Kommunisten im Lande einen gewissen Widerstand entgegenzusetzen. Nach dieser Diagnose blieb Richard Nixon nichts anderes übrig, als den Krieg im Hinblick auf den (politischen) Sieg und den (militärischen) Rückzug zu führen. Wenn sich die Saigoner Regierung als überlebensfähig erwies, hatte sie — und mit ihr die Vereinigten Staaten — den Krieg gewonnen — und zwar in dem eigentlichen Sinne, in dem der Sieg definiert wird durch den Einsatz, um den es geht. Um aber die amerikanische Öffentlichkeit für diese Strategie zu gewinnen, mußte der Präsident sich verpflichten, das Expeditionskorps allmählich zu verringern und folglich der südvietnamesischen Armee die Verantwortung für die Bodenkämpfe zu übertragen. Die Formel von der ›Vietnamisierung‹ entsprach genau dem, was Dulles nach dem Koreakrieg erreichen wollte; diese Formel war zynisch, wenn sie bedeutete, daß die Vietnamesen sich gegenseitig zum Vorteil der Vereinigten Staaten töteten, und sie war akzeptabel, wenn darin zum Ausdruck kam, daß die Völker die Verantwortung für ihre Verteidigung selbst übernahmen (würde der Europäer in der ›Europäisierung‹ der Verteidigung Europas eine zynische oder eine selbstverständliche Formel sehen?).

Diese Strategie, den politischen Sieg mit verringerten militärischen Mitteln zu erzielen, führte zu den Krisen in Kambodscha (1970) und Laos (1971). Ob nun der Sturz des Prinzen Sihanuk durch Intrigen der CIA oder durch dem Prinzen feindlich gesonnene Fraktionen der Khmer-Oligarchie ausgelöst wurde — er bot jedenfalls eine Gelegenheit, dem Vietcong einen Schlag zu versetzen, und zwar durch einen Vorstoß in jene Bereiche Kambodschas, die er als Rückzugsort, logistische Basis und Sammelplatz benützte. Nixon konnte der Versuchung nicht widerstehen, doch zeigte ihm die Heftigkeit der Reaktionen an den Universitäten und im ganzen Lande die Grenzen seiner Freiheit. Das Eindringen einer südvietnamesischen Division nach Laos im Jahre 1971 ging von der gleichen Absicht aus, Zeit zu gewinnen, in der das Saigoner Regime und seine Armee sich stärken konnten, und die Vorbereitungen der nordvietnamesischen Offensive aufzuhalten, die denn auch erst im April 1972 begann, mehr als vier Jahre nach der Tet-Offensive. Zu diesem Zeitpunkt standen Nixon in Vietnam praktisch keine Bodentruppen mehr zur Verfügung, die sich an den Kämpfen hätten beteiligen können. (5) Er zog im Golf von Tonkin eine machtvolle Kriegsflotte zusammen, während die Luftwaffe, gestützt auf Basen in Südvietnam und Thailand bzw. auf Flugzeugträger, täglich bis zu 600 Einsätze fliegen konnte.

Als die Offensive begann, konnte Nixon sich rühmen, zwei Ergebnisse erreicht zu haben: Zum einen nahm die Offensive des Nordens den Charakter eines klassischen Krieges an; die regulären Divisionen Hanois überschritten die entmilitarisierte Zone, also die Demarkationslinie. Es handelte sich nun nicht mehr um einen Volksaufstand gegen ›Marionetten‹, sondern um eine regelrechte Invasion; sie war legitim, wenn man den Führern Hanois das Recht zugestand, ihre Autorität mit Gewalt auf das ganze Land auszudehnen, und sie kam einer Aggression gleich, wenn man der Regierung in Saigon die gleiche Legitimität beimaß wie der in Seoul oder in Hanoi. Da die nordvietnamesische Offensive wie eine Aggression erschien, gewann der Präsident — und das war das zweite Ergebnis — eine gewisse Handlungsfreiheit zurück. Die Universitäten blieben ruhig, da den Studenten nun nicht mehr die Einberufung drohte. Der für die Offensive gewählte Zeitpunkt — sie fiel zwischen den Besuch des amerikanischen Präsidenten in Peking und seine vorgesehene Reise nach Moskau, während der Abzug der amerikanischen Truppen in seine Schlußphase kam — war für die Masse der Amerikaner Demonstration und Beweis der Aggressivität der Nordvietnamesen.

Die nordvietnamesische Offensive löste, da sie in die Wochen zwischen den beiden Reisen nach Peking und Moskau fiel, neben der Krise auf dem Schlachtfeld auch eine Krise in Washington aus. Auf einmal wurde fraglich, ob denn die Entspannung mit den beiden Großmächten des Kommunismus und die *ehrenhafte* Abwicklung des Vietnamkrieges miteinander vereinbar seien. Nixon und Kissinger haben offenbar gehofft, Russen und Chinesen würden einen ihren (amerikanischen) Absichten günstigen Einfluß ausüben. Sie blickten natürlich weiter, und unter dem Gesichtspunkt der Wiederherstellung oder der Errichtung eines weltweiten Systems wurde der Vietnamkrieg zu einer bloßen Episode. Gleichwohl wurde die gesamte Nixon-Kissinger-Strategie durch den Einsatz russischer Waffen und damit errungenen ersten Siege der nordvietnamesischen Divisionen in der Gegend von Quang Tri schwer belastet. Sollte man zu äußersten Mitteln greifen, um das Saigoner Regime zu retten, auch wenn dem das Moskauer Treffen zum Opfer fallen konnte? Oder sollte man den Zusammenbruch des Saigoner Regimes hinnehmen, auch auf die Gefahr hin, dann in der sowjetischen Hauptstadt geschwächt und gedemütigt zu erscheinen durch die Niederlage eines Staates, für den die Vereinigten Staaten vergeblich soviele Menschenleben und soviele Dollars aufgebracht hatten?

Im April 1972 sprachen erneut die Waffen. Der Präsident hatte, um den Forderungen der öffentlichen Meinung im Lande nachzukommen und zugleich die Niederlage zu vermeiden, seine Strategie auf den Rückzug des Expeditionskorps, die Verstärkung der südvietnamesischen Armee und auf deren Unterstützung durch die amerikanische Flotte und Luftwaffe abgestellt. Als der Fall von Quang Tri und die wilde Flucht einer südvietnamesischen Division ein militärisches Fiasko befürchten ließen, richtete der Präsident eine Herausforderung und zugleich einen Appell an den Kreml. Durch die Verminung der nordvietnamesischen Häfen ließ sich der Ausgang der Kämpfe kurzfristig nicht beeinflussen. Im schlimmsten Falle verlieh sie Nixon für die Moskauer Gespräche eine Position der Ebenbürtigkeit, wenn nicht gar der Stärke; im besten Falle stellte sie die Männer des Politbüros vor die Entscheidung zwischen der zeitweiligen Einstellung der Gespräche mit Washington und einem verstärkten Druck auf die Nordvietnamesen, um diese zum Verzicht auf einen totalen Sieg zu bewegen. Breschnew wählte eine dritte Lösung: Er empfing den amerikanischen Präsidenten, als ob nichts geschehen wäre.

Warum sollte er in der Versorgung der Nordvietnamesen mit schweren Waffen einen Verstoß gegen die ungeschriebenen Regeln des *modus vivendi* oder der Entspannung zwischen den Großmächten sehen, wo doch die Vereinigten Staaten Hunderttausende von Männern in den Süden entsandt hatten und weiterhin mit ihrer Flotte und ihrer Luftwaffe eingriffen? Durch seine Entscheidung, am Vorabend seiner Moskaureise die nordvietnamesischen Häfen verminen zu lassen, konfrontierte Nixon Breschnew mit drei Forderungen, zwei offenen und einer unausgesprochenen: Jede der Supermächte muß die höheren Interessen der anderen respektieren; die zur Verhandlung anstehenden Abkommen sind wichtiger als das Schicksal Vietnams oder irgendeines anderen kleinen Landes; schließlich darf eine Großmacht nicht das Gesicht verlieren, also darf eine andere sie nicht direkt oder durch einen Verbündeten zu demütigen versuchen. Mit den beiden ersten Forderungen war

Breschnew vermutlich einverstanden, aber konnte und wollte er die dritte wahrnehmen?

An der Art, wie Nixon auf die Krise vom April/Mai 1972 reagierte — einerseits die mit russischen Waffen geführte nordvietnamesische Offensive, andererseits die Moskaureise mit dem Ziel, Abkommen zu treffen —, werden sowohl die doppelte Zielsetzung als auch die zwei Persönlichkeiten des amerikanischen Präsidenten sichtbar. Die doppelte Zielsetzung bestand darin, den Krieg *ehrenhaft* zu beenden und mit Peking und Moskau zu verhandeln, ohne das Gesicht zu verlieren. Die zwei Persönlichkeiten, die in ihm steckten, äußerten sich einerseits in der Weisheit des Rückzugs und des ›*low profile*‹, andererseits in der Bereitschaft zum Risiko und einer festen Haltung, die bei jeder Krise (Sturz des Prinzen Sihanuk in Kambodscha, Verlegung sowjetischer SAM-Raketenbatterien an den Suezkanal, Benützung eines kubanischen Hafens durch sowjetische Atom-U-Boote, Eindringen syrischer Panzer in Jordanien) (6) bis an die Grenzen des Bluffs ging. Seine Gegner sagen ihm nach, hinter dem Propheten des ›Friedens für eine Generation‹ sei der Kalte Krieger sichtbar geworden, und sie fügten hinzu, er habe unter dem Vorwand des Rückzuges mehr Bomben auf die drei Länder Indochinas abgeworfen als Johnson in der Absicht, den Krieg zu gewinnen. Linke Kommentatoren sprachen von dem Mysterium Kissinger und fragten sich, wie dieser Professor, dem es weder an Humor noch an Humanität fehlt, ruhig schlafen konnte, nachdem er Befehle gegeben hatte, die unzählige Menschenleben kosteten. Ich habe mir selbst die Frage gestellt und nur eine Antwort gefunden: Wer sich diese Frage stellt, ist nicht zum Herrscher geboren, ja vielleicht nicht einmal, um dessen Berater zu werden; allenfalls kann er jene erziehen, die es vielleicht werden.

Auch an der Peking-Reise werden Ziel und Inhalt von Nixons Politik deutlich. Wahrscheinlich hat Nixon schon seit Anfang 1969 den Wunsch gehabt, den Kontakt zu Peking wiederaufzunehmen, oder genauer gesagt: diesem Kontakt die Heimlichkeit und damit auch die Sterilität der Warschauer Gespräche zu nehmen. Auf der anderen Seite empfanden die Führer Rotchinas, nachdem erst den Linksradikalen nach der Verwüstung der britischen Botschaft Einhalt geboten war und nachdem es im Oktober 1969 zu den Kämpfen am Ussuri gekommen war, den Wunsch, ihren Platz in der zwischenstaatlichen Gemeinschaft wieder einzunehmen. Unter den drei Arten von Beziehungen, die ein kommunistisches Land gleichzeitig unterhält — von Staat zu Staat, von Partei zu Partei, und von Staat oder Partei zu einem Volk oder zu Rebellen —, mußten die Führer in Peking den Beziehungen von Staat zu Staat den Vorzug geben. Von der Ideologie des weltweiten Aufstands der Dörfer gegen die Städte war nichts mehr zu hören; zumindest wurde sie nicht mehr durch die Rückendeckung Lin Piaos offiziell sanktioniert. Die Mäßigung, welche die Pekinger Führer überwiegend in ihren Taten bewiesen hatten (7), äußerte sich von nun an in Worten und diplomatischen Schritten. Im Juli 1971 gab Präsident Nixon offiziell bekannt, daß er sich nach Peking begeben werde und daß sein Berater, Henry Kissinger, sich insgeheim in die rotchinesische Hauptstadt begeben habe, um die Einzelheiten der Reise festzulegen. Die Reise selbst fand im März 1972 statt.

Verweilen wir einen Augenblick, um näher auf ›Stil‹ und ›Inhalt‹ einzugehen. Der Stil wird darin sichtbar, daß die Reise nach Peking angekündigt wird, ohne daß die Verbündeten der Vereinigten Staaten in Asien zuvor konsultiert oder auch nur informiert worden wären; er wird darin sichtbar, daß der Präsident für die Wiederaufnahme der Beziehungen die eindrucksvolle Form einer persönlichen Reise wählt, daß er für eine Stunde von dem neuen Kaiser des Reiches der Mitte, von Mao Tse-tung, empfangen wird und mehrere Stunden in Verhandlungen mit Tschu En-lai, dem zweiten Mann des Regimes, zubringt. Ist es nötig darzulegen, inwieweit hier der Politiker und der Staatsmann, der Kandidat für eine zweite Amtszeit und der Prophet des ›Friedens für eine Generation‹ beteiligt waren?

Zweifellos hat Nixon den spektakulären Effekt gewünscht und damit die Japaner mehr als nötig beunruhigt. Es fehlte ihm an Takt und an Rücksichtnahme auf das Bedürfnis anderer, ihr Gesicht zu wahren, — beides unerläßlich für eine Großmacht, die auf dem asiatischen Schauplatz bestehen will. Andererseits bot die Reise nach Peking, die in den Augen der Asiaten ein Element der Demütigung enthielt — nachdem die

Vereinigten Staaten Rotchina unter Quarantäne gestellt hatten, ergriff ihr Präsident die Initiative und bat um eine Einladung (8) —, den spektakulärsten, wenn nicht den einzigen Weg, um der ganzen Welt den Beginn einer neuen Ära symbolhaft zu verdeutlichen. Präsident Nixon konnte und wollte nicht mit einem Schlage die Politik umstoßen, die zu den Bündnissen und zweiseitigen Sicherheitspakten zwischen den Vereinigten Staaten und Taiwan und zwischen Japan und Taiwan geführt hatte. Tschu En-lai konnte und wollte nicht jeden beliebigen Preis für den Sitz in den Vereinten Nationen bezahlen, auf den die Regierung, die seit 20 Jahren das chinesische Festland beherrschte, Anspruch hatte. Nixon und Tschu En-lai konnten folglich keine Vereinbarung treffen, die an sich von größerer Bedeutung gewesen wäre. Mit der Aufrechterhaltung der diplomatischen Beziehungen zu Taiwan war die Anerkennung des Pekinger Regimes und folglich die Errichtung einer amerikanischen Botschaft ausgeschlossen.

Im wesentlichen läßt sich die Bilanz des Pekinger Treffens wie folgt zusammenfassen: Rotchina hatte sowohl die Kulturrevolution als auch die Zeit der Isolierung hinter sich; nach den Kämpfen am Ussuri und der Konzentration russischer Divisionen an der chinesischen Grenze war die Sowjetunion zum Hauptfeind geworden, zumindest im Augenblick, denn von ihr ging die Drohung eines Präventivschlages gegen die chinesischen Atomzentren, wenn nicht gar einer Invasion aus, während zur gleichen Zeit die Vereinigten Staaten die Bereitschaft zu einem partiellen, nach und nach erfolgenden Rückzug äußerten. Die Einwilligung in den Besuch Nixons entsprach somit logisch den Interessen der rotchinesischen Führer, denn dieser Besuch trug dazu bei, die Sowjets von einer Aggression abzuschrecken, sicherte den Chinesen ihren Sitz in den Vereinten Nationen und ließ eine veränderte Haltung Japans gegenüber China erwarten. Im übrigen hatte Rotchina trotz des ideologischen Messianismus Lin Piaos in Südostasien bereits eine realistische Diplomatie bewiesen, indem es sich mit Pakistan auf guten und mit Indien auf schlechten Fuß gestellt hatte.

Richard Nixon konnte somit zu Beginn eines Wahljahres seine demokratischen Gegenspieler links überholen und sich als ›Friedenskämpfer‹ bezeichnen lassen; er ließ die traditionelle Sympathie des amerikanischen Volkes für das ferne, märchenhafte China wiederaufleben, und er gab den Sowjets einen zusätzlichen Antrieb, mit ihm zu verhandeln, während er zugleich den Amerikanern eine Lektion in der sowohl neuen als auch traditionellen Diplomatie erteilte — neu, weil Chinesen und Amerikaner seit zwanzig Jahren nur einen gelegentlichen Dialog auf Botschafterebene in Warschau führten; traditionell, weil gemäß der historischen Praxis des alten Europa der Verkehr zwischen den Staaten nicht mehr verlangt als die Anerkennung der Realität. Einen Staat anzuerkennen bedeutet nicht, sein Regime oder seine Handlungsweise zu billigen; Nixon brach nun zwar nicht von einem Tag zum anderen mit der amerikanischen Praxis der Nichtanerkennung, doch machte er einen ersten Schritt (und der allein zählt) in Richtung auf die Anerkennung. Er besuchte die Hauptstadt jenes Staates, den die Vereinigten Staaten beharrlich ignoriert hatten.

Die Reise nach Peking war eine Etappe auf dem Wege nach Moskau, die Verhandlungen mit Peking ein Anfang: die Verhandlungen mit Moskau sollten das Unternehmen krönen. Was das Gespräch mit Tschu En-lai betraf, so war das im Augenblick Wesentliche, daß es überhaupt stattfand. Was das Abkommen mit Breschnew über die Beschränkung der strategischen Waffen und die abschließende Erklärung über die Regeln der Koexistenz betraf, so symbolisierten sie das Ende des Kalten Krieges und den Anbruch einer neuen Ära.

Seit 1960 war es das Bestreben aller Präsidenten der Vereinigten Staaten — Kennedy, Johnson und Nixon — gewesen, die unmittelbaren Beziehungen zwischen den beiden Supermächten nicht den unwägbaren Auswirkungen lokaler Konflikte und den störenden Interventionen kleinerer Mächte auszusetzen. Die Amerikanische Republik und die Sowjetunion verfolgen weiterhin miteinander unvereinbare Ziele, und zwischen ihren Weltanschauungen und ihren höchsten Zielen besteht weiterhin ein Gegensatz. So kann es für sie einstweilen nur darum gehen, den Bereich der gemeinsamen Interessen zu erweitern, das stillschweigende Einverständnis zu artikulieren und zu praktizieren und daraus evtl. Regelungen abzuleiten, die für beide Seiten annehmbar sind. Die Entspannung auf höchster Ebene könnte dazu dienen — im besten Falle —, örtliche Konflikte beizulegen oder zumindest ihre Ausweitung und Eskalation zu verhindern. Die Verhandlungen über die Beschränkung der strategischen Waffen (die bei Nixons Besuch in Moskau mit einem Vertrag abgeschlossen werden sollten) lösten die endlosen Verhandlungen über die Einstellung der Atomversuche und die Nichtweiterverbreitung von Atomwaffen ab, die bereits zu Verträgen geführt hatten (zum Moskauer Abkommen von 1963 über die partielle Einstellung der Atomversuche und zum Abkommen über die Nichtweiterverbreitung, das von den Hauptbeteiligten unterzeichnet, aber noch nicht ratifiziert wurde).

Der Abschluß der SALT-Gespräche bedeutet gegenüber den beiden vorigen Abkommen einen Fortschritt. Die Abkommen über die partielle Einstellung der Atomversuche und über die Nichtweiterverbreitung kommen vor allem jenen Staaten ungelegen, die nicht oder doch nur als zweitrangige Mitglieder (China und Frankreich) zum Atomklub gehören. Mit der Festlegung der Anzahl der Antiraketen-Raketen und der Offensivraketen ist zwar noch keine Abrüstung, aber doch eine Verlangsamung des Rüstungswettlaufs (9), ja eine Begrenzung des Rüstungspotentials erreicht, das zu besitzen die beiden Supermächte sich gegenseitig das Recht zugestehen. Dieses erste Beschränkungsabkommen ist möglich geworden, weil die Amerikaner das Gleichheitsprinzip anerkannt haben und weil das atomare (und ebenfalls das konventionelle) Kräfteverhältnis sich zugunsten der Sowjetunion verschoben hat. An ihm wird somit deutlich, daß Nixon die Politik seiner Vorgänger fortsetzt, daß aber zugleich neue Gegebenheiten aufgetreten sind, die durch die Rhetorik des Präsidenten mehr oder weniger verschleiert werden: der Aufstieg der Sowjetunion, möglicherweise ein Nachlassen der amerikanischen Entschlossenheit, die Fortführung der Gespräche zwischen den beiden Supermächten, aber ebenfalls die Fortsetzung der Konfrontation, sei es direkt oder durch vorgeschobene Verbündete, in verschiedenen Regionen der Welt.

2

Nehmen wir nun wieder die zu Beginn dieses Kapitels gestellte Frage auf, wodurch die Nixon-Kissinger-Diplomatie sich gegenüber der amerikanischen Nachkriegsdiplomatie auszeichnet. Ihre Besonderheit ist zunächst auf die Situation zurückzuführen, auf den Zustand der amerikanischen Öffentlichkeit, die gebieterisch nach Rückzug und Disengagement verlangte. Zweitens besteht sie in dem Stil, der von der Persönlichkeit des Präsidenten und seiner Berater abhängt. Sodann besteht sie in der Verknüpfung von zwei Zielen, einem örtlich begrenzten und einem globalen: der *ehrenhaften* Beendigung des Vietnamkrieges und des *vernünftigen* Dialogs auf höchster Ebene. Außerdem beruht diese Besonderheit auf dem wichtigsten Schritt der gesamten Nixon-Amtszeit: der Reise nach Peking. Ist sie schließlich auch auf die Philosophie der zwischenstaatlichen Beziehungen zurückzuführen, welcher der Fürst und sein Ratgeber huldigen?

Diese Philosophie entstammt der europäischen, nicht der amerikanischen Tradition. In den dreißiger Jahren aus Deutschland gekommen, sollte Henry Kissinger rund 30 Jahre später seine Wahlheimat die zweifelhafte Weisheit Metternichs oder Bismarcks lehren. Gewiß ist dies ein vereinfachendes Bild, das aber vielleicht doch die Realität nicht gänzlich verfälscht.

Der Einfluß der grauen Eminenz, des unscheinbaren Professors aus Deutschland, wäre unerklärlich, würden nicht beide, der Präsident und sein Berater, die Welt durch die gleiche Brille sehen.

Überdies sollte der Gegensatz zur Vergangenheit nicht überbetont werden. Schließlich hat jeder Präsident der Vereinigten Staaten auf seine Art, ob er es wußte oder nicht, Realpolitik betrieben. Als Roosevelt die sowjetische Intervention gegen Japan mit Zugeständnissen zu Lasten Chinas ›erkaufte‹, handelte er nicht anders, als Staatsmänner immer und überall handeln: Er landete ohne es zu wollen bei den unlauteren Praktiken, für welche die Amerikaner nie eine Theorie entwickelt haben und deren Notwendigkeiten und Vorzüge ihnen immer verschlossen geblieben sind. Schließlich hat auch Richard Nixon sein prosaisches Handeln durch seine Rhetorik verschleiert und verklärt. Als er aus Peking und Moskau zurückkehrte, hat er sich als Wallfahrer des Friedens dargestellt.

Auch seine Vorgänger — Kennedy und Johnson mit Sicherheit, Eisenhower vermutlich ebenfalls — haben den Dialog mit Moskau gewünscht und hatten ihn in Angriff genommen. Warum hatte Nixon das Glück, weiter voranzukommen als sie? Hauptsächlich, weil er den Mut gehabt hat, nach Peking zu gehen. Zwanzig Jahre lang, von der chinesischen Intervention in Korea bis zu den chinesisch-amerikanischen Verhandlungen in den Jahren 1970/71, haben die Vereinigten Staaten das kommunistische China von den Vereinten Nationen ausgeschlossen und nur über die gelegentlichen Zusammenkünfte (auf Botschafterebene) in Warschau mit ihm verkehrt. Diese Haltung Amerikas hat den Bruch zwischen den beiden Großmächten des Kommunismus nicht verhindert, sondern möglicherweise sogar zu ihm beigetragen. Es bleibt gleichwohl das ›machiavellistische‹ Verdienst Nixons, daß er das Tabu des unberührbaren China gebrochen, die Rückkehr Pekings in das große Spiel der zwischenstaatlichen Beziehungen erleichtert und den Männern im Kreml einen zusätzlichen Grund für die Verständigung mit Washington geliefert hat.

In Peking wie in Moskau traf Nixon auf Gesprächspartner, die bereit waren, eine vernünftige und realistische Sprache zu sprechen. Die Kulturrevolution gehörte der Vergangenheit an. Nach dem Tode Lin Piaos hatte Tschu En-lai wieder das Kommando übernommen; die weltweite Revolution der Dörfer gegen die Städte landete wie andere Mythen auf dem Kehrichthaufen der Geschichte. Breschnew und seine Genossen in Moskau ähneln eher bürokratischen Verwaltern als Propheten der Revolution. Während sie in militärischer Hinsicht praktisch mit den Vereinigten Staaten gleichgezogen haben, ist ihnen ihre wirtschaftliche und technische Unterlegenheit durchaus bewußt. Russen und Chinesen waren also gleichermaßen am Dialog mit dem amerikanischen Präsidenten interessiert — die ersteren vornehmlich aus ökonomischen Gründen, die letzteren aus Furcht vor der Einkreisung oder gar vor einem Präventivangriff der Sowjetunion.

Warum war aus dem russisch-amerikanischen Kondominium, von dem Roosevelt dreißig Jahre zuvor geträumt hatte, nach dem Kriege nichts geworden? Warum trat an die Stelle der Zusammenarbeit der Kalte Krieg? Die Revisionisten geben Truman und dem heuchlerischen Universalismus, andere Stalin und den unerbittlichen Methoden der Sowjetisierung Osteuropas die Schuld daran. Man braucht sich keiner dieser beiden Anklagen anzuschließen; nach Jalta haben die Amerikaner die Sowjetisierung Osteuropas und eines Teils des ehemaligen Reichsgebietes weder verhindert noch akzeptiert. Sieht man von den spektakulären Zwischenfällen ab, dann entstand und bestand der Kalte Krieg in Europa aus einer Mischung von Protest und Duldung — moralischem Protest und tatsächlicher Duldung. Heute ist mit der Ratifizierung des deutsch-sowjetischen und des deutsch-polnischen Vertrages die moralische Anerkennung der vollendeten Tatsachen durch den letzten Staat vollzogen worden, der gegen sie protestierte. Der Dialog zwischen Nixon und Breschnew ist nicht der gleichen Gefahr des Mißverständnisses ausgesetzt wie der Dialog zwischen Stalin und Roosevelt, denn die Gesprächspartner von heute verstehen sich besser, weil sie einander ähnlicher sind. Von ihren Illusionen befreit, sprechen die Amerikaner und die Europäer den Sowjets nicht mehr das Recht auf bewaffnete Intervention in einem Staat der sozialistischen Gemeinschaft ab.

Muß man zu dem Schluß kommen, daß die Entscheidungen Roosevelts und Trumans, Nixons und Kissingers weniger von ihrer Philosophie, sondern vielmehr von der Situation bestimmt waren, die sich aus ihrer Sicht und aus der Sicht und den Bestrebungen ihrer Gegner ergab? Zweifellos entsprach Nixon den Wünschen seiner Wähler, wenn er sowohl einen Ausgleich mit der Sowjetunion, dem einstigen und gegenwärtigen Rivalen, als auch eine Einschränkung der auswärtigen Verpflichtungen der Republik anstrebte. Trotzdem ließ er bei seinen Anhängern wie bei seinen Gegnern den Eindruck aufkommen, daß er anders als seine Vorgänger — und letzten Endes unamerikanisch — dachte und handelte. Was die Analyse so schwierig macht, ist die unentwirrbare Dialektik zwischen den Verhältnissen und den in ihnen handelnden Menschen.

Nixon und Kissinger gehen sicherlich davon aus, daß Interessengegensätze und damit Konflikte zwischen den Staaten ein normales und ein ständiges Element der zwischenstaatlichen Beziehungen sind. Sie glauben weder an die kollektive Sicherheit noch an die Herrschaft des Gesetzes; das von ihnen angestrebte zwischenstaatliche System wäre eher ein Resultat des Gleichgewichts zwischen entgegengesetzten Kräften als eine Gemeinschaft von Staaten oder Völkern. Es gibt nichts, was der nach 1815 geschaffenen Heiligen Allianz unähnlicher wäre als der Dialog Nixons mit Breschnew oder Tschu En-lai, Brandt oder Pompidou. Der Historiker, der sich mit Metternich befaßt, beachtet sicherlich weder den Dogmatismus noch den Rationalismus, mit dem dieser hartnäckig ein Imperium verteidigte, das durch die Entwicklung der Ideen zum Untergang verurteilt war. Wenn Kommentatoren von der *Realpolitik* europäischer Tradition sprechen, verstehen sie darunter das freie Spiel des Gleichgewichts, das an die Stelle einer allmählich gewachsenen Gemeinschaft trat, die wandelbaren Beziehungen zwischen den beteiligten Parteien, von denen jede eifersüchtig auf ihre Handlungsfreiheit bedacht und daher zu dauerhaften Bündnissen kaum geneigt war. Wenn man davon ausgeht, dann ist die Frage, ob die amerikanische Politik sich am Vorbild der europäischen Kabinettspolitik ausrichtete oder an den Warnungen eines George Washington vor den ›entangling alliances‹, den Bündnissen, die einen fesseln und in fremde Streitigkeiten hineinziehen. Einstweilen kann man weder das eine noch das andere bejahen.

Das weltumspannende System unterscheidet sich dermaßen von dem europäischen System der letzten Jahrhunderte, daß dessen Regeln heute eine völlig andere Bedeutung angenommen haben. Der Spielraum der Diplomatie hat sich erweitert; die nuklearen Waffen sind hinzugekommen; man kann jederzeit miteinander kommunizieren; in den verschiedenen Weltregionen herrscht eine sehr unterschiedliche Situation; die gesitteten Gebräuche und die ›traditionelle Höflichkeit‹ werden mißachtet; dies alles und noch vieles andere mehr verbietet einen Vergleich zwischen der Funktionsweise der europäischen Republik der Staaten, wie sie Voltaire in dem oben zitierten Text beschrieb, und der Funktionsweise der Vereinten Nationen oder den Praktiken des Dschungels, in dem die gefühllosen Ungeheuer hausen. In der einstigen europäischen Republik schlossen die Staaten, die einander benachbart und durch ihre Kultur miteinander verwandt waren, zeitweilige Koalitionen, um die Universalmonarchie oder die Hegemonie eines einzelnen zu verhindern. Störungen traten dann ein, wenn innere Unruhen oder religiöse und ideologische Auseinandersetzungen sich mit zwischenstaatlichen Rivalitäten verknüpften. Die Heilige Allianz von 1815 stützte sich einerseits auf die Wiederherstellung des militärischen Kräftegleichgewichts und andererseits auf das Bemühen, das ›Gespenst‹ des revolutionären Gedankens zu bannen, der die allgemeine Waffenpflicht und den Krieg auf Leben und Tod mit sich gebracht hatte. Wenn Nixon und Kissinger, wie der Titel eines berühmt gewordenen Buches sagt, ›eine Welt restaurieren‹ wollen — um was für eine Welt handelt es sich?

Das weltweite System ist in militärischer Hinsicht weiterhin ein bipolares System. Auch heute gibt es nur zwei Weltmächte, die Sowjetunion und die Vereinigten Staaten, beide mit einem lückenlosen Waffenarsenal ausgestattet, beide auf allen Kontinenten und allen Meeren präsent. Nicht nur, daß die Sowjetunion in nuklearer Hinsicht gleichgezogen hat — zu der Überlegenheit ihrer Landstreitkräfte auf dem Alten Kontinent kommt mittlerweile eine moderne Kriegsflotte, die von Jahr zu Jahr stärker wird.

Noch besitzt sie keine Flugzeugträger, die sich mit denen der Sechsten und Siebten amerikanischen Flotte vergleichen ließen. Noch immer muß sie die Nachteile einer geopolitischen Lage hinnehmen, die nicht so günstig ist wie die der Vereinigten Staaten. Kann man sagen, daß die Struktur und die Funktionsweise des weltweiten Systems sich durch die Angleichung der militärischen Kräfteverhältnisse zwischen den beiden Weltmächten und die damit eingetretene Verletzlichkeit des amerikanischen Territoriums grundsätzlich gewandelt haben und daß das Ziel des Dialogs zwischen Moskau und Washington wiederum durch diese Wandlung bestimmt wird?

Ich will diese Wandlungen und ihre Konsequenzen nicht leugnen. Allerdings sind, wie ich in den vorhergehenden Kapiteln dargelegt habe, die Verantwortlichen der amerikanischen Diplomatie mit ihrem Rivalen stets behutsam umgegangen und haben niemals versucht, ihn zu einem demütigenden Rückzug zu zwingen. Im Krisenfall sind sie mit ihren Verbündeten härter umgesprungen als mit ihren Feinden. Andererseits haben die Männer im Kreml die von ihnen eingegangenen Risiken sorgfältig kalkuliert, selbst während der beiden Berlinkrisen; die einzige Ausnahme war die Errichtung ballistischer Raketenstellungen auf Kuba. Die sowjetischen Führer scheinen aus ihrer Stärke ein stetig wachsendes Selbstvertrauen zu beziehen; das mag es ihnen erlauben, den gleichen Status zu beanspruchen wie die Vereinigten Staaten — den Status einer Weltmacht, die in allen historisch wichtigen Fragen mitentscheidet — und sich zugleich gegenüber ihrem feindlichen Bruder weniger aggressiv zu verhalten.

Wenn die Bipolarität im Sinne der militärischen Kräftekonzentration auf zwei Staaten, die allen übrigen weit überlegen sind, weiter besteht — worin besteht dann die Multipolarität, die heute, ein Vierteljahrhundert nach der Truman-Doktrin, sämtliche Kommentatoren am gegenwärtigen System beobachten?

Sie kann meines Erachtens drei verschiedene Bedeutungen haben:

1) die relative Autonomie gewisser Subsysteme;
2) die chinesisch-sowjetische Rivalität, die in mancher Hinsicht schärfer ist als die amerikanisch-sowjetische Rivalität; und schließlich
3) die Vielzahl der Ebenen, auf denen die Beziehungen zwischen den Staaten (und den Gesellschaften) sich abspielen, wobei die militärische Stärke sich nicht in entsprechender politischer Macht oder entsprechendem moralischem Einfluß äußert.

Die Autonomie bestimmter Subsysteme tritt besonders deutlich bei militärischen Konflikten zwischen Staaten einer bestimmten Region zutage. Als Israel im Jahre 1967 durch die Blockade des Golfes von Akaba und durch die im Sinai massierten ägyptischen Divisionen bedroht war, eröffnete es den Krieg und errang innerhalb von sechs Tagen einen totalen Sieg über seine drei Nachbarn Ägypten, Jordanien und Syrien. Die Sowjetunion hatte Ägypten mit Waffen beliefert und unterhielt enge Beziehungen zu Syrien. Trotzdem intervenierte sie nur bei den Vereinten Nationen, um einen raschen Waffenstillstand herbeizuführen (10), in den Israel erst einwilligte, nachdem es alle seine militärischen Ziele erreicht hatte. Die Führer der beiden Supermächte, die während der Krisenwoche miteinander in Verbindung blieben, haben sich gegenseitig die direkte Intervention verwehrt. Dank der Isoliertheit des Subsystems konnte die militärische Überlegenheit Israels sich nach überlieferter Praxis ungehindert entfalten.

Der indische Subkontinent in den Jahren 1971/72 liefert ein weiteres Beispiel für eine Krise, die durch den örtlich stärksten Staat mit militärischen Mitteln gelöst wurde. Marschall Yahia Khan hatte 1970 in beiden Landesteilen Pakistans freie Wahlen angeordnet. Bei den Wahlen im östlichen Landesteil fielen 167 von 169 Sitzen an die Kandidaten der Awami-Liga, jener Partei, welche die Autonomie, nicht aber die Unabhängigkeit dieses Landesteils befürwortete. Nach fruchtlosen Verhandlungen entschied sich Marschall Yahia Khan für die Gewalt: Scheich Mujibur Rahman, der Führer der Awami-Liga, wurde verhaftet, und die Verfechter der Autonomie, Politiker, Intellektuelle, Lehrer und Studenten wurden von den nach Ostbengalen entsandten Truppen verfolgt. Militante Vertreter der Awami-Liga proklamierten daraufhin an der indischen Grenze die Unabhängigkeit Bangladeschs. Millionen von Bengalen flohen vor den Ausschreitungen der aus dem westpakistanischen Pandschab stammenden Soldaten nach Indien und füllten dort die Flüchtlingslager. In Bengalen begann der Partisanenkrieg. Die indischen Behörden im Grenzgebiet gaben den Guerillakämpfern materielle Hilfe und moralische Unterstützung.

Auch hier wieder gestattete die Weltsituation dem örtlich stärksten Staat, die Krise mit militärischen Mitteln zu lösen. Die Regierung des Marschalls Yahia Khan, die einerseits die freien Wahlen angeordnet hatte, andererseits aber deren Verdikt nicht anerkennen wollte, konnte keine Verstärkungen in den östlichen Landesteil entsenden, der von Westpakistan durch mehr als 2 000 km indischen Staatsgebiets getrennt war. Indien besaß somit an der Ostfront eine Überlegenheit, die ihm einen mühelosen Sieg garantierte. Frau Gandhi brauchte lediglich einen ›Rückversicherungsvertrag‹ mit der Sowjetunion zu unterzeichnen und konnte dann, ohne eine chinesische Intervention befürchten zu müssen, den östlichen Landesteil, der kurz darauf zu Bangladesch werden sollte, ›erobern‹ bzw. ›befreien‹. Hat das Indien Indira Gandhis, als seine Armee die Grenze überschritt, um einem unterdrückten Volk zu Hilfe zu kommen, die Charta der Vereinten Nationen verletzt? Zweifellos. Hätte es den Menschen mehr gedient, wenn es die Charta respektiert und jahrelang die Partisanen mit Nachschub versorgt hätte? Das darf man bezweifeln. Wie schwer die offenkundige Verletzung des Gewaltverbots auch wiegen mag, und obwohl ich glaube, daß die Heuchelei der Partisanenunterstützung der Ehrlichkeit einer regelrechten Invasion im allgemeinen vorzuziehen ist — im vorliegenden Falle vermag ich die unverzügliche Lösung (11) von Frau Gandhi nicht zu verurteilen.

Diese Lösung führte zu einer merkwürdigen Kräftekonstellation und zu noch merkwürdigeren Rechtfertigungs- und Anklagereden. Rotchina liegt seit 1962 wegen der Grenzziehung im Himalaya mit Indien im Streit (die Fachleute sind sich über die Berechtigung der jeweiligen Ansprüche nicht einig). Zum Militärregime Pakistans pflegt es dagegen herzliche Beziehungen. Der Vertreter Pekings bei den Vereinten Nationen bestritt zwar nicht die Forderungen und Beschwerden der Bengalen, denunzierte aber die Einmischung Indiens und die Zerstückelung eines souveränen Staates. Der sowjetische Vertreter plädierte für das Selbstbestimmungsrecht der Völker, während der amerikanische Delegierte sich für die Respektierung der Charta aussprach und zu verstehen gab, daß die militärische Aktion eine politische Regelung, die damals ausgehandelt werden sollte, verhindert habe. Auch hier ist wie im Nahen Osten der Einsatz regulärer Streitkräfte durch die isolierte Lage des Schlachtfeldes, die Überlegenheit einer der kriegführenden Parteien und durch den Umstand ermöglicht worden, daß die außenstehenden Mächte aufgrund ihrer geographischen Distanz, ihrer Uneinigkeit und des zwischen ihnen bestehenden Gleichgewichts zur Untätigkeit verurteilt waren.

Diese beiden Subsysteme weisen somit gewisse gemeinsame Merkmale auf: Die Sowjetunion konnte im Nahen Osten so wenig wie die Vereinigten Staaten auf dem indischen Subkontinent den Sieg des örtlich stärksten Staates verhindern, es sei denn durch unmittelbare Intervention. Im gegenwärtigen

Weltsystem beachtet kein Staat mehr die diplomatischen Höflichkeitsregeln, die es den kleinen Mächten geboten, dem Willen sei es ihres großen Verbündeten, sei es des Konzertes der Großen nachzugeben. Statt dessen wird die Herausforderung zur gebräuchlichen Übung. Die kleinen Mächte bedienen sich ihrer gegenüber befreundeten und feindlichen Großmächten — Präsident Thieu in seinen Verhandlungen mit den Führern in Washington, die israelische Regierung gegenüber der Sowjetunion. Als der verzweifelte Hilferuf Nassers zu den Herren des Kreml drang, mußten sie, um das ägyptische Territorium gegen die weit vorgetragenen Angriffe der israelischen Luftwaffe zu verteidigen, Jagdgeschwader und Batterien von Flugabwehr-Raketen schicken, denn weder die (kaum glaubhaften) direkten Drohungen noch die über Washington vermittelten indirekten Botschaften hätten die Regierung in Jerusalem abgeschreckt.

Hat die Entsendung eines Flugzeugträgers in den Golf von Bengalen Frau Gandhi davon abgeschreckt, ihren Sieg im Osten durch eine Lösung des Kaschmir-Konflikts nach gleicher Methode zu vervollständigen? Das behauptete Präsident Nixon, der die Einstellung der Kampfhandlungen ebensosehr auf die Vermittlungsdienste des Kreml wie auf die Bewegungen seiner Flotte zurückführte. Sollte damit nachträglich eine unvernünftige Haltung gerechtfertigt werden? Wahrscheinlich, obwohl niemand das mit Sicherheit sagen kann. Das wesentliche ist jedenfalls, daß Nixon seinen Willen bei Frau Gandhi, der Verbündeten der Sowjetunion, ebensowenig durchsetzen konnte wie Breschnew bei Frau Meir, die sich der amerikanischen Unterstützung sicher war. Die Tatsache, daß die Großmächte, sofern sie nicht selbst unmittelbar in dem Subsystem engagiert sind, sich gegenseitig paralysieren, überträgt die Entscheidung den Waffen und läßt das alte Sprichwort, daß der Stärkere stets Recht habe, wahr werden.

Es gibt eine ganze Reihe von Unterschieden zwischen dem Fall des indischen Subkontinents und der Nahostfrage. Welche Bedeutung hatte schon das Schicksal der Bengalen oder auch nur das Kräfteverhältnis zwischen Indien und Pakistan für die beiden Supermächte? Indien wird für die nächsten Jahre eine Regionalmacht bleiben; es kann, da es unfähig ist, seine Macht über die Grenzen des Subkontinents hinaus auszudehnen, nicht einmal zur Kontinentalmacht werden. Im Nahen Osten geht es für die Großmächte um mehr als nur den langwierigen Konflikt zwischen Israel und seinen arabischen Nachbarn, denn mit den ungeheuren Erdölvorkommen, aus denen sowohl die atlantischen wie die pazifischen Staaten schöpfen wollen, stehen vitale Interessen sowohl Japans als auch der Vereinigten Staaten auf dem Spiel. Hier stehen sich die Supermächte unvermittelt gegenüber, einig darin, den Zusammenstoß zu vermeiden, aber entgegen den chinesischen Anschuldigungen nicht imstande, wirklich gemeinsames Spiel zu machen.

Was den indischen Subkontinent betrifft, so hatten die Vereinigten Staaten — wie die Garantien und Versprechungen auch immer im einzelnen lauten mochten — sich niemals verpflichtet, für die Unversehrtheit Pakistans gegen Indien zu kämpfen. Johnson hatte sich 1965 während des zweiten indisch-pakistanischen Krieges der Parteinahme enthalten und er hatte offenbar ohne zu grollen dem Kreml das Verdienst und den Ruhm der beim Treffen von Taschkent geleisteten Vermittlung überlassen. Hat sich Richard Nixon gegenüber den beiden Protagonisten Yahia Khan und Indira Gandhi von seinen Gefühlen hinreißen lassen? Hatte er das Gefühl, von der indischen Premierministerin getäuscht worden zu sein? Glaubte er demjenigen, der Kissingers Reise nach Peking erleichtert hatte, etwas schuldig zu sein? Wollte er ostentativ seinen Respekt vor der Charta der Vereinten Nationen oder eine offenkundige Übereinstimmung mit der Volksrepublik China demonstrieren? Wollte er den Herrschern Indiens eine Lektion erteilen, überzeugt, sie würden ihm eine alltägliche Episode der Machtpolitik nicht lange nachtragen? Beim gegenwärtigen Stand unserer Informationen vermag niemand zwischen diesen Interpretationen, die sich keineswegs gegenseitig ausschließen, zu entscheiden.

Uns geht es in dem Bemühen, der Multipolarität eine exakte Bedeutung zu geben, um den Punkt, wo innerhalb eines Subsystems die zwei Formen der Rivalität, die kontinentale und die globale, ineinandergreifen: die chinesisch-sowjetische Rivalität, die einstweilen über den Rahmen Asiens kaum hinausgeht, und die amerikanisch-sowjetische Rivalität, die sich auf die gesamte Welt erstreckt. Auf der höchsten nuklearen

Ebene befinden sich allein und konkurrenzlos die beiden Weltmächte; aus diesem Grunde und auch dank ihrer Luftwaffe, ihrer Flotte und ihrer konventionellen Rüstung können sie überall interveniren — was paradoxerweise nicht ausschließt, daß die eine sich zumindest zu militärischen Interventionen immer weniger versucht fühlt und daß die andere aus ihrem Aufstieg zu höchstem Rang bisher nur magere Vorteile gezogen hat.

Die beiden Reisen nach Peking und Moskau, die das doppelte Ziel verfolgten, die Beendigung des Vietnamkrieges zu beschleunigen und mit einer absurden Situation — der völligen Verbindungslosigkeit zwischen den beiden Rivalen der Sowjetunion — Schluß zu machen, zeugen von Realismus und nüchternem Urteil. Es besteht kein Anlaß, sich hier auf Metternich, Talleyrand oder Bismarck zu berufen. Es besteht ebenfalls kein Anlaß, das Ende der Ideologien zu beschwören, denn der Streit zwischen der Sowjetunion und Rotchina hat selbstverständlich auch ideologische Ursachen und eine ideologische Dimension. Das Schisma innerhalb der Welt, die sich auf den Marxismus-Leninismus beruft, bestätigt eine historische Erfahrung, daß nämlich die Freundschaft zwischen sozialistischen Staaten dem Zahn der Zeit und divergierenden Interessen ebensowenig widersteht wie die Freundschaft zwischen christlichen Staaten. Wenn die gegensätzlichen Interpretationen des gemeinsamen Glaubens nicht die Leidenschaften entfachen, so können sie doch zumindest als diplomatische Waffe benützt werden.

Der Koreafeldzug hatte — ob es nun Zufall oder Stalins machiavellistische Berechnung war — die Beziehungen zwischen Peking und Washington unterbrochen. Der Kreml hatte sich praktisch ein Monopol für die Beziehungen zum Weißen Haus gesichert. Der Besuch in Peking war der große Coup der ersten Amtszeit Nixons, denn dadurch sicherte sich der amerikanische Präsident mit einem Schlage den Vorteil des Dialogs mit zwei Staaten, die sich vorläufig nicht miteinander verständigen, ja nicht einmal miteinander reden konnten. Solange der chinesisch-sowjetische Konflikt ungelöst ist bzw. unlösbar erscheint, werden die Vereinigten Staaten, wenn sie erst einmal aus Vietnam heraus sind, ihrerseits als der lachende

Dritte volle Bewegungsfreiheit genießen — eine Freiheit, die tatsächlich ganz den Lehren der alten Diplomatie entspricht.

Wenn in Europa zu Recht von Multipolarität gesprochen werden kann, so nicht wegen des chinesisch-sowjetischen Bruchs, sondern wegen der Vielzahl der Ebenen, auf denen die Beziehungen zwischen den Staaten und Gesellschaften (transnationale und internationale, militärische, ökonomische, politische und ideologische Beziehungen) sich abspielen, wobei kein Zusammenhang zwischen den verschiedenen Ebenen besteht und die nukleare Ebene auf die übrigen keinen entscheidenden Einfluß hat. Ende der vierziger Jahre ließ Stalin im Herzen des alten Kontinents einen Eisernen Vorhang herunter; er errichtete in den osteuropäischen Ländern Regime, deren Vorbild seine eigene Herrschaft war; an ihrer Spitze standen dem Marxismus-Leninismus ergebene Männer, die vielfach im Troß der Roten Armee in die Heimat zurückgekehrt waren. Die alten Nationen des Westens, teils siegreich, teils geschlagen, aber alle mitgenommen und geschwächt, schienen eine leichte Beute für den Eroberer zu sein, und allein die Amerikanische Republik schien den Ehrgeiz des Tyrannen bzw. die Ausbreitung dessen, was bei den Europäern damals der ›neue Glaube‹ hieß, aufhalten zu können. Jede der beiden Großmächte schuf um sich herum einen Block — auf der einen Seite die freie Welt, auf der anderen die östliche Despotie —, und die diplomatische Ausrichtung ergab sich aus der inneren Ordnung des jeweiligen Landes. In diesem Sinne waren die zwischenstaatlichen Beziehungen von der Ideologie bestimmt, und jeder Block bildete gleichsam eine Heilige Allianz (eine Allianz der herrschenden Mächte gegen die Revolutionäre).

Außerhalb Europas gab es keine Blöcke. Die Sowjetunion hat über die Länder außerhalb ihres Vorfeldes, die sich ebenfalls auf den Marxismus-Leninismus beriefen, niemals eine bedingungslose Herrschaft ausgeübt. Selbst in den Jahren 1949 bis 1953 hat Rotchina sich nicht mit dem Status eines Satelliten abgefunden. Ideologische Gemeinsamkeit und Ähnlichkeit der inneren Verfassung waren lediglich Kennzeichen der beiden in Europa bestehenden Blöcke. (12) Jene Staaten, die in Asien, im Nahen Osten und in Lateinamerika von den Vereinigten Staaten gestützt wurden, hatten allenfalls dies gemeinsam, daß sie nicht von einer Einheitspartei regiert wurden, die sich auf den Marxismus-Leninismus berief. In Asien, Afrika und Lateinamerika hat es also so etwas wie einen sowjetischen Block oder eine freie Welt nie gegeben. Wenn einige Kommentatoren heute von der Periode der Bipolarität sprechen, dann in einem ganz bestimmten Sinne. Einer extremen Deutung zufolge besagte die Doktrin der Eindämmung, daß die Vereinigten Staaten nicht den geringsten territorialen oder ideologischen Verlust hinnehmen durften; kein Staat, wie klein auch immer, durfte das Lager wechseln oder sich der marxistisch-leninistischen Auffassung anschließen. Daraus erklärt sich die Tendenz der Diplomaten in Washington, selbst dann überall und jederzeit Verpflichtungen einzugehen, wenn es gar nicht um amerikanische Interessen im engeren Sinne ging.

Ob es nun um Europa geht oder um Regionen, in denen Russen und Amerikaner einander nicht unmittelbar gegenüberstehen, — die Politik Nixons und Kissingers zeichnet sich sowohl gegenüber den Verbündeten als auch gegenüber der Dritten Welt durch größere Zurückhaltung aus. Im Januar 1963 hatte das Veto de Gaulles gegen den britischen Beitritt zum Gemeinsamen Markt John F. Kennedy erbittert und in den Vereinigten Staaten eine gewisse Verärgerung ausgelöst. 1971 dagegen hat sich Nixon weder für noch gegen den Beitritt Großbritanniens ausgesprochen. Auch wenn er offiziell natürlich dafür war, hat er doch keinerlei Pressionen auf London oder Paris ausgeübt. Kurz, er spielt die hegemoniale Rolle mit größerer Zurückhaltung. Er behält sich zwar, was die atomaren Waffen betrifft, nach dem Beispiel seiner Vorgänger das Handeln und Verhandeln allein vor, doch informiert er regelmäßig seine europäischen Verbündeten. Er setzt in dieser Hinsicht eine Entwicklung fort, die von Johnson eingeleitet wurde, der bereits die großen Vorhaben Kennedys fallenlassen hatte.

In der Kongo-Krise hatten die Amerikaner noch über die Vereinten Nationen interveniert, und es war zu einer Konfrontation zwischen Russen und Amerikanern gekommen. Der Bürgerkrieg in Nigeria wurde dagegen an Ort und Stelle geregelt; obwohl die Sowjetunion der Zentralregierung Waffen schickte, rührte sich Washington nicht. Allerdings stellten auch die Briten der Regierung in Lagos Waffen zur Verfügung. Es ist logisch, daß der durch die Tragödie von Vietnam beschleunigte Niedergang des ›globalism‹ schon vor der Wahl Nixons einsetzte.

Auch in Lateinamerika und im karibischen Raum hat die Nixon-Mannschaft nichts im strengen Sinne Neues unternommen. Die einzige Neuerung besteht in einem verminderten Aktivismus, einer geringeren Intoleranz gegenüber revolutionären Regimen, selbst gegenüber solchen, die gern vom Sozialismus oder gar vom Marxismus-Leninismus reden. Wie es scheint, hat Washington weder die CIA noch seine Freunde gegen die nationalistischen Generäle von Peru oder gegen das Allende-Experiment in Chile mobilisiert. Es sieht so aus, als ließe Nixon das Vorgehen Amerikas in Afrika und Lateinamerika vom State Department bestimmen und als würden Weisungen aus dem Weißen Haus, welche die Berufsdiplomaten zu irgendwelchen Initiativen anhalten, unterbleiben. In dem Übergang vom Aktivismus zur Untätigkeit kann man auch eine Form des Rückzugs sehen.

3

Die bisherigen Analysen haben uns noch nicht die gesuchte Antwort gebracht. Wir haben behauptet, die Besonderheit der Politik Nixons beruhe auf einer eigentümlichen Philosophie der zwischenstaatlichen Beziehungen, doch bewiesen haben wir das nicht, sofern die Reise nach Peking nicht ein entsprechender Beweis ist. Was das übrige betrifft — die Rückkehr zu einer gemäßigten Doktrin der Eindämmung, die Fortsetzung des Dialogs mit der Sowjetunion, der von Kennedy, ja schon von Eisenhower eingeleitet worden war, und die Einschränkung der auswärtigen Verpflichtungen, die das Ziel verfolgte, die amerikanische Öffentlichkeit zu besänftigen und sich den neuen Kräfteverhältnissen anzupassen —, so setzte es eigentlich nicht mehr als eine nüchterne Beurteilung des Gegebenen und Zweckmäßigen voraus. Allerdings kommen bei einer solchen Deutung zwei Aspekte der Politik Nixons zu kurz, und nur die Zukunft kann sagen, ob es sich um grundlegende oder um zweitrangige Aspekte handelt: Sie betreffen einerseits die Sprache, derer er sich von Zeit zu Zeit bedient, und andererseits die Entscheidungen vom August 1971 sowie die wirtschafts-

und währungspolitischen Auseinandersetzungen innerhalb des kapitalistischen Weltmarktes.

In einem Interview, das am 3. Januar 1972 in der Zeitschrift *Time* erschien, äußerte sich Präsident Nixon folgendermaßen:

›Wir sollten bedenken, daß der einzige Abschnitt der Weltgeschichte, in dem wir eine längere Friedensphase hatten, in eine Zeit des Gleichgewichts der Kräfte fiel. Die Gefahr eines Krieges entsteht, wenn eine Nation sehr viel stärker wird als ihre potentiellen Konkurrenten. Ich glaube deshalb an eine Welt, in der die Vereinigten Staaten ein machtvolles Land sind. Ich denke, die Welt wird sicherer und besser sein, wenn die Vereinigten Staaten, Europa, Sowjetunion, China und Japan stark und gesund sind und sich gegenseitig das Gleichgewicht halten, ohne den einen gegen den anderen auszuspielen, wenn es also ein wirkliches Gleichgewicht gibt.‹

Eine merkwürdige, nahezu absurde Definition des idealen Friedenssystems. Auch wenn Europa zwischen 1815 und 1914 fünf Hauptakteure (Großbritannien, Frankreich, Deutschland, Österreich-Ungarn und Rußland) umfaßte, so besitzt diese Zahl doch keine Zauberkraft. Die auf dem Wiener Kongreß geschaffene europäische Ordnung hat die begrenzten Konflikte des 19. Jahrhunderts aus vielfältigen Gründen überstanden, die jedoch mit der Zahl der Hauptakteure nichts zu tun haben. Im übrigen gibt es die fünf Akteure, die der amerikanische Präsident aufzählte, nur in seiner Phantasie, oder zumindest bestehen zwischen ihnen sehr viel größere Unterschiede als zwischen den Akteuren des europäischen Systems. Es sind darunter zwei Weltmächte, eine unbewaffnete wirtschaftliche Großmacht (Japan), eine Kontinentalmacht, die zwar arm ist, aber über den Ansatz zu einer nuklearen Streitmacht verfügt (China), und eine Gruppe von Industrienationen, die weder eine gemeinsame Regierung noch die Fähigkeit oder die Entschlossenheit besitzt, sich außerhalb Europas durchzusetzen.

Überdies bildeten die Hauptakteure des alten europäischen Systems ein System im eigentlichen Sinne, weil jeder die Kräfteverhältnisse unter Berücksichtigung aller übrigen kalkulierte. Im weltweiten System von heute kann davon keine Rede sein. Selbst wenn sie sich einig wären, würden sich die europäischen Nationen politisch und strategisch aus asiatischen Konflikten heraushalten, und auch Japan würde sich von europäischen Konflikten fernhalten. China übt aufgrund seines Prestiges und seiner Ideologie einen gewissen Einfluß aus und möchte ihn zumindest auf die europäischen Länder der sozialistischen Gemeinschaft ausüben. Unter vier Augen ermuntert Tschu En-lai die Westeuropäer zur Einigung, damit sein Hauptfeind, die Sowjetunion, nicht alle Kräfte im Osten konzentrieren kann. Erneut wird die offenkundige Tatsache deutlich, daß es nur zwei Weltmächte gibt, auch wenn das nicht unbedingt bedeutet, daß das System bipolar ist, zumindest wenn man unter Bipolarität versteht, daß sich um die beiden Weltmächte zwei Blöcke oder zwei Lager gruppieren. Japan und Europa — das eine, weil es keine Rüstung, insbesondere keine Atomrüstung besitzt, das andere, weil es ihm an Einheit und Entschlossenheit fehlt, und wegen der unmittelbaren Nähe einer Weltmacht — bleiben auf das Bündnis mit Amerika und auf den Schutz der Amerikaner angewiesen.

Wenn daher von einem fünfseitigen Gleichgewicht die Rede ist, muß das die Japaner noch stärker beunruhigen als die Europäer, bedeutet es doch nichts anderes, als daß zwischen Verbündeten und Gegnern kein eindeutiger Unterschied gemacht wird. Wenn es abgelehnt würde, eine solche Unterscheidung zu machen, so wäre das in der Tat ein radikaler Bruch mit der amerikanischen Nachkriegsdiplomatie. Es liefe letzten Endes auf eine andere berühmte Formel hinaus, die weniger ein zynischer als vielmehr ein logischer Ausdruck der insularen Macht war, die einmal das Gleichgewicht garantierte: England hat keine Verbündeten, es hat lediglich Interessen.

Gewiß hat Präsident Nixon immer wieder öffentlich erklärt, die Vereinigten Staaten würden ihre Bündnisverpflichtungen respektieren und nicht wegen der Annäherung an den Gegner ihre Verbündeten fallenlassen. Doch im gleichen Jahre 1971 hat ein anderes Ereignis — die am 15. August getroffenen Maßnahmen — Japaner und Europäer in Bestürzung versetzt und eine paradoxe Tatsache ins Licht gerückt: Da die Weltwirtschaft in zwei Märkte, einen sozialistischen und einen kapitalistischen, aufgeteilt ist, treten wirtschaftliche Rivalitäten und Streitigkeiten innerhalb dieser beiden Märkte und damit auch zwischen Verbündeten zutage. Kennzeichnend für die Meinungsverschiedenheiten innerhalb der sozialistischen Gemeinschaft ist der Widerstand Rumäniens gegen die Beschlüsse und Planungen des Comecon; auf der anderen Seite kommt es zwischen Europäern, Japanern und Amerikanern zu immer erbitterteren Auseinandersetzungen über das internationale Währungssystem, über die Ursachen des Außenhandelsüberschusses der Bundesrepublik und Japans, über die Wechselkurse, über diskriminierende Maßnahmen und über einen offenen oder versteckten Protektionismus. Die Abwertung des Dollar, die — Stunde der Wahrheit — wie die Reise nach Peking historische Bedeutung annimmt, hat wirtschaftspolitische Meinungsverschiedenheiten in den Rang der hohen Politik erhoben. Tatsächlich mußte sich zuerst den Japanern und anschließend den Europäern die Frage aufdrängen, ob nicht im gleichen Augenblick, da die Feinde — China und die Sowjetunion — zu Gesprächspartnern und möglicherweise zu echten Partnern der Vereinigten Staaten geworden waren, die Europäische Gemeinschaft und Japan auf dem Weltmarkt zu Rivalen oder gar Gegnern der Amerikaner wurden. Mußte man nicht befürchten, daß die beiden Bündnisse, auf welche die amerikanische Diplomatie sich seit 1950 in erster Linie stützte — das eine mit Japan, das andere mit Westeuropa —, zugleich der Entspannung zwischen den ehemaligen Feinden und der Spannung zwischen den Verbündeten zum Opfer fielen?

Wenn der Vietnamkrieg erst beendet ist, befinden sich die Vereinigten Staaten in Asien in der vorteilhaften Position des lachenden Dritten, der Weltmacht, die auf dem Schauplatz präsent ist, aber auch der Inselmacht, die in ihren Bewegungen und Bindungen frei ist. Solange Mao Tse-tung in der Verbotenen Stadt regiert, ist jede Versöhnung zwischen Peking und Moskau ausgeschlossen, und die amerikanischen Diplomaten haben, ohne die beiden kommunistischen Großmächte gegeneinander auszuspielen, den Bewegungsspielraum zurückgewonnen, den sie durch einen zwangshaften Antikommunismus eingebüßt hatten. Möglicherweise wünscht Tschu En-lai sogar, daß die Vereinigten Staaten einen Rest ihrer Präsenz in Südost-Asien aufrechterhalten, denn dadurch würde verhindert, daß die sowjetische Diplomatie mit dem von ihr ausgebreiteten

Netz von Beziehungen das Reich der Mitte einkreist. Die sowjetische Diplomatie wiederum würde einen alten Traum Stalins, ja sogar Lenins persönlich verwirklichen, wenn es ihr gelänge, von der fortgeschrittensten Wirtschaftsmacht Kredite und technische Hilfe zu bekommen.

Aus der Sicht Tokios wirkt Nixons und Kissingers Vorgehen allerdings recht zweideutig: Über 20 Jahre lang hat Washington gern jede Verpflichtung übernommen, und heute will es sie delegieren. Wie weit wird dieses Delegieren der Verantwortung gehen? Welche Rolle soll Japan spielen?

Premierminister Tanaka, der Nachfolger Satos, dessen Sturz im Jahre 1971 durch seine eigenen spektakulären Schritte beschleunigt wurde, hat natürlich den Weg beschritten, den Nixon geebnet hatte, und diesen rasch überholt; während der amerikanische Präsident die diplomatischen Beziehungen zu Taiwan nicht abbrechen konnte, zögerte Tanaka nicht und vollzog den Bruch. Auch Japan erhält Angebote zur wirtschaftlichen Zusammenarbeit aus Moskau und Peking, wobei Moskau größere (Ausbau Sibiriens), aber auch bindendere Angebote macht, während die Offerten Pekings zunächst bescheiden, aber entwicklungsfähig sind. Tanaka braucht sich nicht zwischen ihnen zu entscheiden, doch dürfte es ihm schwerfallen, gegenüber Moskau und Peking eine gleich große Distanz zu wahren.

Die Ungewißheit, welche die japanische Regierung bedrückt, gilt den Beziehungen zu Washington: Was bleibt von dem Militärbündnis übrig? Wie wird sich die wirtschaftliche Rivalität entwickeln? Macht Nixon einen Unterschied zwischen dem Reich der aufgehenden Sonne und dem Reich der Mitte, das eine ein Verbündeter, das andere ein ehemaliger Feind, der noch immer den Imperialismus beschimpft, den Prinzen Sihanuk unterstützt und die Schützlinge der Vereinigten Staaten bekämpft? Kann Japan seine Macht im Vertrauen auf die amerikanische Garantie allein mit wirtschaftlichen Mitteln nach außen hin geltend machen, lediglich mit konventionellen Waffen ausgestattet und mit keinen größeren militärischen Ambitionen als dem Schutz der küstennahen Bereiche? Asien den Asiaten — das bedeutete in Vietnam den Rückzug des amerikanischen Expeditionskorps; was bedeutet es in Nordostasien? Will Japan seine Großmachtrolle *auch im militärischen Sinne* wieder aufnehmen, oder soll es auf die nukleare Garantie der Vereinigten Staaten setzen?

Ähnlich und zugleich anders ist die Lage — und sind die Fragen — in Europa. Der sowjetische Block besteht hier noch immer, und zwar insofern, als die Männer im Kreml noch immer die Grenzen der von ihnen geduldeten nationalen Autonomie und ideologischen Häresie bestimmen: das hat — nach Ungarn — die Tschechoslowakei erfahren müssen. Innerhalb der vom Kreml gezogenen Grenzen beweisen Rumänien mit seiner Diplomatie und Ungarn mit seiner Innenpolitik ihre eigene Eigenständigkeit. Niemals haben die Vereinigten Staaten in Westeuropa eine solche Herrschaft ausgeübt, wie Stalin und seine Nachfolger sie in Osteuropa praktizierten.

Trotzdem haben sich mit dem Wiedererstarken der alten Nationen und mit der Bildung des Gemeinsamen Marktes sowohl die gegenseitigen Beziehungen zwischen Großbritannien, Frankreich und der Bundesrepublik Deutschland als auch deren Beziehung zu den Vereinigten Staaten nach und nach verändert.

Alle westeuropäischen Länder haben mit der Mehrzahl der osteuropäischen Länder Verbindungen angeknüpft. General de Gaulle reiste nach Polen und forderte, an die traditionelle Freundschaft zwischen beiden Ländern erinnernd, seine Gastgeber (übrigens vergeblich) auf, über ihre nähere Umgebung hinauszublicken — eine diskrete Anspielung auf die sozialistische Gemeinschaft, der Gomulka treu ergeben war. In der Kulturdiplomatie und im Sport gibt es keinen Eisernen Vorhang mehr, doch gibt es noch immer zwei verschiedene Welten, denn die Sowjetunion verlangt weiterhin doktrinäre Gefolgschaft und unterbindet die ideologische Koexistenz. Sowohl die innerstaatliche Führung als auch die partielle wirtschaftliche Integration gestalten sich in den beiden Teilen des Alten Kontinents nach grundlegend verschiedenen Methoden. Der Warenaustausch zwischen den zwei Blöcken hat zugenommen und wird auch wohl weiterhin zunehmen. Die Sowjetunion ist daran interessiert, im Austausch für komplette Fabrikanlagen und überwiegend hochwertige Fertigprodukte Rohstoffe und Energie zu liefern. Die westlichen Länder sehen gleichfalls ihr Interesse darin, diesen Handel zu fördern — in der Hoffnung, daß die Interdependenz den Frieden festigt. Die Regierung der Bundesrepublik Deutschland hat die Hoffnung, daß sich das Regime der DDR durch das Eindringen demokratischer Freiheitsvorstellungen auflockert. Die Herrschenden in der DDR reagieren darauf mit ihrer ›Abgrenzung‹. Damit in einem Europa, in dem die Waren- und Personenströme hinüber- und herübergehen, die Deutsche Demokratische Republik in ihrem Wesen erhalten bleibt, müssen die am wenigsten faßbaren Grenzen, die Grenzen des Bewußtseins, verstärkt werden.

Welche Stellung haben in diesem noch immer geteilten, aber anscheinend befriedeten Europa, das nicht mehr von dem Propagandalärm widerhallt, die Vereinigten Staaten? Welche Rolle wird ihnen im kommenden Jahrzehnt zufallen?

Die Diplomatie Richard Nixons zeichnet sich sowohl in Europa wie in Asien durch die Formel des ›low profile‹ aus; der Wandel wird deutlich, wenn man die Haltung, die Kennedy 1961/62 zum ersten britischen Beitrittsgesuch zum Gemeinsamen Markt einnahm, mit der ostentativen Zurückhaltung der amerikanischen Führer seit 1969 vergleicht. Ich glaube nicht, daß der Präsident und seine Berater anfangs von der Ostpolitik des Bundeskanzlers Brandt innerlich angetan waren. Wenn sie trotzdem offiziell darauf eingegangen sind, so haben sie doch nur — zusammen mit Briten und Franzosen — jene Abkommen über die ehemalige Reichshauptstadt ausgehandelt, die unmittelbar in die Zuständigkeit der vier Mächte fallen. Mit einem Wort: Unter Nixon überlassen die Vereinigten Staaten den Europäern die Verantwortung für ihr eigenes Geschick — sollen sie sich nach eigenem Ermessen organisieren.

Westeuropa gehört trotz seiner geographischen Nähe zur Gemeinschaft der sozialistischen Staaten wirtschaftlich und ideologisch zur Atlantischen Gemeinschaft. Der Dollar ist hier die übernationale Währung; ein großer Teil der amerikanischen Konzerne unterhält hier Niederlassungen; die Energieversorgung hängt von den Beziehungen zu den erdölproduzierenden Ländern des Nahen Ostens ab, in denen die amerikanischen Gesellschaften Milliarden von Dollars investiert haben. Jede Veränderung auf der anderen Seite des Atlantik — die Inflation, die Kursveränderungen an der Wall Street, die Zinssätze — schlägt sich unmittelbar in Westeuropa nieder; die Entscheidungen der Planer oder des Politbüros in Moskau haben nicht im entferntesten einen solchen Einfluß wie die Schwankungen der amerikanischen Konjunktur. Die übernationale Wirtschaftsgesellschaft, symbolisiert durch den Eurodollar, ist zur Tatsache geworden; sie kennt keine Grenzen und schränkt in der Tat die Souveränität und die Möglichkeit der Staaten ein, eine unabhängige Kredit- und Währungspolitik zu betreiben.

Um es in der Sprache der Marxisten-Leninisten auszudrücken: Westeuropa ist Teil eines, des kapitalistischen Weltmarktes, Osteuropa Teil eines anderen, des sozialistischen Marktes, und die Beziehungen zwischen diesen beiden Märkten bzw. zwischen Staaten, die verschiedenen Märkten angehören, sind im Vergleich zu dem Austausch innerhalb dieser Märkte von begrenztem oder verschwindendem Umfang.

Können und wollen die Staaten Westeuropas engere Beziehungen zur anderen Hälfte des Alten Kontinents herstellen und gleichzeitig ein integrierender Bestandteil der transnationalen atlantischen Gesellschaft bleiben? Zweifellos. Können und wollen sie ein vereintes Europa ›vom Atlantik bis zum Ural‹ herstellen? Ganz gewiß nicht. Ein solches Europa, ohne die Vereinigten Staaten, aber unter Einschluß der Sowjetunion, würde politisch zur ›Finnlandisierung Europas‹ (13), zur Ersetzung eines Protektorats durch ein anderes führen — und zwar eines Protektorats, das sehr viel schwerer abzuschütteln sein dürfte als das amerikanische.

In wirtschaftlicher Hinsicht kann der Handel mit Osteuropa den Handel innerhalb des atlantischen oder kapitalistischen Marktes wohl ergänzen und bereichern, nicht aber ersetzen. In politischer Hinsicht würde ein Westeuropa, das sich von den Vereinigten Staaten losgelöst oder von dem diese sich abgewandt hätten, in eine Abhängigkeit geraten, die es auf lange Sicht zum Satelliten machen würde, es sei denn, es würde sich zu einer Geschlossenheit und Entschlossenheit aufraffen, zu der es anscheinend nicht fähig ist.

Damit tauchen die beiden entscheidenden Fragen auf: Halten die Vereinigten Staaten in Asien das Bündnis mit Japan aufrecht, das die Wiederbewaffnung des Reiches der aufgehenden Sonne verhindert und die begrenzte, aber unumgängliche Bedeutung der ideologischen Verwandtschaft für die diplomatische Ausrichtung bestätigt? Werden die Vereinigten Staaten in Europa eine militärische Präsenz aufrechterhalten, die dafür sorgt, daß Entspannung und Sicherheit keinen Gegensatz bilden?

Die Antwort auf diese Fragen wird die zweite Amtszeit Nixons geben. Die Nachkriegswelt, an deren Entstehung er mitwirkt, hat keine Ähnlichkeit mit der Welt Metternichs oder der Welt Bismarcks. Sicher macht Nixon — vermittelt durch Kissinger — Anleihen bei der Weisheit der europäischen Tradition. Er nimmt es hin, daß die zwischenstaatlichen Beziehungen in einem gewissen Umfang von den ideologischen Auseinandersetzungen gelöst werden, er träumt nicht von einem Kreuzzug oder von kollektiver Sicherheit, und er erkennt an, daß Interessengegensätze zwischen Staaten etwas Normales sind. Seine Hoffnungen und Erwartungen gelten nicht einem weltweiten Kondominium, einer starren Abgrenzung von Einflußbereichen, einer Regelung sämtlicher, auch unbedeutenderer Krisen durch Verhandlungen auf höchster Ebene. In seinem außenpolitischen Bericht an den Kongreß kommen sehr häufig die Wörter ›restraint‹ und ›self-restraint‹ vor — Zurückhaltung, Mäßigung, Selbstbeschränkung. Vorsicht und Mäßigung aber sind aristotelische Tugenden, die in unserer Welt wegen des Rüstungswahnsinns nötiger sind als je zuvor. Enthält — wenn diese Interpretation richtig ist — die Diplomatie Nixons und Kissingers mehr von der skeptischen Weisheit des alten Europa als Regeln des gesunden Menschenverstandes, die — wenn man so will — realistisch und gelegentlich zynisch, aber — sieht man einmal von der Bombardierung Nordvietnams ab — von einem gemäßigten Zynismus sind? Was bleibt, ist ein atomares Gleichgewicht zwischen den beiden Weltmächten, sind verhältnismäßig eigenständige Subsysteme, in denen die beiden Weltmächte zusammen mit den regionalen und kontinentalen Akteuren unterschiedliche Rollen spielen; jeder verteidigt seine Interessen, ohne die nötige Rücksicht auf die vitalen Interessen des anderen zu vergessen. Mit der dogmatischen Starrheit Metternichs hat das nichts zu tun. Es gibt keine

Heilige Allianz der Konterrevolutionäre, die das Gespenst der Revolution in Ketten zu legen versucht. Die revolutionären Staaten verzichten darauf, ihren Glauben mit Gewalt zu verbreiten, und die Vereinigten Staaten verzichten darauf, jede beliebige revolutionäre Bewegung als eine Bedrohung aufzufassen.

Weshalb bleibt dann aber ein nagender Zweifel zurück? Wird Nixon oder sein Nachfolger das richtige Maß an Flexibilität und Zurückhaltung finden? Wenn die Amerikanische Republik sich nicht mehr einem monströsen Feind gegenübersieht, wozu braucht sie dann Verbündete? Wozu dann permanente Bindungen? Warum soll man Handelskonkurrenten schützen, die ihre Undankbarkeit damit beweisen, daß sie in den amerikanischen Markt eindringen? Wielange wird eine auf ihre kommerziellen Interessen bedachte Republik den Widerspruch ertragen, daß ihre Partner zugleich ihre Gegner sind — Partner im diplomatisch-strategischen System, Gegner im wirtschaftlichen Konkurrenzkampf? Folgt auf den Kreuzzug die Dollardiplomatie?

Zu fürchten sind nicht so sehr die Lehren der Realpolitik als vielmehr eine Deutung, die ihren Sinn entstellt. Es ist denkbar, daß die Amerikaner Metternich wegen seiner Perücke mit George Washington verwechseln.

Anmerkungen

1 siehe oben S. 170 ff.

2 Das wird zumindest — privat wie öffentlich — von den amerikanischen Verantwortlichen behauptet. Ich bin mir dessen nicht sicher, neige aber zu der Ansicht, daß sie die Wahrheit sagen.

3 Um diesen Preis hätte er die Freilassung der amerikanischen Kriegsgefangenen erreicht.

4 Ich sage ›scheinbar‹, weil die Handelsbilanz seit mehreren Jahren negativ war, wenn man die durch die *tied loans* erzwungenen Käufe berücksichtigt.

5 Zwei Bataillone, im Höchstfall einige tausend Mann.

6 Der außenpolitische Bericht des Präsidenten an den Kongreß erwähnt diese Krisen als Anzeichen für eine neue Konfrontationsphase vor einem Fortschritt der Verhandlungen.

7 Zwei nennenswerte Ausnahmen: Die Hartnäckigkeit, mit der die Rückführung *sämtlicher* chinesischer Gefangenen bei den Verhandlungen von

Panmunjon gefordert wurde, und die Beschießung von Quemoy und Matsu.

8 Hat Nixon um die Einladung gebeten, oder hat er lediglich zugestimmt, daß die Vereinbarung in dieser Weise dargestellt wurde?

9 Vielleicht hat sich der Wettlauf von der Quantität auf die Qualität (MIRV) verlagert.

10 Die sowjetischen Delegierten erleichterten den isaraelischen Repräsentanten in New York die Aufgabe, indem sie zunächst den Rückzug der israelischen Truppen bei gleichzeitigem Waffenstillstand forderten.

11 Eine mangelhafte Lösung: Die von den Bengalen abgelehnte bzw. der Kollaboration mit den pakistanischen Truppen beschuldigte Minderheit der Bihari wurde ihrerseits verfolgt. Bangladesch wurde zu einem indischen Protektorat, und die Not herrscht unvermindert weiter.

12 Mit Ausnahme Portugals im Westen und später der Türkei und Griechenlands.

13 Ich bezweifle, daß die Westeuropäer, wenn sie sich in einer ähnlichen Lage befinden würden wie die Finnen, den gleichen Mut aufbringen und ihre Freiheit so weitgehend bewahren würden.

SCHLUSSFOLGERUNG AUS DEM ERSTEN TEIL
ERFOLG ODER MISSERFOLG?

Zitieren wir noch einmal das Urteil, das Robert E. Osgood in seinem Vorwort zum Buch von George Liska über die amerikanische Diplomatie gefällt hat: ›Die amerikanische Außenpolitik während der ersten beiden Jahrzehnte des Kalten Krieges war ein schlagender Erfolg, wenn man vom üblichen Maßstab der nationalen Sicherheit und Macht ausgeht.‹ Würde Osgood das fünf Jahre später auch noch geschrieben haben? Was ist von den Begründungen seines Urteils übrig geblieben?

›Zwar entspricht die Welt in der Mitte der sechziger Jahre nicht den Idealen Amerikas von internationaler Harmonie, doch haben die Vereinigten Staaten ihr unmittelbares Ziel, die Expansion der kommunistischen Herrschaft einzudämmen, erreicht. Die sowjetische Politik hat sich gemäßigt, der sowjetische Block in Osteuropa hat sich gelockert, der chinesisch-sowjetische Block ist zerfallen, die Expansionswünsche des kommunistischen China wurden enttäuscht, und es ist den beiden wichtigsten kommunistischen Staaten nicht gelungen, durch die Ausnutzung der Revolution in rückständigen Gebieten ihren Herrschaftsbereich auszudehnen. Damit sind die entscheidenden Ziele der vor zwanzig Jahren formulierten Eindämmungspolitik verwirklicht. In jeder Hinsicht sind jetzt die Vereinigten Staaten der mächtigste Staat der Welt; sie sind die einzige Weltmacht.‹

Der letzte Satz, der für die Auffassung der Jahre nach der zweiten Kubakrise kennzeichnend ist, entspricht offenkundig nicht mehr der Wahrheit, sofern er ihr überhaupt entsprach, als er niedergeschrieben wurde. Das SALT-Abkommen von 1972 gestand der Sowjetunion sowohl bei den Megatonnen als auch bezüglich der Zahl der ballistischen Raketen eine Überlegenheit zu. Selbst wenn man annimmt, daß ihr die Überlegenheit auf höherer Ebene geblieben ist, so haben doch die

Amerikaner ihre Unterlegenheit hinsichtlich der Zahl der Raketen und der Sprengkraft ihrer Sprengköpfe durch die Entwicklung der einzeln lenkbaren atomaren Mehrfach-Sprengköpfe wettmachen können, so daß sie und die Sowjetunion nunmehr ebenbürtig sind. Da die Sowjetunion gleichzeitig ihre Flotte sehr rasch ausbaut, ist der Tag nicht mehr fern, wo sie mit der Indienststellung von Flugzeugträgern zu einer globalen Macht im vollen Sinne des Wortes geworden sein wird, selbst wenn ihre geopolitische Lage in vieler Hinsicht weniger günstig erscheint als die der Vereinigten Staaten.

Damit haben die Vereinigten Staaten freilich nicht ihren Vorsprung, was die Produktion, die Produktivität, die technischen Neuerungen und den Lebensstandard betrifft, eingebüßt. So heftig sich auch der Antiamerikanismus in vielen Ländern der Erde, vor allem wohl verbal, äußern mag — die Emigranten, die Intellektuellen und die Wissenschaftler zieht es noch immer in die Amerikanische Republik. Die einstige Faszinationskraft des monströsen Stalinismus hat der bürokratische Zwang Rußlands eingebüßt — er vermag weder zu schrecken noch zu locken. Breschnew scheint sich wieder auf das imperiale Abenteuer außerhalb des Alten Kontinents einzulassen, jedenfalls scheint sein Machtwille ungebrochen zu sein, während die Führer der amerikanischen Republik, die sich nicht auf die Zustimmung beider Parteien berufen können, sich mit den Senatoren in den Haaren liegen, die ihrerseits eifersüchtig auf ihre beinahe in Vergessenheit geratenen Vorrechte pochen und die Handlungsfreiheit des Präsidenten dort einschränken, wo dieser als Oberbefehlshaber der Streitkräfte freie Hand zu haben wünscht. Die Macht im zwischenstaatlichen System hängt ebensosehr vom Willen wie von den Mitteln ab; Westeuropa besitzt, als Einheit gesehen, die Mittel, aber nicht den Willen, während Frankreich oder Großbritannien für sich genommen nicht die Mittel besitzen. Es entsteht die Frage, ob nicht einer der beiden Staaten, die imstande sind, an allen Enden der Welt eine imperiale Rolle zu spielen, unter einer Erschlaffung seiner Willenskraft leidet.

Wenn wir den letzten Satz in dem Zitat von Osgood umformulieren, kommen wir der gegenwärtigen Realität näher:

Nach fünfundzwanzigjähriger Vorherrschaft besitzen die Vereinigten Staaten noch immer die produktivste Wirtschaft der Welt und bleiben weiterhin führend auf dem Gebiet des technischen und wissenschaftlichen Fortschritts, doch haben sie nicht verhindern können, daß die Sowjetunion an militärischer Stärke mit ihnen gleichzog, auch wenn der Kreml für diese Ebenbürtigkeit einen höheren Anteil des Sozialprodukts in die Verteidigung stecken muß. 1947 gab es nur eine ›Weltmacht‹, heute sind es zwei.

Die übrigen Bemerkungen Osgoods sind im Rahmen der Philosophie, auf die er sich ausdrücklich beruft, immer noch gültig. Die Vereinigten Staaten haben ihr Nahziel, die Eindämmung des Kommunismus, fast überall erreicht; die Ausdehnung der kommunistischen Herrschaft wurde verhindert. Allerdings werden nicht alle Kritiker der amerikanischen Diplomatie bereit sein, in der erfolgreichen Eindämmung einen uneingeschränkten Erfolg zu sehen. Die Interventionen in Guatemala (1953) und in Santo Domingo (1965) waren erfolgreich. Muß man sie deshalb moralisch und politisch gutheißen? Angenommen, die Intervention in Vietnam ist erfolgreich, d. h. es gelingt ihr, in Saigon eine nichtkommunistische Regierung aufrecht zu erhalten — wird man dann sagen, daß die amerikanische Diplomatie in Südostasien ein Erfolg gewesen sei? Wenn man die Bedeutung der Eindämmungspolitik nicht so einseitig beurteilen will, muß man mindestens zwei weitere Kriterien heranziehen: die Art der verwendeten Methoden und den Charakter der Länder, die durch die Eindämmung vor dem Kommunismus bewahrt wurden.

Legt man das zweite Kriterium an, so springt sofort ein grober, aber doch stichhaltiger Unterschied ins Auge: In Europa war für eine erfolgreiche Eindämmung weder ein begrenzter Krieg noch eine Konterrevolution oder ein Tätigwerden der CIA-Agenten erforderlich. Für Westeuropa würde der Kommunismus, und zwar der Breschnews genau so wie der Stalins, einen wirtschaftlichen, politischen und moralischen ›Rückschritt‹, eine Senkung des Lebensstandards und den Verlust der Freiheiten bedeuten. (1) Der Ausdruck ›Rückschritt‹ impliziert nicht eine evolutionistische Geschichtsphilosophie, sondern bezieht sich auf die Ziele, die sich die Völker und auch die Doktrinäre in beiden Lagern setzen. Es ist nicht die Absicht der Marxisten-Leninisten, die Produktivität zu senken; sie erreichen das, indem sie unzulängliche Planungsmethoden anwenden. Sie wollen die uneingeschränkte Herrschaft der Partei, wissen allerdings individuell sehr wohl, daß die totale Herrschaft sich nur durch dialektische Wortspielereien mit der Freiheit des einzelnen vereinbaren läßt.

Die ›revisionistischen‹ Kritiker können die amerikanische Diplomatie in Europa nur dann verurteilen, wenn sie zugleich die Werte der amerikanischen, ja der gesamten westlichen Zivilisation verleugnen. Die Wirtschaftshilfe und der Marshall-Plan haben auf dem alten Kontinent lediglich den Wiederaufbau beschleunigt und es den Nationen ermöglicht, sich Institutionen zu geben, die den Wünschen der überwältigenden Mehrheit des Volkes entsprachen. (1) Wenn man in diesem Fall von Erfolg oder Mißerfolg sprechen kann, dann nur insofern, als die europäischen Volkswirtschaften im Außenhandel zu Rivalen der amerikanischen Wirtschaft geworden sind. Das gilt natürlich auch für Japan.

Auf welche Argumente kann sich die Anklage stützen? Vielleicht wird sie behaupten, daß der Erfolg mühelos errungen wurde, weil die Sowjetunion niemals die Ambitionen gehabt habe, die ihr von den Kreuzrittern des Kalten Krieges unterstellt wurden. Genaugenommen hat vermutlich auch die sowjetische Diplomatie in Europa ihr Nahziel, wenn nicht sogar ihr maximales Ziel erreicht, nämlich den Fortbestand und die Anerkennung der in den Jahren 1945/46 geschaffenen Tatsachen. Statt wie die Revisionisten die kindische Frage nach dem Schuldigen zu stellen, sollte man lieber auf den Ausdruck ›Kalter Krieg‹ ein für alle Mal verzichten oder zugeben, daß er zum Teil nichts anderes als leeres Geschimpfe war. Briten und Amerikaner konnten die Sowjetisierung Osteuropas nicht ohne Protest hinnehmen. Stalin mußte, selbst wenn er kein militärisches Eingreifen der Amerikaner befürchtete, sein Imperium isolieren, es vor dem westlichen Einfluß abschirmen und einen Vergleich zwischen Sowjetisierung und ›Marshallisierung‹ verhindern.

Vielleicht wird man diese Deutung eines Tages anerkennen, wenn die Archive des Kreml sich öffnen. Einstweilen begnügen wir uns mit der Feststellung, daß die amerikanische Diplomatie, seit sie die britische Diplomatie in Europa ablöste, Behutsamkeit und Zurückhaltung mit Entschlossenheit und Durchsetzungsvermögen verbunden hat. Manche werfen ihr vor, sich zu schnell mit der Teilung Europas abgefunden zu haben, wogegen ich meine, daß die Amerikaner und die Westeuropäer ihren Führern nie eine Chance gegeben hätten, die östlichen Länder durch Drohungen oder Verhandlungen zu ›befreien‹. Einstweilen sorgen Kompromisse, sorgt ein Ausgleich dafür, daß die Rivalität ruht. Das Fortbestehen der Teilung ist eher mit einem Unentschieden gleichzusetzen, bei dem beide Seiten Erfolge und Mißerfolge zu verzeichnen haben und die Existenz von Einflußbereichen anerkennen, auch wenn sie das durch universalistische Phrasen zu verdecken suchen.

Andere beklagen den Gegensatz zwischen der übertriebenen Rhetorik und dem maßvollen Handeln. Warum sprach man von Kreuzzug, warum machte man ›Uncle Joe‹ (Stalin) zu einem neuen Hitler, wenn die Führer in Washington die Befreiungsparolen doch nie ganz ernst genommen haben? Hier wird ein weiterer Aspekt der amerikanischen Diplomatie deutlich, mit dem wir uns bisher kaum befaßt haben. Die Politiker, die Kongreßmitglieder und die Journalisten halten es anscheinend für nötig, von Zeit zu Zeit die Leidenschaften des Volkes gegen ein absolutes Übel zu mobilisieren, weil sonst die Öffentlichkeit einem diplomatischen Vorgehen ihre Unterstützung verweigern könnte, das in seiner Realität und seinem Realismus weitgehend dem anderer Länder gleicht. Der McCarthyismus, die verbale Hysterie und die polemischen Auseinandersetzungen im Lande und vor allem unter den Politikern haben dazu beigetragen, daß sich die Welt über die Amerikaner und die Amerikaner über sich selbst ein falsches Bild machten. Wenn es auch einen ›McCarthyistischen Terror‹, wie ihn sich manche Europäer ausmalten, glücklicherweise nicht gegeben hat, so haben doch die Übertreibungen des McCarthyismus den heutigen Übertreibungen des Revisionismus den Weg geebnet.

Vielleicht haben sich die Verantwortlichen in Washington nicht von dem Kreuzzugsgeist leiten lassen, doch bewirkte er, daß gegen die Eindämmungsdoktrin von keiner Seite Widerspruch laut wurde. Das lag teils an der antikommunistischen

Besessenheit (allerdings galt die Sowjetunion damals als der Hauptrivale der Vereinigten Staaten, die sich denn auch logischerweise der Ausdehnung der sowjetischen Herrschaft widersetzten, welche man allzu lange mit der Herrschaft irgendeiner kommunistischen Partei gleichgesetzt hatte) und teils am Korea-Feldzug.

Damals — im Jahre 1950 — konnten die Diplomaten in Washington nicht anders, als Stalin einen Teil der Verantwortung, wenn nicht gar die volle und alleinige Verantwortung für die nordkoreanische Aggression zuzuschreiben. Europa war sich über den Wert der amerikanischen Garantie noch nicht im klaren. Es wartete ab, wie die Vereinigten Staaten darauf reagieren würden, daß sie offenbar direkt herausgefordert waren, daß eine Demarkationslinie, die im Einvernehmen zwischen den beiden Supermächten festgelegt worden war, von regulären Streitkräften verletzt wurde. Das Unglück für die Vereinigten Staaten und für die übrige Welt bestand nicht so sehr in dem Beschluß Trumans und Achesons, militärisch zu intervenieren, als vielmehr in ihrem gleichzeitigen Beschluß, mit der Verlegung der Siebten Flotte zwischen das Festland und Taiwan in die Schlußphase des Bürgerkrieges in China einzugreifen und die Franzosen in Indochina entschiedener zu unterstützen. Die gesamte Asiendiplomatie der Vereinigten Staaten in den folgenden zwanzig Jahren ging auf diese Entscheidungen vom Juni 1950 zurück, auch die Tragödie von Vietnam, die in dem Augenblick, da wir dies schreiben (Sommer 1972), noch nicht beendet ist. Der strategische Fehler, den Truman auf Betreiben von MacArthur beging, und das Auftreten chinesischer ›Freiwilliger‹ in Korea führten zum Bruch zwischen Peking und Washington, zur Isolierung von Mao Tse-tungs China und zu der grimmigen Entschlossenheit, in der Truman und Eisenhower sich mit Kennedy und Johnson einig waren, der Ausbreitung des Kommunismus in Asien Einhalt zu gebieten.

Auch in diesem Falle waren die Verantwortlichen rasch bereit, die Verteidigung dort aufzunehmen, wo ihnen tatsächlich oder vermeintlich der Gegner, und sei es durch einen Satelliten, entgegentrat. Nachdem die Siebte Armee im Herbst 1950 am Jalu eine Niederlage hinnehmen mußte, waren Truman und Acheson dann doch bereit, ein Unentschieden hinzunehmen. Als die Verhandlungen begannen, brachen sie die Frühjahrsoffensive des Jahres 1951 ab. Vermutlich war es Stalin, der in einer Verlängerung der Kampfhandlungen einen Vorteil sah und der zumindest seine damaligen Verbündeten in der Verbotenen Stadt die Rückführung sämtlicher chinesischer Gefangenen nach Rotchina fordern ließ (was die Amerikaner nicht akzeptieren konnten). Zwar gab sich die amerikanische Diplomatie schließlich damit zufrieden, die Demarkationslinie in Korea gehalten zu haben, doch wandte sie nun mit um so größerer Entschlossenheit die Doktrin der Eindämmung — notfalls auch mit Waffengewalt — an.

Es ist eine Ironie der Geschichte, daß die Asiendiplomatie der Vereinigten Staaten trotz ihrer Unvernunft bis 1962/1963 mehr (kurzfristige) Vorteile als Nachteile brachte. Sie schürte die Auseinandersetzungen zwischen Peking und Moskau und führte solche Umstände herbei, unter denen die nationalen Interessen und die strategischen Vorstellungen der beiden kommunistischen Großmächte divergieren oder zusammenstoßen mußten. Man kann in dem chinesisch-sowjetischen Streit einen amerikanischen Erfolg sehen, aber muß man ihn, wie Osgood es tut, der Diplomatie Washingtons zugute halten?

Nachdem der Zerfall des kommunistischen Lagers feststand, war es ein Gebot traditioneller und konventioneller Vernunft, die Beziehungen zu Peking wiederaufzunehmen und den normalen Formen des zwischenstaatlichen Verkehrs wieder Geltung zu verschaffen. Die diplomatischen Beziehungen, so schrieb Clausewitz, sind niemals unterbrochen, selbst dann nicht, wenn die Soldaten einander gegenüberstehen. Um so sinnloser ist es, wenn der diplomatische Verkehr in Friedenszeiten abgelehnt wird. Vielleicht wäre Mao Tse-tung zwischen 1963 und 1966 nicht zu einem Dialog mit Washington bereit gewesen, bevor es nicht das Bündnis mit Taiwan aufgab. Vielleicht hatten Nixon und Kissinger ganz einfach Glück, daß sie nach den Kämpfen am Ussuri und nach der Kulturrevolution auf Tschu En-lai trafen. Selbst wenn sich diese Hypothese später einmal bestätigen sollte, so enthüllt sich doch in der Halsstarrigkeit, die sämtliche amerikanischen Führer von Anfang bis Ende in Vietnam bewiesen, ein weiterer Aspekt des amerikanischen Stils, der weder mit dem ›Wilson-Syndrom‹ noch mit der Kreuzzugspropaganda oder mit dem Gegensatz zwischen Reden und Handeln erklärt werden kann. Truman hat die Briefe Ho Tschi Minhs nicht beantwortet, und Acheson hielt es für nötig, nach dem Sieg der Kommunisten in China einen Damm zu errichten und zu verkünden: ›Bis hierher und nicht weiter.‹ Dulles hat die französische Regierung bedrängt, den Kampf fortzusetzen. Eisenhower und Dulles haben beschlossen, Südvietnam zu halten und die Überreste des französischen Einflusses auszuschalten, um schließlich auf einen nichtkommunistischen vietnamesischen Nationalismus zu stoßen. Nach den Büchern seiner Freunde zu urteilen, war Kennedy der Ansicht, die Vereinigten Staaten hätten sich bereits allzu weit engagiert und er müsse das Erbe annehmen. Während Ende 1960 weniger als tausend amerikanische Berater in Vietnam standen, waren es über 15 000, als der junge Präsident ermordet wurde; er hatte sich unter den widersprüchlichen Ratschlägen für eine halbe Maßnahme entschieden: noch keine Bodentruppen, aber eine beträchtliche Verstärkung der militärischen Präsenz, ohne daß die Aufgabe der ›Berater‹, die zugleich Kombattanten waren, klar definiert worden wäre. Noch stärker fühlte sich Johnson dem Erbe verpflichtet. In dieser Tragödie bewies die amerikanische Demokratie, zu welcher außergewöhnlichen und verhängnisvollen Beharrlichkeit sie fähig ist.

Diese Beharrlichkeit schließt eine Umkehrung des Für und Wider, ein Schwanken zwischen den Extremen nicht aus, wie es sich in der Haltung zunächst gegenüber der Sowjetunion und später gegenüber dem kommunistischen China äußerte. Im Jahre 1971 macht Rotchina jenseits des Atlantik Furore, als ob 20 Jahre der Isolierung nur ein Zwischenspiel gewesen wären, das sich mit ein paar Pingpong-Spielen beenden ließ. Diese Hartnäckigkeit, mit der ein Unternehmen verfolgt wird, dessen menschliche Verluste vor allem für Vietnam, aber auch für die Vereinigten Staaten selbst durch einen Erfolg nicht wettgemacht werden könnten, macht die Mängel jenes diplomatischen Systems Amerikas deutlich, das zwanzig Jahre lang funktioniert hat, denn außerhalb Europas war die Eindämmung an sich kein unvernünftiges oder frevelhaftes Ziel. Wenn die Europäer das gern glaubten, so weniger aus Weitsicht als vielmehr aus Egoismus und Eurozentrismus. Dagegen ist es unvernünftig, wenn man in der Eindämmung so etwas wie einen kategorischen Imperativ und in jedem Fall, wo eine marxistisch-leninistische Partei an die Regierung kam, eine Niederlage sah. So fand sich Washington denn auch damit ab, als 1965 die Kommunisten in Indonesien an die Macht kamen. Wenn es dort ohne zu intervenieren einen Sieg errang, so vielleicht gerade dank seiner Zurückhaltung. Die Weigerung, eine Niederlage hinzunehmen; dazu die Neigung der Präsidenten, eine mittlere Position einzunehmen; das unbegrenzte Vertrauen in die Fähigkeit der größten Macht der Welt, jedes beliebige ›Problem‹ zu lösen; die Anwendung abstrakter Schemata ohne hinreichende Kenntnis der örtlichen Bedingungen; und schließlich die Maßlosigkeit in der Gewaltanwendung und dem Einsatz der Kriegsmaschine — all diese Denk- und Handlungsweisen erschienen während dieser Jahre im ungünstigsten Lichte. Es war absurd, mit der Strategie des ›search and destroy‹ einen militärischen Sieg anzustreben (2) statt der südvietnamesischen Armee zu helfen, sich aus eigener Kraft zu verteidigen. Es war absurd, wenn man glaubte, die chinesische Expansion dadurch einzudämmen, daß man Nordvietnam daran hinderte, die Wiedervereinigung des Landes gewaltsam herbeizuführen. Absurd war die These einer ein für allemal entscheidenden Machtprobe, die diesen letzten Romantikern die Sinnlosigkeit des nationalen Befreiungskrieges beweisen sollte. Absurd war die — von allen Geheimdienstberichten für unbegründet erklärte — Annahme, die Bombardierung des Nordens würde den Willen der Nordvietnamesen brechen.

Wie General Maxwell Taylor heute zugibt, wußten die Berater der amerikanischen Präsidenten nichts von Vietnam und den Vietnamesen, von ihrer Geschichte und ihren Traditionen. Sie entwickelten abstrakte Modellvorstellungen und verlangten elektronische Wunderwaffen für eine ›counterinsurgency‹, die merkwürdigerweise nach Norden geschafft und gegen den Norden gerichtet wurde, obwohl damals — im Jahre 1965 — auch durch ein Unterbinden der Infiltration die Wiederherstellung der Sicherheit und der Autorität der Saigoner Regierung auf dem flachen Lande des Südens nicht zu erreichen war.

So wenig es den Führern in Washington gelang, sich in andere hineinzuversetzen — etwa in die Nordvietnamesen, für die es nicht zwei Länder oder zwei Staaten, sondern nur einen einzigen gab —, so wenig konnten die Verhandlungen über die Rüstungskontrolle zum Erfolg führen, solange noch eine derartige Ungleichheit bestand, daß Verteidigungsminister Robert McNamara erklären konnte, er befürworte einen Angriff auf die Streitkräfte und nicht auf die Städte des Gegners, und die Vereinigten Staaten seien fürs erste in der Lage, eine solche Doktrin anzuwenden. Konnten die Sowjets eine derartige Situation akzeptieren?

Dank günstiger Umstände konnten die Russen hinsichtlich der Atomwaffen gleichziehen und hinsichtlich der Seestreitkräfte dem Gleichstand nahekommen oder ihn möglicherweise erreichen. 1964 besaß die Sowjetunion etwa hundert Interkontinentalraketen, sechs oder sieben Mal weniger als die Vereinigten Staaten. Während die Amerikaner über die Gesamtzahl des Jahres 1967 — 1 054 Raketen — nicht hinausgegangen sind, haben die Sowjets diese Zahl im Jahre 1969 übertroffen. Das in Moskau unterzeichnete SALT-Abkommen gesteht der Sowjetunion eine Überlegenheit zu, die bei der Zahl der Interkontinentalraketen (1 408 gegenüber 1 000) und bei den raketenbestückten Unterseeboten (62 gegenüber 44) vierzig Prozent, bei der Zahl der auf Unterseebooten montierten Raketen (950 gegenüber 710) ein Drittel und hinsichtlich der atomaren Sprengkraft das Dreifache beträgt. Die Amerikaner besitzen gegenwärtig noch eine Überlegenheit in der Anzahl der Sprengköpfe (5 700 gegenüber 2 500). Sollten die Sowjets die MIRV-Technik (3) in den Griff bekommen, so könnten sie ohne weiteres auch hinsichtlich der atomaren Sprengköpfe die Vereinigten Staaten überholen, da die ihnen zugestandenen Raketen eine sehr viel höhere Sprengkopf-Last zu transportieren vermögen.

War vorher von der Beharrlichkeit der Amerikaner die Rede, so ist die Zustimmung zu diesem Abkommen eher ein Zeichen von Unbeständigkeit. Vielleicht hat es auf dieser Stufe keinen Sinn mehr, von Ebenbürtigkeit oder Überlegenheit zu sprechen. Möglicherweise reicht der Begriff der ›sicheren Vernichtung‹ aus, um das Gleichgewicht des Schreckens aufrecht zu erhalten, ohne im Augenblick der Krise den Schwächeren in seiner Entschlossenheit schwankend zu machen. Das Moskauer Abkommen über die strategischen Waffen ist gleichsam das Gegenstück zur amerikanischen Halsstarrigkeit in Vietnam. Massive Vergeltung, flexible Reaktion und Rüstungskontrolle — über diese Etappen führte das amerikanische Denken zu jenem Vertrag, den der Senat vor der Tragödie von Vietnam und der Auflehnung der amerikanischen Öffentlichkeit wohl kaum ratifiziert hätte. Die Behauptung von Osgood, die Vereinigten Staaten seien die einzige Weltmacht, klingt heute anachronistisch.

Vielleicht hilft uns an diesem Punkt der Analyse erneut die Ironie der Geschichte, im Mißerfolg einen Erfolg zu entdecken. In Europa hat die Eindämmung nach 25 Jahren nicht zum Sieg des einen oder anderen Lagers, sondern zum Ausgleich geführt: Hätten die westlichen Länder, zumindest in dem kurzen Zeitraum einer Generation, mehr erhoffen dürfen? Und hätte die amerikanische Diplomatie ohne die Frustrationen des Vietnamkrieges den Mut gefunden, mit der Vergangenheit zu brechen und erneut den Weg nach Peking zu beschreiten? Offensichtlich entsteht vor unseren Augen ein asiatisches Subsystem, in dessen Rahmen die vier Staaten: die Sowjetunion, Japan, die Vereinigten Staaten und China komplexe Beziehungen entwickeln werden. In Südasien ist Indien im Begriff, sich unter die Großmächte einzureihen, während Japan sich wohl bis auf weiteres davor hüten wird. Die Allgegenwärtigkeit der amerikanischen Diplomatie ergab sich teilweise nicht so sehr aus einem Machtwillen als vielmehr aus dem Bestehen eines Vakuums. Aus dem Mißerfolg wird ein Erfolg, wenn er zum Rückzug führt, Bescheidenheit lehrt und ein Gleichgewicht zwischen den Staaten in die Wege leitet.

Die Gründe, mit denen Osgood sein Urteil rechtfertigte, sind nicht wie mit einem Zauberstab von der Geschichte widerlegt worden. In keinem Land Lateinamerikas ist es den Partisanen gelungen, den Erfolg Fidel Castros zu wiederholen. Die Zivil- und Militärregierungen werden in wachsendem Maße nationalistisch und gelegentlich auch in wachsendem Maße antiamerikanisch, doch beruft sich keine auf den Marxismus-Leninismus. Die Regierung Allendes in Chile ist nicht vom verfassungsmäßigen Weg abgewichen. Während die Vereinigten Staaten in den sechziger Jahren in Vietnam gefesselt waren, kam es in vielen Ländern zu Unruhen, und in den reichen wie in den armen Ländern nahm die Gewalttätigkeit in Stadt und Land endemische Formen an. Die sowjetische Welt zeigte nach außen hin eine Fassade von Autorität und — wenn auch nicht von Gesetz, so doch von Ordnung; eine Heilsbotschaft hatte sie der Jugend, die nach dem Absoluten strebt, nicht mehr zu bieten. In sehr viel geringerem Maße als 25 Jahre zuvor weckte sie die Hoffnung der Entrechteten und den Glauben der Revolutionäre. In dem zwischenstaatlichen System hat sich ein neues Gleichgewicht herausgebildet, und die Eroberungslust des Messianismus ist gedämpft worden; hat George Kennan, als er seinen Artikel über die Eindämmung schrieb, etwas anderes in Aussicht gestellt?

Von einer Herrschaft der Vereinigten Staaten kann in jener Zeit, da sie die Vorherrschaft besaßen, nicht die Rede sein. Sie haben in Korea und in Vietnam strategische Fehler begangen, wie sie von allen Strategen begangen werden; sie haben sich in Jugoslawien und in China genauso die Fehler ihres Rivalen zunutze gemacht, wie die Sowjets von den Fehlern der Amerikaner profitiert haben. Fidel Castro konnte an die Macht kommen, weil der amerikanische Botschafter jahrelang Batista unterstützt hatte und dann auf einmal fallenließ. Durch Castro aber wurde die Raketenkrise möglich; sein Regime ist dermaßen zu einem Mini-Stalinismus — allerdings ohne erfolgreiche Fünfjahrpläne — heruntergekommen, daß es die Lateinamerikaner davon abschreckt, den gleichen Weg einzuschlagen. Washington bräuchte nur die Beziehungen zu Havanna wieder aufzunehmen, und der Fidelismus würde das geringe Prestige, das er noch besitzt, verlieren: ein Erfolg durch den Mißerfolg.

Bevor wir diese Bilanz abschließen, bleiben uns noch zwei Fragen zu stellen, von denen die eine die Zukunft betrifft, während die andere den zweiten Teil dieses Buches bestimmen wird. Welchen Zweck verfolgt die Sowjetunion mit ihrer militärischen Stärke? Und: Werden die Vereinigten Staaten bereit sein, im zwischenstaatlichen System ihre unerläßliche Rolle zu spielen, wenn dabei von ihnen verlangt wird, daß sie sich ohne Kreuzzugsgeist und ohne Allmachtsanspruch der traditionellen Verfahrensweisen der europäischen (oder vielleicht zeitlosen) Diplomatie bedienen?

In Europa hatte die amerikanische Diplomatie Erfolg — nicht nur, weil sie den Kommunismus eingedämmt hat, sondern auch, weil sie den wirtschaftlichen Fortschritt und die menschliche Freiheit gefördert hat. Die Landung in der Schweinebucht war ein doppelter Mißerfolg, in politischer wie in moralischer Hinsicht; die Intervention in Santo Domingo war ein militärischer und ein kurzfristiger politischer Erfolg, doch wird die moralische Einbuße wohl den politischen Vorteil überwiegen. Doch lassen wir diese spektakulären Episoden beiseite. Bedeutet der Erfolg der Eindämmung für die anderen Nationen Erfolg oder Mißerfolg? Wann ist er ein Erfolg, wann ein Mißerfolg? Das hängt ganz von dem Regime ab, das allein oder mit amerikanischer Unterstützung zu überleben vermag. Die Osteuropäer umjubeln den Präsidenten der Vereinigten Staaten und bedauern, nicht zum Einfluß- oder Verantwortungsbereich des ›Imperialismus‹ zu gehören. In welchem Lande würde Leonid Breschnew umjubelt?

Anmerkungen

1 Mit der ›paramarxistischen‹ Kritik, derzufolge das von den Vereinigten Staaten beherrschte Währungs- und Handelssystem den Alten Kontinent benachteiligt, befasse ich mich im zweiten Teil.

2 Eine Expedition gegen den Norden hätte jedenfalls eine bessere Chance geboten.

3 Multiple independently-targeted reentry vehicle.

ZWEITER TEIL

Die Vereinigten Staaten innerhalb des Weltmarktes
Privilegien und Zwänge
der führenden Wirtschaftsmacht

EINLEITUNG

In den vorangegangenen Kapiteln haben wir uns mit der Diplomatie im umfassenden, aber doch klassischen Sinne des Wortes befaßt: den Beziehungen von Regierung zu Regierung (oder von Staat zu Staat), den Bündnissen, Kriegen, Krisen und Interventionen. Unsere Deutung des ›diplomatisch-strategischen Handelns‹ weicht im wesentlichen nicht von derjenigen ab, welche die Verantwortlichen selbst — öffentlich oder privat — geben (bzw. gaben). Solange sie das zwischenstaatliche System als bipolar und die Sowjetunion als den hauptsächlichen Rivalen auffaßten, bestimmte die Konzeption der ›Eindämmung‹ logischerweise in jeder Hinsicht das Ziel, wenn nicht die Mittel.

Zweifellos hat die amerikanische Diplomatie zwischen den Konferenzen von Jalta und Potsdam im Jahre 1945 und dem Besuch Präsident Nixons in Moskau im Mai 1972 zahlreiche Phasen durchlaufen. Sie bleibt jedoch in all ihren Wandlungen verständlich, wenn man die russisch-amerikanische Rivalität so deutet, wie es die Verantwortlichen in Washington seit 1947 anscheinend getan haben — gewiß als eine Rivalität, aber mit dem Wunsch, weniger das Kriegsbündnis gegen das Dritte Reich zu erneuern als vielmehr zu Vereinbarungen wenigstens über die Spielregeln oder die Prinzipien der Koexistenz zu gelangen. Von den Präsidenten des Kalten Krieges bzw. der Nachkriegszeit hat keiner die ›Rollback‹-Doktrin jemals ernsthaft *in die Tat* umsetzen wollen. Durch die Propagandaschlacht wurde verschleiert, daß man sich mit den nach dem Kriege in Osteuropa geschaffenen Tatsachen tatsächlich abgefunden hatte. Seit 1960 rechtfertigten und bestätigten die nuklearen Waffen das Bündnis zwischen den Feinden gegen das Risiko einer bewaffneten Auseinandersetzung. Die Russen haben wie die Amerikaner die vitalen Interessen der anderen

Seite respektiert. Die Völker gewannen den Eindruck, als würden die Großmächte die Kleinen stellvertretend für sich kämpfen lassen.

Dieses Verhalten beider Seiten war ›rational‹ und entsprach einem der Aspekte des bipolaren Systems, das entweder zu einem Kampf auf Leben und Tod zwischen den beiden Anwärtern auf das Weltimperium oder — nach einer mehr oder weniger langen Periode begrenzter Konflikte — zur Abgrenzung von Einflußbereichen und zum Auftreten neuer Machtzentren führt. Ich schreibe dies im Jahre 1972, und mittlerweile sind neue Machtzentren entstanden, doch die Einflußbereiche sind außerhalb Europas nicht eindeutiger abgegrenzt als vor 25 Jahren. Vielleicht fordert sogar im Gegenteil die Sowjetunion, ihrerseits zur Weltmacht geworden und mit ihrer Flotte und mit Einsatztruppen auf allen Weltmeeren und in allen Teilen der Erde präsent, die Vereinigten Staaten heraus, die allerdings nicht in der Stimmung zu sein scheinen, den Kampf aufzunehmen.

Wie schon in der Einleitung angedeutet, stellt dieser traditionelle Aspekt der zwischenstaatlichen Beziehungen nur eine Seite der Medaille dar. Die Aufhebung der Konvertibilität des Dollar im August 1971 war ebenso sehr wie die beiden Pilgerfahrten nach Peking und Moskau ein Symbol für das Ende der Nachkriegszeit. Die Krise des internationalen Währungssystems gehört ebenso sehr zur hohen Politik wie der Marshall-Plan. Darüber hinaus müssen die Auslandsfilialen von General Motors und IBM, auch wenn sie in juristischer Hinsicht Privatunternehmungen sind, als integrierender Bestandteil des außenpolitischen Wirkens der Vereinigten Staaten betrachtet werden. Die wirtschaftlichen, ideologischen und politischen Beziehungen zwischen Individuen und Gruppen aus verschiedenen Souveränitätsbereichen und die Beziehungen zwischen den Staaten beeinflussen einander in viel zu großem Maße, als daß der Fachmann für die diplomatische Geschichte sich allein auf die Kanzleien, die Ministerien, die Konferenzen, die Verträge, den Kanonendonner und die Friedensreden beschränken dürfte.

Eine umfassende Untersuchung über den Einfluß der amerikanischen Gesellschaft auf die übrige Welt würde die

Grenzen dieses Essays sprengen. Vereinfachend können wir sagen, daß die folgenden Kapitel mehr oder weniger ein und dasselbe Problem unter verschiedenen Gesichtspunkten beleuchten. Innerhalb der atlantischen Allianz übten die Vereinigten Staaten die Hegemonie im eigentlichen Wortsinne aus, die von den Amerikanern selbst als ›leadership‹ bezeichnet wird. Dank der Überlegenheit ihrer wirtschaftlichen Ressourcen und ihrer militärischen Mittel genossen sie im Rahmen des zwischenstaatlichen Systems eine Vorherrschaft, welche sie kaum zum Nachteil der Sowjetunion ausgenützt, sondern vielmehr dafür eingesetzt haben, die eigenen Positionen zu festigen und so weit wie möglich eine Verletzung der Demarkationslinien zu unterbinden.

Hat diese anscheinend auf Ordnung und Stabilität gerichtete Diplomatie ein anderes Ziel verfolgt? Welche Anliegen hatte sie sonst? Diente die militärische Hegemonie im Westen und die weltweite Vorherrschaft einem ganz anderen Zweck? Muß man — wie es die marxistischen und ›paramarxistischen‹ Revisionisten tun — die hinter dem Korea- und Vietnamkrieg liegende *Realität* der amerikanischen Diplomatie in den Investitions- und Handelsstatistiken und in der Ausweitung des Filialnetzes der Konzerne und Banken suchen?

I. KAPITEL

PERSÖNLICHE UND WIRTSCHAFTLICHE FREIHEIT? WIRTSCHAFTLICHE GRUNDLAGEN DER AMERIKANISCHEN DIPLOMATIE

Die klassischen Werke über den Imperialismus von J. A. Hobson, Rudolf Hilferding, W. Langer und Lenin stammen vom Anfang des 20. Jahrhunderts und behandeln die koloniale Ausbreitung Europas in Afrika gegen Ende des vorangegangenen Jahrhunderts sowie die scheinbare oder tatsächliche Aufteilung der Welt zwischen den nationalen Kapitalismen und den großen Aktiengesellschaften am Vorabend des Ersten Weltkrieges. Es ging in den Kontroversen nicht um die Tatsache der Expansion der Privatgesellschaften und der Einflußbereiche, denn die Staaten verschleierten ihre Eroberungen genausowenig wie die Gesellschaften ihre Investitionen. Was die Historiker beschäftigte, war die Frage, in welchem Verhältnis die wirtschaftlichen Interessenkonflikte, die Errichtung der Herrschaft in Afrika und die Explosion von 1914 zueinander standen. Die marxistischen und ›paramarxistischen‹ Kritiker denunzierten die ›Ausbeutung‹ der Welt durch die europäischen und amerikanischen Kapitalisten und gaben den unversöhnlichen Rivalitäten zwischen den Ausbeutern die Schuld an der Katastrophe, durch die Europa Millionen seiner Söhne verlor und endgültig seine Vormachtstellung einbüßte. Europa, so behaupteten sie, habe durch eine Art geschichtlicher Nemesis zunächst seinen Reichtum und anschließend seinen Niedergang jenem profitgierigen Ungeheuer zuzuschreiben, das man als Kapitalismus bezeichne. Nur naive Menschen hatten — selbst wenn sie sich auf Marx beriefen — glauben können, die nationalen Kapitalismen seien *imstande* gewesen, sich über eine gerechte Aufteilung der Profite zu einigen, obwohl es offenkundig war, daß ein Kompromiß für die Europäer, Sieger wie Besiegte, gegenüber dem Kampf auf Leben und Tod vorteilhafter gewesen wäre.

Der ›paramarxistische‹ Revisionismus oder — falls man das vorzieht — die ›paramarxistische‹ Interpretation der amerikanischen Diplomatie äußert sich weder in einer Kampfschrift, wie Lenin sie lieferte, noch in einer akademischen Abhandlung, wie Hobson sie vorlegte. Gleichwohl wird in den Büchern von Claude Julien, William A. Williams, Gabriel Kolko und Harry Magdoff eine Theorie des amerikanischen Imperialismus skizziert, wobei unter Imperialismus im Sinne Lenins die notwendige, unausweichliche Expansion des Kapitalismus bzw. der auf dem Privateigentum an den Produktionsmitteln beruhenden industriellen Volkswirtschaften verstanden wird.

Eine sich auf Lenin stützende Imperialismustheorie, die auf die amerikanische Diplomatie nach 1945 angewandt werden soll, muß berücksichtigen, daß die europäischen Kolonialreiche sich aufgelöst haben, und folglich zwischen Kapitalismus und Imperialismus eine scharfe Trennung vornehmen, wie Magdoff es tut. (1) Allerdings verschwindet der Imperialismus nicht, wenn man darunter versteht, daß die Banken und die Großunternehmen sich durch direkte Auslandsinvestitionen über die ganze Welt ausbreiten. Die Tatsachen werden indessen von niemandem, sei er liberal oder marxistisch, pro- oder antiamerikanisch, in Zweifel gezogen; als führende Wirtschaftsmacht nehmen die Vereinigten Staaten innerhalb des kapitalistischen Weltmarktes eine Stellung ein, wie sie Großbritannien in der Mitte des 19. Jahrhunderts innehatte. Der Dollar fungiert als transnationale Währung. In allen Ländern der Welt gibt es Niederlassungen der amerikanischen Großunternehmen. Die Banken überziehen den Teil der Erde, der ihren Operationen zugänglich ist, mit einem Netz von Filialen.

In den Diskussionen geht es im wesentlichen um drei Punkte: Inwiefern ist das diplomatisch-strategische Verhalten, das wir im ersten Teil dieses Buches untersucht haben, durch die Interessen der amerikanischen Wirtschaft *determiniert?* In welchem Maße nutzen die Vereinigten Staaten ihre militärische Überlegenheit aus, um sich wirtschaftliche Privilegien zu sichern? Welche Vor- und Nachteile hat, wenn man Bilanz zieht, die amerikanische Vorherrschaft für die anderen Länder? Man kann diese drei Fragen nicht streng voneinander trennen.

Trotzdem sollen in diesem Kapitel vor allem die erste und in den anschließenden Kapiteln die beiden anderen Fragen erörtert werden.

I

Auf den ersten Blick erhebt sich gegen die ökonomische Interpretation der amerikanischen Diplomatie ein entscheidender Einwand: Mit Ausnahme der Sowjetunion scheint keine Volkswirtschaft der Selbstversorgung so nahe zu kommen wie die Vereinigten Staaten. Der Außenhandel ist im Verhältnis zum Bruttosozialprodukt gering: Ausfuhren in Höhe von 43,5 Milliarden Dollar und Einfuhren in Höhe von 45,6 Milliarden Dollar stehen einem Sozialprodukt von über 1 000 Milliarden (zum gegenwärtigen Dollarkurs) gegenüber, machen also zwischen 4 und 5 Prozent aus. (2) Robert W. Tucker, ein Verfechter der Rückkehr zum Isolationismus, will anhand dieser Zahlen beweisen, daß selbst heute nichts die Vereinigten Staaten daran hindert, sich für ein völlig anderes politisch-militärisches Auftreten nach außen zu entscheiden, das sich auf das alte Prinzip ›no entangling alliance‹ stützen würde.

Diesem Argument halten die ›Paramarxisten‹ andere Zahlen entgegen, die in den schon oben erwähnten Büchern (Magdoff, Kolko, Julien) mehr oder weniger übereinstimmend zitiert werden.

Was die Rohstoffe betrifft, so sind die Vereinigten Staaten seit 1940 ein verhältnismäßig bedeutendes Einfuhrland geworden. Zwischen 1920 und 1929 waren die Einfuhren und Ausfuhren von Rohstoffen annähernd ausgeglichen; zwischen 1940 und 1950 betrug der Einfuhrüberschuß rund 5,4 Prozent und stieg zwischen 1950 und 1960 auf 12,8 Prozent. Zwar sind die eigenen Reserven noch nicht erschöpft, doch ziehen die Vereinigten Staaten es vor, sie zu schonen und sich von außen zu versorgen, um für unvorhergesehene Fälle gerüstet zu sein. Bei einigen Mineralien steigt der Prozentsatz der Einfuhren, der insgesamt gesehen recht gering ist, beträchtlich an; bezogen auf die einheimische Förderung beträgt der Importüberschuß bei Eisen 43, bei Kupfer 18, bei Blei 131, bei Zink 140 und bei Bauxit 638 Prozent. Bei einigen strategischen Rohstoffen erreichen die Einfuhren einen hohen Anteil am Verbrauch: bei Wolfram 24, bei Niobium 100, bei Nickel 75, bei Chrom 100 und bei Kobalt ebenfalls 100 Prozent. (3)

Weitere Statistiken machen die gewöhnlich unterschätzte Bedeutung auswärtiger Märkte für die amerikanische Industrie deutlich. Allein bei den Fertigerzeugnissen betrug im Jahre 1964 die Ausfuhr 20 Milliarden Dollar gegenüber einem Inlandsabsatz von 203 Milliarden Dollar, belief sich also auf rund 10 Prozent. Rechnet man den Absatz der ausländischen Niederlassungen amerikanischer Firmen — 37 Milliarden Dollar — zu den Ausfuhren hinzu, so kommt man auf insgesamt 57 Milliarden, und das sind rund 25 Prozent des Inlandsabsatzes an industriellen Fertigerzeugnissen. Im übrigen wächst der gesamte Auslandsabsatz (Ausfuhren plus Erzeugung der amerikanischen Firmen im Ausland) rascher als der Inlandsabsatz. Der Index des Auslandsabsatzes beträgt, bezogen auf das Jahr 1950, 376, der des Inlandsabsatzes 226. (4)

Die ungleichen Wachstumsraten lassen sich ohne weiteres mit der höheren Profitrate erklären, die bei Auslandsinvestitionen realisiert wird. Die Gesamtsumme der aus Auslandsinvestitionen resultierenden Profite stieg zwischen 1950 und 1965 von 2,1 auf 7,8 Milliarden Dollar (1965), während die Nettoprofite (nach Steuerabzug) der inländischen Unternehmen außerhalb des Finanzsektors nur von 21,7 auf 36,1 Milliarden Dollar gestiegen sind; sie haben — mit anderen Worten — im einen Falle um mehr als das Dreieinhalbfache, im anderen Falle um etwas mehr als 60 Prozent zugenommen. Aufgrund zahlreicher Faktoren, insbesondere wegen des Steuersystems, bringt ein im Ausland investierter Dollar im Durchschnitt mehr ein als ein im Inland investierter Dollar.

Eine weitere Statistik, in der die Ausfuhren und die Käufe der Bundesregierung (die weitgehend mit der Verteidigung und folglich der Außenpolitik zusammenhängen) zusammengefaßt sind, vervollständigt den Beweis. Der Anteil der Exporte und Bundeskäufe an der Gesamtproduktion liegt bei fast allen Industriezweigen zwischen 20 und 50 Prozent: Bei 22,6 Prozent für die Eisen- und Stahlindustrie, bei 22,4 Prozent für die Nichteisen-Metall-Industrie, bei 44,7 Prozent für die Erzgewinnung von Nichteisen-Metallen, bei 45,5 Prozent für die Rundfunk-, Fernseh- und Nachrichtentechnik und bei ebenfalls 45,5 Prozent für elektronische Elemente und Zubehörteile. Die Industrie im engeren Sinne von verarbeitenden Unternehmen ist also in hohem Maße vom Ausland und von der Regierung abhängig.

Wenden wir uns noch einmal diesen drei Statistiken zu. Die Vereinigten Staaten sind bei Rohstoffen, auch wenn sie noch einige Rohstoffe exportieren, und besonders bei Nahrungsmitteln, zu einem Einfuhrüberschußland geworden. (5) Zweifellos verbrauchen die Vereinigten Staaten eine Rohstoffmenge, die in keinem Verhältnis zum Anteil ihrer Bevölkerung an der Weltbevölkerung steht. ›Mit 6 Prozent der Weltbevölkerung verbrauchen die Vereinigten Staaten 33 Prozent von der gesamten Welterzeugung an Bauxit, 40 Prozent vom Nickel, 13 Prozent vom Mangan, 36 Prozent vom Chrom, 25 Prozent vom Wolfram, Asbest und Kupfer, 41 Prozent vom Zinn, 43 Prozent vom Zink, 14 Prozent vom Eisen und Blei, 28 Prozent vom Kali und 50 Prozent vom Kaffee.‹ Japaner und Europäer verfügen über sehr viel weniger Rohstoffe in ihrem Boden, doch betreiben sie deshalb nicht eine militante Diplomatie amerikanischen Stils. Die Höhe des Rohstoffverbrauchs ist vom Grad der Industrialisierung abhängig. Im Augenblick befürchten die unterentwickelten Länder eine Einschränkung des Verbrauchs und damit der Rohstoffkäufe infolge einer wirtschaftlichen Rezession. Noch ist ihnen nicht bewußt, was ein völliger Mangel von nichterneuerbaren Ressourcen bedeuten würde. Wenn daher Claude Julien schreibt, daß ›der Unterschied in Technologie und Managementmethoden tatsächlich besteht, aber sehr viel geringer ist als der Unterschied, der zwischen den Vereinigten Staaten und den übrigen Ländern in der Fähigkeit besteht, die Rohstoffe der ganzen Welt zum eigenen Profit auszubeuten‹ (6), dann verfälscht er die Problemlage. Die ungleichmäßige Verteilung der Industrie und damit auch des Rohstoffverbrauchs wird von niemandem bestritten. Der ungleichmäßige Rohstoffverbrauch ist ein Ergebnis der ungleichmäßigen Industrialisierung und nicht umgekehrt.

Selbstverständlich gibt es außer der Abhängigkeit der amerikanischen Wirtschaft von Rohstoffen eine Abhängigkeit bestimmter Industriebereiche von auswärtigen Märkten. Mühelos kann Julien Industriezweige aufzählen, in denen der Export einen bedeutenden Anteil an der Produktion ausmacht — so 24 Prozent bei den Werkzeugmaschinen, 23 Prozent bei Erdölförderungsanlagen, 36 Prozent bei Nähmaschinen usw. (7) Kein Land der westlichen Welt ist von dieser Abhängigkeit ausgenommen. Welche Folgerung soll man daraus ziehen? Sicherlich nicht die, zu der Julien gelangt: ›Würden sie von ihren Auslandsmärkten abgeschnitten, dann müßten diese Produktionszweige ihre Aktivität um 15 bis 30 oder noch mehr Prozent einschränken, und eine solche Einschränkung würde sich auf die gesamte Industrieproduktion auswirken.‹ Diese Schlußfolgerung setzt voraus, daß die Produktionsfaktoren unbeweglich und nicht austauschbar sind, und das ist eine absurde Annahme. Zu welchen Folgerungen käme man, wenn man derartige Überlegungen auf Deutschland oder Japan anwenden würde? Als ein Teil der Weltwirtschaft könnte die amerikanische Wirtschaft sich in der Tat nicht ohne beträchtliche Störungen aus jener zurückziehen, doch wären diese Störungen weniger schwerwiegend als unter entsprechenden Umständen für Japan oder für Deutschland.

Bleibt schließlich noch das letzte Argument oder vielmehr die letzte, bedeutendste Tatsache: die Direktinvestitionen der Vereinigten Staaten in der übrigen Welt und das Netz der Industrie- und Bankniederlassungen in Europa, Asien und Amerika. Bekanntlich sind die Vereinigten Staaten bis zum ersten Weltkrieg ein Kapitalimporteur gewesen. Noch 1950 betrug der Buchwert der amerikanischen Auslandsinvestitionen keine 12 Milliarden Dollar, während das Sozialprodukt 284 Milliarden Dollar erreichte. Der Umfang der amerikanischen Investitionen hat sich in den letzten 20 Jahren beträchtlich erhöht, und dabei hat sich deren Aufteilung geändert. Nach Schätzung des *Survey of Current Business* (Oktober 1971) betrug im Jahre 1970 der gesamte Buchwert rund 78 Milliarden Dollar, von denen 24,5 auf Westeuropa, 22,8 auf Kanada, 1,5 auf Japan und 14,7 auf Lateinamerika entfielen, so daß der Anteil Kanadas seit 1950 bei etwa 30 Prozent geblieben ist, der Anteil Lateinamerikas von annähernd 40 Prozent auf weniger als 20 Prozent zurückgegangen ist und der Anteil Europas sich mehr als verdoppelt hat.

Was ist geschehen? In einer ersten Phase sind die amerikanischen Investitionen vornehmlich in die Länder der westlichen Hemisphäre gegangen, die als ein natürlicher Expansionsbereich erschien, und das Kapital wurde vorzugsweise im primären Sektor investiert. Seit 1960 haben die amerikanischen Großfirmen zwar weiterhin in Bergwerke und Erdölvorkommen in Kanada und im Nahen Osten investiert, aber darüber hinaus — und vorrangig — in der verarbeitenden Industrie in Westeuropa, und zwar sowohl in der Freihandelszone wie im Gemeinsamen Markt.

Die Zahlen belegen eine ebenfalls unbestreitbare und von Julien hervorgehobene Tatsache. Während der letzten 15 Jahre hat sich der Buchwert der amerikanischen Investitionen in Europa durch die Reinvestition eines bedeutenden Gewinnanteils und den Zustrom zusätzlichen Kapitals Jahr für Jahr erhöht. Darüber hinaus ist festzustellen, daß die Summe der zurückfließenden Profite in der Regel geringer war als der Gesamtbetrag der reinvestierten Profite und der zusätzlichen Investitionen zusammengenommen. In Lateinamerika verhielt es sich umgekehrt; der Anteil der Profite, der von dort zurückfloß, war regelmäßig höher als der Anteil, der von den gesamten Investitionen in diese Region floß. (8) Die Entwicklungsländer, vor allem Lateinamerikas, haben die Konsequenzen dieser Umkehrung zu spüren bekommen, die ganz sicher den offiziellen Zielen der Regierung der Vereinigten Staaten zuwiderläuft. Während der Gewinntransfer die Zahlungsbilanzschwierigkeiten der armen Länder verschärft, steigert die Reinvestition der Gewinne den Wert der amerikanischen Niederlassungen in Europa. Da es außer dem Transfer und der Reinvestition eine dritte Möglichkeit nicht gibt, beide Lösungen aber auf Ablehnung stoßen, könnte man die Kritik höchstens dadurch entschärfen, daß man die armen Länder in den Genuß der Reinvestition kommen läßt und den Gewinntransfer auf die relativ reichen Länder beschränkt.

2

Die letzten 25 Jahre — die kurze Periode der amerikanischen Vorherrschaft — waren gekennzeichnet durch die Auflösung der europäischen Kolonialreiche, die Diplomatie der ›Eindämmung‹ und die Expansion der amerikanischen Banken und Konzerne. Der Historiker wird zwischen der amerikanischen Vorherrschaft und der Auflösung der europäischen Imperien keine ursächliche Verbindung herstellen; zumindest wird er dieser Vorherrschaft nur einen Teil der Verantwortung zuschreiben, da durch die Schwächung der Metropolen, die geistige Entwicklung und den Antikolonialismus der marxistisch-leninistischen Länder eine Situation entstand, in welcher der Rückzug der Europäer unvermeidlich wurde. Winston Churchill wollte nicht dem Zerfall des britischen Empire vorstehen, und die Wähler haben ihm denn auch durch ihr Votum seinen Wunsch erfüllt. Franklin D. Roosevelt bewies gegenüber dem britischen Imperium eine entschiedenere Abneigung als gegenüber dem sowjetischen Imperium, und so hat er, ob er es wollte oder nicht, den langfristigen Interessen Großbritanniens einen großen Dienst erwiesen, als er es zu dem feierlichen Versprechen drängte, Indien die Unabhängigkeit zu geben. Hätte er nur General de Gaulle zu dem gleichen Versprechen gegenüber Indochina gezwungen oder hätte sich der Führer des freien Frankreich von selbst dazu verpflichtet — wieviel Blutvergießen wäre vermieden worden!

Welche Verbindung läßt sich zwischen der amerikanischen Vorherrschaft, der Eindämmungsdiplomatie und der Expansion der amerikanischen Großunternehmen herstellen? Die Vorherrschaft beruhte gleichzeitig auf der wirtschaftlichen Überlegenheit (höchstes Prokopf-Sozialprodukt der Welt), der technisch-wissenschaftlichen Überlegenheit (atomare Waffen, ballistische Raketen, technisch führende Industrien) und der militärischen Überlegenheit, die ihrerseits auf den beiden anderen Formen der Überlegenheit beruhte; dank des hohen Sozialprodukts konnte die Vorrherrschaft zur See und in der Luft aufrechterhalten werden, ohne daß man dem Durchschnittsbürger Entbehrungen auferlegen und die Steigerung des Lebensstandards spürbar verlangsamen mußte (das war zumindest bis 1965 der Fall).

Sowohl die Eindämmungsdiplomatie als auch die Expansion der Banken und Konzerne wurde durch die wirtschaftliche, technische und militärische Vormachtstellung der Vereinigten Staaten, die wir soeben definiert haben, *ermöglicht* — eine Schlußfolgerung, die sich eigentlich von selbst versteht. Die Eindämmungsdiplomatie setzte militärische und wirtschaftliche Mittel voraus, wie sie nur die Vorherrschaft oder Vormachtstellung verleiht, während die gesamte Investitionstätigkeit im Ausland eine gewisse Überlegenheit voraussetzte, ohne welche die Banken und Konzerne kein Interesse gehabt hätten, Niederlassungen zu gründen oder europäische Unternehmungen aufzukaufen.

Hier ergeben sich einige Fragen: 1. Hatte die Eindämmung die Kapitalexpansion zum Ziel, oder wurde umgekehrt die Kapitalexpansion als Mittel der Eindämmung benützt? 2. Hätten die anderen Länder die Expansion des amerikanischen Kapitalismus und des amerikanischen Kapitals geduldet, wenn nicht die Vereinigten Staaten die militärische Überlegenheit besessen hätten? 3. Entsprach die Expansion des amerikanischen Kapitals einer inneren Notwendigkeit der amerikanischen Wirtschaft? Es sind schwierige Fragen, deren Antworten nicht ohne weiteres auf der Hand liegen. Die historischen Entwicklungen, zwischen denen wir zum Zwecke der Analyse unterscheiden, sind nicht *logisch* miteinander verknüpft, sondern überlagern einander und entfalten sich innerhalb desselben Zeitraumes. Was in den zwischenstaatlichen Beziehungen und den internationalen Wirtschaftsbeziehungen auf der militärischen Vormachtstellung oder der wirtschaftlichen Überlegenheit beruht, vermag niemand streng auseinanderzuhalten. Trotzdem ist es möglich und auch nötig, Mythen zu zerstören und Dämonen zu verscheuchen.

Gehen wir zunächst noch einmal auf das bereits erwähnte Argument der Rohstoffe ein, dem Claude Julien soviel Gewicht beimißt, und räumen wir es aus.

Zunächst sei an eine Tatsache erinnert, die kein Franzose und kein Europäer übergehen sollte: Während die Amerikaner pro Kopf mehr Rohstoffe verbrauchen als jedes andere Volk, führen Europäer und Japaner mehr Rohstoffe ein, als sie verbrauchen. Um nur das einleuchtendste Beispiel anzuführen: Die großen amerikanischen Gesellschaften haben im Nahen Osten, im Iran, in Saudi-Arabien und in den Emiraten am Persischen Golf die britischen Gesellschaften verdrängt und sich an die erste Stelle gesetzt. Dabei hängt die Prosperität Europas mehr noch als die der Vereinigten Staaten von dem Erdöl ab, das unter dem Sandboden ruht, auf dem die arabischen Völker leben. Noch für mindestens 20 Jahre bleibt der Zugang zu den reichsten Lagerstätten der Welt im Nahen und Mittleren Osten für Europa eine Lebensfrage, während es für die Vereinigten Staaten in erster Linie um Profite geht. Die amerikanische Wirtschaft verfügt innerhalb der westlichen Hemisphäre — im eigenen Lande, in Mexiko und Venezuela — über Energiereserven, die notfalls ausreichen.

Die Prosperität der Japaner und Europäer beruht auf dem Verbrauch von Rohstoffen, die im Ausland eingekauft und zu Fertigerzeugnissen verarbeitet werden; ein Teil dieser Erzeugnisse wird im Ausland abgesetzt, damit die für den Einkauf der Rohstoffe nötigen Devisen hereinkommen. Die Japaner und Europäer verbinden mit dem Einkauf und Verkauf weder Eroberungsabsichten noch den Wunsch, in allen Teilen der Erde Garnisonen zu unterhalten. Warum sollten die Vereinigten Staaten als einziger Industriestaat des Westens am 38. Breitengrad in Korea und an der Ecke der Potsdamer Straße in Berlin Wache halten? Claude Julien sollte über die Implikationen seiner These nachdenken. Nur eines kann richtig sein: Entweder können die westlichen Industrieländer nur dank der militärischen Vormachtstellung die unerläßlichen Rohstoffe kaufen, und in diesem Falle hätten die amerikanischen Extremisten des Kalten Krieges recht, wenn sie behaupten, daß die Vereinigten Staaten den gesamten Westen mit ihren Waffen verteidigen und daß die Europäer sich zumindest finanziell an dieser unerläßlichen gemeinsamen Aufgabe beteiligen sollten; oder aber die Produzenten verkaufen bereitwillig ihre Rohstoffe an die Industrieländer — das entspricht einstweilen dem Anschein (9) —, und in diesem Falle sind die Vereinigten Staaten nicht auf tausend Minuteman-Raketen und ein Dutzend Flugzeugträger angewiesen, um im Ausland einen überdies noch immer verhältnismäßig geringen Teil der von ihrer Industrie verarbeiteten Rohstoffe zu kaufen.

Zwischen den beiden Weltkriegen und vor allem im Gefolge der Weltwirtschaftskrise während der dreißiger Jahre wurde die Doktrin vom ›Lebensraum‹ populär. Hitlers Diplomatie berief sich auf den notwendigen Lebensraum, und die japanische Diplomatie hegte Ambitionen auf eine ›großostasiatische Wohlstandssphäre‹. Die entgegengesetzte Doktrin, daß es, um zu wachsen und reich zu werden, keiner Kolonien und keiner militärischen Hegemonie bedarf, wird durch das Beispiel der Niederlande, der Bundesrepublik Deutschland, Japans und Frankreichs belegt und erfreut sich nahezu einhelliger Zustimmung. Warum sollte sie, wenn sie für die Besiegten oder die zweitrangigen Staaten wahr ist, für den dominierenden Staat falsch sein (allerdings dürften, um es noch einmal zu betonen, die zweitrangigen Mächte die unerläßliche Rolle des führenden Staates nicht verkennen)?

Der Zugang zu den Rohstoffen, von dem in der Atlantik-Charta die Rede ist, kann zwei verschiedene Bedeutungen haben. Nach der Weltkrise und dem Verfall der Weltwirtschaft befürchteten einige Länder, nicht über die nötigen Devisen für den Kauf von Rohstoffen zu verfügen. Diese Furcht verlieh der Hitlerschen Doktrin vom Lebensraum bzw. der japanischen Doktrin von der ›Wohlstandssphäre‹ eine gewisse Rationalität, denn die Erweiterung des Bereichs der Souveränität, der Quasi-Souveränität oder des einheitlichen Währungsgebiets verringerte die Abhängigkeit von außen. Durch die außerordentliche Entfaltung des internationalen Handels während der letzen 25 Jahren kam es zu einer radikalen Umkehr des Denkens und des politischen Handelns; die Europäer und die Japaner bemühen sich, die Rohstoffe dort einzukaufen, wo sie am billigsten zu haben sind. Die Amerikaner brauchen, wenn sie es ihnen gleichtun wollen, nicht auf ihre Prokonsuln und die CIA zurückzugreifen. Nach einer anderen Auffassung bedeutet der Zugang zu den Rohstoffen die Freiheit zu kaufen, also eine Verpflichtung der Produzenten, den Verkauf nicht abzulehnen. Abgesehen von Fällen, die zwar denkbar sind, aber doch eine Ausnahme sein dürften (die monopolartige Absprache unter allen Produzenten eines für die Verbraucher unerläßlichen Produkts, etwa eine Erpressung der Europäer und Japaner durch die erdölproduzierenden Länder), droht die Verkaufsverweigerung erst in einer Zukunft, in welcher der Mangel an nichterneuerbaren Ressourcen zu einer Tatsache geworden ist. Was von den Kritikern in den letzten 25 Jahren zu Recht beklagt wurde, ist das Überangebot an bestimmten Primärerzeugnissen, durch das deren Preise — verglichen mit den Preisen der Fertigerzeugnisse — nachgaben, so daß sich, anders gesagt, die *terms of trade* für zahlreiche Entwicklungsländer verschlechterten.

Ein weiteres Argument, das von Claude Julien und den amerikanischen Paramarxisten vorgetragen wird und das man eigentlich übergehen kann, lautet folgendermaßen: ›Die amerikanische Prosperität stützt sich weitgehend auf die billige Ausbeutung der natürlichen Ressourcen der Dritten Welt und die Repatriierung von Profiten aus unterentwickelten Ländern in die Vereinigten Staaten.‹ (10) Die Vereinigten Staaten besaßen bereits das höchste Prokopf-Erzeugnis und den höchsten Lebensstandard der Welt, als sie noch Primärerzeugnisse überwiegend exportierten und überwiegend Schuldner (und nicht Gläubiger) der übrigen Welt waren, also unmittelbar vor dem Ersten Weltkrieg.

Bleiben wir bei den Rohstoffen und ihren Preisen. Diese Preise sind — ob man sie für gerecht hält oder nicht (nach welchem Maßstab?) — schon deshalb nicht die Hauptursache des amerikanischen Wohlstandes, weil die Rohstoffe nur einen geringen Anteil (höchstens 10 bis 15 %) des Sozialprodukts ausmachen. Die einleuchtendste Kritik an den Industrieländern würde umgekehrt argumentieren, daß sie für die Primärerzeugnisse sehr viel mehr bezahlen könnten, ohne ihren Wohlstand zu gefährden. Zweifellos haben die Vereinigten Staaten im letzten Jahrhundert davon profitiert, daß einer relativ geringen Bevölkerungszahl ein Überfluß an Land und Rohstoffen zur Verfügung stand. Aus diesem Verhältnis zwischen Landvorrat und Menschen erwuchs ein Anreiz, Arbeit einzusparen und Kapital zu akkumulieren, und das führte zu einem ansehnlichen, auf den einzelnen Arbeiter entfallenden Mehrwert. Trotz ihres Reichtums an natürlichen Ressourcen hat die Sowjetunion eine vergleichbare Produktivität je Beschäftigten nicht erreicht. All die Halbwahrheiten und grundlegenden Irrtümer Claude Juliens gipfeln in dem folgenden Text, der in seiner Verworrenheit und Mehrdeutigkeit beispielhaft ist:

›Es ist nicht wahr, daß Amerika, wie Senator Fulbright vorschlägt, auf sein Imperium verzichten und seine ungeheuren

Ressourcen ›ausnützen‹ könnte, um der Welt das Beispiel einer blühenden Zivilisation zu geben. Es muß sich im Gegenteil, wenn es seinen Wohlstand bewahren will, den Zugang zu den unermeßlichen Ressourcen der ganzen Welt offenhalten, von denen es den größeren (!) Teil verbraucht, um 6 % der Weltbevölkerung zufriedenzustellen. Amerika hat noch nicht begriffen, daß der Amerikanische Traum tot ist. Nur durch die Aufgabe des Imperiums könnte es ihn wiederbeleben. Das Imperium aufzugeben heißt aber nicht, auf einen abstrakten Machtwillen zu verzichten. Das bedeutet den Verzicht auf die Kupfer-, Bauxit-, Nickel-, Chromit-, Mangan-, Zinn-, Blei- und anderen Bergwerke, die Amerika in der ganzen Welt ausbeutet, um den American Way of Life zu einem unnachahmlichen Vorbild zu machen. Das Imperium aufzugeben hieße, Amerika seiner Stellung als eines privilegierten Konsumenten zu berauben, um zu einer gerechteren Verteilung der in der ganzen Welt verbrauchten Rohstoffe zu gelangen.‹ (11)

Was bedeutet ›auf sein Imperium verzichten‹? Nirgendwo gibt Julien eine genaue Definition dieses Imperiums, das er zu einer Art von Tier der Apokalypse macht, ohne zwischen direkten Investitionen, Militärstützpunkten, wirtschaftlichem oder geistigem Einfluß und Intrigen der CIA zu unterscheiden. Selbstverständlich müssen die Vereinigten Staaten genau wie die übrigen westlichen Industrieländer, jedoch in geringerem Maße als diese, ›den Zugang zu den Ressourcen der ganzen Welt behalten‹. Sie würden allerdings diesen Zugang nicht verlieren, wenn die amerikanischen Gesellschaften, die in Lateinamerika die Kupfer- und Bleivorkommen ausbeuten, verstaatlicht würden, da das Staatsunternehmen, das an die Stelle der amerikanischen Konzernniederlassung tritt, den Verkauf seiner Produkte nicht ablehnt und oft nicht einmal bessere Preise erzielt. Der Verlust der zurücktransferierten Profite trifft die amerikanische Wirtschaft als ganze und meistens auch den einzelnen Konzern, der durch Bürgschaften der Bundesregierung gegen Verstaatlichungen gesichert ist, nicht sonderlich schwer. Der ungleichmäßige Verbrauch an Rohstoffen beruht auf der ungleichmäßigen Verteilung der Industrie, also des Reichtums; was kann der ›Verzicht auf das Imperium‹ an dieser Verteilung ändern?

Die eigentliche Frage, die über dieses Bravourstück linksradikaler Agitation weit hinausgeht, betrifft das Verhältnis zwischen militärischer Vorherrschaft und kapitalistischer Expansion oder, genauer gesagt, zwischen Eindämmungsdiplomatie und kapitalistischer Expansion. Was verteidigen die Vereinigten Staaten — die freie Welt oder eine Welt, die der freien Wirtschaft offensteht? Man braucht die Frage nur in dieser Weise zu formulieren, und sofort wird deutlich, wie schwierig eine eindeutige Beantwortung im einen oder anderen Sinne ist.

Angenommen, die Verantwortlichen in Washington würden sich ganz bewußt entschließen, für die Expansion ihrer Wirtschaft einen günstigen internationalen Rahmen zu schaffen, dann würde ihre umfassende Zielsetzung doch wohl die Beschränkung jener Bereiche sein, die ihren Produkten und ihrem Kapital verschlossen sind. Wenn nun irgendwo eine marxistisch-leninistische Partei an die Macht kommt, so bedeutet das normalerweise, daß — jedenfalls am Anfang — der Handel mit den kapitalistischen Ländern zurückgeht, ausländische Investitionen verboten werden und die bürokratische Regelung an die Stelle des freien Marktes tritt. Die amerikanische Diplomatie folgt also wirtschaftlichen Motiven, wenn sie sich zum Ziel setzt, die Machtergreifung einer marxistisch-leninistischen Partei zu verhindern. Gleichzeitig folgt sie aber auch politischen und strategischen Motiven insofern, als die marxistisch-leninistischen Parteien, wenn sie sich erst des Staates bemächtigt haben, gegen die Vereinigten Staaten und die westlichen bzw. kapitalistischen Länder Partei zu ergreifen pflegen. Solange zwischen den beiden Supermächten eine umfassende Rivalität bestand — jede trat für ihre Organisationsform, ihre Lebensweise, ihre Ideologie ein —, war es unmöglich, die wirtschaftliche und die politische Zielsetzung völlig auseinanderzuhalten. Die Vereinigten Staaten haben in den letzten 25 Jahren im Rahmen eines bipolaren Systems ihr nationales Interesse nicht im eingeschränkten Sinne der physischen Sicherheit ihres Volkes und der Sicherung ihrer Institutionen verstanden, sondern im umfassenden Sinne der Erhaltung einer Umwelt, die für ihre Ideen, ihre Waren und ihr Kapital vorteilhaft ist. (12)

In einem solchen Verständnis gehen ›freie Welt‹ und ›Welt einer freien Wirtschaft‹ leicht ineinander über. Die Vereinigten Staaten haben durchaus nicht immer Länder mit freiheitlichen Institutionen verteidigt — ja, sie haben gelegentlich despotische Regime verteidigt, um marxistisch-leninistischen Parteien entgegenzutreten. Was die Entscheidung zwischen den beiden Thesen — Eindämmung im Dienste der kapitalistischen Expansion oder Primat der Eindämmung gegenüber den wirtschaftlichen Interessen — *in einer umfassenden Betrachtung* unmöglich macht, ist die Tatsache, daß die amerikanische Diplomatie letzten Endes dem Bereich der sowjetisierten Länder eine Grenze ziehen wollte, ohne dabei — jedenfalls bis vor kurzer Zeit — zwischen kommunistischem Regime, Feindseligkeit gegenüber den Vereinigten Staaten und Orientierung am antiimperialistischen Lager einen Unterschied zu machen. Seine Rechtfertigung fand ein derartiger Antisowjetismus ebenso in der Logik des politischen und ideologischen Wettbewerbs zwischen den zwei Supermächten wie in der Logik der kapitalistischen Expansion.

Wie sollen wir nun zwischen diesen beiden Logiken unsere Entscheidung treffen? Gewiß nicht unter Berufung auf die Erklärungen der Staatsmänner, deren Argumente darauf abgestellt sind, ihre Adressaten, die Senatsausschüsse, zu überzeugen, und deren Deklarationen nicht offenbaren, was sie im Innersten denken. Ich sehe daher nur zwei Wege, auf denen man versuchen könnte, zumindest teilweise die wirtschaftliche Zielsetzung und die diplomatisch-strategische Zielsetzung im außenpolitischen Wirken der Vereinigten Staaten auseinanderzuhalten: Man kann zum einen die Einzelfälle prüfen, in denen die Tatsachen eine zumindest wahrscheinliche Unterscheidung zulassen, und zum anderen kann man die in der amerikanischen Gesellschaft selbst liegenden Faktoren analysieren, die deren Diplomatie bestimmen.

3

Der Paläo-Imperialismus der europäischen Staaten verband den Ruhm des Imperiums mit den Profiten der Ausbeutung; der Neo-Imperialismus der Vereinigten Staaten, sofern er überhaupt ein Imperialismus ist, hat es überhaupt nicht nötig, die

Regierenden unabhängiger Staaten durch seine eigenen Administratoren zu ersetzen. Er lehnt ganz im Gegenteil eine kostspielige Verantwortung ab, die im Widerspruch zum Geist der Zeit und zur wirtschaftlichen Vernunft stünde.

Man kann, wenn man diesen Gedankengang weiterverfolgt, den amerikanischen Antikolonialismus unschwer als eine subtile Spielart des Imperialismus (oder zumindest des Machtwillens) darstellen, denn eine Welt ohne Grenzen begünstigt natürlich das stärkste kapitalistische Land. Nur ein schwacher Kapitalismus braucht sein abgegrenztes Revier und versucht, seine Konkurrenten dadurch auszuschließen, daß er auf den öffentlichen Gebäuden seine Fahne hißt. Die führende Wirtschaftsmacht — im 19. Jahrhundert die englische, im 20. die amerikanische — setzt normalerweise auf den Markt, den Freihandel, auf alle Fälle aber auf die Meistbegünstigungsklausel. (13)

Eine solche Interpretation des amerikanischen Antikolonialismus baut in hohem Maße auf die Hegelsche List der Vernunft. Sie erkennt nachträglich eine wirtschaftliche Rationalität, die für die Beteiligten unerkennbar war. Mir scheint, daß der amerikanische Antikolonialismus aus einer ideologischen Tradition, einer überlieferten Auffassung der nationalen Geschichte hervorgegangen ist. Weder privat noch gelegentlich sogar in der Öffentlichkeit hat Franklin D. Roosevelt seine Abneigung gegen die imperiale Herrschaft Englands in Indien und gegen das französische Imperium besonders im Fernen Osten verleugnet. In Washington hat sich die Furcht vor dem Kommunismus nur langsam gegenüber der Abneigung gegen den französischen Kolonialismus in Indochina durchgesetzt. Von Roosevelt über Truman und Kennedy bis hin zu Johnson hatten die amerikanischen Führer nicht eine Ausweitung des Handels oder Investitionsmöglichkeiten für das Kapital im Sinn, als sie ihren Verbündeten rieten bzw. sie zwangen, Indien, Indonesien, Indochina und Algerien die Unabhängigkeit zu gewähren. Ohnehin bedeuteten die neuen Staaten, selbst Indien, zumindest auf kurze Sicht nur eine bescheidene Erweiterung des Weltmarktes; mit dem Übergang von der britischen Herrschaft zur Unabhängigkeit änderte sich an den Bedingungen für den Kauf und Verkauf von Waren oder gar an den Möglichkeiten für direkte Investitionen im wesentlichen nichts.

Wer auf eine ökonomische Interpretation der Entkolonialisierung Wert legt, sollte sich besser nicht bei den Motiven der amerikanischen Diplomatie aufhalten, sondern die geschichtliche Gesamtentwicklung betrachten, die dazu führte, daß innerhalb einer Generation sämtliche europäischen Kolonialreiche in Asien und Afrika verschwunden sind. Die unmittelbare Ursache war natürlich der Zweite Weltkrieg, die wirtschaftliche, militärische und moralische Schwächung der Metropolen. Zugleich hat die Entwicklung aber auch den Liberalen Recht gegeben (für wielange, das ist zweifelhaft): So, wie sie von den Europäern gehandhabt wurde, ist die Souveränität (über die einstigen Kolonialgebiete) nicht mehr rentabel. Mittlerweile beinhaltet sie Verpflichtungen, denen sich die westlichen Länder entziehen möchten und denen sie nur schwer gerecht werden könnten. Ihnen wie auch den nichtwestlichen Ländern ist klar geworden, wie groß der Unterschied im Lebensstandard ist und daß auf der Erde Völker nebeneinander leben, deren Pro-Kopf-Einkommen bei den einen unter 100 Dollar, bei anderen bis zu 4 000 Dollar beträgt. Wie sehr derartige Vergleiche mit ihrer übertriebenen Genauigkeit auch daneben treffen mögen — die internationalen Organisationen verwenden diese Zahlensprache und leiten daraus die Notwendigkeit der Entwicklung ab. Früher hatte der Inhaber der Macht ein gutes Gewissen, wenn er die elementaren Pflichten erfüllte, entweder selbst oder mit Hilfe der alteingesessenen Führer Ruhe und Ordnung aufrecht zu erhalten, Rohstoffe zu gewinnen und Fertigerzeugnisse abzusetzen und für Verwaltungsaufgaben eine schmale Elite im westlichen Sinne heranzubilden. Je nach den Umständen und nach seinem Mutterland rühmte sich der Kolonisator, die kulturelle Überlieferung zu achten oder im Gegenteil den Völkern die Aufklärung der Zivilisation zu bringen. Mit Straßen, Eisenbahnen und Schulen schuf er die Infrastruktur dessen, was das 20. Jahrhundert als Entwicklung bezeichnet. Er berechnete weder das Sozialprodukt noch das Pro-Kopf-Produkt, denn das Weltgewissen verlangte von ihm keine Rechenschaft. Aufgrund einer Ironie der Geschichte oder einer verborgenen Logik hat der Antikolonialismus der Supermächte den Rückzug der Europäer beschleunigt, als diese den Verpflichtungen der Herrschaft schon nicht mehr ausweichen konnten und sich bereit fanden, für den Ausbau ihrer Besitzungen mehr als bisher aufzuwenden. Der amerikanische Antikolonialismus, integrierender Bestandteil des Nationalbewußtseins der Amerikanischen Republik, stimmte mit den Erfordernissen der Nachkriegswirtschaft überein und entsprach *zugleich* dem wohlverstandenen Interesse der europäischen Nationen und den Forderungen, die von den Kolonialvölkern bzw. in deren Namen von aktiven Minderheiten erhoben wurden.

In diesem ersten Falle stimmt, wie mir scheint, die ökonomische Logik mit der amerikanischen Weltanschauung überein: Hatte man die Landnahme, die Verdrängung der Indianer und die Eroberung der spanischen und später der mexikanischen Provinzen erst einmal vergessen, dann wurden mit der Unabhängigkeit der dreizehn Kolonien und der Schaffung des (amerikanischen) Commonwealth die Vereinigten Staaten zur ›first new nation‹.

Ganz anders liegt der Fall beim Marshallplan, den man rein ökonomisch interpretieren kann — was allerdings nicht ganz glaubwürdig ist. Während der Wiederaufbauphase gleich nach dem Krieg verschärften sich durch den Marshallplan und die Bedürfnisse der europäischen Volkswirtschaften die inflationären Spannungen. Die Bundesregierung hätte, da die Zuschüsse und Darlehen an die westeuropäischen Länder aus Steuern finanziert wurden, die Summen, die sie von den persönlichen Einkommen erhob, auch im Inland ausgeben können. Es gibt kein Wirtschaftssystem, dem es ohne weiteres gelungen wäre, mit einer absoluten ›Überproduktion‹ fertig zu werden, doch hat in den Jahren 1947—1948 mit Sicherheit kein Verantwortlicher in Washington eine sektorielle Überproduktion oder einen Überfluß an Kapital auf der Suche nach gewinnbringendem Einsatz befürchtet. Vielmehr erzeugte die aus der Kriegszeit stammende — und damals noch gebundene — Kaufkraft eine überschüssige Gesamtnachfrage.

Vielleicht hat Molotow aufgrund seines Marxismus geglaubt, ein Darlehen an die Sowjetunion würde der amerikanischen Wirtschaft zur Vollbeschäftigung und zur Beseitigung der Arbeitslosigkeit verhelfen. Ähnlicher Argumente bediente sich die europäische Propaganda gegen den Marshallplan, und sie fügte hinzu, hinter den Zuschüssen und Darlehen stecke ein Versuch der ›Kolonisierung‹ (was dieses Wort auch immer bedeuten mag). *Tatsächlich* aber gingen die Direktinvestitionen der amerikanischen Gesellschaften in Europa *nicht* mit dem Marshallplan Hand in Hand, sondern setzten erst seit 1955 in erhöhtem Maße ein, also einige Jahre später, vor allem wegen des beschleunigten europäischen Wachstums und der Aussichten des Gemeinsamen Marktes. Die Initiatoren des Marshallplans wollten die Zerstörungen beseitigen und die europäischen Volkswirtschaften wieder aufbauen, um einen Damm gegen den Kommunismus zu errichten und die Gefahr eines inneren Umsturzes zu verringern. (14) Es ist keine Frage, daß die Eindämmung, eine legitime und vernünftige politische Zielsetzung, mit der wirtschaftlichen Zielsetzung zusammenfiel, denn eine Ausweitung der kommunistischen Regime in Europa hätte bedeutet, daß der Bereich der kapitalistischen oder freien Wirtschaft, der amerikanischen Geschäftsmethoden offenstand, geschrumpft wäre.

In bestimmten Einzelfällen haben die Vereinigten Staaten kommerzielle Erwägungen der politischen oder politisch-militärischen Staatsraison untergeordnet. Zwar vollzieht sich der Handel mit den Ländern sowjetischer Ordnung nicht in den gleichen Formen wie der Handel innerhalb der freien Welt, doch ging er dessenungeachtet weiter. Seit dem Tauwetter, das auf Stalins Tod folgte, waren die Westeuropäischen Länder sehr viel eifriger als die Vereinigten Staaten bestrebt, ihre Industrieerzeugnisse in Osteuropa abzusetzen. Erst seit Nixons neuer Politik läßt sich jenseits des Atlantik ein Interesse am Handel mit der Sowjetunion beobachten; es waren die Vereinigten Staaten, welche Ausfuhren von angeblicher militärischer oder strategischer Bedeutung mit einem Embargo belegten; sie waren es auch, die über Rotchina eine Handelsblockade verhängt hatten. Zur Zeit des ersten sowjetischen Fünfjahrplanes hatte die amerikanische Industrie mit Kapital und Technik zum ›Aufbau des Sozialismus‹ beigetragen. Zahlreiche Unternehmensführer würden nicht zögern, der Sowjetunion morgen das letzte Computermodell zu verkaufen — die einen, weil sie an Politik kein Interesse haben, die anderen, weil sie die Überzeugung eines ›amerikanisierten Paramarxismus‹ oder eines ›erneuerten Liberalismus‹ teilen, daß der Handel eine Waffe des Friedens ist. Die amerikanischen Kapitalisten haben sich zwischen dem ersten Fünfjahrplan und dem Gipfeltreffen im Mai 1972 nicht so sehr geändert wie die amerikanischen Diplomaten. Nicht ohne Grund dreht James Burnham die landläufige Interpretation um und spricht von der Selbstmordneigung der Kapitalisten.

Einige Autoren — darunter Magdoff — verzichten von vornherein darauf, das diplomatische oder militärische Handeln im einzelnen mit ökonomischen Interessen zu erklären. Das ist eine vernünftige Haltung, die lediglich die umfassende Interpretation bestehen läßt, die jedoch ebenfalls nichts erklärt, da die politische und die wirtschaftliche Zielsetzung letzten Endes im Ziel der Eindämmung zusammenfallen. Eine Interpretation, die alles erklärt, erklärt nichts.

Andere Autoren, beispielsweise Gabriel Kolko, möchten dem Vietnamkrieg in Ermangelung einer moralischen eine gewisse rationale Begründung geben. (15) Das gelingt ihnen — und ich finde es aufschlußreich, welchem Standpunkt sie sich dabei nähern — allerdings nur, indem sie die Dominotheorie übernehmen. Dabei besteht zwischen den Vorteilen, welche die Vereinigten Staaten aus Vietnam ziehen können, und den Kosten des Krieges ein solches Mißverhältnis, daß jede ökonomische Interpretation lächerlich wird. Um die Diskrepanz zu verringern oder auszuschalten, bleibt sowohl W. W. Rostow als auch G. Kolko nur ein Weg — die Dominotheorie.

Kolko zitiert bereitwillig Äußerungen über Rohstoffe aus offiziellen Texten und Erklärungen von Politikern. Er führt beispielsweise an, was David Bruce, Botschafter der Vereinigten Staaten in Frankreich, vor einem Ausschuß des amerikanischen Senats gesagt hat: ›Ohne Frage wäre der Fall von Burma und Thailand absolut unvermeidbar, wenn Indochina verloren ginge. Niemand kann mich vom Gegenteil überzeugen, denn was für eine Garantie gibt es, daß Malaya nicht kurz danach den gleichen Weg geht und Indien ... nicht ebenfalls kommunistischer Infiltration ausgesetzt würde.‹ (16)

Im gleichen Sinne schreibt Eisenhower in seinen Memoiren: ›*Ein Verlust ganz Vietnams zusammen mit dem Verlust von Laos im Westen und Kambodscha im Südwesten hätte die Versklavung von Millionen Menschen durch den Kommunismus bedeutet. Materiell gesehen wäre der Verlust wertvoller Zinnlager und reicher Gummi- und Reispflanzungen zu beklagen gewesen. Thailand hätte damit das Pufferterritorium zwischen sich und Rotchina verloren, und seine gesamte Ostgrenze wäre einer Infiltration oder einem offenen Angriff ausgesetzt gewesen. Mit dem Fall Indochinas wären nicht nur Thailand, sondern auch Burma und Malaysia in Gefahr gekommen, mit zusätzlichen Auswirkungen auf Ostpakistan, ja ganz Südasien bis nach Indonesien.*‹ (17)

Derartige Zitate, mit denen die ökonomischen Motive und Ziele der amerikanischen Diplomatie belegt werden sollen, kann jeder zu Dutzenden und zu Hunderten finden. Allerdings — und das ist für die These der ›Paramarxisten‹ bedauerlich — leidet eine solche Beweisführung an zwei Schwächen. Gelegentlich zeugen diese Argumente von einer solchen Absurdität, von einer solchen Verkennung der Tatsachen, daß sie eindeutig als Rechtfertigungen gegenüber einer schlecht informierten Öffentlichkeit zu erkennen sind. Als John Foster Dulles im Mai 1954 während der Genfer Konferenz Ho Tschi Minh als einen ›in Moskau ausgebildeten Kommunisten‹ bezeichnete, ›der Japan wichtiger Märkte und Lebensmittel- und Rohstoffquellen berauben würde‹, da wählte er eine Ausdrucksweise, die er im Hinblick auf seine Zuhörer für die angemessenste hielt. Auch Jules Ferry hat sich keineswegs gescheut, koloniale Eroberungen wirtschaftlich zu rechtfertigen, obwohl das Kapital außerhalb des französischen Imperiums angelegt wurde. Die Äußerungen der amerikanischen Politiker schwanken zwischen der Sprache des Kreuzzugs — Verteidigung gegen den Kommunismus — und der Sprache des Dollars — Märkte und Rohstoffe —, doch kommt in beiden ihr wahres Denken zum Vorschein.

Weit davon entfernt, das für die Beteiligten unerkennbare Geheimnis — das ›verborgene Element‹, durch das die wissenschaftliche Wahrheit sich auszeichnet — zu entdecken, begnügt sich die ›paramarxistische‹ Interpretation damit, gewisse Erklärungen der Diplomaten und die Dominotheorie für bare Münze zu nehmen. Die ›Durchhaltefanatiker‹ des Vietnamkrieges sind sich mit den Gegnern dieses Krieges, die nach einer ›Rationalisierung des Absurden‹ oder, um es mit dem Titel eines berühmten Buches zu sagen, der ›Sinngebung des Sinnlosen‹ suchen, wundersam einig in dem Bemühen, für eine sonderbare Entscheidung eine plausible Begründung zu finden — die einen, um diese Entscheidung zu rechtfertigen, die anderen, um das System, aus dem sie erwachsen ist, zu verdammen. Wer von ihnen hat recht? Oder haben beide unrecht?

Niemand wird im Ernst behaupten, daß der Verlust der Märkte und Rohstoffe Südvietnams die amerikanische Prosperität oder den Weltmarkt (oder — wenn man das vorzieht — das Wirtschafts- und Handelssystem der Vereinigten Staaten) tödlich treffen oder auch nur ernsthaft verletzen würde. Die Vereinigten Staaten haben ganz eindeutig in Südvietnam mehr Geld investiert — von den Menschen ganz zu schweigen —, als sie jemals herausholen könnten. Die Frage ist daher, ob die Dominotheorie wahr ist und wenn ja, ob sie der amerikanischen Diplomatie wirtschaftliche Rationalität verleiht.

Da die entsprechende Erfahrung noch aussteht, läßt sich die erste Frage nur vorläufig und hypothetisch beantworten: Wahrscheinlich wären Kambodscha und Laos in den nordvietnamesischen (oder chinesischen) Einflußbereich und unter kommunistische (oder von Kommunisten beherrschte) Regierungen geraten. Möglicherweise wäre auch Thailand angesteckt worden, doch vielleicht hätte es auch die Gefahr (sofern man in der ›Kommunisierung‹ eine Gefahr sieht) abwenden können; schließlich hat Indonesien das ohne Hilfe der Vereinigten Staaten geschafft. An sich ist Indonesien von größerer Bedeutung als Südvietnam; die Verantwortlichen in Washington hatten sich schon mit dem ›Verlust‹, d. h. mit der Machtergreifung der Kommunisten abgefunden, als ihnen ein mißlungener kommunistischer Staatsstreich zugute kam und sie gerade durch ihre Untätigkeit einen Erfolg errangen, den diesmal niemand auf die CIA schiebt. Was Indien (18) betrifft, so muß man sich schon sehr anstrengen, um sich vorzustellen, daß es ein Opfer der Wiedervereinigung Vietnams unter einem marxistisch-leninistischen Regime wird.

Überzeugender erscheint mir das Argument, das sowohl von den Verteidigern als auch von den ›paramarxistischen‹ Kritikern der amerikanischen Diplomatie vorgetragen wird, daß eine Supermacht die Niederlage nicht hinnehmen *darf*, weil sie nicht eine Schlacht verlieren kann, ohne den Krieg zu verlieren, nicht einen Verbündeten aufgeben kann, ohne die Glaubwürdigkeit der von ihr eingegangenen Verpflichtungen aufs Spiel zu setzen. Die imperiale Logik verlangt die Allgegenwärtigkeit und duldet den Rückzug nicht. Es ist eine Pyrrhus-Logik, welche die Imperien häufiger in die Katastrophe als zum Triumph geführt hat.

War sie im Falle Vietnams unausweichlich? Ich verweise den Leser auf das dritte Kapitel im ersten Teil dieses Buches. Nachdem Roosevelt die Rückkehr der französischen Kolonialmacht mehr oder weniger aktiv abgelehnt und aus seiner Ablehnung auch kein Geheimnis gemacht hatte, entschlossen sich Truman und Acheson ganz bewußt, für den Kampf des französischen Expeditionskorps gegen den Vietminh Partei zu ergreifen. Der Kampf wurde zu einem integrierenden Bestandteil der Verteidigung der freien Welt gegen den Kommunismus.

Die nordkoreanische Aggression schien dieses Engagement zu rechtfertigen und zu bestätigen. In seiner Folge kam es zu einer mühsamen Zusammenarbeit zwischen den Vereinigten Staaten, welche Geld und Waffen lieferten, und Frankreich (mit seinem Kolonialreich), welches die Soldaten stellte. Am Ort des Geschehens verteidigten die französischen Offiziere das Imperium, die amerikanische Mission die ›freie Welt‹. Die ersteren sahen keinen Sinn in einem Krieg gegen den Kommunismus, während die letztere einen Krieg zur Verteidigung einer kolonialen Ordnung, die ohnehin zum Untergang verurteilt war, noch sinnloser fand.

Nach 1954 und den Genfer Abkommen erneuerten die Vereinigten Staaten ihr Engagement — in der Hoffnung, sie könnten, frei vom Makel des französischen Kolonialismus, wenigstens ein nichtkommunistisches Regime im Süden retten, ein nichtkommunistisches Regime, das mit Ngo Dinh Diem durch eine Entwicklung, die wahrscheinlich nicht zu vermeiden war, antikommunistisch wurde; hatte doch der Vietminh den Nationalismus verkörpert, so daß ein anderer Nationalismus einer Ideologie bedurfte — und was für eine Ideologie konnte er schon haben außer dem Antikommunismus?

Daraufhin — aber wirklich erst daraufhin — kam es zu der unentrinnbaren Verwicklung. Erst nach dem Engagement und durch das Engagement stand etwas auf dem Spiele. Kennedy wünschte zwar bessere Beziehungen zur Sowjetunion und eine Beschränkung des Rüstungswettlaufs, war aber zugleich ein ›doer‹, ein Macher. Unter seiner Mannschaft befanden sich einige akademische Intellektuelle, die glühend die Theorie der ›counterinsurgency‹ verfochten. Nach dem Fiasko in der Schweinebucht suchte er nach Gelegenheiten, bei Chruschtschow jenen Respekt zurückzugewinnen, den er (zu Recht) glaubte verloren zu haben. Daher die massivere Intervention in Laos, die Kommandounternehmungen gegen Nordvietnam, die wachsende Zahl der amerikanischen Berater in Südvietnam und schließlich grünes Licht für das Komplott der Generäle gegen Diem: Die wachsende Verwicklung war eine Folge des Versagens. Wenn es stimmt, daß Kennedy, Johnson und Nixon in Vietnam ohne ihr Wissen und Wollen das weltweite Wirtschaftssystem der Vereinigten Staaten verteidigt haben, dann muß man davon ausgehen, daß dieses auf politischem und militärischem Prestige beruhende System bei der geringsten Erschütterung zusammenbrechen wird. Die ökonomische Erklärung des diplomatisch-strategischen Verhaltens der Vereinigten Staaten gewinnt eine gewisse Plausibilität nur auf dem Umweg über eine Argumentation, die ihre Aussage zunichte macht. Sie entzieht sich nämlich jeglicher Widerlegung, wenn sie die Privilegien der führenden Wirtschaftsmacht statt mit tatsächlicher Stärke lediglich mit dem Ruf militärischer Stärke begründet.

Wenn wir auch hier wieder eine mittelbare Erläuterung des Endziels mit Hilfe der Dominotheorie beiseite lassen und direkt fragen, ob das außenpolitische Wirken der Vereinigten Staaten in den verschiedenen Teilen der Welt ökonomischer Logik folgt, so ist die Antwort — soviel kann man zumindest sagen — zweifelhaft.

Keine Region der Welt ist für die Vereinigten Staaten so wertvoll wie der Nahe Osten, wo noch immer die reichsten bekannten Erdölvorkommen, die größten Reserven des Schwarzen Goldes liegen. Ist die amerikanische Diplomatie von der

Sorge bestimmt, sich den Zugang zu diesen Vorkommen zu erhalten und sich die Regierungen dieser Länder nicht zu entfremden? Ja und nein.

Sie unterstützt Israel, gegen das alle arabischen Staaten, wenn auch nicht alle mit der gleichen Begeisterung, gemeinsame Sache machen. Vermutlich bereitet die Existenz des Staates Israel einer ganzen Reihe amerikanischer Berufsdiplomaten (wie auch ihren Kollegen am Quai d'Orsay) Verdruß. Die Verantwortlichen in Washington geben sich die größte Mühe, gute Beziehungen zu den arabischen Staaten zu erhalten; man vermeidet es, Soldaten jüdischen Glaubens zu den amerikanischen Stützpunkten in Saudi-Arabien zu entsenden, und genauso verfahren die großen Erdölgesellschaften, die die Bodenschätze heben. 1956 konnte Präsident Eisenhower nach langen Bemühungen Ben Gurion dazu überreden, die während des Sinai-Feldzuges besetzten Gebiete zu räumen. Während des Sechstagekrieges hielten die Vereinigten Staaten die Sowjets von etwaigen Interventionsabsichten ab. Seit 1967 verficht die amerikanische Diplomatie die Auffassungen Israels und beliefert das Land ungeachtet seiner Erdölinteressen mit Waffen.

Im Nahen Osten werden somit zwei Eigentümlichkeiten oder Tendenzen der amerikanischen Diplomatie deutlich sichtbar: einerseits die Unterstützung konservativer Regierungen in den arabischen Ländern in der Absicht, die amerikanischen Investitionen zu schützen, andererseits die militärische Unterstützung Israels. Die amerikanische Diplomatie hat ebenso wie die sowjetische Diplomatie die Entstehung des Staates Israel gefördert. Die sowjetische Diplomatie wollte damals das britische Empire mit seiner ruhmreichen Vergangenheit und seiner noch immer eindrucksvollen Fassade treffen. Seither hat sie durch alle Krisen hindurch scheinbar solide Positionen in Syrien und in militärischer Hinsicht starke, aber politisch gefährdete Positionen in Ägypten errungen. (19) Die Vereinigten Staaten sind, ohne daß die Verantwortlichen ihr Handeln bewußt auf dieses Ziel abgestellt hätten, zum Protektor und Verbündeten des jüdischen Staates geworden, und sie mußten, seit es 1967 zum Bruch zwischen Frankreich und Israel kam, außerdem die Rolle des einzigen Waffenlieferanten übernehmen.

Muß man diese Orientierung dem Einfluß der jüdischen Gemeinschaft in Amerika zuschreiben? In einem gewissen Maße ganz sicher: Die Entscheidungen über das außenpolitische Wirken der Amerikanischen Republik sind von Pressionsversuchen nicht ausgenommen. Der Führung der britischen Diplomatie ist stets die der aristokratischen Tradition eigentümliche Verschwiegenheit und Unabhängigkeit zugute gekommen. Nur in Ausnahmefällen — während der dreißiger Jahre, als die Appeasementpolitik gegenüber Hitler eine bestimmte Schwelle überschritten hatte, sowie während der britisch-französischen Suez-Expedition — empörte sich, angeführt von einer Fraktion des Establishments, die öffentliche Meinung und erzwang eine Umkehr oder einen Verzicht. Das britische Kabinett und sein Außenminister sind nicht dem ständigen Trommelfeuer ausgesetzt, das so mancher amerikanische Außenminister Tag für Tag ertragen muß. Wenn es um den Nahen Osten und um Israel geht, werden die Repräsentanten des American Jewish Committee beim Außenminister vorstellig — allerdings auch die Vertreter der großen Erdölgesellschaften. Im vorliegenden Falle haben sich die letzteren nicht durchgesetzt.

Wenden wir uns einem anderen Teil, Lateinamerika und besonders Mittelamerika und dem karibischen Raum, zu. Schon als die Republik entstand, richteten einige der *Founding Fathers* ihre Blicke auf Kuba, so als ob diese dicht vor der Küste Floridas gelegene Insel durch geographische oder historische Fügung dem neuen Commonwealth angehöre. Ganz sicher hat die amerikanische Republik in der Errichtung eines ihr feindlich gesonnenen Regimes in Havanna den Treuebruch eines Staates gesehen, der seit jeher zu ihrem Einfluß- oder Verantwortungsbereich gehört hatte. Ähnlich liegt der Fall bei der Dominikanischen Republik und bei Guatemala: Die Reaktionen der Verantwortlichen und der Öffentlichkeit sind, wie mir scheint, von der Nähe dieser Länder und von dem Gefühl bestimmt, daß sie zur westlichen Hemisphäre gehören. Im karibischen Raum und in Mittelamerika hat Washington eine Großmachtpolitik, ja eine ausgesprochen imperialistische Politik im herkömmlichen Sinne betrieben, indem es sich faktisch das Recht herausnahm, die Souveränität dieser Staaten einzuschränken und gewissen Parteien den Zugang zur Macht zu verwehren.

Weder in der Dominikanischen Republik noch in Guatemala oder gar in Kuba scheinen die ökonomischen Interessen, die hier auf dem Spiele stehen, eine angemessene Begründung des Machtanspruchs zu liefern. Die Denk- und Verhaltensweise der Amerikaner ist eher von geographischen Erwägungen und geschichtlichen Erinnerungen geprägt.

Seit der Verkündung der Monroe-Doktrin haben sich die Amerikaner einen doppelten Mythos zurechtgelegt, wobei sie freilich vergessen, daß diese Doktrin auf britische Initiative hin zustande kam: Erstens den geographischen Mythos, daß die westliche Hemisphäre die beiden Amerikas umfaßt, und die Vereinigten Staaten in ihr legitimerweise eine besondere Stellung einnehmen und vom Schicksal dazu ausersehen sind, eine besondere Verantwortung zu übernehmen; zweitens den politischen Mythos, daß das vor über einem Jahrhundert gegenüber der Heiligen Allianz ausgesprochene Verbot, in den Kolonien, die sich gegen Spanien erhoben hatten, einzugreifen, sich in seinem Wesen nicht geändert hat und für die Vereinigten Staaten zu einer Bestätigung geworden ist, daß sie in diesem Sonderrevier stellvertretend für die lateinamerikanischen Staaten handeln oder ihnen beistehen dürfen, fremde Einflüsse abzuwehren, die nach Auffassung der Vereinigten Staaten dem Wohlergehen und der Sicherheit des gesamten Bereichs abträglich sind. Weder als Rohstoffreservoir noch als Absatzmarkt für Fertigerzeugnisse oder als sonderlich günstiges Gebiet für direkte Investitionen ist Lateinamerika von überragender oder gar unerläßlicher Bedeutung. Wir haben gesehen, daß Kanada und Westeuropa sehr viel mehr amerikanisches Kapital aufnehmen. Seit zehn Jahren deinvestieren die Vereinigten Staaten in Lateinamerika, ziehen sie mehr an Gewinnen ab, als sie an neuem Kapital investieren. Nachdem die von John F. Kennedy unter großem Aufwand gestartete Allianz für den Fortschritt gescheitert ist oder doch nur magere Ergebnisse gebracht hat, neigte Richard Nixon während der letzten Jahre eher zu einem *benign (or not so benign) neglect* gegenüber Lateinamerika.

Die Yankees sind sich bewußt geworden und haben sich damit abgefunden, daß die öffentliche Meinung in den meisten lateinamerikanischen Ländern ihnen wenig Sympathie entgegenbringt. Vielleicht erwächst der Groll der Südamerikaner daraus, daß sie ihre Fortschritte an dem messen, was die Nordamerikaner während der letzten anderthalb Jahrhunderte erreicht haben. Die Yankees haben sich durch ihren Erfolg unbeliebt gemacht. Im übrigen bringen die Kinder des Wohlstands und der Tüchtigkeit für die Wertvorstellungen und die Lebensart der Lateinamerikaner weder Sympathie noch Respekt auf, und das vergilt man ihnen, indem man ihnen nicht zugesteht, was sie selbst verweigern.

Vielleicht bewirkt der Vietnamkrieg, daß die Verantwortlichen in Washington sich zu größerer Nachsicht oder Zurückhaltung bereitfinden. Gegenüber dem Volksfrontexperiment in Chile haben sie eine nahezu neutrale Haltung eingenommen. Von der nationalistischen Junta in Peru haben sie eine Entschädigung für die Verstaatlichung amerikanischer Firmenniederlassungen verlangt. Nixons Politik gegenüber Lateinamerika bedeutete zwar keinen Wendepunkt, denn sie neigte dazu, den Staaten der westlichen Hemisphäre nicht das gleiche Recht auf die freie Wahl ihrer inneren Ordnung zu gewähren, wie es den Staaten anderer Weltregionen zugestanden wird, doch neigte sie in Worten und Taten eher zu übertriebener Zurückhaltung als zu übergroßem Eifer. Es fiel ihr schwer, den Unterschied zwischen innerer Verfassung und diplomatischer Orientierung vorbehaltlos anzuerkennen. Sie gab zwar zu, daß ein sozialistisches Regime oder gar ein Regime marxistisch-leninistischer Observanz in Lateinamerika weder das Gleichgewicht in der Welt noch die Sicherheit der westlichen Hemisphäre bedroht, geizte aber gleichwohl mit ihrer Hilfe und bemaß sie gewöhnlich nach den politischen Vorstellungen der jeweiligen Regierung.

Die Rückkehr Kubas in die Organisation der Amerikanischen Staaten ist zumindest denkbar geworden, da sie im Grunde der Philosophie Nixons und Kissingers entspricht. Ließe sich der sowjetische Einfluß in Kuba nicht am besten dadurch reduzieren, daß man die Blockade beendet und zwischen der diplomatischen Orientierung und der Ideologie des Regimes einen Unterschied macht?

Fassen wir die Ergebnisse unserer bisherigen Überlegungen zusammen. Die Vereinigten Staaten sind durch das Bedürfnis, Rohstoffe zu importieren, durch das Gewicht ihrer direkten Auslandsinvestitionen und die Profite, die sie daraus ziehen, mit der Außenwelt verbunden. In der umfassenden Zielsetzung der amerikanischen Diplomatie — der Freiheit des Zugangs, die den Austausch von Ideen, Kapital und Waren umfaßt — sind wirtschaftliche und politische Gesichtspunkte nicht voneinander zu trennen. Das heißt aber nicht, daß die seit 1945 betriebene Diplomatie auf die Stellung der amerikanischen Wirtschaft innerhalb des Weltmarktes zurückzuführen wäre oder daß das wirtschaftliche Wohlergehen der Republik von der Machtpolitik abhängt.

Über diese gesicherten Schlußfolgerungen hinaus bleibt jedoch eine Frage offen, auf die wir weiter unten zurückkommen werden: Ist nicht der kapitalistische Weltmarkt für das politisch-militärische Gleichgewicht des zwischenstaatlichen Systems unerläßlich, und haben die Vereinigten Staaten nicht die unabdingbare Verantwortung übernommen, dieses Gleichgewicht zu erhalten? Oder muß man sich der Auffassung der Verfechter eines neuen Isolationismus anschließen, daß die Vereinigten Staaten sich eine unvernünftige und unangemessene Aufgabe setzten, deren tragisches Ergebnis der Vietnamkrieg ist, als sie die Stabilität des zwischenstaatlichen Systems, die Verhinderung militärischer Gewaltanwendung und die Aufrechterhaltung eines weltweiten Rahmens, der ihrer Ideologie entspricht und ihrem Einfluß offensteht, zu ihrem Ziel machten? Werden sich die Vereinigten Staaten noch ihrer Prosperität erfreuen können, wenn sie zu jener Tradition zurückkehren, die sich symbolhaft in der Formel Georges Washingtons ausdrückt: *no entangling alliances?*

Anmerkungen

1 Harry Magdoff, *The Age of Imperialism. The Economics of United States Foreign Policy,* New York 1969, S. 39; deutsch: Das Zeitalter des Imperialismus. *Die ökonomischen Hintergründe der US-Außenpolitik,* Frankfurt 1970.

2 Zahlen des Jahres 1971.

3 Die Zahlen stammen von Magdoff, *Age of Imperialism,* S. 47—48 und 50—52.

4 ibid., S. 180.

5 Das gilt gleichfalls für die Energie.

6 Claude Julien, *L'Empire américain*, Paris 1968, S. 223.

7 ibid., S. 222.

8 Christian Goux und Jean-François Landeau, *Le Péril américain*, Paris 1971, S. 30 ff.

9 Ich sage statt ›Wirklichkeit‹ bewußt ›Anschein‹ und füge bewußt ›einstweilen‹ hinzu. Auf einige Komplikationen des Problems komme ich später noch einmal zurück.

10 Claude Julien, *L'Empire américain*, S. 386.

11 ibid., S. 385.

12 Mag jeder für die drei Wörter ›Ideen‹, ›Waren‹ und ›Kapital‹ diejenige Reihenfolge wählen, die ihm am angemessensten erscheint.

13 Am Fall der Vereinigten Staaten im 20. Jahrhundert wird deutlich, wie komplex das Problem ist. Die Bekehrung der öffentlichen Meinung Amerikas zum Freihandel ist jüngeren Datums und kann immer noch widerrufen werden.

14 Den rein menschlichen Wunsch, den Europäern zu helfen, der im amerikanischen Volk sehr verbreitet war, erwähne ich nicht; den führenden Politikern aller Länder unterstelle ich grundsätzlich, daß ihnen derartige Gefühle fremd sind.

15 Gabriel Kolko, *The Roots of American Foreign Policy*, Boston 1969, S. 88—131; deutsch: *Die Hintergründe der US-Außenpolitik*, Frankfurt 1971.

16 ibid., S. 99.

17 Dwight D. Eisenhower, *Mandate for Change*, Garden City, N. Y., 1963, S. 333, zitiert von Kolko, S. 100; hier zitiert nach der deutschen Übersetzung: *Die Jahre im Weißen Haus, 1953—1956*, Düsseldorf 1964, S. 365.

18 Indien schloß 1971 aus machtpolitischen Gründen ein Abkommen mit der Sowjetunion.

19 Sie hat sie im August 1972 eingebüßt; ob nur vorübergehend oder für immer, das ist die Frage.

II. KAPITEL

VON EINEM MARSHALL-PLAN ZUM ANDEREN ODER DAS HIN UND HER DER DOLLARS

Bei einem umfassenden Rückblick auf die 25 Jahre zwischen 1947 und 1972, zwischen dem Ende des Krieges und dem Anfang vom Ende des Wirtschafts- und Währungssystems der Nachkriegszeit, kann man sich kaum eines Gefühls der Bewunderung erwehren, und zwar im doppelten Sinne von Zustimmung und Erstaunen. (1) Der Erfolg des weltweiten Systems, das von den Marxisten-Leninisten als kapitalistisch bezeichnet wird, ist in der Tat bewundernswert. Es gab keine ernstere oder länger anhaltende Depression; die konjunkturellen Schwankungen blieben begrenzt; der internationale Handel verzeichnete einen höheren Zuwachs als das Sozialprodukt; in Europa und Japan war die Wachstumsrate des Sozialprodukts doppelt so hoch wie in der Vergangenheit. Es schien, als habe der Gesamtkomplex Europa—Vereinigte Staaten, zu dem Japan und einige asiatische Länder hinzukamen, nach dem Zwischenspiel der beiden Weltkriege und nach vergeblichen Versuchen in den Jahren von 1918 bis 1938, das System von vor 1914 wiederherzustellen, die Nachfolge der Weltwirtschaft des vorigen Jahrhunderts angetreten und als seien anstelle Großbritanniens die Vereinigten Staaten zum Zentrum der Dynamik, zur führenden Einheit sowohl im finanziellen wie im industriellen Bereich geworden.

Die Ironie der Geschichte und die Unwägbarkeiten der Vorhersage nötigen in der Tat zur Bewunderung, die allerdings mehr Erstaunen als Zustimmung enthält. Nach 1918 hatten Staatsmänner und politische Fachleute mit einer Rückkehr zur Normalität, zur vertrauten Welt des 19. Jahrhunderts gerechnet und gerade dadurch zur Katastrophe beigetragen. Im Gegensatz dazu bereiteten sie sich — verfolgt von der Erinnerung an die Massenarbeitslosigkeit und der Furcht vor einem Zusammenbruch des Kapitalismus — schon während des Zweiten Weltkrieges auf die Nachkriegszeit vor. Sogar die erste Phase — die Umstellung von der Kriegswirtschaft auf die Friedenswirtschaft — erfüllte sie mit einer teilweise offen eingestandenen Angst. So gab ein Ökonom aus einem neutralen Land (2) anstelle der Abhängigkeit von der überragenden, aber unstabilen Wirtschaft der Vereinigten Staaten einer Einigung mit der Sowjetunion den Vorzug. Die Umstellung hat sich schmerzlos vollzogen; der Kapitalismus hat sich wieder erholt und die sowjetische Herausforderung erfolgreich bestanden.

Die Ironie der Geschichte geht weiter: Wird die Dollar-Abwertung des Jahres 1971 die internationale Wirtschaft in ihren Grundlagen erschüttern? Bereuen die Amerikaner, Japaner und Europäer jetzt ihren Erfolg, wollen sie mit dem Wettlauf um das höchste Wachstum Schluß machen?

I

Das Verdienst an den Erfolgen der Japaner und Europäer wird niemand den Vereinigten Staaten zuschreiben. Tatsache ist jedoch, daß die einen wie die anderen ihre Fortschritte der Liberalisierung des Handels innerhalb des kapitalistischen Weltmarktes verdanken und daß die führende Wirtschaftsmacht zum Teil diesen Rahmen bestimmt und die Regeln des Wettbewerbs festgelegt hat. Die Tatsachen scheinen auf den ersten Blick zu belegen, daß die amerikanische Führungsrolle den *bereits industriell fortgeschrittenen Ländern* mehr Vor- als Nachteile gebracht hat.

Bei dieser vorläufigen Feststellung ist die von mir eingangs gemachte Unterscheidung zwischen den beiden Bedeutungen oder Aspekten des *außenpolitischen Wirkens* der Vereinigten Staaten zu beachten. Auch auf wirtschaftlichem Gebiet beruht das Wirken der Vereinigten Staaten vornehmlich auf den Entscheidungen der Regierung und Verwaltung, also auf staatlichen Entscheidungen; daneben gibt es eine Wirkung, die sich ohne Absicht und manchmal sogar ohne Wissen der Regierenden einfach aus dem ergibt, was die Vereinigten Staaten sind oder was sie im eigenen Lande tun. Um ein ganz banales Beispiel zu nennen: Der wertvollste Beitrag zur weltweiten Prosperität während des letzten Vierteljahrhunderts war vermutlich das Ausbleiben einer größeren Krise in den Vereinigten Staaten. Ein dritter Wirkungsfaktor mit wachsender Bedeutung ist das Handeln der sogenannten multinationalen Firmen und der amerikanischen Bankiers und Investoren. Mit der Entwicklung einer transnationalen Gesellschaft über die Grenzen hinweg wird das Verhalten von Privatpersonen automatisch zu einem Element dieser Gesellschaft, und seine innen- und außenpolitischen Wirkungen sind nicht voneinander zu trennen. In diesem Zusammenhang kommt es uns nicht so sehr auf das Handeln der amerikanischen Bundesregierung als vielmehr auf die Strategie der Privatfirmen und das Verhalten der Allgemeinheit, der Investoren, Touristen usw. an.

Den Marshallplan in Europa und bestimmte Reformen in Japan (insbesondere die Bodenreform) kann sich die amerikanische Diplomatie durchaus zugute halten. Das Verhalten der Vereinigten Staaten — hier als wohlwollender Verbündeter, dort als großmütiger Sieger — unterschied sich allein schon dadurch vom sowjetischen Verhalten, daß die Sowjetunion, die aus den Prüfungen des Krieges mit großen Verwüstungen hervorgegangen war, es mit der Amerikanischen Republik an Liberalität und Großmut gar nicht hätte aufnehmen können, selbst wenn sie es gewünscht hätte.

Mit der Forderung nach einer verfrühten Rückkehr Großbritanniens zur Konvertibilität des Pfundes hatte die amerikanische Diplomatie ihre Macht mißbraucht und einen Fehler begangen, den sie mit dem Marshallplan wiedergutmachte. Der Plan hat den Wiederaufbau der europäischen Wirtschaft zumindest beschleunigt. Um erneute Streitigkeiten über die Rückzahlung der Kriegsschulden zu vermeiden, die nach dem Ersten Weltkrieg die transatlantischen Beziehungen vergiftet hatten, beschlossen Regierung und Legislative der Vereinigten Staaten, die Gelder, die einseitig den Europäern zuflossen, zum größten Teil als ›nicht rückzahlbare Zuschüsse‹ zu vergeben; zehn Jahre später ließ das Defizit in der amerikanischen Zahlungsbilanz (bzw. das, was mit diesem Ausdruck gewöhnlich gemeint ist) die Amerikaner bedauern, daß die Europäer nicht mehr zurückzuzahlen hatten. Ein weiteres Mal wurden Erwartungen, die sich auf die Vergangenheit stützten, durch das tatsächliche Geschehen enttäuscht.

Gleichzeitig entstanden der Internationale Währungsfonds (IWF) und das Allgemeine Zoll- und Handelsabkommen (GATT). Die Abstimmungsverhältnisse im IWF gaben den Briten und Amerikanern einen Einfluß, in dem sich ihre damalige Überlegenheit widerspiegelte. Die weitreichenden Pläne der Briten, die auf Lord Keynes zurückgingen, wiesen die amerikanischen Unterhändler zurück, weil sie befürchteten, sie könnten zur Finanzierung der Zahlungsbilanzdefizite wirtschaftlich schwacher Länder gezwungen werden. Feste Wechselkurse mit geringen Schwankungsbreiten sollten eigenmächtige Abwertungsmaßnahmen zu Lasten der Konkurrenten und eine Wiederholung der Währungsunruhen verhindern, zu denen es in den dreißiger Jahren gekommen war, als jeder Staat versucht hatte, durch eine Abwertung der eigenen Währung die Bürde der Arbeitslosigkeit auf die anderen abzuwälzen. In einem Brief an den IWF ergänzte der amerikanische Außenminister die Regeln des Fonds durch die Selbstverpflichtung, den Dollar in Gold zu konvertieren — ein Versprechen, das die Amerikaner 20 Jahre später ebenso in Schwierigkeiten bringen sollte wie ihre Partner.

Beim GATT erreichten die amerikanischen Unterhändler die Anerkennung des für sie äußerst wichtigen Prinzips der Meistbegünstigung. Allerdings waren sie auch bereit, seine Anwendung bei einem Gemeinsamen Markt oder einer Freihandelszone auszusetzen. Gleichzeitig gestatteten sie den Europäern eine praktisch diskriminierende Haltung gegenüber amerikanischen Waren während der Zeit des ›dollar gap‹, also in jener Zeit, als der Dollar in Europa knapp war.

Der kaum zu bestreitende Beitrag der amerikanischen Diplomatie zum Wirtschaftswunder des Westens besteht in meinen Augen darin, daß sie durch den Marshallplan den europäischen Wiederaufbau beschleunigte, daß sie durch direkte Hilfe, durch bestimmte Reformen und dank der Folgen des Koreakrieges den Wiederaufbau Japans beschleunigte, und daß sie Regeln des monetären und kommerziellen Wohlverhaltens erließ, die zwar nicht immer befolgt wurden und im ganzen wohl auch amerikanischen Präferenzen entsprachen, aber gleichwohl die Prosperität aller und die Wiederherstellung eines kapitalistischen Weltmarktes förderten.

Außer diesem bewußten Beitrag würde ich noch anführen, daß die Amerikaner mit ihren Methoden, was etwa die Produktivität betrifft, ständig und praktisch ohne es zu wissen ein Vorbild gaben. Die Neigung der Amerikaner, ihr eigenes System für vorbildlich zu halten, eine Neigung, die in politischer und moralischer Hinsicht die schlimmsten Folgen zeitigen kann, äußerte sich für die Wirtschaft Europas und Japans in wohltuender Weise; die in die Vereinigten Staaten entsandten Produktivitätsausschüsse und die intensiven Beziehungen über den Atlantik hinweg hatten auf den Alten Kontinent segensreiche Auswirkungen. Nach 1945 hatten die Europäer mehr zu lernen als zu lehren. Für die Amerikaner war es gerade aufgrund ihrer Philosophie selbstverständlich, andere in das Geheimnis ihres Erfolges einzuweihen. Für die Partner war es von Vorteil, daß die Vereinigten Staaten als führende Wirtschaftsmacht mehr von Freiheit und Austausch als von Heimlichtuerei und Bürokratismus hielten.

Daß die Vereinigten Staaten von ihren Eigeninteressen und von ihren eigenen Doktrinen ausgingen — wer bezweifelt das, und warum sollte man das bezweifeln? (Immerhin war der amerikanische Steuerzahler zur Zeit des Marshallplans durchaus auch von idealistischen Gefühlen bewegt.) Es ist sinnlos, über die Motive von Staatsmännern oder Staaten zu diskutieren. Uns geht es hier um Handlungen und ihre tatsächlichen Auswirkungen, nicht um Absichten und Hintergedanken.

Es mag paradox erscheinen, doch glaube ich, daß es richtig ist, wenn man diesen staatlichen Beiträgen die privaten Beiträge hinzufügt, die in einem massiven amerikanischen Kapitalexport nach Europa seit der Mitte der fünfziger Jahre und der daraus resultierenden Dollarschwemme bestanden. Die europäische und japanische Wirtschaft wuchs in der ersten Phase rascher als die amerikanische, gerade weil sie rückständig war und ihre technischen Verfahren, ihre Anlagen und ihre Managementmethoden erneuern mußte. (3) Als sich in der Mitte der fünfziger Jahre der Gemeinsame Markt abzeichnete, strömte immer mehr amerikanisches Kapital in dieses Gebiet hohen Wachstums, und es kam zu einem Überfluß der amerikanischen Währung, die eine transnationale Funktion erfüllte. In bestimmten, technisch führenden Branchen brachten die amerikanischen Unternehmen ein Know-how mit, das sowohl zur Nachahmung anreizte als auch die Konkurrenz belebte. Auch wenn sie Gegenstand erbitterter Kontroversen sind, so ist doch unbestreitbar, daß die direkten Investitionen der Vereinigten Staaten in Europa zum Wachstum beigetragen haben, denn mit ihnen wuchs der Umfang der Inlandsinvestitionen, und normalerweise erzielen sie eine höhere Gewinnspanne als die einheimischen Unternehmen. Übergehen wir einstweilen den Streit, ob nun der Anleger oder der Empfänger von direkten Auslandsinvestitionen profitiert. Hier sei nur auf die banale, aber häufig verkannte Tatsache hingewiesen, daß auf lange Sicht der Freihandel nicht immer die Überlegenheit der führenden Wirtschaftsmacht steigert, auch wenn in der ›paramarxistischen‹ Literatur ständig vom ›Imperialismus des Liberalismus‹ die Rede ist.

Die britische Industrie wurde im letzten Viertel des 19. Jahrhunderts von der amerikanischen und der deutschen Industrie überholt, als Großbritannien Waren ungehindert einströmen ließ und das Kapital der City in alle Himmelsrichtungen ging. Mag dieses Kapital auch im Ausland eine höhere Gewinnspanne erzielt haben, als es sie im Inland erreicht hätte — ob die direkten Auslandsinvestitionen der Briten der britischen Volkswirtschaft den gleichen Nutzen gebracht haben wie den privaten Investoren, ist zumindest zweifelhaft.

Wenn man den Liberalismus oder den Freihandel als eine subtile Form des Imperialismus bezeichnet, so erscheint mir das zumindest als eine übertriebene Verallgemeinerung. Es hängt ganz von dem Entwicklungsstand der Volkswirtschaft ab, mit der die führende Wirtschaftsmacht in Beziehung tritt. Es hängt ganz davon ab, ob die weniger entwickelte Volkswirtschaft bestimmen kann, in welchen Branchen investiert werden soll und ob sie zu dem fremden Kapital eigenes Kapital hinzuschießen kann. Das Risiko eines unbegrenzten Freihandels und des völligen Verzichts auf Zollabgaben wird kein unterentwickeltes Land eingehen. An sich schließen die GATT-Regeln einen Schutz von Industriebranchen und eine kluge Anwendung der Handelsliberalisierung nicht aus. Dank des Handels- und Währungssystems der Nachkriegszeit haben die Industrieländer Europas und Asiens sowohl beim Sozialprodukt je Einwohner als auch in der Industrieproduktion ihren Rückstand teilweise aufgeholt.

Haben sie für diesen Fortschritt mit gesteigerter Abhängigkeit oder mit der Veräußerung eines Teils ihres Industriekapitals bezahlen müssen? Auch jetzt wollen wir diese Fragen noch offen lassen. Uns geht es darum, die — wie mir scheint — offenkundige Tatsache zu unterstreichen, daß die Vereinigten Staaten durch das Wirken ihrer Regierung und ihrer Geschäftsleute, durch ihr politisches Gewicht oder durch die Anziehungskraft ihres Vorbilds bewußt oder unbewußt zur führenden Wirtschaftsmacht geworden sind und sich nun, 25 Jahre nach dem Beginn des Marshallplans, fragen, ob der Erfolg ein Mißerfolg oder ein übertriebener Erfolg war. Haben die Vereinigten Staaten nicht ihren eigenen Niedergang eingeleitet, als sie ihren Partnern halfen, sie einzuholen und sich durch ihre Einigung einen großen Markt zu verschaffen? Kam nicht in der Abwertung des Dollar während des Jahres 1971, als Richard Nixon durch die Begegnungen von Peking und Moskau einen Ausweg aus dem Vietnamkrieg suchte, das Zusammentreffen der *politischen* Annäherung an die Feinde und der *wirtschaftlichen* Auseinandersetzung mit den Verbündeten symbolhaft zum Ausdruck? In einer Welt, die in zwei Weltmärkte aufgespalten ist, gibt es zwischen politischen Feinden keine wirtschaftlichen Auseinandersetzungen. Dagegen berühren solche wirtschaftlichen Auseinandersetzungen normalerweise die Beziehungen zwischen politisch verbündeten Staaten, die dem gleichen übernationalen Wirtschaftssystem angehören. Allerdings dürfen die Auseinandersetzungen nicht eine solche Schärfe annehmen, daß sie das Wirtschaftssystem oder das politische Bündnis in Frage stellen.

2

Die fünfziger Jahre gingen zu Ende, als die letzten Bücher zum Problem der Dollarknappheit erschienen und die ersten Kommentare mit entgegengesetzter Tendenz über das anhaltende Defizit in der Zahlungsbilanz der Vereinigten Staaten veröffentlicht wurden. In der Tat zeichneten sich die fünfziger Jahre dadurch aus, daß Europa und Japan weitere Fortschritte machten, daß die Nichtkonvertierbarkeit der Währungen nach und nach aufgehoben wurde, daß der Handel sich liberalisierte, daß das jährliche Zahlungsbilanzdefizit der Vereinigten Staaten und der Abfluß langfristiger Gelder insbesondere nach Westeuropa zunahmen, während die diskriminierenden Maßnahmen gegenüber amerikanischen Exporten nach und nach verschwanden.

Während der Jahre der Marshallplanhilfe hatte die amerikanische Zahlungsbilanz ein geringes Defizit aufgewiesen, das jedoch durchaus mit den Zielen der amerikanischen Führung in Einklang stand, da in Fort Knox ein Goldvorrat von über 20 Milliarden Dollar lag, etwas mehr als die Hälfte der Weltreserven an Gold. Damals sprach man nicht vom Zahlungsbilanzdefizit, sondern von einer Umverteilung der Weltreserven. Die Reserven der Vereinigten Staaten waren von 14,6 Milliarden Dollar in 1938 auf 22,9 Milliarden in 1947 und 24,6 Milliarden in 1949 gestiegen, um bis 1958 auf 20,6 Milliarden zurückzugehen. Zehn Jahre später betrugen sie rund 10 Milliarden Dollar.

Zu Beginn der sechziger Jahre — genau gesagt: 1962 — hatte E. M. Bernstein, einer der besten Wirtschaftsanalytiker Amerikas, die Grundlagen des Problems folgendermaßen dargelegt:

›*Das Zahlungsbilanzproblem der Vereinigten Staaten kann nur begriffen werden als Teil des längerfristigen Anpassungsprozesses der Nachkriegszeit, durch den ein internationales Zahlungsbilanzgefüge wiederhergestellt werden soll, bei dem die Weltwirtschaft prosperieren und wachsen kann. Dazu gehörte der Wiederaufbau der Produktionskapazität Westeuropas und Japans, die Stärkung ihrer Wettbewerbsposition, die Wiederaufnahme ihrer bedeutenden Rolle im Welthandel und die Wiederherstellung der Konvertierbarkeit ihrer Währungen. Seit 1945 war die internationale Wirtschaftspolitik der Vereinigten Staaten auf die Erreichung dieser Ziele ausgerichtet. Sie war von bemerkenswertem Erfolg gekrönt, wie sich an dem hohen Produktionsniveau, dem Zahlungsbilanzüberschuß und den stark erweiterten Währungsreserven Westeuropas und Japans ablesen läßt. (...) Offenbar geht der Nachkriegs-Anpassungsprozeß zu Ende. Dabei behaupten die Vereinigten Staaten ihre langfristig starke wirtschaftliche Position. Eine Analyse von drei wichtigen Teilbereichen der amerikanischen Zahlungsbilanz zeigt, daß auf den Handel, den Kapitalabfluß und die Regierungsaufgaben der Vereinigten Staaten Kräfte einwirken, von denen man erwarten kann, daß sie das Zahlungsbilanzdefizit innerhalb der nächsten zwei Jahre beseitigen.‹* (4)

Bis zu diesem Zeitpunkt war der Anteil der amerikanischen Ausfuhr an der Weltausfuhr annähernd gleich geblieben: 1950 betrug er 17,8 %, 1961 17,1 %, bei einem Maximum von 19,6 % in 1957 (ein außergewöhnliches Jahr wegen der Ereignisse von 1956 und der Schließung des Suez-Kanals) und einem Minimum von 17,1 %. Gewiß war der amerikanische Anteil an der Weltausfuhr von Fertigwaren zwischen 1950 und 1959 von 27,3 auf 21,3 % zurückgegangen, doch war er von 1959 bis 1962 stabil geblieben. Der prozentuale Anteil der Importe am Sozialprodukt war von 3,2 % in 1950 auf 2,8 % in 1961 gefallen, doch hatte sich der amerikanische Überschuß im Handel mit Westeuropa durchschnittlich auf derselben Höhe gehalten; Bernstein zog daraus den Schluß, daß die Wettbewerbsfähigkeit der amerikanischen Wirtschaft sich nicht verschlechtert habe. Die langfristigen Kapitalabflüsse hatten wieder eingesetzt: der Abfluß nach Kanada hatte sich in der Höhe stabilisiert, nach Lateinamerika hatte er bis ungefähr 1956 zugenommen, war dann aber bis etwa 1960 praktisch auf Null zurückgegangen; der Kapitalabfluß nach Westeuropa hatte sich seit 1955 beträchtlich verstärkt. Insgesamt betrugen die langfristigen Kapitalabflüsse damals zwischen zwei und drei Milliarden Dollar. Eine Steigerung sah Bernstein nicht voraus; er nahm an, daß der Kapitalabfluß durch die Reinvestition der Profite und durch die Inanspruchnahme von ausländischem Kapital in der Hand von Einwohnern jener Länder, in denen amerikanische Niederlassungen gegründet wurden, zurückgehen würde.

Allerdings hielt Bernstein dieses Resultat nicht für gesichert, denn er schrieb:

›Das Defizit der amerikanischen Zahlungsbilanz ist weiterhin sehr groß und kann 1962 über 1,8 Milliarden Dollar hinausgehen. Selbst unter günstigen Bedingungen und mit anhaltenden Bemühungen wird es sich nicht vor 1964 beseitigen lassen. Gleichzeitig sind enorme Bestände an kurzfristigen und

liquiden Dollaraktiva in der Hand von Ausländern, und daher ist es möglich, daß der Druck auf die Goldreserven der Vereinigten Staaten anhält, auch wenn die Zahlungsbilanz der Vereinigten Staaten schon wieder einen Überschuß verzeichnet.‹ (5)

Die Schlußfolgerung zitiere ich, weil sie heute, zehn Jahre später, geschrieben sein könnte und weil sie noch immer das Programm der amerikanischen Regierung enthält:

›Die Vereinigten Staaten werden die Hauptkapitalquelle bleiben, ob es nun um internationale Investitionen oder um Hilfe für andere Länder geht. Damit sie diesen Verantwortlichkeiten gerecht werden können, muß die Leistungsbilanz einen Überschuß aufweisen, der dem Nettokapitalabfluß und den Übertragungen der Regierung der Vereinigten Staaten entspricht. Ein solcher Überschuß läßt sich nur dadurch erzielen, daß die Ausfuhren der Vereinigten Staaten im Verhältnis zu den Einfuhren steigen. Die amerikanische Wirtschaft muß deshalb ihre Kosten senken und ihre Wettbewerbsposition verbessern. Gleichzeitig müssen andere Länder die Restriktion für amerikanische Exporte aufheben und im Einvernehmen mit den Vereinigten Staaten die Barrieren für den Welthandel beseitigen.‹

Bekanntlich ist es in den Jahren 1962—1972 zu der Wiederherstellung des Gleichgewichts, die Bernstein für das Jahr 1964 vorausgesagt hatte, nicht gekommen. Die amerikanische Doktrin (daß die Kosten der Außenpolitik und die Auslandsinvestitionen aus einem Überschuß der Leistungsbilanz zu finanzieren seien) hat sich nicht geändert. Dagegen sind die Analysen in den letzten zehn Jahren verfeinert worden, da die Zahlungsbilanz der Vereinigten Staaten nicht mehr in der vereinfachten Form berechnet wurde, wie ich sie aus der Untersuchung von Bernstein zitiert habe, sondern zunächst in zwei Teilabschnitte (Bilanz der offiziellen Reservetransaktionen und Nettoliquiditätsbilanz) und im letzten Wirtschaftsbericht des Präsidenten sogar in vier Teilbereiche aufgegliedert wurde. Aus den verschiedenen Berechnungsmethoden entstand eine teils wirtschaftlich, teils politisch begründete Kontroverse über die Natur und die Ursachen des Defizits der amerikanischen Zahlungsbilanz.

Die Unterscheidung zwischen der Bilanz der offiziellen Reservetransaktionen und der Nettoliquiditätsbilanz (6) beruht auf der teilweisen Vereinheitlichung der Kapitalmärkte und der übernationalen Verflechtung der nationalen Bilanzen und der Unternehmensbilanzen. Ohne auf Einzelheiten einzugehen, die nur für den Fachmann von Interesse sind, ist leicht zu verstehen, daß die aus dem amerikanischen Defizit stammenden Dollars entweder in der Hand von Privatpersonen, Firmen und Banken oder bei den Zentralbanken liegen können. Werden sie bei den Zentralbanken eingezahlt, dann wächst das Defizit bei den offiziellen Transaktionen. Bleiben die Dollars dagegen in der Hand von Privatpersonen, dann nimmt das Defizit in der Bilanz der offiziellen Reservetransaktionen (anders gesagt, die liquiden Dollarverbindlichkeiten der Vereinigten Staaten gegenüber ausländischen amtlichen Stellen) ab oder wird jedenfalls nicht größer. Da nun aber zwischen einzelnen Ländern und auf beiden Seiten des Atlantik große Zinsunterschiede bestehen können und da große Massen an kurzfristigem Kapital auf Veränderungen des Zinssatzes oder auf bevorstehende Veränderungen der Währungsparität mit der Verschiebung von einem Markt auf den anderen reagieren, wird es unmöglich zu sagen, welche der beiden Defizitziffern die größere Bedeutung hat. Ein Überschuß in der Bilanz der offiziellen Reservetransaktionen hat keine größere wirtschaftliche Bedeutung als ein Defizit in der Nettoliquiditätsbilanz (1969 traf beides zusammen): beide Zahlen beruhen auf dem kurzfristigen Kapitalverkehr und auf Dollarübertragungen von den Zentralbanken an Privatpersonen oder umgekehrt. Der letzte Bericht an den Kongreß enthält für 1969, 1970 und 1971 die folgenden Zahlen: In der Nettoliquiditätsbilanz ein Defizit von 6,084 Milliarden, 3,821 Milliarden und 23,439 Milliarden Dollar und in der Bilanz der offiziellen Reservetransaktionen im Jahre 1969 einen Überschuß von 2,704 Milliarden und dann ein Defizit von 9,821 bzw. von 31,810 Milliarden Dollar. Verlassen wir diese Zahlen, da sie einer Interpretation bedürfen, um eine sinnvolle Aussage zu liefern.

Wenden wir uns zunächst der Waren-, Dienstleistungs- und Übertragungsbilanz zu. (7) Sie wies 1964 einen Überschuß von 7,8 Milliarden Dollar auf, verschlechterte sich dann aber von Jahr zu Jahr immer mehr (mit Ausnahme des Jahres 1970, als die Vereinigten Staaten zu einer deflationistischen Politik übergingen). In den ersten drei Quartalen 1971 war der Überschuß, auf Jahresbasis umgerechnet, auf 0,1 Milliarden Dollar zurückgegangen. Im gleichen Zeitraum wies die Handelsbilanz, die 1964 noch einen Überschuß von 6,8 Milliarden Dollar gezeigt hatte, ein Defizit von 1,7 Milliarden Dollar auf. Von 1964—1971 hatten die Einfuhren um 147 % (jährlich 14 %), die Ausfuhren aber nur um 74 % zugenommen. Dabei ist noch zu berücksichtigen, daß ein Teil der amerikanischen Ausfuhren mit Krediten bezahlt wurde, die von den Empfängern nur in den Vereinigten Staaten verwendet werden durften (zweckgebundene Kredite).

Die Erweiterung des Defizits (trotz gestiegener Kapitalerträge aus Auslandsinvestitionen) hängt offenkundig mit der seit 1965 einsetzenden bzw. sich verstärkenden Inflation und mit der massiven Intervention in Vietnam zusammen (zwischen 1960 und 1964 stiegen die Exporte von 19,650 auf 26,478 Milliarden Dolar und die Importe von 14,744 auf 18,647 Milliarden Dollar). Während der Preis der Arbeitsstunde zwischen 1960 und 1965 in den Vereinigten Staaten sank, stieg er in den übrigen Industrieländern. Zwischen 1966 und 1970 zeigen die Statistiken eine gleichmäßige Steigerung in den Vereinigten Staaten wie bei den Hauptkonkurrenten, während bei den Preisen für exportierte Fertigwaren die Steigerung bei den Vereinigten Staaten höher war als bei der ausländischen Konkurrenz.

Da die militärischen Transaktionen einen Kostenfaktor zwischen zweieinhalb und dreieinhalb Milliarden Dollar darstellen und die Dienstleistungen genauso wie die privaten und die öffentlichen Übertragungen in der Regel ein Defizit aufweisen, blieben während der sechziger Jahre nur zwei positive Posten übrig: die Warenhandelsbilanz und die Kapitalerträge. Der Überschuß dieses letzteren Postens ist von durchschnittlich 1,2 Milliarden (1960—1964) auf 5,2 Milliarden in 1970 gestiegen (das ist der Nettobetrag, der Bruttobetrag beläuft sich auf 11,4 Milliarden Dollar).

Die Verschlechterung der Leistungsbilanz hat auf die langfristigen Kapitalbewegungen, die von durchschnittlich 2,2 Milliarden zwischen 1960 und 1964 auf 4,4 Milliarden in 1970 gestiegen sind, keinen Einfluß gehabt. Seit die Währungsbehörden im Jahre 1970 einen währungspolitischen Expansionskurs beschlossen, um den Wiederaufschwung der Wirtschaft zu unterstützen, und in Europa wegen des Nachhinkens der Konjunktur weiterhin höhere Zinssätze galten, hat sich die Leistungsbilanz in den Hauptposten immer rapider verschlechtert. Das offizielle Defizit hatte 1970 annähernd 10 Milliarden Dollar erreicht. Der auch 1971 anhaltende Dollarabfluß aus den Vereinigten Staaten ließ das Defizit so weit anwachsen, bis es für die europäischen Zentralbanken unerträglich wurde und sie vor der Alternative standen, entweder unbegrenzt Dollars aufzunehmen oder die Parität der amerikanischen Währung auf einem freien Markt schwanken zu lassen (sei es auf einem einheitlichen Markt oder einem gespaltenen Finanz- und Handelsmarkt).

Bei den Vorwürfen und Gegenvorwürfen, die in der ersten Hälfte der sechziger Jahre zwischen Europäern (vor allem Franzosen) und Amerikanern ausgetauscht wurden, ging es zum einen darum, welchem Posten man die ›Verantwortung‹ (im doppelten Sinne von Ursache und Fehler) für das amerikanische Defizit zuschreiben sollte, zum anderen um das Wertverhältnis von Gold und Dollar. Solange der scheinbare Handelsbilanzüberschuß zwischen 4,5 und 6 Milliarden Dollar lag, war nichts leichter, als das Defizit der internationalen Rolle der Vereinigten Staaten, ihrem Anteil an der ›Verteidigung der Freien Welt‹ zuzuschreiben. Gleichgültig, ob man das Defizit nach der einen oder anderen Methode berechnete, es erreichte in etwa die Höhe der Militärausgaben der amerikanischen Regierung im Ausland. In einer solchen Deutung wird allerdings der Zusammenhang zwischen den verschiedenen Posten einer Zahlungsbilanz verkannt; der Handelsbilanzüberschuß ging teilweise auf die Dollarschwemme zurück, die durch Regierungsausgaben im Ausland und durch zweckgebundene Kredite (tied loans) entstanden war. Im übrigen setzte eine solche Argumentationen noch auf politischer Ebene die Zustimmung der Europäer zur Diplomatie der Vereinigten Staaten voraus — eine Zustimmung, die wenigstens seit 1965 nicht mehr gegeben war.

Kaum sinnvoller war auch die Auseinandersetzung über die Wertbeziehung zwischen Gold und Dollar. Es ist unklar, was hinter der Behauptung steckt, der Wert des Goldes beruhe auf dem Wert des Dollars, wie mir einer der wirtschaftswissenschaftlichen Berater des Präsidenten wiederholt versicherte. Nehmen wir an, sämtliche Staaten würden beschließen, dem Gold seine monetäre Funktion zu nehmen, dann würde der Preis dieses Metalls, das zu einem Rohstoff wie alle anderen geworden wäre, ganz offenbar sinken, zumindest anfangs (8); allerdings kann kein Staat, wie mächtig er auch sei, allein eine solche Entscheidung treffen. Es ist allgemein bekannt, daß die Regierung der Vereinigten Staaten es nicht zulassen wird, daß ihre Goldreserven unter einen gewissen Stand sinken (den man auf rund 10 Milliarden Dollar schätzt). Demnach stützt sich der Wert des Goldes keineswegs auf den Wert des Dollar, sondern kann über diesen hinausgehen, wenn eine sowohl industrielle als auch monetäre Nachfrage nach diesem Edelmetall besteht.

Die ›Demonetisierung des Goldes‹ ist ebenfalls ein mißverständlicher Ausdruck. Da die Reserven sämtlicher Zentralbanken zum großen Teil aus Gold bestehen, wird eine offizielle Demonetisierung, die der einstigen Demonetisierung des Silbers vergleichbar wäre, keine Zustimmung finden. Keine Zentralbank, nicht einmal der Federal Reserve Board, ist so mächtig, allein diese Demonetisierung durchsetzen zu können. Da jede Währung im Verhältnis zu den übrigen Währungen Schwankungen ausgesetzt ist, fällt es schwer, auf das Gold als Wertmaßstab zu verzichten. (9) Man kann allerdings die monetäre Verwendung des Goldes auf den Austausch zwischen den Zentralbanken beschränken und die beiden Märkte voneinander trennen (10) — damit wäre die monetäre Verwendung des Goldes eingeschränkt, aber nicht aufgehoben.

Nachdem diese Kontroversen zwischen Journalisten und Politikern ausgeräumt waren, traten die Ökonomen mit einer einfachen Erklärung und mit zwei verwickelteren Theorien hervor. Die einfache Erklärung, welche Professor Paul Samuelson sich schon Ende der fünfziger Jahre zu eigen machte, aber erst mehrere Jahre später veröffentlichte, gab der Überbewertung des Dollar die Schuld. Die 1948—49 nach der Abwertung des Pfundes festgelegten Wechselkurse waren falsch berechnet worden und entsprachen einer anormalen Situation; nachdem die Zerstörungen in Europa und Japan beseitigt und ihre Industrien wieder aufgebaut und modernisiert waren, wurde der Wechselkurs zwischen dem Dollar und den Währungen der wichtigsten Industrieländer ›unrealistisch‹. Die These hatte immer etwas Plausibles, doch haben, soviel ich weiß, amerikanische Ökonomen entweder aus politischer Vorsicht oder aus wissenschaftlichen Bedenken selten versucht, sie zu beweisen. Während der fünfziger Jahre war der amerikanische Anteil an der Weltausfuhr nicht merklich zurückgegangen; wenn der amerikanische Anteil an der Weltausfuhr von Fertigwaren merklich zurückging, so handelte es sich um eine normale Entwicklung, die dem wachsenden Anteil der Bundesrepublik Deutschland und besonders Japans entsprach. Anhand der Kaufkraftrelationen hätte man feststellen können, welche Produkte besonders für den Export geeignet waren. Bei dem hohen amerikanischen Lohnniveau ist es übrigens ganz normal, wenn eine Reihe von Fertigwaren mit einfacher Herstellungstechnik, bei denen die amerikanische Industrie keinen hinreichenden Produktivitätsvorsprung besitzt, in den Vereinigten Staaten teurer sind als in Europa oder Japan. Rückblickend bin ich wie die meisten Ökonomen geneigt, Professor Samuelson recht zu geben und zu bedauern, daß er die amerikanische Führung nicht vor der beschleunigten Inflationsphase von 1965—1970 von der Notwendigkeit einer Dollarabwertung (im Verhältnis zum Gold oder zu den übrigen Währungen) überzeugt hat. Die europäischen Regierungen hätten vermutlich diese Abwertung abgelehnt, denn schließlich haben sie sie ja auch im Jahre 1971 nur widerstrebend hingenommen.

Die eine der beiden subtileren Theorien, die Jacques Rueff vertritt, erklärte die Krise für unausweichlich und ein ständiges Defizit für etwas Anormales; die andere, von Professor Charles P. Kindleberger vorgetragen, ließ, ohne es ausdrücklich zu behaupten, ein gewisses amerikanisches Defizit als etwas Normales erscheinen, als Ausdruck der Rolle eines übernationalen Bankiers, welche die Vereinigten Staaten aufgrund der Größe des amerikanischen Kapitalmarktes und des dadurch bedingten niedrigeren Zinssatzes für langfristige Gelder spielen.

Die Vereinigten Staaten konnten ihr Zahlungsbilanzdefizit mit ›gütiger Nachsicht‹ hinnehmen, da die europäischen

Zentralbanken die wegen des amerikanischen Defizits in ihre Kassen strömenden Dollarüberschüsse auf dem New Yorker Markt in Schatzanweisungen umtauschten.

Erhielt sich das Defizit aus sich selbst heraus? Beruhte es mit Notwendigkeit darauf, daß die Dollars, welche das Defizit ausmachten, in den Vereinigten Staaten untergebracht wurden? Mir scheint, daß die amerikanischen Defizite bis zur beschleunigten Inflationsphase von 1965—1970 weder für die amerikanische noch für die europäische Inflation die *wesentliche* Ursache waren. Der Golddevisenstandard oder mit anderen Worten die Verwendung einer einzigen Währung, der amerikanischen, als Reservewährung und die durch das Zahlungsbilanzdefizit der Vereinigten Staaten wachsende internationale Liquidität waren von Anfang an mit einer Schwäche behaftet. Auf lange Sicht muß das Defizit der Vereinigten Staaten Besorgnisse wegen des Wechselkurses wecken, da die Zentralbanken nicht bereit sein konnten, unbegrenzt Dollars anzuhäufen. Eines Tages mußte das System ›platzen‹, auch wenn diese Krise mit der Krise von 1929 nichts zu tun haben würde. Die absehbare Krise mußte sich in der Weise äußern, daß der Dollar nicht mehr in Gold oder in andere Aktiva konvertierbar sein würde — und für die Europäer wirft diese Nichtkonvertierbarkeit mindestens genauso schwierige Probleme auf wie die vorhergehende Phase.

Die These von der ›Normalität‹ des amerikanischen Defizits stützt sich auf einen Vergleich zwischen den Kapitalmärkten einerseits der Vereinigten Staaten, andererseits aller übrigen Länder. Das amerikanische Defizit wird zurückgeführt auf langfristige Auslandsinvestitionen amerikanischer Unternehmen und auf kurzfristige Anlagen der ausländischen Zentralbanken auf dem New Yorker Markt. Unter dem makroökonomischen Gesichtspunkt der volkswirtschaftlichen Gesamtrechnung fungieren die Vereinigten Staaten als Bankier, der kurzfristig leiht und langfristig anlegt und sich so die unterschiedlichen Zinssätze und Gewinnspannen zunutze macht. Auch der Londoner Markt hatte diese ›Umwandlung‹ lange Jahre hindurch praktiziert. Voraussetzung ist jedoch, daß die Währungsparität außer Zweifel steht und daß die auf der makroökonomischen Ebene der volkswirtschaftlichen Gesamtrechnung ausgeübte Bankierfunktion nicht auch innerhalb nationaler Grenzen ausgeübt wird.

Daß es für Privatpersonen in Frankreich interessant sein kann, ihr Kapital durch Veräußerung an amerikanische Unternehmen in Bargeld zu verwandeln (11), und daß Amerikaner ihren Vorteil darin sehen, langfristige Investitionen in Europa zu machen, steht außer Frage. Das heißt jedoch nicht, daß sich stets Privatpersonen oder Zentralbanken finden, die bereit sind, Dollars zu behalten, und es heißt nicht, daß alle mit dieser übernationalen Bankierfunktion der Vereinigten Staaten zufrieden sind. Selbst wenn europäische Privatpersonen an der New Yorker Börse Aktien kaufen und diese Käufe das Gegenstück zu den langfristig in Europa angelegten Dollars bilden, so läßt sich doch nicht jede Regierung von den theoretischen Argumenten Professor Kindlebergers überzeugen, denen zufolge die Investitionen letzten Endes dem Interesse aller entsprechen und die Nationalität des Investors gleichgültig ist.

Das Jahr 1971 brachte den Beweis, daß die Vereinigten Staaten nicht unbegrenzt die Funktion eines übernationalen Bankiers erfüllen können, jedenfalls dann nicht mehr, wenn ihre Inflationsrate (die Zunahme der Kosten je Arbeitsstunde) die europäische Inflationsrate erreicht oder übersteigt. Seit Jahren haben die europäischen Zentralbanken mehr Dollars aufgenommen, als sie wollten. Während die Amerikaner die Verpflichtungen der Bankierfunktion hervorkehren, sehen die Europäer vor allem deren Vorteile für den Bankier (ohne indessen die Vorteile für den Kunden zu bestreiten). Warum haben die Europäer diese Dollaranhäufung hingenommen, und mit welchen Argumenten haben die Amerikaner sie dazu gebracht?

3

Niemand wird wohl ernsthaft behaupten, daß das internationale Währungssystem in der Form, wie es sich entwickelt hat, mit dem Dollar als übernationaler Währung, von den Führern der Vereinigten Staaten von vornherein darauf hin geplant worden ist, amerikanischen Firmen trotz eines ständigen Zahlungsbilanzdefizits direkte Auslandsinvestitionen zu ermöglichen und die Zentralbanken zu zwingen, unbegrenzt Dollars anzuhäufen, die schließlich nicht mehr konvertierbar sein würden. Bei den Verhandlungen von Bretton Woods hatten sich die amerikanischen Vertreter den von den Engländern vorgetragenen weitreichenden Plänen von John Maynard Keynes widersetzt, weil sie befürchteten, die Defizite ihrer Partner übernehmen zu müssen, falls sie der Schaffung einer Quasi-Zentralbank für die gesamte Welt der Freien Wirtschaft zustimmten. Desgleichen sollte die Verpflichtung, Wechselkurse einzuhalten, eine Wiederholung der Praktiken der dreißiger Jahre verhindern, als das Bemühen aller Staaten, sich einen Exportvorteil zu sichern — nicht so sehr, um die eigenen Reserven zu erhöhen, als vielmehr, um durch den Absatz der eigenen Erzeugnisse im Ausland die Arbeitslosen zu beschäftigen — eine Abwertung nach der anderen ausgelöst hatte. Tatsächlich haben die Europäer und die Japaner eine niedrigere Arbeitslosenrate als die Vereinigten Staaten erreicht, doch ist das Währungssystem wohl nur eine von mehreren Ursachen dafür.

Allerdings ist die Auseinandersetzung nicht schon dadurch entschieden, daß man die Mythologie oder Dämonologie von einem allwissenden und allmächtigen amerikanischen ›Kapitalismus‹ oder ›Imperialismus‹ ausschaltet. Nehmen wir — und die Wahrscheinlichkeit spricht dafür — einmal an, daß die Verantwortlichen in den Vereinigten Staaten zu Beginn der fünfziger Jahre nicht abgesehen haben, welche Konsequenzen sich daraus ergeben würden, daß die Zentralbanken den Dollar als Äquivalent des Goldes betrachteten. Nehmen wir weiterhin an, daß Präsident Kennedy, als er zu Beginn der sechziger Jahre ins Weiße Haus einzog, über das Defizit der amerikanischen Zahlungsbilanz besorgt war und es ernsthaft vermindern oder beseitigen wollte. Tatsache ist, daß die Europäer und die Japaner heute in den Reserven ihrer Zentralbanken rund 60 Milliarden nichtkonvertierbarer Dollar liegen haben. (12) Ende September 1971 beliefen sich die kurzfristigen Forderungen ausländischer Währungsbehörden gegenüber den Vereinigten Staaten auf rund 45 Milliarden Dollar, während die Nettogläubigerposition der Vereinigten Staaten gegenüber der übrigen Welt sich von Jahr zu Jahr verbessert hatte. Umfaßte diese Position 1960 44,7 Milliarden Dollar, so waren es 1970 69 Milliarden Dollar (13); während die direkten Auslandsinvestitionen (14) von 31,8 auf 78 Milliarden Dollar angewachsen waren, stiegen die ausländischen Direktinvestitionen in den Vereinigten Staaten nur von 6,9 auf 13,2 Milliarden Dollar. Die Europäer zahlten die Marshallplanhilfe in Form von kurzfristigen Krediten zurück, mit denen amerikanische Firmen europäische Unternehmen aufkauften oder Niederlassungen gründeten. Während der Marshallplan-Jahre hatten Dollars den Atlantik überquert, um die europäischen Länder mit den Devisen auszustatten, die sie benötigten, um im Ausland mehr Waren einzukaufen, als sie mit ihren eigenen Exporten hätten bezahlen können. Während der sechziger Jahre überquerten Dollars den Atlantik in beiden Richtungen, ostwärts für langfristige Investitionen, westwärts für den Erwerb von Bundesschatzanweisungen oder Aktien an der New Yorker Börse.

Diese Darstellung der Fakten ist nicht politisch oder ideologisch neutral, was keine Darstellung sein kann; sie wirft gleichwohl ein Licht auf einen der Aspekte des internationalen Währungssystems, eine der Dimensionen des transatlantischen Dialogs. Deshalb halte ich es für berechtigt, die Frage aufzuwerfen: Haben die Europäer diese Art von Tausch zwischen kurzfristiger und langfristiger Anlage, also die übernationale Bankiersfunktion der Vereinigten Staaten bereitwillig oder unwillig hingenommen? Haben sie sie hingenommen, weil sie darin ihren Vorteil sahen, oder weil sie vom Stärkeren dazu gezwungen wurden? Haben die Verantwortlichen in Washington militärische oder ökonomische Argumente benützt?

Die Frage, die wir am Ende des letzten Kapitels formulierten, stellt sich erneut: Erwerben die Amerikaner nicht dadurch, daß sie innerhalb des zwischenstaatlichen Systems für ein weltweites Gleichgewicht sorgen, einen moralischen oder politischen Anspruch gegenüber ihren europäischen und japanischen Partnern, einen Anspruch, dem diese dadurch nachkommen, daß sie sich bereit erklären, nichtkonvertierbare Dollars anzuhäufen? Oder um es noch anders auszudrücken: Entsprechen nicht die in Devisen fälligen Kosten der amerikanischen Außenpolitik in etwa dem Defizit der Zahlungsbilanz der Vereinigten Staaten? Die Partner leihen den Vereinigten Staaten den Devisenbetrag, den diese für ihre Rolle als Weltpolizist benötigen. Dementsprechend ging die Bundesrepublik

Deutschland, die sich ihrer Verwundbarkeit, ihrer geopolitischen Schwäche besonders bewußt ist, auf die Forderungen der Washingtoner Führung ohne weiteres ein, und die Bonner Finanzminister, besonders Karl Schiller, nahmen widerspruchslos die verschiedenen Ausreden hin, die man in Washington ersann, wie etwa den gespaltenen Goldmarkt, die Swap-Agreements, die Roosa-Bonds und dergleichen. So gesehen, haben die Vereinigten Staaten ihre militärische Vormachtstellung benützt, um ein Währungssystem und vor allem Privilegien für den Dollar durchzusetzen, denen ihre Partner, hätten sie volle Bewegungsfreiheit gehabt und wären sie imstande gewesen, sich allein zu verteidigen, niemals zugestimmt hätten.

Obwohl niemand diese Behauptung beweisen oder widerlegen kann, besitzt sie eine gewisse Wahrscheinlichkeit. Wenn die Verantwortlichen für die amerikanische Währungspolitik auch niemals, nicht einmal insgeheim, mit dem Abzug der amerikanischen Truppen aus Europa gedroht haben, um die Bonner Führung zu überzeugen, so war diese sich doch ihrer schwachen Position durchaus bewußt und betrachtete es als eine normale Sache, für den Schutz, den die militärische Präsenz der Vereinigten Staaten bot, mit wirtschaftlichen oder monetären Konzessionen zu bezahlen.

Sie war dazu um so eher bereit, als die Bilanz des Systems einen Aktivposten selbst für diejenigen enthält, die es nur widerwillig dulden. Betrachten wir etwa die Zusammensetzung der Währungsreserven. Warum, so fragen einige Anhänger der Thesen von Jacques Rueff, sollten die Zentralbanken, statt Gold zu verlangen, Dollars akzeptieren, sofern nicht außerwirtschaftliche Pressionen auf sie ausgeübt werden? Dies ist allerdings eine durchaus anfechtbare Überlegung, denn solange die Dollars ›so gut wie Gold‹ galten, waren sie in Wirklichkeit besser als Gold, da sie Zinsen brachten. Die Einwände wirtschaftlicher Art sind erst während der letzten drei oder vier Jahre unausbleiblich geworden, als die Inflation in den Vereinigten Staaten die europäische Inflationsrate überflügelte und zu Defiziten führte, die sich nicht mehr mit den durchschnittlichen Defiziten früherer Jahre vergleichen lassen. Solange sich die Defizite um zwei oder drei Milliarden Dollar bewegten, was in etwa den Kosten der amerikanischen Außenpolitik oder dem Wert der direkten Auslandsinvestitionen entsprach, konnte der Gouverneur einer Zentralbank sehr wohl aus eigenem Antrieb anstelle von Gold Dollars als Devisenreserve vorziehen.

Die europäischen Finanzminister und Zentralbankgouverneure befürchteten die Konsequenzen einer Krise. Seit 1964 oder 1965 wußten sie alle, wie die ständig heraufbeschworene Krise vermutlich ablaufen würde. Eines Tages würden die Börsen und Wechselstuben geschlossen sein, und der Präsident der Vereinigten Staaten würde den Dollar für nichtkonvertierbar — zumindest nicht in Gold konvertierbar — erklären. Keiner kam darauf, daß die Verantwortlichen in Washington sich zu der orthodoxen Lösung, nämlich zur Aufwertung des Goldes entschließen würden. Wollte man den als unerläßlich betrachteten Goldvorrat behalten, so blieb für den Fall, daß die ausländischen Zentralbanken sich weigern sollten, weiterhin Dollars aufzuhäufen, als einziger Ausweg, den Dollar für nichtkonvertierbar zu erklären.

Die Verfechter der These Kindlebergers — in Frankreich etwa Robert Mossé — glaubten natürlich nicht, daß die Ereignisse sie widerlegt hatten. Die Krise, die zur Nichtkonvertierbarkeit des Dollar führte, glich in jeder Hinsicht dem Run auf eine Bank, die nicht über hinreichende Barmittel verfügt, deren Aktiva jedoch bei weitem ihre Passiva übersteigen. Natürlich können die Vereinigten Staaten als übernationaler Bankier die zig Milliarden Dollar in der Hand von ausländischen Gläubigern nicht von einem Tag auf den anderen konvertieren. Niemand weiß jedoch, wie viele dieser Dollars amerikanischen Firmen oder amerikanischen Bürgern gehören, die ja mit ihren Dollars durchaus Devisen kaufen können. Neben den durch die Zahlungsbilanzdefizite der Vereinigten Staaten entstandenen Dollarbeständen entstehen und vergehen Milliarden von Dollars, die auf den Märkten erscheinen und in Deutsche Mark oder Schweizer Franken umgetauscht werden, je nachdem, ob die Kapitalbesitzer sich von einer Veränderung der Währungsparitäten in der einen oder anderen Richtung oder vom Zinsgefälle zwischen den einzelnen Ländern einen Gewinn versprechen.

Hat die Krise von 1971 *bewiesen,* daß der Dollar seit 20 Jahren überbewertet war? Sie hat zumindest gezeigt, daß diese These vertretbar ist. Hat sie die Thesen von Kindleberger oder S. C. Kolm über die ›Monetisierung‹ des französischen Kapitals oder die übernationale Bankiersrolle der Vereinigten Staaten auf makroökonomischer Ebene widerlegt? Ganz gewiß nicht. Die Vereinigten Staaten spielen weiterhin diese Rolle, auch nachdem der Dollar nichtkonvertierbar wurde. Allerdings hat die Krise gezeigt, daß dieser Bankier wie alle Bankiers nicht dem Risiko entgeht, durch die Differenz zwischen kurzfristigen Verbindlichkeiten und liquiden Aktiva insolvent zu werden. Sie hat gleichfalls bewiesen, daß es nachteilig ist, eine nationale Währung, die nicht entsprechend den Bedürfnissen des internationalen Systems, sondern gemäß den Anforderungen der inländischen Wirtschaftssituation verwaltet wird, als übernationale Währung zu verwenden. Solange die Inflationsrate in den Vereinigten Staaten unter der europäischen blieb, konnte ein Defizit von zwei bis drei Milliarden Dollar den Kredit des Bankiers nicht erschüttern, doch als zu der Inflation, die seit 1965 durch den Vietnamkrieg bedingt war, noch ein wachsender Überhang an Dollars hinzutrat, die tatsächlich nicht mehr in Gold konvertierbar waren, trieb alles auf eine schnelle Entscheidung zu. Mit einem Schlage änderte sich der Ton der Auseinandersetzung, und die Beteiligten — Minister und staatliche oder private Fachleute — griffen zu neuen Argumenten, die teilweise das genaue Gegenteil dessen waren, was sie kurz zuvor gesagt hatten.

In einem Punkt allerdings bewiesen die amerikanischen Sprecher — vom Präsidenten bis zum Professor der letzten Provinzuniversität — eine lückenlose Gemeinsamkeit: durchgängig bezeichneten sie das Gold verachtungsvoll als ein Relikt der Barbarei und verwarfen jeden Gedanken an eine drastische Heraufsetzung des amtlichen Preises, obwohl der Preis auf dem freien Markt annähernd das Doppelte des langjährigen offiziellen Preises (35 Dollar je Unze) erreicht hatte. Die veränderte Auffassung der Bundesregierung betraf vor allem die Dollarparität. Zehn Jahre lang hatte selbst unter Ökonomen, die keine öffentliche Verantwortung trugen, die Formel ›der Dollar ist so gut wie Gold‹ oder gar ›der Wert des Goldes beruht auf dem Wert des Dollars‹ als unanfechtbar gegolten. Nun galt es als unanfechtbarer Grundsatz, von den Auswirkungen der Abwertung den Ausgleich der Zahlungsbilanz zu erwarten bzw. — soweit es die Politiker betraf — jedes Interesse am Wechselkurs des Dollars aufzugeben und seine Aufrechterhaltung vollkommen den anderen zu überlassen.

Die Europäer hielten den Amerikanern die Privilegien vor, die ihnen durch die übernationale Funktion ihrer Währung zuwuchsen. Die Vereinigten Staaten seien das einzige Land, das sich in seiner Wirtschaftsführung nicht um die Zahlungsbilanz kümmere. Als einziges Land nähmen sie sich (im Gegensatz zu den IWF-Statuten) das Recht, bei einer defizitären Zahlungsbilanz nicht ihre direkten Auslandsinvestitionen einzustellen. Sie allein regelten ihr Defizit in der eigenen Währung, und die ausländischen Zentralbanken müßten sich damit abfinden, ihre Reserven in Dollars zu halten. Entsprechend der berühmten Formel aus Orwells *Farm der Tiere* seien im internationalen Währungssystem alle Währungen gleich, nur eine Währung sei gleicher als die anderen.

Dem halten die Amerikaner heute entgegen, diese Privilegien seien auch mit Zwängen verbunden gewesen. Seit zehn oder gar zwanzig Jahren hätten sie sich das wirksamste und schmerzloseste Mittel versagt, das für einen notwendigen Bilanzausgleich gesorgt hätte: die Veränderung der Währungsparität. Gewiß hätten ihre Unternehmen ausländische Niederlassungen gegründet, doch dafür hätten sie den europäischen und mehr noch den japanischen Produkten einen Markt geöffnet, dessen Schließung die Prosperität ihrer Partner weit mehr gefährdet hätte als die eigene. Von nun an würden die Verantwortlichen in Washington nicht mehr auf ihre währungspolitische Freiheit verzichten. Von ihr machen sie Gebrauch, indem sie die anderen vor die Wahl stellen, entweder eine Abwertung des Dollar hinzunehmen, von der die Europäer Rückwirkungen auf den Handel befürchten, oder weiterhin nichtkonvertierbare Dollars anzusammeln, was die Europäer trotz allem einem weiteren Absinken der Dollarparität vorziehen und von dem sie hoffen, daß es nur vorübergehend nötig sein wird.

Übrigens fordern die Verantwortlichen in Washington heute die gleichen Privilegien, die sie bisher genossen, lehnen jedoch die Zwänge, denen sie sich bisher unterwarfen, ab. Sie hatten mit den Dollars, die von den ausländischen Zentralbanken als Reserve gehalten wurden und deren Gegenwert ihnen in der jeweiligen Landeswährung zur Verfügung gestellt wurde, langfristige Investitionen gemacht. Der Präsident und seine Berater machen keinen Hehl daraus, daß sie diese Auslandsexpansion des amerikanischen Kapitals entschieden fortsetzen wollen und daß sie einen Überschuß in der Leistungsbilanz anstreben, aus dem sowohl die Kosten ihrer Außenpolitik als auch die direkten Auslandsinvestitionen finanziert werden sollen.

Schon sehnen sich die Europäer nach einer Situation zurück, die sie vor kurzem noch bedauert haben. Mit welchem Recht verlangen die Amerikaner für sich einen Leistungsbilanzüberschuß zur Finanzierung ihrer Auslandsinvestitionen? Warum sind sie nicht bereit, genauso zu verfahren wie Großbritannien im letzten Jahrhundert, dessen Handelsbilanzdefizit durch die Erträge der Auslandsinvestitionen ausgeglichen und mehr als ausgeglichen wurde? 1971 lieferten die Auslandsinvestitionen rund 12 Milliarden Dollar an repatriierten Gewinnen; unter Berücksichtigung der Erträge ausländischer Investitionen in den Vereinigten Staaten beliefen sich die Einnahmen auf 6—7 Milliarden Dollar — eine hinreichende Summe, um die Kosten der Außenpolitik oder ein Handelsbilanzdefizit auszugleichen, vorausgesetzt, daß der Abfluß von Investitionskapital versiegt.

Kurz, die Krise vom August 1971 hat keines der zwischen Amerikanern, Japanern und Europäern umstrittenen Probleme geregelt; der Dollar ist weiterhin die Standardwährung, in der die Preise berechnet werden und mit der man auf den Märkten auftritt. Die Europäer fürchten seine Abwertung, und die Amerikaner überlassen die Aufgabe, seinen Kurs aufrechtzuerhalten, mit ›benign neglect‹ den Europäern und Japanern. Sie verzichten nicht darauf, ihr Kapital im Ausland anzulegen, und verlangen außerdem einen Handelsbilanzüberschuß. Ist das die Arroganz der Macht? Wenn ja, der wirtschaftlichen oder der militärischen Macht?

4

Fassen wir die Ergebnisse der bisherigen Analysen in einer so neutral wie möglich gehaltenen wirtschaftlichen Sprache zusammen. Wenn der Dollar zur Standardwährung, zum Wertmaßstab, zum Interventionsinstrument auf dem Devisenmarkt und zum Reservemedium geworden ist, so nicht, weil die Regierenden in Washington das ihren Partnern aufgezwungen haben, sondern weil die amerikanische Währung nach dem Kriege als ein stabiler Wert erschien, der auf der entwickeltsten Wirtschaft und einem riesigen Goldvorrat beruhte. Als das Zahlungsbilanzdefizit gegen Ende der fünfziger Jahre zu einer ständigen Erscheinung wurde, verlangten weder die Europäer noch die Japaner eine Abwertung des Dollar gegenüber den anderen Währungen. Einige beklagten die Ungerechtigkeit des Golddevisenstandards (wegen der Privilegien der führenden Wirtschaftsmacht bzw. der übernationalen Währung), doch gab es praktisch keinen amerikanischen Ökonomen, der eine Aufwertung des Goldes empfahl, und die Verantwortlichen und die Fachleute in Washington versuchten, mit halben Maßnahmen die Löcher zu stopfen: sie schufen eine Zinsausgleichsteuer, um Ausländern (mit Ausnahme der Kanadier) den Zugang zum amerikanischen Kapitalmarkt zu erschweren; sie versuchten, die Devisenkosten für den Unterhalt amerikanischer Truppen im Ausland zu senken, und sie beschlossen widerstrebend eine Höchstgrenze für den Kapitalabfluß der Banken und der Großunternehmungen. Zwischen 1960 und 1964 stiegen die Preise in den Vereinigten Staaten langsamer als in Europa, und das Defizit hielt sich in etwa auf der gleichen Höhe (etwas mehr als zwei Milliarden Dollar nach der Bilanz der offiziellen Reservetransaktionen). Die Europäer verlangten von den Amerikanern, sie sollten ihr Haus in Ordnung bringen, doch ließen sie sich auf die verschiedenen Ausflüchte, die in Washington ersonnen wurden, ein. Die europäischen Finanzminister — teils bestrebt, der amerikanischen Hegemonie entgegenzutreten, teils umgekehrt vor allem um die Sicherheit und die militärische Präsenz der Amerikaner auf dem Kontinent besorgt — waren sich weder in der Analyse der wirtschaftlichen Situation noch über die zu ergreifenden Maßnahmen einig. Keiner schlug eine Abwertung des Dollar vor, und General de

Gaulle und seine Minister waren sich vermutlich nicht bewußt, daß eine Durchsetzung ihres Standpunktes lediglich die Nichtkonvertierbarkeit des Dollars und eine Phase der Ungewißheit bis zu einer erneuten Regelung des Währungssystems nach sich gezogen hätte.

Das Handeln oder vielmehr die Tatenlosigkeit der Europäer (ausgenommen die Franzosen) und der Japaner ist nicht allein oder gar vorwiegend auf die Vormachtstellung der Vereinigten Staaten zurückzuführen. Japan verkaufte an die Vereinigten Staaten ein Drittel seiner Exporte und befürchtete eine Aufwertung des Yen; die Europäer, deren Handelsbilanz mit den Vereinigten Staaten defizitär blieb, wünschten keineswegs eine Abwertung des Dollar, und im Hinblick auf die direkten Investitionen der Vereinigten Staaten gelang es ihnen weder, eine gemeinsame Haltung zu entwickeln, noch, Worte und Taten miteinander in Einklang zu bringen. Um das System zu sprengen, bedurfte es der seit 1965 durch den Vietnamkrieg ausgelösten Inflation und der Defizite, die sich mit der übernationalen Bankiersfunktion nicht mehr vereinbaren ließen; die Zentralbanken jener Länder, deren Währung aufgewertet werden mußte, waren weder fähig noch willens, weitere Dollars zu akkumulieren, und das Mißverhältnis zwischen den amerikanischen Reserven und dem Volumen der kurzfristigen Schulden machte eine auch nur theoretische Konvertierbarkeit unmöglich. Der transatlantische Dialog trat in eine neue Phase ein: war es in den vorangegangenen zehn Jahren hauptsächlich um die Privilegien der Reservewährung und die amerikanischen Direktinvestitionen im Ausland gegangen, so sollte es nach Ansicht der Verantwortlichen in Washington nun um die Handelspolitik der Europäer und besonders um die Konsequenzen des erweiterten gemeinsamen Marktes gehen.

Wie sieht die bisherige Bilanz aus? Zweifellos haben die Vereinigten Staaten einige der Privilegien genossen, die untrennbar an die Reservewährung geknüpft sind: In der Führung ihrer inneren Angelegenheiten — Haushalt und Kredit — kümmerten sie sich nicht allzusehr um ihre Zahlungsbilanz. Bei Lichte besehen ein bescheidenes Privileg, denn der Wechsel zwischen Phasen rapiden Wachstums und Phasen der Stagnation bzw. des verlangsamten Wachstums war in den Vereinigten Staaten nicht weniger deutlich als in den europäischen Ländern. Da das amerikanische Defizit in der Phase einer deflationistischen Politik nicht verschwand, muß man es wohl (15) auf anders geartete Ursachen zurückführen als die Defizite andere Länder, etwa auf die Überbewertung des Dollar und/oder die Vorteile, welche die amerikanischen Investoren durch die Größe ihres Kapitalmarktes hatten. Von der Überbewertung der amerikanischen Währung haben sowohl die Europäer als auch die Japaner während der gesamten Nachkriegszeit profitiert. Dafür hat die Expansion des amerikanischen Kapitals die Grenzen des Kontinents überschritten und ist zur weltweiten Expansion geworden.

Die theoretischen Vor- und Nachteile von Auslandsinvestitionen sind hinlänglich bekannt: ihre Vorteile bestehen darin, daß sie anfangs zusätzliche Arbeitsplätze schaffen, in vielen Fällen wenig bekannte Produktions- und Verwaltungstechniken einführen, ein Klima des Wettbewerbs fördern, höhere Gewinne als die meisten inländischen Unternehmen abwerfen und Importe überflüssig machen. Die möglichen Nachteile bestehen darin, daß die Niederlassung eines Konzerns die einheimischen Unternehmen durch eine mörderische Konkurrenz verdrängt, daß sie sich in technisch führenden Branchen praktisch ein Monopol sichert, daß sie in einer zweiten Phase einen großen Teil der Gewinne repatriiert und ihre Investitionen mit Hilfe des einheimischen Kapitals finanziert, womit sie langfristig die Probleme des Zahlungsbilanzausgleichs verschärft. Mit Forderungen wie den folgenden wird natürlich jeder einverstanden sein: es wäre besser, wenn IBM eine französische Gesellschaft wäre; es ist besser, wenn IBM Computer herstellt, als wenn es gar keine Computer gibt; IBM Frankreich bringt für Frankreich Devisen, auch wenn die Niederlassung amerikanische Erzeugnisse einführt.

Gibt es abgesehen von solchen Binsenwahrheiten eine Theorie, mit deren Hilfe man zwischen wünschenswerten und nichtwünschenswerten Investitionen, zwischen solchen, die eine positive, und anderen, die eine negative Bilanz nach sich ziehen, unterscheiden kann? Ich glaube nicht. Die Schwierigkeit einer solchen Entscheidung soll durch ein einfaches Beispiel beleuchtet werden. Halten wir uns dabei streng an wirtschaftliche Gesichtspunkte. Welche Arten von Produktion sollten ausschließlich inländischen Produzenten vorbehalten bleiben? Vielleicht Überschallflugzeuge? Ganz sicher nicht, denn die Forschungs- und Entwicklungskosten sind dabei beträchtlich; die Produktion wird erst rentabel, wenn eine größere Zahl von Maschinen abgesetzt wird; der Kapitalbedarf ist maximal, die Gewinne minimal (fast sicher ist mit Verlusten zu rechnen), so daß man fragen muß, ob nicht gerade dieser Sektor von Ländern mittlerer Größe größeren Wirtschaftsmächten überlassen werden sollte.

Gilt diese Überlegung auch für die Computer? Wenn man den Umfang des erforderlichen Kapitals und die Gewinnspanne als Maßstab nimmt, vielleicht. Einige amerikanische Großfirmen haben in dieser Branche Gewinne gemacht, vor allem durch Innovationen. Allerdings sind wegen des raschen technischen Fortschritts und der unerläßlichen Aufwendungen für Forschung und Entwicklung Unternehmen mit enormer Kapitalkraft erforderlich, so daß die amerikanische Vorherrschaft in diesem Industriebereich wenn nicht wünschenswert oder annehmbar, so doch zumindest verständlich wird.

Lionel Stoleru schreibt dazu:

›*Der Computermarkt kommt immer mehr unter die Kontrolle der Vereinigten Staaten, die bereits 50 % der Produktion von Halbleitern, 80 % der Produktion von Rechnern und praktisch den gesamten Markt für integrierte Schaltungen beherrschen. ‚Angesichts dieser Entwicklung kann die Gemeinschaft es sich nicht mehr erlauben, diesen entscheidenden Sektor zu vernachlässigen, wenn sie nicht Gefahr laufen will, von Fortschritten abhängig zu werden, die außerhalb der Gemeinschaft erzielt werden, und damit die Wettbewerbsfähigkeit ihrer Computerindustrie und die künftige Entwicklung ihrer gesamten Industrie zu gefährden', wie es im Bericht des Ausschusses für mittelfristige Politik heißt.*‹ (16)

Der zitierte Ausschußbericht weist alle Unklarheiten auf, die für solche Arten von Texten typisch sind.

›Abhängigkeit von Fortschritten, die außerhalb erreicht werden‹? Tatsächlich kann keine der europäischen Volkswirtschaften sich dieser Abhängigkeit entziehen, tatsächlich kann keine hoffen, auf diesem Gebiet unabhängig zu werden. Inwiefern ist dadurch die künftige Entwicklung der Wirtschaft gefährdet? Den Gewinn aus einer Innovation wird sich die amerikanische Firma vorbehalten, doch ihren auswärtigen Absatzmarkt kann sie nur behalten, wenn sie die Erzeugnisse, die sie auf dem Binnenmarkt anbietet, auch ihren ausländischen Kunden nicht vorenthält. Solange es noch aufnahmefähige Strukturen gibt, solange also die französischen Unternehmen in der Lage sind, die von außen kommenden ›Innovationen‹ zu nutzen, ist nicht ganz klar, was ›Gefahr für die Entwicklung‹ bedeuten soll.

Wenn Stoleru, statt administrative Berichte zu zitieren, seine eigenen Gedanken vorträgt, gibt er statt der Unabhängigkeit dem Kriterium der Wettbewerbsfähigkeit den Vorzug. Er führt für die Entscheidung über ausländische Investitionen drei Kriterien an (17): das *Kriterium der gesamtwirtschaftlichen Auswirkungen* — Schaffung von Mehrwert und Beschäftigung, Kapitalzufluß, Überlassung von Lizenzen und Fabrikationsverfahren; das *Kriterium der Auswirkung auf die Industriebranche* — Gründung neuer oder Aufkauf bestehender Unternehmen, Anteil am Umsatz der Branche; und das *Kriterium der Wirkung auf die Zahlungsbilanz* — der mit der Investition verknüpfte Einfuhr- oder Ausfuhrstrom von Gütern oder Kapital. Leider stimmen diese Kriterien nicht in jedem Falle überein, und keines liefert einen entscheidenden Hinweis. So hat denn auch die französische Regierung zwischen entgegengesetzten Haltungen geschwankt, bis sie das Land schließlich dem amerikanischen Kapital öffnen mußte, da jede Investition, die sie ablehnte, jenseits der Grenze mit Aufnahme rechnen konnte (wie im Falle einer Ford-Fabrik). Obwohl sie dem Zustrom amerikanischen Kapitals mit offizieller Zurückhaltung, wenn nicht gar ablehnend gegenübersteht, bietet die französische Regierung ausländischen Investoren die gleichen Anreize wie inländischen Investoren. Daß es Premierminister Chaban-Delmas gelang, eine Ford-Fabrik nach Bordeaux zu holen, wo er Bürgermeister ist, belegt in ironischer Weise den Gegensatz zwischen hoher Politik und Entscheidungen auf unterer Ebene.

Sollte man die direkten Investitionen der Vereinigten Staaten nach ihrer Finanzierungsmethode beurteilen? Damit würde man die wirtschaftliche Wirkung einer amerikanischen Investition auf die Wirtschaft eines gegebenen Landes von der Herkunft des Investitionskapitals abhängig machen. Wird es als Kredit im Lande aufgenommen, dann erhöht es das Investitionsvolumen nicht. Tatsächlich erfassen die im *Survey of Current Business* genannten Zahlen über direkte amerikanische Auslandsinvestitionen nur die Kapitalabflüsse. Die Herkunft des Kapitals ändert jedoch nichts an den wirtschaftlichen Auswirkungen von Investitionen, wie sie sich in der volkswirtschaftlichen Gesamtrechnung niederschlagen. Nehmen wir nun an, die Europäer würden in einem Jahr für mehrere Milliarden Dollar Aktien an der New Yorker Börse kaufen und die Amerikaner würden für den gleichen Betrag direkte Investitionen in Europa vornehmen, dann hätten die Europäer als Privatpersonen einen Eigentumsanteil an amerikanischen Firmen erworben — ein Eigentum, das keine Managementbefugnisse impliziert —, während die amerikanischen Firmen an aufgekauften europäischen Unternehmen oder neu gegründeten Niederlassungen ein Eigentum erworben hätten, das tatsächliche Managementbefugnisse einschließt. Eine solche Gegenüberstellung wird unweigerlich Unmut hervorrufen, und die Europäer werden zu Recht das Gefühl haben, bei dieser Art von Tauschhandel zu verlieren. Trotzdem spricht nichts dagegen, daß solcherart finanzierte amerikanische Investitionen für sie die gleichen Vorteile bringen wie Investitionen, die aus einem Überschuß der amerikanischen Handels- oder Leistungsbilanz finanziert wurden.

Die amerikanischen Direktinvestitionen rufen dann Proteste hervor, wenn sie in einer Zeit anhaltender amerikanischer Zahlungsbilanzdefizite weitergeführt werden. Es gibt auch ein Kriterium, nach dem solche Proteste gerechtfertigt sind: die in den IWF-Statuten festgelegten Regeln des internationalen Wohlverhaltens. Im hier besprochenen Falle sieht es so aus, als würden die Zentralbanken durch die Anlage auf dem New Yorker Markt die aus dem Zahlungsbilanzdefizit der Vereinigten Staaten resultierenden Dollars den amerikanischen Währungsbehörden leihen, während die diesen Dollars entsprechende Summe amerikanischen Unternehmen in Mark, Pfund Sterling, Lire, Gulden oder Französischem Franken zur

Investition in der Bundesrepublik, im Vereinigten Königreich, in Italien, Holland oder Frankreich zur Verfügung gestellt wurde. Wieder ist der Europäer empört; aber was will er? Was kann er tun? Will er eine deflationistische Politik in den Vereinigten Staaten? Will er eine Abwertung des Dollar? Will er eine Einstellung amerikanischer Direktinvestitionen bis zur Erreichung einer ausgeglichenen Zahlungsbilanz? Tatsächlich kann er die von ihm bevorzugte Lösung der amerikanischen Regierung *nicht* aufzwingen, und er wünscht wahrscheinlich weder die Abwertung noch die Einstellung der Investitionen; wenn er jedoch andeutungsweise die erste Lösung — ein strengeres Haushalts- und Kreditgebaren — empfiehlt, kann er nicht sicher sein, daß damit eine ausgeglichene Bilanz erreicht wird, solange die übernationale Funktion ihrer Währung es den Amerikanern gestattet, mehr im Ausland auszugeben, als sie vom Ausland einnehmen.

Will man eine Bilanz dieser zwei Marshallpläne, dieses Hin und Her der Dollars ziehen, so muß man meines Erachtens von drei Erwägungen ausgehen: 1. den jeweiligen Vorteilen für die Vereinigten Staaten und ihre Partner, wie sie sich nach der Erfahrung eines Vierteljahrhunderts ergeben haben; 2. dem Grad der Abhängigkeit der einzelnen Länder von den Vereinigten Staaten; 3. den Aussichten bzw. dem Risiko eines exponentiellen Wachstums der amerikanischen Investitionen.

Unter allen Ländern des kapitalistischen Weltmarktes hat offenkundig ein Land von allen Vorteilen des Systems profitiert, ohne einen einzigen seiner Nachteile zu erleiden: Japan. Es hat sich noch kaum dem amerikanischen Kapital geöffnet, seine Währung ist jahrelang unterbewertet gewesen, und der amerikanische Markt nimmt rund ein Drittel seines Auslandsabsatzes auf. Kein anderes System hätte ihm vergleichbare Wachstumschancen gegeben — mit einer durchschnittlichen Jahresrate von über 10 Prozent. Westeuropa hat in der Pro-Kopf-Produktion und der Produktivität je Beschäftigtem seinen Rückstand teilweise aufgeholt. Heute exportieren die sechs Länder der Gemeinschaft (ausgenommen der innergemeinschaftliche Handel) mehr als die Vereinigten Staaten. Die Ausfuhren der Vereinigten Staaten hatten 1953 einen Anteil von 21,3 % am Welthandel, die Sechsergemeinschaft einen Anteil von 13,6 %; 1970 betrug der jeweilige Anteil 14,0 und 14,6 %. Natürlich war es unvermeidlich, daß Deutschland die Stellung, die es früher innehatte, zurückgewann, und daß der Anteil einiger anderer Länder sich durch die japanischen Exporte verringerte. Tatsache ist, daß der amerikanische Anteil an den Einfuhren zwischen 1953 und 1970 nur leicht von 14,4 auf 13,7 % zurückgegangen ist, während der Ausfuhranteil von 21,3 auf 14,0 % fiel.

Handelt es sich ausschließlich um Folgen einer Überbewertung des Dollar, die zugleich als Anreiz für Auslandsinvestitionen und als Bremse für den Warenabsatz wirkte? Ist der Lohnunterschied in einer Reihe von Produktionszweigen größer als der Produktivitätsunterschied? Hat die wachsende Zahl von Niederlassungen, die aus den Vereinigten Staaten importieren, aber ebenfalls außerhalb ihres Gastlandes Erzeugnisse verkaufen, die auch von den Muttergesellschaften in den Vereinigten Staaten hätten exportiert werden können, auf die Zahlungsbilanz der Vereinigten Staaten letzten Endes einen positiven oder negativen Einfluß? Einstweilen gibt es auf diese Fragen, die für die Zukunft ausschlaggebend sind, keine definitive und ausgewiesene Antwort. Während die Sprecher großer amerikanischer Firmen versichern, die Niederlassungen brächten mehr Devisen, als sie kosten, behaupten Gewerkschaftssprecher das genaue Gegenteil.

Solange, anders gesagt, die Vor- und Nachteile rein ökonomisch definiert werden — als Wachstumsrate des Bruttosozialprodukts und der Produktivität —, ist nicht erwiesen, daß die Vereinigten Staaten von ihren Privilegien — die als monetäre Privilegien unbestritten sind — eindeutig profitiert haben. Japan hat den Vereinigten Staaten mehr verkauft, als es von ihnen gekauft hat, ohne sein Kapital zu veräußern. Die Europäer haben einen Teil ihres Kapitals veräußert, doch hat der Investitionszustrom vermutlich das Wachstum beschleunigt, das in Japan auch ohne äußeren Anstoß auskam. Damit führt die erste Frage zur zweiten: Was bedeutet ›Abhängigkeit‹ gegenüber der führenden Wirtschaftsmacht? Welche unmittelbare oder künftige Gefahr verbirgt sich hinter dieser Abhängigkeit? Im Rahmen der westlichen Wirtschaft, wie sie sich im letzten Vierteljahrhundert entwickelt hat, hängen alle nationalen Einheiten voneinander ab. Von 1953—1970 hat der internationale Handel im Jahresdurchschnitt um 8,3 % wertmäßig und 7,55 % mengenmäßig zugenommen, so daß keine Volkswirtschaft, auch nicht die amerikanische, sich den Rückwirkungen einer Währungskrise entziehen könnte, die zu einer Einschränkung des zwischenstaatlichen Handels führen würde. Außer dieser altbekannten gegenseitigen Abhängigkeit zwischen den Handelsländern gibt es nunmehr eine Gesellschaft, die man insofern als transnational bezeichnen kann, als sie die Grenzen überspringt und nicht mehr dem Willen und den Gesetzen der Nationalstaaten unterworfen ist. Als der amerikanische Kongreß die Zinsausgleichssteuer beschloß, um Ausländern den Zugang zum amerikanischen Kapitalmarkt zu erschweren, entstand und entfaltete sich der Eurodollar-Markt mit dem Schwerpunkt in London und mit amerikanischen Bankfilialen, die für Anreiz und Dynamik sorgten. Natürlich haben all die sogenannten multinationalen Gesellschaften eine Nationalität — in den meisten Fällen die amerikanische, in einigen die schweizerische (Nestlé), die holländische (Philips) oder die englische (BP); die Strategie wird am Sitz der Muttergesellschaft ausgearbeitet, und dort werden auch die Entscheidungen getroffen — Entscheidungen, die dem Interesse der Gesamtfirma bzw. der Muttergesellschaft, aber nicht unbedingt dem nationalen Interesse der jeweiligen Länder entsprechen, in denen eine Niederlassung besteht. Allerdings ist nicht zu leugnen, daß die Verantwortlichen dieser Firmen einen Überblick über den gesamten Bereich der Wirtschaft haben, daß sie den Handel zwischen den einzelnen Niederlassungen an ihrem Gesamtüberblick ausrichten und daß sie, auch wenn die amerikanische Handelsbilanz kein Defizit aufweist, über beträchtliche liquide Mittel verfügen, die sie, um eine Abwertung oder einen höheren Zinssatz auszunutzen, über die Grenzen hinweg einsetzen können. Die bisherige Vorstellung von Käufen und Verkäufen zwischen Firmen, die jeweils einem anderen Nationalstaat angehören, trifft auf diese multinationalen Firmen und auf den Eurodollarmarkt immer weniger zu. In rechtlicher Hinsicht bleibt die Souveränität der Staaten im klassischen Sinne vollkommen erhalten, doch besteht die Gefahr, daß sie unterlaufen wird; die nationale Konjunktursteuerung mit Hilfe des

Zinssatzes wird unmöglich, wenn eine Zinsanhebung, mit der die Preissteigerung gebremst werden soll, Milliarden von Dollar anzieht. Als einziges Instrument bleibt der Haushalt der Interdependenz der Geldmärkte entzogen.

Es ist allerdings richtig, daß diese Abhängigkeit vom Weltmarkt den einzelnen Nationalstaaten einen unterschiedlichen Spielraum der Selbständigkeit läßt. Die Vereinigten Staaten haben die Furcht ihrer Partner vor einer Lösung des Dollar vom Gold benützt, um das System des Golddevisenstandards einige Jahre länger aufrechtzuerhalten. Seit August 1971 und dem Abkommen vom Dezember 1971 lebt die Welt — trotz oder wegen der Nichtkonvertierbarkeit der amerikanischen Währung — unter einem unverfälschten Dollarstandard-System, in dem die Washingtoner Währungsbehörden ein für allemal die Haltung des ›benign neglect‹ angenommen haben und jedes Mal, wenn die Frage auftaucht, den Markt unausgesprochen vor die Wahl stellen: entweder akkumuliert ihr Dollars, oder — worin wir keinen Nachteil sehen — ihr laßt den Wechselkurs des Dollar sinken. Das ist zweifelsfrei eine Position der Stärke, der allein ein vereintes Europa beikommen könnte.

Allgemeiner könnte man sagen, daß die Asymmetrie des Einflusses, den die nationalen Einheiten aufeinander ausüben, eine Folge ihrer ungleichen Größe ist. Einige Schlüsselbranchen geraten unter die Vorherrschaft des ausländischen Kapitals. Die führende Wirtschaftsmacht exportiert ihre Inflation und ihre Technik, und beide erleichtern ihr die Übernahme der Kontrolle bestimmter Industriezweige. Die Frage ist wiederum, ob man in der Stellung, die IBM und Honeywell bei den Computern, Singer bei den Nähmaschinen, Eastman Kodak bei fotografischen Erzeugnissen und die Niederlassungen von ITT oder Ericsson bei telefonischen und telegrafischen Ausrüstungen einnehmen, eine Gefahr sehen muß. Die Antwort wiederum unterliegt den gleichen Ungewißheiten.

Ist die militärische Unabhängigkeit gefährdet? Sofern es sie überhaupt noch gibt, besitzt sie jedes Land, das atomare und konventionelle Waffen herstellt oder die Freiheit besitzt, sie zu erwerben — was für Frankreich und Großbritannien, nicht aber für die Bundesrepublik Deutschland gilt. Als das State

Department sich in seiner Ablehnung der französischen Abschreckungsstreitmacht den Verkauf eines Großcomputers an die französische Regierung untersagte, scheint es IBM mit der halbwegs stillschweigenden Zustimmung der Diplomaten selbst gelungen zu sein, das Verbot zu umgehen. Die Wirtschaftspolitik Frankreichs oder der Bundesrepublik unterliegt äußeren Zwängen, die überwiegend von der führenden Wirtschaftsmacht und ihren auswärtigen Stützpunkten ausgehen. Was jedoch die französische Diplomatie betrifft, so ist mir nicht ersichtlich, daß ihr durch das State Department, durch IBM oder durch sämtliche Konzernniederlassungen in Frankreich mehr Zwänge auferlegt werden, als durch die Realität selbst.

Nehmen wir als ein extremes Beispiel Kanada, das man als eine Wirtschaftskolonie der Vereinigten Staaten bezeichnen darf. Die Kanadier haben davon den Vorteil, daß ihr Lebensstandard dem der Vereinigten Staaten nahekommt (75—80 %). Durch den Beschluß, einen flexiblen Wechselkurs einzuführen, haben die Währungsbehörden in Ottawa eine gewisse Freiheit zurückgewonnen. Natürlich genießt die kanadische Diplomatie keine vollständige Freiheit; nach einer bekannten Redensart liegen Mexiko und Kanada zu fern von Gott und zu nahe bei den Vereinigten Staaten. Dafür sind die amerikanischen Investitionen so etwas wie ein Unterpfand, das den Machtunterschied abschwächt; die amerikanischen Konzerne sind am Wohlergehen Kanadas interessiert und sehen in der Errichtung von Verarbeitungsbetrieben jenseits der Grenze einen Vorteil. Ich will nicht behaupten, daß die europäischen Länder einem Schicksal, wie es Kanada beschieden war, unbesorgt entgegensehen müßten, doch zeigt das Beispiel dieses Landes, daß eine Gefahr für die wirtschaftliche Entwicklung, wie sie in dem oben zitierten Ausschußbericht angeführt wurde, nicht besteht.

Die Gefahr für die westeuropäischen Länder besteht also weder in einer Abhängigkeit, wie sie die kleinen mittelamerikanischen Republiken erleiden, die von einer Firma erdrückt werden, die mächtiger ist als jede einzelne von ihnen, noch in einer Unterentwicklung infolge wirtschaftlicher Kolonisierung; die eigentliche Gefahr liegt darin, daß durch eine Fortsetzung der amerikanischen Investitionswelle in Europa, durch die Reinvestition der Profite und durch zusätzlichen Kapitalzustrom das auf dem Alten Kontinent errichtete ›industrielle Amerika‹ derart anwächst, daß der Atlantik genauso durchlässig und genauso unsichtbar wird wie die Grenze zwischen den Vereinigten Staaten und Kanada.

Von einigen Industriezweigen abgesehen, die der nationalen Verteidigung dienen, sehe ich also nicht, wie man mit Sicherheit feststellen kann, welche Industriebereiche aus Sorge um die Unabhängigkeit dem amerikanischen Kapital verwehrt werden sollten. Ich halte es allerdings für eine nicht unbegründete Ansicht, daß die Akkumulation amerikanischen Kapitals in Europa zwar zu einer Angleichung des Lebensstandards auf beiden Seiten des Atlantik führen könnte, daß aber eine unbegrenzte Fortsetzung dieser Akkumulation derart viele Industriebranchen amerikanischer Entscheidung unterwerfen würde, derart viele Unternehmensleiter unter den Befehl ausländischer Direktoren bringen würde, derart viele Forscher um die Chance bringen würde, die Gewinne aus den ihrer Arbeit entspringenden Patenten ihrem eigenen Land zur Verfügung zu stellen, daß schließlich die Elite, wenn nicht die Masse, die Abhängigkeit als eine Quelle von Bitterkeit und Haß empfinden müßte.

Ist es möglich, daß wirtschaftliche Faktoren von selbst dafür sorgen, daß die Akkumulation amerikanischen Kapitals in Europa sich zunächst verlangsamt und dann ganz aufhört? Wird der Unterschied zwischen den Gewinnspannen sich von selbst vermindern? Wird das steigende Niveau der europäischen Löhne anstelle eines politischen Willens wirksam, an dem es bisher fehlt? Ich persönlich halte es für unklug, wenn man kurzfristig damit rechnet, daß die Dinge sich von selbst regeln, solange es dem Europa der Sechs oder dem erweiterten Europa an einem gemeinsamen Willen fehlt.

Während des Vierteljahrhunderts der amerikanischen Vorherrschaft blieben Handels- und Währungskontroversen in der ›hohen Politik‹, welche die Aufmerksamkeit der Staats- und Regierungschefs fesselt, von untergeordneter Bedeutung. Die amerikanischen Präsidenten Truman und Eisenhower hatten bei der Entstehung des Gemeinsamen Marktes Pate gestanden; für sie war das *politische* Interesse an einem geeinten Europa als einer Barriere gegen den Kommunismus wichtiger als die *wirtschaftlichen* Nachteile einer europäischen Gemeinschaft mit einem Außenzoll, zumal dieser unterhalb der Zollsätze mehrerer europäischer Länder festgelegt wurde. Die Kennedy-Runde hat diesen Zolltarif, der im Durchschnitt unter dem der Vereinigten Staaten liegt, noch einmal gesenkt. Das Veto General de Gaulles gegen den Beitritt Großbritanniens hatte einen Sturm ausgelöst, aber einen Sturm im Wasserglas. Die Kennedy-Runde hatte für Fortschritte in der Liberalisierung des Handels gesorgt. Trotz der gemeinsamen Landwirtschaftspolitik stiegen die amerikanischen Agrarexporte weiterhin an (ohne diese Politik wären sie noch stärker gestiegen). An der erneuten Verschärfung der transatlantischen Probleme ist, wie mir scheint, weniger die Erweiterung des Gemeinsamen Marktes als vielmehr die Abwertung des Dollar und das Defizit in der Handelsbilanz der Vereinigten Staaten schuld.

Mit einem Mal traten die Direktinvestitionen in den Hintergrund, und die Auseinandersetzung drehte sich nun um das Währungssystem und die Handelsbedingungen. Zumindest bis zu den Wahlen lehnten die Verantwortlichen in Washington es ab, irgendeine Reform ins Auge zu fassen, und die Europäer mußten weiterhin Dollars aufnehmen, um die Abwertung der amerikanischen Währung zu verhindern. Andererseits warf die Washingtoner Führung ihren Partnern vor, die GATT-Regeln zu verletzen, die praktisch von niemandem mehr beachtet wurden, so daß es nur noch darum gehen konnte, wer sie mehr verletzt. Hinter diesen Auseinandersetzungen verbirgt sich eine grundlegende Frage: Mit welchem Recht fordern die Vereinigten Staaten für sich das Privileg, ständig im Ausland zu investieren und dort mehr zu verkaufen, als sie dort kaufen, um diese Investitionen zu finanzieren?

Wird, da ein Kreuzzug nicht zu erkennen ist, die Dollardiplomatie an die Stelle der Eindämmungsstrategie treten? Kann der amerikanische Kapitalismus nur überleben, wenn er im Ausland akkumuliert? Bedroht vielleicht das raschere Wachstum der japanischen Wirtschaft das Gleichgewicht der gesamten Weltwirtschaft?

Anmerkungen

1 Dieses Kapitel behandelt den Einfluß der amerikanischen Wirtschaft auf die entwickelten Länder, das nächste handelt von dem Einfluß auf die Entwicklungsländer.

2 Gemeint ist Schweden.

3 Natürlich auch, weil reichlich Arbeitskräfte vorhanden waren.

4 *Quarterly Review and Investment Survey*, 1962, 4. Quartal, S. 2.

5 ibidem, Seite 9. Zehn Jahre später schrieb der gleiche Analytiker in der gleichen Zeitschrift: ›Es besteht die Gefahr, daß die Wiederherstellung der Konvertierbarkeit des Dollar in andere Reserveaktiva zu einer Verringerung der ausländischen Dollarguthaben führt. Ein Versuch der ausländischen Währungsbehörden, ihre Reserven in großem Umfang von Dollars zu entlasten, könnte sehr rasch die Reserven der Vereinigten Staaten erschöpfen und eine erneute Aufhebung der Konvertierbarkeit des Dollar erzwingen.‹ *Quarterly Review*, 1972, 1. Quartal, S. 7.

6 Im letzten Bericht an den Kongreß von 1972 wurde die Zahlungsbilanz der Vereinigten Staaten folgendermaßen dargestellt (in Milliarden Dollar):

Warenhandelsbilanz + militärische Transaktionen, netto + Erträge aus Auslandsinvestitionen + Dienstleistungen = Bilanz des Waren- und Dienstleistungsverkehrs (+ 3,6 in 1970; Jahres-Zuwachs in 1971 auf der Grundlage der ersten drei Quartale + 1,6);

Bilanz des Waren- und Dienstleistungsverkehrs + private Übertragungen + öffentliche Übertragungen (ohne Militärhilfe) = Leistungsbilanz (minus 0,4 in 1970; minus 1,8 in 1971);

Leistungsbilanz und langfristiger Kapitalverkehr (minus 3,0 in 1970; minus 10,2 in 1971).

Um zur Nettoliquiditätsbilanz zu gelangen, müssen zu dieser letzten Größe die nichtliquiden kurzfristigen Kapitalbewegungen, nicht erfaßte Posten und statistische Ermittlungsfehler sowie die Zuteilung von Sonderziehungsrechten hinzugerechnet werden; dann ergibt sich minus 3,5 in 1970 und minus 28,4 in 1971. Wenn man zu dieser Bilanz die Transaktionen hinzunimmt, die sich auf Forderungen und Verbindlichkeiten der Vereinigten Staaten gegenüber ausländischen offiziellen Stellen mit Ausnahme der Zentralbanken beziehen, erhält man die Bilanz der offiziellen Reservetransaktionen; dieser Posten wies 1970 ein Defizit von 6,0 und 1971 von 7,7 auf; 1969 hatte er einen Überschuß von 8,8 aufgewiesen, und darin äußerte sich das Zusammentreffen einer deflationistischen Politik mit einem Rückfluß kurzfristigen Anlagekapitals in die Vereinigten Staaten.

7 Ich stütze mich auf die Darstellung, die man im letzten Bericht der wirtschaftswissenschaftlichen Berater des Präsidenten an den Kongreß findet (Februar 1972).

8 Sofern die Zentralbanken einen Teil ihrer Reserven auf den Markt werfen.

9 Theoretisch besteht die Möglichkeit, sich auf Sonderziehungsrechte zu beziehen und deren Wert durch ein halbes Dutzend der wichtigsten Währungen auszudrücken.

10 Es ist zweifelhaft, ob sich das System des gespaltenen Marktes halten läßt, wenn die Kurse allzusehr voneinander abweichen. Jedenfalls wird keine Zentralbank sich zum offiziellen Kurs von ihrem Gold trennen, wenn ein beträchtlicher Unterschied besteht; folglich verliert das Gold vorübergehend seine monetäre Funktion.

11 Der Besitzer einer Firma veräußert sein Kapital und verwandelt es in Franken, die der amerikanische Anleger für Dollars erworben hat. Das Kapital des Eigentümers hat sich in Bargeld verwandelt, und der amerikanische Investor hat einen Vermögenswert erworben.

12 Nicht konvertierbar in Aktiva (Gold oder Sonderziehungsrechte). *Auf dem Devisenmarkt* bleibt der Dollar in jede andere Währung konvertierbar.

13 *Survey of Current Business*, Band 51, Nr. 10, S. 21 (Oktober 1971).

14 Es handelt sich um den Buchwert, der weit unter dem tatsächlichen Wert liegt.

15 Zumindest bis um 1965. Danach glich sich die Inflation in den Vereinigten Staaten der in einigen europäischen Ländern an.

16 Lionel Stoleru, *L'Impératif industriel*, Paris 1969, S. 273.

17 ibidem, S. 225.

III. KAPITEL

WIRTSCHAFTSHILFE ODER GEGENREVOLUTION. DIE VEREINIGTEN STAATEN UND DIE DRITTE WELT

Es ist aus einer Reihe von Gründen gerechtfertigt, wenn wir die wirtschaftlichen und politischen Beziehungen zwischen den Vereinigten Staaten und der Dritten Welt (bzw. den unterentwickelten Ländern) neben den Beziehungen zwischen den Vereinigten Staaten und Europa gesondert untersuchen. Das bewußte und erklärte Ziel, das die Diplomatie Washingtons hier wie dort verfolgt, ist die Eindämmung, die Eingrenzung jener Gebiete, auf welche sich die sowjetische Herrschaft ausdehnen könnte, und die Einschränkung der Zahl jener Länder, in denen ein marxistisch-leninistisches Regime entstehen könnte. Hier wie dort gilt die Hilfe als ein bevorzugtes Mittel. Betrachtet man aber im einzelnen das Wirken der Amerikaner und seine Folgen in den verschiedenen Regionen der Welt, dann zeigt sich tatsächlich ein sehr unterschiedliches Bild.

Von symbolischer Bedeutung ist der Gegensatz zwischen dem glänzenden Erfolg des Marshallplans und dem von aller Welt verkündeten Scheitern der ›Allianz für den Fortschritt‹. Dieser Gegensatz ist ein Symbol für das Bemühen der amerikanischen Führer, noch einmal ›their finest hour‹ zu erleben und einen nationalen Traum zu verwirklichen, den sie in der Tiefe ihres Herzens noch immer hegen, nämlich andere Völker an ihrem Wohlstand und ihrer Zivilisation teilhaben zu lassen. Er ist ein Symbol für das Vertrauen in den Dollar als eine Waffe sowohl gegen die Armut als auch gegen die Revolution. Ein Symbol auch für den realen Gegensatz zwischen dem Verhalten der Vereinigten Staaten in Lateinamerika und ihrem Verhalten in Europa und für die unterschiedliche Fähigkeit der jeweiligen Volkswirtschaften, aus dem Kapitaltransfer Gewinn zu ziehen. Es existiert keine gemeinsame Lösung für den *Wiederaufbau entwickelter Volkswirtschaften*, die zwar durch den Krieg geschwächt, aber mit allen für das Wachstum unerläßlichen menschlichen und gesellschaftlichen Ressourcen reichlich ausgestattet sind, und die *Modernisierung von Volkswirtschaften*, die völlig ohne technische Führungskräfte oder in traditionellen Formen erstarrt sind. Europa hat die amerikanische Hilfe genutzt, um sich selbst zu helfen. Außerhalb Europas ist die Hilfe der Vereinigten Staaten in ihrem Umfang nicht mit dem zu vergleichen, was der Alte Kontinent erhielt. Auf jeden Fall hatten die Problemstellungen nichts miteinander gemein.

I

Zum Beginn seien hier einige Zahlen und Fakten genannt, welche die unterschiedliche Haltung der Vereinigten Staaten gegenüber den entwickelten und den Entwicklungsländern deutlich machen.

Die gesamte Auslandshilfe zwischen dem 1. Juli 1945 und dem 30. Juni 1967 (1) beläuft sich auf 117 Milliarden Dollar; davon gingen 39 % an die entwickelten Länder, die 19 Prozent der Weltbevölkerung stellen; Länder, die als militärisch bedeutsam oder politisch gefährdet galten, die Stützpunkte oder Soldaten lieferten, die am Rande des sowjetischen Machtbereichs liegen (Griechenland, Iran, Türkei, Vietnam, Formosa, Korea, Philippinen, Thailand, Spanien und Portugal) erhielten für 11 Prozent der Weltbevölkerung 31 Prozent der Hilfe, während die übrigen Entwicklungsländer mit 70 Prozent der Weltbevölkerung 30 Prozent empfingen.

In diesen Zeitraum fallen auch die Jahre des Marshallplans; die Zahlen belegen erneut die außergewöhnliche Großzügigkeit, welche die amerikanische Diplomatie gegenüber Westeuropa bewies — und zwar außergewöhnlich sowohl im Sinne der historischen Seltenheit als auch in dem Sinne, daß es in der Praxis der Vereinigten Staaten keinen Präzedenzfall und keine Wiederholung gab. Eine weitere, bei dem gleichen Verfasser entlehnte Statistik (2), die sich auf den Zeitraum 1957—1967 bezieht, läßt den disproportionalen Anteil der Wirtschafts- und Militärhilfe erkennen, der an die Länder der zweiten oben erwähnten Gruppe geht (die der Verfasser als ›Klienten‹ bezeichnet, die wir aber mit dem nicht so anspielungsreichen Ausdruck ›Verbündete Länder‹ oder auch ›Marken‹, ›Grenzländer‹ bezeichnen wollen) — 37 Prozent der gesamten Hilfe gegenüber 50 Prozent für die übrige Welt. Der Anteil der verlorenen Zuschüsse an der gesamten Wirtschafts- und Militärhilfe belief sich schließlich zwischen dem 1. Juli 1945 und dem 30. Juni 1967 auf 73 Prozent für die entwickelten Länder, auf 87 Prozent für die Länder der zweiten Kategorie und auf 42 Prozent für die übrige Welt; während des Zeitraums 1957—1967 betrug er für die Staaten der zweiten Kategorie 82 Prozent und für die dritte Kategorie 40 Prozent.

Diese statistische Darstellung, die ich bei einem ›paramarxistischen‹ Verfasser entlehnt habe, muß einseitig und schief erscheinen, legt sie doch die ungünstigste Interpretation des außenpolitischen Wirkens der Vereinigten Staaten nahe. In den genannten Ziffern sind die amerikanischen Beiträge zur Weltbank und zu den anderen Organisationen der multilateralen Hilfe nicht berücksichtigt. Diese Beiträge machen allerdings, auch wenn sie in den letzten Jahren gestiegen sind, während des gesamten Zeitraums keine zehn Prozent der gesamten amerikanischen Hilfe aus.

Wenden wir uns also einer anderen, ideologisch neutralen Analyse, der von Robert E. Asher zu. (3) Ich möchte vier Perioden unterscheiden. Die erste umfaßt die Jahre 1946—1948 und ist die Periode der Unterstützung für die vom Krieg heimgesuchten Länder: Der Gesamtbetrag der Wirtschaftshilfe beläuft sich auf 14 044 Millionen Dollar (davon 45 Prozent als verlorene Zuschüsse); auf die Entwicklungsländer entfallen davon 3 052 Millionen Dollar. Die Aufteilung erklärt sich mit den Bedürfnissen Europas und Japans unmittelbar nach der Katastrophe. Die gesamte Wirtschaftshilfe während der zweiten, der Periode des Marshallplans (1949—1952) betrug 19 541 Millionen Dollar (davon 82 Prozent als verlorene Zuschüsse); der Anteil der unterentwickelten Länder betrug 4 601 Millionen Dollar (73 Prozent als verlorene Zuschüsse). Die dritte (1953—1961) und vierte (1963—1968) Periode unterscheiden sich durch den Namen des jeweils vom Kongreß beschlossenen Gesetzes (*Mutual Security Act* und *Foreign Assistance Act*). Während dieser beiden Perioden ging der Hauptanteil der Hilfe in die Entwicklungsländer: 23 991 von 27 404 und 31 685 von 33 138 Millionen Dollar. Der Anteil der Zuschüsse ging jedoch von 82 Prozent während der Marshallplan-Periode auf 66 Prozent während der Periode 1953—1961 und auf 46 Prozent während der Periode 1962—1968 zurück. Der Gesamtbetrag der Zuschüsse an die unterentwickelten Länder fiel von 11 572 Millionen Dollar während der Periode 1953—1961 auf 7 290 Millionen Dollar während der Periode 1962—1968. Im Laufe des Jahres 1968 vergab die *Agency for International Development* (AID) Kredite in Höhe von 929 und Zuschüsse von 963 Millionen Dollar (659 Millionen ohne Berücksichtigung Vietnams). Der Anteil der Zuschüsse an der Hilfe der AID fiel in den Jahren 1966—1968 auf unter 40 Prozent.

Von der gesamten Auslandshilfe entfiel während der Periode 1953—1961 auf die Zuschüsse und Kredite der AID und der ihr voraufgegangenen Institutionen mehr als die Hälfte (13 053 — Vietnam ausgenommen — von 23 991 Millionen Dollar); das Food for Freedom-Programm — Spenden von Nahrungsmittelüberschüssen — erhielt 5 542 Millionen Dollar. In der folgenden Periode umfaßte es 9 772 Millionen Dollar, gegenüber 13 700 Millionen an Zuschüssen und Darlehen der AID. Ein wachsender Anteil der während der sechziger Jahre gewährten Kredite gehörte zur Kategorie der ›tied loans‹, der gebundenen Darlehen, die nur in den Vereinigten Staaten ausgegeben werden durften. Andererseits stieg der amerikanische Beitrag zu den internationalen Organisationen auf 1 869 Millionen Dollar während der letzten Periode, gegenüber 189 Millionen Dollar während der vorangegangenen Periode. Mitte 1969 erreichte die von der Weltbank-Gruppe an die unterentwickelten Länder geleistete Hilfe den gleichen Umfang wie die der AID (bzw. ihrer Vorgänger). Schließlich war es Vietnam, das von allen Ländern mit 400 Millionen Dollar den größten Anteil vom Budget der AID (1 892 Millionen Dollar) erhielt. Die Entwicklungshilfe war von der Außenpolitik der Vereinigten Staaten nicht zu trennen.

Der absolute Umfang der amerikanischen Hilfe (die Spenden von landwirtschaftlichen Überschüssen mitgerechnet oder nicht) überstieg bei weitem die Hilfe aller übrigen Länder, die in keinem Fall einen Jahresbetrag von 1 Milliarde Dollar erreichten. Der Anteil der amerikanischen Hilfe am Sozialprodukt lag im Jahre 1968 unter 0,5 Prozent.

Es soll hier keine Anklage gegen die Vereinigten Staaten erhoben und auch kein moralisches Urteil über diesen Aspekt ihres auswärtigen Verhaltens gefällt werden. Es sei lediglich festgehalten, daß die entwickelten Länder — Japan und Europa — den größeren Teil der amerikanischen Großzügigkeit (oder auch der Geschenke, mit denen die Amerikaner ihre Partner bereichert haben, ohne selbst ärmer zu werden) empfangen haben. Entgegen einer verbreiteten Auffassung war die Sicherung der entwickelten Länder für die Wirtschaft und die Diplomatie Amerikas wichtiger als die Sicherung der Dritten Welt. Des weiteren ist festzuhalten, daß das wirtschaftliche Hilfsprogramm im Laufe der Jahre immer enger an strategische und politische Erwägungen geknüpft und immer weniger von den eigenen Bedürfnissen der betreffenden Länder bestimmt wurde. Schließlich sei noch festgehalten, daß der absolute Umfang und der Anteil der Wirtschaftshilfe am Sozialprodukt zurückgegangen ist und daß der Anteil der Spenden an der gesamten Hilfe gleichfalls gesunken ist. Schließen wir das mit der scheinbar ironischen Bemerkung ab, daß die Vereinigten Staaten, um nicht den Fehler der Zeit nach dem ersten Weltkrieg zu wiederholen, zur Zeit des Marshallplans lieber Spenden als Darlehen gegeben haben. In einem gewissen Sinne haben die Europäer diese Spenden dadurch zurückgezahlt, daß sie sich bereiterklärten, Yen und Mark auszuleihen, die von den Zentralbanken in nicht konvertierbare Dollars konvertiert wurden. Diesmal gab es zwischen Europäern und Amerikanern keinen Streit über die Schulden, sondern über das internationale Währungssystem und die Nichtkonvertierbarkeit des Dollar. Der Dritten Welt fällt dagegen die Aufgabe zu, für die als Hilfe gewährten Darlehen Zinsen zu zahlen bzw. den Hauptbetrag zurückzuzahlen und die für die Repatriierung der Profite aus Direktinvestitionen amerikanischer Firmen nötigen Devisen aufzutreiben. Insofern werden AID-Kredite und direkte Investitionen einander merkwürdig ähnlich, da *beide* nach Auffassung der einen der amerikanischen Hilfe, nach Auffassung der anderen der Expansion des amerikanischen Kapitalismus zuzuschreiben sind. Wenn ein unterentwickeltes Land in einem Jahr von einer Internationalen Organisation einen Kredit oder von einem Großunternehmen eine direkte Investition erhält, muß es im nächsten und in den folgenden Jahren Devisen verdienen, damit es Zinsen zahlen und das Darlehen amortisieren bzw. einen Teil der Gewinne, die von der Niederlassung des ausländischen Unternehmens erwirtschaftet werden, überweisen kann. Makroökonomisch betrachtet, können die nötigen Devisen theoretisch auf direkte oder indirekte Weise durch die zusätzliche Expansion beschafft werden, die durch den Kapitalzustrom von außen ausgelöst wurde. In vielen Ländern blieb jedoch während des letzten Vierteljahrhunderts ein solcher Kompensationsmechanismus eher unwirksam, und zwar aus mehreren Gründen, die zugleich das Wachstum, das durch das Auslandskapital in Gang gebracht werden sollte, bremsten und die Beschaffung von Devisen erschwerten.

Die unterentwickelten Länder exportieren in erster Linie Primärerzeugnisse und Rohstoffe. Nun hat sich aber der internationale Handel auf dem Gebiet der Fertigerzeugnisse rascher entwickelt als auf dem Gebiet der Nahrungsmittel und Rohstoffe. Der Umfang der Ausfuhr von Fertigerzeugnissen ist, wenn man 1963 = 100 setzt, von 28 im Jahre 1938 auf 136 im Jahre 1966 gestiegen. Die entsprechenden Indexziffern für Nahrungsmittel und Rohstoffe betrugen 61 und 113. (4) Seit dem zweiten Weltkrieg hat sich der internationale Handel alle zehn Jahre um über 100 Prozent erweitert. Zwischen 1954 und 1959 stieg er von 54 auf 95 Milliarden Dollar; zehn Jahre später hatte er 272 Milliarden Dollar erreicht. Während aber die Ausfuhren der entwickelten Länder um über 200 Prozent wuchsen, nahmen die Exporte der Entwicklungsländer lediglich um 100 Prozent zu. Ihr Anteil am Welthandel ging von 30 auf 20 Prozent zurück. (5) Um noch einige weitere Zahlen aus dem statistischen Monatsbulletin der Vereinten Nationen vom März 1971 zu nennen: Auf der Basis von 1963 = 100 stand der Index der Weltausfuhr im zweiten Quartal 1970 bei 184 und der Mengenindex für Fertigerzeugnisse, der während des ganzen Jahres 1970 bei 201 gelegen hatte, bei 210.

Ein Vergleich der Preisindizes für den Zeitraum 1960—1970 gibt keinen eindeutigen Aufschluß über die Entwicklung des Handels. 1970 betrug der Preisindex (1963 = 100) für Nahrungsmittel, landwirtschaftliche Erzeugnisse außer Nahrungsmitteln und Mineralien zusammengenommen 107. Allerdings bestanden zwischen den einzelnen Erzeugnissen beträchtliche Unterschiede: Der Index von 1970 betrug für Tee, Kaffee und Kakao 138, für Getreide 99, für Fette und pflanzliche Öle 109, für sämtliche Textilerzeugnisse 84, für Wolle und Baumwolle 64, und für Metallerze 122. Der durchschnittliche Preisindex für sämtliche Fertigerzeugnisse lag 1970 bei 117, und das bedeutete, daß sich die *terms of trade* für Exporteure von Getreide, Fetten, Wolle und Baumwolle, nicht aber für die Exporteure von Metallerzen oder von Tee, Kaffee und Kakao verschlechtert hatten.

Muß man von einer langfristigen Verschlechterung der *terms of trade* zwischen Exporteuren von Primärerzeugnissen und Exporteuren von Fertigerzeugnissen ausgehen? Der statistische Beweis hängt davon ab, welches Jahr man als Basisjahr wählt. Magdoff hat aufgrund von Unterlagen für die zweite Sitzung der UN-Konferenz für Handel und Entwicklung, die 1968 in New Delhi stattfand, errechnet, daß der Kaufkraftverlust infolge schlechterer *terms of trade* (bezogen auf den Durchschnitt der Jahre 1953—1957) 36,5 Prozent der 1961 erhaltenen Hilfe (1 824 Millionen Dollar) ausmacht und für das Jahr 1962 40 Prozent, für 1963 35,7 Prozent, für 1964 34,1 Prozent, für 1965 40,1 Prozent und für 1966 42,8 Prozent beträgt. Langfristig unterliegen die *terms of trade* entgegengesetzten Einflüssen: Trotz einer insgesamt gestiegenen Industrieproduktion müssen Einsparungen beim Rohstoffverbrauch in einigen Fällen zu einer verringerten Nachfrage nach Rohstoffen führen. Fortschritte in der Landwirtschaft der entwickelten Länder verringern deren Einfuhren von bestimmten Primärerzeugnissen (Zucker, Tabak). Synthetische Erzeugnisse drücken auf den Preis textiler Rohstoffe (Baumwolle, Wolle). Umgekehrt kann die Industrialisierung der Dritten Welt dazu zwingen, weniger reichhaltige Vorkommen auszubeuten und die Preise bestimmter Bodenschätze steigen zu lassen.

Wie sich die *terms of trade* aber auch immer langfristig entwickeln mögen — die Länder, welche ihre Devisen durch die Ausfuhr einiger weniger Rohstoffe verdienen, unterliegen den Auswirkungen der Konjunktur in den entwickelten Ländern und besonders in den Vereinigten Staaten. Heftige Kursschwankungen können von einem Jahr zum anderen einen massiven Preiseinbruch bei Kupfer oder Blei und infolgedessen ein Defizit in der Zahlungsbilanz des Ausfuhrlandes herbeiführen, für das dieses Land keineswegs verantwortlich ist. Jedenfalls sind die Länder, welche Primärerzeugnisse ausführen, ganz zu Recht davon überzeugt, daß sie bei einer Fortsetzung der bisherigen Entwicklung am schlechtesten abschneiden und daß nur solche Länder, die den im Ausland verkauften Waren eine beträchtliche Menge Arbeit hinzusetzen, eine echte Entwicklungschance haben.

Eine Verarbeitung der Rohstoffe an Ort und Stelle, d. h. in den Ländern der Dritten Welt, wird im allgemeinen durch die Zolltarife der entwickelten Länder nicht begünstigt. Eine protektionistische Wirkung im Sinne der verarbeitenden Industrie etwa in den Vereinigten Staaten ist bereits dann erreicht, wenn die unverarbeiteten Rohstoffe zollfrei eingeführt werden können und nach dem ersten Bearbeitungsvorgang mit einem sei es auch nur geringen Zoll belegt werden. Sind es Niederlassungen von multinationalen Unternehmen, welche die Bergwerke betreiben, dann hängt die Entscheidung, ob an Ort und Stelle verarbeitet oder Rohstoff importiert wird, nicht nur vom Zolltarif, sondern auch von der allgemeinen Strategie des Unternehmens ab, einer Strategie, deren Zielsetzung nicht unbedingt mit dem nationalen Interesse des Landes zusammenfällt, in dem die Niederlassung arbeitet.

Muß man jede Erschließung von Bodenschätzen durch ausländisches Kapital (oder auch ›Ausbeutung‹ in dem neutralen Sinne, in dem man sagt, ein Kohlevorkommen werde ausgebeutet oder nicht ausgebeutet) mit der ›Ausbeutung‹ im marxistischen Sinne gleichsetzen? Wenn man bei isolierter Betrachtung eines Einzelfalles unterstellt, daß das einheimische Kapital in Abwesenheit des Auslandskapitals das Vorkommen mit der gleichen Effizienz ›ausgebeutet‹ hätte, dann bedeutet natürlich das Auftreten des Auslandskapitals eine Einschränkung des Nationaleinkommens. Hätte jedoch das einheimische Kapital die gleiche Fähigkeit und die gleiche Initiative besessen wie das fremde Kapital, dann hätte dieses sich nicht etablieren können. Selbst wenn wir unterstellen, daß das einheimische Kapital in der Lage ist, sich eines bestimmten Vorkommens anzunehmen, so bleibt immer noch offen, ob die übrige Wirtschaft sich ohne fremdes Kapital im gleichen Sinne entwickeln würde.

Ebenso fern von der Wirklichkeit erscheint mir die theoretische Rechtfertigung ausländischer Investitionen. Das ausländische Kapital, so heißt es, ergänze jeweils das im Lande verfügbare Kapital und pflege direkt oder indirekt für die Entstehung einer solchen Produktion zu sorgen, die bei ihrem Absatz im Ausland entweder Importe ersetzt oder Devisen hereinbringt, die für die Zinsenzahlung oder die Repatriierung von Profiten erforderlich sind. Diese makroökonomische Ausgleichswirkung tritt jedoch nur in einem günstigen Rahmen ein, wenn die direkte Investition in Dollar oder Deutsche Mark den gesamten Anlagewert oder die Arbeitsproduktivität des Empfängerlandes hebt.

Ohne politische oder historische Bedeutung ist nach meiner Meinung eine jede Theorie, welche ausländische Investitionen in der Dritten Welt als solche verurteilt oder rechtfertigt, da die Wirkung solcher Investitionen in hohem Maße von dem Empfängerland und von der Strategie der Investoren abhängig ist. Ob Profite transferiert oder nicht transferiert werden, ist kein hinreichendes Kriterium. Daß ein Teil der Profite repatriiert wird, ist unvermeidlich. Auf der anderen Seite würde sich auch die Reinvestition der gesamten Profite an Ort und Stelle der Kritik der ›Paramarxisten‹ aussetzen. Wäre deren Folge nicht eine unbegrenzte Wertzunahme des Anlagekapitals — anstelle einer unbegrenzt wachsenden Schuldenlast, die sowohl aus dem Zinstransfer als auch aus der Amortisation entstünde? Unterstellen wir einen jährlichen Zustrom von 1 000 Dollar zu einem Zins von 5 Prozent und mit einer Rückzahlungsfrist von 20 Jahren, d. h. mit 5 Prozent jährlicher Tilgung. Nach 20 Jahren würde sich der Schuldendienst auf 1 525 Dollar belaufen (525 Dollar Zinsen und 1 000 Dollar Tilgung), während der jährliche Zufluß definitionsgemäß bei 1 000 Dollar bleiben würde. Mit diesem von Magdoff entlehnten, künstlichen und sinnlosen Beispiel will ich lediglich demonstrieren, welches Risiko Auslandskredite enthalten können.

Die Pessimisten in Europa sehen am Horizont eine ins Ausland verlagerte amerikanische Wirtschaft heraufziehen, die als zweitstärkste Industriemacht der Welt die alten Nationen

Europas mit ihrem Gewicht erdrückt. Beobachter der Dritten Welt stellen ihrerseits fest, daß der Schuldendienst bzw. der Gewinntransfer bereits einen großen Teil des — als Hilfe oder Investitionen — den Entwicklungsländern zufließenden Kapitals absorbiert. Im Grenzfall würden Zinsen, Tilgung und Profite die gesamte und mehr als die gesamte Hilfe absorbieren. Keine dieser beiden katastrophalen Projektionen ist unvorstellbar, und keine ist bisher bewiesen. Alles hängt davon ab, wie das Empfängerland auf den Kapitalzufluß von außen reagiert — ob das Kapital die Entwicklung der schwachen Wirtschaft in Gang bringt oder die Vorherrschaft der starken Wirtschaft verstärkt.

Der Zustrom amerikanischen Kapitals schafft einstweilen für Europa keine Zahlungsbilanzprobleme, aber er trägt zu einem Defizit der amerikanischen Zahlungsbilanz bei, einem Defizit, in dem viele ein subtiles Mittel sehen, von europäischen Unternehmen Besitz zu ergreifen. Andererseits bekommen die meisten Länder der Dritten Welt nicht die nötigen Devisen zusammen, um ihre Schulden zurückzahlen und die neue Hilfe größtenteils für die Entwicklung einsetzen zu können. Während die Europäer eine Überfremdung ihres Industriekapitals befürchten, befürchten die Länder der Dritten Welt die Insolvenz. Da sie keine einheitliche Gruppe darstellen, erscheint es angebracht, bei der weiteren Analyse zwischen den verschiedenen Regionen der Welt zu unterscheiden.

2

Das außenpolitische Wirken der Vereinigten Staaten in der Dritten Welt umfaßt die wirtschaftlichen, politischen und militärischen Entscheidungen des Bundesstaates, die Strategien von Privatfirmen und die weder von den Regierungen noch gar von den Unternehmensleitern gewünschten Folgen des Zusammenstoßes zwischen ganz verschiedenartigen Gesellschaftssystemen und zwischen ungleichmäßig entwickelten oder industrialisierten Volkswirtschaften. Zu der ersten Kategorie der staatlichen Entscheidungen gehört sowohl der Sturz der Regierung Arbenz in Guatemala, die progressiver Tendenzen verdächtigt wurde, als auch die Erweiterung oder Einschränkung der amerikanischen Hilfe an Brasilien in Abhängigkeit von den jeweiligen Machthabern (Einschränkung, als Goulart Präsident war, Erweiterung nach dessen Sturz). Zur zweiten Kategorie gehört die massive Einschränkung des amerikanischen Kapitalstroms nach Lateinamerika, da die Entscheidungen von den Unternehmen und nicht von der Bundesregierung getroffen wurden. Zur dritten Kategorie gehört die Abwanderung der Intelligenz, da die Entscheidungen von den einzelnen getroffen wurden, die allerdings oft von den Unternehmen und gelegentlich von der amerikanischen Bundesregierung dazu ermuntert wurden.

Beginnen wir mit Afrika. Dazu wollen wir auch Ägypten und die nordafrikanischen Länder zählen. Die amerikanische Afrikadiplomatie wird an einigen wichtigen Ereignissen deutlich: der Weigerung, den Assuan-Staudamm zu finanzieren, die zur Nationalisierung des Suezkanals führte, der Haltung zum Algerienkrieg und der über die Vereinten Nationen erfolgten Intervention im Kongo, durch die eine Einflußnahme der Sowjetunion bzw. der Zerfall der Einheit des Landes verhindert werden sollte.

Die Strategie von John Foster Dulles in den Jahren 1955—1956 gehörte noch zur Hauptphase des Kalten Krieges und der Eindämmungspolitik. Bis zum Tode Stalins verurteilten die sowjetische Propaganda und sogar die sowjetische Diplomatie die Konzeption der Neutralität und der Bündnisfreiheit, wie sie ein Nehru predigte und praktizierte. Einen gewissen Platz in ihrem Denksystem und ihrer Weltsicht räumten seit 1955 Stalins Nacholger den nationalen Bourgeoisien und den neuen Staaten ein, die sich zwar nicht der sozialistischen Welt anschlossen, aber auch nicht mehr zum Lager des Imperialismus gehörten und vorübergehend eine notwendige Aufgabe erfüllten. Tatsächlich knüpfte die sowjetische Diplomatie an eine alte Tradition der Bolschewiki an. Lenin hatte nicht gezögert, ein Abkommen mit Atatürk zu schließen, obwohl dieser die Kommunisten verfolgte. Die Rückkehr zum althergebrachten Realismus belegten die Abkommen, aufgrund deren der Kreml 1955 Waffen an Nasser verkaufte, obwohl dieser die ägyptischen Kommunisten nicht gerade sanft behandelte. Dulles persönlich hätte wahrscheinlich trotz allem der Finanzierung des Assuandamms zugestimmt, doch die laue Haltung des Präsidenten und die Ablehnung des Kongresses, der die Verwendung der nach dem *Mutual Security Act* dafür vorgesehenen Mittel für das ägyptische Projekt untersagte, bewogen ihn zu der überraschenden und kränkenden Absage, auf die Nasser mit einem noch spektakuläreren Schritt reagierte. Seit dieser Zeit drängte die Dialektik des israelisch-ägyptischen Konflikts Nasser unerbittlich in Richtung Moskau, während die Vereinigten Staaten zu Verbündeten Israels wurden. Heute sind die Ägypter über die militärische Präsenz der Sowjets (6) aufgebracht, und Washington hat die Hoffnung nicht aufgegeben, wieder zu normalen Beziehungen mit Kairo zu kommen. Tatsache ist jedoch, daß die Sowjetunion zwischen 1955 und 1972 wegen der Krisen von 1956, 1967 und 1970 zu Militärstützpunkten in Ägypten, Syrien und im Jemen und zu einem Abkommen mit dem Irak gelangt ist. Die Eindämmung war nicht sonderlich erfolgreich, denn der Kommunismus hat sich zwar nicht ausgebreitet, dafür aber der sowjetische Einfluß.

Während der ganzen Dauer des Algerienkrieges zeigte die amerikanische Öffentlichkeit soviel Verständnis und Sympathie für die Sache der Aufständischen, daß die französische Öffentlichkeit befremdet war, während die Verantwortlichen in Washington allzu viel Rücksicht auf französische Empfindlichkeiten nahmen, um die Revolutionäre der Dritten Welt völlig zufriedenzustellen. In dieser Hinsicht müssen Kennedy und Johnson eigentlich die Fünfte der Vierten Republik vorgezogen haben, da General de Gaulle schließlich eine Algerienpolitik betrieb, die dem Antikolonialismus der Amerikaner entsprach, auch wenn er zugleich eine strenge Entschlossenheit bekundete, gegenüber den Vereinigten Staaten unabhängig zu bleiben, die zwar eine verbündete Macht waren, aber in seinen Augen doch stärker, als es der Welt und ihm selbst guttat.

Die Kongokrise fällt in die aktivistische Phase der amerikanischen Diplomatie und bleibt eine einmalige Episode des Kalten Krieges in Afrika und eines ambitiösen Unternehmens der Vereinten Nationen. Der Generalsekretär ließ dabei das Leben, und die Organisation ihre Illusionen. Auf Dag Hammarskjöld folgte ein birmanischer Diplomat, dem das Charisma und die Entschlossenheit des Schweden abgingen. Letzten Endes aber erreichte die amerikanische Diplomatie ihre Ziele. Das

Land fand zu seiner Einheit zurück, und die progressiven Führer, die Freischärler und die Sezession Katangas verschwanden, ohne sichtbare Spuren zu hinterlassen. Nach dem Tode der ersten Führer Lumumba, Gizenga, Tschombé und Kasawubu fiel die Macht an einen ehemaligen Unteroffizier (Mobutu), der sie seit Jahren ausübt, gestützt auf eine Armee, bei deren Ausbildung und Unterhalt die Amerikaner ihm helfen.

Keiner der zahllosen Staatsstreiche in diesem oder jenem Staat südlich der Sahara hat in den folgenden Jahren die Verantwortlichen in Washington beunruhigen können. Sie unterstützten die Einheit Nigerias, obwohl die Zentralregierung Waffen von den Sowjets erhalten hatte. Die französische Diplomatie dagegen hat, ohne bis zur Anerkennung zu gehen, für Biafra Partei ergriffen und vermutlich Waffenlieferungen begünstigt — Beispiel einer Rivalität zwischen westlichen Ländern, bei der es möglicherweise um Erdöl und Bohrkonzessionen ging. Offensichtlich läßt es die amerikanischen Diplomaten gleichgültig (oder nahezu gleichgültig), wenn die eine oder andere dieser Republiken sich der Rhetorik — übrigens weniger der Realität — des Marxismus-Leninismus zuwendet.

Die Investitionen im gesamten Bereich Afrikas (ausschließlich Südafrikas und einschließlich der Vereinigten Arabischen Republik) beliefen sich Ende 1970 auf 2 012 Millionen Dollar, von denen auf Libyen 1 009 Millionen Dollar und auf Liberia 200 Millionen Dollar entfielen, so daß für alle übrigen Länder Nordafrikas und Schwarzafrikas rund 800 Millionen Dollar übrigblieben. Die Summe der repatriierten Gewinne belief sich auf 119 Millionen Dollar (dabei sind Lybien und Liberia, die beiden hauptsächlichen Empfänger amerikanischen Kapitals, ausgenommen). Die amerikanische Diplomatie wollte ihre Bemühungen und ihre Hilfe auf die größeren Staaten Kongo-Kinshasa (Zaire) und Nigeria konzentrieren. Sie war jedoch nicht bereit, mit Südafrika zu brechen, und sie beteiligte sich, allerdings ohne Enthusiasmus, an den von den Vereinten Nationen beschlossenen Sanktionen gegen Rhodesien. Progressive oder marxistische afrikanische Führer greifen die Vereinigten Staaten als eine Bastion des Weltimperialismus an; wenn sie sich mit dem Neokolonialismus anlegen, stoßen sie dagegen häufiger auf Frankreich und Großbritannien. ›Afrika hat einen schlechten Start gehabt‹, schrieb René Dumont, einer der hervorragendsten Landwirtschaftsexperten der Welt. Worauf ein anderer Beobachter noch pessimistischer erwiderte: ›Kann Afrika überhaupt in Gang kommen?‹ Jedenfalls scheint die amerikanische Diplomatie weder für die Unterentwicklung noch für das schleppende Entwicklungstempo verantwortlich zu sein. Seit der Kongokrise überlassen die Großmächte, abgesehen davon, daß sie einige Rohstoffvorkommen ›ausbeuten‹, die Afrikaner gern sich selbst. Ein Gegenstück zur Allianz für den Fortschritt hat es nicht gegeben. Eine Zielscheibe für die Kritik der ›Paramarxisten‹ bietet die amerikanische Diplomatie besonders gegenüber Lateinamerika.

Zunächst ist innerhalb Lateinamerikas zwischen zwei Zonen zu unterscheiden: Dem karibischen Raum zusammen mit Mittelamerika auf der einen und dem übrigen Lateinamerika auf der anderen Seite. Die Geschichte der Beziehungen zwischen dem Koloß im Norden und den Zwergen Mittelamerikas oder den Nationen Südamerikas kann hier nicht einmal in Umrissen wiedergegeben werden; es sei lediglich daran erinnert, daß seit der Zeit der Gründerväter, seit Jefferson und John Quincy Adams die Führer der Vereinigten Staaten stets eine besondere Verantwortung in der ersten Zone für sich beansprucht oder sich zuerkannt haben. In der zweiten Zone haben sie nicht die gleichen Methoden angewandt, und überwiegend haben sie ihr auch nicht die gleiche Aufmerksamkeit gewidmet.

Zwischen 1898 und dem Regierungsantritt Franklin D. Roosevelts, der die Politik der guten Nachbarschaft verkündete, haben die Verantwortlichen der Vereinigten Staaten ohne Zögern und ohne Hemmungen zur Kanonenboot-Diplomatie gegriffen, der sie sogar gesetzlichen Ausdruck gaben in dem berühmten Platt-Amendment, das im Jahre 1909 in die Verfassung Kubas aufgenommen wurde, als die Insel von amerikanischen Truppen besetzt war; dieses Amendment gab den Vereinigten Staaten im Falle längerer wirtschaftlicher und politischer Wirren ein Recht zur Intervention. (Dafür aber kam den kubanischen Exporten in die Vereinigten Staaten eine Verminderung des normalen Zolltarifs von 25 Prozent zugute.) Die Vereinigten Staaten haben sich mehrfach auf das Platt-Amendment berufen, um ihre *Marines* zu entsenden: im Jahre 1900 (die Besetzung dauerte drei Jahre), auf Verlangen von Präsident Estrada Palma, und erneut in den Jahren 1917 und 1920. Von 1925 bis 1933 haben sie mit dem diktatorischen Regime Machados zusammengearbeitet. Erst Roosevelt ließ 1934 das Platt-Amendment, einen typischen Ausdruck von begrenzter Souveränität, durch den amerikanischen Kongreß aufheben.

In Kolumbien, ebenfalls in der Zone der mittelamerikanischen Staaten gelegen, zettelten die Vereinigten Staaten mit subversiven Methoden, die seither gebräuchlich geworden sind, einen Aufstand gegen die Regierung an und schufen so den Staat Panama (1903), von dem sie die Ermächtigung erhielten, den Kanal zu bauen und eine ständige Schutztruppe zu unterhalten. Entsprechend der Tradition des vorigen Jahrhunderts — zuerst erobern und anschließend kaufen — zahlten die Vereinigten Staaten im Jahre 1921 an Kolumbien eine Entschädigung von 21 Millionen Dollar.

Auch in Nicaragua bedienten sich die Vereinigten Staaten subversiver Methoden, um Präsident Zulaya im Jahre 1909 zu stürzen und durch einen proamerikanischen Präsidenten, durch Diaz, zu ersetzen, der zwei Jahre später nach amerikanischen Truppen rief, um mit den Rebellen fertig zu werden. Aufgrund der Besetzung, die bis 1925 dauerte, erlangte die amerikanische Diplomatie strategische Vorteile und einen Militärstützpunkt. Erst 1934 zogen die amerikanischen Truppen endgültig ab, unter Roosevelts Politik der guten Nachbarschaft. Besetzt wurden auch Santo Domingo von 1916 bis 1924 und Haiti von 1915 bis 1933. Es sei hinzugefügt, daß die Dominikanische Republik zwischen 1844 und 1916 43 Präsidenten und 39 Staatsstreiche erlebt hatte. Als eine reine Wohltat wird man jene Unabhängigkeit, welche die Herrschaft von Präsident Duvalier und seiner ›tontons macoutes‹ ermöglichte, kaum betrachten können; der amerikanischen Diplomatie ist jedoch alles recht, solange es nicht zu einer Regierung führt, die den Vereinigten Staaten ablehnend gegenübersteht und einer auswärtigen Macht Gelegenheit zur Einmischung bietet.

Die Diplomatie der Vereinigten Staaten gegenüber dieser Zone läßt sich nicht ohne weiteres aus ökonomischen Motiven ableiten. Weder die Dominikanische Republik noch Nicaragua, Panama oder Haiti besitzen reiche Bodenschätze oder sind als Handelspartner von Bedeutung. Ein amerikanischer Autor (7) hat sogar festgestellt, daß der Handel zwischen den Vereinigten Staaten und den besetzten Ländern sich nicht stärker erweiterte als der Handel mit den übrigen Ländern Lateinamerikas. Es ist durchaus möglich, daß die Besatzung dem Handel gelegentlich geschadet hat.

Die Kanonenboot-Diplomatie der Jahre 1898 bis 1934 stimmt mit ähnlichen Praktiken überein, welche die europäischen Mächte im Bedarfsfalle nicht verschmähten. Die Verantwortlichen der Vereinigten Staaten haben sich in stärkerem Maße solcher diplomatischen Methoden bedient, weil ihnen — nach einer offensiven Auslegung der Monroe-Doktrin — das gesamte Gebiet gewissermaßen gehörte; wie Theodore Roosevelt sagte, hatten die Vereinigten Staaten ›the exercise of an international police power on the hemisphere‹ wahrzunehmen. Die Monroe-Doktrin, die den europäischen Staaten die Einmischung in die Angelegenheiten der kurz zuvor unabhängig gewordenen Staaten untersagte, verwandelte sich in ein Recht der Vereinigten Staaten, dort zu intervenieren, um auswärtigen Staaten jede Gelegenheit zur Einmischung zu verwehren.

Selbst Woodrow Wilson ließ sich noch 1917 dazu herbei, ein Expeditionskorps nach Mexiko zu entsenden, das er allerdings rasch wieder zurückziehen konnte. Übrigens beruhte dieser kurze Feldzug keineswegs auf dem Wunsch, in Mexiko eine autoritäre Regierung durchzusetzen, sondern ergab sich aus einem Wechselspiel von Aktion und Reaktion. Tatsächlich hatte Wilson sich geweigert, den mexikanischen Präsidenten Victoriano Huerta anzuerkennen, der nicht durch Wahlen und durch eine gewählte Nationalversammlung an die Macht gekommen war. Gleichwohl ließ Wilson am 22. April 1914 die mexikanische Stadt Vera Cruz besetzen, nachdem die verlangte Entschuldigung für die Verhaftung einiger amerikanischer Seeleute ausgeblieben war. Zwei Jahre später entsandte er eine Strafexpedition gegen Pancho Villa, einen Bandenführer, der sich gegen Präsident Carranzo erhoben hatte, einen Anhänger verfassungsmäßiger Methoden und strengen Nationalisten. Die von General Pershing geführte Strafexpedition hätte beinahe einen allgemeinen Krieg zwischen Mexiko und den Vereinigten

Staaten ausgelöst. Die pazifistische Bewegung in den Vereinigten Staaten, die Einschaltung anderer lateinamerikanischer Staaten und die Sorge um die europäischen Angelegenheiten verhinderten schließlich, daß es zum äußersten kam. Im Januar 1917 beschloß Wilson, das Expeditionskorps zurückzuziehen; im März erkannte er die Regierung Carranza an und erlangte gewisse Garantien für amerikanische Investitionen.

Erst unter Franklin D. Roosevelt wurde das militärische Nichteingreifen zum Prinzip erhoben. Der Präsident des New Deal lehnte es ab, in Kuba zu intervenieren, als sein Schützling Machado durch einen Staatsstreich gestürzt wurde; auch in Mexiko schritt er nicht ein, als amerikanische Erdölfirmen verstaatlicht wurden. Unterdessen schloß Cordell Hull Handelsverträge ab, die den Austausch mit allen lateinamerikanischen Ländern fördern sollten. Die amerikanischen Truppen zogen 1933 aus Nicaragua, 1934 aus Kuba und 1940 aus Haiti und Santo Domingo ab.

Die Diplomatie der Vereinigten Staaten gegenüber den oben erwähnten Zonen Lateinamerikas seit 1945 muß im Rahmen einer kontinuierlichen Tradition gesehen werden. Die größeren Länder Südamerikas — Argentinien, Brasilien, Chile und Peru — waren von dem nordamerikanischen Koloß niemals in ähnlicher Weise behandelt worden wie die kleinen Länder des karibischen und mittelamerikanischen Raumes, und da sie mit der Amerikanischen Republik keine gemeinsame Grenze haben, blieben ihnen auch Mexikos Erfahrungen erspart. Sowohl kulturell als auch im Handel besaßen sie bis zum Zweiten Weltkrieg engere Bindungen an den Alten Kontinent als an die Neue Welt. Es ist dem Krieg zuzuschreiben, wenn die Vereinigten Staaten im Austausch für moralische Unterstützung und strategische Vorteile jene Produkte kauften, die Europa nicht mehr kaufen konnte. Was die Organisation der amerikanischen Staaten (OAS) betrifft, so fügt sie sich in die allgemeine Konzeption eines Netzwerkes von Bündnissen ein, dessen ausdrückliche Aufgabe es ist, die Sicherheit aller Mitglieder zu garantieren und eine kommunistische Aggression und Infiltration zu verhindern; allerdings sehen einige Mitglieder der OAS in ihr ein Instrument der Herrschaft oder der Hegemonie der Yankee-Republik, die im Verhältnis zu ihren Partnern über eine derartige Stärke verfügt, daß dadurch das Gleichheitsprinzip verletzt oder seine Anwendung ausgeschlossen wird.

Der Fall Lateinamerika ist aus einer Reihe von Gründen von exemplarischer Bedeutung. Zunächst ist kein Land der Karibik oder Südamerikas durch eine militärische Aggression von außen bedroht; damit gewinnt die Monroe-Doktrin eine offensive Bedeutung, indem sie die Errichtung eines Regimes untersagt, das sich auf Ideen eines außerhalb der westlichen Hemisphäre gelegenen Staates beruft, ausgehend von der Hypothese, daß ein solches Regime nur durch Infiltration oder Subversion entstehen kann. So entsteht die Gefahr, daß die Vereinigten Staaten ungeachtet ihrer Ideologie und möglicherweise im Gegensatz zu ihrem erklärten Willen in die Praxis der begrenzten Souveränität zurückverfallen. Obwohl eine Invasion der westlichen Hemisphäre durch eine auswärtige Großmacht ausgeschlossen ist, schließen die Vereinigten Staaten immer mehr gegenseitige militärische Beistandspakte ab, so daß — gewollt oder ungewollt — die Möglichkeit entsteht, daß sie auf die Innenpolitik aller betroffenen Staaten einen konservativen oder konterrevolutionären Einfluß ausüben. Als wichtigster Kapitallieferant provozieren sie nationalistische Reaktionen gegen die Überfremdung des nationalen Reichtums. Wie stark die yankeefeindlichen Gefühle sind, wurde schlagartig sichtbar, als Vizepräsident Nixon gegen Ende der zweiten Amtszeit Eisenhowers eine Rundreise durch Lateinamerika unternahm. Zehn Jahre später, als Nixon, mittlerweile Präsident geworden, nach dem Scheitern der Allianz für den Fortschritt Nelson Rockefeller auf eine Studienreise schickte, waren diese Gefühle unvermindert stark. Verdienen die Vereinigten Staaten ihre Unpopularität durch das, was sie *tun*, oder durch das, was sie *sind*? Durch ihre absichtliche Diplomatie oder durch das Verhalten der großen Firmen?

Blickt man auf den gesamten Zeitraum von der Unabhängigkeit der lateinamerikanischen Staaten bis zum Ende des zweiten Weltkrieges zurück und versetzt man sich in Gedanken in das Jahr 1945, so ist eigentlich kaum einzusehen, warum die Vereinigten Staaten für die relative Unterentwicklung der westlichen Hemisphäre verantwortlich gemacht werden sollten. Die karibische und mittelamerikanische Zone einmal ausgenommen, ging es der Diplomatie der Amerikanischen Republik um den Handel und um Investitionsmöglichkeiten. Sie hat in der Innenpolitik der betreffenden Staaten keine aktive Rolle gespielt und nicht den Freihandel erzwungen, der die Industrialisierung behinderte und die meisten Länder auf die Rolle von Rohstofflieferanten festlegte. Wenn die Vereinigten Staaten Brasilien, Argentinien oder Chile nicht zur Industrialisierung ermuntert haben, so haben sie sie auch nicht daran gehindert, und sie haben es unterlassen, sich durch subversive Methoden willfährige Regime zu schaffen. Übrigens hat es vor 1945 niemand als eine Pflicht der entwickelten Staaten betrachtet, bei der Entwicklung zu helfen. Die Staaten oder Firmen, die Kapital im Ausland anlegten, taten das im Hinblick auf Profite oder strategische Vorteile und machten keinen Hehl daraus.

Die yankeefeindlichen Gefühle, welche die Lateinamerikaner bereits vor einem Vierteljahrhundert empfanden, beruhen zum Teil auf dem Kontrast zwischen der Entwicklung, welche die Vereinigten Staaten während des 19. Jahrhunderts genommen hatten, und dem Rückstand, in den Lateinamerika während dieser Zeit verfiel. Sie erklären sich weiterhin aus dem Gegensatz zwischen den Kulturen und Wertvorstellungen der Hispano-Amerikaner und der Anglo-Amerikaner. Liefert aber das letzte Vierteljahrhundert Begründungen für die Anklagepunkte?

3

Die Lateinamerikaner tragen dreierlei Beschwerdepunkte gegen die Vereinigten Staaten vor. Beschwerden *kultureller* Natur: Die amerikanische Zivilisation durchdringt unbemerkt ihre Gesellschaft, die eine ganz andere Tradition besitzt, und korrumpiert oder zerstört deren Werte. Beschwerden *ökonomischer* Natur: Die Amerikaner ›plündern‹ die natürlichen Ressourcen, an denen oft amerikanische Firmen das Eigentum erwerben, um die aus ihrer Ausbeutung stammenden Gewinne einzubehalten. Beschwerden *politischer* Natur: Die amerikanische Bundesregierung, die Militärhilfe-Missionen und die Konzerne mischen sich in die inneren Angelegenheiten der Staaten ein, um Männer und Parteien zu fördern oder sich willfährig zu machen, die angeblich der Sache der ›freien Welt‹, in Wirklichkeit aber der Sache der Vereinigten Staaten ergeben bzw. in deren Sinne bestochen sind.

Lassen wir die kulturellen Beschwerdegründe beiseite, so bedeutend sie auch in Lateinamerika wie in der übrigen Welt sein mögen, denn dieses Thema würde allein ein ganzes Buch erfordern. Die Intellektuellen und die traditionell privilegierten Schichten hassen, wenn auch aus entgegengesetzten Gründen, den Einfluß einer Zivilisation, die von sich behauptet, dem ›common man‹ zu dienen, und die den Leistungskult verbreitet. Moralisch und langfristig auch politisch fühlen sich die Großgrundbesitzer gerade durch die Macht verurteilt, der sie ihren Schutz verdanken und mit deren Hilfe sie ihre Herrschaft verlängern. Die Intellektuellen, an der europäischen Kultur orientiert, in ihrem Nationalstolz gedemütigt und allzu zahlreich, als daß jeder die begehrten Prestigepositionen erreichen könnte, schreiben das Überleben einer unwürdigen Herrschaftskaste allein den Yankees zu; die Herrschenden im Lande machen gemeinsame Sache mit dem weltweit herrschenden Staat; dabei verraten die ersteren ihr Vaterland und der letztere seine Ideale, nur um zusammen den gemeinsamen Despotismus aufrechtzuerhalten.

Wir kommen damit zu den ökonomischen und politischen Beschwerdegründen, die in gleicher Form überall in der Welt geäußert werden: Ausbeutung der Reichtümer anderer Völker durch direkte Auslandsinvestitionen; ›brain drain‹ oder Verminderung der ›grauen Masse‹, d. h. Auswanderung einer großen Zahl von Wissenschaftlern und Technikern in die Vereinigten Staaten; Einmischung in die inneren Angelegenheiten seitens der Leiter amerikanischer Niederlassungen, ja sogar der amerikanischen Muttergesellschaften selbst. Wir wollen auf diese Untersuchungs- bzw. Streitpunkte nicht erschöpfend eingehen, sondern lediglich unter besonderer Berücksichtigung Lateinamerikas einige knappe Angaben machen.

Es ist acht oder neun Jahre her, daß man in Europa viel von dem ›brain drain‹, von dem Verlust hörte und las, der den Ländern entsteht, welche die Ausbildung von qualifizierten Arbeitskräften bezahlen, ohne durch entsprechende Arbeitsleistungen dafür entschädigt zu werden. Tatsächlich schien es, als würden die armen bzw. die nicht so reichen Länder zugunsten des reichsten Landes der Welt die Ausbildung der Ärzte, Ingenieure, Physiker und Chemiker übernehmen. Zwei Tatsachen scheinen die öffentliche Meinung aufgeschreckt und die Auseinandersetzungen ausgelöst zu haben. Da ist zunächst der Sonderfall der von den Industrieländern, insbesondere von Großbritannien und den Vereinigten Staaten angezogenen Ärzte. In England sollten es 4 000, in Amerika rund 20 000 sein. (8) Der gleichen Quelle zufolge sollten alljährlich 1 400 im Ausland ausgebildete Ärzte (darunter nur 300 bis 400 Amerikaner) eine Praxiszulassung erhalten. Ständig wurde darauf hingewiesen, daß es mehr indische Ärzte in Großbritannien als englische Ärzte in Indien gibt. Kam diese Abwanderung der Intelligenz nicht einer Hilfe des Armen für den Reichen gleich, auch wenn dieser die englischen Ärzte in seinen eigenen Universitäten und auf seine Kosten ausgebildet hatte?

Diese Wanderung ist auf eine Art von Pumpensystem zurückzuführen, das eine Ansaug- und eine Abstoßwirkung hat. Der amerikanische Ärzteverband (American Medical Assoziation) betrieb eine bewußt malthusianistische Politik und beschränkte die Zahl der amerikanischen Medizinstudenten (von den Universitäten wurden während der sechziger Jahre etwa 8 000 jährlich ausgebildet); so entstand ein Vakuum, das die Ärzte aus den Entwicklungsländern bereitwillig ausfüllten, und zwar nicht nur aus dem Wunsch nach einem höheren Einkommen oder nach angenehmeren Daseinsbedingungen. Der in westlichen Verfahren ausgebildete Arzt findet in seinem Heimatland nicht immer die technischen und sozialen Bedingungen vor, die es ihm gestatten würden, seinen Beruf in der erlernten Weise auszuüben. Von anderen, die sich zwar nicht für die ›Intelligenzflucht‹ einsetzen, aber doch dagegen plädieren, diesen Substanzverlust zu dramatisieren, wird eher die Abstoßungswirkung hervorgehoben. Gelegentlich deuten sie sogar an, die Abwanderer hätten sich ohnehin nicht auf dem Lande niedergelassen, wo der Mangel herrscht, sondern in den Städten, wo es an nichts fehlt. Unabhängig davon, ob man die Verantwortung dafür dem Land zuschreibt, das diese Abwanderung veranlaßt, oder dem Land, das sie anzieht — man kann kaum umhin, darin *zumindest in bestimmten Fällen* eine für die Nation beklagenswerte Konsequenz der persönlichen Freiheit zu sehen. Im Jahre 1964 sollen in den Vereinigten Staaten 3 773 Ärzte lateinamerikanischer Herkunft gezählt worden sein, darunter ein außergewöhnlich großer Anteil von 1 300 Kubanern — eine Zahl von historischer oder symbolischer Bedeutung. Die Castro-Revolution hat Kuba einen bedeutenden Teil seiner gebildeten Schicht gekostet. Einige Jahre später veranlaßte ein militärischer Staatsstreich in Argentinien Hunderte von Professoren zur Auswanderung in die Vereinigten Staaten und dezimierte so den Lehrkörper einiger der besten argentinischen Universitäten. In diesem Falle kam die Abstoßungswirkung zur Geltung.

Die zweite Tatsache, durch welche die öffentliche Auseinandersetzung ausgelöst wurde, war die Verabschiedung eines Gesetzes im Jahre 1965. Mit diesem Gesetz wurden die Bedingungen für die Einwanderung in die Vereinigten Staaten geändert; einige, an die geographische Herkunft geknüpfte Einschränkungen wurden aufgehoben, und für Personen, die in den freien Berufen und in Kunst und Wissenschaft über besondere Fähigkeiten verfügten, wurde die Zulassung erleichtert. Im Ausland und besonders in Europa glaubte man, das werde eine gesteigerte Auswanderung nach sich ziehen. Tatsächlich kam es einige Jahre später durch die Einschränkung des NASA-Budgets und die Krise der Universitäten zur Arbeitslosigkeit unter Wissenschaftlern und Technikern. Man kann davon ausgehen, daß es in einigen Fällen zu einer Wanderung in umgekehrter Richtung bzw. zu einer Rückkehr der Emigranten in ihr Heimatland kommt.

Auch die Europäer profitieren von dieser Wanderung. Großbritannien und Kanada nehmen qualifizierte Arbeitskräfte aus den Entwicklungsländern auf; gelegentlich dienen sie als Durchgangsstation; einen Teil der Fachkräfte, die sie aus Indien oder Malaysia aufnehmen, geben sie an die Vereinigten Staaten weiter. Unter den entwickelten Ländern Europas leidet Frankreich im Verhältnis zu seiner Bevölkerungszahl am wenigsten unter dem ›brain drain‹ (die absoluten Zahlen entsprechen in etwa denen Griechenlands); von den Studenten aus Afrika, die hier ihre Ausbildung beschließen, bleiben einige im Lande.

Dieses Phänomen — wie immer man es auch beurteilen mag — ist in erster Linie auf die Begegnung zwischen verschiedenartigen, auf unterschiedlichen Entwicklungsstufen stehenden Gesellschaften zurückzuführen. Zu der Anziehungskraft, die von der führenden Wirtschaftsmacht mit den meisten und am besten ausgestatteten Laboratorien und den vielfältigsten Beschäftigungsmöglichkeiten ausgeht, kommen von Zeit zu Zeit noch die Anwerbungsversuche einiger amerikanischer Firmen hinzu. Die Vereinigten Staaten werden für Ingenieure und Wissenschaftler aus dem Ausland nicht ihre Pforten schließen, und nicht immer können andere Länder etwas dagegen tun, daß ihre jungen Leute vom Studium in Großbritannien, in den Vereinigten Staaten oder in Frankreich nicht zurückkehren, und nicht immer können sie die Abwanderung von Ärzten, Ingenieuren oder Technikern verhindern, die mehr noch als nach höheren Einkünften nach besseren Arbeits- und Lebensbedingungen streben.

Von der gesamten wissenschaftlichen und technischen Intelligenz, welche die Vereinigten Staaten aus der übrigen Welt aufnimmt, stellt Lateinamerika einigen Statistiken zufolge zehn Prozent. Einige ausgewählte Zahlen sind nicht ganz ohne Interesse. Während der Jahre 1962—1966 nahmen die Vereinigten Staaten und Kanada aus den nachstehend angeführten Ländern die folgenden Zahlen an qualifizierten Arbeitskräften auf: aus Costa Rica 774, aus Mexiko 3 005, aus Peru 1 137, aus Venezuela 402, aus Brasilien 1 475, aus Chile 833, aus Kolumbien 3 572, aus Ecuador 1 495 und aus Paraguay 1 122. Ich entnehme diese Zahlen einem Artikel von S. Watanabe in *International Labor Review* vom April 1969. (9) Die tatsächliche Bedeutung der Ziffern hängt natürlich von den Bedürfnissen der Länder ab, denen die Emigranten entstammen, und von dem Vorrat an qualifizierten Arbeitskräften, dem sie entzogen werden. Statistiker haben deshalb einen Index errechnet (Harbison-Myers), der die Fähigkeit eines Landes mißt, qualifizierte Arbeitskräfte hervorzubringen. Dieser unvermeidlich vergröbernde Index besteht in der arithmetischen Summe aus 1. dem Prozentsatz der Jugendlichen zwischen 15 und 19 Jahren, die sich im sekundären Ausbildungsbereich befinden, und 2. dem Prozentsatz der Erwachsenen, die sich einer höheren Ausbildung unterziehen, multipliziert mit dem gewichtenden Koeffizienten 5. (10) Die Qualität der qualifizierten Arbeitskräfte und die Qualität derer, die fortgehen, bzw. derer, die bleiben, kann mit diesem Index selbstverständlich nicht festgestellt werden. Während er für die entwickelten Länder bei 50 bis 60 liegt, kann man wohl annehmen, daß die Entwicklungsländer mit einem Index von 20 bis 30 über die nötigen qualifizierten Arbeitskräfte für ihre wirtschaftliche Entwicklung verfügen. Nun erreicht dieser Index bei mehreren lateinamerikanischen Ländern einen verhältnismäßig hohen Stand. Wenn wir zu der Liste der oben angeführten Länder zurückkehren, so beträgt er bei Costa Rica 47,3, Mexiko 33,0, Argentinien 82,0, Peru 30,2, Uruguay 69,8, Venezuela 47,7, Brasilien 21, Chile 51,2, Kolumbien 22,6, Ecuador 24,4 und bei Paraguay 22,7.

Dieser Index macht uns auf die, wie mir scheint, kaum bestrittene Tatsache aufmerksam, daß die meisten Länder Lateinamerikas (Brasilien ausgenommen) mehr Graduierte ausbilden, als sie in den deren Wünschen entsprechenden Berufen beschäftigen können. Muß man daraus schließen — wie es der indische Ökonom Deena R. Khatkhate in einem Artikel in *Finances et développement* (März 1970) tut —, daß die Auswanderung des Graduiertenüberschusses eine Art von Sicherheitsventil darstellt, den Druck der arbeitssuchenden Absolventen vermindert und die Elastizität des Arbeitsmarktes erhöht? Um diese Frage zu beantworten, müßte man mehr darüber wissen, wie die Auswanderung sich zusammensetzt und welchen Fächern die überschüssigen Absolventen entstammen.

Belassen wir es bei zwei Feststellungen, von denen die eine sich auf Lateinamerika als Auswanderungs- und die andere auf die Vereinigten Staaten als Aufnahmeland bezieht. Zusammengenommen bildet Lateinamerika genügend Graduierte aus, um die Auswanderung eines Teils von ihnen ertragen zu können, ohne Schaden zu nehmen — sofern man sich auf die globalen Statistiken beschränkt. Es ist jedoch zu befürchten, daß sich bei einer Aufschlüsselung ein ganz anderes Bild ergibt. Darüber hinaus hat sich durch die Änderung des amerikanischen Einwanderungsgesetzes die geographische Zusammensetzung der qualifizierten Arbeitskräfte, die sich in den Vereinigten Staaten niederlassen, geändert. Von 1949 bis 1957 stieg die Zahl der hochqualifizierten Einwanderer von jährlich 1 369 auf jährlich 6 046. Nach einem vierjährigen Rückgang stieg die Zahl weiter an. Von 6 000 in den Jahren 1963 bis 1965 stieg sie auf 7 205 im Jahre 1966, 12 523 im Jahre 1967, um bis zum 30. Juni 1968 die Höhe von 12 128 zu erreichen. So ist, verglichen mit den ausgehenden fünfziger und beginnenden sechziger Jahren, die Zahl der in die Vereinigten Staaten einreisenden Wissenschaftler und Ingenieure in den ausgehenden sechziger Jahren um 100 Prozent, die der Ärzte um 50 Prozent gestiegen. Die Steigerung ist auf den Zustrom von Asiaten zurückzuführen, deren Zahl von 360 auf 4 160 gestiegen ist; tatsächlich handelt es sich überwiegend um Studenten, die ihre Rechtsstellung aus ›vorübergehenden Besuchern‹ in ›ständige Einwohner‹ verändern konnten. (11) Welche Leistung auch immer diese Emigranten noch für ihr Heimatland erbringen mögen und wie es auch immer um den Überschuß an Graduierten im Verhältnis zum tatsächlichen Bedarf im Lande bestellt sein mag — mir fällt der Schluß schwer, daß ›in der besten aller Welten alles zum besten bestellt ist‹. Ich möchte eher mit der ironischen Feststellung schließen, daß die von den Vereinigten Staaten ausgeübte Anziehungskraft sich in der Stärke des über die ganze Welt verbreiteten Antiamerikanismus offenbart. Nur ein anhaltender Überschuß an qualifizierten Arbeitskräften in den Vereinigten Staaten wird eine Emigration bremsen, die eher der Logik der internationalen Beziehungen als einer menschlich wünschenswerten Verteilung der Talente und der Aufgaben entspricht.

Wenden wir uns den direkten Investitionen der Vereinigten Staaten zu. Welchen Beitrag leisten sie zur Entwicklung? Welchen Einfluß verleihen sie den Investoren auf die Wirtschaft oder die Regierung des Empfängerlandes? Gehen wir nicht auf die Kolportagegeschichten ein, die von den Direktoren der Großunternehmen, beispielsweise der *United Fruit Company* behaupten, sie seien die Herren der kleineren Länder, hätten deren Staatswesen in der Hand, würden Beamte bestechen und korrumpieren und unfreundliche Regierungen stürzen oder Verschwörungen gegen sie anzetteln. Allerdings haben die Führer von ITT in Chile eine Präventivverschwörung gegen die Regierung Allende zumindest erwogen, die dann tatsächlich die Niederlassung des Konzerns verstaatlichte (Präsident Nixon ist aber der Anregung nicht gefolgt). Im großen und ganzen entsprechen die Beziehungen zwischen Regierungen und Konzernfilialen nicht mehr derartigen Vorstellungen, die heute eher der Mythologie als der Wirklichkeit zuzurechnen sind. Natürlich steht der politische und soziale Einfluß der amerikanischen Firmen in einem umgekehrten Verhältnis zur Stabilität des jeweiligen Regimes und zum Zusammenhalt der jeweiligen Nation; er scheint beinahe auf dem ganzen Kontinent zurückzugehen, da jedes beliebige Regime umstandslos an yankeefeindliche Gefühle appellieren kann, um die öffentliche Meinung zu mobilisieren.

Einen der Hauptanklagepunkte liefert der Umfang der Profite und der repatriierten Profite. Allerdings begeben sich Christian Goux und Jean-François Landeau auf ein niedriges Niveau, wenn sie diesen Anklagepunkt in der groben Form ausdrücken, daß sie das Verhältnis zwischen dem Betrag der repatriierten Gewinne und dem Wert der amerikanischen Investition als ›Gangsterrate‹ bezeichnen. Der Nenner in ihrer Bruchrechnung, aus amerikanischen Handelsbilanz-Statistiken entnommen (12), umfaßt lediglich den Buchwert der Investitionen. Wahrscheinlich ist er unterbewertet und so entsteht eine entsprechend überbewertete Verhältniszahl. Sie lag, Lateinamerika und die westliche Hemisphäre zusammengenommen (13), im Jahre 1970 um 10 Prozent, teils zwischen 9 und 10 Prozent, teils darüber. Im Jahre 1970 belief sich der Gesamtwert der Zinsen, Dividenden und Profite, die von amerikanischen Niederlassungen in die Vereinigten Staaten transferiert wurden, auf 1 081 Millionen Dollar, während der Wert der Investitionen sich auf 14 683 Millionen Dollar belief, der Prozentsatz also unter 9 Prozent gefallen war. 1969 war er höher gewesen: Mit 1 277 Millionen repatriierten Dollar bei einem Anlagewert von 13 841 Millionen Dollar lag er bei 9,3 Prozent. Tatsächlich verschleiert der globale Prozentsatz Unterschiede, die sehr viel bedeutsamer sind. Für Mexiko, Panama, die übrigen mittelamerikanischen Republiken, Argentinien,

Brasilien und Kolumbien liegt das Verhältnis zwischen Rücküberweisungen und Buchwert der Investitionen weit unter 9 oder 10 Prozent. In Mexiko liegt es knapp über 5 Prozent (90 gegenüber 1 774 Millionen Dollar), in Argentinien um 8 Prozent (92 gegenüber 1 288 Millionen Dollar), in Brasilien unter 5 Prozent (89 gegenüber 1 834 Millionen Dollar). Die Höhe des globalen Prozentsatzes ist auf den Sonderfall Venezuela zurückzuführen; allerdings wird die wachsende Macht der Organisation erdölexportierender Länder (OPEC) rasch dafür sorgen, daß die Aufteilung der Gewinne zwischen diesen Ländern und den Erdölgesellschaften sich ändert. Es ist auf jeden Fall kein Kennzeichen einer ernsthaften wissenschaftlichen Arbeit, sondern eher einer demagogischen Schmähschrift, wenn das Verhältnis zwischen repatriierten Profiten und Kapitalinvestitionen als ›Gangsterrate‹ bezeichnet wird. Entweder hält man jede ausländische Investition zumindest in einem Entwicklungsland für eine Art von ›Gangstertum‹ oder Neokolonialismus, die den Interessen des Empfängerlandes zuwiderläuft, und das muß man dann ausdrücklich sagen und begründen, wie man sich eine nationale Entwicklung ohne Außenhandel, ja sogar ohne Beteiligung am Weltmarkt vorstellt; oder man gibt zu, daß die ausländischen Investitionen, die mehrheitlich, aber nicht sämtlich amerikanische Investitionen sind, zum Wachstum des Empfängerlandes beitragen oder beitragen können, auch wenn sie an sich eine Einschränkung der Profite (oder des Mehrwertes) des unterentwickelten Landes durch das entwickelte Land darstellen, und in diesem Falle ist die Repatriierung eines Teils der Profite ein integrierender Bestandteil des Systems.

Wie schon gesagt, löst sowohl die Repatriierung als auch die Nicht-Repatriierung Proteste aus. Der Buchwert der amerikanischen Investitionen in der westlichen Hemisphäre stieg zwischen 1960 und 1970 von 9 271 Millionen Dollar auf 14 683 Millionen Dollar. Die Summe der repatriierten Profite liegt damit für diesen Zeitraum weit über dem Nettokapitalabfluß. Für die acht Jahre von 1963 bis 1970 beläuft sich der gesamte Nettokapitalabfluß aus den Vereinigten Staaten auf 2 833 Millionen Dollar, während der Gesamtbetrag der Zinsen, Dividenden und repatriierten Gewinne sich auf 8 841 Millionen Dollar beläuft.

Dieser Vergleich taucht derart häufig in allen lateinamerikanischen Anklagen gegen die Vereinigten Staaten auf, daß Professor Charles Kindleberger ausdrücklich auf eine Tendenz der Lateinamerikaner hinweist, dem Schuldendienst für nicht abbezahlte Investitionen den neuen Kapitalzufluß gegenüberzustellen. Wenn die Neuinvestition unter den Schuldendienst sinkt, behaupten die Lateinamerikaner, die ausländischen Investoren holten mehr aus Lateinamerika heraus, als sie hineinstecken. Das heißt, daß sie damit einverstanden wären, wenn die Dividenden ständig reinvestiert würden — ein Bereicherungsverfahren, gegen das Australien und Frau Penrose Einwände erheben. (14) Darauf könnte man erwidern, daß Australien mit seiner bereits diversifizierten Wirtschaft lediglich eine Überfremdung des nationalen Kapitals befürchtet, während Lateinamerika mit seiner noch kaum industrialisierten Wirtschaftsstruktur zu Recht die Auswirkungen des Gewinntransfers auf seine Zahlungsbilanz befürchtet.

Wie dem auch sei — Kindleberger findet die lateinamerikanischen Überlegungen ›absolut unannehmbar‹. Die repatriierten Zinsen, Dividenden und Profite müßten nicht mit der neuen Nettoinvestition, sondern mit der Bruttoinvestition verglichen werden. Die der Tilgung entsprechenden Summen könnten repatriiert werden und müßten als Äquivalent einer neuen Investition gelten. Was die ökonomische Analyse betrifft, so neige ich zu der Auffassung Kindlebergers, doch kommt mir die ganze Kontroverse höchst akademisch vor. Auf den folgenden Seiten seines Buches kommt Kindleberger auf den entscheidenden Punkt zu sprechen: Jedes Darlehen ermöglicht eine erhöhte Gesamtproduktivität, durch welche die Schuld zurückgezahlt werden kann. ›Der lateinamerikanische Vergleich ist nur dann sinnvoll, wenn die bisherigen Investitionen unproduktiv genutzt wurden oder wenn die erzielte Produktivität nicht von einer entsprechenden Umverteilung der Produktionsfaktoren begleitet war, die es ermöglicht, Exportgüter zu produzieren oder durch Exporte soviel zu erwirtschaften, daß die für den Schuldendienst benötigten Devisen zur Verfügung stehen.‹ Er räumt ein, daß ›das sehr wohl der Fall sein kann‹, daß es aber bei den Investitionen im venezolanischen Erdöl nicht der Fall sei. Diesem Beispiel, das einer optimistischen Auffassung entgegenkommt, lassen sich unschwer andere Beispiele von entgegengesetzter Tendenz gegenüberstellen.

Die Bemühungen von unterentwickelten und gelegentlich sogar von entwickelten Ländern um die Anziehung von amerikanischem Kapital beweisen, daß entweder die Regierenden an ihren Ländern Verrat begehen oder daß diese zumindest kurzfristig gewisse Vorteile daraus ziehen. (15) Die letztere Annahme ist der ersteren vorzuziehen, auch wenn ein unmittelbarer und auf einen bestimmten Industriezweig beschränkter Vorteil nicht unbedingt einen langfristigen umfassenden Vorteil impliziert. Die Verantwortung dafür, daß der branchengebundene und unmittelbare Vorteil nicht räumlich und zeitlich weitergegeben wurde, läßt sich ohne weiteres dem Empfängerland und seiner Regierung aufladen. Allerdings werden in derartigen Überlegungen, die in der abstrakten ökonomischen Analyse angebracht sein mögen, die vielfältigen Beziehungen zwischen ausländischem Anleger, Entwicklungsstrategie, gesellschaftlicher Kräfteverteilung und staatlicher Politik nicht berücksichtigt.

Die Wirklichkeit der einzelnen Länder findet annäherungsweise in unterschiedlichen sozioökonomischen Modellen ihren Ausdruck. Nehmen wir als Beispiel Brasilien, indem wir uns auf eine Arbeit des brasilianischen Ökonomen Celso Furtado stützen. (16) Es geht hier nicht darum, seine Argumentation im einzelnen wiederzugeben oder diesem Land exemplarische Bedeutung beizumessen, sondern lediglich um ein Beispiel dafür, wie der Übergang von der ökonomischen Analyse zur soziopolitischen Analyse vollzogen werden kann. Der amerikanische Ökonom Kindleberger begnügt sich mit der Feststellung, daß ›das sehr wohl der Fall sein kann‹, daß nämlich die durch ausländische Investitionen bewirkte Produktivitätssteigerung nicht unbedingt zu einer solchen Erweiterung und Umverteilung der Produktionsfaktoren führt, die den Erwerb der nötigen Devisen ermöglicht. Ein Ökonom, der sich zugleich als Soziologe oder Historiker versteht, wird sich bemühen, das Wechselspiel der sozialen und politischen Variablen zu erfassen, die diesen Vorgang behindern oder lähmen.

Celso Furtado hebt, wenn man seine These — auch auf die Gefahr hin, sie zu einer Karikatur ihrer selbst zu machen — aufs wesentliche reduziert, die beiden folgenden Punkte hervor: Es war die Aufgabe der einheimischen Industrie, Einfuhren zu ersetzen; diese Form der Industrialisierung kommt tendenziell von selbst zum Stillstand, wenn aufgrund der ungleichmäßigen Einkommensverteilung die Kaufkraft nicht mehr ausreicht. Die Industrialisierung Brasiliens hat zwei Phasen raschen Fortschritts erlebt, eine, in der die Konsumgüterindustrie wuchs (deren bevorzugtes Beispiel die Textilindustrie ist), und eine, in der die dauerhafte Gebrauchs- und Investitionsgüterindustrie wuchs. Nun war aber keiner dieser Industriebereiche auf den Export orientiert, so daß der Prozeß tendenziell zum Stillstand kam, sobald der Binnenmarkt gesättigt war. (17)

Im Falle Brasiliens wirkten ökonomische und soziale Ursachen zusammen. In der Landwirtschaft gibt es nebeneinander zwei Sektoren: einen von Großgrundbesitzern beherrschten vorkapitalistischen Sektor mit einem unbegrenzten Angebot an Arbeitskräften und Land, und einen Exportsektor (Kaffee) mit fortgeschrittener Technik, der einen Teil des Arbeitskräfteangebots aufnimmt und dessen Prosperität von der auswärtigen Nachfrage abhängt. Als diese Nachfrage in der Krise von 1929 zusammenbrach, versuchte die auf die privilegierten Schichten gestützte politische Führung, die Einkommen der Exporteure zu erhalten, was ihr nur dadurch gelang, daß sie einen großen Teil des überschüssigen Kaffeeangebots vernichtete. Die sinkenden Exporterlöse veranlaßten sie, eine nicht wettbewerbsfähige Ersatzindustrie zu fördern, die sie anschließend durch protektionistische Wechselkursmanipulationen und Zolltarife am Leben halten mußte. In den fünfziger Jahren wiederholte sich der gleiche Prozeß bei den dauerhaften Konsumgütern (Autos) und den Investitionsgütern. Celso Furtado glaubte, der Prozeß sei erneut in Gefahr, zum Stillstand zu kommen. In den vierziger Jahren hatte die durchschnittliche jährliche Zuwachsrate der Industrieproduktion über sieben Prozent gelegen, in der folgenden Dekade lag sie bei annähernd 9 Prozent, und zwischen 1956 und 1961 überstieg sie 11 Prozent. Dagegen fiel sie zwischen 1962 und 1968 auf unter 2 Prozent. (18) Allerdings hat sich in den Jahren 1968—1972 das industrielle Wachstum erneut beschleunigt. Furtado erklärt diese Erholung mit erhöhten öffentlichen Investitionen und mit der Diversifikation der Exporte, ist aber (bzw. war, als er sein Buch beendete) der Ansicht, daß die für die selbsttätige Lähmung des Wachstums verantwortlichen strukturellen Faktoren im Grunde weiter existieren und nach dem Ende der gegenwärtigen Phase erneut wirksam werden.

Nach Ansicht Furtados ist die Ursache der verlangsamten Entwicklung in Brasilien in der Verteilung der Gesamt-Nachfrage (19), mit anderen Worten, in der Aufteilung des Nationaleinkommens zu suchen. Von dieser Verteilung hängt es ab, für welche Güter eine erhöhte Nachfrage entsteht, wenn das Nationaleinkommen wächst. Die bestehende Nachfragekurve ist aber ein Ergebnis sowohl der traditionellen Landwirtschaftsstruktur als auch der spezifischen Ausprägung der Industrie, die unter staatlichem Schutz auf die Substitution von Importen ausgerichtet ist. Die Folgen dieser beiden inneren Ursachen werden noch durch ausländische Gesellschaften verschärft. Wenn sie die Hindernisse überwinden soll, die der Entwicklung und der Ausbreitung ihrer Segnungen im Wege stehen, muß die Industrie sich in den Export einschalten.

Inwiefern ist die Beteiligung ausländischer Gesellschaften an der Industrialisierung für strukturelle Verzerrungen der brasilianischen Wirtschaft verantwortlich, die den Wachstumsprozeß tendenziell lahmlegen und die Verbreitung des technischen Fortschritts hemmen? Aufgrund der Darstellung Furtados scheint es mir, daß die Behörden dafür im gleichen Maße verantwortlich sind wie die ausländischen Gesellschaften. Sie haben in Lateinamerika in der Tat hauptsächlich für die einheimischen Märkte produziert. Die mit amerikanischem Kapital in Lateinamerika errichteten Fertigwarenindustrien setzten auf dem Binnenmarkt 92,5 Prozent ihrer Produktion ab und exportieren nur 1,8 Prozent in die Vereinigten Staaten und 5,7 Prozent in andere Länder. (20) Die im Rahmen der Gesamtstrategie der Firmen rationalen Entscheidungen entsprachen nicht unbedingt dem nationalen Interesse der Empfängerländer, doch haben diese nicht eine auf den Export ausgerichtete Industrialisierung erwogen oder angestrebt, und die entstehenden Industrien, ob in nationalem oder ausländischem Besitz, haben sie durch Wechselkursmanipulationen, durch Inflation und Subventionen geschützt und der Konkurrenz entzogen. Sie haben ihnen ermöglicht, nicht konkurrenzfähige Preise zu fordern, und sie damit vom Weltmarkt ausgeschlossen.

Eine Industrialisierung durch Niederlassungen ausländischer Firmen ist überall mit wohlbekannten Nachteilen verbunden. Zu diesen Nachteilen gehören eine Tendenz, die neueste Technologie einzuführen, also ein Verhältnis zwischen Kapital und Arbeit zu übernehmen, das der Situation der entwickelten, nicht aber der Entwicklungsländer entspricht; dazu gehört die Verlagerung der Entscheidungsgewalt auf Stellen, die sich außerhalb des betreffenden Landes befinden und von einer Gesamtstrategie ausgehen, die für das Unternehmen rational sein mag, nicht aber für jede Niederlassung des Unternehmens und noch viel weniger für jedes Land rational sein muß, in dem sich eine Niederlassung befindet. Diesen landläufigen Anklagen fügt Furtado eine weitere, zugleich ökonomische und politische Beschwerde hinzu. Großunternehmen erfüllen, auch wenn sie offiziell privatrechtlich organisiert sind, tatsächlich eine öffentliche Funktion. Furtado nimmt die von John Kenneth Galbraith verbreitete These auf, daß die von den Firmen festgesetzten Preise nichts mehr mit dem Markt zu tun haben und in der Weise berechnet werden, daß auf die Gestehungskosten eine als normal betrachtete Gewinnspanne aufgeschlagen wird; eine solche Entscheidungsgewalt hält Furtado für politisch unannehmbar, und er hält die Aneignung des Profits der Niederlassungen durch den Konzern selbst dann und gerade dann für ungerecht, wenn dieser Profit reinvestiert wird. ›Durch den Mechanismus der Selbstfinanzierung sind die Unternehmen imstande, sich einen bedeutenden Teil des im Lande geschaffenen Reichtums anzueignen. Damit entsteht ein doppeltes Problem: Die Entnationalisierung des sich im Lande anhäufenden Kapitals und die Zersetzung des nationalen Entscheidungssystems.‹ (21)

Somit ist in Lateinamerika, was nach Ansicht des amerikanischen Ökonomen ›der Fall sein kann‹, nach Ansicht des brasilianischen Ökonomen tatsächlich der Fall. Die Kapitalakkumulation durch Selbstfinanzierung führt zur Entnationalisierung des nationalen Kapitals. Der Kapitaldienst für ausländische Investitionen verschlingt einen wachsenden Teil der durch Exporte erlösten Devisen: 49,7 Prozent in Brasilien, 44,3 Prozent in Mexiko, 43,3 Prozent in Chile (Zahlen von 1967). (22) Wenn man Kindlebergers ökonomische Analyse mit Furtados ökonomisch-soziopolitischer Analyse konfrontiert, fällt der Übergang von der ökonomischen zur politischen Anklage leichter. Die eigentliche Anklage enthält drei Punkte und stützt sich sowohl auf ökonomische als auch auf politische Argumente. Vor allem weisen die direkten Investitionen großer Firmen in Lateinamerika (23) die meisten Nachteile und nur einige der Vorteile auf, die ihnen im allgemeinen zugeschrieben werden. Investitionen im primären Sektor wirken nicht als Wachstumsauslöser, und aus Furcht vor der Nationalisierung bemühen sich die Firmen, in kürzester Zeit größtmögliche Profite zu kassieren, selbst wenn sie damit die Zukunft aufs Spiel setzen. Die Differenz zwischen Nettokapitalzufuhr und Gewinntransfer weist auf die Gefahr des Systems hin, daß der Zustrom ausländischen Kapitals aufhören kann, bevor die betreffende Volkswirtschaft jene Schwelle erreicht hat, von der ab das Wachstum sich selbsttätig fortsetzt. In der Fertigwarenindustrie besteht die Gefahr, daß die Niederlassungen ausländischer Firmen, weit davon entfernt, ihr Wissen und ihr Knowhow weiterzugeben, einen Teil der einheimischen Führungskräfte dem Lande entziehen. Sie arbeiten für den Binnenmarkt und liefern Produkte, die Importe ersetzen, heben aber die Abhängigkeit dieser Länder vom Weltmarkt nicht auf, solange der Export überwiegend aus einigen primären Erzeugnissen und Rohstoffen besteht. Zum Teil arbeiten diese Niederlassungen für einen begrenzten Markt und produzieren zu hohen Kosten, geschützt durch Zolltarife. Darüber hinaus können und wollen die Leiter der ausländischen Niederlassungen nicht ihren Einfluß zugunsten eines Systems geltend machen, das der Industrialisierung förderlich ist. Die Führungskräfte im Lande sind um so weniger bereit, eine Industrialisierungspolitik zu betreiben, als deren Vorteile allem Anschein nach — zumindest anfangs — ausländischen Firmen zugute kämen. (24)

Anders gesagt, kann das Hauptargument der Verfechter von Auslandsinvestitionen — was würde ohne solche Investitionen geschehen? — sich in sein Gegenteil verkehren, sobald politische Variable und der Einfluß der amerikanischen Firmen auf die einheimische Unternehmerschaft und die Regierenden berücksichtigt werden. Schließlich haben die Ökonomen selbst uns beigebracht, was die Konkurrenz alles vermag und daß wir alle zur Faulheit neigen; unter bestimmten Umständen besteht die Gefahr, daß die Einheimischen andere tun lassen, was sie selbst tun könnten. Die Herausforderung bestünde also gerade in dem Abzug der amerikanischen Firmen.

Nur ein Schritt weiter, und wir sind bei dem zweiten, zentralen Punkt der Anklage: Aus Furcht vor dem Kommunismus neigt die Diplomatie der Vereinigten Staaten dazu, Regierungen an der Macht zu halten, die — ungeachtet der Intentionen der Verantwortlichen in Washington — tatsächlich nicht die Maßnahmen ergreifen werden, die bei der Struktur der lateinamerikanischen Volkswirtschaften erforderlich sind, wenn die Entwicklung beschleunigt werden soll: Steuer- und zollpolitische Maßnahmen, Einkommensumverteilung, Eingriffe in die Agrarstruktur usw. Es ist das Ziel der amerikanischen Diplomatie, sowohl aus politischen Gründen eine Machtergreifung der Kommunisten zu verhindern als auch aus ideologischen oder humanitären Gründen die Entwicklung zu fördern. Selbst wenn wir einräumen, daß die Verantwortlichen in Washington beide Ziele mit der gleichen Aufrichtigkeit und Entschlossenheit anstreben, ist doch, wenn man die Ereignisse verfolgt, kaum zu bestreiten, daß sie das erste Ziel über das zweite stellen und allzu bereitwillig zugeben, daß die Investitionen, die mit Sicherheit eine Quelle von Profiten, aber nur vielleicht ein Anstoß zur Industrialisierung sind, von ihnen begrüßt werden. Auf dieses Argument stützen sich die Kritiker, auch die amerikanischen Kritiker, wenn sie die konterrevolutionäre Rolle angreifen, welche die Vereinigten Staaten heute in Lateinamerika und gelegentlich auch in anderen Teilen der Welt spielen.

Großen Anklang fand zur Zeit des Kalten Krieges ein Artikel des englischen Schriftstellers Denis Brogan über den Mythos der amerikanischen Omnipotenz. Die öffentliche Meinung machte die Demokraten für den ›Verlust‹ Chinas verantwortlich, so als hätten die Vereinigten Staaten es jemals besessen und als sei der Präsident für den Sieg der Kommunisten im Bürgerkrieg verantwortlich. Die Lateinamerikaner und ihre Freunde neigen zu der ganz ähnlichen Anschauung, als übten die Vereinigten Staaten durch vorgeschobene Günstlinge in den wichtigsten Ländern Lateinamerikas eine unumschränkte Herrschaft aus.

Seit fünfundzwanzig Jahren hat die amerikanische Diplomatie (25) gleichmütig despotische und unfähige Regime (beispielweise das Regime Duvalier in Haiti) ertragen, solange sie sich nicht auf den Marxismus-Leninismus beriefen. Dagegen genügte in Santo Domingo die *Möglichkeit* eines Abgleitens in ein sowjetisches Regime, um eine militärische Intervention auszulösen. In Mittelamerika und im karibischen Raum hat vor allen anderen Erwägungen der Antikommunismus das Verhalten der amerikanischen Politiker bestimmt.

Möglicherweise war auch die Diplomatie gegenüber dem übrigen Lateinamerika von den gleichen Prioritäten diktiert, doch gibt es einen gewichtigen Unterschied: Die Entsendung der *Marines* zählte nicht zu den ›üblichen‹ Mitteln der Einflußnahme. Weder Argentinien noch Brasilien oder Chile und Uruguay, ja nicht einmal Venezuela und Kolumbien sind dermaßen von der CIA oder vom amerikanischen Kapital abhängig, daß man den Gang ihrer inneren Auseinandersetzungen ganz einfach dem Koloß im Norden zuschreiben muß. Es stimmt zwar, daß die amerikanische Diplomatie gegenüber Präsident Goulart ihre Abneigung zeigte und sich beeilte, die Militärs, die ihn stürzten, anzuerkennen, doch erklärt sich die Machtergreifung der Armee auch und vor allem aus einem Interessenkonflikt zwischen verschiedenen Fraktionen der privilegierten Klasse, für den es anscheinend keine andere Lösung mehr gab. Perón in Argentinien hat aus seiner feindseligen Einstellung gegenüber den Vereinigten Staaten niemals ein Hehl gemacht. Die ›Institutionell-revolutionäre‹ Partei, die Mexiko seit Jahrzehnten ununterbrochen regiert, trägt einen unversöhnlichen Nationalismus zur Schau. In Chile ist aus freien Wahlen eine Volksfront-Regierung mit kommunistischer Beteiligung hervorgegangen.

Die amerikanische Armee hat seit 25 Jahren zahlreiche lateinamerikanische Offiziere ausgebildet und bildet sie noch immer aus, und seit über einem Jahrzehnt unterweist sie sie in den Geheimnissen der Aufstandsbekämpfung. Die ›Schuld‹ der Amerikaner wächst, sobald man das Verhalten sämtlicher lateinamerikanischer Militärs Washington anrechnet. In Wirklichkeit wird die Rolle der Militärs in Lateinamerika genausowenig ausschließlich von Washington bestimmt wie etwa das Verhalten der Intellektuellen von Moskau, Peking oder Havanna. Es sind vermutlich Offiziere aus dem yankeefeindlichen kleinen und mittleren Bürgertum, die in Peru und in anderen Ländern die Führungsmannschaft eines nationalen Sozialismus oder eines Regimes der Modernisierung stellen werden. In jedem Land sind die örtlichen Bedingungen und die äußeren Einflüsse in unterschiedlichem Maße für die Situation verantwortlich.

Fidel Castro wiederum hat, ohne es zu wollen, jenen Argumente geliefert, welche die Probleme der Unterentwicklung nicht mit Hilfe autoritärer Planung und politischer Despotie lösen wollen. Selbst wenn wir manches der einseitig von den Vereinigten Staaten verhängten Isolierung Kubas zuschreiben (die mit der Ächtung Jugoslawiens nach dem Abfall Titos im Jahre 1948 verglichen werden kann) — der Sozialismus, den Fidel Castro in seinen ersten Gesprächen mit Jean Paul Sartre als einen freiheitlichen Sozialismus darstellte, hat den gleichen Weg eingeschlagen wie der Sozialismus in den osteuropäischen Ländern, nicht unter dem Einfluß Moskaus, sondern aufgrund einer Art von innerer Notwendigkeit. Um die Zuckerproduktion wieder auf den Stand vor der Revolution zu bringen, nimmt Castro zur Militarisierung der Arbeiter, ja sogar der gesamten Bevölkerung Zuflucht.

Castros Führungsmethoden erscheinen um so wahnwitziger, wenn man in Rechnung stellt, daß trotz der amerikanischen Quarantäne die örtlichen Gegebenheiten relativ günstig waren: Es gab keine Überbevölkerung; die landwirtschaftlichen Produktionsmöglichkeiten waren im Hinblick auf die Bevölkerungsgröße mehr als hinreichend; und es gab eine recht zahlreiche Mittelschicht; durch eine Diversifikation der landwirtschaftlichen Erzeugung und die Schaffung einer Leichtindustrie wäre es möglich gewesen, die Lebensbedingungen für alle ohne Zwang zu verbessern. (26)

Das gilt nicht für Lateinamerika insgesamt, das sich industrialisieren muß und will — ein dreiviertel Jahrhundert oder ein Jahrhundert nach Westeuropa. Der Beitrag der Industrie zum Sozialprodukt ganz Lateinamerikas ist vergleichbar mit dem des Vereinigten Königreichs, Frankreichs und Deutschlands vor 80 Jahren (eine Ausnahme macht Argentinien, dessen Industrie mehr als ein Drittel des Sozialprodukts repräsentiert). (27) Die Industrie nimmt nur in geringem Umfang den durch das Bevölkerungswachstum entstehenden Arbeitskräfteüberschuß auf. Der Dienstleistungssektor ist aufgebläht, und Riesenstädte ohne industrielle Arbeitsplätze wuchern wie Krebsgeschwüre. Die sozial und intellektuell am höchsten entwickelten Länder Chile, Uruguay und Argentinien sind zu einem Industrialisierungsversuch nach asiatischem Muster (wie in Hongkong oder Taiwan) — mit Leichtindustrien, die dank hoher Arbeitsproduktivität und niedriger Löhne für den Export arbeiten — nicht imstande; die Arbeiter und die Gewerkschaften widersetzen sich dem, und es fehlt an den entsprechenden einheimischen oder ausländischen Unternehmern. Die Lateinamerikaner haben durchaus recht, wenn sie meinen, das internationale Wirtschaftssystem, dem sie angehören, schaffe keine günstigen Voraussetzungen für ihre Entwicklung. Gelegentlich glauben sie, es sei für sie besser, wenn sie sich aus diesem System herauslösten und sich solche politischen Institutionen gäben, die ein Zwangssparen und eine beschleunigte Industrialisierung durchführen könnten.

Sie täuschen sich nicht, wenn sie es als eine schwierige Aufgabe ansehen, in Ländern, die in sonstiger Hinsicht fortgeschritten sind, den Industrialisierungsrückstand aufzuholen. Sie täuschen sich insofern, als sie nicht sehen, daß die Zuwachsrate ihres Sozialprodukts (28) sich von derjenigen der heute entwickelten Länder, als diese in einem vergleichbaren Entwicklungsstadium waren, kaum unterscheidet, und sie haben unrecht, wenn sie sämtliche Verantwortung auf den Koloß im Norden schieben, statt zu versuchen, sich das Übel (oder das gefährliche Heilmittel gegen das Übel) zunutze zu machen, oder anders gesagt, die amerikanischen Investitionen zu nutzen. Solange die Europäer Kolonialreiche besaßen, haben sich die Amerikaner — Führer wie Öffentlichkeit — auf die Seite der nationalen Befreiungsbewegungen geschlagen, sind sie ihrer Tradition treu geblieben und nicht von ihrer nationalen Ideologie abgewichen. Noch gibt es Südafrika mit seiner Apartheid, noch gibt es Rhodesien, das den Weg der Apartheid beschreitet, noch gibt es die portugiesischen Kolonien, die theoretisch integrierender Bestandteil der lusitanischen Nation sind. Mögen auch diese Enklaven des europäischen Paläo-Imperialismus (29) noch bestehen — heute beherrschen die Vereinigten Staaten die Szene. Dank ihrer Ideologie des ›common man‹, dank ihrer Tradition als der ›first new nation‹, dank ihres Optimismus, dank ihrer Unkenntnis der Vergangenheit, ihres Vertrauens auf die Zukunft versteht sich die amerikanische Nation als Vorhut der Geschichte. Von Alexis de Tocqueville bis zu Jean-François Revel — wenn es gestattet ist, diese beiden Namen in einem Atemzug zu nennen — haben Europäer, die etwas über ihre eigene Zukunft erfahren wollten, den Schlüssel zu ihr jenseits des Atlantik gesucht. Dabei wird die führende Wirtschaftsmacht des kapitalistischen Weltmarktes, der einzige Staat, der der Sowjetunion die Waage zu halten vermag, der Hauptlieferant von Kapital und Technik zur bevorzugten Zielscheibe der ›paramarxistischen‹ Kritik, die sich fragt, ob die amerikanische Diplomatie sich nicht durch den Antikommunismus in den Dienst der Konterrevolution stellt.

Hat nun auch jener Staat, der vor 25 Jahren in der Verteidigung der freien Welt die Führung übernahm, einem berühmten Diktum entsprechend ›in a fit of absentmindedness‹ ein Imperium begründet?

Anmerkungen

1 Ich stütze mich auf die Darstellung von Harry Magdoff, *The Age of Imperialism. The Economics of United States Foreign Policy*, New York 1969, S. 124.

2 ibid., S. 124.

3 Erstveröffentlichung in *Monthly Labor Review*, Band 92, Nr. 11.

4 Das liegt nicht unbedingt und nicht ausschließlich daran, daß durch den technischen Fortschritt weniger Rohstoffe pro Einheit des Fertigerzeugnisses benötigt werden. Vielmehr haben die Liberalisierung des Handels und der Gemeinsame Markt eine bemerkenswerte Expansion des Handels mit Fertigerzeugnissen bewirkt.

5 Jerome Fried, ›How Trade Can Aid‹, in: *Foreign Policy*, Nr. 4, Herbst 1971, S. 53—54.

6 Im Juli 1972 haben sie ihr ein Ende gemacht. Vorübergehend?

7 D. M. Doser, *Are We Good Neighbours? Three Decades of Inter-American Relations*, Gainsville, Florida, 1959.

8 Alain Murcier, in: *Le Monde*, 24. April 1967.

9 Siehe auch Walter Adams, Hrsg., *The Brain Drain*, New York 1968.

10 E. Harbison und C. Myers, *Education, Manpower and Economic Growth: Strategies of Human Resource Development*, New York 1964.

11 Zahlenangaben nach einem Artikel von George W. Baldwin, ›Brain Drain or Overflow‹, *Foreign Affairs*, Januar 1970.

12 *Survey of Current Business*, Bd. 15, Nr. 10, Oktober 1971.

13 In der Statistik werden die Angaben für die 19 Republiken Lateinamerikas und die übrigen Länder der westlichen Hemisphäre gesondert ausgewiesen. Goux und Landeau benützen Zahlen, die sich auf die gesamte westliche Hemisphäre beziehen.

14 Vgl. Charles P. Kindleberger, *Les Investissements des Etats-Unis dans le monde*, Paris 1971, S. 202. (Englische Originalausgabe: *American Business Abroad*, New Haven und London, S. 171.) — Was die Haltung Australiens betrifft, siehe E. T. Penrose, ›Foreign Investment and the Growth of the Firm‹, *Economic Journal*, Band 64, Juni 1956.

15 Daraus folgt nicht, daß ausländische Investitionen die optimale Lösung für die Entwicklung sind.

16 Celso Furtado, *Les Etat-Unis et le sous-développement de l'Amérique latine*, Paris 1970.

17 ibid., S. 155.

18 ibid., S. 183.

19 Die Verteilung sieht folgendermaßen aus:

% d. Bevölkerung	Bevölkerung (in Tausend)	Einkommen pro Kopf (in US-Dollar)	Gesamteinkommen (in Millionen US-Dollar)
50	45 000	130	5 850
40	36 000	350	12 600
9	8 100	880	7 128
1	900	6 500	5 850
100 %	90 000	350	31 428

20 Zahlen des Jahres 1965, nach Magdoff, op. cit., S. 159—162.

21 Furtado, op. cit.

22 Nach Furtado, op. cit., S. 105.

23 Siehe Joseph Grunwald, ›Foreign Private Investment‹, *Virginia Journal of International Law*, Bd. 2, Nr. 2, März 1971; Brookings Institution Reprint 204. Der Artikel ist mit einer Bibliographie versehen.

24 ibid., S. 188.

25 Ich kann nur andeuten, in welche Richtung die nötigen Untersuchungen in dieser Hinsicht zu gehen hätten. Die Probleme sind in jedem Land anders; ich maße mir nicht an, sie alle zu lösen.

26 Das Gros der kubanischen Mittelschicht wählte in den Jahren 1960–1961 die Emigration. Es wäre besser gewesen, wenn man den Weg des demokratischen oder freiheitlichen Sozialismus eingeschlagen hätte.

27 Joseph Grunwald, ›Some Reflections on Latin American Industrialization Policy‹, *Journal of Politival Economy*, Bd. 78, Nr. 4; Brookings Institution Reprint 203, S. 833.

28 Die Zuwachsrate des Sozialprodukts ist zwar von Land zu Land verschieden, liegt aber weit über dem Bevölkerungswachstum; die höchsten Zuwachsraten haben Mexiko und Brasilien, während Argentinien und Uruguay nahezu stagnieren.

29 Vielleicht wird die chinesische Propaganda die Vorstellung verbreiten, die Sowjetunion sei das letzte Paläo-Imperium, ein Imperium, das eine riesige Landfläche bedeckt, eine imperiale Staatsangehörigkeit hat und fremdstämmige Völker umfaßt, die rascher zunehmen als das großrussische Volk.

4. KAPITEL

DIE IMPERIALISTISCHEN WANDLUNGEN

Die Vereinigten Staaten im Jahr 1969 — das heißt: 80 Verträge mit 42 Nationen; 302 bedeutende Militärstützpunkte im Ausland, dazu 2 000 weniger bedeutende Basen — ihre Gesamtfläche ist doppelt so groß wie der Staat Delaware; dreieinhalb Millionen Mann unter den Waffen, von denen ein Drittel im Ausland dient; ein Militärbudget von rund 75 Milliarden Dollar. Die Sechste Flotte sorgt im Mittelmeer für die Sicherheit Israels und vielleicht auch Europas und seiner Erdölversorgung; die Siebte Flotte, zwischen dem Japanischen Meer und dem Golf von Tonkin stationiert, wacht über die Seeherrschaft im Pazifik. Am 38. Breitengrad in der Mitte Koreas und am Potsdamer Platz im Zentrum Berlins halten amerikanische Soldaten Wache. In Westeuropa, seit 20 Jahren wieder eines der prosperierenden Zentren der Welt und ein dynamischer Faktor des kapitalistischen Weltmarktes, sind noch immer 300 000 amerikanische Soldaten mit 7 000 atomaren Sprengköpfen stationiert, um der nuklearen Streitmacht und den konventionellen Streitkräften der Staaten des Warschauer Pakts die Waage zu halten.

Bis zum Jahre 1972 wurden die Streitkräfte von dreieinhalb auf zweieinhalb Millionen Mann verringert (1), und das Militärbudget ist, in Dollars von 1964 gerechnet, von 65,4 Milliarden auf 50,8 Milliarden Dollar zurückgegangen, doch die Strategie — oder, wenn man das vorzieht, die Verteidigungspolitik — der Vereinigten Staaten hat sich nicht grundlegend geändert. Der Verteidigungsbereich scheint die ganze Erde zu umfassen; die militärische Grenze der Vereinigten Staaten liegt im Jahre 1972 noch immer bei den Demarkationslinien, die im Jahre 1945 in Europa und in Korea (Änderung 1953) und im Jahre 1954 in Vietnam festgelegt wurden. Mit ihren multilateralen Bündnissen (SEATO und ANZUS in Südostasien und dem Nordatlantikpakt), mit ihren zweiseitigen Sicherheitsverträgen (Japan, Philippinen, Taiwan), mit ihren Organisationen unter amerikanischem Oberbefehl (NATO) und ihren Hilfsprogrammen für Lateinamerika spielen die Vereinigten Staaten eine weltweite Rolle, die sich offenkundig von der Diplomatie eines Staates ›wie alle anderen‹ oder eines Nationalstaates unterscheidet. Amerikanische Militärstützpunkte sind über die ganze Welt verstreut, amerikanisches Kapital hat sich sowohl in den reichen Ländern Europas als auch in den armen Ländern Asiens und Afrikas ausgebreitet; angesichts dieser Expansion, die in mancher Hinsicht beispiellos ist, auch wenn sie die maritime und monetäre Vorherrschaft Großbritanniens im letzten Jahrhundert ablöst, fallen einem nahezu unausweichlich alte, mit Anklängen von Ruhm und Ressentiment behaftete Ausdrücke ein: ›Imperium‹, ›imperial‹ und ›Imperialismus‹. Bisher habe ich diese Ausdrücke soweit wie möglich vermieden, weil ich sie zunächst definieren möchte, bevor ich sie verwende.

I

Im landläufigen Sprachgebrauch hat das Wort ›Imperium‹ zwei Bedeutungen, eine abstrakte und eine konkrete, die beide wiederum Nuancen und Mehrdeutigkeiten enthalten.

›Imperium‹ bezeichnet entweder die Oberhoheit oder die historische Entität, innerhalb derer eine solche Oberhoheit ausgeübt wird oder die diese Oberhoheit nach außen hin ausübt. Napoleon trat das ›Empire‹, die Kaiserherrschaft an, und Frankreich, nun nicht mehr republikanisch, sondern kaiserlich (imperial) durch die Verfassung, die er ihm gab, unterwarf einen Teil Europas seiner Herrschaft, obwohl die Grenzen des Kaiserreichs nie mit den Grenzen der annektierten Gebiete zusammenfielen.

Im abstrakten Sinne bedeutet ›Imperium‹ die höchste oder unumschränkte Gewalt. In der Wirklichkeit schließt der Ausdruck *›l'empire des mers‹*, gleichbedeutend mit der Seeherrschaft (*›maîtrise des mers‹*), Abstufungen und unterschiedliche Formen der Ausübung dieser Herrschaft natürlich nicht aus. Da das Meer allen bzw. niemandem gehört, ist diese Art von Herrschaft nirgendwo gesetzlich verankert. Es handelt sich also nicht um eine anerkannte Autorität, ja nicht einmal immer um eine tatsächliche Oberhoheit, sondern um die Fähigkeit eines Staates, seinen Willen, sofern es nötig ist, durchzusetzen, ohne praktisch auf Widerstand zu stoßen. Die Seeherrschaft (›empire‹), welche die britische Flotte zwischen 1815 und 1914 ausgeübt hat, beruhte weitgehend auf einem Ruf der Unbesiegbarkeit, der Konkurrenten davon abhielt, diesen Ruf auf die Probe zu stellen.

Sofern damit eine politische oder historische Entität bezeichnet wird, bezieht sich der Ausdruck ›Imperium‹ je nach dem besonderen Fall auf unterschiedliche Merkmale. Das erste, in Europa beständigste Merkmal, das auf das Vorbild des römischen Imperiums zurückgeht, besteht darin, daß eine *Mehrzahl von Völkern* einem Imperium, anders gesagt, einer Oberhoheit unterworfen ist. In der Alltagssprache und im politischen Sprachgebrauch Frankreichs ist der Unterschied zwischen dem *›Empire‹* (Imperium, Reich), das eine Mehrzahl von Völkern umfaßt, und dem *›royaume‹* (Königreich), in dem die Einheit der Nation sich ausdrückt, stets beachtet worden, zumal das französische Königreich sich stets gegen den *imperialen* Anspruch des Heiligen Römischen Reiches Deutscher Nation oder des Hauses Habsburg abgrenzen mußte. Allerdings stellte der *Dictionnaire de l'Académie* (2) in seiner dritten Ausgabe von 1719 fest, daß ein Königreich, sofern es groß genug sei, als ›empire‹, als Imperium bezeichnet werden dürfe. Die Gründerväter der Republik der Vereinigten Staaten träumten von einem ›American Empire‹ oder von einem ›Reich englischer Zunge‹ auf dem neuen Kontinent.

Im Unterschied zu ›Königreich‹ oder ›Nation‹ hebt also der Ausdruck ›Imperium‹ entweder ganz einfach die *Größe* (im räumlichen oder moralischen Sinne) oder die Vielfalt der Menschen und Gruppen hervor, die alle dem gleichen Gesetz gehorchen. In der Vergangenheit war diese Unterscheidung allerdings kaum von Bedeutung, denn da es keine großen und geschlossenen ethnischen Einheiten gab, war ohne Eroberung an Größe nicht zu denken. Selten erlangten Königreiche imperiale Größe, ohne ihre Grenzen zu erweitern.

Der Unterschied zwischen Imperium und Republik beruht auf der *Natur des inneren Regimes.* Das Beispiel Roms bewog die Historiker und die klassischen Philosophen, zwischen der Unterwerfung der Völker außerhalb und dem Verlust der Freiheit innerhalb des Imperiums eine Beziehung herzustellen. Montesquieu setzt eine alte Tradition fort, wenn er Republik und Eroberung für unvereinbar erklärt. Historisch scheint kein Regime gegen die Versuchung gefeit zu sein, das Imperium — im Sinne der Herrschaft des starken über das schwache Staatswesen — anzustreben. Die griechischen Stadtstaaten hielten zur Zeit des Peloponnesischen Krieges Athen für imperialistischer als Sparta, obwohl Athen im Glanz der Kultur und der geistigen Freiheit erstrahlte, während Sparta seine Bürger als Hopliten ausbildete, nicht so sehr um Eroberungen zu machen, sondern um die unterworfenen Völker in Abhängigkeit zu halten. Athen hatte den Bund der unabhängigen Stadtstaaten, dessen Führung es im Kampf gegen das persische Reich übernommen hatte, allmählich in ein Quasi-Imperium verwandelt, zumindest aber in ein System von ungleichen Partnern; statt mit den Tributen, die es erhob, den Frieden zu sichern und seine Aufgaben für die gemeinsame Verteidigung zu erfüllen, verwendete es sie zur Ausschmückung der Stadt mit Monumenten und zur Befriedigung der Ansprüche ärmerer Bürger.

Am letzten Beispiel wird deutlich, welcher Unterschied zwischen einem Imperium im strengen Sinne des Imperium Romanum und einem Imperium im abgeschwächten Sinne der athenischen Herrschaft besteht, je nachdem, ob die Oberhoheit förmlich anerkannt oder informell ausgeübt wird, ob sie unumschränkt oder eingeschränkt ist; das eine Mal tritt der Herrschaftsanspruch unverhüllt auf, dann wiederum verbirgt er sich hinter einer ideologischen oder juristischen Formel, die das Gegenteil behauptet (souveräne Gleichheit der Staaten, wie es in der UNO-Charta heißt). Von daher hat auch die Unterscheidung zwischen ›imperial‹ und ›imperialistisch‹ ihren Sinn. Als ›imperial‹ wird der Historiker oder Politiker eine Diplomatie bezeichnen, die in der ganzen Welt interveniert, ohne die Errichtung eines ›Imperiums‹ im rechtlichen oder tatsächlichen Sinne anzustreben, und als ›imperialistisch‹ wird er eine Diplomatie bezeichnen, die er verurteilen, deren Ausbeutungs- und Herrschaftsabsichten er aufdecken will.

In den letzten Jahren sind in der einschlägigen amerikanischen Literatur die Adjektive ›imperial‹ und ›imperialistisch‹ wieder gebräuchlich geworden — bei den Kritikern mit isolationistischer Tendenz in der Absicht, die Diplomatie der Vereinigten Staaten zu einem ›neuen Isolationismus‹ (3) oder wenigstens zu einer nationalen Diplomatie zurückzuführen, bei den ›paramarxistischen‹ Kritikern, um auf irgendeine Art zu einer ökonomischen Interpretation des amerikanischen ›Imperialismus‹ zu gelangen; verschiedene Kommentatoren, die sich an der europäischen Tradition orientieren und zwischen diesen beiden Richtungen stehen, haben die nicht so sehr imperialistische als vielmehr imperiale Rolle der Vereinigten Staaten verteidigt, ja gelegentlich sogar gelobt.

Wie unterscheidet sich ein Nationalstaat — nicht in seiner inneren Struktur (politisches System, einheitliche oder heterogene Bevölkerung), sondern in seinem außenpolitischen Wirken — von einem imperialen Staat?

Selbst wenn sie nach dem rechtlichen Grundsatz der Souveränität einander gleich sind, spielen die Staaten im Rahmen eines zwischenstaatlichen Systems stets unterschiedliche Rollen. Im Europa des 19. Jahrhunderts und des Konzerts der europäischen Mächte weckte der Begriff der ›Großmacht‹, auch wenn er nicht rechtlich anerkannt wurde, bei den Diplomaten ziemlich präzise Vorstellungen von einer Gesamtheit von Rechten und Pflichten, allerdings mehr von Privilegien als von Verpflichtungen. Kein internationales ›Problem‹ durfte ohne Beteiligung sämtlicher ›Großmächte‹ verhandelt oder gelöst werden. Erlangte eine von ihnen einen Vorteil, dann durften die anderen legitimerweise einen Ausgleich fordern. Die kleine Macht neigt in jedem beliebigen zwischenstaatlichen System dazu, ihr ›nationales Interesse‹ mit ihrem physischen und/oder politischen und moralischen Überleben gleichzusetzen, und sucht deshalb aufgrund verschiedener geographischer oder militärischer Erwägungen Zuflucht in der Neutralität, der Zurückhaltung oder dem Bündnis mit den Großmächten. Die Großmächte aber schaffen Machtgruppierungen und Gegensätze, statt sich der aus dem Zusammenwirken von Zwängen und Gelegenheiten entstehenden Lage anzupassen. Sie bemühen sich also, gleichgültig, welche Struktur das System auch haben mag, auf das außenpolitische Verhalten der übrigen Beteiligten einzuwirken.

Zwischen einer sogenannten imperialen Diplomatie und der Diplomatie einer Großmacht sehe ich folglich nur einen graduellen Unterschied. Ist die erstere gekennzeichnet durch den Umfang der verfügbaren Stärke, die Reichweite und die Natur ihrer Absichten und die Art ihrer Beziehungen zu anderen Staaten (›magnitude of power, scope and nature of purpose, and the character of relationships with other states‹) (4), so fragt sich, ob diese Charakterisierung nicht ebenso auf jede beliebige Großmacht-Diplomatie zutrifft. Höchstens könnte man sagen, daß die Großmacht in dem Maße imperialer wird, wie der Abstand zwischen ihr und ihren Verbündeten wächst, wenn sie die Verteidigung oder die Verantwortung für größere Bereiche des diplomatischen Handlungsfeldes zu übernehmen hat. In diesem Sinne führt ein bipolares System unvermeidlich bei beiden Großmächten zu einer imperialen Diplomatie, welche die Expansion des Rivalen zu begrenzen sucht.

Sind in dem bipolaren System zugleich revolutionäre Kräfte wirksam, so wird die Diplomatie durch die ideologische Propaganda und die Einmischung in die inneren Angelegenheiten anderer Staaten noch imperialer, da jede Großmacht versucht, Regime, die sich auf ihre Ideen und ihre Institutionen berufen, zu unterstützen, zu erhalten oder zu erweitern. ›Ein imperialer Staat‹, schreibt Robert W. Tucker, ›muß per definitionem die Schaffung und Aufrechterhaltung der Ordnung zum Ziel haben, denn die Aufrechterhaltung der Vorherrschaft in den Beziehungen zu anderen, schwächeren Staaten ist die Grundlage der Ordnung.‹ (5)

Verdient die amerikanische Diplomatie der Jahre 1947 bis 1972 als ›imperialistisch‹ bezeichnet zu werden? Das hängt ganz von der Bedeutung ab, die man dem Wort gibt. Der Ausdruck ›imperialistisch‹ wirkt nämlich pejorativ, der Ausdruck ›imperial‹ dagegen nicht. In ihm sind sogar durch die geschichtliche Bildung überlieferte Erinnerungen an historischen Ruhm bewahrt. Der imperiale Staat benützt gegebenenfalls seine Stärke, um seine Schützlinge zu verteidigen, nicht aber, um seine Klienten zu unterjochen oder dem Schwächeren sein Gesetz zu diktieren. Im Rahmen eines zwischenstaatlichen Systems tendiert jede Großmacht zu einer imperialen Diplomatie und diese wiederum zum Imperialismus, sofern man darunter eine Beziehung der Ungleichheit versteht, in welcher die Großmacht ihren Verbündeten vorschreibt, wie sie sich nach außen hin, oder gar, wie sie sich im Inneren zu verhalten haben.

Gleichwohl halte ich es für möglich, einen Unterschied zwischen imperialer und imperialistischer Diplomatie zu machen, ohne den Rahmen des zwischenstaatlichen Systems zu verlassen, und zwar aufgrund der Gefühle der protegierten Völker und Regierungen, seien es nun Klienten oder Verbündete. Nehmen wir zum Beispiel Westeuropa. Hier waren es aus allgemeinen und freien Wahlen hervorgegangene Regierungen, die den Nordatlantikpakt wünschten und die militärische Organisation des Paktes unter amerikanischem Oberbefehl verlangten. Die französische Regierung hat ohne Schwierigkeiten die Räumung der auf französischem Territorium gelegenen Stützpunkte von Nato-Verbänden erreicht. Gleichwohl bestehen innerhalb des Nordatlantikpaktes weiterhin nichtegalitäre Beziehungen. Die strategischen wie die taktischen Atomwaffen unterliegen nicht dem integrierten Kommandosystem; den Befehl zu ihrem Einsatz kann nur der Präsident der Vereinigten Staaten und kein anderer geben. Die Entwicklung der Strategie, der Übergang von der ›massiven Vergeltung‹ zur ›flexiblen oder abgestuften Reaktion‹ wird von den amerikanischen Verantwortlichen zwar mit dem Verbündeten diskutiert, denen in dieser oder jener Form eine Mitwirkung an der Ausarbeitung und Verwirklichung der Doktrin eingeräumt wird, doch behalten die Amerikaner das *Imperium*, die höchste Entscheidungsgewalt. Großbritannien hat sich das Recht vorbehalten, in einem Krisenfall, der sein nationales Interesse berühren würde, seine strategische Atomstreitmacht außerhalb der NATO einzusetzen — ein mehr theoretisches als reales Recht —, während Frankreich sich zwar mit einer rein nationalen strategischen Atomstreitmacht versehen hat, aber allein kaum eine größere Abschreckungsfähigkeit besitzt. Ich halte es für gerechtfertigt, zur Kennzeichnung des *politischen* Wirkens der Vereinigten Staaten in Europa den Ausdruck ›militärisches Protektorat‹ (im ursprünglichen Sinne von ›Protektorat‹ als ›Ausübung der Schutzherrschaft‹) oder ›Hegemonie‹ zu verwenden, der ursprünglich nichts anderes bedeutete als militärische ›Leadership‹. In den Ländern, die von einer großen kommunistischen Partei bedroht waren, mobilisierten die Vereinigten Staaten während des Kalten Krieges ihre Freunde oder finanzierten sie ihre Klienten. Nur unter mißbräuchlicher Verwendung dieses Ausdrucks kann man ihr politisches und ideologisches Handeln als ›imperialistisch‹ bezeichnen, denn tatsächlich half das den Völkern, sich gegen äußere oder innere, von (unbewaffneten) Minderheiten ausgehende Pressionen zu verteidigen.

Ihre Haltung im karibischen Raum — gegenüber Kuba oder Santo Domingo — ebenso leicht läßt sich natürlich als eine ›imperialistische Diplomatie‹ charakterisieren. Gewiß hat in Havanna eine ›bewaffnete Minderheit‹ die Macht an sich gerissen, und es kann keiner behaupten, daß Fidel Castro 1960 bei freien Wahlen eine absolute Mehrheit erreicht hätte. Solche Überlegungen sind aber keine Entschuldigung für das Unternehmen in der Schweinebucht; aus ihnen könnte man ein Recht zur Intervention in jedem beliebigen Lande ableiten, unter dem Vorwand, eine sozialistische Revolution niederzuschlagen oder zu vereiteln. Noch ein Schritt weiter, und man ist bei der Intervention in Santo Domingo, die eine Revolution vereiteln sollte und aus der eine sozialistische Revolution *hätte werden können.*

Daß die Bezeichnungen ›imperial‹ und ›imperialistisch‹ in Bezug auf die Diplomatie so uneindeutig sind, liegt nicht allein daran, daß es zwischen dem *Schutz* der Europäer auf deren eigenes Verlangen hin und den *Interventionen* im karibischen Raum, mit denen proamerikanische Regime installiert oder aufrechterhalten und feindliche Regime gestürzt oder verhindert werden sollten, eine Vielfalt von Zwischenformen gibt; vielmehr *scheint* es, als sei der klassische Imperialismus in unserer Zeit verschwunden. Vor einigen Jahren habe ich den Imperialismus definiert als ›das diplomatisch-strategische Verhalten einer politischen Einheit, die ein Imperium errichtet, das heißt, fremde Bevölkerungen ihrem Gesetz unterwirft‹. (6) Die Römer, die Mongolen und die Araber waren Erbauer von Imperien. Ich habe allerdings auf zwei uneindeutige oder zweifelhafte Tatsachen aufmerksam gemacht: Welche Bevölkerungen soll man als fremde Bevölkerungen betrachten? Genügt es, daß man die staatliche Souveränität offiziell respektiert, um der Anklage des Imperialismus zu entgehen? Wo ist die Grenze zwischen einem als legitim anerkannten Einfluß der Großmächte und dem als Vergehen betrachteten Imperialismus? Ich verschließe mich nicht vor der ohnehin offenkundigen Tatsache, daß in einem heterogenen System jede führende Macht gezwungen ist, einen Einfluß auf die inneren Angelegenheiten zweitrangiger Staaten auszuüben, jedenfalls soweit es nötig ist, um den Sieg der mit dem gegnerischen Lager verbundenen Partei zu verhindern — was eine ›Unterscheidung zwischen Graden der Einmischung, des Einflusses oder der Beherrschung‹ (7) nicht ausschließt. Anders gesagt, ist der Imperialismus, der als ein Verhalten verstanden wird, das auf die Errichtung eines Imperiums im klassischen politischen Sinne ausgerichtet ist, in den Hintergrund getreten, während der Imperialismus, verstanden als eine nichtegalitäre Beziehung zwischen Staaten und als Bestreben der Großmacht, das innere Leben und das äußere Verhalten einer kleinen Macht zu beeinflussen, noch nie so verbreitet gewesen ist wie heute.

Heute unterscheiden die Europäer von sich aus zwischen drei Arten von Imperien (oder Reichen, d. Ü.): dem *Römischen Reich*, nach dem die Völker sich noch jahrhundertelang zurücksehnten; den *Vielvölker-Reichen* der Habsburger, der Romanows und der Hohen Pforte, die alle drei dem ersten Weltkrieg zum Opfer fielen, der von den beiden zuerst genannten Reichen ausgelöst wurde; und den *Kolonialreichen* der Briten, Franzosen, Holländer und Belgier, die — mit Verzögerung — dem zweiten Weltkrieg zum Opfer fielen. Unter den Großmächten des gegenwärtigen Systems weist nur noch die Sowjetunion die typischen Merkmale der aus Geschichte und Eroberung hervorgegangenen Vielvölker-Reiche auf: die führende Rolle eines der Völker (des großrussischen Volkes) und Tendenzen zur Auflehnung bei einigen Nationalitäten (oder Völkern oder auch ethnischen Gruppen), die dadurch erwiesen sind, daß häufig der ›bürgerliche Nationalismus‹ denunziert wird. Die kulturelle Autonomie der verschiedenen Nationalitäten ist zwar eine unbestreitbare Tatsache, aber sobald die Autonomie die Grenzen zu überschreiten droht, welche ihr die Moskauer Behörden ziehen, wird sie zu einem Verbrechen. Noch heute ähnelt die Union der Sozialistischen Sowjetrepubliken eher einem traditionellen, auf Gewalt gegründeten und durch eine Zentralmacht aufrechterhaltenen Imperium als einer Förderation. (8)

Die Unterdrückung von Völkern oder ethnischen Gruppen durch eine als fremd empfundene Regierung; das Gefühl, diskriminiert zu werden, das einige Minderheiten sogar innerhalb relativ homogener Nationen empfinden; Vielvölkerstaaten, die wie die Sowjetunion aus militärischen Imperien hervorgegangen sind — all diese kaum zur Kenntnis genommenen, in den Hintergrund der Berichterstattung gedrängten Phänomene erinnern uns daran, daß der Imperialismus — im klassischen politischen Sinne der Herrschaft eines Volkes oder eines Staates über ethnische Gruppen, die sich bewußt sind, einer fremden Macht unterworfen zu sein —, nicht verschwunden ist. Was verschwunden ist, sind die Kolonialreiche europäischen Typs und der Wille zum ›Imperialismus‹ im Sinne der offiziellen Übernahme der Souveränität. Nachdem sie gezwungen worden waren, die politisch-militärische Souveränität aufzugeben, haben die europäischen Nationen — gelegentlich zu ihrer Überraschung — entdeckt, daß ihre Prosperität und ihr Lebensstandard nicht von ›imperialer Größe‹ abhängen.

2

Ich habe in einem vorhergehenden Kapitel dargelegt, daß es unmöglich ist, die einzelnen Wandlungen der amerikanischen Diplomatie mit den Bedürfnissen oder Interessen der amerikanischen Wirtschaft zu erklären. Andererseits habe ich zugegeben, daß sich im Rahmen der umfassenden Zielsetzung, die Sperrung des Zugangs zu verhindern, ökonomische und politische Motive nicht ohne weiteres auseinanderhalten lassen. Allerdings haben die Ereignisse gezeigt, daß eine gegen Kapitalinvestitionen ausgesprochene Sperrung des Zugangs nicht notwendig zur Einstellung des Handels führt, es sei denn, die Verantwortlichen in Washington würden ihrerseits die Quarantäne verhängen oder den Handel untersagen. Ich möchte in der Analyse etwas weiter gehen und fragen, ob die in Gestalt des Handels und der Kapitalinvestition seit 25 Jahren zu beobachtende, nach außen gerichtete Expansion des amerikanischen

Kapitalismus nicht auf einer inneren Notwendigkeit, auf den ›Widersprüchen‹ des Systems beruht.

Wollen sich die amerikanischen Firmen ihre Versorgung mit Rohstoffen sichern und die Preise kontrollieren, um den europäischen Konkurrenten die Preisvorteile zu verwehren, in deren Genuß diese kämen, falls die amerikanischen Firmen teurere einheimische Rohstoffe verwenden müßten? Diese und ähnliche Deutungen werden immer wieder von diesem oder jenem ›Paramarxisten‹ vorgetragen. Einem einzigen Rohstoff — dem Erdöl — wird durch die Höhe des investierten Kapitals sowie durch das Problem der Preise (9) die Bedeutung einer Staatsangelegenheit verliehen. Die repatriierten Profite aus sämtlichen amerikanischen Investitionen im Montanbereich beliefen sich 1969 auf 664 und 1970 auf 609 Millionen Dollar, von denen 439 bzw. 322 Millionen Dollar in den Entwicklungsländern erzielt wurden. Man braucht eine gehörige Portion Phantasie oder Ignoranz, um den Reichtum der Vereinigten Staaten auf die ›Ausbeutung‹ (Erschließung) der Bodenschätze Südamerikas oder Asiens zurückzuführen. Von ganz anderer Größenordnung sind die Zahlen beim Erdöl: 2 638 Millionen bzw. 2 603 Millionen Dollar, vornehmlich aus dem Nahen und Mittleren Osten und aus Venezuela. Das sind gewiß sehr bedeutende Einnahmen, und wahrscheinlich werden die Produzentenländer sich bemühen, sie durch ihre Forderungen einzuschränken, doch sind sie zum Teil mit den hohen Summen zu erklären, die erforderlich sind, um die Aufrechterhaltung der Produktionskapazität zu sichern.

Die repatriierten Zinsen, Dividenden und Profite (6 026 Millionen Dollar in 1970, zu denen noch 1 880 Millionen Dollar für Lizenzen und Abgaben hinzugerechnet werden müssen) machen, wie wir gesehen haben, einen beträchtlichen Anteil an den gesamten Profiten der amerikanischen Wirtschaft aus. Allerdings sollten nur vergleichbare Zahlen miteinander verglichen werden. Im Jahre 1970 belief sich der Gesamtgewinn der Industrie in den Vereinigten Staaten auf 29,5 Milliarden Dollar; die amerikanische Industrie im Ausland erzielte Gewinne von 3 324 Millionen Dollar und repatriierte 1 838 Millionen Dollar, so daß der Anteil der repatriierten Gewinne unter 10 %, der der gesamten Auslandsgewinne bei rund 12 %

liegt. Die Erträge der amerikanischen Auslandsinvestitionen sind — bezogen auf ein Sozialprodukt von über 1 000 Milliarden Dollar — nicht zu vergleichen mit den britischen Investitionen im Jahre 1914, deren Kapitalwert das Sozialprodukt übertraf. (10) Die Gewinnspanne der amerikanischen Firmen vor Steuerabzug schwankt in den einzelnen Jahren zwischen 9 und 13 Prozent (9,3 Prozent in 1970); in der Regel liegt sie unter der Gewinnspanne der Auslandsinvestitionen — und das ist nicht überraschend, denn warum sollten die amerikanischen Unternehmen sonst die Schwierigkeiten und Risiken von Auslandsinvestitionen auf sich nehmen? Nimmt man jedoch die Erdölindustrie aus, so war von 1963 bis 1968 die Gewinnspanne im Inland höher als im Ausland (nicht allein für Investitionen in der Fertigungsindustrie, sondern für sämtliche Investitionen).

Kann man aus diesen Zahlen folgern, daß der amerikanische Kapitalismus zum Stillstand käme, falls er nicht mehr die Zinsen, Dividenden und Gewinne aus Auslandsinvestitionen einnehmen würde oder keine Auslandsinvestitionen mehr vornehmen könnte? Nichts dergleichen wird durch die Zahlen belegt. Der Beweis, daß die amerikanische Wirtschaft auf diese Expansion nicht verzichten kann, wäre nur durch eine empirische Untersuchung oder durch eine theoretische Analyse zu erbringen. Damit wäre der Historiker erneut vor die Entscheidung zwischen der keynesianischen These von der Knappheit gewinnbringender Investitionsmöglichkeiten und der marxistischen oder ›paramarxistischen‹ These von der sinkenden Profitrate oder der Selbstzerstörung des Systems gestellt. Ich kenne weder für die eine noch für die andere These einen überzeugenden Beweis.

Wie mir scheint, legen sowohl die Theorie als auch der gesunde Menschenverstand die Annahme nahe, daß es eine generelle Voraussetzung für direkte Investitionen amerikanischer Firmen ist, daß sie dank ihrer höheren Effizienz die Nachteile der Arbeit im Ausland auszugleichen und mehr als auszugleichen vermögen: Sie ziehen aus einer bestimmten Investition einen höheren Ertrag als die Mehrheit der einheimischen Firmen des Empfängerlandes. Anfangs wurde die Auslandsinvestition als eine Form der Entwicklungshilfe von den amerikanischen Steuerbehörden begünstigt. Wenn der Steuersatz in den Vereinigten Staaten höher war als im Ausland, schoben die Firmen die Versteuerung ihrer Gewinne hinaus, indem sie diese an Ort und Stelle reinvestierten, was in den Vereinigten Staaten nicht immer möglich war. Wurden die akkumulierten Gewinne als Kapitalzuwachs und nicht als Dividenden betrachtet, so konnte die Steuerschuld halbiert werden. Der *Revenue Act* unterwarf 1962 sämtliche endgültig repatriierten Erträge der Körperschafts-Einkommensteuer, ließ aber den Steuerabzug für Reinvestitionen weiter bestehen. Im allgemeinen geht die amerikanische Regierung offiziell von der Theorie der neutralen Besteuerung aus, d. h. daß sie solche Regeln erlassen will, daß die Auslandsinvestition gegenüber der Inlandsinvestition weder benachteiligt noch bevorzugt wird.

Zahlungsbilanzerwägungen veranlaßten die Johnson-Administration, neue Regeln zu erlassen, die auf der Unterscheidung von drei Ländergruppen beruhten: entwickelten Ländern mit starker Währung (das Europa des Gemeinsamen Marktes), entwickelten Ländern mit schwacher Währung und unterentwickelten Ländern; aus der ersten Ländergruppe durften bis zu 35 %, aus der zweiten bis zu 65 % und aus der dritten bis zu 105 % der Gewinne der Basisjahre 1965—1966 repatriiert werden (11). Präsident Nixon hat diese Beschränkungen aufgehoben, und durch Abkommen zwischen der Regierung der Vereinigten Staaten und den Regierungen der jeweiligen Empfängerländer ist ein komplexes Sicherungssystem für amerikanische Investitionen geschaffen worden. Selbst in Europa sieht es — ungeachtet entgegengesetzter Erklärungen — so aus, als würden die Regierungen um die Ansiedlung ausländischer Firmen miteinander konkurrieren, obwohl es doch ihre erste Aufgabe sein sollte, gemeinsam Vorschriften zu erlassen, die ein für die Europäer kostspieliges und für die nordamerikanischen Konzerne gewinnbringendes gegenseitiges Überbieten ausschließen.

Ist es nötig, auf Lenins Theorie des Monopolkapitalismus und den tendenziellen Fall der Profitrate zurückzugreifen? Zwischen dem Monopolkapitalismus, wie Lenin ihn im Anschluß an Hobson und Hilferding beobachten konnte, und den amerikanischen Konzernen von heute gibt es zumindest zwei gewichtige Unterschiede: Zum einen ist die Industrie nicht mehr von den Banken abhängig, und zum anderen kassieren die Amerikaner nicht mehr die Zinsen ihrer Kredite, wie es die Engländer am Beginn des Jahrhunderts taten, sondern repatriieren nur noch einen Bruchteil der Gewinne, die sie zum größten Teil reinvestieren. Würden sich die Investitionen nicht weiterhin genauso verteilen, wenn die Konzerne ihre Expansion aufgäben und die Bundesregierung nicht mehr 70 bis 80 Milliarden für die Landesverteidigung ausgeben würde? Nach der in Mode gekommenen Klage über den Reichtum der Gesellschaft und die Armut des Staates und die Unzulänglichkeit der Gemeinschaftseinrichtungen zu schließen, würde es der Regierung wahrscheinlich nicht allzu schwer fallen, durch eine andere Verteilung der Ressourcen die Vollbeschäftigung aufrechtzuerhalten.

Vor einem dreiviertel Jahrhundert gab es im Hinblick auf Großbritannien zwei entgegengesetzte Auffassungen: die historische Auffassung Hobsons erklärte den Imperialismus, die kolonialen Eroberungen und die ausländischen Profite mit dem Handeln einiger privilegierter Gruppen; die andere, soziologische oder theoretische, Auffassung sah einen notwendigen Zusammenhang zwischen der inneren Struktur der kapitalistischen Wirtschaft in einem bestimmten Entwicklungsstadium und den vermehrten Auslandsinvestitionen, ja sogar den kolonialen Eroberungen. Im gleichen Sinne heben die ›Paramarxisten‹ im Hinblick auf die Vereinigten Staaten die Profite hervor, welche aus deren wirtschaftlicher und diplomatischer Auslandsaktivität fließen (12), während die andere Richtung — wie Hobson — nach den *Verantwortlichen* sucht, deren Interessen nicht mit denen der Allgemeinheit übereinstimmen, und die es letzten Endes so darstellen, als würden die Vereinigten Staaten von ihrem Imperium ausgebeutet und nicht umgekehrt das Imperium durch die Vereinigten Staaten. (13)

Die erste Auffassung haben wir bereits erörtert; bei der zweiten werden wir uns länger aufhalten, zumal wir bei ihrer Erörterung auf einige der Argumente stoßen werden, auf die sich die erste Auffassung stützt. Die Bücher, an die ich dabei denke, handeln vom ›Pentagonismus‹, vom ›militärisch-industriellen Komplex‹, von den großen Organisationen der Bürokratie, kurz, von den ›pressure groups‹, die aufgrund des auswärtigen Verhaltens der Vereinigten Staaten und des realen oder fiktiven Rüstungsbedarfs im Laufe der Jahre in der amerikanischen Gesellschaft und innerhalb der Bundesregierung entstanden sind. Der Ausdruck ›militärisch-industrieller Komplex‹ verdankt seine Popularität der Tatsache, daß Präsident Eisenhower ihn in seiner Abschiedsrede erwähnte. Es ist eine ziemlich vage Umschreibung gewisser Merkmale der amerikanischen Realität, die aufgrund der Rolle, welche die Diplomatie der Vereinigten Staaten in der ganzen Welt spielt, stärker hervorgetreten sind. Die Großorganisationen — vermeintlich private Firmen wie öffentliche Verwaltungen — beherrschen gleichermaßen Industrie und Regierung. Die Konzerne sind überwiegend an den amerikanischen Auslandsinvestitionen beteiligt und erhalten auch den größten Teil der Rüstungsaufträge. Zwischen den Firmen und dem Pentagon hat sich ein Personalaustausch entwickelt; die führenden Vertreter und die ›Lobbyisten‹ der Firmen knüpfen enge Beziehungen zu den aktiven Militärs an, die nach ihrem Ausscheiden bei den Firmen lukrative Anstellungen finden. Diese ›Zirkulation der Eliten‹ ist als Grundlage oder Symbol des militärisch-industriellen Komplexes zu sehen.

Der These vom vorherrschenden Einfluß des Pentagons hält Gabriel Kolko, ein Verfechter der entgegengesetzten These, die ich als ›paramarxistische‹ bezeichnet habe, Statistiken über den beruflichen Werdegang derjenigen entgegen, die in der Regierung Schlüsselpositionen innehatten: 65,8 % der Inhaber solcher Positionen hatten ihre Karriere als Anwälte oder in Finanz- und Industriefirmen gemacht, mit anderen Worten in Laufbahnen, die eng mit dem amerikanischen Großkapital verbunden sind. Nach Kolko führt die herrschende Minderheit in den Amtsstuben des Kapitols und des Weißen Hauses nur die Weisungen von *Big Business, Big Finance und Big Law* aus. Die vielen Argumente Kolkos entkräften nicht die These vom militärisch-industriellen Komplex, sondern schreiben innerhalb dieses Komplexes den vorherrschenden Einfluß den Firmen und nicht dem Pentagon zu. Die Flugzeugindustrie macht Propaganda für die Luftwaffe und nicht umgekehrt. Die Industrie ist es, welche ihre Pläne vorschlägt und durchsetzt, Pläne, deren Kosten die ursprünglichen Ansätze regelmäßig und bei weitem überschreiten. Pensionierte Admiräle und Generäle werden von den Firmen, die für das Pentagon arbeiten, als Public Relations-Berater eingestellt — ob sie nach ihrer Pensionierung noch Autorität bei ihren ehemaligen Kollegen besitzen?

Ich bin gern bereit, in all diesen Punkten den Argumenten Kolkos zu folgen, doch scheint es mir nicht den Tatsachen zu entsprechen, wenn er behauptet, das Pentagon habe in der Diplomatie und der Innenpolitik der Vereinigten Staaten nach und nach einen Einfluß oder eine Autorität erlangt, die nach der Tradition normalerweise den Zivilisten gebührt. Niemals ist die Führung der militärischen Operationen so streng von Zivilisten kontrolliert worden wie hier. Zwar haben Truman und Acheson es zugelassen, daß der Nationalheld MacArthur Fehler beging, die zur chinesischen Intervention führten, doch zögerten sie nicht, ihn abzuberufen, als er — mehr noch in seinen Erklärungen als in seinen Handlungen — unbotmäßig zu werden drohte. Präsident Truman untersagte die Bombardierung der chinesischen Stützpunkte in der Mandschurei und widersprach entschieden der Doktrin MacArthurs, daß ›es keinen Ersatz für den Sieg gibt‹, gab sich also mit einem Unentschieden zufrieden.

So waren es denn auch Johnson und anschließend Nixon, welche den Vietnamkrieg führten, die Kommandounternehmungen gegen Nordvietnam genehmigten, für die Chefs der Luftwaffe die Liste der Angriffsziele festlegten und die zu bombardierenden Gebiete begrenzten. Die politischen Führer waren in weit höherem Maße als die Stabschefs für das Engagement verantwortlich. Admiral Radford war der einzige, der zur Zeit von Dien Bien Phu die Intervention empfahl, welcher jedoch General Ridgway mit noch größerer Entschiedenheit widersprach als die Senatoren.

Während der letzten 25 Jahre ist der Einfluß von Zivilisten auf die Verteidigungspolitik seit 1960, wie mir scheint, und besonders der Einfluß von Akademikern sehr viel deutlicher gewesen als ein umgekehrter Einfluß. Es waren Zivilisten aus Universitäten und Forschungsinstituten, welche die Konzeptionen entwickelten, die dann in den Vorstellungen des Pentagons auftauchten. Nie wurde der Führungsanspruch der Zivilisten so nachdrücklich geltend gemacht wie zur Zeit McNamaras. Auch die massiven Steigerungen des Verteidigungshaushalts beruhten auf politischen, von den Politikern angestellten Überlegungen, ob es nun während des Koreakrieges Truman und Acheson waren oder ob es im Jahre 1961 John F. Kennedy war, der die beschleunigte Bereitstellung von tausend Minuteman-Raketen und von 41 atomgetriebenen, jeweils mit 16 Polaris-Raketen bestückten Unterseebooten forderte. Zivilisten waren es auch, welche – zusammen mit einem aus dem Ruhestand zurückgerufenen General, Maxwell Taylor — die Konzeption eines militärischen Apparates entwickelten, der imstande sein sollte, zweieinhalb Kriege zu führen; welche die Idee der massiven Vergeltung durch die Idee der flexiblen Reaktion ersetzten; welche die Sondereinheiten zur Guerillabekämpfung und unkonventionelle Formen der Kriegsführung ersannen. Die offenkundige Tatsache, daß die Firmen sich ihrer ›Lobbyisten‹ bedienten, um Rüstungsaufträge zu erhalten, soll gar nicht geleugnet werden; trotzdem lag während der ganzen Zeit die Initiative eher bei den Politikern, den Zivilisten, den Akademikern als bei den Generälen. Als im Weißen Haus und im Lande die Stimmung umschlug, wurden durch die Einschränkung der Mittel für das Raumfahrtprogramm und die Rüstung Tausende von Fachleuten auf die Straße geworfen, und einige große Firmen gerieten in finanzielle Bedrängnis, ohne daß es im Pentagon oder in der Wall Street zu heftigen Reaktionen gekommen wäre. Schließlich war es ein republikanischer Präsident — theoretisch der Repräsentant des Big Business —, der sich mit einer sowjetischen Überlegenheit an Megatonnen und Raketenzahl abfand.

Glaubhafter als die These von der Vorherrschaft der Militärs erscheint mir eine andere, ihr nicht widersprechende, aber von ihr abweichende — die These von der Militarisierung der Zivilisten, oder genauer gesagt, von einer militärischen Denkweise der zivilen Verantwortlichen. Die Atomwaffen — die ersten Waffen in der Geschichte, die ihren politischen Zweck erreichen sollen, ohne je tatsächlich eingesetzt zu werden — verleihen der alten Clausewitzschen Doktrin, daß die Gewalt ein Instrument im Dienste des Staates oder der ›personifizierten Intelligenz‹ sei, einen neuen Sinn. Allein der

Staatschef kann den Einsatz dieser Waffen anordnen. Im übrigen ist die Doktrin über ihren Einsatz umgekehrt worden in eine Doktrin über ihren Nichteinsatz, eine politische oder psychologische, aber keineswegs im klassischen Sinne militärische Doktrin. Der Mann in Uniform verfügt an sich in der Analyse der Abschreckung über keine professionellen Kenntnisse, die dem Amateur verwehrt wären; er hat seine Überlegenheit gegenüber dem Mann in Zivil eingebüßt. Eine Vorherrschaft der Stabschefs wird — anders gesagt — weder durch die Abrüstung von 1946 noch durch die Wiederaufrüstung von 1950, weder durch die Doktrinen der nuklearen Strategie noch durch die Führung der begrenzten Kriege von Korea oder Vietnam oder durch die Abkommen zur Rüstungsbeschränkung — vom Moskauer Abkommen des Jahres 1963 bis zum SALT-Abkommen im Jahre 1972 — belegt. Das ganze Geschehen des letzten Vierteljahrhunderts liefert Argumente, wenn nicht gar Beweise für die entgegengesetzte These. Gewiß haben Firmen, die mehr oder weniger auf die Waffenfabrikation spezialisiert sind, auf das Pentagon und den Kongreß Druck ausgeübt, um zu Aufträgen zu gelangen. Möglicherweise haben auch in bestimmten Fällen persönliche Beziehungen zwischen Generälen oder Admirälen und Firmenvertretern dafür gesorgt, daß eher dieses als jenes Programm in Erwägung gezogen wurde. Im Grunde ist jedoch der Begriff des militärisch-industriellen Komplexes — und zwar sowohl das, was daran wahr ist, als auch die mythologische Vorstellung, die sich in der öffentlichen Meinung daran knüpft — auf den Rüstungswettlauf zurückzuführen, der mit der Rivalität zur Sowjetunion zusammenhängt. Der Rüstungswettlauf aber ist, wie mir scheint, durch die Wechselwirkung von Technik und Politik bestimmt, bei der die Militärs keineswegs die Initiative gehabt haben.

Einige sehen im Pentagon so etwas wie einen Polypen, der aufgrund einer fiktiven Bedrohung die privaten Einkommen verschlingt, um sie einer Rüstung in den Rachen zu werfen, die immer raffinierter und kostspieliger wird; verschiedentlich ist dabei vom ›overkill‹ die Rede, einer Überkapazität der Vernichtung bzw. einer Kapazität der Übervernichtung. Wozu 1 000 Minuteman, über 600 Polaris- oder Poseidon-Raketen, wo doch eine einzige Wasserstoffbombe, selbst von geringer Sprengkraft (ein bis zwei Megatonnen) genügt, um eine Großstadt zu zerstören? Ist es nicht von einer bestimmten Schwelle an gleichgültig, ob eine der Großmächte über mehr Megatonnen verfügt? Wäre die sowjetisch-amerikanische Krise im Oktober-November 1962 nicht genau so abgelaufen, auch wenn die Vereinigten Staaten nicht eine beinahe zehnfache Überlegenheit an ballistischen Raketen gegenüber der Sowjetunion besessen hätten? Ich persönlich glaube, daß der Ausgang der Krise hauptsächlich durch die Überlegenheit der konventionellen Streitkräfte der Vereinigten Staaten auf dem Schauplatz der eventuellen Auseinandersetzung bestimmt wurde, doch kann man nicht mit Bestimmtheit ausschließen, daß die Verantwortlichen in Washington aus einem Vergleich zwischen den H-Bomben-Arsenalen ein gewisses Vertrauen auf die eigene Stärke abgeleitet haben. Wenn es nicht zu einer Kraftprobe kommt, so doch zu einem Messen der Willenskräfte, das sich im Bewußtsein der Diplomaten abspielt. Mag auch der Schreibtisch-Theoretiker immer wieder behaupten, von einem bestimmten Umfang der Zerstörung ab — 20 Millionen, 50 Millionen Tote? — jeglicher Unterschied verschwindet: Es ist durch nichts erwiesen, daß die Diplomaten so denken, oder auch nur, daß es falsch wäre, wenn sie anders dächten. Bei einem beträchtlichen Unterschied in der Vernichtungskapazität würde der erste Schlag des Stärkeren bei den Ressourcen und Nuklearstreitkräften des Schwächeren derartige Schäden anrichten, daß dieser auf sozusagen posthume Vergeltungsmaßnahmen sehr wohl verzichten könnte.

Wie es sich in diesem umstrittenen Punkt der Theorie auch immer verhalten mag — der vermutlich unwiderstehliche qualitative Rüstungswettlauf ist von der Technik ausgelöst worden. Die Sowjets *konnten* dem Baruch-Plan nicht zustimmen (wie hätten sie denn dem Klassenfeind vertrauen sollen?), mit dem die Vereinigten Staaten nach dem Kriege hervortraten, um die Ausbreitung von Atomwaffen und einen Wettlauf zwischen den Staaten um das Geheimnis dieses tödlichen Instrumentes zu verhindern. Nachdem die Sowjets 1949 eine Atombombe gezündet hatten, konnte Präsident Truman nicht anders, als grünes Licht für die Forschungen zur Herstellung einer Wasserstoffbombe zu geben. Das erste Exemplar stand den Russen wie den Amerikanern im selben Jahr, 1954, zur Verfügung. 1957 brachte der erste Sputnik die amerikanischen Führungskreise, die sich ihrer wissenschaftlichen und technischen Überlegenheit so sicher gewesen waren, mit einem Schlage um ihre Ruhe. Überstürzt baten die Militärs ihre Bündnispartner Großbritannien, Türkei und Italien um die Erlaubnis, Abschußbasen für Mittelstreckenraketen zu errichten, so als hätten sie befürchtet, daß die amerikanischen Abschreckungsmittel unzulänglich sein könnten und daß die Sowjetunion innerhalb weniger Jahre in der Zahl der Raketen überlegen sein könnte. Das war eine Überreaktion, wie vermutlich auch das Kennedy-McNamara-Programm von 1961—62. Gleichwohl verdrängten die Raketen nach und nach die Bomber, und auf die Eroberung der Lüfte folgte die Eroberung des Weltraums. Kann man sich vorstellen, daß eine Nation, die den führenden Platz in der Welt anstrebt, nicht ihre natürlichen und geistigen Hilfsquellen und ihr Prestige aufgeboten hätte, um den Wettlauf zum Mond zu gewinnen — einen Wettlauf, der sich kaum von dem Wettlauf um die thermonukleare Überlegenheit unterschied, mit Wasserstoff-Sprengköpfen und ballistischen Raketen, die in Silos versenkt oder auf Unterseebooten montiert waren?

Es war das offizielle Ziel des Kennedy-McNamara-Programms, einige Jahre lang nicht nur eine numerische Überlegenheit an ballistischen Raketen, sondern auch eine Fähigkeit zum ersten Schlag zu behalten (Ausschaltung eines Teils der sowjetischen Vergeltungsstreitmacht). Letzten Endes scheint es jedoch, als sei McNamara nie ganz von den Subtilitäten überzeugt gewesen, die von den ›whiz-kids‹, den glänzenden jungen Analytikern in seiner Umgebung verbreitet wurden, welche sich mit der schlichten Theorie eines Gleichgewichts aufgrund der gegenseitigen Vernichtungskapazität beim zweiten Schlage (14) nicht anfreunden wollten. Als McNamara den Russen riet, sie sollten darauf achten, ihre ballistischen Raketen durch unterirdische Silos zu schützen, gab er damit natürlich die Fähigkeit zum ersten Schlage auf; gleichzeitig geriet er in Gefahr, auf welche die Analytiker hinwiesen, daß die Sowjets aufgrund der Verwundbarkeit ihrer Vergeltungswaffe in einer Krise unbesonnen reagieren könnten.

Seither haben die amerikanischen Führer den Rüstungswettlauf mit Verhandlungsbemühungen verknüpft, um diesen Wettlauf anzuhalten und die auf beiden Seiten verfügbaren atomaren Streitkräfte zu stabilisieren. Kennedy erreichte das Abkommen über die partielle Einstellung der Atomversuche, Johnson das Abkommen über die Nichtweiterverbreitung, Nixon die SALT-Abkommen.

Die Frage, ob es den Vereinigten Staaten einige Jahre früher möglich gewesen wäre, ein derartiges Abkommen auszuhandeln, als die Sowjets noch nicht ihre gegenwärtige Überlegenheit an Megatonnen und Raketenzahlen besaßen, soll hier nicht erörtert werden. Auch soll hier nicht auf den Erfolg der Amerikaner eingegangen werden, denen es gelang, die Sowjets zum Verzicht auf die ABM-Technik, also auf die Antiraketen-Raketen zu bewegen und sie von ihrer traditionellen These abzubringen, ein Verteidigungsmittel unterscheide sich qualitativ von einem Angriffsmittel. Es scheint, als hätten die Russen schließlich jene amerikanische Doktrin akzeptiert, die Donald Brennan als *Mutural Assured Destriction,* als gegenseitig garantierte Vernichtung, bezeichnet, eine Doktrin, die durch ihre Anfangsbuchstaben MAD als verrückt gekennzeichnet ist.

Dieser Rückblick auf die wichtigsten Ereignisse scheint mir die landläufige Auffassung zu bestätigen, daß Forschungsgruppen finden, was sie suchen. Das letzte Vierteljahrhundert hat beispiellose Mittel der Zerstörung, des Rechnens, der Kommunikation und des Transports bereitgestellt. Es gab zwar die Konkurrenz zwischen Russen und Amerikanern, doch hätten die Techniker auf jeden Fall die Wasserstoffbomben und die ballistischen Raketen gebaut und die Elektronik entwickelt. Der Rüstungswettlauf ist weniger durch die Militärs als vielmehr durch die Wissenschaft und die Forscherteams ausgelöst worden. Als während des zweiten Weltkrieges Wissenschaftler und Techniker einberufen wurden, haben die wahren Revolutionäre — die Physiker — den gewohnten Konservatismus der Generalstäbe mit einem Schlage hinweggefegt, und es besteht keine Hoffnung, daß die gute alte Zeit noch einmal wiederkommt. In der Zwischenkriegszeit hatte ein General, der die Kavallerieschule von Saumur leitete, den unvergeßlichen Satz geäußert: ›In dem Maße, wie der Krieg sich entfernt, gewinnt das Pferd seine ganze Bedeutung zurück.‹ Vielleicht ist es eher angebracht, eine Äußerung von Auguste Comte anzuführen, die ich an anderer Stelle schon zitiert habe: Der beste Beweis für den grundlegenden Pazifismus der industriellen Gesellschaft sei, so schrieb er, das Mißverhältnis zwischen den bestehenden Rüstungen und denjenigen, die sich herstellen ließen, wenn durch eine zeitweilige Verwirrung die Gelegenheit und das Bedürfnis danach entstünden.

An der Tatsache, daß ein republikanischer Präsident, der Kongreß und das Pentagon eine gewisse Form sowjetischer Überlegenheit akzeptiert haben, werden sowohl die entscheidende Rolle, welche die öffentliche Meinung in den Vereinigten Staaten jedenfalls langfristig spielt, als auch die Grenzen des militärisch-industriellen Komplexes deutlich. Das State Department, die CIA und das Pentagon neigen als Großorganisationen in der Tat dazu, einen eigenen Willen, eine gewisse Autonomie zu entwickeln; die Loyalität ihrer Mitglieder gehört zugleich der Organisation wie der Nation, aber in erster Linie wohl der Organisation. Wenn er handeln, und besonders wenn er rational handeln will, muß der Präsident über den Streitigkeiten zwischen diesen Organisationen (und auch zwischen seinen Beratern) stehen. So unvermeidlich es ist, wenn in einem vereinfachten historischen Abriß die Vereinigten Staaten (oder die Sowjetunion) als *ein* Handelnder dargestellt werden, so entsteht doch eine Kluft zwischen Darstellung und Realität. Jede der Organisationen neigt dazu, ihren Verantwortungsbereich immer mehr auszudehnen. (15) Seit 1947/48 war für alle Organisationen trotz ihrer Rivalität eine bestimmte historisch-politische Weltsicht verbindlich, die bestimmt war durch einen Feind, die Sowjetunion bzw. den Kommunismus, was in Europa, weniger aber in der übrigen Welt eins war.

Der chinesisch-sowjetische Konflikt, der Vietnamkrieg, die moralische Krise in den Vereinigten Staaten sowie Wandlungen in der Sowjetunion und das neue Gesicht, das sie nach außen hin zeigt, bewirkten eine allmähliche Veränderung dieser historisch-politischen Sicht. Dabei bleibt die Sowjetunion ein Rivale, und Rotchina verkörpert weiterhin ein ökonomisches und ideologisches System, das dem der Vereinigten Staaten entgegengesetzt ist; in dem Maße, wie die Gegenseite verändert wahrgenommen wird, schwächt sich die Feindschaft ab und wird zur Rivalität; das Verteidigungsbudget, Zielscheibe der Kritik aus dem Senat, wird in die drei Kapitel ›partnership‹, ›strength‹ und ›negotiation‹ eingeteilt und unter dem Obertitel einer ›Außenpolitik‹ vorgestellt, ›die einen dauerhaften Frieden und die Freiheit anstrebt mit Hilfe einer Strategie der nationalen Sicherheit, die auf einer realistischen Abschreckung und einer Diplomatie aktiver Verhandlungen beruht‹.

Was bleibt vom Mythos des industriell-militärischen Komplexes übrig? Es bleibt die Realität der Großorganisationen, die in Symbiose miteinander leben und Personal untereinander austauschen, wobei die ständige Gefahr besteht, daß jede ihr Eigentinteresse, d. h. ihre eigene Expansion, mit dem nationalen Interesse gleichsetzt; und es bleibt die ständige Notwendigkeit einer Kontrolle durch den Kongreß und von Anstößen, die von der Präsidentschaft ausgehen — einer parlamentarischen Kontrolle, um die Selbständigkeit der Bürokratien einzuschränken, und einer Initiative des Präsidenten, um ein Absinken zur Routine zu verhindern.

Vielleicht verdient die Mobilisierung zahlreicher ›liberaler‹ (im amerikanischen Sinne) Intellektueller für den Kalten Krieg und der Wechsel von Professoren zwischen Universitäten und Pentagon (bzw. dem Weißen Haus) mehr Beachtung als die Tatsache, daß *General Dynamics* pensionierte Generäle einstellt. Es mag sein, daß einige der Intellektuellen in Kennedys Umgebung — wie etwa Arthur Schlesinger — von vornherein die Landung in der Schweinebucht abgelehnt haben; daß sie die Kommandooperationen in Nordvietnam nicht sehen wollten; oder daß sie die Intervention in der Dominikanischen Republik bedauert haben. Entgegen einer alten Tradition war das außenpolitische Wirken der Republik zur überragenden Sorge des Präsidenten und seiner Berater geworden. Die neue Generation lehnt diese Prioritätenfolge ab; sie will weder eine Vormachtstellung der Vereinigten Staaten noch eine Unterordnung innenpolitischer Probleme unter die Erhaltung einer nichtkommunistischen Regierung in Saigon. Sie glaubt nicht, daß es für das Wohl der Republik und für das Überleben des Kapitalismus erforderlich ist, daß die Vereinigten Staaten im Rahmen des zwischenstaatlichen Systems in einer Weise wirken, wie sie seit einem Vierteljahrhundert zu beobachten war, oder daß sie gar die Rolle der führenden Wirtschaftsmacht auf dem kapitalistischen Weltmarkt spielen müssen.

3

›*Daß die vollziehende Gewalt in Amerika weniger stark ist als in Frankreich, rührt vielleicht mehr von den Umständen als von den Gesetzen her. Die vollziehende Gewalt einer Nation findet hauptsächlich in den Beziehungen zum Ausland Gelegenheit zur Entfaltung ihrer Geschicklichkeit und ihrer Stärke. Wäre das Leben der Union ständig bedroht, wären ihre Hauptinteressen täglich mit denen anderer mächtiger Völker verflochten, so nähme das Ansehen der vollziehenden Gewalt zu, gemäß dem, was man von ihr erwartet und was sie ausführt.*‹ (16) So schrieb Alexis de Tocqueville vor beinahe anderthalb Jahrhunderten; seit dreißig Jahren — seit 1941 — sind die Hauptinteressen der Union mit denen anderer mächtiger Völker verflochten. Die Umstände haben zu jenen Konsequenzen geführt, die ein Beobachter aus dem alten Europa, ohne sonderlich hellsichtig zu sein, vorhergesehen hatte. Der Präsident der Vereinigten Staaten hat ›fast königliche Vorrechte‹ ausgeübt, die er bereits besaß, als Tocqueville sein Werk ›Über die Demokratie in Amerika‹ verfaßte. Ist es wahr, daß die Republik, mittlerweile imperial geworden, sich im Inneren in ein Imperium verwandelt hat und daß der Präsident wie ein unumschränkter Souverän handelt? Oder muß man sagen, daß die Verfassung, von Männern entworfen, denen mehr an einer Beschränkung als an einer Stärkung der vollziehenden Gewalt lag, das außenpolitische Verhalten der Vereinigten Staaten unbeweglich oder unbeständig macht und einmal in dieser, einmal in jener Richtung über das Ziel hinausschießen läßt?

In der Verfassung sind die jeweiligen Vorrechte der Exekutive oder des Kongresses (besonders des Senats) in außenpolitischen Angelegenheiten nicht genau festgelegt. Zwei Rechte genoß und genießt der Senat noch immer: er erklärt den Krieg und ratifiziert Verträge, und er bewilligt die Mittel. Der Kongreß würde einen Präsidenten, dem er die nötigen Mittel für seine Diplomatie versagte, theoretisch zur Ohnmacht verurteilen. In den beiden letzten Jahren hat der Senat diese Waffe benützt, um Präsident Nixon zu zwingen, die Intervention amerikanischer Truppen in Südostasien einzuschränken, und um ihn an der Entsendung von Truppen in bestimmte Länder, etwa Kambodscha, zu hindern.

Der Präsident wiederum besitzt in seiner Eigenschaft als Oberbefehlshaber der Streitkräfte noch immer Vorrechte, deren Grenzen weder der Jurist noch der Laie genau festzulegen vermag. Aufgrund dieser Vorrechte ergreift er — auch ohne Kriegserklärung — die notwendigen Maßnahmen, um Leben und Gut amerikanischer Bürger im Ausland zu schützen. In den letzten 25 Jahren gab es keine Kriegserklärung; ob es dem Lande nützte oder schadete, der Präsident hat auch ohne Kriegserklärung keine Schwierigkeiten gehabt, ein Expeditionskorps zunächst nach Korea und später nach Vietnam zu entsenden. Gleichwohl hat er sich in beiden Fällen der Unterstützung beider Parteien und einflußreicher Senatoren versichert. Die im Jahre 1964 nach den Zwischenfällen im Golf von Tonkin vom Senat gefaßte Entschließung stellte dem Präsidenten gewissermaßen einen Blankoscheck aus; einige Jahre später bereuten die Verfasser und Unterzeichner dieser Entschließung das Vertrauen, das sie aufgrund von Informationen, die rückblickend zweifelhaft oder verzerrt erscheinen, in Johnson gesetzt hatten. (17)

Im übrigen läßt sich sogar die Vorschrift, daß der Kongreß einen Vertrag ratifizieren muß, umgehen. Die Lehrbücher zum Verfassungsrecht führen zwei Beispiele an. Für die Zustimmung des Kongresses zum offiziellen Unionsbeitritt von Texas bedurfte es, da eine Zweidrittelmehrheit im Senat nicht zustande kam, einer gemeinsamen Entschließung beider Kammern. In Form eines ›executive agreement‹, einer Regierungsvereinbarung, kann der Präsident mit auswärtigen Regierungen Vereinbarungen treffen, die sich mit Verträgen vergleichen lassen. Ein Beispiel dafür ist die Vereinbarung zwischen Roosevelt und Churchill aus dem Jahre 1940, auf deren Grundlage Großbritannien im Austausch für die Errichtung amerikanischer Stützpunkte auf britischem Territorium in der Karibik fünfzig Torpedoboote erhielt. Die wichtigsten Verträge des letzten Vierteljahrhunderts, der Nordatlantikpakt und der Friedensvertrag mit Japan, wurden von den Beratern des Präsidenten in Zusammenarbeit mit den einflußreichsten Senatoren ausgehandelt. Der Senat brauchte sich nicht mit sämtlichen Verpflichtungen zu befassen, die der Präsident gegenüber Dutzenden von ausländischen Staaten eingegangen war. Andererseits kann der Kongreß bei der alljährlichen Abstimmung über die Wirtschafts- und Militärhilfe sowie über den Verteidigungshaushalt zwar die Maßnahmen des Präsidenten nicht grundlegend abändern, aber doch seine Haltung gegenüber der Exekutive oder gegenüber bestimmten Ländern zum Ausdruck bringen.

Seit den Anfängen der Union ist das außenpolitische Verhalten der Vereinigten Staaten sowohl vom Präsidenten als auch vom Senat beeinflußt worden, doch sind sich die Beobachter darin einig, daß der Präsident im ganzen gesehen einen größeren Einfluß hatte als der Senat. Nur zwei der Kriege, die seit der Unabhängigkeit geführt wurden — der Krieg gegen England im Jahre 1812 und der gegen Spanien im Jahre 1898 —, waren eher auf die Initiative von Kongreßmitgliedern oder pressure groups als auf Absichten oder Handlungen des Präsidenten zurückzuführen. Bei der Entstehung von vier größeren Kriegen — des Krieges gegen Mexiko, des Bürgerkrieges und der Interventionen von 1917 und 1941 — spielte der Präsident eine gewichtigere Rolle als der Kongreß. Wenn der Präsident seit 1945 von seinen ›fast königlichen Rechten‹ weitgehenden Gebrauch gemacht hat, so hat er damit keine Neuerung eingeführt, sondern lediglich einen Weg, der ihm seit langem offenstand, weiterverfolgt.

Im 19. Jahrhundert bestand zwischen Präsident und Senat in der Regel Einigkeit, sofern es um Schritte der Exekutive ging, die der Erweiterung der Union auf den ganzen Kontinent galten. Eine Ausnahme bildete Texas; der Widerstand des Senats gegen die Annexion beruhte zum Teil auf Streitigkeiten zwischen Liberalen und Demokraten und auf persönlichen Auseinandersetzungen (Clay, Van Buren, Polk). Polk, der für die Annexion eintrat, erreichte die Zustimmung des Kongresses durch eine gemeinsame Entschließung, nachdem er zum Präsidenten gewählt worden war, da der Senat vor der Präsidentenwahl die Ratifizierung des Vertrages abgelehnt hatte. Dagegen widersetzte sich der Senat häufig, ja nahezu systematisch solchen Vorhaben, die an die imperialistischen Unternehmungen der Europäer erinnerten. Die Einigung des amerikanischen Kontinents, selbst unter Einschluß Kanadas, war die offenbare Bestimmung der Republik, und der Besitz oder die Annexion von Territorien, die nicht zum integrierenden Bestandteil der Union und zu neuen Bundesstaaten werden konnten, war mit dieser Bestimmung unvereinbar. Daher die schon im Prolog erwähnten Widerstände des Senats bezüglich Hawais, Samoas, der dänischen Antillen und sogar der Philippinen, deren Annexion der Senat nur im Wege der Ratifikation des Gesamtvertrages bestätigte. So fragte sich denn auch die Öffentlichkeit, nachdem das propagandistisch angeheizte imperiale Fieber wieder zurückgegangen war, nach der Berechtigung des Krieges gegen Spanien und mehr noch nach der Berechtigung der auf den Sieg folgenden Annexionen, und als nach der Niederlage Deutschlands im ersten Weltkrieg das Kreuzzugsfieber sich gelegt hatte, stand der demokratische Präsident vor einem Kongreß mit republikanischer Mehrheit. Wir wollen hier nicht eine oft erzählte Geschichte wiederholen: Die Vereinigten Staaten verwarfen den Vertrag, den ihr Präsident ausgehandelt hatte, und den Völkerbund, dessen großartige Konzeption von ihm ausgegangen war. Darüber hinaus schuf der ›Revisionismus‹, der die Banken und die Händler des Todes für die amerikanische Intervention verantwortlich machte, (18) ein Klima, in dem der Kongreß eine erweiterte Verantwortung für die Führung der amerikanischen Diplomatie übernahm und dadurch den Gang der Ereignisse beeinflußte: Die in den dreißiger Jahren verabschiedeten Neutralitätsgesetze verringerten den Abschreckungseffekt, der für Hitler möglicherweise vom Risiko einer amerikanischen Intervention ausgegangen wäre. Die Besessenheit, mit der Roosevelt Stalin zur Teilnahme an den Vereinten Nationen bewegen wollte, und die Äußerungen von Jalta, daß die amerikanischen Truppen wahrscheinlich nicht länger als zwei Jahre in Europa bleiben würden, illustrieren das berühmte Wort Paul Valérys, daß der Mensch rückwärts gewandt in die Zukunft eintritt.

Dreißig Jahre später fragten sich die Amerikaner — Journalisten, Professoren, Politiker und Bürger — nicht mehr, ob eine bestimmte Diplomatie mit der Verfassung vereinbar ist, sondern ob die imperiale Diplomatie sich mit dem republikanischen System überhaupt verträgt und ob der Senat sich nicht seiner Vorrechte begeben und dadurch seine Pflichten vernachlässigt hat.

Die Diplomatie der unmittelbaren Nachkriegszeit war, wie es mit dem geläufigen Ausdruck heißt, ›bipartisan‹, wurde von beiden Parteien getragen. Entscheidenden Anteil an der Vorbereitung und der Annahme des Nordatlantikpakts durch den Senat hatte ein vom Isolationismus bekehrter republikanischer Senator, Arthur Vandenberg. Bis in die zweite Hälfte der sechziger Jahre hinein und bis zum Vietnamkrieg hat es keinen fundamentalen Gegensatz zwischen dem Kongreß und den Präsidenten Truman, Eisenhower, Kennedy und Johnson gegeben. Muß man daraus schließen, daß der Kongreß und die öffentliche Meinung, die Presse und die Parteien dem Präsidenten völlige Handlungsfreiheit gelassen und ihn ständig unterstützt haben? Eine solche Auffassung ginge eindeutig fehl.

Die auf die ganze Erde ausgedehnte aktive Eindämmungsdiplomatie ist *im großen und ganzen* von beiden Parteien, von der Presse und — nach Umfrageergebnissen zu urteilen — von der Mehrheit der öffentlichen Meinung massiv unterstützt worden. Allerdings sind zweimal die Präsidenten Truman und Johnson wegen ihrer Kriegführung in Korea und Vietnam zur Zielscheibe leidenschaftlicher Kritik in Presse und Kongreß geworden — einer im übrigen völlig verständlichen Kritik; für den amerikanischen Bürger bleibt das Recht auf ›dissent‹, das Recht auf eine abweichende Meinung, ein geheiligtes Recht, in dem sich gleichsam die Freiheit des einzelnen gegenüber der Macht verkörpert. Das souveräne Volk fällt sein Urteil über diejenigen, denen es die Führung der Republik anvertraut hat. Im übrigen wiesen die beiden Kriege alle Merkmale auf, die sie unpopulär machen mußten: Es waren imperiale Kriege zur Aufrechterhaltung der zwischenstaatlichen Ordnung, zur Verteidigung der Grenzmarken des amerikanischen Verantwortungsbereichs, zur Abwehr der Verletzung einer Demarkationslinie, unerklärte Kriege ohne eindeutige Rechtfertigung, ohne klare Zielsetzung und ohne Aussicht auf einen entscheidenden Sieg. Trotz allem hat die öffentliche Meinung sie hingenommen — jedenfalls soweit sie sich in Meinungsumfragen oder in Wahlen geäußert hat.

Gewiß wurden Truman und Acheson von republikanischen Senatoren, von einem Teil der Presse und von Senator McCarthy angegriffen, doch wurden sie niemals durch eine unwiderstehliche Massenbewegung gezwungen, das koreanische Schlachtfeld aufzugeben oder im Streben nach einem entscheidenden Sieg bis zum Jalu vorzustoßen. Gegen Johnson und den Vietnamkrieg hat sich dagegen eine leidenschaftliche Auflehnung entwickelt, die den Präsidenten wahrscheinlich gezwungen hat, sich 1968 nicht zur Wiederwahl zu stellen. Sein Nachfolger mußte den größten Teil des Expeditionskorps wieder nach Hause holen. Als er nach dem Sturz des Prinzen Sihanuk Truppen nach Kambodscha schickte, kam es an den Universitäten zum Aufruhr, und im Senat verschärfte sich der Kleinkrieg, der besonders von dem Ausschuß für Auswärtige Angelegenheiten und seinem Vorsitzenden Fulbright geführt wird. Der Präsident mußte versprechen, keine GIs in Kambodscha und Laos einzusetzen (Berater wurden allerdings weiterhin entsandt, und die Luftwaffe wurde nach Thailand verlegt). Als Nixon jedoch im Jahre 1972 angesichts der nordvietnamesischen Offensive beschloß, die Häfen Nordvietnams zu verminen, die Flotte im Golf von Tonkin zu verstärken und die Bombardierung Nordvietnams noch zu steigern, blieb der Protest weit hinter dem der Jahre 1968/69 zurück. Es schien, als flaute die moralische Empörung selbst bei Studenten und Professoren ab, nachdem die Operationen zur ausschließlichen Angelegenheit der Berufssoldaten von Luftwaffe und Marine geworden waren. Eine Republik kann einen imperialen Krieg nur mit einer Armee von Berufssoldaten führen.

Es ist befürchtet worden, die Einmischung des Kongresses in die Führung der Außenpolitik gefährde deren Kontinuität und Wirksamkeit, und es ist behauptet worden, die Diplomatie sei ihrer Natur nach mit dem Wesen der Demokratie unvereinbar; welche dieser beiden Auffassungen ist nun durch die Erfahrung eines Vierteljahrhunderts bestätigt worden?

Sind der Kongreß und die öffentliche Meinung für einige der Irrtümer verantwortlich, die man heute weithin eingesehen hat, etwa für die überstürzte Rückführung der amerikanischen Armee nach 1945, die Demobilisierung und die Beschränkung der Verteidigungsausgaben während der entscheidenden Übergangsjahre zwischen dem Bündnis gegen das Dritte Reich und dem Ausbruch des Kalten Krieges? Eine solche Auffassung ist durch nichts gerechtfertigt. Der Präsident wollte mit der Rückführung der GIs lediglich dem Wunsch der — wie er glaubte — großen Mehrheit entsprechen; wäre er selbst überzeugt gewesen, daß das nationale Interesse einen Aufschub der Heimkehr oder eine langsamere Demobilisierung erfordere, so hätte er aller Wahrscheinlichkeit nach das Volk davon überzeugen können. In dieser Hinsicht sind die Führer der Republik 1945 dem traditionellen Brauch gefolgt, nach der Beendigung der kriegerischen Aufgabe unverzüglich wieder zu den Tätigkeiten der Friedenszeit zurückzukehren.

Vielleicht hat Präsident Truman sich der Sprache des Kreuzzugs bedient, weil er es für nötig hielt, um den Kongreß und das Land zu mobilisieren. Auch hier wieder sahen sich die Verantwortlichen Zwängen ausgesetzt, die sie selbst erzeugten — und zwar aus der Befürchtung heraus, auf Widerstände zu stoßen, die überhaupt nicht vorhanden waren. Der Verlauf des Koreafeldzuges — Überqueren des 38. Breitengrades, Offensive zum Jalu, Niederlage, Rückzug und Waffenstillstandsverhandlungen — scheint dagegen überwiegend von den Erwägungen, Meinungsverschiedenheiten und Entscheidungen der Verantwortlichen, von den Spannungen zwischen dem Präsidenten und General MacArthur sowie zwischen Acheson und einem Teil des Senats bestimmt gewesen zu sein. Im Vergleich zum Leiter des britischen Foreign Office hat es der Chef des State Departments, der ständig von Senatsausschüssen und pressure groups bedrängt wird, schwer. Das heißt jedoch nicht, daß der Präsident nicht eine weitgehende Handlungsfreiheit genießt.

Diese Freiheit ist offensichtlich nicht unbegrenzt. Die Umfrageergebnisse, mit denen Prof. Kenneth Waltz (19) seine These begründet, lassen unterschiedliche Interpretationen zu. Sie beweisen, daß in Krisenzeiten stets ein beträchtlicher Teil der Öffentlichkeit (ein hoher Prozentsatz der Befragten) die Handlungsweise des Präsidenten billigt. Während des Koreafeldzuges gab es unter den Befragten drei Gruppen, deren Umfang sich je nach den Gegebenheiten änderte: eine Minderheit, die den Rückzug befürwortete, eine größere Gruppe, die eine energische Strategie (eine Strategie des Sieges) vertrat, und eine dritte Gruppe, die für die Begrenzung des Krieges und für Verhandlungen eintrat. Diese Reaktion der Öffentlichkeit war zu erwarten, drückte sich in ihr doch nur das Meinungsbild innerhalb der politischen Führungsschicht aus. Diese beging — wie übrigens auch die Angehörigen der Exekutive — den Fehler, mit einem gemäßigten Handeln eine extremistische Sprache zu verbinden.

Es ist möglich, daß der scheinbare Extremismus einer Diplomatie des Status quo teilweise auf den Einfluß der öffentlichen Meinung und des Kongresses zurückgeht, der seinerseits auf vermeintliche Tendenzen der Öffentlichkeit reagierte. Richard Nixon erhielt Beifall, als er das Risiko einging, nach Peking zu reisen. Hatte die öffentliche Meinung sich in der Zwischenzeit geändert? Zweiffellos; aber wäre sie einige Jahre früher ein unüberwindliches Hindernis gewesen? Der McCarthyismus und der wahnhafte Antikommunismus, der im Lande herrschte, haben auf das außenpolitische Wirken der Vereinigten Staaten abgefärbt, haben die Verantwortlichen von bestimmten Initiativen abgehalten und den Gegensatz zwischen den Phrasen des Kalten Krieges und dem tatsächlichen Verhalten gegenüber der Sowjetunion noch verschärft. Die Reaktion gegen die Auswüchse der Vergangenheit, die seit einigen Jahren zu beobachten ist, verstärkt den Eindruck der Unbeständigkeit der amerikanischen Diplomatie und des Landes selbst. In den frühen sechziger Jahren bewilligte der Senat oft höhere Mittel für die Verteidigung, als die Exekutive verlangt hatte. Das erste Abkommen über die partielle Einstellung der Atomversuche von 1963 wurde von den Senatsausschüssen mit Besorgnis aufgenommen. Im Jahre 1972 wäre es dem Präsidenten schwer gefallen, Mittel für das ABM-Raketenabwehrsystem zu erhalten. Vielleicht hat er einer scheinbaren sowjetischen Überlegenheit deshalb zugestimmt, weil er ohnehin keine Hoffnung hatte, die notwendigen Mittel für ein anderes Programm zu bekommen.

Zu Johnsons Umkehr haben (neben den Forderungen der Stabchefs nach zusätzlichen 200 000 Mann, und außer dem neuen Verteidigungsminister) Öffentlichkeit und Kongreß gemeinsam beigetragen. Es ist nicht so, daß die Umfragen eine Mehrheit für den Rückzug ergeben hätten; vielmehr ging von den Methoden des Protests und von den Senatoren des außenpolitischen Ausschusses ein Druck aus, der den Präsidenten in moralischer, wenn nicht sogar in verfassungsmäßiger Hinsicht lähmte. Im übrigen liefert der Vietnamkrieg auch Argumente für die entgegengesetzte Kritik, indem er zeigte, daß der Präsident fast königliche Vorrechte besitzt, daß die Außenpolitik undemokratisch ist und daß der Präsident, wenn er als Oberbefehlshaber der Streitkräfte und als Alleinverantwortlicher für die Operationen der CIA handelt, vollendete Tatsachen schaffen sowie unvollständige und einseitige Informationen vorlegen kann. Der Mann auf der Straße weiß von dieser, im Namen der Union betriebenen Diplomatie zum größten Teil nichts, und selbst die Kongreßmitglieder kennen nur, was davon nach außen sichtbar wird. Hat die Republik jetzt einen *Imperator* und hat der Senat nur noch die Aufgabe, Rituale und Illusionen zu bewahren?

Zu einem Imperium in diesem Sinne ist die Republik nicht geworden. Die größte Zeitung der Vereinigten Staaten hat eine Untersuchung über die CIA veröffentlicht und die vielfältigen Aktivitäten der Geheimdienste aufgedeckt. In welchem Lande Europas hätte man derartige Indiskretionen zugelassen? Es kommt nicht darauf an, ob eine Mehrheit von Befragten sich gegen den amtierenden Präsidenten und seine Politik ausspricht; die öffentliche Meinung ermißt sich nicht allein oder gar in erster Linie an der Zahl. Das Klima, in dem der Präsident und seine Berater leben, wird von der Presse, den Intellektuellen und den Universitäten erzeugt. Können sie sich diesem Klima entziehen? Können sie angesichts der Studentenunruhen, des Zerfalls der Universitäten, der Zahl der Deserteure, der gewaltigen Demonstrationen und der ablehnenden Haltung der Künstler gleichgültig bleiben?

Ich möchte nicht behaupten, daß die Vereinigten Staaten zwischen den Besorgnissen der Demokraten auf der einen, der Diplomaten auf der anderen Seite einen mittleren Weg eingeschlagen haben, der ein wirksames Handeln nach außen ermöglichte, ohne die Kontrolle durch die gewählten Volksvertreter zu opfern. Das ist nicht der Fall. Die amerikanische Republik macht ihrerseits die Erfahrungen der imperialen Mächte, die ihr voraufgegangen sind; der Präsident besitzt eine unerhörte, geradezu erschreckende Möglichkeit, die Nation in Unternehmungen zu verwickeln, die er glaubt nicht mehr aufgeben zu können, ohne das Gesicht zu verlieren. Das außenpolitische Wirken der Vereinigten Staaten ist teilweise dem System der ›checks and balances‹ entzogen. Der Präsident schließt auf dem Wege der Regierungsvereinbarung faktische Bündnisverträge; als Oberbefehlshaber der Streitkräfte schickt er Truppen nach Santo Domingo oder Berater nach Vietnam. Er deckt die CIA, wenn sie kubanische Emigranten ausbildet (wovon die *New York Times* Fidel Castro getreulich unterrichtet). Der Senat erörtert die Höhe und die Aufteilung der Auslandshilfe und verweigert sie den Staaten, die entschädigungslos amerikanische Gesellschaften verstaatlichen. Die Außenpolitik ist im wesentlichen Sache des Präsidenten, seiner privaten Berater (die nicht vor den Senatsausschüssen auszusagen brauchen) und der riesigen zivilen und militärischen Organisationen, die sich mit den ›Hauptinteressen‹ befassen, welche mit denen anderer Völker verflochten sind.

Trotz alledem glaube ich nicht, daß in einem Lande, das an der Freiheit zum ›dissent‹ festhält und dessen Verwaltung vergeblich versucht, in ihrer Geheimniskrämerei der geschwätzigsten Führungsschicht und der vorwitzigsten Presse der Welt Zügel anzulegen, die Macht des Präsidenten keine Grenzen mehr kennt. Es gibt weder im Inneren einen *Imperator* noch nach außen hin ein *Imperium*, sondern nur einen *Quasi-Imperator eines Quasi-Imperiums.*

Wer sich des Ausdrucks ›amerikanisches Imperium‹ bedient, pflegt sogleich hinzuzufügen, daß dieses Imperium mit keinem anderen Imperium zu vergleichen ist und weder militärische Eroberungen nach dem Vorbild der Römer oder Mongolen noch eine direkte Herrschaft über Eingeborenenvölker umfaßt, wie sie die Europäer gegen Ende des letzten Jahrhunderts in Afrika ausübten. Es ist ein Imperium ohne Grenzen und Souveränitätsmerkmale, unsichtbar und allgegenwärtig.

Das Spielen mit und den Spaß an historischen Vergleichen, die durch Leute wie Spengler und Toynbee in Mode kamen — Griechenland und Rom einerseits, Europa und die Vereinigten Staaten andererseits —, diesen Spaß überlasse ich anderen. Jeder mag nach seinem Geschmack die Ähnlichkeiten oder die Unterschiede hervorheben. Was mich betrifft, so sehe ich eher diejenigen Dinge, welche der gegenwärtigen Situation ihre Einmaligkeit verleihen: die Atomwaffen, den unverzüglichen Nachrichtenaustausch, die schnellen Verkehrsverbindungen, die gewaltige Steigerung der Produktions- und Destruktionsmittel, die Verknüpfung zwischen einer wissenschaftlich-technischen Zivilisation und einem demokratischen Ideal, die weltweite Ausdehnung des diplomatischen Aktionsbereiches, den trotz amtlich verordneter Unterbrechungen ständigen Dialog zwischen Russen, Chinesen, Indern, Europäern und Amerikanern.

Alle zwischenstaatlichen Systeme der Geschichte waren oligarchische Systeme, die von wenigen, und zwar den volkreichsten und am besten bewaffneten Staaten beherrscht wurden. Die Beziehung zwischen dem Starken und dem Schwachen ist ihrem Wesen nach asymmetrisch. Solange es keine Gesetze gibt, welche die Rechte und Pflichten des einzelnen festlegen, zwingt der Starke dem Schwachen seinen Willen auf. Das gilt sogar in der bürgerlichen Gesellschaft, die der Herrschaft des Gesetzes unterliegt.

Auch das internationale Wirtschaftssystem besteht aus im wesentlichen nichtegalitären und asymmetrischen Beziehungen. Jeder Austausch, der sich nach der Arbeitsmenge bemißt, ist nicht-egalitär. Ein Land mit hoher Produktivität nimmt eine größere Arbeitsmenge, als es abgibt. Die Währungspolitik der Vereinigten Staaten wahrt eine relative Autonomie; die Verantwortlichen der europäischen Länder müssen sich weitgehend den Entscheidungen, die jenseits des Atlantik fallen, anpassen. Schließlich — last not least — ›beuten‹ die entwickelten Länder im allgemeinen und die Vereinigten Staaten im besonderen die Naturschätze der Dritten Welt aus — unabhängig davon, ob sie das Eigentum an den Bergwerken oder Erdölvorkommen erworben haben.

Nur einen Schritt weiter, und man ist bei einer neuen *Theorie des Imperialismus*, in der sowohl von der Literatur der Jahrhundertwende wie von Lenins kleiner Schrift etwas aufbewahrt ist. Eine Gleichsetzung des *Kolonialismus* bzw. der Errichtung der Herrschaft europäischer Staaten in den Ländern Afrikas und Asiens mit dem *Imperialismus*, der für den Kapitalismus kennzeichnend ist, wird von dieser Theorie abgelehnt. Dabei kommt es nicht darauf an, ob tatsächlich die staatliche Oberhoheit errichtet wurde; was zählt, ist das Wirtschafts-, Handels- und Währungssystem, mit dessen Hilfe die kapitalistischen Staaten einen Teil des Mehrwerts in den unterentwickelten Ländern einstecken und diese auf die Rolle von Rohstofflieferanten und Fertigwarenkäufern beschränken und sie damit im Zustand der Unterentwicklung halten. Es ist gerade dieses System, was als imperialistisch bezeichnet zu werden verdient.

Allerdings müssen wir vorsichtig sein. Wenn man die Tatsache, daß die entwickelten Länder Rohstoffe kaufen und zu Fertigerzeugnissen verarbeiten, als Ausbeutung bezeichnet, dann beuten zwar die Großmächte die Welt aus, doch wer die Erde in noch höherem Maße als die Amerikaner ausplündert, sind die Europäer. Im Jahre 1970 haben die sechs Länder der Gemeinschaft für rund 9 Milliarden Dollar, die Länder der kleineren Freihandelszone für 4 Milliarden und die Vereinigten Staaten für 3 425 Millionen Dollar Rohstoffe eingeführt; die Energieimporte beliefen sich bei den Sechs auf 7 784 Millionen, bei den Ländern der Freihandelszone auf rund 4 Milliarden und bei den Vereinigten Staaten auf rund 3 Milliarden Dollar; an Nahrungsmitteln, Getränken und Tabaken importierten die Sechs für 7,5 Milliarden, die übrigen Europäer für über 6 Milliarden Dollar, während die Vereinigten Staaten für 6,2 Milliarden importierten und für 1,2 Milliarden exportierten. Unter den entwickelten Ländern sind es selbstverständlich die rohstoffärmsten, Europa und Japan, welche die Vorräte anderer Länder ›verbrauchen‹. Bei der internationalen Arbeitsteilung schneiden natürlich die entwickelten Länder gut ab, doch wenn das mit ›Ausbeutung‹ im doppelten Sinne gleichgesetzt wird, scheint mir das eine unglückliche Wortwahl zu sein. Eine solche Gleichsetzung ist nur in drei Fällen vertretbar:

Erstens, wenn ein Land, das einen beträchtlichen Anteil eines exportierten Rohstoffs aufnimmt, seine Kaufkraft oder seine politischen Waffen benützt, um die Preise unterhalb des

Markts zu halten; so sind die Vereinigten Staaten beschuldigt worden, ihre strategischen Vorräte zu benützen, um eine Preiserhöhung bei bestimmten Mineralien zu verhindern. Dies ist ein Beispiel für die ›Ausbeutung‹, wie die Ökonomen sie definieren, als ein Erhöhen oder Unterbieten des Marktpreises dank eines Anbieter- oder Käufer-Monopols bzw. Quasi-Monopols.

Zweitens, wenn, wie die Lateinamerikaner argumentieren, eine ausländische Firma, die im Besitz der Rohstoffvorkommen ist, eine Strategie der Investitionen und des Handels mit der Muttergesellschaft durchführt, die vielleicht *deren* Profite, nicht aber die Einnahmen des Gastlandes maximiert. In diesem Falle kann man die Struktur des Systems als ›imperialistisch‹ oder ›kolonialistisch‹ im paramarxistischen Sinne bezeichnen, denn unter sonst gleichen Voraussetzungen ist es für ein Land profitabler, seine natürlichen Reichtümer selbst auszubeuten, statt sie durch eine ausländische Gesellschaft ausbeuten zu lassen, und die Rohstoffe an Ort und Stelle zu verarbeiten, statt sie unverarbeitet zu verkaufen. Natürlich läßt sich anhand dieser banalen Feststellungen nicht entscheiden, wann es besser ist, fremdes Kapital zu Hilfe zu nehmen.

Drittens schließlich, wenn das System durch seine Funktionsweise zwangsläufig die Armut der einen und den Reichtum der anderen zu verewigen oder gar die Kluft zwischen ihnen zu erweitern scheint. Das soll nicht heißen, daß der Reichtum der entwickelten Länder im abstrakten Sinne die Armut der Dritten Welt erforderlich macht oder auf ihr beruht. Tatsächlich würde aber die Funktionsweise des Systems bzw. des kapitalistischen Weltmarktes die bereits industrialisierten Länder derart begünstigen, daß die übrigen Länder in ihrer Mehrheit zu einer unterentwickelten Zukunft verurteilt wären, es sei denn, es käme zu einer sozialistischen Revolution (gleichgültig, ob im Namen des Marxismus oder des Antimarxismus).

Die entscheidende Frage wird durch die dritte Hypothese aufgeworfen, nämlich: Stellen die industrialisierten Volkswirtschaften in ihrem gegenwärtigen Zustand einen Rahmen dar, der einen Entwicklungsstart der rückständigen Länder begünstigt, oder behindern sie ihn? Die Erfahrung der letzten 25 Jahre läßt eine definitive Antwort im einen oder anderen Sinne nicht zu, aber sie enthält einen Ratschlag, in dem ausnahmsweise Moral und Klugheit Hand in Hand gehen: Mögen die Großmächte es den Kleinen überlassen, frei über ihr Regime zu entscheiden.

Anmerkungen

1 Der Verteidigungsreport (zur Friedensstrategie von Präsident Nixon) trägt den Titel: ›Zu einer nationalen Sicherheitsstrategie der realistischen Abschreckung‹ (›Towards a National Security Stretegy of Realistic Deterrence‹). Bei den Tabellen im Anhang werden drei Zeitabschnitte unterschieden: 1953—1960 unter dem Titel ›Massive Vergeltung, Schirm für die Verbündeten‹ (Glaubwürdigkeit aufgrund nuklearer Überlegenheit); 1961—1968 (Kennedy-Johnson-Periode) unter dem Titel ›Strategische Abschreckung‹ (Glaubwürdigkeit aufgrund garantierter Vernichtung); und schließlich die Nixon-Periode, gleichfalls mit ›strategischer Abschreckung‹ betitelt, die jedoch anders interpretiert wird: Die Glaubwürdigkeit beruht jetzt auf ausreichenden Kräften und/oder auf SALT. Von der zweiten zur dritten Periode sank die Mannschaftsstärke der Streitkräfte von 3,5 Millionen (1968) auf 2,5 Millionen (1972). In konstanten Dollars von 1972 gingen die Verteidigungsausgaben von 99,9 Milliarden im Jahre 1969 auf 76 Milliarden im Jahre 1972 und damit auf den Stand von 1964 zurück. Ihr Anteil am Bruttosozialprodukt, der 1964 8,3 Prozent betrug, stieg 1968 auf 9,5 Prozent und fiel bis 1972 auf 6,8 Prozent.

Nach der vom Institute of Strategic Studies herausgegebenen Broschüre ›Military Balance‹ beliefen sich die sowjetischen Verteidigungsausgaben (ausgenommen die Reserven) 1971 — berechnet in amerikanischen Dollars und zu amerikanischen Preisen — auf 72 Milliarden Dollar bzw. einschließlich der Reserven auf 84 Milliarden Dollar und im Jahre 1972 auf 77 bzw. 91 Milliarden Dollar, waren also 5 bzw. 10 Prozent höher als die amerikanischen Ausgaben.

Der gleichen Quelle zufolge unterhält die Sowjetunion in Mittel- und Osteuropa, 31 Divisionen: zwanzig (darunter zehn Panzerdivisionen) in Ostdeutschland, zwei Panzerdivisionen in Polen, vier Divisionen (davon zwei Panzerdivisionen) in Ungarn und fünf (davon zwei Panzerdivisionen) in der Tschechoslowakei. Im Fernen Osten sollen sich 44 Divisionen befinden. Die Divisionen in Europa und die Hälfte der Divisionen an der chinesischen Grenze haben Sollstärke oder annähernd Sollstärke. Im europäischen Teil Rußlands sollen 60 Divisionen stehen, zwischen der Wolga und dem Baikalsee acht, im Süden der Sowjetunion 21. Die Mehrheit der Divisionen im mittleren Abschnitt und die Hälfte der Divisionen im Südabschnitt ist angeblich nicht gefechtsbereit und müßte im Kriegsfalle beträchtlich verstärkt werden. Betrachtet man zusätzlich die Angaben über die nuklearen Streitkräfte (1 520 Interkontinentalraketen und 61 raketenbestückte Unterseeboote) sowie die Seestreitkräfte (231 Überwasserfahrzeuge, 244 Angriffs-U-Boote, davon 34 atomgetriebene, sowie 26 atomgetriebene bzw. 25 konventionell angetriebene Unterseeboote, die mit je vier bis acht JS N-3-Raketen mit einer Reichweite von 440 Meilen bestückt sind), so erhält man eine Vorstellung von den Rüstungsanstrengungen, welche die Sowjetunion in den letzten Jahren unternommen hat.

Es mag sein, daß Kennedy den Rüstungswettlauf zu Anfang der sechziger Jahre beschleunigt hat, doch das hatten die Sowjets schon seit einigen Jahren getan. Das SALT-Abkommen hat den Wettlauf nicht erkennbar verlangsamt.

2 Zitiert von George Lichtheim in einem Aufsatz mit dem Titel: ›Imperialism‹, der in *Commentary*, April 1970, erschienen ist.

3 Robert W. Tucker, *Nation or Empire. The Debate Over American Foreign Policy*, Baltimore 1966; derselbe, *A New Isolationism: Threat or Promise?*, Washington 1972; George Liska, *Imperial America. The International Politics of Primacy*, Baltimore 1967.

4 Tucker, *Nation or Empire*, S. 50.

5 ibid., S. 50.

6 Aron, *Frieden und Krieg. Eine Theorie der Staatenwelt*, Frankfurt 1963, S. 306.

7 ibid., S. 307.

8 Für eine Demokratisierung im westlichen Sinne scheint mir gerade das multinationale Wesen dieses Staates ein sehr viel unüberwindlicheres Hindernis zu sein als das wirtschaftliche System.

9 Preis zur Berechnung der von den Erzeugerländern erhobenen Steuern, tatsächlicher Gestehungspreis, Preis frei Golf von Mexiko und Preis ab Naher Osten.

10 So verhielt es sich auch in Frankreich, dessen Auslandsinvestitionen im Jahre 1914 auf rund 45 Milliarden Goldfranken geschätzt werden, während das Sozialprodukt sich in der Größenordnung von etwa 35 Milliarden bewegte.

11 Charles P. Kindleberger, *Les Investissements des Etats-Unis dans le monde*, Paris 1971, S. 77.

12 Welche Stellung nehmen die multinationalen Firmen in der Weltwirtschaft ein? (Zu diesem Thema findet man zwei Aufsätze von Jack N. Behrman und Lawrence G. Franko, in Pierre Uri, Hrsg., *Trade and Investment Policies for the Seventies: New Challenges for the Atlantic Area & Japan*, New York 1971.) Die veröffentlichten Statistiken und Untersuchungen liefern nur eine Vorstellung von der Größenordnung. Amerikanische Publikationen wie etwa der *Survey of Current Business* geben in der Regel den Buchwert der amerikanischen Direktinvestitionen im Ausland an. 1970 belief er sich auf rund 67 Milliarden Dollar. Wenn wir davon ausgehen, daß der gesamte Umsatz rund das Zweifache des Anlagekapitals beträgt, kommen wir auf eine Jahres-

produktion der Niederlassungen von 134 Milliarden Dollar, zu denen Behrmann 75 Milliarden hinzurechnet für jene Gesellschaften, an denen Amerikaner Aktienanteile besitzen (er setzt für einen Dollar Anlagekapital einen Dollar Umsatz ein), und schließlich 10 Milliarden Dollar an Patentgebühren und verschiedenen Abgaben, so daß insgesamt 219 Milliarden Dollar herauskommen. Für nichtamerikanische multinationale Gesellschaften beträgt die Gesamtsumme 231 Milliarden Dollar (130 plus 95 plus 6).

Die Summe von 450 Milliarden Dollar für sämtliche multinationalen Gesellschaften übersteigt das Gesamtvolumen der Weltausfuhren von 300 Milliarden Dollar beträchtlich. Die transnationale Wirtschaft dieser Firmen, die durch ihre Niederlassungen in einer Reihe von Ländern produzieren, ist also bedeutender als die internationale Wirtschaft, die aus dem Warenhandel entsteht.

Multinationale Unternehmen sind keine amerikanische Erfindung: Unilever, Nestle, Royal Dutch und BP beweisen, daß auch kleine Länder wie die Schweiz und die Niederlande Sitz multinationaler Gesellschaften sein können.

Die Neigung der Europäer, multinationale Gesellschaften mit amerikanischen Gesellschaften gleichzusetzen, ist zurückzuführen auf die rasche Expansion der amerikanischen multinationalen Unternehmen während des letzten Vierteljahrhunderts und auf den Unterschied zwischen europäischen Investitionen in den Vereinigten Staaten und amerikanischen Investitionen in Europa; man schätzt, daß 15 Prozent der Produktion in der nichtsozialistischen Welt von Amerikanern und 10 Prozent der amerikanischen Produktion von Ausländern kontrolliert werden; die direkten Investitionen in den Vereinigten Staaten belaufen sich aber nur auf 9 Milliarden Dollar, während der Rest der ausländischen Anlagen in den Vereinigten Staaten lediglich in Aktien besteht, die nicht zur Mitwirkung in der Firmenleitung berechtigen.

Wenn der Anteil der multinationalen Unternehmen an der Gesamtproduktion, der heute 22 Prozent beträgt, weiter im Tempo der letzten Jahre wachsen würde, dann betrüge er 1980 35 Prozent und 1990 50 Prozent. Allein schon diese Zahlen lassen den Schluß zu, daß die Entwicklung der letzten Jahre sich nicht im gleichen Tempo fortsetzen wird.

Die Voraussetzung für diese Expansion war und ist noch immer, daß das multinationale Unternehmen gegenüber den Unternehmen des Gastgeberlandes einen technischen oder organisatorischen Vorteil besitzt. Während es dafür sorgt, daß seine Produkte und seine Spezialkenntnisse sich ausbreiten, muß das multinationale Unternehmen ständig auf der Suche nach weiteren monopolistischen Vorteilen sein. Es erzeugt eine noch nicht dagewesene Mobilität der Produktionsmittel. Die Entscheidung über die Errichtung einer Produktionsstätte in diesem oder jenem Land hängt von vielfältigen Erwägungen ab, unter denen natürlich das Lohnniveau einen hervorragenden Platz einnimmt.

Es gibt übrigens nicht nur eine Art, sondern eine Vielfalt von multinationalen Unternehmen, die sich teils auf einen bestimmten Typus von Produkten konzentrieren, teils zur größtmöglichen Diversifikation ihrer Produktionstätigkeit neigen oder eine gemischte Strategie verfolgen. Soweit ich das beurteilen kann, sind die multinationalen Firmen ein wirksamer Faktor des technischen und wirtschaftlichen Fortschritts, weil sie für eine rasche Ausbreitung fortschrittlicher Technologien und Spezialkenntnisse sorgen. Zugleich sind sie eine Herausforderung an die Nationalstaaten, die mit den multinationalen Firmen verhandeln und eine entsprechende Industriepolitik betreiben müssen, wenn sie sich einen angemessenen Anteil an der Industrieproduktion der Welt sichern wollen.

Diese Erscheinungen stellen die traditionelle Auffassung vom internationalen Handel und seinen Vorteilen in Frage. Sie werfen — ganz abgesehen von dem Defizit der amerikanischen Zahlungsbilanz — sicher auch Währungsprobleme auf, da mit der Überweisung von Mitteln von einer Niederlassung zu einer anderen unvermeidlich grenzüberschreitende Kapitalbewegungen verbunden sind.

Im Hinblick auf die Zukunft erheben sich vielfältige Fragen. Werden sich die nichtamerikanischen multinationalen Unternehmen schneller entwickeln als die amerikanischen? Werden die Vereinigten Staaten die Vorteile einbüßen, die dafür gesorgt haben, daß ihre direkten Auslandsinvestitionen wuchsen? Oder wird im Gegenteil eine allzu rasche Steigerung ihrer direkten Investitionen Abwehrreaktionen auslösen?

Meine persönliche Auffassung ist, daß die multinationalen Firmen zwar einen beträchtlichen Anteil des Weltmarkts behalten, aber ihr gegenwärtiges Wachstum nicht unbegrenzt fortsetzen werden. Außerdem glaube ich, daß die nichtamerikanischen multinationalen Firmen sich wehren werden und daß die amerikanische Überlegenheit sich allmählich verringern wird, außer bei einigen wenigen Produkten, die eine intensive und kostspielige Technik erfordern. Schließlich glaube ich, daß die transnationale Wirtschaft, die von diesen Firmen geschaffen wurde, erhalten bleiben wird. Allerdings wird auch die Suche nach einem Verhaltenskodex für multinationale Firmen — einem Kodex, der den Nationalstaaten einen Teil der verlorenen Souveränität wiedergeben würde — sich noch lange hinziehen, weil es um neue und schwierige Probleme geht, die bisher kaum bearbeitet wurden und von denen man sowohl theoretisch als auch empirisch wenig weiß.

13 Ronald Steel, *Pax Americana*, New York 1967, S. 13: ›Unlike Rome, we have not exploited our empire. On the contrary, our empire has exploited us, making enormous drains on our resources and our energies.‹

14 In Frankreich hat General Gallois diese Theorie in einfachster und primitivster Form vertreten.

15 Selbst während der kubanischen Raketenkrise gab es zwischen CIA und Luftwaffe Auseinandersetzungen darüber, wer von ihnen für eine bestimmte Beobachtungs- oder nachrichtendienstliche Aufgabe zuständig sei.

16 Alexis de Tocqueville, *Über die Demokratie in Amerika*, Stuttgart 1959, S. 141 ff. (In dem Abschnitt: ›Zufällige Gründe, die den Einfluß der vollziehenden Gewalt steigern können‹.)

17 Der auf Dulles zurückgehende Südostasien-Pakt (SEATO) war vom Senat gebilligt worden. Die Intervention in Vietnam konnte mit diesem Pakt begründet werden.

18 Ein Senatsausschuß unter Vorsitz von Senator Nye aus Norddakota hat eine wenig objektive Untersuchung darüber durchgeführt, in welchem Maße die Banken, welche den Alliierten Kredite gewährt hatten, und die Rüstungsfabrikanten am Kriegseintritt der Vereinigten Staaten beteiligt waren.

19 Kenneth Waltz, ›Electoral Punishment and Foreign Policy Crisis‹, in James N. Rosenau, Hrsg., *Domestic Sources of Foreign Policy*, New York 1967. Siehe auch J. E. Muller, ›Trends in Popular Support for the War in Korea and Vietnam‹, *The American Political Science Review*, Bd. 65, Nr. 2, Juni 1971.

SCHLUSSFOLGERUNG

DAS ENDE DER WIRTSCHAFTLICHEN SOUVERÄNITÄT?

Als ich im Schlußkapitel des ersten Teils die Bilanz der amerikanischen Diplomatie aufmachte und Erfolg gegen Mißerfolg, ja sogar ›Erfolg durch Mißerfolg‹ und ›Mißerfolg durch Erfolg‹ gegeneinander abwog, konnte ich, ohne die Tatsachen allzu sehr zu strapazieren, feststellen, daß sich die amerikanische Diplomatie im zwischenstaatlichen System an einem relativ klar definierten Ziel orientierte, das nicht allein in der Sicherheit oder gar der Macht der Vereinigten Staaten bestand. In den vorhergehenden Kapiteln haben wir nicht feststellen können, daß die Wirtschafts- und Währungspolitik der amerikanischen Regierung oder gar die Strategie der mehrheitlich amerikanischen multinationalen Unternehmen, die zu einem wesentlichen Element des Weltmarktes und der transnationalen Gesellschaften geworden sind, auf ein einziges Ziel ausgerichtet gewesen wäre. Ebensowenig konnten wir das innere Geheimnis der zwischenstaatlichen Diplomatie in den Interessen oder den Zielsetzungen dieser Unternehmen entdecken.

Insgesamt gesehen, läßt sich der Erfolg der amerikanischen Diplomatie an der Entwicklung der Weltwirtschaft ablesen, sofern wir von der Annahme ausgehen, daß die amerikanische Führung es sich zur vorrangigen Aufgabe machte, durch uneigennützige Hilfe selbst reicher zu werden oder den eigenen Wohlstand mit der größtmöglichen Zahl anderer Völker zu teilen. An diesem Maßstab gemessen haben die amerikanischen Diplomaten in den bereits entwickelten Ländern spektakuläre Erfolge, in den übrigen Ländern dagegen nur mäßige Ergebnisse erzielt. Selbstverständlich werden wir uns hüten, es jenen Kritikern gleichzutun, die den offenkundigen Despotismus und die unleugbare Not in einigen Ländern, die mehr oder weniger zum amerikanischen Einflußbereich gehören, ausschließlich den Vereinigten Staaten ankreiden. Belassen wir es bei dem nochmaligen Hinweis, daß eine führende Wirtschaftsmacht im Guten wie im Bösen einen asymmetrischen Einfluß auf die übrigen Wirtschaftseinheiten ausübt. Die Regelungen des GATT und des Internationalen Währungsfonds (IWF) und vielleicht sogar die Ersetzung des Währungssystems von Bretton Woods durch den Dollar-Standard haben zu einer beispiellosen Zuwachsrate von Produktion und Handel beigetragen.

Die jährliche Zuwachsrate des Bruttosozialprodukts betrug zwischen 1960 und 1969 für die entwickelten Länder 5,1 Prozent und für die Entwicklungsländer 5 Prozent (1). Da im gleichen Zeitraum die entwickelten Länder einen Bevölkerungszuwachs von 1,2 Prozent und die Entwicklungsländer von 2,6 Prozent verzeichneten, ist das Sozialprodukt je Einwohner in den ersteren um 3,9 und in den letzten um 2,4 Prozent gestiegen. Aus diesen Zahlen werden die einen ableiten, daß der Abstand sich vergrößert — und das stimmt allerdings —, und die anderen, daß die Zuwachsrate der Entwicklungsländer in anderen Zeiten als recht bemerkenswert gegolten hätte.

Auch die Ausfuhren der unterentwickelten Länder sind im gleichen Zeitraum jährlich um 6,7 Prozent wertmäßig und 6,4 Prozent mengenmäßig, die Einfuhren um 5,2 Prozent bzw. 5,8 Prozent gestiegen. Die entwickelten Länder hatten höhere Zuwachsraten: 8,4 bzw. 9,5 Prozent (mengen- und wertmäßig) bei den Exporten und 9,0 bzw. 9,7 Prozent bei den Importen. Auch hier wieder sind die niedrigeren Zahlen der Entwicklungsländer, obwohl sie einen sinkenden Anteil dieser Länder am Welthandel anzeigen, im Vergleich zu früher noch immer eindrucksvoll.

Von den vier Weltregionen, in welche die Statistiker die Entwicklungsländer aufteilen, hat Asien und besonders Südostasien im Verhältnis zu seiner Bevölkerungszahl einen ungewöhnlich geringen Anteil am Welthandel (2). Asien hat mit seinem Bevölkerungsanteil von 59,5 Prozent an der Gesamtausfuhr dieser Länder nur einen Anteil von 26 Prozent (Durchschnitt 1965/66). Mit einem Bevölkerungsanteil von 15,9 Prozent liefert Lateinamerika 34,5 Prozent aller Exporte. In Indien, Pakistan und Indonesien haben weder die Vereinigten Staaten noch die übrigen entwickelten Länder genügenden Einfluß, um die Revolution, die nach Ansicht so vieler europäischer und amerikanischer Intellektueller allein der Entwicklung und Modernisierung den Weg ebnen kann, auszulösen oder zu verhindern. Von einem beherrschenden Einfluß der amerikanischen Bundesregierung oder ihrer untergeordneten Stellen kann weder in Indien noch in Pakistan die Rede sein. Hoffnungen wurden in den letzten 10 Jahren durch die ›Grüne Revolution‹, den technischen Fortschritt in der Landwirtschaft, geweckt. Wenn man davon ausgehen muß — und nach vorliegenden Informationen ist es wahrscheinlich —, daß Rotchina Indien in seinen ›Leistungen‹ überlegen ist, so gibt es doch keinen Anhaltspunkt dafür, daß irgend jemand, und seien es die Vereinigten Staaten, auf dem indischen Subkontinent eine Partei aufzustellen vermöchte, die sich mit der Partei Mao Tse-tungs vergleichen läßt.

In Lateinamerika hat das Experiment Fidel Castros gezeigt, daß Planung und marxistische Glaubensbekenntnisse nicht ausreichen, um den wirtschaftlichen ›Absprung‹ zu sichern. Vielleicht hat Fidel Castro — vor allem in den ersten Jahren — den Volksmassen ein Gefühl der Teilhabe vermittelt; er hat ihnen das Lesen beigebracht und sie zu Staatsbürgern herangebildet. Vielleicht werden die Kubaner eines Tages aus ihren gegenwärtigen Leiden einen Vorteil ziehen. Einstweilen muß für die Einbringung einer Zuckerernte, die gerade den Stand vor der Revolution erreicht, die gesamte Bevölkerung ›militarisiert‹ werden. Selbst wenn man manches auf die amerikanische Blockade zurückführt, die hoffentlich im Laufe der nächsten Jahre fallen wird, so bleibt es doch eine banale, ja geradezu evidente Feststellung, daß nicht alle kommunistischen Parteien bei der Modernisierung jene ›Tüchtigkeit‹ zeigen, die man ihnen zuschreibt, und obwohl einige sie erkennen lassen — mit mehr oder weniger großen Kosten für die leidenden Generationen und mit mehr oder weniger glorreichen Perspektiven für die triumphierenden Generationen von morgen.

Würde die Washingtoner Diplomatie nun über die Nichtintervention hinausgehen und gegenüber nationalistisch oder sozialistisch orientierten Regierungen eine wirklich neutrale Haltung zeigen (obwohl alle Regierungen, und nicht nur die der Vereinigten Staaten, auf Feindseligkeit gewöhnlich mit

Feindseligkeit reagieren), dann bestünde für die Lateinamerikaner nicht mehr die Versuchung, eine Verantwortung, an der sie zumindest mittragen, allein dem Yankee-Ungeist aufzuladen. Selbst wenn sie sämtliche Niederlassungen amerikanischer Firmen, die lateinamerikanische Bodenschätze ausbeuten, nationalisieren würden, wären auch in der optimistischsten Annahme ihre Profite im Vergleich zu ihren Bedürfnissen lächerlich gering. Sie würden dabei in zahlreichen Fällen verlieren, es sei denn, sie würden mit dem Eigentum zugleich eine Position der Stärke erwerben (3).

In den entwickelten Ländern, in denen die amerikanische Diplomatie erfolgreich war — sofern man annimmt, daß sie die Freiheit des Handelns und die Verbreitung von Wohlstand und Technik angestrebt hat —, war der Erfolg mit zwei Faktoren eines zumindest möglichen Mißerfolgs gekoppelt. Sind die Vereinigten Staaten *durch ihre unentgeltliche Hilfe nicht schließlich ärmer statt reicher geworden?* Sind nicht im gleichen Sinne, wie Deutschland und die Vereinigten Staaten am Ende des letzten Jahrhunderts das britische Wissen und Können übernommen und schließlich überholt haben, Japan und Westeuropa im Begriff, dank einer höheren Zuwachsrate der Pro-Kopf-Produktion die Vereinigten Staaten einzuholen und zu überholen? Kündigt sich nicht in der Abwertung des Dollars und in dem hohen Anteil der Erträge aus direkten Auslandsinvestitionen an den Deviseneinnahmen der Niedergang Amerikas nach dem Vorbild der Briten an? Umgekehrt könnte der zweite Faktor eher dahingehend wirken, daß der *Mißerfolg durch übermäßigen Erfolg* herbeigeführt wird. Die führende Wirtschaftsmacht hat ein Währungssystem durchgesetzt, in dem eine nationale Währung eine transnationale Aufgabe erfüllt; die sogenannten multinationalen Firmen ignorieren bei ihren Kapital-, Dienstleistungs- und Geldtransaktionen zwischen ihren einzelnen Niederlassungen die nationalen Grenzen in einem Maße, daß keine Buchführung sie exakt festzuhalten vermag. Mit dem Eurodollar wurde außerhalb der Staaten, die sich traditionell das Recht der Münzprägung vorbehalten, eine Quasi-Währung geschaffen. Die wachsende Ablehnung des bestehenden Handels- und Währungssystems stützt sich auf das Nationalgefühl, das nicht unbedingt nationalistisch ist, sofern man es als Ausdruck des Nationalgefühls gelten läßt, daß das Schwinden der staatlichen Souveränität im wirtschaftlichen Bereich nicht einfach hingenommen wird. Von Brasilien bis Frankreich sind sich Ökonomen und Politiker darin einig, daß die Entscheidungen, von denen die Aufteilung der Ressourcen und die Gestalt der Wirtschaft abhängen, im Lande selbst getroffen werden müssen. Ist das aber in dem transnationalen System der Großfirmen und des Eurodollars der Fall?

Kommen wir auf den ersten Punkt zurück, der das Urteil des Mißerfolgs begründen soll. In einem gewissen Sinne ist er unbestreitbar (4): Wie ungenau die Zahlen auch sein mögen — die Zuwachsrate des Sozialprodukts und besonders des Pro-Kopf-Produkts war in den westeuropäischen Ländern (mit Ausnahme Großbritanniens) und vor allem in Japan höher als in den Vereinigten Staaten, wo sie allerdings gegenüber früher auch nicht gesunken ist. In dem verringerten Anteil Amerikas an der Weltproduktion (von 40 Prozent in 1950 auf 30 Prozent in 1970) und dem verringerten Abstand zwischen dem Pro-Kopf-Produkt einerseits der Vereinigten Staaten und andererseits Westeuropas und Japans äußert sich die Logik der modernen Wirtschaft. Es gibt keinen stichhaltigen Grund, darin die ersten Anzeichen eines Verfalls zu sehen. Die eigentliche Lektion, die aus einem Vierteljahrhundert des Wirtschaftswunders zu ziehen ist, lautet: Die pessimistische Grundannahme, daß die Reichen immer reicher und die Armen immer ärmer werden, gilt nicht für die entwickelten Länder. Wenn auch die armen Länder nicht so schnell reicher geworden sind wie die reichen Länder, so sind doch unter den letzteren die halbwegs Reichen stärker aufgeblüht als die ganz Reichen. Der Vergleich zwischen den Nationen legt in dieser Hinsicht die gleichen Schlußfolgerungen nahe wie der Vergleich zwischen den sozialen Klassen.

Nur im Falle Japans wird das ungleiche Entwicklungstempo für die amerikanische Überlegenheit bedrohlich. Würde Japan das Tempo der letzten 20 Jahre beibehalten, dann würde es die Vereinigten Staaten vor Ende dieses Jahrhunderts im Pro-Kopf-Produkt überholen. Schon heute ist die Zuwachsrate des japanischen Sozialprodukts (5) mit jährlich über 10 Prozent für das Gleichgewicht des Handelssystems bedrohlich.

Selbst wenn der Exportanteil am Sozialprodukt nicht steigt, lösen doch die händlerischen Fähigkeiten der japanischen Industrie in den Vereinigten Staaten und in Europa Abwehrreaktionen aus und lassen Abkommen über eine ›freiwillige Beschränkung‹ (6) entstehen, die mit den offiziellen Regeln des GATT kaum zu vereinbaren sind.

Sieht man einmal von Japan ab, so ist der geringer gewordene Abstand zwischen den Wirtschaftseinheiten auf beiden Seiten des Atlantik in entscheidenden Punkten für die Überlegenheit der Vereinigten Staaten noch nicht bedrohlich geworden, und er hat auch kein strukturelles Ungleichgewicht in der amerikanischen Zahlungsbilanz (sofern dieser Begriff überhaupt etwas besagt) zur Folge. Peter G. Peterson, einer der wirtschaftswissenschaftlichen Berater Präsident Nixons, zitierte in seinem Bericht Statistiken, die sowohl wahr als auch ›schief‹ sind. Er schrieb, in den sechziger Jahren sei die amerikanische Ausfuhr an Fertigerzeugnissen um 110 Prozent gestiegen, die Ausfuhr Westdeutschlands habe sich verdoppelt, und die japanische Ausfuhr sei um 400 Prozent gestiegen. Japans Anteil am Welthandel ist innerhalb von 20 Jahren von 1 auf 6 Prozent gestiegen. Hinter den pauschalen Zahlen für den Handel der europäischen Länder verbirgt sich allerdings der wesentliche Unterschied zwischen innergemeinschaftlichem und außergemeinschaftlichem Handel. Faßt man allein den außergemeinschaftlichen Handel der europäischen Wirtschaftsgemeinschaft ins Auge, so fällt die Veränderung in ihrem Anteil bzw. dem der Vereinigten Staaten am Welthandel sehr viel geringer aus. Der Anteil der EWG ist zwischen 1953 und 1970 von 13,6 auf 14,6 Prozent gestiegen, während der Anteil der Vereinigten Staaten von 21,3 Prozent auf 14 Prozent zurückging, wobei allerdings zu berücksichtigen ist, daß die Jahre 1953 und 1954 mit 21,3 und 19,5 Prozent über dem Durchschnitt lagen. Wenn der Anteil der Vereinigten Staaten zurückgegangen ist, so liegt das jedenfalls mehr an der Steigerung des japanischen Anteils als an dem Zuwachs des europäischen Anteils (wiederum den innergemeinschaftlichen Handel ausgenommen). 1970 belief sich der Wert der außergemeinschaftlichen Exporte der Sechs auf 45 Milliarden Dollar, während die Exporte der Vereinigten Staaten 43 Milliarden Dollar erreichten. Mit jeweils 45 621 Millionen bzw. 39 953 Millionen Dollar ist die Differenz bei den Importen nicht merklich größer. Selbstverständlich sind es die beiden industrialisierten Inselländer mit wenig Raum und geringen einheimischen Ressourcen, nämlich Großbritannien und Japan, die von allen Ländern im Verhältnis zu ihrer Bevölkerungszahl die meisten Primärerzeugnisse und Rohstoffe einkaufen (7). Haben die Vereinigten Staaten ihre Absatzmärkte verloren, weil bei ihnen die Preise der Ausfuhrerzeugnisse schneller gestiegen sind als bei ihren Konkurrenten? Es ist möglich, daß der Dollar, wie ich schon sagte, seit 1947/48 überbewertet worden ist, und vermutlich hat die Inflation der Jahre 1965—70 die Exporte gebremst; mit Sicherheit hat sie die Einfuhren anschwellen lassen. Geht man von den Preisen der exportierten Fertigerzeugnisse aus, so läßt der Index (1963 = 100) den Schluß zu, daß die amerikanischen Produkte an Wettbewerbsfähigkeit eingebüßt haben, was aber für 1970 und 1971 nicht mehr gilt (8). Übrigens besteht in dieser Hinsicht zwischen den Vereinigten Staaten und den anderen Ländern kein Unterschied. Sie unterliegen zwar einem stärkeren Inflationsdruck als ihre Konkurrenten, doch haben sie in etwa die gleichen Zahlungsbilanzdefizite wie andere Länder. Was schließlich den relativen Rückgang der amerikanischen Ausfuhren an industriellen Fertigerzeugnissen oder genauer gesagt den Rückgang des amerikanischen Anteils an der Weltausfuhr von industriellen Fertigerzeugnissen betrifft (er ging von 20,5 Prozent in 1961 auf 18,5 Prozent in 1970 und 17,1 Prozent in 1971 zurück), so ist er an sich noch kein Symptom des Niedergangs. In einem Freihandelssystem muß dasjenige Land, das seinen Arbeitern die höchsten Löhne zahlt, bei einer Reihe von Produkten, die eine weniger komplexe Technik erfordern, der Konkurrenz seiner Partner unterlegen sein.

Anhand von amtlichen Statistiken, die im *Survey of Current Business* veröffentlicht wurden, hat Prof. Raymond Vernon die Forderungen der Vereinigten Staaten an die übrige Welt und deren Forderungen an die Vereinigten Staaten berechnet. Er konnte mühelos nachweisen, daß die amerikanischen Forderungen sich Ende 1969 auf 146 Milliarden Dollar beliefen (19 Milliarden liquide, 56 Milliarden halbliquide und

71 Milliarden in langfristigen Investitionen) — gegenüber Verbindlichkeiten von 91 Milliarden Dollar (42, 37 und 12 Milliarden Dollar bei den entsprechenden Posten). Im Jahre 1970 betrug die Differenz, d. h. der Aktivsaldo von Forderungen und Verbindlichkeiten, annähernd 70 Milliarden Dollar. Allerdings verhalten sich die Vereinigten Staaten nicht wie ein gewöhnlicher Bankier, der innerhalb eines einzigen Währungsbereichs die Ersparnisse in Geldanlagen umwandelt. Die Vereinigten Staaten können natürlich zurückzahlen, wenn sie es wollen. Aber die liquiden Verbindlichkeiten, die von einem Land zum anderen wandern und sich in den Tresoren der Zentralbanken sammeln, können zu sehr viel größeren Unruhen führen als die Verbindlichkeiten eines Bankiers gegenüber seinen Einlegern, die sich wegen der Auszahlung ihrer Einlagen nicht zu beunruhigen brauchen.

Zum Teil führt Prof. Vernon den Run der Gläubiger auf die Vereinigten Staaten als Bankier auf die Art und Weise zurück, in der das Defizit der amerikanischen Zahlungsbilanz dargestellt worden ist, und er bemerkt, daß ›solange ein Land über Aktiva im Ausland verfügt, es für seine Regierung immer irgendeine Möglichkeit gibt, diese Aktiva in liquide Form zu überführen. In der Regel sind die Regierungen durch die Verfassung ermächtigt, ausländische Bankguthaben und Wertpapiere ihrer Bürger zu übernehmen. (9) Das Einkommen von Facharbeitern und verschiedenen Spezialisten, die in den Vereinigten Staaten für Niederlassungen multinationaler Firmen arbeiten, ist ein Äquivalent für den Export von Know-how, der in Ländern, deren Beschäftigte schon zu 60 Prozent im Dienstleistungssektor tätig sind, normal ist.

Die Ereignisse vom August 1971 bedeuteten nach der allgemeinen Auffassung das Ende des Währungssystems der Nachkriegszeit, so wie der Besuch Präsident Nixons in Peking das Ende des zwischenstaatlichen Systems der Nachkriegszeit bedeutete. In einem gewissen Maße handelt es sich in beiden Fällen um eine Kapitulation vor der Wirklichkeit. Rotchina war eine gegebene Tatsache, und der Dollar, der ›so gut wie Gold war‹, konnte in Ermangelung ausreichender Bestände nicht in Gold konvertiert werden. Das Paradoxe ist, daß diese Kapitulation in beiden Fällen die Position der Vereinigten

Staaten stärkte. Washingtons Dialog mit Peking hält Moskau zur Mäßigung an; sobald sich nämlich Russen und Chinesen gegenseitig als Hauptfeind betrachten, ist jeder von ihnen bestrebt, die Vereinigten Staaten an einer Begünstigung des Rivalen zu hindern. Nach Beendigung des Vietnamkrieges könnte sich die amerikanische Diplomatie sogar den Luxus einer Nichtfestlegung leisten.

Mit der Abwertung und der Nichtkonvertierbarkeit des Dollar ist, auch wenn dadurch ein zumindest vorübergehender Prestigeverlust entstand, zum ersten Mal offiziell ein Dollarstandard geschaffen worden. Vor dem August 1971 hatte der Dollar in viel höherem Maße als das Gold als transnationale Währung und als Wertmaßstab fungiert. Zumindest theoretisch blieb er in Gold und praktisch in andere Aktiva konvertierbar. Den Wechselkurs, der sich aus den Abwertungen und Aufwertungen anderer Währungen ergab, hatten die amerikanischen Währungsbehörden akzeptiert, und sie hatten von Zeit zu Zeit auf die Deutschen und die Japaner Druck ausgeübt, um sie zu einer Aufwertung ihrer Währung zu bewegen. Die Nichtkonvertierbarkeit stellte die Partner der Vereinigten Staaten vor die Alternative, entweder unbegrenzt Dollars aufzunehmen, um eine weitere Abwertung der amerikanischen Währung zu verhindern, oder der Abwertung und damit all den Handlungsnachteilen, die das für sie brachte, zuzustimmen.

Die Amerikaner haben den Europäern und besonders der Europäischen Gemeinschaft, die im Begriffe stand, sich zu erweitern, vorgeworfen, die Meistbegünstigungsklausel verletzt und immer mehr Ausnahmen von dieser Regel gemacht zu haben. Den Japanern haben sie vorgeworfen, von der Liberalisierung des Handels bei den anderen Ländern zu profitieren und sich zugleich mit halbamtlichen und unerlaubten wie mit legalen Mitteln die Vorteile eines praktisch verschlossenen Marktes zu sichern. Darauf haben die Europäer erwidert, daß die Gemeinschaft die amerikanischen Ausfuhren keineswegs, ja nicht einmal die Ausfuhr von Primärerzeugnissen, eingeengt habe und daß sie in den Vereinigten Staaten mehr kaufe, als sie ihnen verkaufe (das Handelsbilanzdefizit der Gemeinschaft schwankt zwischen einer und zwei Milliarden Dollar jährlich und betrug 1970 2,4 Milliarden Dollar). Das

Defizit der Vereinigten Staaten entstand durch den Handel mit Kanada und Japan (10); der amerikanische Markt nimmt ein Drittel der japanischen Exporte auf. Die Amerikaner haben behauptet, ihre Ausfuhren von landwirtschaftlichen Erzeugnissen vor allem in Drittländer wären ohne die Agrarpolitik der Gemeinschaft noch schneller gewachsen. Es ist jedoch eine Tatsache, daß die Käufe von amerikanischen Landwirtschaftserzeugnissen durch die Gemeinschaft sich zwischen 1958 und 1970 wertmäßig verdoppelt haben (von 885 Millionen auf 1 882 Millionen Dollar). Die Sprecher der Gemeinschaft haben die Vorzugsvereinbarungen mit den Ländern der Europäischen Freihandelszone und den Mittelmeerländern gerechtfertigt, während die Sprecher Washingtons darin einen fortgesetzten Verstoß gegen die GATT-Regeln sahen. Wer sich im einzelnen was zuschulden kommen ließ, ist im Rahmen dieser Gesamtübersicht eigentlich belanglos. Uns geht es hier um die logische — und zugleich paradoxe — Feststellung eines ›Erfolgs‹ der amerikanischen Diplomatie gegenüber Europa wie auch eines ›Erfolgs‹ der europäischen Einigungspolitik.

In währungspolitischer Hinsicht ist die Abhängigkeit Europas vom Dollar gegenüber jener Zeit, als der Präsident der Vereinigten Staaten seinen Stolz darein setzte, den offiziellen Goldpreis zu halten, noch gestiegen, seit die amerikanische Währung von ihrem Sockel gestürzt ist. In handelspolitischer Hinsicht erweitern die Europäer um die Gemeinschaft herum das Netz der Vorzugsabkommen und werden eindeutig zur ersten Handelsmacht der Welt. Zwischen der kommerziellen Macht und der monetären Ohnmacht der Europäer besteht ein eklatanter Widerspruch. Ein Widerspruch liegt auch darin, daß die Vereinigten Staaten mit ihrem Wunsch nach einem geeinten Europa als Staudamm gegen den Kommunismus erfolgreich waren, daß sie jedoch heute entdecken müssen, daß ein geeintes Europa ein ernst zu nehmender Konkurrent ist und daß die in ihren Augen sakrosankte Meistbegünstigungsklausel immer mehr außer Gebrauch kommt. Die Diplomatie Washingtons gegenüber Europa und sogar gegenüber Japan war während der letzten 25 Jahre stärker von politischen Erwägungen als von engen ökonomischen Interessen bestimmt. Der

Ausgleich mit der Sowjetunion hat zu einer Umkehrung der Prioritäten bzw. zu einer Umwertung der beiden Bereiche geführt, in denen das äußere Wirken der Vereinigten Staaten sich abspielt — des zwischenstaatlichen Systems und des Weltmarktes. (11)

Im transatlantischen Streit scheint es um die Antithese von Regionalismus und Universalismus zu gehen; die Amerikaner greifen die Handelspolitik der Gemeinschaft an, die ja tatsächlich darauf ausgerichtet ist, um die Gemeinschaft herum eine Freihandelszone und einen Bereich von Ländern mit Vorzugsabkommen zu schaffen. Abgesehen von den unmittelbaren Nachteilen, welche diese Politik für die Vereinigten Staaten nach sich zieht, wenden sich diese erbittert dagegen, weil sie im Widerspruch zu ihrem traditionellen Universalismus steht. Ein währungspolitischer Regionalismus, der den handelspolitischen Regionalismus auf den ersten Blick logisch zu ergänzen scheint, bleibt dagegen ein bloßer Wunsch, denn er würde eine tatsächlich supranationale Behörde erfordern, welche die in der Theorie souveränen Nationalstaaten noch nicht einmal verbal akzeptieren.

Wenn es einen weit verbreiteten Antiamerikanismus gibt, so ist das, wie ich glaube, teilweise darauf zurückzuführen, daß die amerikanische Wirtschaft und insbesondere die multinationalen Firmen und der Eurodollar-Markt für die Erosion der Souveränitäten, für die zunehmende Unfähigkeit der Staaten, die ihnen anvertraute Wirtschaft tatsächlich unter ihrer Kontrolle zu haben, im ursächlichen Sinne verantwortlich sind. Sowohl Celso Furtado, der die Planung der wirtschaftlichen Entwicklung in nationaler Hand wissen will, als auch François Perroux (12), der sich über den Sinn der Unabhängigkeit der Nationen Gedanken macht, werden von der gleichen Sorge bewegt, daß die politische Einheit des Staates in wirtschaftlicher Hinsicht einem Weltmarkt unterworfen ist, der weniger einem Gleichgewicht der Kräfte entspringt, sondern vielmehr von der führenden Wirtschaftsmacht und den Strategien der Großfirmen beherrscht ist. Wenn sie zwischen wirtschaftlichem Nationalismus oder Internationalismus zu wählen hätten, dann fiele zumindest den entwickelten Ländern die Wahl nicht schwer. Kann man aber noch von Internationalismus reden, wenn eine nationale Währung als transnationale Währung fungiert, wenn die führende Wirtschaftsmacht weiterhin in der ganzen Welt investiert, und sei es, indem sie das nötige Kapital bei den Gastgeberländern leiht? Gegen ein solches Vorgehen wird es eines Tages zur Auflehnung kommen, selbst wenn die Ökonomen uns beweisen sollten, daß wir alle durch die Expansion des Dollar schneller reich werden.

Anmerkungen

1 Die Zahlen entstammen einem Bericht für die UNCTAD-Sitzung in Santiago de Chile 1972, TD/133/Supp. 2, S. 2, Tab. 1.

2 Zahlen aus dem Bericht des IWF und der Weltbank über die Preisstabilisierung bei den Grundstoffen (1967/68).

3 In einem interessanten Artikel, der in *Foreign Policy*, Nr. 5, S. 119—136, Winter 1971/72, erschienen ist, hat Theodore M. Moran gezeigt, daß es ganz auf die Entscheidungsebene innerhalb des vertikalen Organisationssystems der multinationalen Unternehmung ankommt. Den erdölproduzierenden Ländern ist es gelungen, ihren Anteil an den Gewinnen beträchtlich zu steigern. Es wird ihnen auch weiterhin gelingen, und sie werden eine Beteiligung am Eigentum sowie an allen Stufen der Verarbeitung und Verteilung fordern und auch erhalten, immer vorausgesetzt, daß sie die Sicherheit der Versorgung nicht gefährden. Der Schah des Iran hat das Spiel begriffen. Einige arabische Länder, die mit der politischen Erpressung spielen, werden dabei verlieren.

4 Hier die von Angus Maddison (*Economic Growth in the West*, London 1964) errechneten Zuwachsraten:
Im Zeitraum 1950—60 betrug die jährliche Zuwachsrate der Produktion je Einwohner (in %):
in Frankreich 3,5, in Deutschland 6,5, in Italien 5,3, im Vereinigten Königreich 2,4, in den Vereinigten Staaten 1,6.
Im Zeitraum 1913—1950 war die jährliche Zuwachsrate Amerikas (1,7 %) höher als die aller europäischen Länder, ausgenommen Norwegen (1,9 %).
Die jährliche Zuwachsrate der Produktion je Arbeitsstunde betrug während der Jahre 1950—1960:
In Frankreich 3,9, in Deutschland 6,0, in Italien 4,1, im Vereinigten Königreich 2,0, in den Vereinigten Staaten 2,4.
Während des anschließenden Zeitraums 1960—1970 ist die Zuwachsrate in der Bundesrepublik gefallen und in den Vereinigten Staaten gestiegen.
Ende 1971 betrug nach den Erhebungen der OECD (*OECD-Observer*, Nr. 56, Februar 1972) das Bruttosozialprodukt zu Marktpreisen je Einwohner (in US-Dollar und zu laufenden Preisen und Wechselkursen) in der Bundesrepublik Deutschland 3 040, in Frankreich 2 920, in

den Vereinigten Staaten 4 760 und im Vereinigten Königreich 2 170. Der Abstand zwischen den meisten europäischen Ländern und den Vereinigten Staaten ist in der Nachkriegszeit eindeutig geringer geworden, obwohl die 250 Millionen Europäer noch immer nur rund ²/₃ des Sozialprodukts der 215 Millionen Amerikaner erzeugen.

Die Vereinigten Staaten investieren relativ weniger als die europäischen Länder. Der Anteil der Brutto-Anlagekapialbildung am Sozialprodukt beträgt in den Vereinigten Staaten 16,5 Prozent, in Frankreich 25,6 Prozent, in der Bundesrepublik Deutschland 26,5 Prozent, in Italien 21,2 Prozent, in Großbritannien 17,6 Prozent und in Japan 35 Prozent (Zahlen aus 1970).

5 In den Jahren 1966 bis 1970 betrug die Zuwachsrate des japanischen Bruttosozialprodukts jeweils 11,4, 12,9, 14,3, 14,2 und 12,0 Prozent. Die japanischen Ausfuhren stiegen von 828 Millionen Dollar in 1950 auf 4 055 Millionen Dollar in 1960 und auf 12 922 Millionen Dollar in 1970. Der Anteil der Einfuhren am Sozialprodukt nimmt ab.

6 Der Ausdruck ist ironisch zu verstehen.

7 Die Rohstoffe haben an der japanischen Einfuhr einen Anteil von rund 70 Prozent. Die direkten Auslandsinvestitionen Japans beziehen sich zu 43 Prozent auf Rohstoffe.

8 Nach dem statistischen Monatsbericht der Vereinten Nationen für März 1971 stieg die Indexzahl der Durchschnittsausfuhrwerte für die USA von 100 in 1960 auf 110, 113 und 118 in 1967, 1968 und 1969, während sie in diesen Jahren für die Bundesrepublik Deutschland 104, 102 und 107, für Frankreich 107, 109 und 110, für Japan 101, 101 und 106 und für das Vereinigte Königreich 110, 104 und 107 betrug.

9 *Foreign Policy*, Nr. 5 (Winter 1971/72), S. 56.

10 Das Defizit im Handel mit Japan resultiert bis zu einem gewissen Grade aus den Maßnahmen der Europäer. Die Vereinigten Staaten kaufen rund ¹/₃ der japanischen Ausfuhren, während die Sechsergemeinschaft im Jahre 1969 zwischen 5 und 6 Prozent und ganz Europa rund 15 Prozent (2 070 von insgesamt 15 990 Millionen Dollar) in die Vereinigten Staaten verkauften.

11 Muß man befürchten, daß die Vereinigten Staaten unter Nixon noch darüber hinausgehen und in ihrem Bemühen, nicht nur den Rüstungswettlauf zu verlangsamen, sondern auch den Warenaustausch zu beschleunigen, in Moskau ihren bevorzugten Gesprächspartner finden? Werden die Amerikaner versuchen, zusätzliche Energielieferungen aus Sibirien zu erhalten, und ihrem Rivalen zu diesem Zweck massive Kredithilfe gewähren? Aufgrund der Erfahrung ist eine solche Hypothese nicht auszuschließen: Die Kapitalisten haben die ihnen von James Burnham zugeschriebene Neigung zum Selbstmord noch nicht verloren. Auf jeden Fall aber wird die amerikanische Wirtschaft im Guten wie im Bösen vorwiegend mit den freien Volkswirtschaften verbunden bleiben.

12 François Perroux, *Indépendance de la nation*, Paris 1969.

SCHLUSSANMERKUNG

ZWISCHEN IMPERIALER DIPLOMATIE UND ISOLATIONISMUS

Während ich dieses Buch abschließe, neigt sich der Vietnamkrieg seinem Ende zu (1), und in außenpolitischen Fachkreisen wird der fünfundzwanzigste Jahrestag des berühmten Artikels begangen, den George F. Kennan unter dem Titel ›The Sources of Soviet Conduct‹ in *Foreign Affairs* veröffentlichte. Gleichzeitig stellen Politiker der ganzen Welt sich selbst und den Spezialisten die Frage, wie es nach dem Wendepunkt von 1971, also während der zweiten Amtszeit Nixons und nach dem Abgang des Nixon-Kissinger-Duos weitergehen wird.

Den Lesern von Kennans Artikel, besonders den Lesern im Ausland, hat sich vor allem der Begriff der Eindämmung (containment) eingeprägt, dem anderen Amerikaner sehr bald den Begriff der Zurückdrängung (rollback) entgegensetzen sollten. Der erste Begriff beinhaltete eine defensive Strategie mit der Zielsetzung, die Expansion des Kommunismus aufzuhalten, der damals weitgehend mit der Macht der Sowjetunion gleichgesetzt wurde. Der zweite Begriff beinhaltete eine offensive Strategie mit der Zielsetzung, jene Gebiete zurückzugewinnen, die entweder bereits von Moskau kontrolliert wurden oder im Begriffe waren, unter Moskauer Kontrolle zu geraten. Ich bin in diesem Buche davon ausgegangen, daß das *tatsächliche* Verhalten der Vereinigten Staaten in den letzten 25 Jahren dem Grundsatz der Eindämmung entsprach, mit einer einzigen Ausnahme: dem Versuch, nach der gescheiterten nordkoreanischen Offensive und der Landung bei Inchon Korea mit Waffengewalt zu einen.

Welchen Einfluß hat der mit X unterzeichnete Artikel von Kennan *tatsächlich* ausgeübt? Dean Acheson hat kürzlich geäußert, Kennans Artikel habe ›beschrieben, was ohnehin geschah‹. Er fügte hinzu:

›*The X article was a perfectly fine article. When Walter Lippmann decided that he didn't like it; well, it was as if God had looked over at George's shoulder and said, 'George, you shouldn't have written such a bad article'. They thought that containment applied everywhere, but it was nothing of the kind.‹* (2)

Der Journalist Arthur Krock hat (in der *New York Times* vom 17. April 1972) dazu eine weitere Information gegeben. Danach hat Kennan zu einer veränderten Denk- und Handlungsweise der Truman-Mannschaft weniger durch seinen Artikel in *Foreign Affairs* als vielmehr durch seine diplomatischen Depeschen aus Moskau beigetragen, in denen er die Natur des sowjetischen Regimes, die Denkweise der Führer im Kreml und das daraus resultierende außenpolitische Verhalten analysierte.

Walter Lippmann und Henry J. Morgenthau erhoben sofort zwei Einwände, die auf der europäischen oder auch traditionellen Philosophie des nationalen Interesses beruhten: Eine solche Doktrin habe unabsehbare Implikationen, und an die Stelle der Diplomatie eines *einzelnen* Staates, der eindeutige Interessen habe und über beträchtliche, wenn auch nicht unbegrenzte Mittel verfüge, trete eine gleichsam universelle, weltweite Mission — der Expansion der sowjetischen Macht bzw. des sowjetischen Einflusses Einhalt zu gebieten.

Genau genommen, setzte sich die Doktrin — sofern man eine recht pauschale Analyse des außenpolitischen Wirkens der Sowjetunion als eine Doktrin bezeichnen konnte — Einwänden von rechts und von links aus (um mich ungenauer, aber geläufiger Ausdrücke zu bedienen). Von rechts kam der Einwand, den John Foster Dulles und James Burnham und zum Teil auch Walter Lippmann vertraten: Wenn man den Vereinigten Staaten, die aus dem Krieg mit einer intakten Industrie, einem unvergleichlichen Prestige und einer erdrückenden materiellen Überlegenheit gegenüber allen anderen Staaten hervorgegangen waren, die undankbare und unfruchtbare Aufgabe stellte, die Expansionsgelüste der Sowjetunion ›einzudämmen‹ — bedeutete das nicht, sich an eine *negative, vergebliche und unmoralische* Vorstellung zu klammern?

Walter Lippmann ging von einem ähnlichen Argument aus, zielte aber darauf ab, die Lähmung, die Verstrickung der amerikanischen Diplomatie zu verhindern, die sich jeglicher

Bewegungsfreiheit beraubte, wenn sie sich selbst dazu verurteilte, zu reagieren statt zu agieren, an allen Enden der Welt Wache zu halten und kommunistischen oder sowjetischen Expansionsversuchen mit Gewalt entgegenzutreten. Die Handlungsfreiheit der amerikanischen Diplomatie müsse sich zuerst und vor allem darin beweisen, daß sie Prioritäten setze und zwischen Bereichen von vitalem Interesse und sekundären Bereichen unterscheide.

Morgenthau sah in dem Artikel Kennans und in dem Handeln der Truman-Acheson-Mannschaft eine Absage an die Diplomatie (im traditionellen Sinne), einen Verzicht auf Verhandlungen, und bedeute seinen Lesern, daß es nur die Alternative ›kämpfen oder verhandeln‹ gab. Tatsächlich aber sieht es auch heute noch so aus, als sei der Kalte Krieg zwischen 1947 und 1953 eine dritte Möglichkeit — ›weder Krieg noch Gespräch‹ — gewesen, die in dem klassischen System der zwischenstaatlichen Beziehungen nicht vorgesehen war. Lippmann seinerseits kritisierte nicht nur den ›Globalism‹, die potentiell unbegrenzten Verpflichtungen, welche die Vereinigten Staaten sich selbst auferlegten, sondern verwarf auch die Folgerungen, welche Truman und Marshall daraus zu ziehen gedachten, daß eine Einigung mit der Sowjetunion über die Deutschlandfrage unmöglich erschien. Er sah 1947 in der Anwesenheit russischer Truppen im Herzen Europas die hauptsächliche Bedrohung für Gleichgewicht und Frieden und gab nicht die Hoffnung auf, ihren Rückzug durch Verhandlungen zu erreichen. Gleichzeitig war er dagegen, ein an die Amerikaner und die Briten gebundenes Westdeutschland zu schaffen. Noch 1948 sagte er voraus, die Führer dieser Republik würden sich unverzüglich mit den Führern der anderen Republik in Verbindung setzen. Gleichzeitig sah er jedoch richtig voraus, daß eine ständige militärische Präsenz der Vereinigten Staaten in Deutschland eine ebenfalls ständige militärische Präsenz der Sowjetunion auf der anderen Seite der Demarkationslinie unvermeidlich nach sich ziehen würde.

Weder Kennan noch Acheson wollten damals bekennen, daß die von Dulles, Lippmann und Morgenthau so heftig attackierte angebliche Doktrin ihre eigenen Vorstellungen zum Ausdruck brachte. Dean Acheson erwiderte, weder er noch Truman hätten je daran gedacht, die Eindämmung bedeute notwendig, daß man dem Vordringen des Kommunismus oder der sowjetischen Herrschaft jederzeit und überall notfalls auch mit militärischer Intervention entgegentreten müsse. Der beste Beweis dafür sei, daß Truman es in den Jahren 1947/48 ablehnte, in den chinesischen Bürgerkrieg einzugreifen, und den Sieg der kommunistischen Partei hinnahm.

Stand den Vereinigten Staaten nach dem Zweiten Weltkrieg als Zielsetzung oder Mission ein anderer Weg als der der Eindämmung offen, nachdem eine Zusammenarbeit mit Stalin sich als unmöglich erwiesen hatte? Die Sowjetunion, zwar durch ihre Opfer für den gemeinsamen Sieg völlig geschwächt, hatte das Dritte Reich als ›Störenfried‹, als Bedrohung des europäischen und des weltweiten Gleichgewichts abgelöst. Durch ihre militärische Stärke wie durch ihre Ideologie, durch ihre bloße Existenz wie durch den Argwohn, den sie erregte, stellte sie eine Herausforderung an die Vereinigten Staaten dar. Waren diese der Ansicht gewesen, die Beherrschung der eurasischen Landmasse durch das deutsch-japanische Bündnis gefährde die Sicherheit der Amerikanischen Republik, so bestand kein Anlaß, sich nun damit abzufinden, wenn Stalin im eigenen Sinne den Traum Hitlers verwirklichte. Wenn ich selbst hier und da von einem wahnhaften Antikommunismus gesprochen habe, so ist doch zu bedenken, daß der Antikommunismus eine völlig normale und rationale Reaktion auf die Ideologie des einzigen Staates war, der der Amerikanischen Republik auf allen Gebieten — auf militärischem, politischem und ideologischem Gebiet — entgegenzutreten vermochte. Die Eindämmung im eigentlichen Sinne ist nicht, wie es die Kritiker glauben machen wollen, eine Folge des ›Wilson-Syndroms‹, des eigentümlichen außenpolitischen Verhaltens einer Republik, welche die ›Realpolitik‹ oder den ›Machiavellismus‹ des alten Europa niemals akzeptiert hat; vielmehr war der Begriff — mehr noch als die Doktrin — der Eindämmung ein defensiver Ausdruck der unvermeidlichen Rivalität mit der Sowjetunion.

Inwiefern hat dieser Begriff, ohne seine defensive Bedeutung zu verlieren, zur ›Globalisierung‹ und ›Militarisierung‹ beigetragen? Das Ereignis, das zu den von so vielen Kommentatoren beklagten historischen Konsequenzen geführt hat, ist offenbar der Koreafeldzug. Ich neige sogar zu der Ansicht, daß die berühmte Rede Dean Achesons vor dem National Press Club, in der Korea nicht zu den Positionen gezählt wurde, die innerhalb des amerikanischen Verteidigungsbereichs in Asien lagen, im Kreml und in Pjongjang möglicherweise als ›grünes Licht‹ für einen gewaltsamen Vereinigungsversuch aufgefaßt wurde. Als die nordkoreanischen Truppen die Demarkationslinie überschritten, erkannten Truman und Acheson — und ich glaube, daß sie sich richtig entschieden haben —, wie schwierig es ist, jene ›Unterscheidung‹ durchzuhalten, die Walter Lippmann, der von den Ereignissen nicht betroffen war, in seinen Artikeln im *New York Herald Tribune* analysierte. Die Europäer warteten ängstlich auf die Reaktion des Weißen Hauses, in der sie einen Test für den Wert und die Glaubwürdigkeit der amerikanischen Versprechungen sahen. Die Intervention der Vereinigten Staaten in einem Konflikt, der zugleich Bürgerkrieg und auswärtiger Krieg war, entsprang nicht dem ›Globalismus‹ der Truman-Doktrin, sondern dem politischen und psychologischen Zusammenhang zwischen dem amerikanischen Vorgehen in Asien und in Europa. Die Deutschen, ebenfalls in Besatzungszonen aufgeteilt, fühlten sich von der Koreakrise direkt betroffen. In einem privaten Gespräch im Jahre 1950 und einige Jahre später erklärte mir Dean Acheson, er habe den Eindruck gehabt, daß das Schicksal der Allianz zwischen dem Alten Kontinent und der Neuen Welt Ende Juni 1950 auf dem Spiel stand, als Truman und seine Berater innerhalb von 48 Stunden ihre Strategie gegenüber dem entwickelten, was für sie eine sowjetische oder chinesische Aggression war und vermutlich während des längeren Aufenthaltes Mao-Tse-tungs in Moskau gemeinsam beschlossen worden war.

Wenn die Vereinigten Staaten infolge eines Ereignisses, das möglicherweise ein Unfall war, die Eindämmungsdoktrin auf Asien ausdehnten, so war das genau so vernünftig wie die Übernahme der Rolle Großbritanniens als Garant des europäischen Gleichgewichts und als Schutzmacht der Randstaaten (Türkei, Griechenland). Japan hätte eine Wiedervereinigung Koreas unter einer feindlichen Regierung nicht hingenommen, und die Vereinigten Staaten, welche die Verpflichtungen der japanischen Souveränität übernommen hatten, handelten so, wie jede japanische Regierung gehandelt hätte; und selbst wenn Truman und Acheson sich ihrer historischen Rolle nicht völlig bewußt waren, so entsprach ihr Verhalten doch einer objektiven Logik, welche die Philosophen der List der Vernunft zuschreiben werden. Eine volle Anerkennung Rotchinas, die Truman und Acheson vor dem 20. Juni 1950 erwogen hatten, wurde durch die Intervention der chinesischen ›Freiwilligen‹ verhindert.

Auch in Europa kam es nach dem Koreafeldzug zu einer Militarisierung der Eindämmung. Gewiß hatten einige Kommentatoren (z. B. Hubert Beuve-Méry) auf die Implikationen des Nordatlantikpakts hingewiesen und festgestellt, daß der Pakt die Wiederaufrüstung Deutschlands nach sich ziehen werde. Wenn auch ihre Vorhersagen sich durch den Gang der Ereignisse bestätigten, so ist das noch kein unanfechtbarer Beweis für die Wahrheit ihrer These. Wenn Dean Acheson die Europäer im September 1950 zu erneuten Rüstungsanstrengungen aufrief und vorschlug, die Deutschen sollten sich daran beteiligen, so geschah das in dem Klima, das durch den Koreafeldzug entstanden war. War der Koreafeldzug vielleicht weniger ein Anlaß als eine Gelegenheit? Zweifellos haben auch diejenigen amerikanischen Diplomaten, die über die Sowjetunion Bescheid wußten und nie an einen Krieg zwischen den beiden Supermächten geglaubt haben, eine Stärkung des Militärapparats der Vereinigten Staaten gewünscht, und wie ich glaube, zu Recht. In ihrer neuen Rolle mußte die Amerikanische Republik lernen, daß außenpolitisches Handeln in Friedenszeiten nicht nur ein wirtschaftliches Potential — die ›Waffenkammer der Demokratien‹ —, sondern auch eine unmittelbar verfügbare militärische Streitmacht erfordert.

Die NATO, die Stationierung einer amerikanischen Armee in Europa und die Wiederbewaffnung der Bundesrepublik — waren das alles unnötige Vorkehrungen? Hätte der ideologische, wirtschaftliche und politische Wettbewerb auch stattgefunden, wenn es keine andere Sicherheitsgarantie als das amerikanische Engagement und die Unwahrscheinlichkeit einer regelrechten sowjetischen Invasion gegeben hätte? Heute werden viele Kommentatoren und Historiker eine solche These vertreten. Ich selbst kann mich dazu nicht entschließen. Niemand kann eine Geschichte, die nicht stattgefunden hat, mit Sicherheit rekonstruieren. Selbst wenn der Drang zur Militarisierung der Eindämmerung sich nach der Koreakrise und nach dem Stalinismus nicht im atomaren Wettrüsten und dem Aufbau — auf beiden Seiten der Demarkationslinie — einer integrierten Verteidigung mit sowohl konventionellen als auch taktischen atomaren Waffen (und außerdem mit mehreren Hundert ballistischen Raketen mittlerer Reichweite auf sowjetischer Seite) fortgesetzt hätte, erscheint mir die Möglichkeit einer deutschen Wiedervereinigung zu Bedingungen, die für den Westen annehmbar gewesen wären, noch immer zweifelhaft. Heute fragt sich mancher, wie diesem Rüstungswettlauf ein Ende gemacht werden kann und ob es nicht klüger gewesen wäre, ihn von Anfang an zu vermeiden. Im Jahre 1950 entsprach die NATO dem Wunsch der Regierungen und des überwiegenden Teils der Öffentlichkeit in Europa. Nachdem sie sich erst auf das System eingelassen hatten, fanden Europäer und Amerikaner es schwer, wieder herauszukommen. Übrigens wollen auch nicht alle Europäer heraus.

Vergessen wir auch nicht, daß Chruschtschow durch seine Grobheit und seine abenteuerlichen Initiativen (Berlin-Ultimatum) nach der Entspannungsphase von 1953 bis 1958 erneut ein Klima des Kalten Krieges schuf. Erst die zweite Kubakrise, die Raketenkrise, sorgte dafür, daß die Bedrohung von Berlin abgewendet wurde und daß es zur Unterzeichnung des ersten Abkommens über die Einstellung der Atomversuche kam. Die Ausweitung der Eindämmungspolitik auf Asien und ihre Militarisierung sind nicht so sehr auf den Artikel von Herrn X oder auf den Inhalt der Erklärung Trumans vom März 1947 als vielmehr auf die historischen Umstände zurückzuführen, die wiederum — wie der Koreafeldzug — teils dem Zufall zuzuschreiben sind oder — wie der Rüstungswettlauf — durch die Technik bedingt sind und im übrigen wohl auf die bürokratische Schwerfälligkeit, auf bestehende Interessen und auf die Folgen früher gefällter Entscheidungen zurückgeführt werden können.

Soll das heißen, daß es zwischen der Truman-Doktrin und der imperialen Funktion der amerikanischen Diplomatie während der Jahre der Vorherrschaft (ungefähr 1947—1967) keinen Zusammenhang gibt? Das gewiß nicht — der Zusammenhang ist da; aber die Alternative *Nation* oder *Imperium* muß den Leser unmerklich zu der Schlußfolgerung verleiten, der Isolationismus biete die einzige Möglichkeit, die imperiale Rolle loszuwerden und zu einer nationalen Diplomatie zurückzukehren.

Die Leidenschaft, mit der die Grundlagen der seit 25 Jahren betriebenen amerikanischen Diplomatie in Frage gestellt werden, ist nach den Erfahrungen in Vietnam verständlich. Den Verfechtern einer grundlegenden Revision geht es darum, den Zusammenhang zwischen der Denkweise der amerikanischen Führer seit 1947 und der Tragödie von Vietnam hervorzuheben; die Anhänger einer begrenzten Revision betonen dagegen die einzelnen Faktoren — ungünstige Situationen, falsche Beurteilungen, ungeeignete Strategien —, die den Weg vom Kapitol zum Tarpejischen Felsen bereits vorgezeichnet haben.

In dem Kapitel über die Wandlungen des Imperialismus habe ich auf die unterschiedlichen Bedeutungen der Worte ›Imperium‹, ›imperial‹ und ›Imperialismus‹ hingewiesen und behauptet, in einem bipolaren und revolutionären System werde jede Großmacht unausweichlich zu einer imperialen Diplomatie gedrängt. Dem stimmen auch George Liska und Robert W. Tucker zu, selbst wenn sie es ein wenig anders ausdrücken. (3) Ich glaube ihre leitende Idee nicht falsch darzustellen, wenn ich sie folgendermaßen formuliere: Ein imperialer Staat (bzw. ein Staat, der eine imperiale Funktion erfüllt) ist gekennzeichnet durch *weltweite* Absichten. Daraus ergibt sich eine grundlegende Unterscheidung zwischen zwei Zielen: einerseits der physischen Sicherheit eines Staates und seiner Einwohner, andererseits der Schaffung einer internationalen Umgebung, die der Idee oder den Absichten des imperialen Staates entspricht. Zwischen diesen beiden Zielen liegt das wirtschaftliche Wohlergehen (oder die Prosperität) der Nation und die Erhaltung ihrer Institutionen.

Im Jahre 1953 schrieb ich folgendes:

›*Der Westen hat kein Äquivalent zur weltlichen Religion — und braucht es auch gar nicht —, mit ihrer Kirche, ihrer Theologie, ihrem Interpreten der Propheten, der Papst und Kai-*

ser in einer Person ist. Aber er muß die Idee einer internationalen Ordnung repräsentieren. Das nationale Interesse der USA, sogar das kollektive Interesse der angelsächsischen Minderheit, würde keinen Bundesgenossen finden, keinerlei Loyalität hervorrufen, würde es nicht die Idee einer internationalen Ordnung repräsentieren, die zugleich eine Ordnung der Macht und des Gesetzes ist. (...) Es ist durchaus legitim, Jahrhunderten nachzutrauern, in denen die leidenschaftslose, amoralische Diplomatie nicht mehr war als ein subtiles Spiel der Einflüsse und der List. Im 20. Jahrhundert schwächt sich eine Großmacht selbst, wenn sie darauf verzichtet, einer Idee zu dienen.‹ (4)

In der Tat wurde der Begriff der Eindämmung erweitert zu einer Doktrin der internationalen Ordnung, und diese Doktrin war geeignet, eine imperiale oder sogar imperialistische Intervention nach sich zu ziehen, anders gesagt, eine Intervention zur Aufrechterhaltung einer den Institutionen und Ideologien der Vereinigten Staaten wohlgesonnenen Regierung, notfalls auch gegen den Willen des Volkes. Der moderne Begriff der Eindämmung verbindet sich mit dem alten Prinzip der amerikanischen Ethik der zwischenstaatlichen Beziehungen, dem Prinzip des Verzichts auf Gewaltanwendung — eine Verbindung, die leicht dazu führt, daß das Selbstbestimmungsrecht der Völker gleichgesetzt wird mit einem Verbot, ein Regime von kommunistischem Typ zu wählen, oder mit der Verpflichtung, ein proamerikanisches Regime aufrechtzuerhalten.

Damit erheben sich zwei Fragen, die in einem gewissen Maße miteinander zusammenhängen, aber nicht identisch sind: Welcher Art war die Umwelt, zu deren Entstehung die amerikanische Diplomatie *tatsächlich* beigetragen hat; und in welchem Maße war das außenpolitische Wirken der Amerikanischen Republik von der traditionellen Philosophie des Friedens durch das Gesetz, des Verbots der Gewaltanwendung und des Selbstbestimmungsrechts der Völker bestimmt?

Die imperiale Diplomatie der Vereinigten Staaten hat — außer in propagandistischen Rationalisierungen — mit dem ›Wilson-Syndrom‹ oder mit dem Traum vom Frieden durch weltweite Ausbreitung demokratischer Regime nicht das geringste zu tun.

Allerdings hat diese Diplomatie einen ideologischen Zug insofern behalten, als sie sich gegen die europäischen Kolonialreiche richtete, mit der häufig zutreffenden Rechtfertigung, der Widerstand gegen den Kommunismus erfordere die Unterstützung des Nationalgefühls der Kolonialvölker. Von 1945/46 bis 1962, während der rund 15 Jahre der ›Entkolonisierung‹, haben die Amerikaner ihren Einfluß zugunsten der nationalen Befreiungsbewegungen geltend gemacht. Als die Niederlande zu erkennen gaben, daß sie den indonesischen Nationalisten nicht ohne weiteres weichen wollten, fackelten die Verantwortlichen in Washington nicht lange und zwangen die Haager Regierung zum Nachgeben. Mehr Zurückhaltung zeigten sie gegenüber Frankreich, weil sie es stärker brauchten. Sie machten nur eine Ausnahme, und auch das nicht ohne Zögern: sie lehnten eine Unterstützung Ho Tschi Minhs ab, der verdächtig war, einen unbezweifelbaren Nationalismus mit Moskautreue zu verbinden. Sie bedrängten die französische Regierung, anderen Nationalisten die Unabhängigkeit zu gewähren, welche die Vietminh verkörperten. Aus dieser Ausnahme von der Regel entstand die vietnamesische Tragödie. Im Falle Algeriens tat die amerikanische Diplomatie alles, um beide Seiten zu schonen, doch trotzdem schien sie in den Augen der Franzosen ganz auf der Seite der ›Aufständischen‹ zu sein.

Abgesehen von den Bereichen, in denen sie unmittelbar mit der Sowjetunion oder mit Rotchina konfrontiert war, zeigte die imperiale Diplomatie der Vereinigten Staaten also zwei Gesichter: einerseits blieb sie der Tradition der ›first new nation‹ und des Selbstbestimmungsrechts der Völker treu, andererseits — und das war das Neue — trat sie den ›bewaffneten Minderheiten‹ entgegen. Ist beides miteinander unvereinbar? Nicht unbedingt. Allerdings tritt immer deutlicher zutage, daß das erste Gesicht gleichzeitig mit den Kolonialreichen der europäischen Länder in geschichtliche Vergessenheit gerät.

Hatte die imperiale Eindämmungsdiplomatie in Afrika, Asien und Lateinamerika nach dem Verschwinden der europäischen Kolonialreiche kein anderes Ziel als den Status quo? Sie zielte, wie mir scheint, vor allem, wenn nicht sogar ausschließlich, darauf ab, die Machtergreifung solcher Parteien zu verhindern, die sich zum Marxismus-Leninismus bekannten oder ihm den Weg zu ebnen drohten. Da die revolutionären Parteien in der ganzen Welt heute eine mehr oder weniger vom Marxismus geprägte sozialistische Sprache verwenden, neigte die imperiale Diplomatie der Vereinigten Staaten in der Tat zur Begünstigung bestehender Regime, aus Furcht, die revolutionären Regime könnten — an sich oder gemessen an amerikanischen Präferenzen — schlimmer sein.

War es eine ideologische Diplomatie? Ja und nein. Sicherlich war sie im *negativen* Sinne ideologisch: Sie richtete sich gegen tatsächlich oder möglicherweise marxistisch-leninistische Regime. Doch kann man diese *negativ* ideologische Diplomatie mit dem gleichen Recht als eine realistische Diplomatie bezeichnen, weil sie ein autoritäres Rechtsregime, auch wenn es nichts für die Modernisierung des Landes tut, einem autoritären Linksregime vorzieht. Diese im negativen Sinne ideologische Diplomatie führt zu rührenden oder lächerlichen Bemühungen, mit einem demokratischen Mäntelchen die Blöße von Willkürregimen zu bedecken, die, von den Volksmassen akzeptiert oder nicht, nicht imstande sind, sich jenen Wahlverfahren zu unterwerfen, die in den Augen der amerikanischen Führung der einzige Legitimitätsbeweis sind.

Wenn man also der imperialen Diplomatie der Vereinigten Staaten als Ziel eine wohlgesonnene Umwelt unterstellt, so ist dieses Ziel unvermeidlich und in wachsendem Maße restriktiv definiert worden durch die Nichtzugehörigkeit der Staaten zum marxistisch-leninistischen Lager, also durch die gesicherte Freiheit des Zugangs (in den meisten Fällen) für Personen, Waren und Investitionen aus den Vereinigten Staaten. Sobald die Eindämmung nichts anderes mehr bedeutet als Widerstand gegen aktuell oder potentiell prosowjetische Parteien, wird aus der ideologischen eine imperiale Diplomatie, anders gesagt, eine essentiell realistische Diplomatie. Sie spricht weiterhin von der ›freien Welt‹, doch ist diese Welt nicht deshalb frei, weil die Völker in ihr sich frei regieren, sondern weil sie sich dem Einfluß der Vereinigten Staaten nicht verschließt.

Das schlechte Gewissen, das aus einem solchen Herunterkommen des Kreuzzugsgeistes zu einem imperialen Realismus herrührt, hat sich in den letzten 25 Jahren bei zahlreichen Gelegenheiten geäußert. Die heftigen Angriffe des Senators

McGovern auf Präsident Thieu erinnern an ähnliche Äußerungen, die sich vor 25 Jahren gegen Syngman Rhee richteten und gegen das Obristenregime in Griechenland. Wie die Diplomatie aller Großmächte, nimmt auch die Diplomatie der Vereinigten Staaten die Bündnispartner, die sich ihr bieten, und nimmt sie verbal in die freie Welt auf, ohne sich allzu sehr um die demokratische Rechtgläubigkeit der Regime zu kümmern, denen sie ihren Schutz gewährt.

Dieses schlechte Gewissen hätte sich nicht gewaltsam in einer Ablehnung der gesamten amerikanischen Diplomatie geäußert, wäre nicht der Vietnamkrieg gewesen. Dieser Krieg nun scheint mir weniger zu belegen, daß eine im negativen Sinne ideologische Diplomatie zu einer realistischen Politik herunterkam, sondern er zeigt vielmehr, daß man der Vorstellung des ›bis hierher und nicht weiter‹, dem Imperativ der Nichtgewaltanwendung verhaftet war. Ich habe oben schon darauf hingewiesen, daß die sehr früh von Truman und Acheson getroffene Entscheidung, in Indochina den Antikolonialismus dem Antikommunismus unterzuordnen, nicht trotz, sondern wegen des Sieges der kommunistischen Partei in China bestätigt wurde, um die Ausbreitung des Kommunismus nach Südostasien einzudämmen (wobei man damals zwischen russischem, chinesischem oder vietnamesischem Kommunismus keinen Unterschied machte). Bestätigung erfuhr diese Entscheidung durch John Foster Dulles im Jahre 1953, während er über den Waffenstillstand in Korea verhandelte, sowie im Jahre 1954 nach dem Genfer Abkommen, dann von Kennedy im Jahre 1961 und von Johnson im Jahre 1965. Ist diese Stetigkeit als eine logische Folge jener Doktrin aufzufassen, deren leitenden Ideen Truman Ausdruck gab, oder als ein Abweichen von ihr, das erklärbar wäre durch die Unkenntnis der spezifischen Verhältnisse des Landes und der einander bekämpfenden Parteien? Die Kritiker der imperialen Diplomatie entscheiden sich natürlich für die erste Alternative. Sogar Robert W. Tucker scheint sie in seinem Plädoyer für die amerikanische Diplomatie vorzuziehen.

Er weist, wie auch ich es getan habe, zunächst darauf hin, daß der Widerspruch zwischen dem Imperativ der Nichtgewaltanwendung und den Erfordernissen der Eindämmung des Kommunismus während der letzten 25 Jahre vielfach dadurch aufgelöst wurde, daß die Vereinigten Staaten zum Mittel der Gewalt (Santo Domingo) oder der Gewaltandrohung (Kuba 1962) griffen. Andererseits wird sofort deutlich, daß zwischen dem Widerstand gegen die indirekte Aggression bzw. die Aktion bewaffneter Minderheiten und dem Prinzip der Nichteinmischung in die inneren Angelegenheiten anderer Staaten bzw. dem Recht der Völker, über ihre Institutionen frei zu entscheiden, eine Diskrepanz besteht, sobald man die Fiktion oder das Dogma fallen läßt, daß die Völker sich nie freiwillig für ein marxistisch-leninistisches Regime entscheiden. Nachdem diese beiden Widersprüche eingeräumt wurden, muß man aber sagen, daß die imperiale Diplomatie der Eindämmung, gerade weil sie mit einem moralischen Kreuzzug nichts zu tun hat, Unterscheidungen nicht nur erlaubt, sondern geradezu fordert. Weder das Weiße Haus noch das Elysée haben Trauer angelegt, als Sekou Touré die Französische Gemeinschaft verschmähte und den Weg des Marxismus beschritt.

Natürlich haben einzelne Sprecher Eisenhowers oder Johnsons, Dulles' oder Rusks sich nicht gescheut, auch Thesen zu vertreten, auf die Tucker sich stützen kann, und Johnson sprach davon, daß sich das Schlachtfeld von Saigon nach San Franzisko verlagern könnte, falls man Vietnam aufgäbe (Marshall de Lattre de Tassigny sah die kommunistische Woge bereits am Suezkanal aufbranden). Soll man an die Aufrichtigkeit derartiger Äußerungen, an die Philosophie vom unteilbaren Frieden und von der unteilbaren Abschreckung glauben? Was mich betrifft, so sehe ich in der Philosophie, die hinter der amerikanischen Diplomatie steht, eine Synthese von *tatsächlichem* Realismus — Eindämmung des Kommunismus — und *verbalem* Idealismus — Weltordnung, Nichtgewaltanwendung, Selbstbestimmungsrecht der Völker. Diese Synthese legte eine defensive Strategie nahe, und so wurden denn auch die vollendeten Tatsachen in Europa, in Nordkorea, in China und in Nordvietnam (nach 1954) nie mehr in Frage gestellt. Die imperiale Politik der Vereinigten Staaten hat also durch die Respektierung von Einflußsphären ihren eigentlichen universalistischen Anspruch gemäßigt. Dank dieser Unterscheidung von Sphären wurde wiederum der ›Verlust‹ eines Landes (durch den Sieg einer kommunistischen Partei) vollkommen akzeptabel. Schließlich definierte sich diese Philosophie durch die Absicht, über die physische Sicherheit hinaus sich die Umwelt, die dem amerikanischen Einfluß zugänglich und für ihn empfänglich war, so umfassend wie möglich zu erhalten.

Ich bestreite nicht, daß die Eindämmungsdoktrin, war sie erst auf die ganze Erde ausgedehnt, eines Tages in einer Katastrophe enden konnte. Dagegen bestreite ich, daß die Katastrophe in der Doktrin *impliziert* war, daß sie *notwendig* aus ihr folgte. In zwei Punkten schreibt nämlich Robert W. Tucker den Architekten der amerikanischen Diplomatie extreme Auffassungen zu, die sie möglicherweise im Sinne eines Rituals hergebetet haben, in denen aber keineswegs ihre wohlerwogenen Ansichten oder die innere Logik ihres Handelns zum Ausdruck kam, — daß nämlich die amerikanischen Interessen und der Frieden unteilbar und daß die Weltordnung und die Sicherheit der Vereinigten Staaten voneinander abhängig seien. ›It is, of course, the equation of world order and American security upon which the administration's defense of Vietnam must ultimately stand or fall.‹ (5) Anschließend erklärt Tucker, daß natürlich niemand die unterschiedlichen Bedingungen der Eindämmung in Europa und Asien verkenne und daß zumindest heute jeder von dem Bruch zwischen Moskau und Peking und der relativen Unabhängigkeit Nordvietnams wisse. Gleichwohl sei ein Sieg Hanois auch ein Sieg der Hauptverbündeten Hanois und müsse alles, was in den letzten 20 Jahren erreicht worden sei, in Frage stellen. Wenn allerdings die Verantwortlichen zu dieser Schlußfolgerung gelangen, dann nur im Sinne einer ›selffulfilling prophecy‹: Gerade weil sie den Vietnamkrieg zum entscheidenden Testfall erklärt haben, ist er das tatsächlich geworden. Gerade weil jede Kraftprobe zwischen den Vereinigten Staaten und einer kommunistischen Partei als Symbol der weltweiten Auseinandersetzung aufgefaßt wird, nimmt sie diese Bedeutung schließlich in einem gewissen Umfang an.

Anders gesagt, man hätte in der im negativen Sinne ideologischen Diplomatie der Eindämmung vernünftigerweise eine realistische Diplomatie sehen müssen, da sie den Sowjets und den Chinesen nicht streitig machte, was diese bereits besaßen. Im übrigen konnte sie bei vernünftiger Betrachtung aus der Sowjetisierung einer Hälfte Vietnams keine direkte, physische Bedrohung der Sicherheit der Vereinigten Staaten ableiten. In den Gebieten, die außerhalb der Bereiche liegen, welche jede der beiden Supermächte als ihr Eigentum betrachtet, findet eine Konfrontation statt, bei der es um einen Einsatz geht, der, je nachdem, wo sie sich abspielt, mehr oder weniger große tatsächliche oder symbolische Bedeutung besitzt. Was zu der vietnamesischen Tragödie geführt hat, war nicht der Begriff der Eindämmung und wohl auch nicht das Gebot des Gewaltverzichts, sondern die wachsende Tendenz, bei der Bestimmung der eigenen Interessen und der Einsätze, um die es ging, statt von Realitäten von Symbolen auszugehen. Die an sich uneinsichtige Dominotheorie drückte auf ungeschickte Weise den richtigen Gedanken aus, daß das amerikanische Engagement wertlos werden würde, falls die Amerikaner auch nur einmal das Handtuch warfen.

Ich bestreite nicht, daß es den Verantwortlichen für eine imperiale Diplomatie heutzutage, wo materielle Streitpunkte häufig durch immaterielle Streitpunkte in den Hintergrund gedrängt werden und die Waffen nicht durch ihren Einsatz, sondern durch die Drohung mit ihrem Einsatz wirken, nicht so leicht fällt, sich der Versuchung zu entziehen, einen beliebigen Konflikt zum Symbol einer Entschlossenheit zu machen, an der zunächst niemand gezweifelt hat. So glaubten die Verantwortlichen in Washington während der ganzen Nachkriegszeit — angefangen bei der Berliner Blockade über die Installation der Raketen in Kuba bis zur Verminung der nordvietnamesischen Häfen — jedes Mal, das Schicksal der gesamten Partie hänge vom Ausgang der jeweiligen Krise ab.

Die Nord- und Südvietnamesen, welche die Schachspieler auf dem Gipfel nur allzugern vergessen wollten, erinnerten die Welt daran und zwangen sie zu der Einsicht, daß es eigentlich um sie, die Vietnamesen, ging, auch wenn die großen Manöver der hohen Politik sich in den Vordergrund schoben.

Tucker würde vielleicht erwidern, daß ich, um ein und denselben Gedanken auszudrücken, nur ein wenig andere Worte wähle. Es ist wahr, daß auch er die Ersetzung der Realität durch Symbole beobachtet, doch verknüpft er sie mit der amerikanischen Philosophie von der Weltordnung, die von der Sicherheit der Vereinigten Staaten nicht zu trennen sei, während ich darin ein Zeichen des Verfalls der realistischen Eindämmungsdiplomatie sehe, ein Engagement, das unter ganz bestimmten Umständen eingegangen und dann unter ganz anderen Umständen erneuert wurde, einerseits, weil ein Rückzug schwierig war, andererseits, weil man an einer bestimmten Sicht der internationalen Welt festhielt.

Das Wesen des politischen Handwerks besteht, wie auch Tucker anerkennt, in der Unterscheidung. Zum Vietnamkrieg kam es deshalb, weil man zu unterscheiden versäumte und stillschweigend von dem Axiom ausging, daß jeder beliebige lokale Konflikt insofern von weltweiter Bedeutung sei, als es dabei um einen immateriellen Einsatz gehe, nämlich um die Glaubwürdigkeit des amerikanischen Engagements, die wiederum die Grundlage der Weltordnung und der amerikanischen Sicherheit sei. Die amerikanischen Diplomaten selbst stellen derartige Kettengleichungen auf oder neigen dazu. Tatsache ist, daß die Vereinigten Staaten, indem sie sich an die Stelle Japans und der europäischen Nationen setzten, die Verantwortung für das militärische Gleichgewicht innerhalb der eurasischen Landmasse übernommen haben. Damit, daß sie zusätzlich zu dieser aus dem Zweiten Weltkrieg herrührenden Aufgabe die Anstrengung auf sich nahmen, in jedwedem Land (6) Afrikas, des Mittleren Ostens und Lateinamerikas die Machtübernahme der Kommunisten zu verhindern, haben die Verantwortlichen die Logik der imperialen Diplomatie zum Äußersten getrieben. Manche versuchen — ohne einen Beweis — zu suggerieren, die Kritik am Vietnamkrieg müsse, wolle sie ihrer eigenen Logik treu bleiben, nicht die schließlichen Auswirkungen, sondern das Prinzip der imperialen Diplomatie selbst verwerfen. Dabei begehen sie, wie mir scheint, bewußt oder unbewußt den gleichen Fehler, den sie u. a. den Diplomaten ihres Landes vorwerfen: Sie machen keine Unterschiede.

Nur die kleinen Staaten beschränken ihre Ambitionen auf ihr physisches Überleben und auf die Bewahrung ihrer rechtlichen Unabhängigkeit und ihrer Institutionen. Das vorrangige Ziel einer Großmacht ist ebenfalls das physische Überleben und die Unversehrtheit ihres inneren Systems, denn das

Wohlergehen der Bevölkerung und die Aufrechterhaltung des Außenhandels, die für die Prosperität und das Wachstum des Sozialprodukts unerläßlich sind, können nicht vom physischen Überleben und von der Erhaltung der Institutionen getrennt werden. Heute ist das Industriesystem einer Volkswirtschaft von der Größe der amerikanischen selbst zum integrierenden Bestandteil eines noch umfassenderen und komplexeren Systems geworden. Über das erste Ziel, die physische Sicherheit, das zweite Ziel, das moralische Überleben (oder die Erhaltung der Republik), und das dritte Ziel, das Wohlergehen der Bevölkerung, hinaus verfolgt eine Großmacht nach historischer Erfahrung ein kaum geklärtes Ziel, das ich als Aufrechterhaltung oder Schaffung einer günstigen Umwelt bezeichnen werde. Umfang und Bedeutung des Begriffs einer günstigen Umwelt ändern sich je nach den Umständen.

In einem internationalen System wie etwa dem europäischen Gleichgewichtssystem beschränkt sich die potentielle Hegemonialmacht, z. B. das Bismarcksche Reich, auf das Wechselspiel der zwischenstaatlichen Kräfte, also auf die Diplomatie im engeren Sinne, um die Entstehung einer Koalition zu verhindern, die ihr und ihren Verbündeten an Ressourcen und an militärischer Stärke überlegen sein könnte. Weder Bismarck noch Wilhelm II. und seine Minister sind zwischen 1876 und 1914 irgendwelchen ideologischen Erwägungen gefolgt. Die konservative Solidarität zwischen der preußischen und der russischen Dynastie äußerte sich bei verschiedenen Gelegenheiten, doch verhinderte sie weder das Bündnis zwischen Frankreich und Rußland noch die Kräftegruppierungen des Jahres 1914, die ungeachtet der Propaganda, welche gleichzeitig mit dem Kanonendonner einsetzte, keineswegs auf ideologischen Affinitäten beruhten.

Ein solches Auseinanderhalten der Beziehungen zwischen den Staaten und der Beziehungen zwischen Systemen oder Gesellschaften ist in der europäischen Geschichte nicht durchgängig zu beobachten; allerdings wurde es zweimal notwendig, um die Religionskriege und die Kriege der französischen Revolution zu beenden. Im ersteren Falle mußten die Bürger Mitglieder der Staatskirche sein, bis es dem Staat gelang, die Religion aus der politischen Sphäre auszuschließen und sich für neutral und unparteiisch zu erklären. Im zweiten Falle versuchten die regierenden Fürsten nach 1815 zunächst einige Jahre lang, durch gemeinsame Maßnahmen das zwischenstaatliche Gleichgewicht zu stärken, um das Gespenst der Revolution zu bannen, gingen dann jedoch zu einer bescheideneren Praxis über, obgleich die russische Armee noch 1848 im Namen des Kaisers von Österreich gegen die aufständischen Ungarn intervenierte.

Keinen Beobachter, der sich auch nur ein wenig der Geschichte erinnert, wird es verwundern, daß die amerikanische Diplomatie seit 1947 zumindest im negativen Sinne ideologisch bestimmt war. Wie hätte es auch anders sein können, da doch die Vereinigten Staaten einem stalinistischen Rußland gegenüberstanden und die diplomatischen Gruppierungen vom inneren System der Staaten abhängig zu sein schienen? Der Widerstand gegen die sowjetische Expansion äußerte sich unvermeidlich in zwei Formen: Als Verteidigung der Demarkationslinien (die ein Akzeptieren der Einflußsphären implizierte) und als Unterstützung für diejenigen Parteien oder Regierungen, die sich mit einer marxistisch-leninistischen Minderheit auseinandersetzen mußten. In Europa kann die erste Form als eine Spielart der traditionellen Diplomatie des Gleichgewichts aufgefaßt werden; in Asien führte sie, möglicherweise zufällig, zu einem Krieg (Korea), der wiederum seine Fortsetzung fand in einer Konfrontation zwischen Rotchina und den Vereinigten Staaten, die in ein System von Militärbündnissen mit den Inselstaaten, darunter auch Nationalchina auf der Insel Formosa, verstrickt waren. Die zweite Form des Widerstands umfaßte einige spektakuläre Episoden, so den Sturz Mossadeghs im Iran unter Mitwirkung der CIA und die militärischen Interventionen im karibischen Raum (Guatemala, Santo Domingo), einer Region, welche die amerikanischen Diplomaten traditionell — auch zur Zeit des Isolationismus — als amerikanisches Jagdrevier betrachteten; außerdem umfaßte sie ständige, teils illegale Aktivitäten in zahlreichen Ländern. Der Vietnamkrieg liegt sozusagen im Schnittpunkt dieser beiden Widerstandsformen: Man mußte die Demarkationslinie verteidigen und gleichzeitig in Südvietnam ein Regime aufbauen, das aus eigener Kraft zu überleben vermochte.

Die paramarxistischen Kritiker — zumindest einige unter ihnen — behaupten, die Vereinigten Staaten müßten, um ihren Ausbeutungsimperialismus aufrechtzuerhalten, an allen Enden der Welt Wache halten, und das Ganze müsse zusammenfallen, wenn nur eines seiner Elemente betroffen sei. Die Kritiker, die dem Nachkriegsestablishment entstammen, die Liberalen, diejenigen, die sich voll Stolz des Marshallplans und der Truman-Doktrin erinnern, beklagen, daß das Eindämmungskonzept militarisiert und auf die ganze Welt übertragen wurde (Anwendung auf Asien), daß die innerhalb der sowjetischen Welt seit 1947 eingetretenen Wandlungen nicht richtig verstanden werden und daß zwischen der Bedeutung und den Kosten des Krieges in Vietnam ein Mißverhältnis besteht. Robert W. Tucker, der die Gültigkeit der Argumentation, die auf den vorangehenden Seiten entwickelt wurde, nicht bestreitet, liefert eine extreme Version der von zahlreichen Kommentatoren vorweggenommenen These, daß die Voraussetzungen der physischen Sicherheit sich mit den Atomwaffen grundlegend ändern. Für ein Land wie die Vereinigten Staaten nimmt die Sicherheit in dem Maße ab, wie die äußeren Interessen bzw. Engagements zunehmen. Haben die Vereinigten Staaten — mit tausend Interkontinentalraketen, 41 Atom-U-Booten, die jeweils 16 Polaris- bzw. Poseidon-Raketen tragen — ganz zu schweigen von den Langstreckenbombern und den von Flugzeugträgern aus startenden Maschinen — irgend etwas von irgendeiner Macht zu befürchten, und herrsche sie auch über die eurasische Landmasse von Brest bis Wladiwostok?

Mir erscheint diese These weniger paradox als vielmehr evident. Niemand hat je ernsthaft glauben können, daß die Bündnisse mit Australien, Neuseeland oder gar Formosa, den Philippinen und Japan im Atomzeitalter zur Sicherheit der Vereinigten Staaten beitragen; tatsächlich tragen sie zur Sicherheit der verbündeten Länder bei, erhöhen sie die Fähigkeit der Amerikanischen Republik zur militärischen Intervention im Notfalle und festigen sie eine gewisse Ordnung.

Allerdings tut man gut daran, es nicht bis zum Äußersten kommen zu lassen. *Theoretisch* würde die Abschreckung gegenüber einer auf Kuba installierten Atomstreitmacht genauso wirksam sein wie gegenüber den sowjetischen Raketen, die sieben- oder achttausend Kilometer von New York oder Washington entfernt installiert sind. Von dem geringeren Zeitraum zwischen dem Abschuß und dem Zieleinschlag einer Rakete einmal abgesehen, dürfen die Vereinigten Staaten bei einer Strategie, die auf der Abschreckung oder mit anderen Worten auf der Annahme der Entschlossenheit des Staatsoberhauptes beruht, nicht den auch nur scheinbaren Eindruck einer Schwächung ihres Willens erwecken. Das vorausgesetzt, sehe ich keine Möglichkeit, die Auffassung, auf welche der neue Isolationismus sich stützt, zurückzuweisen. Die eigentliche Frage scheint mir eine andere zu sein: Ist diese Situation wirklich so neu, wie wir alle zu glauben bereit sind? Wurde nicht, als der Kriegseintritt der Vereinigten Staaten in den Jahren 1917 und 1941 mit Erwägungen des Kräftegleichgewichts erklärt wurde, das Motiv mit der Rechtfertigung verwechselt und ein historischer Vorgang rationalisiert, der auf dem Eintritt der Republik in das zwischenstaatliche System beruhte? Kurz, hätte ein deutscher Sieg im Jahre 1917 (oder ein Kompromißfrieden) oder sogar ein Sieg des Dritten Reiches und Japans die physische Sicherheit der Vereinigten Staaten tatsächlich bedroht?

Die doktrinären Verfechter der Gleichgewichtspolitik haben diese Fragen ausnahmslos positiv beantwortet, da sie als Gegner des Kreuzzugs und Befürworter der Intervention diese zu rechtfertigen wünschten, ohne den Rahmen einer realistischen Philosophie der zwischenstaatlichen Beziehungen zu verlassen. Sie haben ihre Landsleute nie völlig überzeugen können, weil, um es gelinde auszudrücken, ihre These niemals evident war und niemals bewiesen wurde. Wenn noch nach jedem Krieg — angefangen von 1898 über 1917 bis hin zu 1941 — eine revisionistische Richtung entstand und die landläufige Version des Establishments in Frage stellte, so liegt das nicht oder nicht allein am Moralismus oder am Populismus, an dem Aufstand gegen die Bankiers, die Waffenhändler und die Intellektuellen von der Ostküste; vielmehr sind die Vereinigten Staaten — gegenüber der eurasischen Landmasse eine insulare Macht — durch den Zusammenbruch des europäischen Gleichgewichts niemals so unmittelbar bedroht gewesen, wie Großbritannien jahrhundertelang das Gefühl hatte, dadurch bedroht zu sein. In den Jahren 1916/17 hatten sie noch die Wahl zwischen der Intervention und der Nichtintervention und, für den Fall der Intervention, zwischen dem Ziel, den Alliierten einen Kompromißfrieden aufzuzwingen, und dem Ziel, den Deutschen einen Frieden der Niederlage aufzuzwingen. Das ›Wilson-Syndrom‹, auf das so viele Kommentatoren gern zurückkommen, um den amerikanischen Stil sowohl zu *charakterisieren* als auch zu *erklären*, ist teilweise auf den Umstand zurückzuführen, daß die Amerikanische Republik, nachdem ihre kontinentale Expansion beendet war, stets die Qual der Wahl hatte. Letzten Endes besteht zwischen der Parole Wilsons von einer ›World safe for democracy‹ und Walter Lippmanns Voraussetzungen des Gleichgewichts ein geringerer Unterschied, als die Realisten glauben; es geht lediglich darum, daß ein Volk, welches durch Tausende von Kilometern von den Feinden, die seine Führer ihm aussuchen, getrennt ist, durch eine Ideologie gewonnen und mitgerissen werden muß.

Hätte das wilhelminische Deutschland nach einem Sieg seine Ambitionen über den Alten Kontinent hinaus ausgedehnt? Wäre von ihm eine derartige Invasionsgefahr ausgegangen, daß die Vereinigten Staaten zu militärischen Anstrengungen gezwungen gewesen wären, die ihnen die Beibehaltung ihrer bisherigen Institutionen unmöglich gemacht hätten? Ich kann das einfach nicht glauben. Aufgrund ihrer Bevölkerungszahl, ihrer reichen Ressourcen, ihrer Entfernung und ihrer geopolitischen Lage hatten die Vereinigten Staaten von einer Hegemonie des wilhelminischen Reiches zumindest für die nächsten 10 oder 20 Jahre wenig zu befürchten.

20 Jahre später hatten die Fortschritte der militärischen Technik die Insellage, die Unangreifbarkeit der Amerikanischen Republik zwar ein wenig beeinträchtigt, doch trotzdem stellten weder das Hitlerreich noch das japanische Reich eine unmittelbare Gefahr für sie dar. Allerdings hätte sie, da sie nach der Annexion der Philippinen zur asiatischen Macht geworden war, für den Fall, daß die japanischen Großmachtträume sich in der ›Wohlstandssphäre‹ konkretisiert hätten, den eventuellen Verlust ihrer Besitzungen bzw. eine Ordnung, die ihren Vorstellungen von gerecht und ungerecht widersprach, kurz, eine feindliche Umwelt hinnehmen müssen. Japan hätte mit seiner ›Wohlstandssphäre‹ jahrzehntelang genügend zu tun

gehabt, ohne an einen Angriff auf die Westküste der Vereinigten Staaten oder auch nur ihre vorgeschobenen Verteidigungsposten zu denken.

Hitler hoffte nach dem Sieg über Frankreich mit Großbritannien zu verhandeln, das er wegen seines Kolonialreichs bewunderte. Er zog es vor, das Zarenreich zu zerstören, das zur Sowjetunion geworden war. Wenn wir uns einmal vorstellen, daß die amerikanische Diplomatie ohne jegliche Skrupel, ohne jegliche Ideologie und in ihren Bewegungen völlig frei gewesen wäre, so ist nicht ausgemacht, daß eine offenkundige militärische Bedrohung durch Hitler oder durch Japan sie unausweichlich zu jener Entscheidung gedrängt hätte, die sie sich tatsächlich nach und nach zu eigen machte. Die analytisch durchaus zutreffende Unterscheidung zwischen der physischen Sicherheit und der Schaffung einer für die Entfaltung der nationalen Werte günstigen Umwelt ist ein wenig fragwürdig, da keine Großmacht unter ihrem nationalen Interesse ausschließlich ihre physische Sicherheit versteht. Das Denken und Handeln der Diplomaten vollzieht sich in einer Welt, welche bereits strukturiert ist durch Feindschaften, die sich nicht durch Abwägungen von Kräfteverhältnissen und Gleichgewichtsüberlegungen erklären lassen. Angesichts der bestehenden Feindseligkeit gegenüber dem damals faschistisch-imperialistischen Reich der aufgehenden Sonne und gegenüber dem Dritten Reich blieb den Verantwortlichen keine andere Wahl als der vergebliche Protest oder der Krieg. Aus heutiger Sicht wirkt die Diplomatie der Vereinigten Staaten während der dreißiger Jahre verabscheuungswürdig, weil sie sich nicht entscheiden wollte. Die meisten Amerikaner wußten, daß sie einen Sieg Hitlers oder Japans unter Tojo nicht ertragen würden. Zugleich wußten sie, daß sie sich nicht in vorderster Front befanden. Die Lösung, auf die sie in den dreißiger Jahren verfielen, war von allen die unvernünftigste: eine Kombination von Gesetzen, welche eine Wiederholung der Ereignisse von 1914—1917 verhindern sollten, mit einer feindseligen Haltung gegenüber den beiden Staaten, die sie dann ab 1941 bekämpften. Nach dieser zweiten Bewährungsprobe der Solidarität zwischen der Alten und der Neuen Welt war der Isolationismus zu Recht diskreditiert; allerdings wäre es angesichts dessen, daß die Vereinigten

Staaten in der Stunde der Wahrheit die Hegemonie bzw. die imperiale Herrschaft eines Staates über den gesamten Alten Kontinent dann doch nicht hinnahmen, besser gewesen, sie hätten diese Solidarität von Anfang an zugegeben und bekanntgemacht und auf diese Weise den Krieg, in den die Republik ohnehin verwickelt werden würde, verhindert.

War die Verwicklung deshalb unvermeidlich, weil ein Vergleich zwischen den Industriepotentialen Europas und der Vereinigten Staaten eine Gefährdung der ›Festung Amerika‹ offenbarte? Die Realisten rechtfertigten 1941 den Krieg und 1946 die Eindämmungspolitik damit, daß ein Deutschland oder Rußland, das vom Ural bis zum Atlantik geherrscht hätte, schließlich überlegen gewesen wäre. Eine Rechtfertigung, die insofern nicht schwerfiel, als sie sich auf Erfordernisse der physischen Sicherheit der Vereinigten Staaten berufen konnte. Die Volksmeinung, welche die Berechnungen der Kohle- und Stahlproduktion nie ganz ernst genommen hat, kam der Wahrheit näher. Tatsächlich hätte ein Sieg Hitlers oder auch die Ausdehnung der sowjetischen Sphäre bis zum Atlantik eines Tages die physische Sicherheit der Vereinigten Staaten bedrohen können. Wenn also die Amerikanische Republik zweimal eine imperiale Expansion eingedämmt hat, dann *vor allem* deshalb, weil die für ihre Diplomatie Verantwortlichen das nationale Interesse nicht ausschließlich in der physischen Sicherheit gesehen haben. In beiden Fällen haben sie sich eine Umwelt erhalten wollen, die nicht von einem feindlichen Staat beherrscht sein sollte.

Es überzeugt mich deshalb kaum, wenn der neue Isolisationismus mit der militärischen Umwälzung durch die Atomwaffe begründet wird. Nicht, daß dieses Argument falsch wäre — es ist offensichtlich richtig (7). Es ist aber gleichfalls immer richtig gewesen, daß die Vereinigten Staaten sich den Kriegen umso eher entziehen konnten, je weniger sie sich um die Angelegenheiten Europas und Asiens kümmerten, und daß sie dank ihrer Insellage und ihrer Größe eine Sicherheit besaßen, die von den Imperien Europas und Asiens nicht unmittelbar bedroht wurde. Die atomare Revolution erzwingt einen Verzicht auf statistische Vergleiche und eine Stellungnahme in der eigentlichen Frage, die durch eine Bezugnahme auf den

Kreuzzugsgeist oder auf die Seeherrschaft der britischen Flotte eher verschleiert wird (8): Ist die Amerikanische Republik bereit, wie alle großen Staaten der Vergangenheit eine Rolle in dem zwischenstaatlichen System zu spielen, nicht um ihre physische Sicherheit in diesem System zu sichern, die ohnehin gewährleistet ist, sondern um darin ihre Macht und ihren Einfluß zur Geltung zu bringen? Ist schon in militärischer Hinsicht der Wandel geringer, als die Theoretiker des neuen Isolationismus vorgeben, so ist der Rückzug in wirtschaftlicher Hinsicht oder im Hinblick auf das Ziel des Wohlergehens der Bevölkerung noch viel schwieriger geworden, als er vor 30 oder 50 Jahren war. Ich habe ja schon, was das betrifft, auf den Unterschied zwischen der Stellung der Vereinigten Staaten im zwischenstaatlichen System und der Stellung der amerikanischen Wirtschaft innerhalb des kapitalistischen Weltmarktes aufmerksam gemacht.

Die doktrinären Vertreter des neuen Isolationismus berufen sich ausgerechnet auf die Zahlen, die von Magdoff beanstandet werden. Nicht, daß diese Zahlen falsch wären: Die Vereinigten Staaten exportieren Waren in einem Gesamtwert von rund 40 Milliarden Dollar (in jeweiligen Preisen), während das Bruttosozialprodukt 1 000 Milliarden Dollar überschreitet. Die Nettoerträge aus direkten Auslandsinvestitionen belaufen sich auf 7 bis 8 Milliarden Dollar (7,5 Milliarden Dollar, nach dem Wirtschaftsreport des Präsidenten vom Januar 1972), während die Gesamtsumme der Firmengewinne 80 Milliarden Dollar übersteigt (*corporate profits* vor Steuerabzug im Jahre 1971: 85 Milliarden Dollar). Hier sei an die Bemerkungen Magdoffs (9) erinnert, daß die Gewinne der Fertigwarenindustrie (bzw. der verarbeitenden Industrie) im Jahre 1971 nur 34 Milliarden Dollar betrugen und daß die Gewinne der amerikanischen Fertigwarenindustrie im Ausland einen nicht unbeträchtlichen Anteil an dieser Gesamtsumme ausmachen.

Ich habe bereits eingeräumt oder vielmehr darzulegen versucht, daß zwischen der Rolle im zwischenstaatlichen System und der Stellung innerhalb der Weltwirtschaft nicht eine so starre Beziehung besteht, wie es die Paramarxisten behaupten. Während der fünfziger und sechziger Jahre sind die direkten Investitionen der Vereinigten Staaten überwiegend in die industrialisierten Länder geflossen. Zwei Drittel der amerikanischen Auslandsinvestitionen gingen nach Kanada und Westeuropa, während der Anteil der Entwicklungsländer von 40 auf 30 Prozent zurückging. Eine veränderte Diplomatie würde weder einen sofortigen Verlust dieser Investitionen noch eine völlig andere Haltung seitens der Europäer nach sich ziehen. (Von den Kanadiern spreche ich nicht, weil selbst der entschiedenste Isolationismus sie nicht aus dem Verteidigungsbereich der Amerikanischen Republik ausschließen würde.)

Gleichwohl wäre ein Rückzug aus dem zwischenstaatlichen System und vom Weltmarkt nicht ohne Gefahren und Widerstände möglich. Die militärische Stärke der Vereinigten Staaten, die nukleare Garantie und die Präsenz amerikanischer Kontingente an den Grenzen des imperialen Bereichs haben jenes politische und moralische Klima geschaffen, in dem die westliche Wirtschaft sich während eines Vierteljahrhunderts entfaltet hat. Braucht sie noch eine imperiale Republik, die das weltweite Gleichgewicht des Systems garantiert und darüber hinaus in einigen Subsystemen präsent ist? Die Japaner und die Europäer neigen zu dieser Ansicht, und die Führer der amerikanischen Konzerne vermutlich auch.

Obwohl ich mir nicht die These der Paramarxisten zu eigen mache, erscheint es mir doch unbestreitbar, daß die Errichtung von Niederlassungen im Ausland für die amerikanische Wirtschaft einen doppelten Nutzen bietet: Einerseits ist die Gewinnspanne der Niederlassungen normalerweise höher — und das ist für das Funktionieren einer Wirtschaft, in der die Unternehmen zumindest teilweise auf das Erzielen von Gewinnen ausgerichtet sind, auf jeden Fall eine Erleichterung —, andererseits wird dadurch, daß amerikanische Firmen über Fertigwarenindustrien im Ausland verfügen, der Rückgang des Anteils an der Weltproduktion, der unter amerikanischer Kontrolle steht, verlangsamt. Diese Industrie sorgt dafür, daß Neuerungen, die zunächst auf dem amerikanischen Markt erscheinen, im Ausland Verbreitung finden. Als eine Dienstleistungswirtschaft mit hohen Löhnen neigt die amerikanische Wirtschaft dazu, einen Teil ihrer verarbeitenden Industrien ins Ausland zu verlagern. Daß dieser Verlagerungsprozeß sich unter den gleichen Bedingungen fortsetzen würde, wenn die Diplomatie der Vereinigten Staaten nicht mehr für das Gleichgewicht des zwischenstaatlichen Systems sorgte, ist denkbar, darf aber bezweifelt werden.

Gewiß würden die Länder der Dritten Welt sich nicht weigern, ihre Rohstoffe auch an eine Republik zu verkaufen, die sich auf sich selbst zurückgezogen hat. Sie könnten nicht einmal von einem Tag zum anderen einen Ersatzkäufer finden, so wenig wie sie die Vereinigten Staaten (und die übrigen entwickelten Länder) zu einer Änderung des Zolltarifs zwingen könnten, welche die Erzeugerländer von einer ersten Bearbeitung der Rohstoffe abhalten.

Es gibt allerdings einen Rohstoff, der eine Ausnahme macht und von überragender Bedeutung ist — das Erdöl. Wenn man den Experten glauben soll, so werden die Vereinigten Staaten im Laufe der achtziger Jahre eine echte Energieknappheit erleben und Erdöl bzw. Erdgas für einen Betrag bis zu 25 Milliarden Dollar importieren müssen. Damit würde die Auslandsabhängigkeit, die bei den Vereinigten Staaten geringer ist als bei allen anderen entwickelten Ländern, auf einmal beträchtlich wachsen. Um diese Importe finanzieren zu können, wäre eine andere Exportstrategie erforderlich. Zur Sicherung der Energieversorgung wären notfalls auch militärische Interventionen erforderlich, die sich mit der Konzeption eines neuen Isolationismus kaum vereinbaren lassen.

Die vorstehenden Bemerkungen sind keine Widerlegung der These, daß die Vereinigten Staaten zur Aufrechterhaltung des Wohlergehens ihrer Bevölkerung einer imperialen Diplomatie nicht bedürften; eher fordern sie dazu auf, diese These zu modifizieren und jedenfalls von der dogmatischen Behauptung, eine Veränderung im zwischenstaatlichen System würde sich nicht auf dem Weltmarkt auswirken, abzusehen. Aber das ist in meinen Augen nicht das Wesentliche. Wenn der Isolationismus, *definiert durch die Weigerung, in den Konflikten Europas und Asiens ausdrücklich und entschieden Stellung zu beziehen*, im 20. Jahrhundert in Mißkredit steht, so deshalb, weil die Tendenz der Verantwortlichen, der öffentlichen Meinung und der Ereignisse in der Stunde der Wahrheit in zwei Fällen die Intervention mit sich brachte. Die Frage ist nicht so sehr, ob die amerikanische Diplomatie, falls sie ausschließlich von der Sorge um die physische Sicherheit bestimmt wäre, sich von geschichtlichen Unruheherden fernhalten könnte und sollte; die Frage ist vielmehr, ob das Nichtengagement, die Absage an ›entangling alliances‹ nicht eines Tages solche Krisen heraufbeschwören würde, daß die Amerikanische Republik — trotz ihrer entschiedenen Zurückhaltung — ein weiteres Mal nicht imstande wäre, abseits zu bleiben. Wenn, wie ich glaube, die amerikanische Diplomatie weder 1917 noch 1941 oder 1947 weder durch militärische Gefährdung noch durch Gleichgewichtserwägungen *bestimmt* war, so bietet die Sicherheit, deren sich die Amerikanische Republik heute im Schatten der atomaren Apokalypse erfreut, nicht die geringste Garantie gegen die politische Dialektik oder gegen die Wogen der Leidenschaft, Urheber zweier Interventionen, die, wären sie früher angekündigt worden, möglicherweise die Kriege verhindert hätten.

Kehren wir von diesem hohen Abstraktionsniveau zur historischen Welt zurück, wie sie sich am Ende des Jahres 1972 unseren Augen darbietet. Die Ablehnung der imperialen Rolle konnte sich im Grunde in drei verschiedenen Formen äußern: Erstens in einem Versuch, an beiden Enden der eurasischen Landmasse ein selbständiges Gleichgewichtssystem zu schaffen, ohne eine Garantie oder eine vorhergehende Festlegung der Vereinigten Staaten; zweitens in einem wachsenden Desinteresse an den lokalen Krisen im Nahen Osten (Israel — arabische Länder) und in Südostasien; und drittens in einer Indifferenz gegenüber den politischen Kämpfen innerhalb der Staaten, selbst wenn durch diese Kämpfe die Möglichkeit entsteht oder gefördert wird, daß eine marxistisch-leninistische Partei an die Macht kommt. Müssen, anders gesagt, die Vereinigten Staaten in ihrem Interesse, im Interesse ihrer Verbündeten und im Interesse der Welt ihre beiden wichtigsten Bündnisse mit Westeuropa und mit Japan aufrechterhalten? Sollten sie soweit wie möglich auf ihre Rolle als Weltpolizist verzichten? Sollten sie ihren maßlosen Anspruch aufgeben, die revolutionären Bewegungen zu bändigen?

Selbst in der eingeschränktesten Definition bedeutet der Isolationismus die Aufgabe bzw. die Lockerung der beiden Bündnisse, die das Gefüge des zwischenstaatlichen Systems der

Nachkriegszeit bestimmten, des amerikanisch-japanischen und des atlantischen Bündnisses. Eine entsprechende Entscheidung würde vermutlich über kurz oder lang zur unbeschränkten Ausbreitung der Atomwaffen führen. Sollten die Vereinigten Staaten öffentlich erklären, daß sie künftig nicht mehr die Sicherheit ihrer Verbündeten auf der Inselkette vor dem asiatischen Kontinent gewährleisten wollen, dann bliebe den Regierenden Japans gar nichts anderes übrig, als ihre gegenwärtige Strategie — wirtschaftliche, aber nicht militärische Großmacht, Verzicht auf atomare Bewaffnung, Zweckbestimmung von Marine und Luftwaffe der Schutz der inselnahen Bereiche, nicht aber den fernen Expeditionen — zu überdenken. Isolationistisch geworden, würden die Vereinigten Staaten per definitionem von jeder Intervention absehen und es den drei asiatischen Großmächten überlassen, sich nach ihren Vorstellungen zu organisieren.

Die Weiterverbreitung, im vorliegenden Falle die atomare Bewaffnung Japans würde nicht unbedingt den amerikanischen Interessen zuwiderlaufen, da man bei der Bestimmung dieses Interesses von der Annahme eines teilbaren Friedens und eines nicht mehr geschlossenen Systems ausgehen würde. Für sich genommen sind die beiden Argumente, welche die Isolationisten vortragen, plausibel: daß nämlich die neuen Atomstaaten sich nicht unbedingt unvernünftiger verhalten müßten als die fünf oder die beiden ersten, und daß Konflikte, selbst nukleare Konflikte in Asien die physische Sicherheit der Vereinigten Staaten nicht gefährden würden, da diese sich von der Angelegenheit fernhielten. Eine Haltung, wie sie von diesen Überlegungen nahegelegt wird, ist indessen mit der geschichtlichen Erfahrung kaum zu vereinbaren. Abstrakt gesehen, folgt aus der wirtschaftlichen Interdependenz noch nicht, daß der Frieden unteilbar ist. Es gibt sogar gute Gründe für die Annahme, daß die relative Isolierung einzelner Subsysteme, in denen Konflikte nicht durch eine Verhandlungslösung beigelegt werden können, eine logische Konsequenz der gegenseitigen Lähmung der Großmächte ist. Daß Regionen oder Länder, die auf dem Weltmarkt eine führende Rolle spielen, in Kampfhandlungen verwickelt werden könnten, die eine Störung der Handelsbeziehungen nach sich ziehen, ohne daß der hegemoniale Staat oder die führende Wirtschaftsmacht in irgendeiner

Weise eingreift — ein solches Szenario würde wohl jeder Historiker, wie ich glaube, sofort als unwahrscheinlich empfinden.

In Asien stellt der Isolationismus eine Extremreaktion auf einen extremen ›Militantismus‹ dar. Im nördlichen Asien bilden die Sowjetunion, Japan und Rotchina bereits ein Subsystem, dessen Gleichgewicht durch einen völligen Rückzug der Vereinigten Staaten erschüttert werden würde. Weder die Sowjetunion noch China haben territoriale Forderungen an Japan. (10) Beide denken nicht an eine Invasion der Inseln. Der Reichtum Japans läßt sich nicht mit Waffengewalt beschlagnahmen. Dagegen haben die beiden kommunistischen Staaten, die über eine gemeinsame Grenze und über fremdstämmige Völker in den Grenzmarken ihres Herrschaftsbereichs verfügen, nach der historischen Erfahrung hinreichende Gründe, sich zu schlagen. Durch den Entschluß zur Annäherung an Peking haben die Vereinigten Staaten das nach dem Koreakrieg entstandene System erschüttert und die Entstehung eines anderen Systems gefördert, das eher der traditionellen Logik der Diplomatie entspricht. Dabei gewinnen und verlieren sie zugleich: Sie gewinnen dabei zumindest eine neutrale Haltung der Chinesen und der Sowjets gegenüber einer Verhandlungsregelung in Vietnam und die Rolle eines Dritten zwischen Moskau und Peking, während sie die hegemoniale Rolle, die sie seit 25 Jahren innehatten, zum Teil verlieren, da Japan seine eigene Diplomatie betreiben wird, die auf Chancen, welche sich in Sibirien oder in China bieten, ebenso achten wird wie auf ein Stirnrunzeln Washingtons. Mit dem Fortbestehen des militärischen Bündnisses zwischen Japan und den Vereinigten Staaten sind für diese in den nächsten zehn Jahren eigentlich kaum Risiken verbunden, und es erhöht die Wahrscheinlichkeit, daß das neue System sich friedlich entwickelt und stabilisiert. Die eigentliche Frage ist, ob sich jenseits des Atlantik die wirtschaftliche Rivalität und das politisch-militärische Bündnis psychologisch miteinander vereinbaren lassen.

In Europa würde sich der Isolationismus darin äußern, daß das atlantische Bündnis sich auflöst und die Europäer allein die Verantwortung für ihre Verteidigung übernehmen. Sollten sich die amerikanischen Verantwortlichen, nachdem sie 15 Jahre lang für die Nichtweiterverbreitung von Atomwaffen eingetreten sind, zum Rückzug entschließen, so wäre das zwar ein unerfreulicher, aber doch kein beispielloser Vorgang. Die Präsidenten der Vereinigten Staaten haben, als sie die Nichtweiterverbreitung predigten, sich damit implizit verpflichtet, die Sicherheit jener Verbündeten zu garantieren, die ihren Weisungen folgten oder sich ihrem Gebot unterwarfen. Wenn sie jene, die ihnen vertraut haben, plötzlich fallen lassen sollten, dann würden sie sowohl gegen ihre Verpflichtung als auch gegen den gesunden Menschenverstand verstoßen.

Niemand, so wird der Isolationist erwidern, fordert eine derartige Umkehr. Das Unvernünftige und auf lange Sicht Unannehmbare ist, daß 250 Millionen Europäer, deren Pro-Kopf-Einkommen das der osteuropäischen Länder weit übersteigt, sich für unfähig erklären, sich selbst zu verteidigen, und sich wie verschreckte Kinder auf Uncle Sam stürzen und ihn beknien, nur ja einige Tausend oder einige Zigtausend GIs nicht abzuziehen — GIs, die, Roosevelt zufolge, nicht länger als zwei Jahre nach dem Ende der Kampfhandlungen in Europa bleiben sollten.

Ich muß gestehen, daß ich für diese Argumentation eine gewisse Sympathie empfinde. Manchmal denke ich sogar, die amerikanischen Diplomaten würden, falls sie den Ratschlägen der Neoisolationisten folgten, dem politischen Europa den gleichen Dienst erweisen, den sie vor einem Vierteljahrhundert dem wirtschaftlichen Europa erwiesen haben. Wenn die Europäer nicht mit der vagen Befürchtung eines möglichen Rückzugs, sondern mit der Gewißheit konfrontiert wären, daß der letzte GI an einem bestimmten Datum wieder über den Atlantik zurückgekehrt sein wird — würden sie dann nicht aus sich selbst und aus dem Bewußtsein der Gefahr heraus den nötigen Mut und die nötige Initiative aufbringen, um den Status von protegierten Staaten hinter sich zu lassen? Dann müßte natürlich auch die amerikanische Diplomatie die Parole der Nichtweiterverbreitung aufgeben und durch die Lieferung von Atomwaffen ersetzen.

Die Hindernisse sind jedermann bekannt. Wer würde, falls es eine anglo-französische Abschreckungsstreitmacht gäbe, über deren Einsatz entscheiden? Würden die Deutschen ihr genauso vertrauen wie der amerikanischen Streitmacht? Würden sie einen Teil ihrer Kosten bezahlen, ohne einen Finger am Abzug zu haben? Ziehen die Europäer nicht der Ungleichheit, die entstünde, wenn nur einige von ihnen die als entscheidend geltenden Waffen besäßen, die Gleichheit in der Abhängigkeit vor? Bei der Schockbehandlung — der Ankündigung des Rückzugs der amerikanischen Armee zu einem festgesetzten Datum — steht der Isolationist vor einer schwierigen Entscheidung: Entweder halten die Vereinigten Staaten ihre Garantie aufrecht, ohne sie durch die Präsenz der GIs zu bekräftigen — dabei würden sie die gleiche Verantwortung eingehen, nur wären die Risiken höher —, oder sie ziehen gleichzeitig ihre Truppen und ihre Garantien zurück und vertrauen auf den Selbsterhaltungstrieb der Europäer. Dabei würde der gleiche Widerspruch zwischen wirtschaftlicher Interdependenz und politisch-militärischer Trennung auftreten wie in Asien.

Die Entwicklung des Weltmarktes in den letzten 20 Jahren hat zu einer derartigen Verflechtung zwischen Europa und den Vereinigten Staaten geführt — einer Verflechtung, die in dem Buchwert der amerikanischen Investitionen nur ungenügend zum Ausdruck kommt —, daß aufgrund wirtschaftlicher Überlegungen jeder Verantwortliche in Washington zu dem Schluß kommen muß, eine Beibehaltung der gegenwärtigen Situation sei das beste. Die Devisenausgaben für die Stationierung amerikanischer Truppen in Europa belaufen sich (unter Berücksichtigung deutscher Rüstungskäufe) auf höchstens eine bis 1,5 Milliarden Dollar. Haushaltsmäßig kosten die amerikanischen Truppen in Europa weniger als in den Vereinigten Staaten. Die Unterhändler von jenseits des Atlantik benützen in einer Form von verschleierter Erpressung die Drohung mit dem Rückzug — eine Drohung, die so dargestellt wird, als gehe sie auf Pressionen des Senats zurück —, um Zugeständnisse in Handels- und Währungsfragen zu erreichen. Die Position der Stärke, die sich die Vereinigten Staaten durch den militärischen Schutz sichern, den sie den Europäern gewähren, ist von ihrem Standpunkt aus zweifellos sehr viel mehr als eine Milliarde Dollar wert.

Selbst wenn man annimmt, daß die amerikanische Beteiligung am militärischen Gleichgewicht im Westen und Osten der eurasischen Landmasse sich bis zum Ende des gegenwärtigen

Jahrzehnts in einer Weise verändert, die eher isolationistischen Vorstellungen entspricht, so bleibt doch noch immer eine Region, an deren historischem Horizont sich keine Kraft abzeichnet, welche die Vereinigten Staaten zu ersetzen vermöchte: Der Nahe und Mittlere Osten. Die Stärke der Vereinigten Staaten verwehrt der Sowjetunion eine militärische Intervention mit dem Ziel, Israel zu einer Räumung der im Krieg von 1967 besetzten Gebiete zu zwingen. Vom israelisch-arabischen Konflikt abgesehen, befinden sich in der Region, die vom Irak bis zu den arabischen Emiraten am Persischen Golf reicht, jene Erdölvorkommen, auf die innerhalb der nächsten 20 Jahre nicht nur die Japaner und die Europäer, sondern vermutlich auch die Amerikaner absolut angewiesen sein werden. Im schlimmsten Falle ließe sich das Wohlergehen des Volkes auch dann sichern, wenn die gesamte Region unter die Herrschaft der Sowjetunion geriete, doch müßten dann die amerikanische Wirtschaft und der Weltmarkt in einer Weise reorganisiert werden, die theoretisch zwar möglich ist, die aber in die Funktionsweise des Systems eingreifen und schwierige Anpassungsprozesse nach sich ziehen würde. Von den beiden extremen Auffassungen, einerseits Claude Juliens, daß die Vereinigten Staaten auf das ›Imperium‹, dem sie ihren Reichtum verdanken, nicht verzichten können, und andererseits der Isolationisten, daß die Vereinigten Staaten ihre Prosperität auch dann bewahren können, wenn sie sich auf sich selbst zurückziehen, ist die letztere leichter zu vertreten als die erstere, doch trifft sie heute in geringerem Maße zu als vielleicht noch vor 25 Jahren, und im Jahre 1980 wird sie wahrscheinlich in noch geringerem Maße zutreffen. Sie setzt auf Seiten der Sowjetunion eine Mäßigung voraus, die nicht in gleichem Maße wahrscheinlich wie wünschenswert ist.

Der Isolationist, der sich keinen Illusionen hingibt — ich spreche hier von R. W. Tucker —, gibt eindeutig zu, daß die Vereinigten Staaten dafür mit einer Verringerung ihrer Macht und ihres Einflusses in der ganzen Welt werden zahlen müssen. Nun haben aber, wie er ausdrücklich feststellt, die Verantwortlichen in Washington, wenn nicht sogar das amerikanische Volk an der Macht Gefallen gefunden. Scharfe Kritik von Senatoren und Journalisten an der ›Arroganz der Macht‹

ist wohl eher darauf zurückzuführen, daß diese Macht dem Präsidenten und seiner Umgebung zufällt, den Diplomaten (im engeren Sinne), den Militärs, den Agenten der CIA oder der Nachrichtendienste und den Finanzministern. Wer auch nur ein wenig mit Ministern und ihren Stellvertretern — seien es Amerikaner oder Franzosen — zu tun hatte, weiß, wie sehr diese Männer — gleichsam professionell — an der Macht hängen, wie sehr sie wünschen, daß man auf sie hört und ihnen folgt. Was die Repräsentanten der Exekutive im Inland und Ausland an Einfluß gewonnen haben, haben die Senatoren verloren. Der Vietnamkrieg gab den Gesetzgebern eine Gelegenheit, einige ihrer in Vergessenheit geratenen Vorrechte wiederzuerlangen. Allerdings kann ich mir schwer vorstellen, daß der Präsident, seine Berater und seine Organisationen auf die Rolle, die sie dank ihrer Funktion im zwischenstaatlichen System und ihres Gewichts auf dem Weltmarkt spielen, verzichten. Der amerikanische Antikommunismus ist, wie uns der beste Interpret eines gemäßigten Isolationismus (R. W. Tucker) erklärt, außer auf eine ideologische Zwangsvorstellung ebenso sehr auf das Bestreben zurückzuführen, einen gewissen Einfluß auf andere Länder zu behalten.

Nun werden manche sagen, ein imperialer Staat habe noch niemals abgedankt, es sei denn, er sei dazu gezwungen worden. Das ist möglich, doch halte ich es für gefährlich, auf historische Präzedenzfälle zu bauen und sich mit einem Glaubensakt Beruhigung zu verschaffen. Die imperiale Diplomatie hat nicht für alle Zeiten die öffentliche Meinung hinter sich gebracht; die politische Führungsschicht, die nach dem zweiten Weltkrieg die Herausforderung angenommen hat, ist nicht mehr da und ist auch nicht durch eine andere ersetzt worden, die ihre Rolle übernehmen könnte; die gesellschaftlich-moralische Krise und die Währungskrise, die von der landläufigen Meinung und von der Opposition auf den Vietnamkrieg zurückgeführt werden, fördern eine Tendenz entweder zum Rückzug oder zu einer aggressiven Dollardiplomatie — Haltungen, die der notwendigen, aber nicht notwendig qualvollen Überprüfung gleichermaßen abträglich sind.

Während die Paramarxisten in den Vereinigten Staaten und die progressiven Kräfte in der ganzen Welt die Ausbeutung des Erdballs durch das imperialistische Ungeheuer in den schwärzesten Farben malen, behaupten einige Kritiker (wie etwa Ronald Steel), die Vereinigten Staaten seien viel mehr durch ihr Imperium ausgebeutet worden, als daß sie es ausgebeutet hätten. Beide Auffassungen sind gleichermaßen übertrieben und falsch. Berücksichtigt man die beiden Kriege in Korea und Vietnam, dann hat das ›Imperium‹ oder vielmehr die imperiale Diplomatie die Vereinigten Staaten mehr gekostet, als sie ihnen eingebracht hat. Was den Weltmarkt betrifft, so fällt es schwer, die Bilanz aufzustellen; geht man von einer Überbewertung des Dollars aus, so hatten die Europäer dadurch Handelsvorteile, für die sie jedoch mit Währungsproblemen und mit der Expansion amerikanischer Firmenniederlassungen bezahlt haben. Hat nun diese Expansion wiederum den wirtschaftlichen Fortschritt in einem Maße gefördert, daß die Enteignung des nationalen Kapitals dadurch ausgeglichen und mehr als ausgeglichen wurde? Haben die Konzernniederlassungen, auf die ein Drittel der amerikanischen Ausfuhren entfällt, eine noch stärkere Verschlechterung der Handelsbilanz verhindert? Oder haben im Gegenteil, wie es die Gewerkschaften behaupten, die Auslandsinvestitionen die Schaffung von Arbeitsplätzen im Inland eingeschränkt? Bisher liegt noch keine Gesamtuntersuchung vor, die eine gesicherte Entscheidung für diese oder jene These erlauben würde. Allerdings gibt es zwei Tatsachen, die in meinen Augen unbestreitbar sind: Amerikanische Firmen kontrollieren nach offiziellen Angaben eine ausländische Fertigwarenproduktion im Wert von 76,8 Milliarden Dollar [das ist das Zweieinhalbfache der amerikanischen Fertigwarenausfuhr (11)], und gleichzeitig sind die Überschüsse in der Handelsbilanz zurückgegangen und schließlich Defiziten gewichen. Gleichwohl entspricht die Entwicklung des Handels der wirtschaftlichen Logik, denn noch immer verzeichnen die Vereinigten Staaten einen Ausfuhrüberschuß vor allem bei Primärerzeugnissen und bei Fertigerzeugnissen von hohem technischem Niveau, während ein Außenhandelsdefizit bei jenen Fertigerzeugnissen entsteht, die eine herkömmliche, technologisch nicht sehr anspruchsvolle Verarbeitung erfordern (Textilien, Eisen- und Stahlerzeugnisse, Autos) oder eine relativ fortgeschrittene Technologie, zugleich aber einen hohen Lohnkostenanteil (Tonband- und Fernsehgeräte). Bei einigen wenigen Artikeln hat der Import einen beträchtlichen Anteil am Inlandsmarkt (Schwarzweiß- und Farbfernseher 52 %, Radiogeräte 70 %, Fotoapparate 66 %, Rechenmaschinen 75 %, Tonbandgeräte 96 %, 35-mm-Kameras 100 %). Diese an sich eindrucksvollen Zahlen sollten allerdings nicht verschleiern, daß die Einfuhr nur rund 10 % vom gesamten Fertigwarenabsatz ausmacht. Außerdem sind, wenn man die langfristige Bedeutung dieser Zahlen von 1970 einschätzen will, konjunkturelle Gegebenheiten (Dollarparität und inländische Inflation) zu berücksichtigen.

Unbestreitbar bleibt trotz allem, daß die Vereinigten Staaten sich in dem Maße, wie der Anteil der Dienstleistungen am Sozialprodukt (rd. 42 %, mit 60 % der Beschäftigten) wächst, ein Defizit im Warenhandel erlauben können, da dieses Defizit durch die Erträge von Auslandsinvestitionen und durch Dienstleistungsexporte (unzulänglich erfaßt durch die Rubrik ›royalties and fees‹, Lizenz- und Honorarzahlungen) ausgeglichen wird. Diese Krise — wenn man denn das kurzfristig gewiß spektakuläre Ergebnis einer logisch zu erwartenden Veränderung der wirtschaftlichen Verhältnisse so nennen will — fiel im Jahre 1971 mit den Abkommen von Peking und Moskau zusammen, so als wollte sie den Bruch mit der Nachkriegszeit symbolisieren; die Feindschaft der Feinde und die Verbundenheit der Verbündeten ließen nach; während sich wirtschaftliche Vereinbarungen mit den Feinden abzeichneten, verschärften sich wirtschaftliche Streitigkeiten mit den Verbündeten.

Das ist zweifellos eine etwas überzogene Formel. Bei den Wirtschaftsvereinbarungen mit der Sowjetunion und den östlichen Ländern waren die Europäer den Vereinigten Staaten längst vorausgegangen, und sie hatten ebenfalls als erste die Beziehungen zu Rotchina wieder aufgenommen. Es stünde ihnen schlecht an, wollten sie den Vereinigten Staaten verübeln, wenn diese dem eigenen Beispiel und den freigebig erteilten Ratschlägen folgten. Es kann allerdings sein, daß die Diplomatie der Vereinigten Staaten, die stets abrupter Veränderungen fähig ist, nach langen Jahren, in denen sie — ungeachtet der Fiktionen der Paramarxisten — wirtschaftliche Erwägungen hinter im strengen Sinne politische Imperative zu-

rückgestellt hat, morgen die Prioritätenliste auf den Kopf stellt; die Europäische Gemeinschaft würde dann als Barriere nicht mehr für die kommunistische Expansion, sondern für die amerikanischen Exporte und Japan nicht mehr als Bestandteil der freien Welt, sondern als Konkurrent, ja sogar als ein skrupelloser Konkurrent aufgefaßt, der von der Liberalisierung des Handels profitiert, ohne seinen eigenen Markt entsprechend zu öffnen.

Abstrakt gesehen, haben die Verfechter eines gemäßigten Isolationismus durchaus recht, wenn sie behaupten, die Vereinigten Staaten bräuchten keineswegs die Sicherheit Japans und Westeuropas zu garantieren, um mit diesen beiden Partnern und Rivalen Handel zu treiben. Dabei bleibt allerdings offen, ob der politisch-strategische Rückzug nicht entweder zum Protektionismus (der typischen Erscheinung der dreißiger Jahre) oder — was wahrscheinlicher ist — zu einer aggressiven Haltung gegenüber den Verbündeten bei den Handels- und Währungsverhandlungen führt. Die Mehrheit der Europäer und vor allem die Deutschen sind weiterhin der Ansicht, daß die militärische Präsenz der Vereinigten Staaten für ihre Sicherheit unerläßlich ist. Sie befürchten weniger eine Aggression im traditionellen Sinne als vielmehr den bei einer Störung des örtlichen Gleichgewichts möglich werdenden Verlust ihrer Handlungsfreiheit, derer sie sich wegen der gegenseitigen Lähmung der beiden Supermächte sicher glauben. Dagegen behaupten die Isolationisten auf der anderen Seite des Atlantik, die Amerikaner würden sich für niemanden mehr schlagen, nicht einmal, um die Existenz Israels zu erhalten. Davon sind die Europäer keineswegs überzeugt; jedenfalls sind sie der Ansicht, daß die Sowjets vor der Stärke der Amerikanischen Republik weiterhin Respekt haben und sich weiterhin vor irrationalen oder unvorhersehbaren Reaktionen des Riesen fürchten.

Mit der ersten Amtszeit Nixons, den Besuchen in Peking und Moskau und der Beendigung des Vietnamkriegs geht nicht nur der Kalte Krieg, sondern auch die gesamte Nachkriegsepoche zu Ende. Das im Entstehen begriffene System ist mit zwei Ungewißheiten behaftet — die eine durch die Umstände bedingt, die andere von historischer Bedeutung.

Die erste Ungewißheit betrifft die Stimmung des amerikanischen Volkes und die Abhängigkeit der Diplomaten von dieser Stimmung. Es scheint, als hätten die Intellektuellen, die Professoren und Journalisten die Teilnahme der Amerikanischen Republik am zwischenstaatlichen System noch nicht als eine *normale* Tatsache akzeptiert. Empört über die Greuel und Absurditäten des Vietnamkrieges, ersinnen sie, um ihre Abwendung von der Außenwelt zu rationalisieren, Vorstellungen von einer Welt, in der die Einflußsphären ein für alle Mal festgelegt sind, in der die Sowjetunion ein für alle Mal mit dem Status quo zufrieden ist, in der Japan und Europa bereits Großmächte sind und in der die militärische Stärke endgültig keine Rolle mehr spielt. Einige entwerfen ein phantastisches Geschichtsbild, demzufolge die Vereinigten Staaten an Stalin schuld sein sollen; andere kreiden den Verfall der Städte, die Kriminalität, die Rassenspannungen und alle Übel, an denen die amerikanische Gesellschaft offenkundig leidet, der außenpolitischen Machtausübung an.

Niemand kann sagen, wofür die Gelder verwendet worden wären, die in Korea, in Vietnam und in Griechenland ausgegeben wurden. Wenn man jedoch die Krise der Stadt im Geldmangel begründet sieht, verfällt man in den gleichen Fehler, der zum Teil für die Tragödie Vietnams verantwortlich ist — das Vertrauen darauf, daß sämtliche menschlichen Probleme mit technischen oder wirtschaftlichen Mitteln zu lösen seien. Die gesellschaftlichen Prozesse, die zu dieser Krise geführt haben, werden mit einigen Milliarden Dollar zusätzlich nicht aufzuhalten sein. Trotz des Vietnamkrieges hat die schwarze Minderheit während der letzten 15 Jahre größere Fortschritte gemacht als während der vorhergehenden 50 Jahre. Durch ein Hineinpumpen von zusätzlichen Dollars wird die Not der vernachlässigten Gruppen der Gesellschaft, werden die Frustrationen, die gerade durch den Fortschritt entstanden oder verstärkt worden sind, ebensowenig verschwinden wie die in den Ghettos entstehende Anomalie und Kriminalität. Die bei einem Teil der jungen, aber nicht ausschließlich der jungen Amerikaner zu beobachtende Ablehnung der für die Leistungsgesellschaft typischen und förderlichen Werte und Tugenden hat es vor dem Vietnamkrieg gegeben und wird es auch anschließend geben.

Es wird also eine Phase des relativen Desinteresses an der Welt auf das Vierteljahrhundert der amerikanischen Vorherrschaft folgen, einer Vorherrschaft, die ohnehin der Vergangenheit angehört. Die Sowjetunion unter Breschnew verbreitet Langeweile, während die Vereinigten Staaten weiterhin interessant sind, allerdings eher als Laboratorium denn als Modell. Mittlerweile haben sich die beiden Supermächte wirklich mit einem Status der Ebenbürtigkeit abgefunden, aber besteht diese Ebenbürtigkeit auch noch, wenn es um die Kernfrage, also um die Entschlossenheit geht? Ist es wahr, wie einige Kommentatoren bereitwillig glauben, daß die militärische Stärke auf die zwischenstaatlichen Beziehungen einen immer geringeren Einfluß hat? Wenn es wahr ist — warum bringt dann die Sowjetunion so große Opfer für den Ausbau und die Modernisierung ihrer Marine, ihrer Luftwaffe und ihres Heeres? Ist das dem militärisch-industriellen Komplex zuzuschreiben?

Damit komme ich zu der historischen Ungewißheit. Die Sowjetunion hat gegen ihre sozialistischen Brüder nur zweimal zu den Waffen gegriffen, und beim zweiten Male mit einiger Zurückhaltung, um den Verlust an Menschenleben soweit wie möglich zu beschränken. Die Vereinigten Staaten haben zwei Landkriege in Asien geführt, und sie wiederholen — wie sie es nach 1953 taten, aber jetzt mit wilder Entschlossenheit —: nie wieder ein Landkrieg in Asien. Aller Wahrscheinlichkeit nach werden sich die Verantwortlichen mit revolutionären Bewegungen abfinden, selbst mit solchen, die dem Marxismus-Leninismus huldigen (eine Huldigung, die meistens verbal bleibt, solange die Länder nicht an die Sowjetunion angrenzen). Sie werden ganz von selbst die Richtung einschlagen, die von den ›Isolationisten‹, aber auch von den gemäßigten Kritikern des amerikanischen ›Globalismus‹ empfohlen wird.

Die sogenannte wissenschaftliche Untersuchung der zwischenstaatlichen Beziehungen hat mit einer Unzahl von Schemata und Modellen vielfach mehr zum Niedergang der politischen Wissenschaft als zur Erweiterung der Erkenntnisse beigetragen. Keine der aus der historischen Erfahrung abgeleiteten Formeln, etwa der Begriff der Einflußsphäre oder des Gleichgewicht der Kräfte, läßt sich auf das System anwenden, in welches Präsident Nixon die amerikanische Republik hineinführen wird: Die zweifache Aufgliederung dieses Systems in *horizontaler* bzw. geographischer Hinsicht (Aufteilung der Welt in Subsysteme) als auch in *vertikaler* Hinsicht (Aufteilung in militärische, politische, kommerzielle und ideologische Beziehungsfelder), die brutale Naturwüchsigkeit der Staatenwelt, die Entstehung eines übernationalen Wirtschaftssystems, der Gegensatz zwischen dem Reichtum der einen und der Armut der anderen, der Zweifel der Reichen an dem Weg, der sie zu ihrem Reichtum und zur Enttäuschung über ihren Reichtum geführt hat, und zugleich die Bereitschaft der Armen, den gleichen Weg zu beschreiten, — das alles sind Elemente einer neu entstehenden Welt von beispielloser Komplexität. In dieser Welt werden die Vereinigten Staaten einen geringeren Einfluß als während der letzten 25 Jahre ausüben, sich damit aber möglicherweise auch einige der Frustrationen einer ohnmächtigen Macht ersparen.

Es sei den Historikern überlassen, die Schlußbilanz dieses Vierteljahrhunderts aufzustellen, zwischen Erfolgen und Mißerfolgen einen Vergleich zu ziehen sowie Kosten und Gewinne der amerikanischen Vorherrschaft für die einen wie für die anderen abzuwägen. Zum Teil verdanken die Westeuropäer dieser Vorherrschaft sowohl ihren wirtschaftlichen Fortschritt als auch ihre Sicherheit. Sie fühlen sich deshalb keineswegs zu Dank verpflichtet — den Staaten ist das Wort wie die Empfindung unbekannt —, aber es bietet sich ihnen jetzt die Chance, ihre Zukunft selbst zu gestalten. Das paradoxe Nebeneinander von geographischer Nähe zum sowjetischen Bereich und moralischer Verwandtschaft mit der atlantischen Welt besteht und wird solange weiterbestehen, wie die kommunistische Partei der Sowjetunion die Wirtschaft einer administrativen Planung und das Denken einer lähmenden Disziplin unterwerfen wird. Nach Kennan sollte die Eindämmungspolitik so lange beibehalten werden, bis innere Widersprüche die sowjetische Herrschaft erschüttern oder der Zeitverlauf sie mäßigen würden. Der Verfall der Ideologie hat die Sowjetmacht ihres revolutionären Willens und ihrer Faszinationskraft, nicht aber die Männer im Kreml ihrer Großmachtambitionen beraubt.

Bei den Schachweltmeisterschaften hatte Bobby Fischer nach 24 Partien gewonnen. In der zwischenstaatlichen Meisterschaft setzt dagegen der Sieger seinen Titel bei jeder Partie erneut aufs Spiel. Als Isolationist möchte er sich in sein Zelt zurückziehen; als Globalist möchte er sämtliche Partien gewinnen. Was die Überlieferung lehrt, ist nicht Zynismus, sondern Umsicht — die höchste Tugend in dieser sublunaren Welt.

Anmerkungen

1 Nachdem der Text bereits gesetzt war, hatte ich am Ende des ersten Teils die folgenden Zeilen angefügt: ›Die unklaren Vereinbarungen zwischen Washington und Hanoi entsprechen Nixons und Kissingers Verständnis von einer ›ehrenhaften‹ Beendigung des Vietnamkrieges. Sie bedeuten, daß Südvietnam nicht dem Vietcong ausgeliefert und Präsident Thieu nicht einer Koalitionsregierung geopfert wird. Nachdem die Frühjahrsoffensive 1972 halbwegs gescheitert ist, haben die Führer Hanois ihre Höchstforderungen fallenlassen, ohne deshalb ihr Vorhaben aufzugeben. Die Russen wie die Chinesen wünschen gleichermaßen den Kompromiß — die ersteren, damit ein günstiges Klima für den Handel mit den Vereinigten Staaten entsteht, die letzteren, damit die amerikanische Diplomatie sich ermutigt sieht, das Feld nicht dem sowjetischen Einfluß zu überlassen.

In dem durch die Politik Nixons und den chinesisch-sowjetischen Streit neu entstandenen Kontext ist der Vietnamkrieg für niemanden mehr interessant — *außer für die Vietnamesen selbst.* Im Dezember 1972 gibt es zwei Vietnams: Wollen sie einander bekämpfen oder friedlich nebeneinander leben? Mit dem Waffenstillstand ist diese Frage nicht entschieden. Die *amerikanische* Tragödie geht zu Ende, die vietnamesische Tragödie vielleicht nicht.‹

Muß diese Diagnose heute, am ersten Tage des Jahres 1973, korrigiert werden, nachdem die Verhandlungen vom November und Dezember 1972 gescheitert sind, nachdem Haiphong und Hanoi zusätzlich mit Tausenden Tonnen von Bomben überschüttet wurden, nachdem sich gegen die ›Barbarei‹ Nixons ein nahezu weltweiter Protest erhoben hat und während neue Verhandlungen zwischen Le Duc Tho und Henry Kissinger bevorstehen? Ich glaube es nicht.

Wir können nicht mit Sicherheit sagen, wie die Geheimgespräche abgelaufen sind und warum Nixon und Kissinger das Neunpunkteabkommen im Oktober annehmbar und einen Monat später nicht mehr annehmbar fanden. Allerdings braucht man dieses Abkommen nur aufmerksam zu lesen, um seine Uneindeutigkeit festzustellen: In Punkt 1 verpflichten sich die Vereinigten Staaten, ›die Unabhängigkeit, die Souveränität, die Einheit und die territoriale Integrität Vietnams zu respektieren‹. In Punkt 4 verpflichten sich jedoch die Nordvietnamesen, ›die südvietnamesische Bevölkerung selbst in allgemeinen, wirklich freien und demokratischen Wahlen unter internationaler Überwachung über die politische Zukunft Südvietnams entscheiden‹ zu lassen. Zur Wiedervereinigung Vietnams stellt Punkt 5 fest: ›Sie wird Schritt für Schritt mit friedlichen Mitteln verwirklicht werden.‹

Welcher der beiden Punkte — Punkt 1 (Einheit Vietnams) oder Punkt 5 (wirklich freie und demokratische Wahlen) — ist eine bloße Redensart oder wird sich als solche erweisen? Werden die Provisorische Revolutionsregierung der Republik Südvietnam und die Regierung in Hanoi bereit sein, sich dem Urteil der Wähler — einem Urteil, von dem sie behaupten, es 1956 gewünscht zu haben — zu unterwerfen? Nur eines kann stimmen: entweder haben Nixon und Kissinger im Vertrauen auf die Äußerungen von Le Duc Tho geglaubt, die Nordvietnamesen würden tatsächlich die militärischen Operationen einstellen, oder sie haben sich damit abgefunden, die amerikanische Intervention zu beenden, ohne indessen sicher zu sein, daß beide Seiten in Südvietnam gleichzeitig vom Krieg zur Politik übergehen würden. Ich halte die erste Vermutung für wahrscheinlicher. Vergessen wir nicht, daß nach Kissingers eigenen Worten das Abkommen sich auf drei verschiedene Arten von Dokumenten stützt: den *schriftlichen Text*, die stillschweigenden oder mündlichen Vereinbarungen, die er als ›*understandings*‹ bezeichnet, und die *Protokolle*. Das Bemühen der Amerikaner um Änderungen des Textes oder um Erläuterungen ist, wie mir scheint, entweder auf eine offenkundige Verletzung der mündlichen Vereinbarungen oder, was wahrscheinlicher ist, auf eine veränderte Einschätzung der Intentionen der Nordvietnamesen zurückzuführen, für die der Waffenstillstand nicht das Ende der Kampfhandlungen, sondern den Beginn einer Generaloffensive bedeuten würde — mit dem Ziel, militärisch die Oberhand zu gewinnen, mit Hilfe des ›Nationalen Rates der Nationalen Versöhnung und Eintracht‹ die tatsächliche Regierungsgewalt an sich zu reißen und die Wahlen so zu organisieren, wie es in kommunistischen Regimen üblich ist.

Vielleicht wird man einwenden, der Waffenstillstand könne kaum eine andere Bedeutung haben, denn es wäre schon merkwürdig, wenn die Vietnamesen, die einander so lange Jahre hindurch bekämpft haben, die Waffen von einem Tag zum anderen niederlegen würden. Wenn nach einem Bürgerkrieg, der noch durch eine auswärtige Intervention kompliziert wurde, ein Kompromiß ausgehandelt wird, müssen darin Unklarheiten enthalten sein. Privat hatte Kissinger immer wieder betont, er könne nicht das Überleben des Saigoner Regimes garantieren, sondern ihm lediglich eine Chance geben. Wie war es dann aber den Vereinigten Staaten möglich, ein Waffenstillstandsabkommen zu unterzeichnen, wenn die Nordvietnamesen und der Vietcong ihre Operationen nicht einmal vorübergehend unterbrachen? Da sie eine stillschweigende Verständigung über die Kernfrage nicht erreichen konnten, bemühten sich die amerikanischen Unterhändler wenigstens um eine Verbesserung des Textes in zwei Punkten.

War der nationale Versöhnungsrat nur ein untergeordnetes administratives Gebilde, dessen einzige Aufgabe in der Kontrolle freier Wahlen bestand, oder eine Machtstruktur? Die vietnamesische Bezeichnung ließ auf eine politische Machtstruktur schließen, und das hieß, daß die Vertreter des Nordens versuchten, wieder auf die Formel der Koalitionsregierung zurückzukommen, die sie offiziell fallenlassen hatten. Andererseits war die grundlegende Frage nicht ausgeräumt, da die Amerikaner nicht den Abzug der nordvietnamesischen Truppen gefordert hatten, die im Frühjahr die entmilitarisierte Zone überschritten hatten und sich noch im Süden befanden. Da jedoch der Text keinen Hinweis auf die entmilitarisierte Zone und auf die Existenz zweier Vietnams enthielt, waren die Führer Hanois berechtigt, im Süden zu intervenieren, ohne damit das schriftliche Abkommen zu verletzen.

In diesen beiden Punkten geht es um die Kernfrage des ganzen Konflikts. Vielleicht gelingt es Nixon, mehr als die stillschweigende Vereinbarung vom Oktober zu erreichen, die den Krieg für die Vereinigten Staaten, aber wohl nicht für die Vietnamesen beendete.

Wenn er nicht mehr erreicht, werden selbst die, die ihm heute Unnachgiebigkeit und Brutalität vorwerfen, ihm morgen vermutlich den Vorwurf machen, er habe seine Verbündeten im Stich gelassen.

2 ›Der Artikel von X war hervorragend. Doch Walter Lippmann beschloß, ihn nicht zu mögen; das war, als hätte Gott George über die Schulter geschaut und gesagt: ‚George, du hättest nicht einen so schlechten Artikel schreiben sollen.‘ Alle glaubten, die Eindämmung würde überall angewandt, doch davon konnte keine Rede sein.‹ *Foreign Policy*, Nr. 7, Sommer 1972.

3 George Liska, *Imperial America: The International Politics of Primacy*, Baltimore 1967, S. 10:
›An empire or imperial state is, in the above sequence, a state that combines the characteristics of a great power, which, being a world power and a globally paramount state, becomes automatically a power primarily responsible for shaping and maintaining a necessary modicum of world order. (. . .) The key structural pattern of the imperial system is the identity and location of the dominant or leading power engaged in shifting conflicts with successive challenges and rivals.‹

4 Aus dem Artikel ›En quête d'une doctrine de politique étrangère‹, *Revue française de science politique*, 1953; deutsch in: Raymond Aron, *Zwischen Macht und Ideologie*, Frankfurt 1970, S. 302 und 305.

5 ›Letzten Endes steht oder fällt natürlich die Rechtfertigung der Administration für den Vietnamkrieg mit der Gleichsetzung von Weltord-

nung und amerikanischer Sicherheit.‹ Tucker, *Nation or Empire. The Debate over American Foreign Policy*, Baltimore 1966, S. 77.

6 Übertreiben wir nicht: In Schwarzafrika und in Lateinamerika richten sich die ›Eindämmungs‹bemühungen in den einzelnen Ländern nach den verfügbaren Mitteln und nach dem materiellen Streitgegenstand.

7 Die Interkontinentalraketen ändern nichts an der Situation; die Vereinigten Staaten benötigten ausländische Stützpunkte nicht für ihre eigene, sondern für die Verteidigung der anderen. Mit ihren Bombern und Flugzeugträgern besaßen die Vereinigten Staaten seit 1945 alle notwendigen Abschreckungsmittel bis zur letzten waffentechnischen Revolution der Raketen.

8 Daß entsprechende Befürchtungen zwar vernünftig begründbar, aber vielleicht doch übertrieben waren, räumt Tucker selbst ein.

9 Siehe oben S. 243.

10 Japan hat dagegen kleinere territoriale Forderungen an die Sowjetunion (einige der Kurilen-Inseln) und an China (Taiwan oder Peking) bezüglich einiger kleiner Inseln nördlich von Taiwan.

11 Jack N. Behrman (›New Orientations in International Trade and Investment‹, in: Pierre Uri, Hrsg., *Trade and Investment Policies for the Seventies*, New York 1971) schätzt den Gesamtwert der internationalen Produktion amerikanischer Firmenniederlassungen auf 219 Milliarden Dollar und die Exporte auf 40 Milliarden.

PERSONENREGISTER

ZUR LEKTÜRE EMPFOHLEN:

MICHAEL HARRINGTON: SOZIALISMUS – GESCHICHTE UND ZUKUNFT EINER IDEE

Aus dem Amerikanischen übertragen von Friedrich Griese. 14,5 x 23 cm. 504 Seiten. Leinen. 28,– DM. Erscheinungstermin: Oktober 1975. ISBN 3-7630-1164-1

Michael Harrington hat einen anderen Sozialismus im Auge: den demokratischen Sozialismus, der den Kapitalismus umwandelt, der den Kommunismus überwindet und der Dritten Welt eine menschliche Zukunft sichern hilft. Diese Version wird in allen Einzelheiten beschrieben. Sie will keine Heilsbotschaft sein, sondern ein Beitrag zu einer notwendigen und produktiven Kontroverse, ein Wegweiser zu einer humaneren Gesellschaft.

›Dieses Buch‹, so meint sein Verfasser, ›handelt über die Zukunft der sozialistischen Vergangenheit.‹ Der bekannteste Sozialist Amerikas beschreibt und interpretiert die kleinen und großen Erfolge, die großen und kleinen Mißerfolge der Idee des Sozialismus, die für die Struktur der menschlichen Gesellschaft des 21. Jahrhunderts von entscheidender Relevanz ist als jede andere politische Idee.

John Kenneth Galbraith empfiehlt ›jedem an unserer Zukunft Interessierten, eine Woche mit dem Buch von Harrington zu verbringen, denn: es informiert, es ist brillant geschrieben, und es verdient Aufmerksamkeit wie Vertrauen . . .‹.

Harrington stellt die Geschichte des Sozialismus von seinen Anfängen an dar. Er beginnt mit jenen zahlreichen Visionen, die der Menschheit eine bessere Zukunft versprachen. Er beschreibt den Aufstieg von Karl Marx und entmystifiziert ihn zugleich – ebenso wie Friedrich Engels. Beide haben heute für Ideen und Taten mit ihrem Namen und der Interpretation herzuhalten, die sie selbst gewiß verurteilt hätten. Denn die Idee des Sozialismus wurde und wird vielfach durch totalitäre Bestrebungen korrumpiert, im Namen des Sozialismus wurden und werden Diktaturen errichtet, wurde und wird bürokratischer Kollektivismus betrieben, wird der verhängnisvolle Versuch unternommen, den Gang der Geschichte zu beschleunigen.

Michael Harrington wurde 1928 in St. Louis geboren. Er studierte an der Yale University und in Chicago. Nach 1954 arbeitete er im Auftrag der Ford-Foundation über Probleme sozialer und politischer Art in den USA. Er schrieb aufgrund dieser Studien sein berühmtes Buch ›The Other America‹ (das 1964 unter dem Titel ›Das andere Amerika‹ auch in Deutschland ein Erfolg wurde). Seit mehreren Jahren ist er Vorsitzender der ›American Socialist Party‹.